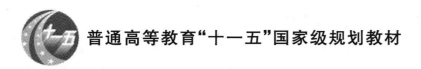
普通高等教育"十一五"国家级规划教材

数字信息资源的检索与利用

（第二版）

主　编　肖　珑
副主编　张春红　刘素清
编　著　肖　珑　张春红　刘素清　苏玉华
　　　　李浩凌　廖三三　李晓东

北京大学出版社
PEKING UNIVERSITY PRESS

内 容 提 要

互联网时代,几乎每个人都会到网上寻找自己想要的信息。但网络资源种类繁多,千变万化,对于查找学术信息的科研、教学人员、学者专家、学生来说,要想准确、快捷地找到具有高可信度的学术资源,做到事半功倍,就必须首先了解和掌握相关的数据库知识及其查询方法,并能够综合运用这些知识。

本书在讲解相关基础知识的前提下,介绍了 400 余种国内外著名的数字学术资源/相关检索工具的内容及其查询方法,涉及 200 多个文摘索引/原始一次文献数据库、5 万多种电子期刊、1 000 多种电子报纸、逾百万种电子图书,以及会议论文、学位论文等,其中外文资源约占 60%,同时包括搜索引擎、网络学术资源导航等其他开放导航工具;本书也介绍了这些资源在教学、科研、学习中的综合应用。全书体系完整,体例一致,图文并茂,实例众多,为读者准确、快速、全面地查找网络学术信息提供了颇为有效的帮助。

本书是用户查找网络学术资源的工具书,也可作为大专院校、科研机构开展信息素质教育/检索培训的教材,并供相关人员参考。

图书在版编目(CIP)数据

数字信息资源的检索与利用(第二版)/肖珑主编. —2 版. —北京:北京大学出版社,2013.5
 ISBN 978-7-301-22414-4

Ⅰ. ①数… Ⅱ. ①肖… Ⅲ. ①计算机应用—情报检索—高等学校—教材 Ⅳ. ①G252.7

中国版本图书馆 CIP 数据核字(2013)第 075711 号

书　　　名:数字信息资源的检索与利用(第二版)
著作责任者:肖　珑　主编
责 任 编 辑:沈承凤
标 准 书 号:ISBN 978-7-301-22414-4/TP·1279
出 版 发 行:北京大学出版社
地　　　址:北京市海淀区成府路 205 号　100871
网　　　址:http://www.pup.cn　新浪官方微博:@北京大学出版社
电 子 信 箱:zpup@pup.pku.edu.cn
电　　　话:邮购部 62752015　发行部 62750672　编辑部 62765014　出版部 62754962
印　　刷 者:三河市博文印刷有限公司
经　　销 者:新华书店
　　　　　　787 毫米×1092 毫米　16 开本　34.5 印张　861 千字
　　　　　　2003 年 7 月第 1 版
　　　　　　2013 年 5 月第 2 版　2020 年 7 月第 4 次印刷
定　　　价:59.00 元

未经许可,不得以任何方式复制或抄袭本书之部分或全部内容。
 版权所有,侵权必究
举报电话:010-62752024　电子信箱:fd@pup.pku.edu.cn

题　　辞

　　随着信息化建设的推进，数字信息资源迅速增长，如何方便有效地利用这些宝贵信息成了重要问题。肖珑同志主编的这本书将有助于读者了解数字信息资源、相关的检索工具，以及如何有效地查阅这些信息。希望此书能对读者有所帮助。

王 选

2003. 4. 22

前　言

在北京大学图书馆咨询台值班的时候，总会碰到读者询问类似的问题："老师，怎么在网上找到这篇文献？"，或者"老师，某某数据库怎么检索？"，等等，算起来，这些问题每个月至少可以达到数以百计；综合这些提问，不外乎两类问题：

（1）怎样在网上找到相关信息，有哪些工具可以利用？

（2）这些网络工具或者数字资源如何使用？

针对这些需求，我们先是在北京大学图书馆开设了名为"一小时讲座"的系列讲座，为读者集中系统地讲解这些问题，稍后我们又开设了名为"电子资源的检索和利用"的全校性公共选修课。三年来，累计有近两万人次聆听或选修了我们的讲座和授课。为了讲座和授课的需要，我们同时撰写了相应内容的大量讲稿。随着讲义篇幅的不断增多，我们不由得产生了一个想法：写一本指南性的工具书，告诉读者，网上有哪些数字资源可以利用，采用什么方法可以检索这些资源，在科研、教学和学习中如何综合利用这些资源。

许多同行也对我们说，北京大学图书馆购买的网上资源在高校乃至全国的图书馆中是最多的，你们是不是可以把这些资源写一写，介绍给我们，帮助我们进行本校的数字资源建设和为读者讲授数字资源的检索。于是，我们在授课和讲座的讲义的基础上，开始动手写这本书。

这本书的写作历时两年。其间，随着资源的日益增加和数据库的情况变化，书的内容不断地丰富和修改，篇幅也逐渐加大，从预想的30万字变成了最后的50多万字。现在，书稿终于完成，衷心希望本书能够达到我们预想的目的，为用户和同行提供利用网上数字资源的参考和指南。

全书内容共10章，分为4个部分：

第一章为方法论，对数字信息资源及其结构、基本检索方法进行了概述。

第二章至第九章，按照第一章的方法论，介绍了约70家出版商/数据库商/学术机构的300余个数字资源的内容及其使用方法，涉及200多个数据库、近2万种全文电子期刊、500多种电子报纸、十几万种电子图书，其中中英文资源大约各占一半；此外，对搜索引擎、网络学术资源导航、FTP等其他数字学术资源也做了介绍。

第十章为上述资源的综合利用，列举了若干实例。

最后部分为资源索引，方便读者从字顺、学科等途径查找资源。

每章后面均附有该章的参考文献。

在第二章至第九章中，对不同的数字资源按照参考数据库、全文数据库、事实数据库、电子期刊、电子图书、电子报纸和其他数字学术资源等类型分别进行了介绍，同时尽量采取了相同体例，每种资源的介绍大致包括：

1. 数据库内容：数据库的中英文名称，出版商/数据库商/学术机构名称，发展历史，收录出版物，涵盖学科，收录年限，更新频率，网址，特点，与相关数据库或不同版本之间的比较等。

2. 检索方法：

(1) 检索功能：简单检索，复杂检索，自然语言检索，图像检索，浏览，索引，可检索字段等；

(2) 检索技术：布尔逻辑，组配检索，截词算法，位置算符，词根运算，嵌套(优先)运算，大小写敏感，相关检索，引文检索，禁用词表等；

(3) 检索结果：检索结果格式、标记方法及下载方法等；

(4) 相关用户服务：如相关帮助文件/培训教程，检索史记录，个性化服务，最新文献报道服务，文献传递服务，相关参考工具等。

3. 用户检索界面、检索结果的图片及相关说明。

此外，对有些历史悠久的权威数据库，为方便用户使用，还简要介绍了其印刷版本的结构、体例和使用方法；对有些跨类型、跨章节介绍的数据库，在文中做了参见。

在此需要说明的是，书中所介绍的资源，有些是需要购买访问权限的；有些网址可能会发生迁移变化；所采用的相关数据大多截止到 2002 年 12 月底，之后发生的变化并没有记录在内；这些方面读者如有疑问，可随时与我们联系。

全书的写作分工如下：

肖珑：第一章、第五章、第七章、第九章第一节，此外还负责全书的策划组织、体例制订和最后的统稿。

张春红：第二章、第八章、第九章第二节、第十章第二节以及索引的汇总、校对；

苏玉华：第四章、第十章第三节；

李浩凌：第六章、第十章第一节；

张宇红：第三章；

廖三三：第九章第一节(与肖珑合写)、第九章第三节；

北京大学数字图书馆研究所的研究生胡良霖同学参加了第九章第一节、第三节的修订工作。

在过去的两年中，由于数字信息资源和数字化服务在北京大学图书馆的迅速发展，使得所有参加本书编撰的同事，都处在一种高度繁忙的工作状态中，这本书几乎全部是大家利用业余时间撰写的。尽管如此，为了充分满足读者的需求，给读者提供一本高质量的工具书，每个人都以极其认真、细致的态度撰写自己负责的部分，并不厌其烦地反复修改。在此，我要衷心地感谢各位参加编写工作的同事，对他们的执着精神和认真负责的工作态度表示敬意。

感谢中国科学院院士、北京大学王选教授，他在百忙中看了书稿，并欣然为本书题词，肯定了本书的价值和作用。王选教授的题词对我们是莫大的鼓舞和鞭策。

本书在编写过程中，得到了北京大学图书馆戴龙基馆长、中国高等教育文献保障系统(CALIS)管理中心陈凌副主任、北京大学教材办公室张积老师、北京大学出版社沈承凤、郭力老师以及北京大学图书馆信息咨询部的其他各位同仁的大力支持和帮助，在此一并表示感谢。

本书错谬之处，欢迎读者批评指正。

肖　珑

2003 年 4 月

修 订 前 言

2003年,本书正式出版,在之后的几年时间里,本书获得了学生、用户、同行、专家的充分肯定和关注。学生和用户们认为这是一本"实用、易学、不可或缺"的教材;同行认为本书内容完整,具有系统性、实用性和可检索性,堪称一部"移天缩地、咫尺万里"的高品质工具书[①];以国家科学图书馆馆长张晓林博士为首的专家们则对本书高度评价,张晓林馆长还亲自为本书获奖撰写了推荐意见。同时,全国有100多家开设相关课程的院校和其他培训单位选用本书作为教材或教学参考书。

时间飞逝,随着网络与计算机技术的快速发展,本书的内容、特别是有关检索部分的指南逐渐落后,为此,我们对本书进行了修订。修订期间,数字学术资源的情况不断发生变化,我们也不断对内容进行修改增删,历时三年多,最终完成了第二版书稿。

全书内容共十一章,其中第一章为方法论,主要介绍了数字信息资源的概念、类型、发展历史、检索系统与检索语言、检索方法及其基本功能和技术、与检索相关的用户服务等;第二至十章介绍了逾百家出版商/数据库商/学术机构的近400种数字学术资源的内容与检索使用方法;第十一章则通过若干实例讲解了各类资源、相关知识的综合利用。全书最后是索引,方便读者按照数据库名称和学科查询自己需要的资源。

第二版重新编写或修订了第一版的大部分内容,变化很多。与第一版相比,第二版具有以下特点:

一是对全书的结构进行了调整。鉴于文摘索引类数据库在数字学术资源中所占比例逐步缩小,而多媒体资源和其他类型资源在不断增加,我们将第一版中介绍参考数据库的三章合并为两章;同时,增加了"特种文献资源"和"多媒体学术资源"两章。

二是在资源品种上增加了大量新的学术数据库,并依据最新变化情况对原有的资源全部进行了修订,删除了少量已经不再提供使用服务的数据库。

三是在结构上更加强调资源内容的介绍、资源学术性和权威性的客观评估,以及相似数据库之间的比较分析,考虑到这几年用户的检索水平在不断提高、而检索系统也在快速变化,减少了检索细节的指导和介绍。

四是尽可能反映数据库检索和服务技术的最新变化,如对数据库最新检索系统的介绍,以及聚合服务(RSS)、移动服务、整合检索等新型用户服务的讲解等,在第一章还专门为此增加了一节内容。

五是在对各种资源的介绍中,基本保持了第一版的统一体例,即每种资源包括内容和检索两大部分的介绍,其中内容部分包括:数据库的中英文名称、出版商/数据库商/学术机构名称、数据起始年限、发展历史、收录出版物、涵盖学科、数据来源、更新频率、网址、特点、与相关数据库或不同版本之间的比较等;检索部分包括:检索功能、检索技术、检索结果、相关用户服务、与检索相关的图片及说明。此外,对有些跨类型、跨章节介绍的数据库,还在文中做了参见;对第一版中一些大型检索工具印刷版的使用方法则予以删除。

---

① 见董小英书评《移天缩地 咫尺万里》,《大学图书馆学报》2004年第3期。

在上述介绍中,所采用的统计数据和检索系统的时限大部分截止到 2011 年 12 月,也有少部分是到 2010 年底或 2012 年。

全书的写作分工如下:

第一章　数字信息资源及其检索概述:肖珑;

第二章　西文参考数据库:苏玉华;

第三章　中文参考数据库:李晓东;

第四章　全文数据库与全文服务:张春红、肖珑;

第五章　电子期刊和报纸:刘素清;

第六章　电子图书:张春红;

第七章　事实和数值型数据库:李浩凌;

第八章　特种文献资源:李晓东;

第九章　多媒体学术资源:张春红;

第十章　网上免费学术资源的利用:廖三三;

第十一章　数字信息资源的综合利用:张春红(第一、二节和第三节部分内容)、廖三三(第三节);

索引　张春红。

全书的体例策划、组织和最后统稿、审稿工作由肖珑负责,张春红、刘素清两位也参与了其中的大量工作。

本书第一版曾获教育部"第四届中国高校人文社会科学研究优秀成果奖"、北京市"第八届哲学社会科学优秀成果奖"、中国图书馆学会"第二届图书馆学情报学学术成果奖"、北京大学"改革开放三十年人文社会科学研究百项精品成果奖"、北京大学"第九届人文社会科学研究优秀成果奖"等。诸多奖项的获得,尤其是本书后来又被教育部列为"普通高等教育十一五国家级规划教材"项目,促使我们以更加严谨、科学、客观的态度来修订此书,力求使本书再度成为精品。

感谢所有参加编写工作的团队同事。在修订本书的三年多中,正值北京大学处于教学和科研的快速发展阶段,每个人都处在一种高度繁忙和运转的工作状态中;加之资源不断地增长和变化,导致本书第一版大部分内容均需要重新编写,修订的工作量巨大。尽管如此,为了给读者提供一本高质量的教材和工具书,团队中的每个人都以极其负责、细致的态度撰写自己负责的部分,并不厌其烦地反复修改。在此,我对他们执着认真的工作态度、高度负责的合作精神表示深深的敬意。

再次感谢已经去世的中国科学院院士、北京大学王选教授。在第一版出版时,他在百忙中看了书稿,并欣然为本书题词,肯定了本书的价值和作用。多年来,王选教授的题词对我们是莫大的鼓舞和鞭策,激励我们不断前行。

本书在编写和修订过程中,得到了北京大学图书馆朱强馆长、北京大学出版社沈承凤老师以及北京大学图书馆信息咨询部、多媒体部、资源建设部其他各位同仁的大力支持和帮助,在此表示衷心的感谢。

本书的疏漏之处,欢迎读者批评指正。

肖　珑

2012 年 1 月于燕园

目　　录

第一章　数字信息资源及其检索概述 ……………………………………………… (1)
　　引言：数字信息资源的发展与信息素质教育 ………………………………… (1)
　　第一节　数字信息资源的概念与类型 ………………………………………… (4)
　　　　1.1　数字信息资源的产生与发展 ……………………………………… (6)
　　　　1.2　数字信息资源的类型 ……………………………………………… (13)
　　第二节　数字信息资源的检索 ………………………………………………… (16)
　　　　2.1　检索系统及其构成 ………………………………………………… (17)
　　　　2.2　与检索和检索系统相关的网络基础知识 ………………………… (20)
　　　　2.3　检索及检索系统类型 ……………………………………………… (24)
　　　　2.4　光盘数据库检索 …………………………………………………… (25)
　　　　2.5　网络数据库检索 …………………………………………………… (27)
　　　　2.6　检索系统评价 ……………………………………………………… (28)
　　　　2.7　检索语言 …………………………………………………………… (29)
　　第三节　数字信息资源的检索方法 …………………………………………… (38)
　　　　3.1　检索策略与步骤 …………………………………………………… (38)
　　　　3.2　检索功能概述 ……………………………………………………… (41)
　　　　3.3　检索技术 …………………………………………………………… (47)
　　第四节　信息检索的相关用户服务 …………………………………………… (51)
　　　　4.1　检索结果的后续处理 ……………………………………………… (51)
　　　　4.2　全文链接和全文传递服务 ………………………………………… (51)
　　　　4.3　推送服务 …………………………………………………………… (52)
　　　　4.4　参考工具和培训服务 ……………………………………………… (53)
　　　　4.5　个性化定制服务 …………………………………………………… (53)
　　　　4.6　数字资源整合服务 ………………………………………………… (53)
　　参考文献 ………………………………………………………………………… (54)

第二章　西文参考数据库 ………………………………………………………… (56)
　　第一节　参考数据库概述 ……………………………………………………… (56)
　　　　1.1　参考数据库 ………………………………………………………… (56)
　　　　1.2　著名综合性参考数据库 …………………………………………… (58)
　　第二节　引文索引与引文索引数据库 ………………………………………… (59)
　　　　2.1　引文索引 …………………………………………………………… (59)
　　　　2.2　科学引文索引（SCI） ……………………………………………… (60)
　　　　2.3　社会科学引文索引（SSCI） ………………………………………… (75)

1

2.4 艺术与人文科学引文索引(A&HCI) ……………………………………… (76)
   2.5 期刊引用报告(JCR) …………………………………………………… (77)
  第三节 常用理工类参考数据库 ……………………………………………… (80)
   3.1 工程索引(Ei) …………………………………………………………… (80)
   3.2 化学文摘(CA) ………………………………………………………… (88)
   3.3 科学文摘(INSPEC) …………………………………………………… (102)
   3.4 生物学信息数据库(BP) ……………………………………………… (108)
   3.5 医学文献数据库 MEDLINE 和 EMBASE …………………………… (111)
   3.6 Emerald 文摘数据库 ………………………………………………… (115)
   3.7 数学科学数据库(MathSciNet) ……………………………………… (116)
   3.8 地学参考数据库 GeoRef 和 GeoBase ……………………………… (118)
  第四节 常用社科类参考数据库 ……………………………………………… (118)
   4.1 经济学文献数据库(EconLit) ………………………………………… (118)
   4.2 教育资源信息数据库(ERIC) ………………………………………… (119)
   4.3 心理学文摘数据库(PsysINFO) ……………………………………… (119)
   4.4 社会学文献数据库(SocioFile) ……………………………………… (120)
   4.5 图书馆与信息科学文摘数据库(LISA) ……………………………… (120)
   4.6 中国高校人文社会科学文献中心(CASHL)数据库 ………………… (121)
  第五节 综合类参考数据库 …………………………………………………… (123)
   5.1 ProQuest 剑桥科学文摘数据库 ……………………………………… (123)
   5.2 OCLC FirstSearch 系统数据库 ……………………………………… (126)
   5.3 Ingenta 期刊索引数据库 ……………………………………………… (133)
   5.4 最新期刊目次数据库 …………………………………………………… (134)
   5.5 CALIS 外文期刊网 …………………………………………………… (135)
   5.6 NSTL 外文期刊目次数据库 …………………………………………… (136)
  参考文献 ………………………………………………………………………… (136)

第三章 中文参考数据库 ………………………………………………………… (137)
 第一节 中国科学引文数据库 ………………………………………………… (138)
   1.1 数据库内容 ……………………………………………………………… (138)
   1.2 数据库检索 ……………………………………………………………… (140)
 第二节 中文社会科学引文索引 ……………………………………………… (143)
   2.1 数据库内容 ……………………………………………………………… (143)
   2.2 数据库检索 ……………………………………………………………… (144)
 第三节 中文报刊资料索引数据库 …………………………………………… (147)
   3.1 数据库内容 ……………………………………………………………… (147)
   3.2 数据库检索 ……………………………………………………………… (148)
 第四节 全国报刊索引数据库 ………………………………………………… (149)
   4.1 数据库内容 ……………………………………………………………… (149)

4.2　数据库检索 ………………………………………………………………… (151)
第五节　万方数据知识服务平台 ……………………………………………………… (153)
　　5.1　万方数据知识服务平台概述 ……………………………………………… (153)
　　5.2　《中国科技文献数据库》内容 ……………………………………………… (154)
　　5.3　数据库检索 ………………………………………………………………… (156)
第六节　中国高等教育文献保障系统数据库 ………………………………………… (158)
　　6.1　CALIS 主要数据库内容 …………………………………………………… (158)
　　6.2　数据库检索 ………………………………………………………………… (159)
第七节　国家科技图书文献中心数据库 ……………………………………………… (161)
　　7.1　数据库内容 ………………………………………………………………… (161)
　　7.2　数据库检索 ………………………………………………………………… (163)
　　7.3　NSTL 服务介绍 …………………………………………………………… (165)
第八节　国家科学数字图书馆联合目录服务系统 …………………………………… (165)
　　8.1　数据库内容 ………………………………………………………………… (165)
　　8.2　检索功能 …………………………………………………………………… (166)
　　8.3　检索结果 …………………………………………………………………… (166)
参考文献 ………………………………………………………………………………… (166)

第四章　全文数据库与全文服务 ……………………………………………… (167)
第一节　全文数据库概述 ……………………………………………………………… (167)
第二节　ProQuest 系统全文数据库 …………………………………………………… (169)
　　2.1　数据库内容 ………………………………………………………………… (169)
　　2.2　数据库检索 ………………………………………………………………… (173)
　　2.3　系统管理服务 ……………………………………………………………… (179)
第三节　EBSCO*host* 系统全文数据库 ……………………………………………… (179)
　　3.1　数据库内容 ………………………………………………………………… (179)
　　3.2　数据库检索 ………………………………………………………………… (182)
　　3.3　系统管理服务 ……………………………………………………………… (187)
第四节　LexisNexis 系统全文数据库 ………………………………………………… (187)
　　4.1　学术大全数据库 …………………………………………………………… (188)
　　4.2　全球法律信息数据库 ……………………………………………………… (194)
第五节　其他英文全文数据库 ………………………………………………………… (199)
　　5.1　档案类数据库 ……………………………………………………………… (199)
　　5.2　IEEE/IET 电子图书馆 ……………………………………………………… (202)
　　5.3　Gale 全文数据库 …………………………………………………………… (205)
　　5.4　OCLC 的 ECO 全文数据库 ………………………………………………… (206)
　　5.5　Westlaw 法律数据库 ……………………………………………………… (206)
　　5.6　中国主题的史料数据库 …………………………………………………… (207)
第六节　中文全文数据库 ……………………………………………………………… (208)
　　6.1　复印报刊资料全文数据库 ………………………………………………… (208)

  6.2 中国资讯行全文数据库 ………………………………………………………(210)
  6.3 道琼斯中文财经资讯数据库 ……………………………………………(210)
  6.4 法律类全文数据库 ………………………………………………………(211)
 第七节 互联网上的全文服务 …………………………………………………(213)
  7.1 全文链接服务 ……………………………………………………………(213)
  7.2 原文传递服务 ……………………………………………………………(215)
 参考文献 …………………………………………………………………………(217)

第五章 电子期刊和报纸 …………………………………………………………(219)
 第一节 电子期刊概述 …………………………………………………………(219)
  1.1 电子期刊的特点 …………………………………………………………(219)
  1.2 电子期刊的出版与服务 …………………………………………………(220)
  1.3 核心期刊和同行评审期刊 ………………………………………………(222)
  1.4 电子期刊的检索 …………………………………………………………(222)
 第二节 综合性西文电子期刊 …………………………………………………(224)
  2.1 Elsevier 出版的电子期刊 ………………………………………………(225)
  2.2 John Wiley 出版的电子期刊 ……………………………………………(230)
  2.3 Springer 出版的电子期刊 ………………………………………………(234)
  2.4 Taylor & Francis 出版的电子期刊 ……………………………………(236)
  2.5 SAGE 出版的电子期刊 …………………………………………………(239)
  2.6 Emerald 出版的电子期刊 ………………………………………………(241)
  2.7 牛津大学出版社的电子期刊 ……………………………………………(243)
  2.8 全文综述期刊数据库(Annual Reviews) ………………………………(244)
 第三节 理工类西文电子期刊 …………………………………………………(244)
  3.1 《科学在线》(Science Online) …………………………………………(245)
  3.2 《自然》(Nature)及其系列电子期刊 …………………………………(249)
  3.3 《细胞》(Cell)及其系列电子期刊 ………………………………………(251)
  3.4 数学电子期刊 ……………………………………………………………(253)
  3.5 物理：英美物理学会的期刊 ……………………………………………(254)
  3.6 化学：英美化学学会的电子期刊 ………………………………………(257)
  3.7 电气电子与信息工程学会、计算机学会的电子期刊 …………………(260)
  3.8 土木工程与材料科学学会的电子期刊 …………………………………(261)
  3.9 美国机械工程师学会(ASME)的电子期刊 ……………………………(262)
  3.10 美国航空航天学会(AIAA)的电子期刊 ………………………………(262)
  3.11 国际光学工程学会(SPIE)的电子期刊 ………………………………(263)
  3.12 美国地球物理学会(AGU)的电子期刊 ………………………………(264)
  3.13 世界科学出版社(World Scientific)的电子期刊 ……………………(264)
 第四节 社科类西文电子期刊 …………………………………………………(265)
  4.1 JSTOR 英文过刊 ………………………………………………………(265)
  4.2 典藏期刊全文数据库(PAO) ……………………………………………(268)

4.3　缪斯计划(Project Muse)电子期刊 ……………………………………… (268)
　　4.4　HeinOnline 法律期刊数据库 …………………………………………… (270)
　　4.5　美国心理学会(APA)的电子期刊 ……………………………………… (270)
　　4.6　剑桥大学出版社的电子期刊 …………………………………………… (271)
　第五节　中文电子期刊 ……………………………………………………………… (271)
　　5.1　中国学术期刊网络出版总库 …………………………………………… (272)
　　5.2　万方电子期刊 …………………………………………………………… (275)
　　5.3　中文科技期刊数据库 …………………………………………………… (275)
　　5.4　晚清期刊全文数据库(1833—1911) …………………………………… (277)
　　5.5　民国时期期刊全文数据库(1911—1949) ……………………………… (277)
　第六节　电子报纸 …………………………………………………………………… (278)
　　6.1　电子报纸特点 …………………………………………………………… (278)
　　6.2　电子报纸类型 …………………………………………………………… (278)
　　6.3　电子报纸发展概况 ……………………………………………………… (279)
　　6.4　电子报纸的使用 ………………………………………………………… (280)
　　6.5　代表性西文报纸 ………………………………………………………… (280)
　　6.6　代表性中文报纸 ………………………………………………………… (283)
　　6.7　其他电子报纸 …………………………………………………………… (284)
　参考文献 ……………………………………………………………………………… (284)

第六章　电子图书 ……………………………………………………………………… (286)
　第一节　电子图书概述 ……………………………………………………………… (286)
　　1.1　电子图书概念与发展 …………………………………………………… (286)
　　1.2　电子图书特点 …………………………………………………………… (287)
　　1.3　电子图书类型 …………………………………………………………… (289)
　　1.4　电子图书的出版 ………………………………………………………… (291)
　　1.5　电子图书的作用 ………………………………………………………… (292)
　　1.6　电子图书的使用 ………………………………………………………… (293)
　　1.7　电子图书的阅读 ………………………………………………………… (293)
　第二节　西文电子图书 ……………………………………………………………… (293)
　　2.1　西文电子图书集成服务系统 …………………………………………… (293)
　　2.2　西文早期电子图书 ……………………………………………………… (300)
　　2.3　其他西文电子图书 ……………………………………………………… (302)
　第三节　中文电子图书服务系统 …………………………………………………… (304)
　　3.1　中文电子图书内容 ……………………………………………………… (305)
　　3.2　中文电子图书检索 ……………………………………………………… (306)
　第四节　中文典籍数据库 …………………………………………………………… (310)
　　4.1　文渊阁《四库全书》电子版 ……………………………………………… (310)
　　4.2　《四部丛刊》电子版 ……………………………………………………… (311)
　　4.3　龙语瀚堂典籍数据库 …………………………………………………… (311)

4.4　中国基本古籍库 ……………………………………………………………(312)
　　4.5　学苑汲古-高校古文献资源库 ………………………………………………(313)
　　4.6　《二十五史》全文电子版 ……………………………………………………(313)
　　4.7　《十通》电子版 ………………………………………………………………(314)
　　4.8　《中国历代石刻史料汇编》电子版 …………………………………………(314)
　第五节　其他中文电子图书 ……………………………………………………………(315)
　　5.1　CADAL 电子图书 ……………………………………………………………(315)
　　5.2　CALIS 高校教学参考信息管理与服务系统 ………………………………(315)
　　5.3　读秀知识库 ……………………………………………………………………(315)
　　5.4　网络免费电子图书（读书网站）……………………………………………(316)
　参考文献 …………………………………………………………………………………(317)
第七章　事实和数值型数据库 ……………………………………………………………(319)
　第一节　事实和数值型数据库概述 ……………………………………………………(319)
　　1.1　事实和数值型数据库的含义与发展历史 …………………………………(319)
　　1.2　事实和数值型数据库的特点与作用 ………………………………………(320)
　　1.3　事实和数值型数据库的主要类型与内容特征 ……………………………(321)
　第二节　英文商业经济类事实和数值型数据库举要 …………………………………(324)
　　2.1　BvD 全球金融、财务分析、各国宏观经济指标库 ………………………(324)
　　2.2　EMIS 全球新兴市场商业资讯库 ……………………………………………(328)
　　2.3　GMID 全球市场信息数据库 …………………………………………………(330)
　　2.4　IMF 国际货币基金组织数据库 ………………………………………………(331)
　　2.5　World Bank 世界银行数据库 ………………………………………………(332)
　　2.6　SourceOECD 经济合作发展组织数据库 …………………………………(333)
　　2.7　EMIS、BvD、SourceOECD 三个经济统计类数据库比较分析 …………(335)
　第三节　英文科技类事实和数值型数据库举要 ………………………………………(337)
　　3.1　贝尔斯坦/盖墨林化学数据库 ………………………………………………(337)
　　3.2　Web of Science 化学数据库 ………………………………………………(341)
　　3.3　实验室指南数据库 ……………………………………………………………(342)
　第四节　英文社科类事实和数值型数据库举要 ………………………………………(343)
　　4.1　Gale 参考资料数据库 ………………………………………………………(343)
　　4.2　《不列颠百科全书》网络版 …………………………………………………(347)
　第五节　中文商业经济类事实和数值型数据库举要 …………………………………(350)
　　5.1　中国资讯行数据库(China InfoBank) ……………………………………(350)
　　5.2　中国经济信息网（中经网）及中经网统计数据库 ………………………(353)
　　5.3　国务院发展研究中心信息网（国研网）……………………………………(355)
　　5.4　中国宏观经济信息网（中宏网）及中宏产业数据库 ……………………(356)
　　5.5　巨灵金融数据库 ………………………………………………………………(358)
　　5.6　万得金融数据库 ………………………………………………………………(358)
　　5.7　几个中文商业经济类事实数值数据库的比较分析 ………………………(360)

第六节　其他中文事实数值数据库 (361)
6.1　万方事实和数值数据库 (361)
6.2　中国科学院《科学数据库》 (362)
6.3　新华社多媒体数据库 (364)
参考文献 (364)

第八章　特种文献资源 (366)
第一节　学位论文 (366)
1.1　学位论文概述 (366)
1.2　国外学位论文数据库 (367)
1.3　国内学位论文数据库 (371)
第二节　会议文献 (373)
2.1　会议文献概述 (373)
2.2　国外会议文献数据库 (374)
2.3　中文会议文献数据库 (377)
第三节　专利文献 (378)
3.1　专利文献概述 (378)
3.2　西文专利文献数据库 (379)
3.3　中文专利文献数据库 (384)
第四节　标准文献 (388)
4.1　标准与标准文献概述 (388)
4.2　国外标准文献数据库 (389)
4.3　中国标准文献数据库 (389)
4.4　国内外其他标准化机构网站 (390)
第五节　科技报告 (391)
5.1　科技报告概述 (391)
5.2　科技报告的特点和类型 (392)
5.3　美国政府科技报告及其检索 (392)
5.4　国家科技成果数据库(国家科技成果网) (398)
5.5　中国科技成果数据库 (400)
参考文献 (400)

第九章　多媒体学术资源 (401)
第一节　多媒体学术资源概述 (401)
1.1　多媒体资源的历史与发展 (401)
1.2　多媒体学术资源的概念与特点 (401)
1.3　多媒体资源的类型与内容 (402)
第二节　多媒体学术资源的使用 (404)
2.1　多媒体学术资源的浏览 (404)
2.2　多媒体学术资源的检索 (405)
2.3　多媒体学术资源的播放及服务 (406)

| 第三节 重要多媒体学术资源库及其使用 ……………………………… (408)
| 3.1 新东方多媒体学习库 ……………………………………………… (408)
| 3.2 KUKE数字音乐图书馆 …………………………………………… (410)
| 3.3 爱迪科森网上报告厅 ……………………………………………… (413)
| 3.4 知识视界视频教育资源库 ………………………………………… (415)
| 3.5 其他在线多媒体资源库 …………………………………………… (417)
| 3.6 北京大学图书馆的多媒体资源整合服务平台 …………………… (424)
| 参考文献 ……………………………………………………………………… (428)

第十章 网上免费学术资源的利用 ……………………………………………… (429)
   第一节 搜索引擎的比较与应用 ……………………………………………… (429)
     1.1 搜索引擎的定义和历史 ……………………………………………… (429)
     1.2 搜索引擎的工作流程与工作原理 …………………………………… (430)
     1.3 搜索引擎的分类 ……………………………………………………… (431)
     1.4 如何选择搜索引擎 …………………………………………………… (431)
     1.5 综合性搜索引擎 ……………………………………………………… (432)
     1.6 学术搜索引擎 ………………………………………………………… (438)
     1.7 搜索引擎的发展趋势 ………………………………………………… (441)
   第二节 网络学术资源导航 …………………………………………………… (441)
     2.1 概述 …………………………………………………………………… (441)
     2.2 网络学术资源导航的构建 …………………………………………… (442)
     2.3 网络学术资源导航的内容 …………………………………………… (443)
     2.4 国内外网络学术资源导航系统介绍 ………………………………… (443)
   第三节 开放获取资源(OA) ………………………………………………… (447)
     3.1 开放获取资源概述 …………………………………………………… (447)
     3.2 开放获取期刊 ………………………………………………………… (448)
     3.3 开放获取机构库 ……………………………………………………… (455)
     3.4 电子预印本 …………………………………………………………… (456)
     3.5 其他免费资源 ………………………………………………………… (456)
   参考文献 ………………………………………………………………………… (458)

第十一章 数字信息资源的综合利用 …………………………………………… (459)
   第一节 利用数字资源进行课题查询的方法和步骤 ………………………… (459)
     1.1 课题分析和研究 ……………………………………………………… (459)
     1.2 选择检索资源,确定检索范围 ……………………………………… (460)
     1.3 制定检索策略,选择检索方法 ……………………………………… (461)
     1.4 评估检索结果,优化检索策略 ……………………………………… (462)
     1.5 搜集、整理、评价和获取文献 ……………………………………… (463)
   第二节 数字信息资源综合利用案例 ………………………………………… (465)
     2.1 如何查找特定事实或文献 …………………………………………… (465)
     2.2 如何进行课题查询 …………………………………………………… (467)

2.3　如何完成科技查新 …………………………………………………… (471)
　　2.4　如何进行学位论文开题和写作 ……………………………………… (481)
　　2.5　如何进行情报分析和研究 …………………………………………… (489)
　　2.6　如何设计教学方案并组织教参资料 ………………………………… (491)
　第三节　文献管理与数据分析应用 ……………………………………………… (492)
　　3.1　参考文献管理软件的功能与比较 …………………………………… (493)
　　3.2　常用参考文献管理软件介绍 ………………………………………… (494)
　　3.3　数据统计分析与相关软件 …………………………………………… (502)
　　3.4　基于文献计量的科研分析评估平台 ………………………………… (503)
参考文献 …………………………………………………………………………… (505)
学科索引 ………………………………………………………………………… (507)
字顺索引 ………………………………………………………………………… (528)

第一章 数字信息资源及其检索概述

引言：数字信息资源的发展与信息素质教育

随着计算机技术和远程通信技术的发展，互联网在20世纪的最后十多年内飞速蔓延到了世界各国。它通过采用统一的通信协议(TCP/IP)，连接了全球范围内不同的信息系统，突破了地域、时空、文化、语言的限制，实现了跨国界、跨领域、实时的信息传递和交换。如今，网络和信息技术已经渗透到了文化、经济、政治、教育、科技、医疗、出版、新闻、体育、娱乐、商业以及社会生活各个领域，对社会、文化的发展产生了巨大的影响，人类认识世界、思考世界的观点、角度、方法都在不断地发生变化。

互联网的开放性及其信息资源共享和交换的能力，吸引了大量用户，越来越多的机构和个人在网上发布、查询和使用信息。据国际互联网协会(Internet Society, ISOC)统计，1981年，全球提供服务的主机(host)不到300个，而2008年7月，已达到5.7亿个[1]，已注册的三级域名5 678多万个(其中直接注册为.net和.com的域名约各占四分之一)，发展之快，远远超出了最初人们的设想和预测，其影响早已超出国家、文化、语言的界限。

在中国，互联网更是按几何级数的速度增长，据中国互联网络信息中心2012年1月公布的第29次中国互联网络发展状况统计报告[2]，截止到2011年12月31日：

- 我国国际出口带宽数已达到总容量138.95万兆(MB)，是1997年的5.5万倍。
- 中国网站总数230万个，是1997年的1 533倍。
- 中国网民规模达到5.13亿人，普及率达到38.5%，超过全球平均水平，是1997年的815倍；其中，手机上网网民规模达到3.56亿人，较2009年增长了1.22亿人。农村网民规模增速超过城镇。
- 从应用使用率上看，前三甲分别是即时通信(80.9%)、搜索引擎(79.4%)、网络音乐(75.2%)，博客作者增长到3.19亿人，微博作者增长到2.5亿人，商务交易类(网上支付、旅游预订、网络炒股、网上银行和网络购物)应用则成为增长最快的应用。

互联网的发展，使信息环境发生了巨大的变化，信息从产生、传播到使用及其种类和数量都与传统的资源大为不同。主要表现在：

信息的产生：

- 信息产生的速度加快，数量动态性持续增长。人们常说的"互联网年"为3个月左右，也就是说，互联网上每3个月增长的信息相当于传统方式的一年的信息量，这种发展将会逐步超过传统传媒工具报刊、广播、电视。
- 信息的生产和发布不再仅限于官方或正式的出版机构，任何人都可以成为网上信息的发布者，具有很大的任意性和自由性。

---

[1] https://www.isc.org/solutions/survey，[最后查询时间：2010-12-02]。
[2] 见参考文献1。

信息的传播：
- 信息的传播速度大大加快，尽管信息没有集中存放，而是分布在全球各地，但由于通过光纤网络传递，过去需要几天才能获取的信息如今在几分钟内就可以得到。
- 信息传播方式发生变化，传统的信息传播方式是通过书刊、广播、电视向受众单向传播，而现在是通过光纤网进行，因而信息与受众的关系也发生了变化。信息与受众之间的关系从单向灌输转为平等交流，受众可以自由选择所需信息。

信息的结构：
- 信息的内容发生很大变化，由于学术团体、政府机关、商业部门、民间组织等任何组织或个人都可以在网上发布信息，因而对信息缺乏控制和管理，没有认证和审核，使得各种信息，包括学术信息、商业信息、个人信息甚至有害信息混在一起。
- 信息的形式从传统的印刷型图书期刊逐渐变为数字化信息，不再仅仅是视觉和静态形式，而是多媒体和动态的，需要功能强大的计算机软件系统来进行管理和使用。
- 信息资源的种类也不再仅仅是传统的正式出版物，而是电子期刊/图书、非正式出版物、灰色文献、数据库、软件、博客、播客、论坛(BBS)、FTP等各类资源共同构成网络环境下的信息资源。

信息的使用：
- 通过网络获取信息可以不受任何时间、地点的限制，可以随时随地从网上获取和利用信息。
- 信息可以重复使用，可以较容易地进行二次、三次深度加工。

由于信息环境发生的上述变化，使得人们获取信息的途径发生了巨大变化，从网上直接获取信息的用户已逐渐增多，基于1998年和2007年的两张调查分析表格(见图1-1、图1-2)可以看出这种变化所在。

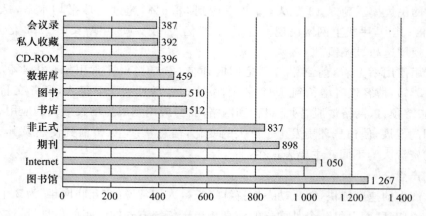

图1-1　用户获取信息的主要途径[①]（调查于1998年）

---

① 见参考文献2。

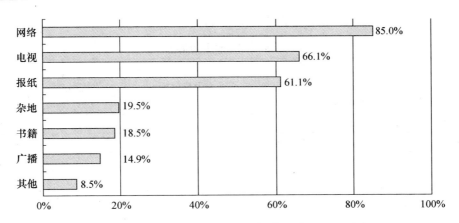

图 1-2 用户获取信息的主要途径[①]（调查于 2007 年）

数据来源：中国互联网络信息中心（CNNIC）

上述这些新的特点与变化都为人们获取和使用信息带来了新的问题：
- 信息的选择问题。海量信息从最初给人们带来的惊喜变成了一种无所适从、被淹没在信息海洋中的感觉，信息的无序和混杂，使用户不知道如何从网上快速准确地选择对自己有用的、高质量的、正确的信息，不知道什么是查询信息的有效途径，有时花了很大精力和时间，却没有任何收获。
- 信息的检索与获取问题。信息技术（IT）界和图书馆通过对信息的组织和管理，开发功能强大而友好的检索系统，为用户提供了结构化的信息，以及有效的检索工具和检索途径。但用户是否具备检索能力，能否很快通过检索来获取和利用知识，仍然是目前多数用户面临的困难，因此对用户网络信息资源的检索和利用能力的培养就成为迫切需要解决的问题之一。
- 信息的组织和保存问题。信息获取与复制的方便和快速，使用户手里很容易积累了大量"信息财富"。久而久之，对用户来说，如何将已获取的信息有效地保存、有序地组织起来，以便于今后的不断存取和应用，逐渐成为要掌握的重要技能之一。
- 信息的综合应用问题。用户即使知道了信息来源、信息内容并获取了信息，还需要学会在自己的研究和工作中加以很好地利用，方能使信息真正地发挥作用。

在此针对用户的具体需求再做进一步分析。在中国互联网络信息中心 2012 年 1 月的调查中[②]，在 5.13 亿网民中，按文化程度计算，大专以上文化程度者占 22.4%；按职业分析，专业技术人员、公司白领阶层、事业单位人员占比例超过 28%；表 1-1 则说明用户的主要应用需求。

从这些数字可以看出，约三分之二的网民经常在网上查找各类信息，其中近三分之一、占比最大的高学历人员——如科研人员、专业技术人员、政府工作人员、教师、学生等，又经常使用学术资源。据另外一项关于学术界用户对互联网信息的利用调查显示[③]，这些用户在对信息的检索和使用过程中，强烈希望信息"准确权威、更新及时、速度快、内容丰富、查找方便、界

---

① 见参考文献 1。
② 同上。
③ 见参考文献 3。

面友好、安全稳定"等,而这方面的需求目前尚难以满足。

表 1-1 网上用户信息应用需求分析①

应用	2011 年		2010 年		增长率/%
	用户规模/万	使用率/%	用户规模/万	使用率/%	
即时通信	41 510	80.9	35 258	77.1	17.7
搜索引擎	40 740	79.4	37 453	81.9	8.8
网络音乐	38 585	75.2	36 218	79.2	6.5
网络新闻	36 687	71.5	35 304	77.0	3.9
网络视频	32 531	63.4	28 398	62.1	14.6
网络游戏	32 428	63.2	30 410	66.5	6.6
博客/个人空间	31 864	62.1	29 450	64.4	8.2
微博	24 988	48.7	6 311	13.8	296.0
电子邮件	24 577	47.9	24 969	54.6	−1.6
社交网站	24 424	47.6	23 505	51.4	3.9
网络文学	20 267	39.5	19 481	42.6	4.0
网络购物	19 395	37.8	16 051	35.1	20.8
网上支付	16 676	32.5	13 719	30.0	21.6
网上银行	16 624	32.4	13 948	30.5	19.2
论坛/BBS	14 469	28.2	14 817	32.4	−2.3
团购	6 465	12.6	1 875	4.1	244.8
旅行预订	4 207	8.2	3 613	7.9	16.5
网络炒股	4 002	7.8	7 088	15.5	−43.5

本书旨在针对上述需求,通过对数字信息资源,主要是学术资源的内容和使用的介绍,提高用户在实际中掌握信息、熟悉信息、运用信息的信息素质(information literacy,亦称信息素养),解决用户在网络环境下查找学术科研信息所面临的一系列问题,培养用户对信息资源的选择、检索、组织、利用和保存的能力,重点在信息意识、信息知识、信息能力、信息道德等方面取得突破,包括:

(1) 阐述数字信息资源的结构与体系;
(2) 介绍、比较各类学术资源的定义、特点及其应用;
(3) 介绍、比较主要数字学术资源——数据库、电子期刊、电子图书、多媒体资源等的学科范围、发展概况、特点及其具体检索方法;
(4) 通过各类实例,说明网络学术信息资源的综合应用与组织管理;
(5) 使用网络学术信息资源时涉及的道德、法律问题等。

第一节 数字信息资源的概念与类型

数字信息资源(digital information resources),狭义讲,亦可称为电子资源(electronic resources),指一切以数字形式生产和发行的信息资源。所谓数字形式,是以能被计算机识别

---

① 见参考文献 1。

的、不同序列的"0"和"1"构成的形式。数字资源中的信息,包括文字、图片、声音、动态图像等,都是以数字代码方式存储在磁带、磁盘、光盘等介质上,通过计算机输出设备和网络传送出去,最终显示在用户的终端设备上。

随着互联网的发展,利用网络传递的数字信息资源的数量每年都以几何倍速增长,我们把这一类数字资源均称为网络信息资源(networked information resources),网络信息资源目前在数字信息资源中已经占有绝对比例。除此之外,到目前为止,仍然存在着大量仅在本地计算机上使用,没有通过网络传递的信息资源,如只用于单机的光盘或机读磁带数据库等,我们把这一类资源也归为数字信息资源。

数字信息资源不同于以往的印刷型文献资源和各类视听资料,与之相比,其特点主要有:

(1) 存储介质和传播形式发生变化,因而成为海量存储、传递快捷的资源。数字资源可以将传统的图书、期刊中的文字、图片以及各类音像资料中的声音、动态图像融合在一起,利用数字技术进行制作,存储在光盘、磁带或硬盘等载体上。同时以网络作为主要的传播媒介,即转变为光信号,利用网络实现同步传输。不仅传播的速度大大提高,传递的信息量也超过了传统的出版物。例如一张光盘的最大存储量是700兆(MB),一套标准版的《不列颠百科全书》即可存储在一张光盘上,即使是多媒体版的也只需要两张光盘;而现在对数字信息的计算单位已经从"兆"变为"千兆"(GB)甚至"兆兆"(TB),一个数据库的容量通常是以GB或TB为单位计算的。正常速度下,从网上下载一篇几千字的文献最多只需要1分钟左右的时间。

(2) 信息资源内容丰富,数量巨大,类型多种多样,既包括数据库、电子期刊、电子图书、电子报纸、专利等正式出版物,以及学位论文、教学课件等灰色文献,也涵盖了新闻、论坛(BBS)、博客、股票行情乃至商品广告等非正式出版的数字信息。信息交流的途径因此不再是单一化的,而是多层次的、立体的。

(3) 以多媒体作为内容特征。集文本、图片、动态图像、声音、超链接等多种形式为一体,具体、生动、全方位地向用户展示主题,用户可以因此更加深入细致地了解所需信息的内容及其特征。

(4) 多层次的信息服务功能。数字信息资源最初产生时主要的服务功能是信息检索,发展到今天,已经产生了一系列的新功能,如:主动报道,如期刊目次报道服务(E-mail alert);信息订阅服务,如内容聚合(really simple syndication,RSS);信息发布,如博客(blog)、开放获取平台(open access)等;文件传递,如FTP服务;信息发现(discovery),如搜索引擎、网络资源学科导航、分类主题指南、统一检索等;网上论坛,如BBS、社交网络服务(SNS)等;这些服务功能扩展了传统出版物的职能,使数字信息资源得到更大程度、更深入的利用。

(5) 更新速度快、时效性强。传统的印刷型出版物一旦出版后,信息的内容就无法更改,必须要修订后出版新版本。而数字信息资源的更新和发布就容易得多,只要有人负责不断跟踪各个领域的最新发展变化,就可以随时修改内容,每月、每周、每日甚至每时更新,及时发布给用户。

(6) 具备检索系统,不再像传统文献那样需要逐页翻查,因而使用方便、快捷。特别是经过进一步加工的正式出版物,如电子期刊、数据库等,检索功能均很强大,可以很快找到自己所需的信息。

(7) 不受时间、地域限制,即没有收藏地点(如图书馆)、收藏时间(开放时间)的局限,可以随时随地存取。

(8) 交互性强，用户可以随时随地参与，表达自己的意见和想法。

网络信息资源同样存在着一系列的问题，主要有：

(1) 信息的质量没有保障，权威性、学术性、可靠性差。由于任何人任何组织都可以在网上发布信息，信息质量缺少控制，也掺杂了一些犯罪信息，鱼龙混杂，给用户造成了很大的困惑。

(2) 大量的信息分散、无序、缺乏知识组织，没有经过标引和加工，因此查找使用颇为困难，很难快速、准确地找到自己所需信息。

(3) 信息不稳定，资源经常发生丢失，没有长期保存的机构和机制。

正是由于这一系列问题的存在，才产生了商业化的、高质量的、有序的网络学术资源，即本书后面主要介绍的内容。

1.1 数字信息资源的产生与发展

1.1.1 数字信息资源的产生与发展

数字资源自 1961 年美国化学文摘社(CAS)开始发行《化学题录》(Chemical Title)机读磁带便开始产生。50 多年来，伴随着计算机和网络技术的发展，数字资源从无到有，从少到多，从书目型数据库发展到了全文数据库和电子图书、期刊、报纸乃至多媒体，从本地使用到网上发布，到今天最终成为人们生活和学习不可缺少的重要信息来源。

数字资源产生的最早的形式是数据库。1950 年代初，随着电子管计算机的产生，人们开始研究计算机情报检索系统，到 1958 年具有批处理能力的晶体管计算机产生后，计算机文献处理的研究开始有了突破性进展。1960 年代初，最早的数据库《化学题录》和《医学索引》(美国国家医学图书馆)相继产生。至 1965 年，据 *Computer-Readable Databases: a directory and data sourcebook* 一书统计，已有大约 20 个数据库可供使用，但这时的数据库存储介质仅限于机读磁带，内容以科技文献书目、索引、文摘为主，检索也是以脱机批处理的方式进行，因此应用并不广泛。

1965 年以后，由于集成电路计算机及硬盘的产生，以及数字通信技术和分组交换网的发展，开始有了数据库联机检索，著名的 Dialog 系统以及 MEDLINE、ORBIT、BRS、JOIS 等相继开始服务，数据库的数量开始成倍增长，到 1975 年，已达到近 300 个数据库。数据库生产由政府行为逐步转向商业性行为，用户也由原先的以政府机构为主扩展到更多的图书馆和科研机构，在内容上也开始增加人文社会科学和应用科学等内容。

20 世纪 70 年代以来，卫星通信技术、光纤通信技术、个人计算机的产生和发展给数据库联机检索创造了空前的发展机会，联机检索已不受地域限制，向国际化发展，个人用户开始加入到数据库检索行列中来。数据库的生产由美国向西欧扩展，在短短 10 年内即增长了 10 倍，到 80 年代末，数量已达到 3 600 多个。数据库的容量增加，存储介质增加了光盘，因而也就产生了光盘数据库检索系统；数据库类型也有了变化，除以往的书目、文摘、索引数据库外，全文数据库开始迅速增加，而数值数据库、指南数据库等也已出现。

进入 20 世纪 90 年代，网络和信息处理技术的发展，使得基于互联网开发的数字资源及其检索系统有了突飞猛进的增长。仅从数据库即可看出这种发展之体现，以下为美国伊利诺依大学香槟分校图书馆学情报学院教授 Martha E. Williams 对数据库发展的统计和归纳(数据截止到 2005 年)：

(1) 数量：参见表 1-2。

表 1-2 世界数据库增长情况①

	1975 年	2005 年	增长倍数
数据库数量/(种)	301	17 539（去重后,不含已停止更新的 1 509 个）	58
数据库生产者	200	3 208	16
数据库代理商	105	2 811	27
数据记录总条数	5 200 万	210.2 亿	403
数据记录条数（库平均）	17.3 万	127 万	7

(2) 类型：打破了传统的文字、图片的单一类型，增加了集图像、声音、文字为一体的多媒体数据库。其中文字型数据库中，在传统的书目、文摘索引、全文、事实数据库基础上，又增加了电子图书、电子期刊和报纸以及其他动态信息。全文数据库（含全文电子期刊、图书、报纸等）从 1985 年占全部数据库比例的 28% 增长为 2005 年的 78%，而书目型参考数据库从 1985 年的 57% 下降为 2005 年的 18%，主要原因是互联网和计算机技术的发展为全文数据库提供了传输的方便和海量存储的可能（参见图 1-3、图 1-4）。

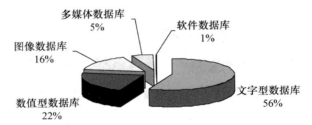

图 1-3 数据库类型分布

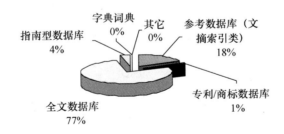

图 1-4 文字型数据库类型分布

(3) 内容：主要分布在九大类：商业、新闻、科技/工程、法律、健康/生命科学、人文科学、社会科学、各种交叉学科以及一般科学。其中，商业类数据库的发展近年有所下降，但仍高居首位；科技类有所上升，增加了部分交叉学科的数据库（参见图 1-5）。

---

① 见参考文献 5 和 6。

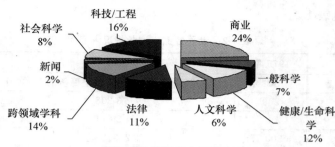

图 1-5 数据库内容分布

（4）信息检索和存取（access）：除去联机检索、光盘检索外，新增了网络检索。从数据库的检索系统可以看出这种变化，光盘数据库占全部数据库的38%，网络数据库所占比例最大，为54%，且还在增长的趋势中，这说明以互联网作为新的信息传递渠道，信息的存取是自由和交互式的（参见图1-6）。

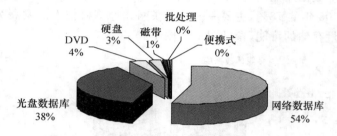

图 1-6 数据库媒介分布情况

（注：其中"0%"的数据库，是指在 0%—1%之间）

（5）数据库生产者：以商业性出版商和数据库商为主，包括数据库的内容、系统、数据采集、加工、服务等，均由商业性机构负责生产。其次也包括政府机构和非营利组织（参见图1-7）。

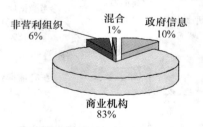

图 1-7 数据库生产者分布情况

（6）数据库的语言：已经超过 61 种语言，亚洲、非洲、欧洲、美洲、大洋洲都有国家出版数据库，其中以美国出版最多。

除数据库外，互联网上的其他类型学术资源也发展很快，越来越多的正式出版物正在被放在网上，地域、时间、学科对科学研究的局限已逐步被打破，多数学术期刊已经把作者引用的网页作为正式的信息源列在参考文献中。这种发展主要体现在下列几个方面：

（1）电子期刊：据不完全统计，目前在网上出版的、各类文种的纯电子版期刊和印刷版期刊的电子版已超过 5 万种，这些期刊出版周期短，可以检索和重复下载全文，图像与文本结合，包含有多媒体及其他类型动态信息,具备超链接功能,可以向用户主动提供期刊目次报道服务。世界著名的杂志《科学》(*Science*)、《自然》(*Nature*)等均已上网服务。中文电子期刊中,目前较为知名、由电子期刊集成商生产发行的有中国期刊网、维普电子期刊、万方电子期刊,不仅在国内有大量用户,也开始向海外扩展市场和扩大影响。电子期刊使学术研究成果以更快的速度得到传播及使用。

(2) 电子图书与工具书:可以在网上逐页阅读,并能够快速检索书中的信息。尽管版权问题是困扰电子图书发展的一个主要因素,但电子图书仍以不可遏制的速度发展壮大。例如,著名的《不列颠百科全书》(*Encyclopaedia Britannica*)同时发行了光盘版和网络版,内容更新快,检索方便,同时增加了大量图片和多媒体信息,其网络版还链接了上万个其他网站,同时保持了原有的学术质量,不仅吸引了大量用户,也在《电脑杂志》的多媒体百科全书评比中位于榜首。我国的《四库全书》发行电子版之后,由于改变了传统的印刷版必须先查索引、使用不便、且须到图书馆使用等缺点,受到了用户的普遍欢迎。而电子图书集成商出版发行的电子图书,如超星电子图书、方正阿帕比电子图书、"书生之家"电子图书等,也日益受到用户的关注,并开始广泛发行。

近年来谷歌(Google)与密歇根大学图书馆、斯坦福大学图书馆、哈佛大学图书馆、英国牛津大学图书馆、纽约公共图书馆等多家图书馆合作的谷歌数字图书馆项目(最早叫 Google Print,后正式更名为 Google Books 即谷歌图书搜索,见 http://books.google.com.hk),已经完成了近千万册图书的全文扫描,并将其中的 200 万册图书放到了互联网上供公众搜索和使用。虽然谷歌的行为在知识产权等方面备受争议甚至非议,这个项目所提供的电子图书却为广大公众广泛使用。

(3) 电子报纸:目前主要以光盘和网络版两种形式发行,光盘版多用于发行过期报纸内容,网络版则由于增加了动态新闻、更新及时(许多报纸是以小时为单位更新的,重要内容则随时随地更新),兼之充分发挥了超文本链接技术,组织了大量专题报道以及多媒体新闻,并进行多种公众调查,每天都吸引了大量用户。著名的《纽约时报》、《华盛顿邮报》,以及我国的《人民日报》、《光明日报》等均已可以在网上阅读。

(4) 多媒体资源:多媒体是将多种媒体包括文本、图片、动画、视频和声音等组合成的一种媒体,随着计算机的高度普及以及网络环境的发展完善,生动直观的多媒体资源越来越受到读者的关注,很多昔日用文字来表述的信息都以多媒体方式替代;在新闻、语言、艺术、医学等领域,多媒体资源的发展尤其快速;而随着具有学术价值的多媒体资源的日渐丰富,其在教学科研领域的影响和作用也在逐步加大。

至于其他非商业或者非正式出版信息,如政府信息、电子公告版、搜索引擎、社区论坛、博客、FTP 站点等更是以几何级数的速度飞速发展,使得互联网逐步成为信息的海洋、知识的宝库,信息的结构和层次也逐步走向复杂和多样化。

1.1.2 中国的数据库业

我国的数据库研究工作始于 20 世纪 70 年代中期,80 年代初开始自建数据库的工作。90 年代以后,我国的数据库业得到了蓬勃发展,一些大型数据库开始以光盘形式进入市场,如国家知识产权局的《中国专利数据库》、国家标准化管理委员会的《中国标准数据库》、重庆维普资讯有限公司的《中文科技期刊数据库》、万方数据公司的《中国企业、公司及产品数据库》等。1993 年,我国第一家数据库专业制作公司——北京万方数据公司宣告成立,标志着我国专业化数据库企业工作的开始。1996 年,由中国学术期刊(光盘版)电子杂志社发行的《中国学术期刊》(光盘版)开始正式出版,这是我国的第一个电子版全文期刊产品;1999 年,在其基础上发展起来的《中国期刊网》开始在网上发布和提供服务,说明我国的数据库产业已开始由小规模的光盘生产向大规模的网络数据库形式发展。

1995 年,国家发展和改革委员会曾对我国数据库情况进行过全面调查,调查出的数据库总量为 1 038 个。2006 年,受国务院信息化工作办公室委托,中国互联网络信息中心对数据库产业再次进行了大规模调查,截止到 2005 年底,我国数据库数量已经发展到 29.54 万个,是 1995 年的 285 倍。

纵观中国数据库产业 30 余年的发展,可以概括出如下特点。

(1) 数据库内容丰富,几乎覆盖了科技、工程、经济、商业、金融、财政、交通、税务、文教、卫生、新闻出版、能源和国家事务诸方面(参见表 1-3),其中经济与社会方面数据库约占 55% 左右,科学技术方面为 45% 左右;虽然因为数据库产业发展比较快,表 1-3 中的数字不能代表总体发展情况,但学科分布由此可见一斑。

表 1-3　我国数据库学科分布情况①

学科	专业	数量		百分比/%
基础学科	数、理、化	17	119	11.46
	天文、地球	82		
	生物	20		
农林医	农林	50	92	8.86
	畜牧兽医	6		
	医药卫生	36		
工程技术	工程技术基础学科	46	255	24.7
	测绘、矿山、冶金	32		
	能源、动力与电器	22		
	计算机、通信、自动控制	38		
	纺织、食品、化学工程	25		
	水利、交通、土木建筑	64		
	航空与航天技术	20		
	环境科学	8		
经济	经济	297		28.61
社会科学	管理、统计	70	275	26.5
	图书情报	95		
	党政、社会及其他	110		
合计		1 038		100

(2) 在数据库类型方面,事实型、全文型数据库比重明显增加,商情数据库也日益增多。1995 年的调查结果显示,二次文献数据库居多,全文、数值型数据库比例不超过 30%②,图像数据库更是微乎其微。到 2005 年时,这个比例大大增加,详见图 1-8。

---

① 见参考文献 7。
② 同上。

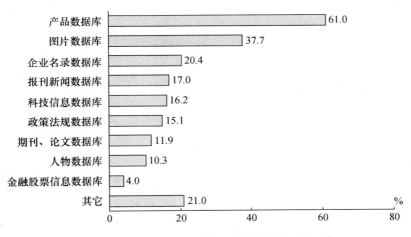

图 1-8　数据库类型分布情况（类型之间有重复）[①]

（3）数据库数量多,但规模化不足,产值低,总容量及产值仅占世界数据库的1%左右,与世界数据库业仍有较大距离;例如,从表1-4可以看出,拥有万条以上记录的数据库仅占全部数据库的7.9%,大部分数据库只有几百、几千条记录。而据国家新闻出版署统计[②],2010年国内数字出版产业总体收入规模达到1 051.79亿元,其中可以算得上是数据库的电子书、数字报刊等收入为32.3亿,仅占全部数字出版收入的3%,其余则为手机出版、网络游戏、互联网广告、博客、网络动漫、在线音乐等。

表 1-4　各类数据库拥有的记录分布[③]

数据库记录条数/条	≤50	51～100	101～500	501～1 000	1 001～5 000	5 001～10 000	≥10 000
总体/%	20.6	14.9	24.9	9.8	17.3	4.6	7.9
政策法规/%	37.5	6.3	25.0	15.6	9.4	6.3	—
金融股票信息/%	40.0	—	20.0	—	20.0	20.0	—
报刊新闻/%	30.8	11.5	7.7	19.2	19.2	7.7	3.8
科技信息/%	29.6	11.1	18.5	14.8	18.5	3.7	3.7
产品/%	18.6	21.2	26.3	6.8	16.9	4.2	5.9
企业名录/%	18.6	16.3	23.3	11.6	16.3	2.3	11.6
人物/%	38.1	4.8	33.3	9.5	4.8	—	9.5
图片/%	13.3	21.2	25.3	8.0	20.0	5.3	6.7
期刊、论文/%	20.8	—	33.3	16.7	16.7	4.2	8.3
其他/%	6.5	10.9	28.3	4.3	23.9	4.3	21.7

近年来,由于国家投资的增加,数据库规模逐步扩大,不断向高水平、大规模发展,能拥有一定数量、对外提供服务、保持自身健康持续发展的数据库也在不断增加。以字节数来说,

---

① 见参考文献8。
② 见 http://industry.epuber.com/2011/0711/1208.shtml,[最后查询时间：2012-01-06]。
③ 见参考文献8。

1995年时,数据库大多在 100MB 以下;到 2005 年,500MB 以上的数据库占数据库总量的 10.4%[①],达到 3 万个左右,其中中国期刊网等数据库都已经超过 TB 量级。

当然,由于数据库生产需要积累,因此还需要一定周期方能与国际数据库业相比。

(4) 商用数据库不断增加,同时存在大量免费向公众开放的政府资源、开放获取学术资源、公益资源等,数据库产业逐渐进入良性循环状态。1995 年,很多数据库都是为政府部门服务或者内部使用,规模小,投入多,产出低,用户数量小。到 2005 年,随着国家的投入和扶植,商用数据库增加到 2.5 万个左右,占全部数据库的 8.5%[②],如中国期刊网、万方数据资源系统、超星电子图书等,都已经成为规模化的商业数据库,学术水平很高,更新和维护及时。

(5) 数据库生产者分布广泛,其中企业网站生产发布的数据库超过 50%,政府、教育网站也有数据库生产行为,个人数据库更是有明显增加,如表 1-5 所示。

表 1-5 数据库生产者分布情况[③]

网站类型	总体	政府网站	企业网站	商业网站	教育科研网站	个人网站	其他公益性网站	其他类型网站
在线数据库数量(个)	295 400	27 770	148 880	13 290	18 910	63 510	21 560	1 480
占在线数据库总体比例/%	100	9.4	50.4	4.5	6.4	21.5	7.3	0.5

(6) 数据库技术和标准规范不断发展,逐渐走向成熟。随着网络信息资源的规模和数量的增加,用户出于方便、快捷地检索和获取资源的需求,对数据库之间的兼容性和互操作要求越来越高。国际上在这方面的发展也非常快,类似国际标准化组织(International Standards Organization, ISO)以及美国国家信息标准化组织(National Information Standards Organization, NISO)都出台了大量有关数字资源的标准规范。我国则在等同采用或者修订采用这些标准规范的基础上,在国家科学技术部和国家标准化管理委员会等机构的支持下,也自行发展了大量的数据库行业标准规范,如元数据规范、数字加工标准、检索协议、门户平台标准等,为数据库的成熟发展并走向国际奠定了基础[④]。

(7) 进口数据库不断增加,同时中文数据库开始出口,逐步走向世界。我国是从 1997 年开始规模化进口国外网络数据库的,最早进口的网络学术数据库为《工程索引》(*Engineering Index*)和《科学在线》(*Science Online*)。据中国高等教育文献保障系统(CALIS)的统计[⑤],截止到 2007 年,全国高校进口的网络学术数据库已经达到 300 多个,著名的《科学引文索引》(*Science Citation Index*)、Elsevier 电子期刊、《自然》(*Nature*)电子期刊、NetLibrary 电子图书等都为中国的教学、科研、生产做出了巨大贡献。与此同时,随着世界对中国的关注、中外交流的逐步扩大,中文数据库也已经开始向国外出口,例如阿帕比电子书库、中国期刊网、超星电子图书、万方数据资源系统等,在欧美都有诸多用户。

---

① 见参考文献 8。
② 同上。
③ 同上。
④ 见参考文献 10。
⑤ 见参考文献 11。

(8) 知识产权解决方案有了初步的发展,但尚不够成熟。数据库包含了大量的学术信息,需要投入巨大的智力、物力和人力,不可能无偿使用,因此同纸质印刷品一样,也是要有知识产权保护的。另一方面,过度的知识产权保护同样会损害数字信息资源的社会价值和公共利益,造成垄断。在这种情况下,我国数据库业急需有相关的知识产权法来平衡公共获取与知识产权保护之间的关系,以维系数据库业的良性发展,但目前这方面的法律法规还很不足,亟待成熟。

1.2 数字信息资源的类型

1.2.1 数字信息资源的类型

数字信息资源的范围非常广泛,其类型多种多样,划分标准也有很多种。

(1) 按照数字信息资源的性质和功能划分

借用印刷本文献的划分标准和名称,可分为一次文献、二次文献、三次文献型资源。

一次文献:即原始文献,指反映最原始思想、成果、过程以及对其进行分析、综合、总结的信息资源,包括事实数据库、电子期刊、电子图书、开放获取(open access)论文平台、直接发布和点播下载多媒体资源的网站,以及学位论文、专利等特种文献。用户可以从一次文献中直接获取自己所需的原始信息。

二次文献:指对一次文献进行加工、整理,便于利用一次文献的信息资源,如参考数据库、网络资源学科导航目录、搜索引擎/分类指南等。二次文献可以把大量分散的一次文献按学科或主题集中起来,组织成无数相关信息的集合,向公众报道原始信息产生和存在的信息,同时也是一种有效的检索工具,供用户查找信息线索之用。

三次文献:指对二次文献进行综合分析、加工、整理的信息资源,如专门用于检索搜索引擎的元搜索引擎,比较典型的是 WebCrawler,被称为"搜索引擎之搜索引擎"(search engine of search engine),当用户进行检索时,反映出来的结果是各搜索引擎的检索结果。

(2) 按照数字信息资源的生产途径和发布范围划分(参见图1-9)

商用电子资源:也可称正式电子出版物,是由正式出版机构或出版商/数据库商出版发行的,在数字学术信息资源中所占比例最大,包括各类数据库、电子期刊、电子图书、多媒体资源、部分正式出版的特种文献(如专利、会议论文、标准)等。其特点是,学术信息含量高,具备检索系统,便于检索利用,出版成本高,必须购买使用权才可以使用,因此并不是面向社会公众免费开放的。

网络公开学术资源:这部分也可以说是半正式出版物,完全面向公众开放使用,包括各种政府机构、商业部门、学术团体、行业协会、教育机构等在网上正式发布的网页及其信息,以及开放获取资源等,亦属于一次文献类型;使用这部分信息主要依靠搜索引擎/分类指南、网络学术资源学科导航等二次文献资源,用于揭示图书馆印刷型馆藏的联机公共目录(OPAC)也属于这部分范畴。

特色资源:也属于半正式出版物,主要基于各教育机构、政府机关、图书馆、学术团体、研究机构的一些特色收藏制作,在一定范围内分不同层次发行,不完全面向公众发行,有时需要特别申请。例如教师的教学课件(CAI)、大学的学位论文,只在校园网络内的教学范畴允许使用。大部分特种文献,如会议论文、学位论文、科技报告等,均属于此类。

上述各类资源普遍具备编辑、审读、管理等相应的正式或半正式出版发行环节。其他资源如 FTP 资源、新闻组、论坛(BBS)、博客(blog)、个人视频(播客)、网络百科、电子邮件、社交网

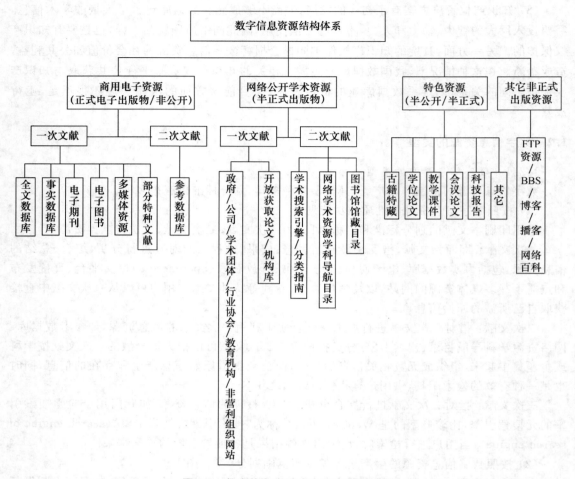

图 1-9 数字信息资源分类结构体系框架

络服务(SNS)等属于非正式出版物,这类资源的大众传播速度很快,受众广泛,由于缺乏编辑和审读,在学术研究方面仅有一定的参考性。

(3) 按照数字信息资源的载体与格式划分

按载体(media)划分,可分为光盘数据库、磁带数据库、硬盘数据库等。

按格式(format)划分:

① 文本:包括单纯文本 TXT、复合文本 PDF、XML、DOC 等;

② 音频:如语音、音乐、音响等,包括 WAV、MP3、WMA、RA 等格式;

③ 视频:如静止图像、动画、动态影像等,包括点阵图像格式(TIFF、GIF、JPG、PNG、PCD、MrSID)、矢量图像格式(EPS、FLA、SWF、SVG、VML、VRML 等)、动态图像格式(3D、MEPG1、MPEG2、MPEG4、MPG、AVI、MOV、WMV、RM、SWF)。

(4) 按照数字信息资源的学科划分

主要包括的学科有:农业、人类学、天文学、艺术、航空航天、生命科学、商业/经济、儿童、计算机、教育、电子工程、环境、地理、地质、地球物理学、政府出版物、医学/健康、历史、新闻、法律、图书馆/信息科学、文学、数学、音乐、网络信息/组织/服务、海洋学、营养学、物理学、化学、区域学、大众文化、体育/运动、宗教、科学、社会和文化、旅游、气象/气候/天气预报、饮食等,基本可以归纳为:学术信息,用于科学研究、科研信息发布等;教育信息,如教学课件、远程教学、学校信息、与专业、学科、教学相关的信息等;文化信息;政府信息;商业信息;有害和违法信息;等等。

1.2.2 主要信息资源类型介绍

下面我们对本书将要重点讲述的信息资源做一简要介绍。

(1) 参考数据库(reference database),指包含各种数据、信息或知识的原始来源和属性的数据库。数据库中的记录是通过对数据、信息或知识的再加工和过滤,如编目、索引、摘要、分类等,然后形成的,称为元数据。参考数据库的目的是指引用户能够快速、全面地鉴别和找到相关信息。

参考数据库主要包括:书目数据库、文摘数据库、索引数据库。书目数据库主要是针对图书进行内容的报道与揭示的,如各图书馆的馆藏机读目录数据库;文摘和索引数据库则相对期刊论文、会议论文、专利文献、学位论文等进行内容和属性的认识与描述,每一个具体的资源都有相应的描述元数据记录,著名的如《科学引文索引》(*Science Citation Index*)、《化学文摘》(*Chemical Abstracts*)、《工程索引》(*Engineering Index*)、《生物学文摘》(*Biological Abstracts*)、中国人民大学书报资料中心《中文报刊资料索引数据库》等。

(2) 全文数据库(full-text database),即收录有原始文献全文的数据库,以期刊论文、会议论文、政府出版物、研究报告、法律条文和案例、商业信息等为主。如美国的 LexisNexis 数据库、《学术研究图书馆》(*ProQuest Research Library*)及中国人民大学书报资料中心《复印报刊资料全文数据库》等。

(3) 事实数据库(factual database),指包含大量数据、事实,直接提供原始资料的数据库,又分为数值数据库(numeric database)、指南数据库(directory database)、术语数据库(terminological database)等,相当于印刷型文献中的字典、辞典、手册、年鉴、百科全书、组织机构指南、人名录、公式与数表、图册(集)等。数值数据库,指专门以数值方式表示数据,如统计数据库、化学反应数据库等;指南数据库,如公司名录、产品目录等;术语数据库,即专门存储名词术语信息、词语信息等的数据库,如电子版百科全书、网络词典等。

全文数据库与事实数据库在 20 世纪 70 年代曾被合并称为源数据库(source database),意指文献信息来源的数据库。后随着这两种类型的数据库的发展,逐渐分离。

(4) 电子图书(electronic books),最初的电子图书主要以百科全书、字典词典等工具书为主,但近年来发展迅速,已涉及到了很多学科领域,文学作品、学术专著所占比例越来越大,电子图书正在逐步发展成为比较主要的数字信息资源。

(5) 电子期刊(electronic journals, e-journal),包括:与纸本期刊并行的电子期刊,如著名的《科学》(Science)、《自然》(Nature)、中国电子期刊杂志社的期刊等,这些电子期刊网站有时也发展成为综合性网站,包含但不限于印本期刊的内容;纯电子期刊,如《数字图书馆杂志》(*D-Lib Magazine*)。

(6) 电子报纸(electronic newspaper),目前网上已有数千种报纸供用户使用。同电子期刊一样,电子报纸同样也有印刷型报纸的电子版和纯电子报纸两种类型,前者有时也发展成为包含但不限于印刷性报纸内容在内的综合性报纸网站,例如在《人民日报》内容基础上发展起来的"人民网"、在《光明日报》内容基础上发展起来的"光明网"等。

（7）开放获取资源（open access resources），简称 OA 资源，即作者和版权所有者授权所有用户免费、广泛和长期访问使用，可以以任何数字媒体形式进行公开复制、使用、传播、展示以及在原作基础上创作和传播其演绎作品的学术资源，OA 资源要求用户的使用是基于合法目的并在使用时注明引用信息。目前这类作品以论文为主，因此又称为 OA 论文。OA 作品发表后以一种标准的数字格式存储在在线仓储中，由研究所、学会/协会、政府部门等机构支持，称为 OA 仓储（archive）或者机构库（institutional repository）。如美国加州 Los Alamos 国家试验室的 arXiv 电子印本文档库（2001 年后转由康乃尔大学进行维护和管理）、《中国科技论文在线》平台等。

（8）特种文献：包括学位论文、会议论文、专利、标准、科技报告、内部刊物、教学课件等，这部分文献由于其出版一直是由各机构自主进行，发行范围有限，因此在印本资源中又称为难得文献、灰色文献（grey documents）；在数字资源中，大部分特种文献仍只限于各机构自身的特色收藏范围，但也有一部分作为数据库正式出版发行，如专利、标准、少量会议论文等。

（9）搜索引擎/分类指南（search engine/subject category），是目前利用互联网开放信息的常用工具，也可以称得上是互联网开放信息的索引目录。搜索引擎主要是使用一种计算机自动搜索软件，在互联网上检索，将检索到的网页编入数据库中，并进行一定程度的自动标引，用户使用时输入检索词，搜索引擎将其与数据库中的信息匹配，然后产生检索结果。例如常用的 Google、百度、Yahoo!、天网、Bing、搜狗等。分类指南是将搜索到的网页按主题内容组织成等级结构（主题树），用户按照这个目录逐层深入，直到找到所需文献。通常搜索引擎与分类指南是结合在一起的，例如 Yahoo!、新浪、搜狗等。

（10）网络学术资源学科导航：将互联网上的开放信息加以甄别、筛选和科学整理，按学科组织起来，构成完整的学科导航系统，为教学、科研、技术人员提供各类学术信息。与搜索引擎/分类指南不同的是，网络学术资源的学科导航库通常是由图书馆单独或联合建设的。

（11）FTP（File Transfer Protocol）资源，FTP 意为文件传送协议，是互联网上最早应用的协议之一，它可以使用户远程登录到远端计算机上，把其中的文件传回到自己的计算机上，或把自己计算机上的文件上传到远端计算机系统上。所谓 FTP 资源，是指互联网上的开放 FTP 站点，这些站点允许用户登录上去，从中下载各类数据、资料、软件等。有些搜索引擎，如天网、FTP 中国等，可以专门用来检索网上的 FTP 站点。

（12）其他：如网站、论坛（BBS）、新闻组、博客、个人视频（播客）、网络百科、社交网络服务等，也可以给用户提供一些有用的知识或动态信息。

第二节　数字信息资源的检索

数字信息资源的检索，是指通过检索系统，采用一定的技术手段，根据一定的准则，在数据库或其他形式的网络信息资源中自动找出用户所需相关信息。简单地说，是一个信息存取（information access）的过程，是人、计算机和网络共同作用下自动完成的。

数字信息资源的检索源于信息资源的大量产生和飞速增长。它的基本工作原理包括两方面：一方面，为保证用户全面、准确、快速地获得所需信息，要对海量原始数字信息进行收集、加工、处理，对其重新进行规范化的组织和管理，使之从无序变为有序，从分散变为集中，从广泛性变为具有针对性(如针对某一学科或某一特定人群),从不易识别变为特征化(例如标出原始信息的名称、主题、创作者等),以便于识别和查找。这些加工整理过的信息存储成为数据之后,即以数据库或其他形式的资源存在。另一方面,对用户所表达的信息需求进行分析,并与数字资源中的信息进行匹配运算,自动分拣出二者相符合一致的部分,输出给用户,即为检索结果。在网络环境下,数字信息资源的检索是由人和计算机(包括硬件环境和软件)共同来进行的,因此我们也可以称之为计算机信息检索。与传统的文献检索相比,它提高了检索效率和检索的准确性,节约了人力和大量时间,逐步深入到了社会生活的各个方面。

广义地讲,数字信息资源的检索包含上述两方面的含义(见图 1-11),即信息的"存"与"取"两个方面。狭义来看,则重点指后者(见图 1-10)。

图 1-10 的"数字信息资源检索"的流程图充分说明数字信息资源的检索过程:用户在检索界面上输入自己的检索式,并通过网络向数据库系统提交提问;检索系统将用户的请求与数据库中的信息进行匹配运算,将命中信息通过网络发回到用户的检索界面上,用户通过检索界面获得自己的检索结果。全部流程由数据库检索系统来控制运行。

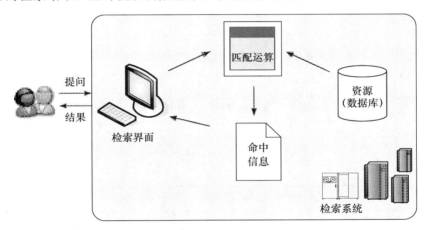

图 1-10 数字信息资源检索流程示例

2.1 检索系统及其构成

同数字信息资源的检索可以分为广义和狭义来理解一样,其检索系统同样也包含了这两方面的意义。广义的检索系统也就是现代意义上的数字图书馆系统,它包含了信息的采集、加工、组织、存储、管理、发布、检索、服务等诸方面及其相应设备。从数据库的物理构成和功能来分析检索系统时,这些方面是密不可分的。而如果单从存储和用户检索方式来理解,则可以单指检索及相关服务,即"取"信息这一部分。

2.1.1 检索系统的物理构成

从物理角度来讲,检索系统由硬件、软件、数据库三部分组成。

(1) 硬件(hardware):也可以说是硬件环境,是和计算机检索有关的各种硬件设备的总称,如大型计算机主机(服务器)、存储设备(硬盘、光盘、磁带等)、网络(广域网、局域网、存储区域网)、输入输出设备(键盘、打印机、鼠标等)、个人计算机(PC)或网络计算机终端(NC)等。

(2) 软件(software)：与计算机检索相关的数据库系统软件及相关应用软件。包括：信息采集、存储、信息标引加工、建库、词表管理、用户检索界面、提问处理、网络发布、数据库管理等模块。随着网络和计算机技术的发展，软件的开发平台、程序语言的持续升级，用户功能需求的增加，这一部分的具体结构也在不断发生变化。

(3) 数据库(database)：数据库是指按一定方式、以数字形式存储、可通过计算机存取、相互关联的数据集合。数据库的特点是：重复数据少；可以共享数据资源，以最优的方式为一个或多个应用服务；数据具有独立性，其存放独立于应用程序之外。由于数据库中的信息都经过了详细、精心的选择和加工，主题化，有序，能够提供多种检索途径，因此相对互联网上无组织和大量无用的信息来说，检索结果准确，时间少，价值高。从发展的角度看，以网络为中心的分布式数据库系统是今后的发展趋势。

2.1.2 检索系统的功能构成

按照功能划分，广义的检索系统(信息资源服务系统)又可以分为以下几个模块，这些模块存在于多个独立的系统平台中，通过系统协议、接口构成整体的数字图书馆系统，如图 1-11 所示。

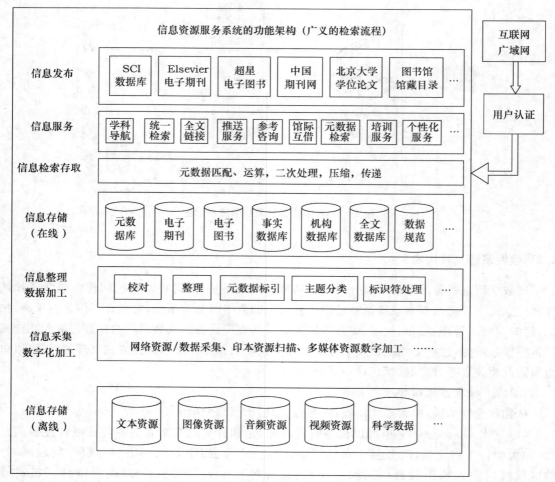

图 1-11 信息资源服务系统功能架构(广义的检索流程)

(1) 信息采集加工模块(collecting and digitizing)：连续、快速地采集各类信息，或对传统的印本文献、视音频资源进行数字化加工，为数据库提供充足的数据来源。在传统的信息采集工作中，这项工作主要是收集印刷型文献中的信息，因此以人工为主，计算机只起辅助作用，如录入、扫描（包括扫描后的光学字符识别）、视音频捕捉等。现在，随着原生数字资源(born-digital)的快速发展，智能型软件（如搜索引擎应用的机器人软件）正在逐步取代人工的工作，越来越多的信息采集工作是由系统自动进行，只由人工进行质量控制的。

(2) 信息存储模块(repositories)：也可以称保存系统，如同传统图书馆要有书库来收藏书刊一样，本模块的功能是对数字资源进行存储和管理，数字资源按照不同类型（如文字、声音、图像、数字等），按不同的格式（如.gif、.jpeg、.doc、.html、mpeg、avi 等）被存储在不同的数据仓库中。存储介质包括磁带、硬盘、光盘。存储又分类为在线存储和离线存储：离线存储通常用于资源的长期保存，在线存储则主要直接用于检索服务。

(3) 信息处理模块(information processing)：即对信息的内容和特征进行分析，对其进行整理、元数据标引、分类等，给出一定数量的标识，作为信息组织、存储与检索的基础。例如信息的名称、创作者、主题、分类、出版/生产时间、出版/生产者、关键词等，都可以作为信息的描述性标识。

传统的标引著录多针对印刷型文献，因此采用人工标引录入的方式，速度较慢。而数字化信息的产生正在使标引著录逐步走向计算机化、智能化，信息的著录格式也逐步由以往常用的机读目录格式(MARC)转为多元化的元数据(metadata)格式，使得著录更具有专指度和快速。

(4) 规范模块(authorities)：指对信息特征和用户提问的语言形式做出规定，如主题词表、人名规范、地名规范、时代名称规范等，目的在于，一是使用户的检索更具准确性；二是逐步形成一个知识网络，通过相关信息的提供，使用户的检索更为完整。在传统的计算机检索系统中，规范模块是封闭的，各种规范也是相对独立的，只能由信息的加工者使用、修改和维护。而在网络环境下，各种规范模块已逐步融合成为网络知识组织体系(networked knowledge organization systems)，其中的一部分，特别是主题词表部分已逐步开放，自动积累吸收用户的词汇，因此更加完善。规范系统在使用中，可以独立于数据库系统之外，与数据库系统挂接使用。

(5) 检索存取模块(access)：也就是狭义理解的检索系统，即将用户的需求进行分析，并和数据库中的信息匹配运算，再反馈给用户所需的检索结果。检索模块一般包含有：

① 检索界面：即人-机接口；
② 检索功能：如简单检索、复杂检索、浏览、图像检索、导航、统一检索等；
③ 检索途径：如题名、作者、主题、文摘等检索入口；
④ 检索技术：如布尔逻辑、组配检索、截词符、词根检索、位置算符等；
⑤ 检索结果：打印、存盘、结果格式、二次检索等；
⑥ 提问处理：也可称匹配运算，即处理和运算用户的检索式。

在网络环境下，为了更好地根据用户需求完善数据库系统，检索模块同时具备交互功能，即自动收集、累积用户的检索需求，再由管理系统进行分析。

(6) 内容发布模块(publish)：将数据库内容传递到网络上，让用户以常规手段（如通过浏览器）查询浏览。这方面的技术涉及到网络协议、媒体特性、易用性、信息导航、语言转换等许多方面。

(7) 服务模块(services)：这是在传统检索系统基础上发展起来的新功能。即不仅向用户提供检索，也在信息资源基础上，根据用户需求，为用户提供一些可定制的服务，以及由系统主动向用户提供新的服务内容，如从文末的参考文献直接到全文的链接(reference linking)，在检索系统中提供培训教程，用户订制的推送服务，如最新期刊目次报道(E-mail alert)、内容聚合服务(RSS)，根据用户反馈回来的请求为用户提供文献传递服务(document delivery)，虚拟咨询服务(virtual reference)等。

(8) 管理模块(administration)：主要指管理客户端，即对用户和用户行为进行管理和调查分析。主要包括三个部分：一是对用户的管理，如用户类型、用户认证、用户权限、IP(Internet Protocol)地址控制、用户名和密码、并发用户限制等。二是运用数学和统计学方法，对用户行为的各种相关信息进行累积、加工、分析，生成各种状态报告，提供给数据库生产者、系统开发者和用户，以便对数据库及其系统进行修改、完善，使其不断得到提高。如用户使用统计报告，就可以通过对用户使用情况的统计数字，来分析用户是否很好地利用了数据库，其中反映了什么问题。三是监控系统使用情况，如观察用户有无违反版权规定、恶意下载(abuse)现象，并对违法用户进行相应处罚。

管理模块同样包括为机构用户(如图书馆)提供的业务管理服务，如下载 MARC 格式的书目数据，简单地修改页面设置，查看本馆用户的使用统计，下载出版物列表等。

图 1-11 中，信息采集加工、信息整理/数据加工、信息存储都是基础性功能模块，用户检索时是看不到其存在的；而由信息发布、信息服务、信息检索存取以及用户认证共同组成的网络门户，面向最终用户，统一服务，则是用户最经常接触的功能，因此通常理解的检索、检索系统和检索流程主要指的就是这部分。

2.2 与检索和检索系统相关的网络基础知识

前面已经提到，数字信息资源是基于网络环境的发展而迅速增长的，因此，要掌握数字信息资源的检索，首先就要了解一些与网络相关的基本概念和基本知识。

2.2.1 网络

从概念上讲，网络可分为狭义和广义的解释。狭义即指理论上常说的计算机网络，是由地理上分散的具有独立功能的多个计算机系统，通过通信线路和设备互联而形成的网络系统。这些计算机通过运行网络软件，可以在网络中的各个计算机之间进行数据通信。计算机网络的功能包括：

(1) 数据传递：在计算机之间快速和可靠地传输数据。

(2) 共享资源：用户不受地理位置和时间的限制，可以随时随地使用网络中的数据、软件和硬件设备。

(3) 提高系统的可靠性：一旦系统中的某台计算机发生故障，预先设置的备用计算机可以迅速接替它的工作。

(4) 负载平衡：当某个计算机工作繁重时，可以通过网络把一部分任务分配给相对空闲的计算机去处理，提高了系统的处理效率。

(5) 分布式处理：一项复杂的任务可以分成许多部分，由网络内各计算机分别完成有关部分，使整个系统的功能大为增强。

从广义上讲，网络指 Internet，是世界上最大的计算机互联通信网络，最早起源于美国国防部的计算机网络 ARPAnet。它本身不是一种具体的物理网络,而是一种虚拟的计算机网络。互联网络实际上是把全世界各个地方已有的各种网络,如计算机网络、数据通信网以及公用电话交换网等通过 TCP/IP 协议相互联结,组成一个跨越国界的庞大的综合网络。

网络按照距离远近、地理覆盖范围可分为:

广域网(wide area network,WAN):分布距离大于 50 公里,可以覆盖多个单位或多个国家,如我国的 ChinaNet、CERNET 等。

局域网(local area network,LAN):分布距离在 10 公里范围内,通常为某个单位专用,如北京大学校园网等。具有结构简单、投资少、数据传输速度快、可靠性好、保密性强等特点。

2.2.2 网络体系结构与通信协议

在计算机网络中,为了使计算机或终端之间能够正确地传送信息,必须有一套关于信息传输顺序、信息格式和信息内容等的约定。这一整套约定称为通信协议。为了降低协议设计的复杂性,大多数网络按层的方式来组织。层和协议的集合统称为网络体系结构。在计算机网络最初发展的时代,不同的网络,其网络体系结构也有所不同。为促进网络技术的进一步发展、应用,国际标准化组织(ISO)于 1981 年颁布了开放系统互联(Open System Interconnection,OSI)参考模型,也就是人们常说的"七层模型"。它规定了不同计算机网络连网的框架结构,将整个网络的通信功能分为七个层次,即低三层——物理层,数据链路层和网络层,和高四层——传输层,会话层,表示层和应用层。每层间有相应的通信协议,称作同层协议,相邻层之间的通信约束称作接口。OSI 参考模型最终被开发成全球性的网络结构,促使所有的计算机网络走向标准化,具备了互联的条件。

目前在计算机网络中最为通用和广泛接受的协议是:

TCP/IP 协议:全称是 Transmission Control Protocol / Internet Protocol,即传输控制协议和网际协议,最初由美国国防部开发并应用于 ARPAnet。其中 TCP 协议对应于 OSI 七层的传输层,提供面向连接的可靠传输数据服务,以便确保所有传送到某个系统的数据正确无误地到达该系统。IP 协议对应于 OSI 七层的网络层,制定了所有在网络上流通的包标准,提供了跨越多个网络的单一包传送服务。TCP/IP 协议是世界上应用最广的异种网互联的标准协议,是 Internet 的核心协议。

IEEE 802 协议:由电气电子工程师协会(The Institute of Electrical and Electronic Engineer,IEEE)制定,对应于 OSI 七层中的物理层和数据链路层,主要应用于局域网技术。局域网由于低层采用了 802 标准协议,可以很容易实现互联。

2.2.3 主机与终端

在计算机网络中,主机和终端是进行全网的数据处理和向用户提供网络资源及网络服务的主体设备。

主机(host):即主计算机系统,负责数据处理和网络控制,为本地用户访问网络或其他主计算机设备、共享资源,以及为网中其他用户共享本地资源提供服务。主机可以是大型机、中型机、小型机、工作站或微机,可以与其他模块或网络中的主机相连。

终端(terminal):是网络中用量大、分布广的设备,直接面对用户,是用户进行网络操作、实现人-机对话的工具。常见的终端设备分为两类:一类是以个人计算机(PC)为代表的基于开放性工业标准架构、功能比较强大的"胖"终端,一类是以网络终端(NC)为代表的"瘦"终端,后者既可以做桌面设备使用,也能够以移动和便携方式使用,可以有 Unix 终端、Windows 终端、Linux 终端、Web 终端、Java 终端等。

2.2.4 客户端/服务器模式(Client/Server)

简称 C/S 结构,是 Internet 的服务模式。

在网络出现的早期,一些公司使用网络技术将远程终端连接到中央计算机上,这些终端是在中央计算机完全控制下工作的,这就是所谓"主从式"(或主仆式)模式,本书后面将要讲述的"联机检索"即是这种模式。

随着计算机技术的发展,C/S 模式很快发展起来,这种模式就是将网络中需要处理的任务分配给客户端和服务器共同完成,其基础就是分布式计算。其中服务器是提供服务,客户端是进行访问服务的。

客户端:也可以称客户机,主要用于运行客户软件,与服务器进行交互,生成一个请求,通过网络发送请求到服务器,然后等待回答。客户机通常由个人计算机担当。客户端软件有通用型的,如 Netscape、Internet Explorer、Firefox、E-mail 软件等,适用于任何资源,也有人称此为浏览器/服务器模式(Browser/Server),即 B/S 模式;也有专用的,只适用于某种类型的资源,如 Adobe Acrobat Reader,用于阅读 PDF 文件。

服务器:由一些更为复杂的软件组成,在接收到客户机发来的请求之后,分析其请求,并给予回答,回答的信息(数据包)通过网络发到客户机,客户机接收到请求后,再将结果显示给用户。

与客户机不同,服务器端的程序必须一直运行,随时准备接收请求,客户机可以在任何时候访问服务器。服务器由于负担较重,一般运行在大型、中型、小型计算机或高配置的微机上,以便响应多个客户请求,运行多种服务程序。

2.2.5 浏览器/服务器模式(Browser/Server)

B/S 模式又称 B/S 结构。它是随着 Internet 技术的兴起,对 C/S 模式应用的扩展。在这种结构下,用户工作界面是通过浏览器来实现的。B/S 模式最大的好处是运行维护比较简便,能实现不同的人员,从不同的地点,以不同的接入方式(比如 LAN,WAN,Internet/Intranet 等)访问和操作共同的数据;最大的缺点是对外网环境依赖性太强,由于各种原因引起外网中断都会造成系统瘫痪。

C/S 和 B/S 模式是目前最主流的两大软件计算架构模式,二者各有千秋,在适用 Internet、维护工作量等方面,B/S 比 C/S 要强得多;但在运行速度、数据安全、人机交互等方面 B/S 不如 C/S。二者在硬件环境、安全要求、程序架构、软件重用、系统维护、处理问题、用户接口、信息流等方面都有很大差别。

2.2.6 地址与域名

为了使用户能够在 Internet 上方便而快捷地找到需要与其连接的主机,必须解决如何识别网上主机的问题。Internet 通过 IP 协议(Internet Protocol)解决了这个问题,即给每台主机统一分配一个地址,并隐藏了原来的物理地址,这个地址即被称为"IP 地址"。

IP 地址由四节数字组成,每节数字的取值范围从 0 到 255,每节数字之间用"."隔开。根据网络规模的大小,IP 地址可分为 A、B、C、D、E 五类,其中 A、B、C 为主要类型地址。A 类为大型网,IP 地址第一节作为网络地址,后三节作为网内主机地址,可容纳 1 600 多万台主机;B 类为中型网络,IP 地址中网络地址和主机地址各占两节,可容纳 6 万多台主机;C 类为小型网络,IP 地址的前三节用作网络地址,最后一节为主机地址,可容纳 254 台主机。例如 162.105

141.1 为北京大学某一台主机的地址,北京大学校园网为中型网络,前两节即为北京大学校园网的网络地址,这台主机的地址即为一台 B 类网络计算机的地址。

有多少个 IP 地址,就意味着有多少台计算机在 Internet 上。通常 Internet 的服务机构从 Internet 网络信息中心 InterNIC 那里先注册,成批得到 IP 地址后,再依次分配自己的用户使用。用户使用的 IP 地址可以是固定不变的,也可以是动态的(dynamic),即随机得到某一个 IP 地址段内的某一个主机地址。

上述是目前我们使用的第二代互联网 IPv4(Internet Protocol Version 4)技术,它的最大问题是网络地址资源有限,从理论上讲,可编址 1 600 万个网络、40 亿台主机。但采用 A、B、C 三类编址方式后,可用的网络地址和主机地址的数目大打折扣,以至目前的 IP 地址近乎枯竭。其中北美占有 3/4,约 30 亿个,而人口最多的亚洲只有不到 4 亿个,中国只有 3 000 多万个,由于地址不足,严重地制约了我国及其他国家互联网的应用和发展。

在这样的环境下,IPv6(Internet Protocol Version 6)应运而生,标志着下一代互联网技术的应用。IPv6 将 IP 地址长度从 32 位扩展到 128 位,所拥有的地址容量是 IPv4 的约 8×10^{28} 倍,不但解决了网络地址资源数量的问题,同时也为除电脑外的设备连入互联网在数量限制上扫清了障碍。

有了 IP 地址,仍存在另一个问题,就是普通用户记住抽象数字的 IP 地址是很困难的。为了向一般用户提供一种直观明了的主机识别符,TCP/IP 协议专门设计了一种字符型的主机命名机制,也就是域名系统 DNS(domain name system),其结构如下:

主机名. 机构名. 网络名. 顶级域名

例如清华大学的域名为:www.tsinghua.edu.cn,其结构即为:

www 服务器. 机构名. 教育机构. 中国

域名系统是分层管理的。其中顶级域名和第二级域名由 InterNIC 管理。顶级域名包括三类:国家,如 cn 代表中国,uk 代表英国,jp 代表日本;国际组织,国际联盟、国际组织可在".int"下注册,如世界卫生组织(World Health Organization)的域名为 www.who.int;通用型第一级域名,如".edu"表示教育机构,".com"表示商业公司,".info"表示信息服务单位。

中国所有的域名都是在".cn"下的二级域名,域名注册由中国互联网信息中心(CNNIC)管理。

域名系统的使用是在域名服务器的支持下完成的,即由域名服务器保存域名信息,负责从域名到主机的 IP 地址的解析。例如某用户输入北京大学图书馆的域名 www.lib.pku.edu.cn,此域名即由域名服务器解析成 IP 地址 162.105.138.158,找到该机构的主页。

2.2.7 其他基本概念

浏览器(browser):在客户端运行的、用于连接到 Internet、浏览各类网络资源的软件,可从不同的服务器上获得信息,支持各种类型的文件。常用的浏览器如微软公司的 Internet Explorer(IE)和开源软件 Firefox(火狐)等。

WWW:万维网,是 World Wide Web 的缩写,是一种信息查询系统,也是 Internet 上的一种服务。从某种程度来讲,由于它可以支持各类文本、图形、动画、声音,在 Internet 上越来越普及,几乎成为 Internet 的代称。

HTTP:超文本传输协议,Hyper Text Transfer Protocol 的缩写,是客户端与服务器之间的通信协议,在 WWW 上使用。使用者通过这种协议向服务器端索取资料,服务器端也通过这种协议向浏览器送回资料。

URL：统一资源定位符，Uniform Resource Locator 的缩写，是每一信息资源在网上的唯一地址，由资源类型、存放资源的主机域名及资源文件名组成。例如：

http://www.interscience.wiley.com/index.html

其中 http 表示资源类型是超文本信息，www.interscience.wiley.com 表示主机域名，index.html 表示资源文件名称。

HTML file：超文本文件，HTML 是 Hyper Text Markup Language 的缩写，最大的特点是存在链接功能，可以从网页上的某一点直接指到另一个地方。

XML file：XML 是 Extensible Markup Language 的缩写，意为可扩展的标记语言，是一种能够为各个特定领域创建标记语言的元标记语言，描述了文档内容的结构和语义，是建立在 HTML 基础之上的，对用户来说，XML 文档表面上与 HTML 文档没有什么视觉的差别，因此用户略知道一二即可。

2.3 检索及检索系统类型

联机检索(online retrieval)是指用户利用计算机终端设备，通过通信线路或网络，在联机检索中心的数据库中进行检索并获得信息的过程。

联机系统由联机检索中心、通信设施、检索终端三部分组成(参见图 1-12)。联机检索中心是该系统的中枢部分，主要包括中央计算机(硬件)、数据库、系统和检索软件等。中央计算机又称为"主机"，其功能是在系统和检索软件支持下完成对信息的存储、处理和检索。通信设施由通信网(电话网、专用数据库网等)、调制解调器及其他通信设备组成。终端则可以使用传统的终端机或个人计算机。

联机检索的工作原理是：用户用电话或专用线接通检索中心，在终端键入指令，将信息需求按系统规定的检索命令和查询方式经过通信网络发送到系统的主机及数据库中，系统将用户的请求与数据库中的数据进行匹配运算，再把检索结果反向送回到检索终端。

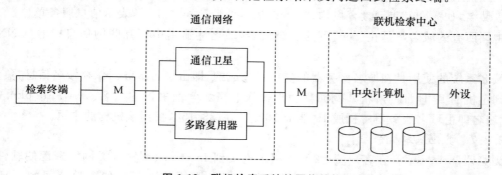

图 1-12 联机检索系统的网络结构

联机检索系统的特点是：

(1) 数据库数量多，信息量大，内容丰富。以 Dialog 系统为例，目前已有数据库 600 多个，记录数亿条，内容广泛，涉及自然科学、人文及社会科学多个领域。检索时可以一次检索多个数据库，检索范围广泛全面。

(2) 数据库更新快，每日可随时进行更新，可以很容易检索到最新文献。

(3) 数据库和系统集中式管理，安全性好，可以在存储设备上直接处理大量数据，但主机的负担重，网络扩展性差。

(4) 检索模式：主仆式，即所有的工作都在主机上进行，一旦主机瘫痪，所有系统都处于瘫痪状态，因此对主机的性能要求极高。

(5) 信息组织模式：普通线性文本，包括：按照文档号组成的顺排文档；按照记录的特征标识（如题名、作者等）组成的倒排文档。文档的基本组成单位是记录。文档之间没有任何关联。这种信息组织模式有利于高效、准确的检索，但很难建立知识的体系。

(6) 检索机制：检索功能强，索引多，途径多，所有的数据库使用统一的命令检索，因此可以同时保证查全、查准，检索效率和检索质量高。但系统要求必须使用统一的检索命令，用户必须记住各类检索指令并且能够灵活综合运用，因此必须由专业人员检索，例如在图书馆或专业信息机构中，都有专门人员负责联机检索。这种检索机制不利于在网络环境下扩展为大规模的使用。

(7) 检索费用高，每下载一条记录都要支付相关费用，包括记录的显示或打印费、字符费、机时费、通信费（由于系统连接需通过通信线路（如电话）或网络进行，需支付高额通信费用），检索时必须快速进行，一般用户因此望而却步，不知或不敢使用。

(8) 检索界面单一，过于呆板。

自 20 世纪 70 年代以来，联机数据库检索系统发展异常迅速，盛极时曾有 Dialog、STN、LexisNexis、ORBIT 等多个大型检索系统，为用户提供了高质量、远胜于传统手工查询的信息服务，几乎每个图书馆或信息服务机构、中大型公司里都有专门进行联机检索、为用户或本机构决策提供信息服务的检索专家。

但进入 80 年代末、90 年代初以后，互联网的迅速发展，导致越来越多的用户在网上自行寻找自己所需的信息，而联机检索由于对检索人员的要求高、费用贵等原因，开始进入衰退时代，几家著名的联机检索公司逐渐被购并或倒闭，仅存的 Dialog 公司、LexisNexis 公司等，被购并后仍保留了原有的系统名称和品牌，但也相继推出了基于互联网的网络检索机制，以提供非专业的检索用户使用。目前，联机检索的方式虽然仍然存在，但与后来居上的光盘检索、网络检索相比，用户量较少，大部分使用者仍然是检索专家。

2.4 光盘数据库检索

光盘数据库通常是指 CD-ROM 数据库。CD-ROM（compact disc read-only memory），意为只读光盘，轻便、灵活、体积小、容量大，一张只读光盘的最大存储量为 700M，可存储文字、图片、图像、声音等。

光盘数据库检索产生于 80 年代末，最初是在微机上，利用微机的光盘驱动器进行单机检索，以后随着数据库容量和光盘数量的增加，逐渐发展出了联机光盘检索。

单机光盘检索系统由微机、光盘驱动器（光驱）、光盘数据库、系统软件等组成，自成系统，在微机上即可检索数据库，可供单用户进行本地检索。由于单机检索可支持的同时检索的光盘数量有限，使用的数据量较小，通常使用者为个人用户。当一个数据库有若干张光盘时，使用单机光盘检索就很不方便，必须不停地在光驱上退盘、插盘。因此，在数据库飞速发展的今天，一般图书馆、信息服务机构都使用联机光盘检索。

联机光盘检索是指把单用户系统发展成多用户的局域网系统，通过网络（如校园网）连接多个用户终端,用服务器管理多组光盘数据库及其检索系统。联机光盘检索系统由若干台微机、光盘驱动器、光盘服务器、光盘数据库、检索系统软件、管理系统软件构成(参见图 1-13),择要说明如下:

光盘服务器:在整个光盘检索系统中起着主控作用,当终端用户访问光盘塔上的数据时,服务器传输映射命令,控制光盘塔上的光驱工作,再把光盘塔上查询到的数据反传给客户端。光盘服务器可选用性能好、高配置的专用 PC 服务器。

光盘驱动器:主要指塔式光盘驱动器(光盘塔)、光盘库。光盘塔由若干光驱(标准配置为 7 个、14 个、28 个等)组成,可同时支持几十张甚至上百张光盘的检索,实现数据共享,统一管理光盘数据。光盘库(Jukebox)可同时存储大容量、多盘片光盘(几百张),并同时读取若干张光盘(4 光驱、6 光驱等)。二者的不同之处在于:光盘塔可存储的光盘容量有限,但数据均为在线数据(online data),不需再次调用光盘即可检索;光盘库的光盘存储量则比较大,但数据为半在线数据(nearly online data),必须通过索引盘调用数据光盘才能使用,检索时间长,检索效率比较低。考虑到这两方面的缺陷,综合二者的优点,现在又发展出了磁盘阵列,即把若干硬盘挂接在光盘服务器上,将光盘数据拷入硬盘中,做虚拟光盘检索,这样即可以实现大容量数据存储,也可以缩短读取数据的时间;当然,展现在用户客户端上的,仍是光盘检索的形式。

软件系统:包括服务器端和客户端软件,以及数据库检索系统。服务器端软件最常见的是基于 Windows NT 开发的光盘服务器操作系统,主要用于管理光盘数据库、调度光盘数据、记录和统计用户使用情况。客户端软件主要用于接受用户请求,提供各种检索途径,将用户请求发送到服务器端,并将检索结果显示给终端用户。数据库检索系统主要用于管理不同数据库的数据,接收用户请求,进行匹配运算,再将数据返回到客户端。数据库检索系统和客户端软件通常因数据库的不同而不同。

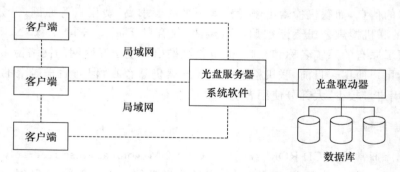

图 1-13 联机光盘数据库检索结构

联机光盘检索系统的特点是:

(1)由于存储介质和空间的限制,数据库数量没有联机检索多,信息量不够大,多以二次文献(文摘、索引)为主。

(2)数据库系统建立在用户方,出版商必须寄送光盘给用户,因此更新速度慢,一般为月更新或季更新。这方面不如联机数据库和网络数据库,后两者的数据库更新可以随时进行,频率通常为日更新和周更新。

(3)与网络数据库检索相比,数据库和系统集中式管理,负担重,数据库和用户越多,响应时间越长。

(4) 检索模式：以客户端/服务器方式为主，客户方在微机上运作，这种检索模式与联机数据库相比，检索效率提高了很多。

(5) 信息组织模式：普通线性文本。

(6) 检索机制：检索功能强，索引多，不同的检索系统使用不同的检索命令，具备命令检索和菜单检索两种方式，后者对非专业人员来说，易学易用。

(7) 系统访问通过局域网就可以进行，不受大的网络环境影响，不需支付网络通信费用。

(8) 检索环境宽松，不存在联机检索的通信费、机时费、数据费，检索费用低。

(9) 用户界面比较友好，较为直观。

光盘数据库检索从 20 世纪 80 年代后期开始，经历了大约 10 年左右比较兴盛的发展。从九十年代后期开始，随着互联网的发展，特别是一次文献数据库业（电子期刊、电子图书、事实数据库等）的壮大，光盘数据库逐步暴露出其局限性，无法提供大数据量的存储和大用户量的访问。因此，在网络比较发达的地区，已逐步为网络数据库检索取代。目前，光盘数据库仍在局域网条件较好、广域网发展尚不成熟的地区广泛使用。

2.5 网络数据库检索

网络数据库（web-database）检索（参见图 1-14）是指用户在自己的客户端上，通过互联网和浏览器界面对数据库进行检索，这一类检索系统都是基于互联网的分布式特点开发和应用的，即：

数据库分布式存储，不同的数据库分散在不同的数据库生产者的服务器上；

用户分布式检索，任何地方的终端都可以访问并存储数据；

数据分布式处理，任何数据都可以在网上的任何地点进行处理。

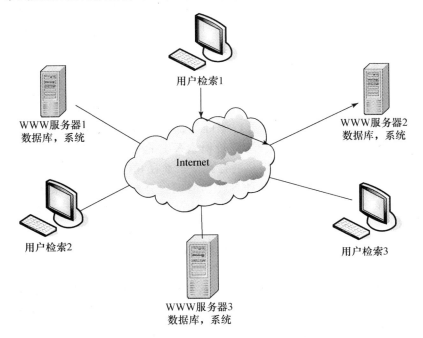

图 1-14 网络数据库检索模式

网络数据库检索系统特点：

(1) 数据库分布式存储，且多存放在硬盘上，因此数量多，信息量大。同时由于超文本语言和超文本传输协议的作用，提供了大量相关资源的链接，使资源内容更加丰富。

(2) 数据库内容形式向多媒体化发展，不仅有文本，还有大量图像、动画、声音等，给用户提供了更为直观的服务。

(3) 数据库更新速度快，一般为日更新。

(4) 数据库和系统分布式管理，响应速度快。

(5) 检索模式：以客户端/网关服务器/服务器方式为主，客户方在微机上运作，分析从服务器上返回的数据，给用户显示信息；服务方则给用户提供客户端应用程序，通过网关分析处理各类请求，并提供数据服务，提高了检索效率。

(6) 应用程序与数据隔离，数据相对独立、完整、安全性好；但对客户方来说，由于访问是通过互联网进行的，安全性较差。

(7) 信息组织模式：非线性化，超文本形式，因此可以从某一资源点上快速、直接地指向相关资源链接点。

(8) 检索机制：检索功能强，索引多，多数通过WWW浏览器提供检索，对非专业人员来说，易学易用。缺点是，不同的数据库使用的检索系统不同，检索命令也不尽相同，仍需用户下一番功夫学习检索系统的使用。

(9) 系统访问通过互联网进行，在网络条件不发达地区，用户需支付通信费用。

(10) 检索环境宽松，检索费用较联机检索低很多。但由于数据库开发费用较高，价格较高，因此总体费用高于光盘检索。

(11) 用户界面多基于WWW浏览器开发，方便友好。

网络数据库的发展兴起于20世纪90年代中期，很快就得到了用户的好评和广泛使用，在网络条件好的地区尤其如此。因此，很多数据库商都积极地将检索系统从光盘版升级到网络版，并针对不同用户的需求提供不同的检索系统，例如《化学文摘》(CA)数据库，就同时具备光盘检索系统CA on CD和网络数据库检索系统SciFinder Scholar两种类型。

2.6 检索系统评价

使用一个检索系统，要相应地对其进行评价，从而确定一个检索系统是否做到了功能全面、界面友好和服务周到，下列指标可作为评价检索系统的主要指标(参见表1-6)。

检索功能：主要是指系统提供给用户的各种检索途径和检索入口，可供选择的越多，相对用户就越方便。比较关键的问题是如何使各种功能配置合理，并在检索系统首页上选择用户最易接受的缺省功能。这方面不同的检索系统使用的方法不尽相同，本书将在今后各章中逐步介绍。

检索技术：即系统是否允许用户使用各种检索技巧，以便更准确和快速地找到自己所需信息。关于这方面的内容，将在第三节中详细介绍。

检索结果：即用户是否得到了内容全面、下载和使用均比较方便的检索结果，例如显示格式包含的内容是否全面；检索结果数量较多时是否允许在翻页的同时标记记录；是否提供存盘、打印、E-mail发送等多种下载功能；检索结果是否与其他资源之间存在链接，为用户提供查找到其他资源的捷径等。

用户服务：主要是指在检索功能之外，系统还为用户提供了哪些服务。如：检索帮助文件是否完整、详细、易查；是否可以记录读者的检索历史，以便用户随时可以利用和翻看以前的检索结果；有无词表、名录等常用参考工具，可随时查阅；允许用户对检索界面做一些小的调整，更方便使用；电子期刊提供最新目次报道服务；网上提供培训教程，便于用户自我培训等。

本章第三、四节将对上述检索系统指标进行详细介绍。

表1-6　检索系统评价的主要指标

检索系统：□光盘版　□网络版				客户端软件：□有　□无	
检索功能		检索技术	检索结果		用户服务
浏览功能	出版物名称	布尔逻辑	显示格式(字段内容)	检索辅助	各种说明、帮助
	主题	组配检索	标记记录(翻页时是否保留标记)		用户指南
	索引（字段浏览）	截词算法	排序方式：相关度/日期		培训教程
		位置算法(position, proximity)	翻页	参考工具	主题/关键词表
			检索结果调整：调整检索结果数量		刊名列表
简单检索		词根检索(stemming)	调整检索结果格式		名录
复杂检索		嵌套运算（优先算符，nesting）	调整检索结果排序		百科全书/字典词典
自然语言检索			调整最大显示数量		
多媒体内容检索		大小写敏感	保存(打印、存盘、E-mail)		主题网关/门户网站(subject gateway/portal)
全文检索		禁用词表	二次检索		
可视化检索		相关检索(扩展或近义词检索)	相似/相关文献		
可检索字段	作者	引文检索（或结果的相关链接）	引文统计	定制服务	个人检索历史保存
	文献篇名		全文链接：与同一数据库内其他记录的链接		推送服务：邮件/RSS
	出版物名称				界面个性化调整
	文摘		与同一系统内其他数据库链接		
	主题/关键词				
	机构名称		跨系统/数据库全文链接		文献传递服务
	引文	检索限定	与本馆馆藏链接		统一检索/整合发现
	…	…	全文：格式(HTML文件/PDF文件)		元数据整合
其他…		其他…	是否专用浏览器		导航服务

2.7 检索语言

2.7.1 检索语言的概念与作用

检索语言(information retrieval language)，是信息存储与检索过程中用于描述信息特征和表达用户信息提问的一种专门语言。所谓检索的运算匹配就是通过检索语言的匹配来实现的。检索语言是人与检索系统对话的基础。

当存储信息时，检索系统对文献内容进行分析，概括分析出若干能代表文献内容的语词，并赋予一定的标识，如题名、作者、主题词等，作为存储与检索的依据，然后纳入到数据库中。

当检索信息时，检索人员首先要对检索课题进行分析，同样形成若干能代表信息需求的语词，然后通过检索系统在数据库中匹配具有同样语词和标识的文献，找到自己所需的信息。

不同的检索语言构成不同的标识和索引系统,提供用户不同的检索点和检索途径。

图 1-15 为检索语言在信息存储和检索过程中的作用。

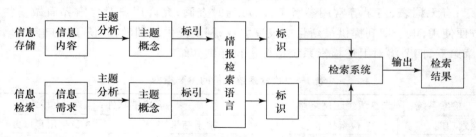

图 1-15　检索语言在信息存储与检索中的作用①

下面一个例子②可以说明这个过程。有三篇文献,篇名分别为:

文献 1:A model of multimedia information retrieval

文献 2:The Information retrieval in chemistry WWW server

文献 3:ERIC resources

在对信息存储的过程中,对这三篇文献内容分别进行了分析,并使用检索语言对其进行标引,标引结果为:

文献 1:篇名(title):A Model of multimedia information retrieval
　　　　主题(subject):information retrieval,multimedia computer applications

文献 2:篇名(title):The Information retrieval in chemistry WWW server
　　　　主题(subject):chemistry,educational materials

文献 3:篇名(title):ERIC resources
　　　　主题(subject):educational materials

标引后这三篇文献分别被存储进数据库。

在对信息检索过程中:

如果用户输入"information retrieval"一词,并将检索范围限定在篇名中,则文献 1 与文献 2 符合用户要求,成为检索结果;

如果用户输入"information retrieval"一词,并将检索范围限定在主题中,则只有文献 1 符合用户要求,成为检索结果;

如果用户输入"educational materials"一词,并将检索范围限定在主题中,则文献 2 和文献 3 符合用户要求,成为检索结果;

如果用户输入任意其他词汇,如"physics",则没有任何检索结果。

在上述例子中,"information retrieval"、"educational materials"都是检索语言,篇名和主题则是检索语言的标识,检索系统就是通过他们将用户需求与信息内容进行运算匹配,最终找到检索结果的。

---

① 改编自张琪玉《情报检索语言》。

② 取自 ProQuest Research Library 数据库,关于该数据库情况,详见第四章。

由这个例子可以看出，检索语言的主要作用就是对文献的外部特征和内容进行多层次描述，提供多种检索途径，以方便用户从不同角度检索查找。

对每一种文献的外部特征和内容属性进行描述的数据，称之为元数据，即关于数据的数据。例如下面这个例子，就是关于《中国文学史》这本书的元数据。

题名：中国文学史
作者：游国恩……［等］主编
出版项：北京：人民文学出版社，1982
载体形态：4 册，20 cm
主题：文学史，中国，高等学校，教材
中图图书分类法类号：I209-43

一般情况下，对数据库的检索，主要就是检索元数据，即二次文献检索。

2.7.2 检索语言的类型

检索语言分为人工语言和自然语言。

2.7.2.1 人工语言

人工语言（artificial language）是根据信息检索的需要而由人工创制的，采用规范词（controlled term），用来专指或网罗相应的概念，可以将同义词、近义词、相关词、多义词及缩略词规范在一起，由人工控制，包括分类检索语言（分类号）、主题检索语言和代码检索语言。

无论哪一种人工语言，都是依靠聚类的方法，如等级结构、参照系统、轮排聚类、范畴聚类、概念关系图示、体系分类来表现概念之间的相等、近似、相关、相属的关系。

分类检索语言

按照学科范畴及知识之间的关系列出类目，并用数字、字母符号对类目进行标识的一种语言体系，也称分类法。使用这种检索语言建立的信息检索系统可以反映知识的从属、派生、重合、交叉、并列等关系，用户因此可以鸟瞰全貌、触类旁通，系统地掌握和利用一个学科或专业范围的知识和信息。目前常用的分类法有《中国图书馆图书分类法》（简称《中图法》）、《美国国会图书馆分类法》、《杜威分类法》、《国际专利分类表》等。

例如《中图法》，将所有的知识分为 22 个大类，并用不同的字母标识不同的学科，构成一个知识体系，如：

……

F　经济

G　文化、科学、教育、体育

H　语言、文字

I　文学

……

O　数理科学和化学

P　天文学、地球科学

Q　生物科学

R　医药、卫生

S　农业科学

……

每一个大类又可以细分成若干个二级类目,二级类目还可以再细分。例如经济又可以划分为:

  F0 经济学
  F1 世界各国经济概况、经济史、经济地理
  F2 经济计划与管理
  F3 农业经济
  F4 工业经济

……

"工业经济"又可以进一步划分为"工业经济理论"、"世界工业经济"、"中国工业经济"、"各国工业经济"等,这些类目还可以再层层划分,每一级类目都用字母+数字形式进行标识。

图1-16即为《中图法》在CNKI《中国学术期刊网络出版总库》的具体应用,详见图1-16左侧"文献分类目录"栏目。

以检索题目"浏览区域自然地理学方面的一些文献"为例。

左框即显示出学科分类的浏览途径:基础科学→自然地理学和测绘学→自然地理学→区域自然地理学(打√类目)。

右下框为"区域自然地理学"类目下的全部文献列表。其中第10篇文献的详细信息为:

【题名】阿拉善沙漠地质遗迹全球对比及保护行动规划
【作者】张国庆;田明中;刘斯文;耿玉环;郭婧
【作者机构】中国地质大学(北京)地球科学与资源学院;东华理工大学地球科学与测绘工程学院
【摘要】特殊的地理位置,区域地质背景及气候条件形成了阿拉善丰富的地质遗迹资源,主要地质遗迹有沙丘(沙山)、沙波纹、沙漠湖泊、戈壁、峡谷、花岗岩风蚀地貌、阿拉善奇石等,阿拉善沙漠地质公园是目前国内外唯一以沙漠地质遗迹为主的国家地质公园。文中对阿拉善沙漠地质遗迹资源进行了全球对比分析,结果表明:阿拉善地质遗迹主要有沙漠分布面积大、景观丰富,沙漠湖泊多、水源条件好,鸣沙区面积广,高大沙山分布密集,与文化遗产关系密切等主要特征。在全球对比分析的基础上,提出了地质遗迹保护行动规划,认为主要应从沙漠形成演化与全球变化、沙漠地质遗迹与景观、保护与开发利用研究等方面开展科学研究,从乡土科普、教学实习等方面开展科普教育活动。提出了建立世界地质公园的构想,对其拟建地质公园概况、地质遗迹分级保护开发等进行了总体规划
【关键词】阿拉善沙漠;地质遗迹;全球对比;保护行动规划;地质公园
【基金】东华理工大学地质资源经济与管理研究中心开放基金项目(09KJ07);江西省数字国土重点实验室开放项目(DLLG201011);抚州市社会科学规划项目;阿拉善地质遗迹调查与评价项目资助
【文献出处】干旱区资源与环境,Journal of Arid Land Resources and Environment,2010年06期
【DOI】CNKI:SUN:GHZH.0.2010-06-011
【分类号】P942

图 1-16 分类检索语言示例：CNKI《中国学术期刊网络出版总库》

说明：

在这篇文献中，有一个字段标识为"分类号"，其内容"P942"即为《中图法》中"中国区域地理学"类目的代码，其中 P 代表"天文学、地球科学"一级类目，"P9"代表"自然地理学"二级类目，"P94"代表"区域自然地理学"三级类目，"P942"代表"中国区域地理学"类目。

在这个实例中，《中图法》是人工编制的分类检索语言，对《阿拉善沙漠地质遗迹全球对比及保护行动规划》这篇文献标引时，即给出一个分类号标识 P942，标引系统根据这个分类号将这篇文献纳入到整个数据库以《中图法》的知识分类系统中。检索时，用户即可以根据这个分类体系逐层展开，找到自己所需的类目，浏览该类目下的全部文献或在此类目中做进一步检索。

主题检索语言

由主题词汇构成，即将自然语言中的名词术语经过规范化后直接作为信息标识，按字母顺序排列标识，通过参照系统揭示主题概念之间的关系，也称主题法。包括先组式的标题词语言、后组式的单元词语言和叙词语言。主题语言表达的概念比较准确，具有较好的灵活性和专指性，不同的检索系统、不同的专业领域可以有各自的主题词表。

(1) 标题词语言(subject heading)：是一种先组式的规范词语言，即在检索前已经将概念之间的关系组配好。具有较好的通用性、直接性和专指性，灵活性较差。常用的标题词表有《美国国会标题词表》(*Library of Congress Subject*)、《医学主题词表》(*Medical Subject Headings*)。

(2) 单元词(元词法，uniterm)：是一种最基本的、不能再分的单位词语，亦称元词，从文献内容中抽出，再经规范，能表达一个独立的概念。例如"信息检索"是一个词组，"信息"和"检索"才是单元词。

(3) 叙词(叙词法，descriptor)：是计算机检索中使用较多的一种语言，可以用复合词来表达主题概念，在检索时可由多个叙词形成任意合乎逻辑的组配，形成多种组合方式。由叙词组成的词表叫叙词表(thesaurus)。

下例为 EBSCO 出版公司《学术期刊全文数据库》(*Academic Search Elite*)[①]中的主题词表，这是一个比较典型的叙词表(据 2001 年数据)：

INFORMATION RETRIEVAL

 Newspaper references (45)

 Periodical references(1482)

 Review references(14)

 Primary source document references(1)

  Explore：subdivisions

 Automation

  Periodical references(18)

 Bibliography

  Periodical references(2)

 Book reviews

[①] 详见第四章第三节。

　　　　　Periodical references(5)
　　　　　Review References(8)
Computer network resources
　　　　　Newspaper references（1）
　　　　　Periodical references(48)
Computer programs
　　　　　Newspaper references（1）
　　　　　Periodical references(60)
　　　　　　　Explore：subdivisions
　　　　　Testing
　　　　　　　Periodical references(1)
　　……
　　See also related terms
　　　　Narrower Terms：**Abstracting**
　　　　　　　　　　　Cataloging
　　　　　　　　　　　Cross-language information retrieval
　　　　　　　　　　　Database searching
　　　　　　　　　　　Electronic information resource searching
　　　　　　　　　　　Filing systems
　　　　　　　　　　　Indexing
　　　　　　　　　　　Information services
　　　　　　　　　　　Information storage & retrieval systems
　　　　　　　　　　　Internet searching
　　　　　　　　　　　Library research

说明：

① 主题词：

"Information retrieval"、"Automation"、"Computer programs"、"Testing"、"Abstracting"、"Database searching"等黑体字均为主题词。"Newspaper reference"、"Periodical references"等为通用复分词。括号中的数字表示在这个主题下面有多少检索结果。

② 主题词的排列次序（组配次序）

词表分为若干等级，上位词和下位词用"复分"（subdivision）隔开，如"Information retrieval"为"Automation"等的上位词，"Testing"为"Computer programs"的下位词，每一个上位词都可以无限制复分，每往下一级，主题词的专指度就更强一些，也就是说，查找到的文献更准确一些。

同一等级下的主题词按字母顺序排列。也就是说，这是一个按字母顺序排列的等级叙词表。

叙词表的显示格式为轮排式结构，也称轮排索引，即数据库中每一个有检索意义的词轮流做引导词，在排检的位置上出现，成为检索入口。例如"Information retrieval"和"Computer programs"，在这个检索中是上位词和下位词的关系，但它们本身都是可以检索的词，且在其他的检索中其上下位的关系可以互换。这样，用户无论是从"Information retrieval"还是

"Computer programs"入手,都可以找到所需结果。

③ 词表使用了参见系统,例如"See also related terms"表示参见一些相关词汇,"Narrower terms"表示词义更狭窄的主题词。

④ "Newspaper reference"、"Periodical references"等不是叙词,是通用复分词,可以与任何主题词组配,也就是说,每个主题词下面都可以使用这些复分,以区分同一主题词下的不同类型文献。这些词后面括号中的数字表示在这个主题下的该类型文献的总数。

例如,用户单击"Testing"下的"Periodical references",就表示是查找"信息检索"(Information retrieval)文献中关于计算机程序测试(Computer program testing)的期刊论文,在这个数据库中,这样的文献有一篇。

代码检索语言

就事物的某一方面特征,用某种代码系统来加以标引和排列,目前主要应用于化学领域。例如,化合物的分子式索引系统,环状化合物的环系索引系统等。

2.7.2.2 自然语言

自然语言(natural language)检索用词是从信息内容本身抽取的,主要依赖于计算机自动抽词技术完成,辅以人工自由标引(非依据词表的标引方法),是非规范词(uncontrolled term)。早期的计算机标引主要限于单元词方式,近年来已经发展到词组短语,但仍然总有歧义产生,例如检索"数字图书馆"一词,检索结果会有很多"数字图书"或者"图书馆"等不需要的内容。

自然语言的标识包括:

关键词(keyword):直接从信息资源名称、正文或文摘中抽出的代表信息主要内容的重要语词。这部分有时由人工自由标引进行,如期刊论文中的作者关键词,大部分由计算机标引系统自动完成。

题名:信息资源的名称,如论文篇名、图书书名、网站名称等。

全文:从资源的全部内容中自动抽取、查找,是目前网上各类搜索引擎使用的最多的方法。

引文:将文献所引用的参考文献的作者、篇名、来源出版物抽取出来进行标引。

此外还有责任者(作者)、摘要等。

2.7.2.3 人工语言与自然语言的关系

人工语言与自然语言相比较,人工语言的检索效率要高于自然语言,查全率和查准率都比较高,但人工语言是基于印刷型资源产生的,对标引和检索来说,标引工作量大,需要不断维护,管理成本高,用户也不易掌握。因此在数字资源飞速发展的今天,仅使用人工语言是远远不够的。

自然语言由于主要由系统自动标引完成,灵活、新颖、检索入口多、专指性好,管理和维护的成本较低,用户也不需要特别学习和培训;但由于目前计算机的抽词技术还无法做到从自然语言文本中自动抽取最准确、充分表达信息资源内容的词,也无法自动规范自然语言和表现概念之间的关联,检索效率很低,这一点尤其表现在搜索引擎(search engine)的使用上,检索出来的内容95%以上都是无用的信息。

因此,可以得出结论说,人工语言和自然语言并不是互相对立的,比较成熟的检索系统,通常是两种检索语言并用,互为补充,以保证较高的检索效率。例如下面这个关于计算机辅助教学(computer aided instruction)的论文记录[①]：

> **Author**：Garner BJ.
> **Institution**：Sch. of Comput. & Math., Deakin Univ., Geelong, Vic., Australia.
> **Editor**：Okamoto T; Hartley R; Klus K; Klus JP.
> **Title**：Collaborative knowledge management requirements for experiential learning (CKM).
> **Source**：Proceedings IEEE International Conference on Advanced Learning Technologies. IEEE Comput. Soc. 2001, pp. 488—9. Los Alamitos, CA, USA.
> **Country of Publication**：USA.
> **Conference Information**：Proceedings IEEE International Conference on Advanced Learning Technologies. Madison, WI, USA. IEEE Comput. Soc. IEEE Comput. Soc. Learning Technol. Task Force. Univ. Wisconsin-Madison. 6—8 Aug. 2001.
> **Abstract**：Exploratory studies in collaborative knowledge management (CKM) across four domains have identified significantly expanded research requirements for experiential learning. This paper reports preliminary conclusions/propositions. The quality of collaborative (group) learning, particularly in experiential processes such as problem solving and professional practice, requires the innovative support of knowledge-mediated human interaction requirements and the associated sharing of knowledge between participants. (5 References).
> **Subject Headings**：Computer aided instruction, Groupware, Interactive systems, Problem Solving, Professional aspects.
> **Key Phrase Identifiers**：collaborative knowledge management; experiential learning; research requirements; collaborative learning; group learning; problem solving; professional practice; knowledge-mediated human interaction requirements; knowledge sharing.
> **Classification Codes**：Computer-aided instruction [C7810C]; Groupware [C6130G].

在这个记录中，既有人工语言的分类法(classification codes)、主题词(subject headings)的使用，也包括自然语言的篇名(title)、关键词(key phrase identifiers)、文摘(abstract)等，这两种检索语言的结合，给用户提供了更多的检索途径，使用户的检索效率更高，专指度、灵活度更好，保证了查全率和查准率。

对普通用户来说，在人工语言和自然语言并行的情况下，最易混淆的语言标识就是主题词和关键词。简单地说，主题词是经过规范化处理后作为文献标识的；关键词则是直接使用自然语言，较少规范化处理。

例如，关于大学教育系的文章可能用 education department, education school, school of education 等词，如果语言标识是关键词，则原文中使用什么就抽取什么；如果语言标识为主题词，则使用主题词表将这一类文章统一规范为 school of education。进行检索时，如果使用

---

① 取自 INSPEC 数据库，关于该数据库情况，详见第二章。

school of education 检索,检索结果将包括所有关于大学教育系的文章;如果使用其他的词,检索结果则可能出现漏检。

随着计算机技术的发展,人工语言和自然语言正在不断地融合,而随着自动标引技术水平的提高,新的检索语言体系正在不断产生,并逐步得到应用,如:网络叙词表(web thesauri),是由自然语言与受控词汇共同组成的,保证了标引的速度和质量;分面主题词表(faced subject terminology),结构简单,应用灵活;网站内索引(site index),短小精悍。

在检索语言不断发展的基础上,新的知识体系也逐渐产生并进入试验阶段,其中最著名的就是基于知识系统(knowledge-based systems)和语义万维网(the semantic web)产生的本体系统(ontology),它融合了叙词表、标题词表、语义网络、分类体系、类分表(taxonomy)等多种检索语言体系的功能,得到了普遍关注;并将发展成为未来针对各领域的新组织体系。

第三节 数字信息资源的检索方法

本书将在第二章至第十章详细讲述各数据库及其检索系统的使用方法,并在第十一章介绍一些综合实例,本节则主要介绍通用的、基本的检索方法、检索功能和检索技术。

3.1 检索策略与步骤

制定正确、恰当的检索策略,为检索过程进行指导,目的是为了优化检索过程,提高检索效率,全面、准确、快速、低成本地帮助用户找到所需信息。一般来说,检索策略包括以下几个部分:
- 课题分析(需求与概念分析);
- 将概念转化为检索词;
- 构造检索式;
- 选择相关信息资源;
- 选择检索入口进行检索;
- 对检索策略进行调整。

3.1.1 课题分析

对一个检索用户来说,对检索课题进行分析,是下一步制定检索策略的前提和基础。其目的是让用户搞清楚自己的检索需求和检索概念,要解决哪些问题,因此要弄清以下几个方面:

(1) 明确检索目的:一般来说,用户的信息需求和检索目的包括以下几类:

一是需要关于某一个课题的系统详尽的信息,包括掌握其历史、现状和发展,如撰写硕士、博士论文,申请研究课题,进行科技成果查新,鉴定专利,编写教材等。这类需求要求检索得全面、彻底,检索的资源多,覆盖的时间年限长。对这类需求,要尽可能使用光盘数据库和网络数据库,降低检索成本。

二是需要关于某个课题的最新信息,这类需求的用户通常一直对某个课题进行跟踪研究,或从事管理决策、工程工艺的最新设计等工作。如果是这样的检索目的,需要检索的资源则必须是更新速度较快,如联机数据库、网络数据库、搜索引擎检索等,覆盖的年限也比较短。

三是了解一些片断信息,解决一些具体问题。带有这类需求目的的用户通常比较多。例如写一般论文时,针对某个问题查找一些相关参考资料;或进行工程设计施工时需要一些具体数字、图表、事实数据等;或查找某个人的传记、介绍,某个政府机关或商业公司的网页,某个术语的解释等。这类需求不需要查找大量资源,但必须针对性很强,结果必须准确,速度要快。解决这类需求,除数据库外,网上搜索引擎、专题 BBS 都是可供使用的资源。

(2) 明确课题的主题或主要内容:要形成若干个既能代表信息需求又具有检索意义的主题概念,包括所需的主题概念有几个、概念的专指度是否合适,哪些是主要的,哪些是次要的,概念之间的关系如何。

(3) 课题涉及的学科范围:搞清楚课题所涉及的学科领域,是否是跨学科研究,以便按学科选择信息资源。

(4) 所需信息的数量、语种、年代范围、类型等具体指标。

3.1.2 选择相关信息资源

通过对检索需求和目的的分析,可以开始有针对性地选择相关信息资源,主要确定以下几个方面:

是否所有与检索课题相关的资源都要进行检索,如果是,则不但考虑要检索一次文献和二次文献的数据库,而且对于网上其他资源,如搜索引擎/分类检索指南、学科导航、专题 BBS 等,也要查询。

选择哪些学科的信息资源:例如查找生物学方面的信息,则可能会涉及医学方面的信息资源,因此要特别注意跨学科的问题。

选择哪些语种的信息资源:是中文还是西文,或是二者兼顾。

信息资源覆盖的年限是否符合需求:大多数数字信息资源覆盖的年限都是近 30 年的内容,因此如果需要更早的资料,就要考虑手工检索的问题;还有些数据库由于更新速度的原因(例如光盘数据库,或数据加工的速度不够快),无法提供最新的信息,也是要考虑的因素,这时更多是使用其他一些相关数据库(如内容相近的网络数据库)或其他网络资源来互为补充。

信息资源的特点及其针对性如何:要了解已选择的信息资源的查询特点,是否与自己的信息需求相吻合。例如查询某个机构或公司的网页,使用搜索引擎是最好的,而即使是搜索引擎,各自的特点不同,涵盖的内容也有所侧重和不同;查询新闻时事,则可以登录到一些新闻网站;查找学位论文,就一定要使用学位论文数据库,或直接到大学或学院的网站上查询,因为有些学校的学位论文在网上是提供二次文献服务的。

3.1.3 构造检索式,选择检索入口

检索式(formula,profile,statement)是检索概念和检索策略的逻辑表达式,是用来表达用户检索提问的,由基于检索概念产生的检索词和各种组配算符构成。检索式的好坏决定着检索质量。

检索词可以是一个单元词,表达一个单一概念;也可以是一个或多个词组,表达多个概念。检索词可以由检索用户提出,也可以在数据库的受控词表(主题词表、分类表等)中选择,在人工检索语言和自然检索语言并用的数据库中,最好先浏览一下主题词表、叙词表和分类表,二者并用,以保证查全、查准。

组配算符(operator)通常有布尔逻辑算符,截词符(通配符),位置算符,嵌套算符(优先算符)几种,前 2 种较为常用,本节后一部分会详细讲述这几种运算方法及其算符。

例如:某读者的检索课题为:计算机内存管理机制分析,其检索式为:

(memory management) OR (((memory block) OR (memory pool)) AND allocate AND free)

这是一个典型的检索式,它表达的逻辑是:

(memory block) OR (memory pool)是第一层,最先运算,表示检索包含这两个概念或其中某一个概念的全部信息;

((memory block) OR (memory pool)) AND allocate AND free 是第二层,其次运算,表示第一层的结果与另外两个概念"allocate"和"free"交叉,要查询这三者交集的信息;

(memory management) OR (((memory block) OR (memory pool)) AND allocate AND free)是第三层,表示第二层的检索结果与另一个概念"memory management"有交集,要检索交集这部分的信息,是最后运算,即为最终结果。

在这个检索式中,包含了 5 个概念,这 5 个概念用单元词或词组短语表示,它们之间存在着逻辑"与"、逻辑"或"、优先运算的关系,将这五个概念用布尔逻辑算符"AND"和"OR",以及嵌套算符"( )"连接起来,即是一个检索式。

拟好检索式以后,就要选择检索点(access point),即选择检索途径或检索入口,也称检索字段(field)。常用的检索入口有:题名、著者、主题词、关键词、引文、文摘、全文、出版年、ISSN 号(国际标准连续出版物编号)与 ISBN 号(国际标准书号)、分类号以及一些其他专业用检索点等。检索点正确与否,决定着检索结果的数量和质量。例如,使用全文检索的检索点,结果数量可能会比较大,但会有很多相关性很差、甚至根本不相关的结果;使用题名或文摘检索点,结果数量可能会少,但较为准确。

3.1.4 对检索策略进行调整

所谓调整检索策略,就是根据反馈的检索结果,反复对检索式进行调整,直至得到满意的结果。

(1) 扩大检索

对检索数量比较少的结果,可以进行扩检,提高查全率。例如:

增加一些检索词,或查询检索词的上位类词、近义词等作为补充;

调整组配算符,如改"AND"为"OR";

使用截词检索,如将"center"改为"cent*",即可查询包含"center"和"centre"两种英美拼法,以及"centers"复数拼法的信息;

取消或放宽一些检索限定,例如检索的年限长一些,检索的期刊不只是核心期刊等;

增加或修改检索入口,例如在已经检索题名入口的基础上,增加文摘、全文检索等。

(2) 缩小检索

对检索数量过多的检索结果,考虑进行缩检,提高查准率,具体方法与扩检相反,例如减少一些相关性不强的检索词,增加"AND"组配算符,增加检索限定,减少检索入口等。

3.1.5 检索结果的评价

检索完成后,要审核检索结果,对检索结果的评价应该包括五个方面:查全率,查准率,检索时间,检索成本,用户满意度。这五个方面共同构成了检索效率的概念。检索效率高,就意味着查全率和查准率高,检索时间短,检索成本低,用户满意度也会相应提高。

(1) 查全率

即从数据库内检出的相关信息量与总信息量的比率,具体可用下列公式表示:

$$查全率 = \frac{检中的相关信息数量}{数据库内的相关信息总量} \times 100\%$$

查全率的绝对值是很难求算的,正常情况下,一要看相关数据库是否都包含在检索范围内;二是根据数据库的内容、数据量来估算。

(2) 查准率

必须与查全率结合使用,主要指数据库中检中的相关信息量与检出的信息总量的比率,具体可用下列公式表示:

$$查准率 = \frac{检中的相关信息数量}{检出的信息总量} \times 100\%$$

(3) 检索时间

主要是看检索者能否在较短的时间内,尽可能全面、准确地检出相关信息。这方面要求检索者对信息资源、检索技术、自身的检索需求要熟悉、清楚,此外,要具备一定的上网条件和网络速度。

(4) 检索成本

检索成本,通常指每次检索、或者下载每篇文献、或者获得的每个数据,所需的总费用(随检索完成即由系统自动计算)或平均费用,后者可以使用购买数据库的总费用除以检索总量、下载总量、获取的数据总量来计算。

降低检索成本的方法有很多种,主要包括:

由于网络数据库和光盘数据库是按年度预先订购交费的,既已交费,就要尽可能地增加用量;而其他网络资源又是免费的,所以要尽可能使用这些资源。联机检索(如 Dialog)属于计时计次收费,费用高,就尽可能少用(但在时间紧、要求的信息量大且新的情况下还是要用的),以降低数据成本。

需要支付国际 Internet 通信费(流量费)的情况下,如果国内有镜像资源,尽可能使用镜像资源;如有同一数据库的光盘版,只是光盘更新速度慢,可以考虑先在光盘数据库上查询时间较早的信息;少下载图像、多媒体文件;这样做是为了降低网络费用成本。

缩短检索时间,降低人工成本。

(5) 用户满意度

检索结果是否为佳,要由用户(可能是检索者本人,或者委托检索人)满意度做最后的结论。用户满意度(user satisfaction)反映的是用户的一种心理状态,它来源于用户对检索所产生的感受与自己的期望所进行的对比,"满意"并不是一个绝对概念,而是一个相对概念。满意度通常可分为 7 个级度或者 5 个级度,包括:

7 个级度为:很不满意、不满意、不太满意、一般、较满意、满意和很满意。

5 个级度为:很不满意、不满意、一般、满意和很满意。

3.2 检索功能概述

所谓检索功能,是指检索系统在检索界面上提供给检索用户的基本功能。它与系统的检索技术是紧密结合的。比较通用的检索功能有:浏览、索引、简单检索、复杂检索、自然语言检索、多媒体检索、可视化检索等。

3.2.1 浏览(browse)

是人工检索语言的应用与延伸,即由系统提供一个树状结构的概念等级体系,用户可以沿着这棵"树"进入不同的分支,到达叶子节点,并在节点看到检索结果列表。浏览功能最重要的作用就是为用户提供一个知识体系,让用户可以俯瞰全貌,了解某一个方面的信息总体情况。

浏览可以根据系统使用的人工语言标引的情况,先构造"树",再抽取有效数据,如主题浏览、分类浏览;也可以在对信息著录的基础上,反过来构造树状体系,例如文献类型浏览(根据标引的文献类型确定)、中国古代朝代浏览(根据中国历史纪年表以及标引的详简程度确定)

等。任何一个标引字段都可以提供浏览功能,但关键是要构建一棵合理的概念"树"。例如:

图1-17是一个典型的主题浏览树状体系,取自于《商业信息数据库》(*ABI/INFORM Complete*,2012)。其中,"Government & Law"、"Government"、"Public Administration"分别是第一、二、三级分支,"Public Finance"就是节点,单击节点的"view documents"图标,就会看到检索结果列表。

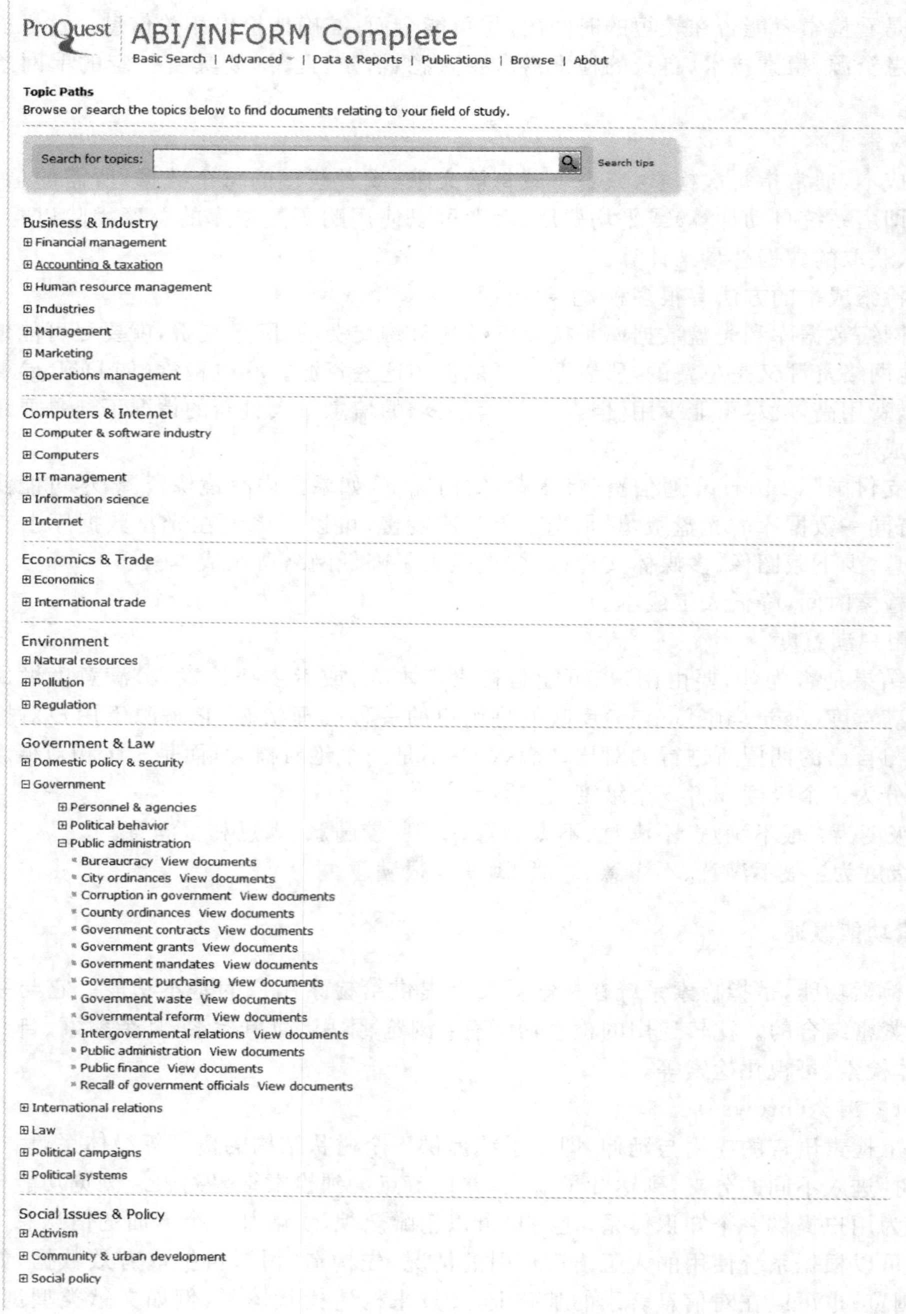

图1-17 浏览示例:ProQuest 检索系统

最常见的浏览体系是在电子期刊的检索中,通常是先按照分类类目浏览刊名,再按刊名浏览年代、卷期。

随着检索技术的提高,浏览和检索也正在逐步结合起来,即在浏览的同时,对选定的类目进行检索,也称为浏览搜索法。如前面提到的图 1-16,是一个分类浏览的实例;既可以按类浏览,也可以在右上方的检索框内,对选定的"区域自然地理学"(打√者)进行作者、题名、主题等的搜索。

3.2.2 索引(index)

是一个线性的表单,可以将任何一个标引字段中的概念按字母顺序线性排列起来,不分等级。用户通过检索,可以定位在索引中的任意某个位置,并浏览在这个位置附近的所有词语,进而查询所需词语对应的结果列表。索引的种类很多,如人名索引、出版物索引、地名索引、主题索引、机构索引等(参见图 1-18)。

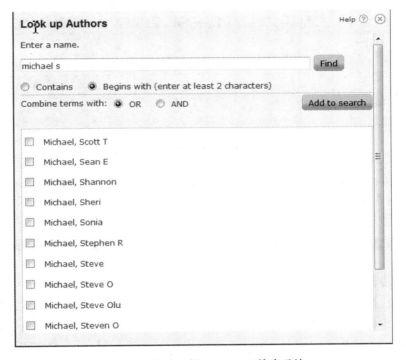

图 1-18　索引示例:ProQuest 检索系统

图 1-18 展示了一个作者索引,取自于 ProQuest 系统的《教育资源信息数据库》(ERIC,2012)。在这个例子中,用户记不清作者姓名的拼写方式,就输入一个"Michael S",定位在这个位置上,浏览索引中所有包含有该词的姓名——如 Michael Stephen、Michael Steve O、Michael Steve Olu、Michael Steve、Michael Steven O 等,从而确定自己查找的人名,进而选中作者姓名,再单击 Search 按钮,即可看到结果列表。

索引与浏览最大的不同,就在于浏览提供给用户的是一个树状结构的概念体系,而索引是一个简单的线性列表。但在检索界面上,索引和浏览有时合而为一,统称为浏览,用户在界面上看不到严格区分的索引和浏览功能,只在使用时有所不同。

3.2.3 简单检索(simple search、easy search、quick search、basic search、search)

简单检索又称为基本检索、快速检索,即为用户提供一个简单的检索界面,帮助非专业或初入门用户方便地提交检索式。页面上通常只有一个检索框,不提供或提供很少的检索入口,不使用或很少使用组配算符。用户提交检索式后,系统将提问发送到默认的一个或几个标引字段中进行匹配运算。

简单检索由于不能构造比较复杂、精细的检索式,检索结果可能不是很准确。以图1-19为例,本例取自《IEEE/IET 电子图书馆》(*IEEE/IET Electronic Library* 数据库,2011),在这个例子中,界面只提供了一个检索框,用户输入自己的检索词检索即可,也可以使用 AND、OR 等进行简单组配。系统会在元数据范围内进行检索。

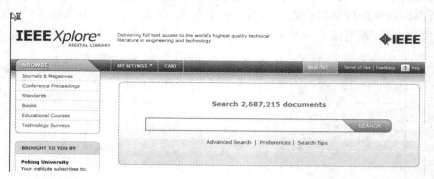

图 1-19　简单检索示例:IEEE Explore 检索系统

3.2.4 复杂检索(advanced search、guided search、expert search、power search、偶见 search)

复杂检索也可以称高级检索、指南检索、专家检索,为专业用户、资深用户提供的比较复杂的检索界面,可以构建比较细致的检索式,帮助用户进行精确检索。

复杂检索包含组配检索,即将两个或两个以上的检索词用不同的组配算符组合起来,如布尔逻辑组配"library science AND information science",位置算符组配"El Nino ADJ weather"等,使检索更为灵活,检索结果更为精确。详细组配方法见"检索技术"部分。

复杂检索可以使用各类组配算符,使用检索限定,选择检索入口,其检索功能与简单检索基本一致,但检索结果更为准确、全面。以图1-20为例,在这个取自 ISI Web of Knowledge 系统(2012)的复杂检索例子中,用户可以选择检索入口(all fields),可以使用布尔逻辑算符(AND、OR、NOT),可以做检索限定(current limits),系统会严格按照用户的要求进行运算。

3.2.5 自然语言检索(natural language search)

这里所说的自然语言检索,与前面在"检索语言"一节中提到的自然语言有所不同。检索系统在检索界面上提供的自然语言检索,指的是用户可以直接输入一句话,就像对人谈话一样。也可以成为问题解答检索(question answering)。例如:

hurricanes in the Atlantic and Pacific(大西洋和太平洋的飓风)

How does El Nino affect weather?(厄尔尼诺现象是怎么影响气候的?)

系统会自动将用户提问中的概念提取出来,再去匹配答案。到目前为止,限于计算机智能检索技术的发展,尚没有检索系统能够提供很好的自然语言检索功能,因此这方面的功能尚不具备查全查准的效果。

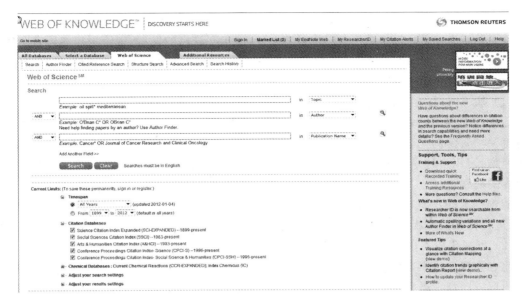

图 1-20 复杂检索示例：ISI Web of Knowledge 检索系统

3.2.6 其他检索功能

(1) 命令检索(command search, expert search, advanced search)

此又称指令检索，也有系统称为专家检索、高级检索，是由检索用户自行输入各种检索命令进行检索的，例如 Dialog 联机检索系统中的两个例子：

例一：B 34,434。

说明：B 为 begin 缩写，此指令意即打开 34、434 号数据库文档，34、434 为科学引文索引(SCI)数据库。

例二：S computer/TI。

说明：S 为 select 的缩写，此指令意即在题名检索字段中检索"computer"一词。

命令检索起源于各类联机检索系统，指令用得好，检索的准确度就高，但要求用户记住各类检索命令，因此使用者多为图书馆或信息服务机构的检索专家。目前这种检索功能主要存在于联机和部分光盘检索系统中，网络数据库检索系统不再有这种检索功能。

(2) 二次检索(refined search)

在检索结果内进一步检索，使结果更精练、准确。

上述检索功能都是目前技术上较为成熟，在检索系统中得到广为应用的。

目前计算机界普遍在探讨和开发智能检索技术，这将是检索系统的未来发展趋势，当然，这还需要一个相当长的成熟和发展阶段。所谓智能检索，或称智能搜索，是相对现在的关键词索引和关键词匹配技术而言，是基于人工智能的网络信息检索技术，它融合了知识组织系统、自然语言理解、认识科学、用户模型、模式识别、数据库管理系统以及信息检索等领域的知识和先进技术，对于互联网这样一个分布的信息空间，采用人工智能方法是实现人机交互学习的一种较好的方法，可以代替人类完成繁杂信息的收集、过滤、聚类以及融合等任务，可以在互联网中导引用户，不仅在用户进行搜索、浏览时给予直接的支持，而且能够提供具有独立搜索功能的智能代理的幕后支持。

3.2.7 非文本资源的新兴检索功能

除了基于文本信息提供给用户的检索功能外,由于互联网的发展,带给用户的还有图像、声音等多媒体信息,因此,图像检索、声音检索、地理信息系统检索(GIS)等基于图像内容、多媒体、时空概念的检索技术正在逐步研究、开发和试验中,发展成熟后将逐步应用到检索系统中。

(1) 基于内容的多媒体检索

传统的多媒体检索,如对图像、语言学习、学术讲座、会议录像、电影、音乐等的检索,是通过对每一种资源的元数据检索获得信息后,再打开多媒体资源收看收听。但随着多媒体资源的快速增长,用户越来越多地需要像对文本资源可以进行全文检索一样、对多媒体资源进行基于内容的搜索。

随着技术的发展,将声音、图像等分解出诸如色彩、形状、纹理、旋律、频率、音高等检索入口,来进行检索的多媒体搜索功能也开始进入试验性发展阶段。

(2) 可视化检索(visual search)

此也称视觉检索,可视化(visualization)是利用计算机图形学和图像处理技术,将数据转换成图形或图像在屏幕上显示出来,并进行交互处理的理论、方法和技术。可视化检索就是利用计算机的可视化技术,将信息资源、用户提问、信息检索模型、检索过程以及检索结果中各种语义关系或关联数据转换成图形,显示在一个二维、三维或多维的可视化空间中,帮助用户理解检索结果、把握检索方向,以提高信息检索的效率与性能。

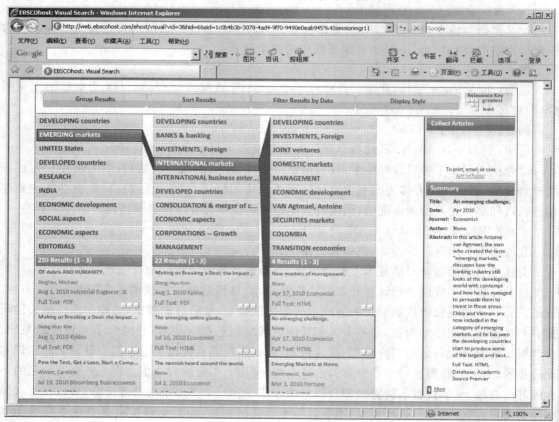

图 1-21　可视化检索示例:EBSCO*host* 系统

图 1-21 是从 EBSCO*host* 系统的《学术期刊集成全文数据库》(Academic Source Premier, 2010)中选取的一个简单示例,这是一个二维的可视化检索界面,包括有检索途径(Group Results)、检索结果分类筛选(Sort results、Filter results)、检索结果相关度、检索结果元数据(Summary)等内容;检索时,输入检索词"developing countries"之后,从主题组(Group Results by subjects)中找到命中主题"Emerging markets",并通过知识的关联,先后找到"International markets"、"Investments, foreign",并最终找到文献"An Emerging Challenge"。

3.3 检索技术

3.3.1 布尔逻辑检索

即运用布尔逻辑算符(Boolean operators)对检索词进行逻辑组配,表达两个概念之间的逻辑关系。图 1-22 是布尔逻辑的示意图。

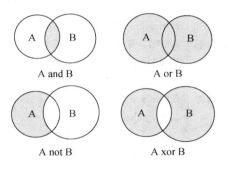

图 1-22 布尔逻辑示意图

逻辑"与"(AND):检索时,命中信息同时含有两个概念,专指性强;

逻辑"或"(OR):检索时,命中信息包含所有关于逻辑 A 或逻辑 B 或同时有 A 和 B 的,检索范围比 and 扩大。

逻辑"非"(NOT):命中信息只包括逻辑 A,不包括逻辑 B 或同时有 A 和 B 的,排除了不需要的检索词。

逻辑"异或"(XOR):命中信息包含逻辑 A,也包含逻辑 B,但不包含同时含有 A 和 B 的信息。

例如这个课题:气溶胶对大气环境的影响,其检索式为:

(aerosol) AND (air OR atmosphere AND environment)

在这个检索式中,air OR atmosphere 表示检索结果可包含任何一个概念,是逻辑"或"的应用;这个结果和 environment 之间是逻辑"与"的关系,即表示结果必须同时包括两个概念在内,也就是"大气环境"的结果;这个结果和 aerosol 之间又是逻辑"与"的关系,检索结果即为检索用户所需。

需要注意的是,在不同的检索系统里,布尔逻辑的运算次序是不同的,因此会导致检索结果的不同。通常运算次序有这样几种形式:一是按算符出现的顺序,如果是 AND、OR、NOT,就按 AND、OR、NOT 的顺序运算;如果是 OR、NOT、AND,就按 OR、NOT、AND 的顺序运算;二是默认 AND 优先运算,其次是 OR、NOT;三是默认 OR 优先运算,然后是 AND、NOT。一般来讲,检索系统的"帮助"文件中都会有这类说明,只要注意查看即可。

在中文数据库里,布尔逻辑运算符有时用 AND、OR、NOT 下拉菜单形式表示,供用户选择;有时用"＊"号表示逻辑"与",用"＋"表示逻辑"或",用"－"表示逻辑"非";也有时文字表示,如"并含"、"或含"、"不含"等。

3.3.2 位置算符检索

即运用位置算符(position operators)表示两个检索词间的位置邻近关系,又叫邻接检索(proximity)。这种检索技术通常只出现在西文数据库中,在全文检索中应用较多。如果说布尔逻辑算符是表示两个概念之间的逻辑关系的话,位置算符表示的是两个概念在信息中的实际物理位置关系。

常用的位置算符如表 1-7 所示。

表 1-7 常用位置算符列表

算符	功能	表达式	检索结果
W, W/n WITH WITHIN	两词相邻,按输入时顺序排列(也有数据库允许顺序颠倒)	Education(W) school, 或 Education WITH school	Education school Education schools (school of education schools of education)
nW	同上,两词中间允许插入 n 个词	Education (1W) school	Education school Education schools Education and music school School of continued education
PRE	两词相邻,按输入顺序排列	Education PRE school	Education school Education schools
N, NEAR, ADJ	两词相邻,顺序可以颠倒	Education(N) school, 或 Education NEAR school	Education school Education schools School of education
nN	同上,两词中间可以插入 n 个词	Education (1N) school	Education school School of education Education and music school School of music and education
F	两个词同在一个标引字段中	Education (F) school	例如同时出现在题名或文摘字段中
SAME	两个词同在一个段落(paragraph)中	Education SAME school	

需要说明的是,不是每一个检索系统都使用上述位置算符,不同的系统使用的位置算符不同,不同的算符在不同的系统中有时可能含义不同。例如"W"算符,在 Dialog 检索系统表示两词相邻,输入顺序不变;在 ProQuest 系统中,"W"算符表示输入的两个词相邻,但顺序可变,如顺序要求不变,则使用"PRE"算符。

3.3.3 截词检索(truncation)与词根检索(stemming)

用截词符号"?"、"＊"或"$"加在检索词的前后或中间,以检索一组概念相关或同一词根的词。这种检索方式可以扩大检索范围,提高查全率,主要用于西文数据库检索。中文数据库通常不使用这种技术。

截词方式根据截词的位置不同,分为前截断、后截断、中截断;根据截断的数量不同,分为有限截断和无限截断。

后截断,是前方一致检索,又称右截断,截词符放在被截词的右边,是最常用的截词检索技术。例如输入 librar*,可检 libraries、librarian、library、……。后截断主要用于下列检索:词的单复数检索,如 company 与 companies;年代检索,如 199?(20世纪90年代);词根检索,如 socio*,可以检索 sociobiology、socioecology、sociolinguistics、sociology 等20多个词汇。

前截断,又称左截断,截词符放在被截词的左边,可与后截断一同使用。例如输入 *magnetic,可检 electro-magnetic、electromagnetic、thermo-magnetic、thermomagnetic...。目前这种检索技术应用已经极少。

中截断:把截词符放在词的中间。如 organi?ation,可检索 organisation、organization。这种方式查找英美不同拼法的概念最有效。

无限截断:不限制被截断的字符数量,例如输入 educat?,可以检索 educator、educators、educated、educating、education、educational 等。

有限截断:限制被截断的字符数量,例如输入 educat**,表示被截断的字符只有两个,可以检索 educator、educated 两个词。

也有一种较为通行的说法,把中截断和后截断叫做通配符(wildcard),原理、用法大致相同。

有些检索系统不支持使用截词符的截词检索技术,系统默认的是词根检索,即输入一个词,系统会自动检索出同一词根的一组词,例如输入 gene,可以检索出 gene、genic、genome 等。这是一种智能检索方式,但要求系统内必须预先配置词根表。

3.3.4 字段检索(field searching)

即指定检索词出现的字段,被指定的字段也称检索入口,检索时,系统只对指定字段进行匹配运算,提高了效率和查准率。

在西文数据库中,字段检索有时是用代码来表示。数据库中常用的字段代码如表1-8所示。

表1-8 数据库常用检索字段列表

西文数据库常用字段		中文数据库常用字段
字段名称	字段代码	
Abstracts	AB	文摘
Author	AU	作者
Corporate source、organization、company	CS	机构名称
Descriptor、subject	DE	叙词/主题词
Document type	DT	文献类型
Full-text	FT	全文
ISSN	ISSN	国际标准连续出版物号
Journal name、publication title	JN	期刊名称
Keyword、topic	KW	关键词
Language	LA	语言
Publication year	PY	出版年
Title	TI	题名

表格中所列的常用字段、字段名称和字段代码在不同的数据库中有所不同,需要在检索时再进行查看。不同学科、不同类型的数据库还有许多自己的专用检索字段,如《化学文摘》数据库就使用化学类专用的分子式(formula)、化合物(compound)检索。

在联机检索数据库中,字段限制检索通常有下列几种表示方法：

    education（W）school/AB
    JN＝Wall Street
    Library science in DE

在上述表达式中,"JN＝Wall Street"是将字段代码放在检索词前面,因此称为字段前缀(prefix)检索;"education（W）school/AB"、"Library science in DE"是将字段代码放在检索词后面,因此称为字段后缀(suffix)检索。一般情况下,在同一检索系统中,前缀字段和后缀字段之间有重复,也有不同。

在网络数据库中,字段名称通常放置在下拉菜单中,用户只需要选择就可以了。

在西文数据库的字段限制检索中,值得注意的是作者检索,例如作者全名为"Richard Stuart",有些检索系统要求按"名 姓"格式输入,如"Richard Stuart";有些系统则要求按"姓 名的首字母",如"Stuart R";还有的系统则要求加","号,如"Stuart, R"和"Stuart, Richard"。要注意查看系统的"help"文件中的相关说明。

检索字段可以几个字段同时使用,以提高查准率,这种方式通常用于前面我们提到的"复杂检索"功能中,如："(原文出处)历史教学＊(标题)翦伯赞",表示要查找《历史教学》刊物上、论文题目中包含"翦伯赞"的研究论文。

3.3.5 全文检索(full text searching)

全文检索是指直接对原文进行检索,从而更加深入到语言细节中去。它扩展了用户查询的自由度,使用户能对原文的所有内容进行检索,检索更直接、彻底。

全文检索技术通常用于全文数据库和搜索引擎中,使用全文检索可能会提高查全率,但同样也会有很多不相关的信息出现。因此在标引工作做的比较好的数据库中,这种方法是在进行其他字段的检索后,仍无法得到满意的结果时才会使用。

在西文数据库中进行全文检索时,使用位置算符会帮助提高查准率。

与西文检索系统比较,由于汉语语词切分的问题,中文检索系统的全文检索技术发展较慢,目前已日趋成熟。

3.3.6 其他检索技术

(1) 嵌套检索(优先算符, nesting)：即用括号将优先检索的检索式括起来,系统会首先检索括号中的概念。例如：在(cross country OR nordic) AND skiing 检索式中,系统会首先检索(cross country OR nordic),再将结果与 skiing 匹配。一部分系统支持这种算符,其他系统会使用默认布尔逻辑算符顺序或二次检索方式来提供优先运算方式。

(2) 限制检索(limiting search)：在输入检索式时,使用一些限定来缩小或约束检索结果的方法,也称检索限定或限定检索。检索系统通常以菜单的方式将所有可供限定的内容排列出来,供检索用户选择。最常见的检索限定包括出版时间、来源出版物、语种、文献类型、是否需要核心期刊、检索结果是否为全文等。

(3) 大小写敏感(case sensitive)：指西文检索系统中对用户检索式包含的大小写的处理方法。不同的系统处理方式不同。例如：检索词为"Apple",首字母为大写"A",有些系统严格按照用户输入的大小写来处理,则检索结果只是"苹果"计算机、"苹果"牛仔裤或其他"苹果"品牌,此即为大小写敏感;有些系统则处理为大小写全部包含,在"苹果"计算机、"苹果"牛仔裤之外,也包括苹果等植物名称在内,此即为大小写不敏感。

(4) 禁用词表(stop words):在西文数据库检索中,系统对信息进行标引时,不能做标引词或检索词的语词,包括介词、冠词、代词、连接词、某些形容词或副词等。这部分词语由于使用频率过高,不能反映信息的实际内容,即使用户输入,系统也不会对其进行检索,又称停用词。如 a、and、in、for、she、should、the、well、only 等。由禁用词构成的词表成为禁用词表,不同检索系统的禁用词表略有不同,要注意查看。

第四节　信息检索的相关用户服务

随着数字资源越来越多的应用,用户已经不再满足仅仅是在数据库中检索到相关信息,还希望能够对这些信息进行排序、整理、发送、个性化定制,并可以进一步找到相关链接,或者可以对异构系统的数据库进行跨平台检索,这些都可以统称为信息检索的相关服务。

4.1　检索结果的后续处理

一般来说,在数据库中检索到相关结果之后,检索系统会提供以下的后续整理服务。

(1) 检索结果排序(sort results):按相关度(relevancy)或者时间排序。

(2) 标记记录(mark records):对选中的记录进行多选,并自动记录下来,便于用户最后集中查看。

(3) 检索结果的显示调整:包括调整元数据格式——例如是简单格式还是详细格式,以及调整每页显示的检索结果数量等。

(4) 可以保存、打印、电子邮件发送。

(5) 提供通用的文件格式:如文本、PDF、HTML、JPEG、MP3 等格式;一般情况下,不鼓励采用安装非通用客户端阅读文献的方式。

(6) 提供相似、相关文献(related articles、similar documents)列表,供用户查看。

(7) 引文统计服务(cited by):如果是期刊论文或者图书,还提供在本数据库内,该文献被其他人引用的情况。

等等。

4.2　全文链接和全文传递服务

用户在二次文献(文摘/索引)数据库中检索到所需文献的书目或目次后,希望进一步得到全文;或者希望直接获得文献后某篇参考引文的全文,全文链接服务(fulltext linking)因此而产生,即在书目引文和信息全文之间建立链接,用户可以直接单击获得全文。

全文链接的服务方式可以分为两类。一类是通过从索引/文摘到全文的链接,这种链接是基于某种元数据标准的,如 OpenLink,通过在元数据中建立一对一的全文链接获取全文。二次文献数据库的检索系统——如 Web of Konwledge 系统(详见第二章)到各种全文数据库和电子期刊中的全文链接服务,通常采用此类解决方案。

另外一类全文链接服务称为基于 CrossRef 的引文链接(reference linking 或者 citation linking)。该服务始于 1999 年,由出版商国际链接协会(Publishers International Linking Association,PILA)创建,目前正逐渐成为全文链接的主流。其服务原理如下:

首先,使每一篇文献都有一个唯一的标识 DOI(Digital Object Identifier),由数字和代码组成,如"10.1067/mai.2002.125245",其中 10 是国际 DOI 基金会(International DOI Foundation,IDF)的代码,1067 是美国学术出版社(Academic Press)的代码,mai.2002.125245 是论文的代码。DOI 通常是嵌在文献的 URL 中一起使用的。

其次,由出版商将论文的元数据和 DOI 存放在 CrossRef 数据库(CrossRef Database)中。当用户单击引文链接时,检索系统会将请求发送到 CrossRef 数据库中,由系统解析器(handle system resolver)对其解析,找到对应的 URL,然后将参数转发到相应的数字资源系统中,找到原文。

详细示例见第五章第一节。

全文链接服务可以说是真正实现了用户的"一站式"检索功能。但是,由于目前该服务尚处于逐步发展的过程中,具备全文链接的书目引文数量还很有限,所以更多时候,用户还是通过全文传递服务(document delivery,document supply)来获取全文,即用户将请求发送给图书馆或数据库出版社,进而通过邮件或者远程文件传输的方式获得全文。

4.3 推送服务

推送服务(push service),即按照用户的个性化定制——如关键词定制、出版物定制、网站定制等,由系统自动将最新信息送到用户桌面终端或者手机终端的服务。一般来讲,主要包括邮件推送服务和 RSS 推送服务,近年来亦增加了一些博客/微博服务。

邮件推送服务(E-mail alert)中,最常见的是期刊目次报道服务(TableOfContents service),即用户在电子期刊检索系统中设定自己需要的学科、期刊名称、关键词(一般不超过 15 个检索词)、发送周期以及 E-mail 地址,系统根据用户的这些需求,定期定向自动检索指定期刊,向用户的电子邮件信箱发送一种或几种期刊的最新目次,并在发送时介绍一些最新、最具特色的内容,便于用户了解期刊出版情况,决定是否阅读期刊和下载、购买全文。

内容聚合(RSS)服务是一种基于 XML 技术的互联网内容发布和集成技术,是两个站点之间共享内容的一种简易方式,RSS 服务能直接将最新的信息即时主动推送到读者桌面,使读者不必直接访问网站就能得到更新的内容。读者可以通过安装标准的 RSS 阅读器,或使用在线 RSS 阅读器,定制个人需要的任一网站或网站中的某个栏目;之后在每次打开或登录在线阅读器时,就可以看到即时更新的内容。

图 1-23 提供的是一个简单示例。用户通过 Google 在线内容聚合服务,定制了《中国期刊网》中的《文史哲》期刊。之后在每次登录上线后,就可以看到自己定制的《文史哲》期刊的最新内容(网页右半部分即为最新的期刊目次显示,最后查询时间:2010-10-05)。

博客/微博服务:随着微博/博客这些大众传媒工具的兴起,有些数据库商亦在自己的网站上开通博客服务(如 Nature 平台的"blogs"服务),或利用流行微博工具(如 Twitter),加强与用户的互动,了解用户的需求,推送本公司的服务。

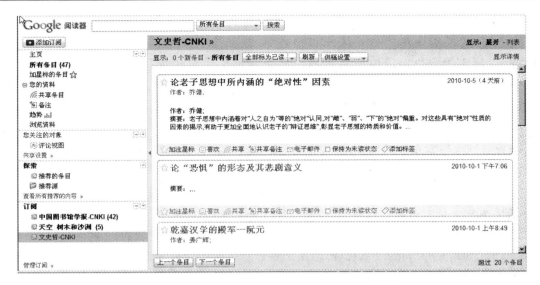

图 1-23 谷歌网站提供的在线 RSS 内容聚合服务

4.4 参考工具和培训服务

参考工具服务(reference tools)即对用户提供一些小型在线参考工具,如字典、词典、百科全书等,供用户检索资源时参考使用,如 LexisNexis 系统的维基服务(Research Guide Wiki,详见第四章)。

培训服务(user training)是指对用户使用数据库及其检索系统提供指导帮助,通常包括:

(1) 用户帮助(help),通常以文本方式或者小型数据库方式,在检索过程中可以随时调用。

(2) 用户指南(guide),通常提供一些 PDF 文件、PPT 演示文件或图片,内容比较系统化。

(3) 培训教程(teaching course,video tutorial),通常以动画或者教学录像的方式,生动直观。

4.5 个性化定制服务

个性化定制服务(customized service)是一种有针对性的服务方式,根据用户的设定来实现;对于数据库及其检索系统来说,个性化定制正成为最基本的服务之一。

数据资源的定制服务一般是针对某一特定用户进行的。包括:

(1) 个人检索历史的保存服务:如检索策略、检索结果、常用刊物的保存等;

(2) 信息定制服务:如定题推送、刊物定制、引文提醒、新产品通告、用户界面按自己的兴趣调整等。

4.6 数字资源整合服务

随着数字资源的不断增加,用户常常在海量资源面前感到困惑茫然,不知道如何找到自己要检索的资源,以及如何检索众多分布式、异构的数据库系统。在这种情况下,包括图书馆在内的众多信息服务机构提供了数字资源整合服务。

一是数字资源的目录导航服务。即把本机构用户可以使用的数据库、电子期刊、电子图书、学位论文等资源的目录组织和整理后,按照学科和资源类型提供浏览和简单检索服务,以便于用户快速定位所需资源。这是一种比较简单便捷的、基于资源集合的整合服务。

二是统一检索服务,也有人称之为联邦检索(federated search)、联合检索(union search),是指系统支持用户同时对分布式、多类型的资源进行一站式检索,并返回统一的检索结果。如CALIS资源统一检索系统、MetaLib系统等。这是一种比较复杂的、基于内容的整合服务,到目前为止,统一检索系统发展尚不成熟,检索效率还不够理想。

三是元数据整合服务,即把数据库中所有内容的元数据,如篇名、目次等,连同他们的全文链接,整合到统一的元数据库(也叫元数据仓储,metadata repository)中,为用户提供"一站式"检索服务。这种整合服务是基于内容的,检索效率很高,如EBSCO公司的Discovery Service(EDS)、ProQuest的Summon系统等,但由于整合元数据必须获得原出版商的同意,且元数据标准要保持一致,因此进展也颇为缓慢。

参 考 文 献

1. 中国互联网络信息中心. 第29次中国互联网络发展状况调查统计报告. [2012-01-30]. http://research.cnnic.cn/.
2. 董晓英. 网络环境下信息资源的管理与信息服务. 北京:中国对外翻译出版公司,2000.
3. 董小英,马张华,等. 互联网信息资源的检索利用与服务. 北京:北京大学出版社,2003.
4. 祁延莉,赵丹群. 信息检索概论. 北京:北京大学出版社,2006.
5. Martha E. Williams. Highlights of the Online Database Industry and the Internet:2000. In:Information Today. Proceedings-2000:Proceedings of the 21st National Online Meeting:May 16—18, 2000, New York. Medford, NJ:Information Today Inc, 2000. p.1—5.
6. Martha E. Williams. The State of Database Today:2006. In:Gale Directory of Databases, 2006. Detroit:Thomson Learning Gale, 2006.
7. 国家计划委员会,等. 中国数据库大全. 北京:中国计划出版社,1996.
8. 中国互联网络信息中心. 2005年中国互联网络信息资源数量调查报告. [2009-02-10]. http://www.cnnic.net/index/0E/00/11/index.htm.
9. 陈通宝. 我国数据库的喜和忧. 计算机世界报,1996(4). [2011-12-12]. http://www2.ccw.com.cn/1996/4/139572.shtml.
10. 中国数字图书馆标准规范建设. [2011-12-12]. http://cdls.nstl.gov.cn/cdls2/w3c/.
11. 杨毅. CALIS组团引进电子资源的发展和评估. [2009-02-10]. http://202.115.54.30/calis/attach/20070515/01.pdf.
12. 燕今伟,刘霞. 信息素质教程. 武汉:武汉大学出版社,2008.
13. 张琪玉. 张琪玉情报语言学文集. 北京:北京图书馆出版社,1999.
14. 储荷婷,张茵,等. 图书馆信息学. 北京:中国人民大学出版社,2007.
15. F. Wilfrid Lancaster, Amy J. Warner. Information Retrieval Today (revised, retitled and expanded edition). Arlington, Virginia:Information Resources Press, 1993.
16. 华薇娜. 搜索引擎的最新进展述要. 图书与情报,2009(6),p.83—87.

17. Stephen P. Harter. Online Information Retrieval:concepts,principles,and techniques. San Diego,California:Academic Press,1986.
18. 刘炜,周德明,王世伟,孙继林,赵亮. 数字图书馆引论. 上海:上海科学技术文献出版社,2000.
19. 陈强,叶兵,陈翀. Internet 基础与使用. 北京:人民邮电出版社,1997.
20. 赖茂生,王延飞,赵丹群. 计算机情报检索. 北京:北京大学出版社,1993.

第二章　西文参考数据库

第一节　参考数据库概述

1.1　参考数据库

1.1.1　概念

参考数据库(reference database),指包含各种数据、信息或知识的原始来源和属性的数据库,也可称为元数据库(metadata database);参考数据库是通过对各类文献的再加工和过滤,如编目、索引、摘要、分类等而形成的。它报道文献信息的存在,揭示文献信息的重要内容,将体积庞大的一次文献浓缩成体积较小的二次文献,具有明显的汇集性、系统性,数据量大、累积性强,用户可从中判断信息的可用性,并指引用户到另一信息源获取原文或其他详细信息。

1.1.2　类型

参考数据库主要包括:书目数据库、文摘数据库、索引数据库。书目数据库主要是针对图书进行内容及存储地址的报道与揭示,如各图书馆的馆藏目录数据库;文摘和索引数据库则相对期刊论文、会议论文、专利文献、学位论文等进行内容和属性的认识与加工,它提供确定的文献来源信息,供人们查阅和检索,但一般不提供原始文献的馆藏信息。本章将要介绍的几大索引数据库——《科学引文索引》(*Science Citation Index*,SCI)、《社会科学引文索引》(*Social Science Citation Index*,SSCI)、《艺术与人文科学引文索引》(*Arts and Humanities Citation Index*,A&HCI)、《工程索引》(*Engineering Index*,Ei),著名的文摘索引型数据库如化学领域的《化学文摘》(*Chemical Abstracts*,CA)、生物学领域的《生物学文摘》(*Biological Abstracts*,BA)、物理学、计算机科学和控制学领域的《科学文摘》(*Information Service in Physics, Electronics Technology and Computer & Control*,INSPEC),以及第八章中介绍的《会议录引文索引》(*Conference Proceedings Citation Index*,CPCI)等,均属该种类型。

1.1.3　发展历史

在参考数据库的发展历史中,书目数据库是出现较早的,20世纪80年代之前,主要的数据库均是书目数据库。第一种书目数据库出现于1964年,是"美国医学文献书目检索系统"(简称MEDLARS)。到1970年,世界上已有50—100个数据库,其中绝大多数是书目数据库;80年代末期数据库数量达到4 000余个,其中1/4是书目数据库。而从数据库总体发展来看,1975年,数据库数量约为300余个;到2005年达到17 539个,增加了39倍。目前的各类数据库已无计其数,可见其发展速度是十分迅速的。

早期的参考数据库主要发挥了检索作用,可以帮助用户迅速找到所需文献线索,是全面、迅速、系统获取一次文献的主要渠道。但随着计算机和网络技术的发展、全文数据库广泛运用的冲击,其检索功能逐渐淡化,转而充分运用了自身的数据量大、累积性强、知识框架清晰等优势,发挥出更多的服务作用,如从二次文献到一次文献的全文链接服务,对文献、科研成果、科研工作者、科研机构、学科等的引文评价功能,实现多个数据库联合查询的跨库检索功能,以及检索结果的各类统计分析服务等,为参考数据库的发展开拓了新的空间。

1.1.4 参考数据库的结构

参考数据库的最基本组成单位是记录和字段。

记录(record)是作为一个单位来处理的有关数据的集合,是对某一实体的属性进行描述的结果,也可称为元数据(metadata)。在参考数据库中,实体是指某一特定的文献,而实体的属性即指该文献的题名、著者、来源、语种、文献类型、关键词、主题词等特征。

字段(field)是记录的下级数据单位,用来描述记录的某一属性,或成为元素(element)。字段包括两大类,一类是描述文献内容特征的字段,包括:题目、主题词、关键词、分类、文摘等字段。另一类是描述文献外部特征的客观字段,包括:著者、著者机构、出处、专利号、DOI号、记录号等。字段实现了数据描述的规范化,而在数据库的使用过程中,字段主要是用作检索点来控制检索范围。

比字段更下一级的数据单位叫做子字段(subfield),它用来描述某一字段中的各个子项,如出版字段中的出版者、出版地和出版年等各子字段;再如著者字段中的每个著者等。

1.1.5 参考数据库特点及中西文数据库的异同

前面提到,早期的参考数据库通常是针对印刷型出版物的揭示报道而开发的,是文摘索引型期刊和图书目录实现计算机化生产的产物,所以每个参考数据库一般都有相应的书本式检索工具或卡片式目录。如下面将介绍到的 SCI、CA、BA、INSPEC 等,其中 INSPEC 的对应出版物为《科学文摘》(*Science Abstracts*, SA)和《物理学文摘》(*Physical Abstracts*, PA)。

随着网络和数字资源的发展,参考数据库已经逐步发展为网络版,而且不再仅仅揭示报道印刷型出版物了,网上的任何数字资源,如电子期刊、电子图书、学位论文、会议录、网站、人物、数据等,都可以通过参考数据库揭示报道。

参考数据库的内容全面,情报源广,信息量大;时效性强,报道迅速;数据结构简单,记录格式固定,生产费用相对较低;连续性累积性强;索引系统完备;具备引文分析、全文链接、文献评价、文献来源等多种增值服务功能;其使用范围一般是开放性的,人们可以通过购买或租用来获得参考数据库,也可以通过某个联机检索系统去检索,在使用上一般没有任何限制。尤其是书目数据库,通常是对全体用户免费开放的。

中西文参考数据库的异同表现在:

(1) 西文参考数据库创办历史悠久,通常有对应的印刷型出版物或卡片式目录。如 SCI、CA、BA、INSPEC 等均有相应的印刷版检索工具。而多数中文数据库起点就是数字化的;

(2) 西文参考数据库文献类型齐全,通常包括:期刊、技术报告、会议论文、专利文献、学位论文、技术标准、图书、图册、政府出版物以及报纸等,全面覆盖本学科所有类型的出版物。中文参考数据库单一文献类型较多,但近些年也比较注重参考数据库的发展,如:《中国地质文献数据库》收录有期刊、专著、论文集和国际会议中文资料等。

(3) 西文参考数据库专业性强,除少部分综合性数据库(如 SCI 和 Ei 等)外,大多数数据库以学科大类为中心建立专业数据库(如 CA、BA、LISA 及 EconLit 等),而且几乎每个大学科甚至二级学科都有相应的参考数据库。中文主要是基于特定文献类型的综合性数据库;令人可喜的是国内专业数据库现在也得到了较大的发展,如中国科学院上海有机化学研究所创建的《化学专业数据库》,提供了用于化学化工研究及开发的综合信息,包括:化合物有关的命名、结构、基本性质、毒性、谱学、鉴定方法、化学反应、医药农药应用、天然产物、相关文献和市场供应等信息。还有《中国物理学文献数据库》、《中国生物医学文献数据库》等。

(4) 西文参考数据库覆盖地域广,原文语种多。中文涵盖的出版物全部为国内,基本为单一语种。

1.1.6 用途

(1) 参考数据库最重要的用途是用于搜集文献线索,快速和全面地查询某个学科、领域或主题的文献信息。参考数据库所收录的常常是关于某一个、某几个或综合多个学科的比较全面的文献信息,一般是期刊论文和会议论文等。如 BA 是关于生命科学学科的参考数据库、INSPEC 是关于计算机科学、电子学、物理信息技术和工程等几个学科的参考数据库,而后面介绍到的 SCI、Ei 则分别是自然科学、工程技术领域的综合性参考数据库。利用这些数据库,都可以非常便捷地获取文献信息线索,是用户搜集资料、了解学科进展等的重要工具。

(2) 参考数据库另一个主要用途是用于个性化的用户定制服务,如各类基于文献的统计分析、最新目次报道、定题服务(selective dissemination of information service,SDI)、推送、RSS 订阅和回溯检索等。

(3) 参考数据库还可用来进行各类统计和评估工作等,如统计期刊、个人、机构、学科等的发文量、统计文章被转载和引证的情况,评估期刊的影响力等。如著名的 SCI 数据库就常常被很多机构和个人选用作为统计个人论文成果、机构科研水平等的评价工具;而在评选核心期刊时,也常常依据各个学科的重要参考数据库。

(4) 随着数字资源的飞速增长,参考数据库还被用来整合各类电子资源和服务,以元数据集成或者给予开放链接(Open URL)等方式,实现统一检索、全文链接、揭示馆藏、原文传递等多项服务功能,为用户提供了检索一体化、资源规模化的"一站式"服务。这使得参考数据库的功能得以进一步发扬光大。

1.2 著名综合性参考数据库

1.2.1 权威性检索数据库

传统上将 SCI、SSCI、Ei 和 ISTP(即《科技会议录索引》——*Index to Scientific & Technical Proceedings*,后来发展成为 CPCI)称作四大权威检索数据库。这些数据库均是跨学科的、国际性的大型综合检索工具,其中所收录的文献均选自各个学科领域最核心的期刊、最权威的国际会议或最权威的专著,除具有一般参考数据库的文献检索功能之外,还有学科评价作用;这些数据库(Ei 除外)不仅包含了来源信息,同时还有引文信息,就是说不仅对所选中的来源文献(期刊论文、会议论文等)进行索引,同时还对这些来源文献中所涉及到的参考文献(引文)进行索引。

1.2.2 权威检索数据库的形成及其在中国的影响

在权威检索数据库的确定过程中,也曾经将 INSPEC 与 SCI、Ei、SSCI 和 ISTP 一起并称为权威性检索工具。尽管在执行过程中不同的文献查询单位及用户在著名检索工具的确定上意见并不一致,但总在这 5 种数据库的范围之内。众多教学科研单位在教学科研、职称评定、基金申报、奖励等项工作中主要以 SCI、SSCI、Ei、ISTP 等四大检索工具为依据;国家科学基金和青年基金申报等活动也以这几大权威检索工具的查询结果为必备条件。尤其值得一提的是 SCI,这一检索工具目前已成为国内各大院校教学科研水平评估的一项重要指标,各大院校教师每年度所发表的论文中被 SCI 收录数量的多少越来越受到关注;北京大学、清华大学、南京大学和中国科技大学是中国高校中 SCI 收录的论文大户。

第二节　引文索引与引文索引数据库

2.1　引文索引

2.1.1　引文索引的概念、起源、发展及特点

引文索引即是利用文献间的引用关系检索相关文献的索引。它包含两种涵义:索引中编制了引文内容;利用引文信息检索文献。

众所周知,在期刊(会议)论文、综述、著作、札记等文献中均罗列了大量的参考文献,亦称作引文,引文信息通常会列出题名、著者、出版地及出版时间等。由于引文是在学术研究过程中,对某一著作或论文内容的参考或借鉴,引用类型主要包括对前人的研究和观点表示支持,为自己的研究提供佐证或背景,阐明、列举著者的观点等,因此,引文是联系那些具有某些特定观点的论文之间显而易见的纽带,而引文索引就建立在这些纽带之上,主要列举了被引用的文献,并指明引文的来源。引文索引的特别之处在于其编制原理,它将引文作为标引词,利用了文献之间普遍存在的引用关系,不仅揭示了科学文献之间的内在联系,也揭示了学科之间交叉关系。不仅可从主题、分类等常规方法检索文献,同时从引文角度向用户提供了一种特殊的检索途径。

引文索引涉及到的相关概念:来源文献、来源出版物、引文即被引文献。假设有文献 A 和文献 B,若文献 B 提到或引用了文献 A,这时就称文献 A 是文献 B 的引文(citation,或称参考文献,也称被引文献);文献 B 提供了包括文献 A 在内的若干引文,所以将文献 B 称为来源文献(source item 或 source document,也称施引文献),来源文献包括期刊论文、会议论文、评论、技术札记等;刊载来源文献的出版物,如期刊、会议录以及图书等,称为来源出版物(source publication)。

起源和发展:最早的具有引文索引思想的检索工具应是 1873 年由美国学者弗兰克·谢泼德(Frank Shepard)编辑出版的《谢泼德引文》(*Shepard's Citations*),该检索工具把联邦法院、州级法院以及各种联邦行政机构所判案件中使用过的判例引文编成了一览表,供律师查阅法律判例使用。这种法律引用系统为引文索引成为一种有效的检索工具提供了模式,也正是这部法律诉讼文献索引使尤金·加菲尔德(Eugene Garfield)从中受到启发,从而萌生了编写引文索引的想法,并成功发展了谢泼德的引文索引思想,创建了美国科学信息研究所(Institute of Scientific Information,ISI)。1963 年出版了《科学引文索引》单行本,引文索引进入了实用阶段。1973 年和 1978 年《社会科学引文索引》、《艺术与人文科学引文索引》相继问世。2008 年,ISI 对传统的会议录索引增加了引文数据,形成了现在的《会议录引文索引》。

中国的引文数据库开发起始于上世纪 80 年代末。《中国科学引文数据库》(*Chinese Science Citation Database*,CSCD)在国家自然科学基金委员会的资助下,创建于 1989 年,这是中国第一个引文数据库。1996 年中国科学技术信息研究所信息分析研究中心和万方数据公司合作出版的《中国科技论文与引文数据库》光盘问世。1998 年由南京大学中国社会科学研究评价中心开发研制的《中文社会科学引文索引》(*Chinese Social Sciences Citation Index*,CSSCI)开始出版发行。

目前中文引文数据库和英文引文数据库相互补充，形成了全面的学科评价体系，为中国的科学研究和学科发展提供了有力的帮助。

2.1.2 引文索引的作用

(1) 文献检索

不仅提供一般的数据库检索功能，还提供了从引文途径检索文献的方法。例如：从一篇已知文献入手，通过该文献的引文可以发现多篇相关文献，而每篇新查到的文献又提供了更多新的引文，既可从文献的引文入手追溯早期的文献，也可从该文的被引用情况得到现在的新文献，而且用户无需熟悉检索语言、确定主题和分类。用这种检索方法可以发现引文索引已经超出了识别相关文献的功能，它能够揭示新老文献之间存在的关系；了解某一学术问题或观点的起源、发展、修正及最新的研究进展；各个学科及专业事件之间存在的内在的、综合的联系。

(2) 科研管理

通过引文分析可以确定期刊与期刊之间、期刊与研究领域之间的关系；根据某一名词、某一方法、某一理论的出现时间、出现频次、衰减情况等，分析和揭示学科研究的基本走向。因此，引文索引对研究领域的发展及预测、科研项目规划、新学科及边缘学科研究，都将起到比较大的参考作用。

(3) 分析评价

引文索引由于其所具备的特殊的引文分析功能，已被各个领域作为分析评价的指标。比如用来评价个人的科研学术成就，评价某种期刊的质量，评价某一组织机构的科研水平，评价某一学科的发展状况和趋势等。

(4) 研究预测

对研究专题进行引文分析，通过近期文献的引文量可以捕捉当前的研究热点。从各学科之间的相互引用发现新的交叉学科。通过特定时段内学科文献引文排名可发现研究前沿。当然，今天引文分析已不需要人工进行，可直接使用由引文索引派生出来的数据库——如汤森路透公司的《基本科学指标数据库》(Essential Science Indicators, ESI)。例如：汤森路透根据对人脸识别技术所进行的特别专题分析，发现浙江大学何晓飞教授的论文"使用拉普拉斯脸方法进行人脸识别"(XF He, et al., IEEE Trans. Patt. Anal. Mach. Int. 27[3]: 328—40, March 2005)在过去十年间的被引频次最高的论文排行榜中名列第14位。该论文还是人脸识别技术领域在研究前沿图表(Research Front Map)上的核心论文，从而帮助确认何晓飞教授在人脸识别技术领域处于研究前沿。

(5) 资源整合

借助先进的计算机技术，目前引文索引也普遍被用来整合各类电子资源和服务，在元数据集成和统一检索的基础上，实现基于开放链接机制(Open URL)的引文与原文之间的全文链接，对图书馆期刊馆藏的揭示报道，对未提供全文链接的文献进行传递服务等。

2.2 科学引文索引(SCI)

2.2.1 数据库内容及相关概况

2.2.1.1 数据库内容

《科学引文索引》(Science Citation Index, SCI)，由ISI出版和提供服务。从2002年起ISI隶属加拿大汤姆森集团(The Thomson Corporation)，称Thomson ISI。2008年4月17日，汤

姆森集团与英国路透集团(Reuters Group PLC)合并组成了商务和专业智能信息提供商,即为现在的汤森路透(Thomson Reuters),SCI也随即由汤森路透出版发行。目前在国内使用最多的是 SCI 网络数据库,全称叫做 Science Citation Index Expanded(简称 SCI-Expanded 或 SCIE),所收录的数据最早回溯至1899年,是自然科学领域的综合性检索工具,是了解全世界科技期刊出版信息的最重要窗口。

SCI 所涵盖的学科被划分为173个,主要涉及以下领域:农业、天文学、生物化学、生物学、生物工艺学、化学、计算机科学、材料科学、数学、内科学、神经系统科学、肿瘤学、小儿科、药理学、物理学、植物学、精神病学、外科学、兽医学、动物学等,但侧重基础理论研究。以网络版为例,其选材来源于世界上近80个国家和地区的8 224种期刊。SCI不仅是针对科学期刊文献的多学科索引,也包括了其收录文献中所引用的参考文献。

数据库周更新,平均每周增加1.9万条新记录,年新增大约98.8万条引用的参考文献。其检索平台为 ISI Web of Knowledge,网址:http://isiknowledge.com/wos。

2.2.1.2　SCI 的出版历史

1958年,尤金·加菲尔德于美国费城创办了科学信息研究所,并开始编制引文索引。SCI于1961年开始编制,1963年编成出版,摘录了1961年出版的重要期刊613种,收录了89万篇署名来源文献,引文约130万条。1964年 SCI 出版了两卷,分别摘录1962、1963年的期刊。1965年起每年出一卷,季刊。1979年起改成双月刊,并有年度累积本和五年度累积本。目前国内各图书馆常见的 SCI 印刷版收藏多为双月刊或年度累积索引。

1974年,SCI 进入 Dialog 系统,面向全球提供联机检索。1988年,SCI 光盘版诞生并开始发行;随着网络技术的发展,1997年 ISI 又推出基于浏览器的网络版数据库 SCIE。

(1) SCI 的版本类型

与其他二次文献出版物一样,SCI 随着计算机技术的发展,也先后经历了印刷本、联机检索、光盘版、网络数据库等出版和服务过程,目前这些形式仍在并行,而中国境内主要使用的是网络版数据库和印刷版,光盘版则主要用于数据存档。

印刷版:有月刊、年刊和五年度累积本。

光盘版(CD-ROM):SCI 的光盘版自1988年起开始出版,有两种版本,一种是带文摘的(月更新),一种是不带文摘的(季度更新或半年更新)。光盘版和印刷版收录的期刊一致,为3 772种。

网络数据库:即 SCIE,其数据起始于1899年,截止到2010年底,收录的期刊总量为8 224种,周更新。目前 ISI 各种分析统计都是基于该数据库进行的,是国内最常用的版本。

联机检索:SCI 在 Dialog、DataStar、DIMDI、STN 等联机检索系统中均能提供服务,国内最常用的是 Dialog 系统,被称作 SciSearch。SciSearch 在 Dialog 联机检索系统中有2个数据库:第434号文档,收录1974至1989年的全部数据;第34号文档,收录1990年至今的数据。一般为周更新,期刊量与 SCI 扩展版相当,统一使用 Dialog 系统的检索界面及检索技术。

(2) SCI 扩展版、光盘版和印刷版的区别

SCI 的扩展版 SCIE 网络数据库,是一个国际性的多学科的引文数据库,涵盖自然科学和工程技术的所有领域,目前已收录了8 224多种期刊。

SCI 的光盘版和印刷版,期刊收录均控制在3 800种以内。两者采用同样的选刊标准(见2.2.1.3小节),但 SCI 光盘版选刊时更注重引文分析,收录的是期刊内容质量更高、具有更高

影响力的期刊。因为有数量限制,虽然 SCI 光盘版也考虑地域性,但选择的都是每个国家或地区最高水平的期刊,如:2009 年 SCIE 收录的中国期刊为 114 种,而 SCI 光盘收录的只有 15 种;SCI 也会力求平衡不同学科,但收录的是每个学科最高水平和最有影响力的期刊,例如:2009 年 SCIE 收录化学工程期刊为 126 种,而光盘为 66 种。正是因为 SCI 扩展版、光盘版收录差异,曾经在某一个时期内被称为外围刊与核心刊。

在 SCIE 网络数据库推出之前,中国大陆地区各文献机构所订购的多为 SCI 印刷版或光盘版,在早期阶段自然形成了以这两种版本所收录的 3 000 余种期刊为基础的学术统计和评价体系,1997 年 SCI 网络版出现后就出现了核心刊和外围刊的区分。但是随着网络版的普及,外围刊的概念逐渐淡化,目前各机构基本上采用了 SCIE 作为学术统计和评价体系。

除了内容方面的差别外,各种形式的使用方法也有较大不同。网络版借助强大的网络功能,检索更便捷,查询更全面,尤其具有灵活的各类链接可以节省查询的步骤;光盘版虽功能不如网络版强大,但其检索较为精确,又不受网络传输速度等的限制,也有其独特的优势;联机检索系统中的 SCI 适合专业检索人员使用,可以组织各种精确复杂的检索表达式,结果通常十分准确,但联机检索系统一般都很昂贵,不是人人有条件可以使用的。

2.2.1.3 SCI 的选刊标准

SCI 创始人尤金·加菲尔德认为:一个有效的索引必须严格限制它的收录范围,基本上应只收集对研究者有用的信息,而且对一个无用的文献条目的标引与一个有用的文献条目的标引成本是一样的。又根据"布拉弗德-加菲尔德法则":20%的期刊汇集了足够的信息以全面反映科技的最新最重要的成果与进展。因此,从数据库的质量和费用-效果等多方面考虑,SCI 将期刊收录控制在最重要的核心范围内,并且 50 多年来一贯遵循着其严格的选刊标准,也因为其严格和独特的选刊标准确定了 SCI 在学术评价中不可或缺的地位。

SCI 的选刊标准包括 4 个主要方面。

(1) 出版标准

时效性:期刊按照其固定出版周期及时出版,在此原则下,在完成评价前评估团必须能按时收到被评估的三期期刊。

国际编辑惯例:数据库建立的基本目的是让用户通过检索数据库找到他们所需要的文献,期刊编辑遵循国际体例很重要,即要具有规范的期刊名称,描述性的论文标题,每个作者的完整的地址信息,以及所有参考文献完整的文献编目信息。

英文文献编目信息:最好提供英文题名、文摘、主题关键词、英文参考文献、音译的作者姓名等信息。

同行评议:通过同行评议过程可以保证期刊中论文的质量,也能保证参考文献的完整性。

(2) 编辑内容

科学研究持续发展,新的专业领域不断涌现,新的研究领域逐渐被关注的时候就会产生新的期刊,那么编辑人员会考虑受关注的学科领域是否已经被数据库覆盖,如果没有则会选择该领域的期刊,以丰富数据库的内容。

(3) 国际多样性

科学研究是全球化的,一本有影响力的期刊在国际交流中扮演更重要的角色。考察期刊不但看论文水平,也要看其国际化程度,一个是作者应来自多个国家,同时来自不同国家的编辑是期刊正常发展和持续不断发表重要研究成果的标志,所以汤森路透也非常注重期刊编辑和编委会的国际多样性。

为了全面地反映全球范围内科学研究和发展情况,并保持每个学科范畴平衡收录,SCI 也力求收录最优秀的地域性期刊。在评估一种非国际化的地域性期刊时,汤森路透会比较期刊的内容,如果数据库中还没有收录该区域同类期刊,则认为有必要收录该期刊。

(4) 引文分析

通过引文数据衡量期刊的应用情况、重要性和影响力。用引文数据评价期刊的过程中,SCI 对评价新的期刊和发行数年的期刊评价方式有所不同。新期刊没有引文历史,是用引文数据对新期刊中的主要作者或编委会成员进行评估,分析他们以往发表在其他期刊上的论文的被引用情况,从而判断这本新期刊是否能吸引那些高质量论文、高被引用作者;而对已发行数年的期刊要使用通过引文数据计算的影响因子、引文量以及快引指数等重要引文分析指标。

关于 SCI 收录的中国期刊。根据上述选刊标准,2010 年 SCIE 收录中国大陆期刊为 138 种,几乎囊括了国内自然科学和基础研究中各个学科及二级学科的所有顶级期刊。

2.2.1.4 数据库特点

(1) 收录面广,综合性强

SCI 数据库收录自然科学方面 170 余个学科的数据,是基础理论研究方面的大型综合性参考数据库,学科覆盖面广,综合性强。

(2) 权威度高

SCI 数据库的建立是以科学的文献计量学为依据的,它根据文献之间的引证与被引证关系,将在特定时限内被引频次最高的期刊选录进来,且每年更新,这样选取的期刊均是自然科学各领域核心的、质量较好的期刊,其权威度很高。

(3) 编制独特

SCI 和一般的参考数据库不同,它是将引文索引原理应用而编制的第一种数据库。它除了反映论文本身的各项信息,还将其参考文献即引文作为重要的揭示对象和检索点加以反映,因而形成了一种独特的检索语言和检索方法。

(4) 功能强大

SCI 数据库的功能十分强大,它除了能够进行一般的检索之外,其引文索引更是提供了一个新的检索入口。引文索引能够揭示文献之间的相互关系,将相关领域的文献很好地组织起来,对用户而言,无形中获取了更多有价值的检索结果,实现了扩展检索的功能;另外,随着科学的进步,新兴和边缘学科以及学科交叉情形不断出现,仅靠范畴和主题的限制有时会漏掉重要的检索结果,而从引文索引的角度进行查询,无论涉及哪个学科或领域,只要它们之间存在引证或被引证的关系,便可被检索出来,保证了检索的全面性。

2.2.2 SCIE 网络数据库检索

2.2.2.1 Web of Science(WOS)和 Web of Knowledge(WOK)检索平台简介

WOS 是当时的 ISI 公司于 1997 年推出的功能强大的组合检索平台,由 7 个数据库组成,内容包含来自自然科学、社会科学、艺术及人文科学等多学科领域具有高影响力的 1 万多种期刊,有超过 12 万种国际会议录以及书籍、丛书、报告及其他出版物的信息。ISI 传统的三大引文数据库 SCI、SSCI 以及 A&HCI 位列其中;以及著名的会议引文数据库:Conference Proceedings Citation Index-Science(CPCI-S)和 Conference Proceedings Citation Index-Social Sciences & Humanities(CPCI-SSH)(详见第八章的第二节)。除此之外还包括两个化学数据库:

Index Chemicus(IC)和 Current Chemical Reactions(CCR-Expanded),用于查找化合物、化学反应和反应数据(详见第七章)。

2002 年,ISI 推出了包括 ISI 自建资源、合作资源以及其他外部资源的大型知识整合平台 WOK,旨在向用户提供多学科、多类型资源的统一平台,使用户能够实现一站式的检索。WOK 以二次文献信息为主,数据库基本涵盖了全球所有研究领域,包括生命科学、医学、农学、物理工程、行为科学、社会科学以及艺术人文科学等各个学科,也包括全球的发明专利及其他网络资源等。通过强大的检索技术和基于内容的连接功能,将高质量的信息资源、独特的信息分析工具和专业的信息管理软件无缝地整合在一起,兼具知识的检索、提取、分析、评价、管理与发表等多项功能,从而大大扩展和加深了信息检索的广度与深度,为科学发现与创新提供了前所未有的方法和途径。

在内容上,ISI WOK 以 WOS 为核心,凭借独特的引文检索机制和强大的交叉检索功能,有效地整合了学术期刊(Web of Science、Current Contents Connect)、发明专利(Derwent Innovations Index)、化学反应(Current Chemical Reactions、Index Chemicus)、学术专著(Current Contents Connect)、研究基金(ISI eSearch)、网络开放学术资源(External Collections)、学术分析与评价工具(Journal Citation Reports,JCR 和 ESI)、学术社区(ISI HighlyCited.com)。在 WOK 平台上还可以检索其他多个重要学术信息资源,其中包括:BIOSIS Previews(生物学文献数据库)、INSPEC(科学文摘)、MEDLINE(医学文献数据库)、FSTA(食品科学与技术文摘数据库)、PsycINFO(心理学文献数据库)、AGRICOLA(农业文献数据库)等,向全球学术工作者有效地提供了自然科学、工程技术、生物医学、社会科学、艺术与人文等多个领域中高品质的学术信息。

在功能上,ISI WOK 提供了强大的知识发现与管理工具,不仅可提供独特的引文检索、主题检索、化学结构检索、基于内容与引文的跨库交叉浏览,还提供了用于访问、分析和管理研究信息的工具和多种服务功能,其中包括:跨库检索、检索结果的信息分析、检索结果的信息管理(与 EndNote、Reference Manager、ProCite、WriteNote 等文献管理软件兼容)、定题跟踪通报(alert)服务、引文跟踪和全文链接等。

ISI WOK 检索时可以选择简体中文页面、英文页面和日文页面,本节主要依据 ISI WOK 5.4 版,并以 WOS 为例的中文检索页面进行介绍。

2.2.2.2 检索功能

(1) 选择数据库

SCI 数据库所采用的 WOK 是一个综合资源检索平台,检索时首先要选择数据库,有 4 种选库方式:

所有数据库:同时检索 WOK 平台上所有数据库;

选择一个数据库:选择 WOK 平台上的任意一个数据库;

当前数据库:当前所处的数据库页面;

其他资源:检索 JCR、ESI 及其他 ISI 网站资源。

其中"所有数据库"检索设置的检索字段只有几个共有字段,包括:主题、标题、作者、出版物名称、出版年、作者地址等。检索结果显示与输出字段也只有作者、标题、来源文献和摘要。

ISI WOK(5.4 版)提供了基本检索、高级检索和引文检索等检索途径;WOS 还具备作者甄别和化学结构检索功能。

(2) 基本检索(search)

WOS 的检索是一种格式化检索(见图 2-1),可选择检索字段和使用布尔逻辑算符。

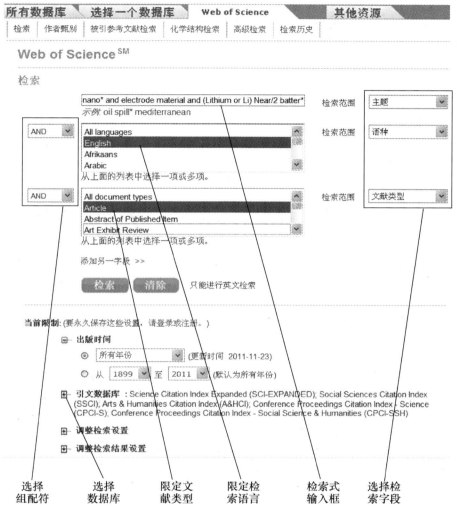

图 2-1　SCIE 网络版检索界面(WOK5.4 版)

系统设置的主要检索字段如下:

主题:多字段检索,包括标题、摘要、作者关键词以及扩展关键词(Keywords Plus)字段,可使用逻辑算符、截词符等各种 WOK 检索技术,支持中截断和后截断检索,系统自动识别单复数。

标题:检索文献标题。可使用逻辑算符、截词符等各种 WOK 检索技术。

作者:可检索所有相关的作者和编者,数据库对所有文献作者或编者进行了标引。输入格式为:作者姓氏的全称→空格→名字的首字母,例如:Liu Yongnan 的输入格式为 LIU YN。也可只输入姓,在姓后加截词符,例如:Martins* 。2006 年(包括)之后可以用姓名的全拼格式检索。

团体作者：具有来源出版物（如期刊文献或书籍）著作权的组织或机构；

编者：数据库收录了与来源文献（例如，期刊文献、会议论文等）相关的所有编者的姓名，检索格式同个人作者。

研究者标识（ResearcherID）检索：检索记录中 ResearcherID 字段，该字段内容包括作者姓名、作者 ResearcherID 和转至 ResearcherID.com 上该作者出版物列表的链接。

出版物名称：期刊名称、书籍名称和丛书名称等，可通过完整或部分出版物名称检索，如果输入出版物的部分名称，需要使用通配符 *。

DOI：检索数字对象标识符（DOI）识别代码，可使用截词符 *。

出版年：检索在特定年份或某一年代范围发表的文献，年份输入为四位数。例如：2008 或 2005—2010。出版年字段必须与另一字段相组配检索，例如在进行主题、标题、作者或出版物名称检索时，再与出版年或出版时段相组配，以缩小检索范围。可输入的出版年检索允许的最大跨度为 10 年。注意：检索时输入的年代为文献出版时间，而通过检索页面选择的年代检索范围为文献的入库时间。

地址：作者所在的机构名称和地理位置。将地址与作者组配检索可得到精确检索结果。在地址检索中，SAME 运算符特别有用，因为使用 SAME 连接的检索词位于同一地址，而不仅仅是位于相同的字段。例如 peking univ same chem 检索到的结果仅是北京大学化学与分子工程学院。注意：地址字段标引用的是缩略词，所以检索时同样需要使用缩略词，系统为地址检索设置了缩略词表可供查看。

会议：检索会议录文献中的会议标题、会议地点、会议日期、会议发起人等信息。

基金资助机构：可检索记录中基金资助致谢表中的基金资助机构。

授权号：检索记录中基金资助致谢表内的授权号。

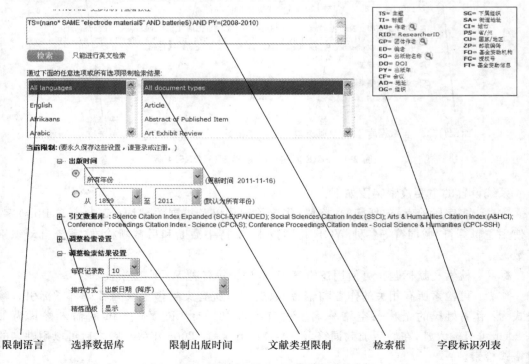

图 2-2　SCIE 网络版高级检索（WOK5.4 版）

(3) 高级检索(advanced search)

此处的高级检索(参见图 2-2)其实是指命令检索,可以灵活编写检索式,但检索式中的每个检索词都必须用字段标识指明检索范围,字段标识只能用英文表示;不同字段之间必须用布尔逻辑运算符连接。允许使用通配符、括号等各种检索技术。可进行检索式组配检索,例如:(TS=(nano * SAME "electrode material$" AND batterie$) AND PY=(2008—2010))AND #3,或 #1 OR #2。

(4) 引文检索(cited reference search)

引文检索也即被引参考文献检索。通过引文检索,可以了解某个已知概念、观点或创新所获得的认可,并可了解其应用情况、改进、扩展或纠正的过程。引文检索提供了被引作者、被引著作、被引年份、被引卷、被引期和被引页字段(参见图 2-3)。

图 2-3 SCIE 被引参考文献检索首页(WOK5.4 版)

被引作者(cited author)检索:被引作者输入格式为:被引文献第一作者的姓氏→空格→名字首字母(最多 3 个)。例如:Huang Xilin 的检索输入格式为:Huang XL。可使用算符 OR 同时检索多位作者的引用情况。需要说明的是:一部分被引文献没有被 SCIE 收录,对于这些引文只有第一作者信息,因此用第一作者检索会得到更准确的结果;如果被引文献本身是期刊文献,且被 SCIE 收录,可以用第一作者以外的其他作者检索。注意:作者检索最多可输入 15 个字符,如果姓氏所含字符多于 15 个,则后面部分用截词符(*)表示剩余的字符。

被引著作(cited work)检索:被引著作需要输入缩写格式进行检索。但是一旦输入的缩写格式与数据库不符,将会得到错误的结果,因此进行期刊或书籍著作检索时建议更多地使用截词符(*),例如:输入 COMM * MOD *,可以检索到 Comments on Modern Physics。如果被引著作为 SCI 收录的期刊文献,可参考引文检索页面的"期刊缩写列表"。如果被引文献为专利,则需要输入专利号,但不要指定国家或地区代码。例如:输入 5345712 可查找专利号 JP5345712 的参考文献,在引文检索中,国家或地区代码显示在"卷"一栏中。可使用算符 OR 同时对多个著作进行检索。

被引年份(cited years)检索：可进行特定年份或多年份检索，年份输入格式为四位数字，可使用算符 OR。例如：2005 OR 2008；2005—2008。注意：检索被引年份时，只能与被引作者和(或)被引著作组配检索。提示：在进行特定文献引文检索时，最好不指定被引年份，因为同一被引参考文献会有不同形式，尤其是书籍，由于各种原因会出现不同的年份。

被引卷期页：被引文献卷、期、页最好与被引作者或(和)著作组配检索，直接输入卷号、期号或页码即可。

引文检索过程：首先检索主要的被引作者的姓名和被引著作的缩写名称，得到被引参考文献检索页面(2)(见图 2-4)，其中包含了所输入的被引作者/被引著作数据。从中进行选择后再单击"完成检索"按钮，页面显示的检索结果即为施引文献，而每篇施引文献将至少包含一篇所选择的被引参考文献。施引文献检索结果显示格式与一般检索相同。

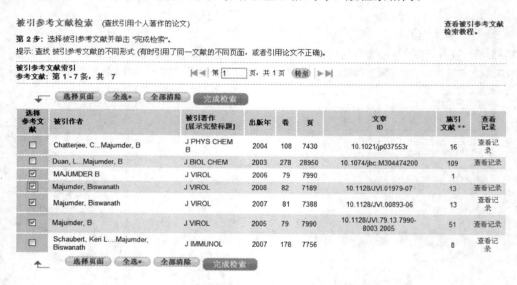

图 2-4　SCIE 被引参考文献检索结果列表(WOK5.4 版)

说明：

① 被引作者前有其他作者和省略号(……)的表示该作者不是被引文献的第一作者。

② 条目中带有"查看记录"链接的，表示该被引文献为 SCI 数据库收录的文献，这样的文献可以通过非第一作者进行引文检索。单击"查看记录"按钮，可显示被引文献的全记录格式。

③ 单击"显示完整标题"按钮可显示 SCI 数据库收录的所有被引文献标题及其所在期刊的完整名称。而那些不是 SCI 收录的被引参考文献仍显示的是引文格式。

④ 施引文献列中的数字为对应文献的被引篇次数。注意：该数字是所有 WOS 平台上 5 个引文数据库和所有年份的总引用篇次数，如果选择部分数据库检索，或设置了年份、文献类型、语言等限制，最后的检索结果通常会小于所显示的数字。

(5) 作者甄别(author finder)

在数据库中经常会出现以下情况：不同的作者具有相同的姓名，尤其在名字缩写的情况下；同一个作者也可能出现不同的拼写，如：Liu Z、Liu ZF 和 Liu Zhongfan。使用"作者甄别"功能检索，可以通过"唯一作者识别系统"的专有算法，将大量节点(如作者姓名、机构名称、引用和被引的作者关系)数据组合运算并甄别,将同一作者的著作集中在一起,形成"唯一作者集"页面,用户可以从这里选择想要的作者,并查看记录。

2.2.2.3 检索技术

(1) 布尔逻辑和位置算符

包括 AND、OR、NOT、NEAR 和 SAME,用于组配检索词,从而扩大或缩小检索范围,布尔逻辑运算符不区分大小写。

NEAR/x 运算符:确定词与词之间的物理位置,指定检索词之间相隔的单词数量。例如:electrode NEAR/3 materials,表示两词间隔最多 3 个词,其检索结果比 electrode AND materials 窄,但比"electrode materials"精确词组检索要宽泛。

SAME 运算符:主要用于地址检索,可以使检索词出现在同一个地址中。例如:AD=(Peking Univ or 100871) SAME Chem AND PY=2010,可以检索到 SCIE 收录的北京大学化学与分子工程学院 2010 年发表的文章。在其他字段检索使用 SAME 算符得到的检索结果与 AND 相同。

运算符检索的优先顺序:如果在检索式中使用不同的运算符,而且没有使用括号的情况下,则会根据下面的优先顺序处理检索式:NEAR/x→SAME→NOT→AND→OR。

(2) 截词符

星号*,可用于后截断和中截断,但不能用于前截断。

代字符$:代替一个字母,该字母可存在,也可不存在,因此对于检索同一单词的英式拼写和美式拼写或可能包含空格、连字号或撇号的作者姓氏时美元符号非常有用。

代字符?:一个?代替一个字母,但该字母必须存在。例如:用 colo?r,可以检索到 colour,而检索不到 color。

注意:进行主题或标题字段检索时,截词符和代字符(星号、问号或美元符号)之前必须至少有 3 个字符;其他字段检索时,星号、问号或美元符号之前必须至少有一个字符。

(3) 括号

用来确认检索的优先顺序,括号内的表达式优先执行检索。

(4) 精确词组检索

使用引号" "可做精确词组检索,如"cellular structures",系统会完全按照输入方式检索。而没有使用引号的词组,系统自动将各词按照"AND"的关系组配检索。例如系统会将检索词组 cellular structures 默认为 cellular AND structures 的关系。注意:引号应在英文状态下输入。

(5) 检索限定

Web of Science 检索系统默认的检索限制是:所有语种,所有文献类型,所有年份以及全部数据库。

语种限制(参见图 2-1):目前有 50 多个语种可供选择,使用 Ctrl 键可选择多个选项,默认选项为"全部语种"(All languages)。

文献类型限制:设置了论文、书目、摘要、新闻、会议录文献、综述等 30 多种文献类型可供选择,选择方法同语种限制。默认选项为"全部文献类型"(All document types)。

(6) 禁用词

禁用词为一些使用频率高而且没有主题意义的单词,如冠词(a、an、the)、介词(of、in、for、through)和代词(it、their、his)等,这些词不能作为独立单词在主题和标题字段中检索。

2.2.2.4 检索结果

(1) 检索结果列表

检索结果列表(参见图2-5):包括标题、作者、来源出版物和被引频次,检索词在记录中为高亮显示。默认的排序方式为记录入库时间,新处理的记录排在前面。可选的排序方式包括:

① 入库时间:文献添加到数据库的日期。

② 出版日期:按期刊封面上的日期对记录进行倒序排序,最新出版的文献在前面。

③ 被引频次:根据文献被引用的次数对记录进行排序。

④ 相关性:根据相关性定义对记录进行排序,相关性定义的原理是根据每条记录中找到的检索词的数量进行分级。相关性最高的记录排在最前面。

⑤ 第一作者:根据列出的第一作者的姓氏,按字母顺序对记录进行排序。

⑥ 来源出版物:根据出版物名称,按字母顺序对记录进行排序。

⑦ 会议标题:根据会议标题,按字母顺序对记录进行排序。

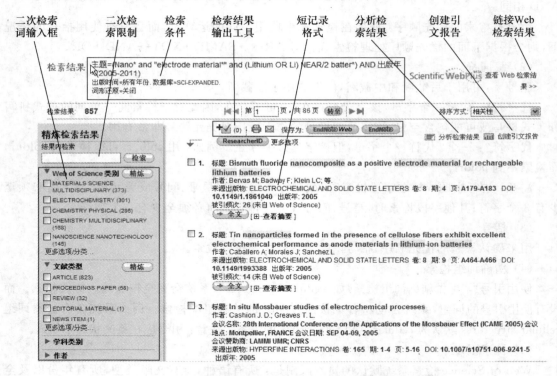

图2-5 SCIE网络版检索结果题录格式显示(WOK5.4版)

(2) 全记录格式

单击标题即可打开该文章的全记录格式。如果所在的机构具有该文的全文浏览权限,在其下方会有一个"全文"(或fulltext)链接按钮,单击可直接跨库链接全文,打开并浏览文献完整的全记录格式(参见图2-6)显示有关Web of Science数据库中所包含记录的全部信息WOS数据库中记录的字段包括:标题,NCBI(美国国家生物技术信息中心NCBI资源名称列表),作者,书籍作者,团体作者,书籍团体作者,编者,来源文献,文章编号,被引频次,参考文献,引证关系图,会议信息,摘要,图形摘要,文献类型,语种,作者关键字,关键词,通信作者地址,地址,电子邮件地址,基金资助致谢,出版商,学科类别,IDS 编号,国际标准连续出版编号(ISSN),国际标准书号(ISBN),数字资源唯一标识(DOI),化合物,化学反应。但数据库不同,每篇文献显示的字段有所区别。

Multilayered Cobalt Oxide Platelets for Negative Electrode Material of a Lithium-Ion Battery

作者: Yao, WL (Yao, Wenli)[1]; Yang, J (Yang, Jun)[1]; Wang, JL (Wang, Jiulin)[1]; Nuli, Y (Nuli, Yanna)[1]

来源出版物: JOURNAL OF THE ELECTROCHEMICAL SOCIETY **卷**: 155 **期**: 12 **页**: A903-A908 **DOI**: 10.1149/1.2987945

出版年: 2008

被引频次: 18 (来自 Web of Science)

引用的参考文献: 30 [查看 Related Records] 引证关系图

摘要: Layer-controllable CoO and Co(3)O(4) platelets were prepared by calcination of hexagonal beta-Co(OH)(2), which was synthesized via a surfactant-free hydrothermal method. As negative electrode material for lithium-ion batteries, CoO and Co(3)O(4) platelets demonstrated high reversible capacity (more than 800 mAh/g for CoO and 600 mAh/g for Co(3)O(4)) and excellent electrochemical cycling stability. The multilayered CoO platelets showed larger capacity and much better cycling performance than the monolayer CoO platelets and CoO nanoparticles. The effect of dimension and morphology of CoO particles on the electrode behavior was discussed. (c) 2008 The Electrochemical Society. [DOI:10.1149/1.2987945] All rights reserved.

文献类型: Article

语种: English

KeyWords Plus: ANODE MATERIAL; ELECTROCHEMICAL PERFORMANCE; CO3O4; LI; STORAGE; INSERTION; MECHANISMS; REACTIVITY; CAPACITY; COO

通讯作者地址: Yao, WL (通讯作者),Shanghai Jiao Tong Univ, Dept Chem Engn, Shanghai 200240, Peoples R China

地址:
1. Shanghai Jiao Tong Univ, Dept Chem Engn, Shanghai 200240, Peoples R China

电子邮件地址: yangj723@sjtu.edu.cn

基金资助致谢:

基金资助机构	授权号
National 973 Program	2007CB209700

[显示基金资助信息]

出版商: ELECTROCHEMICAL SOC INC, 65 SOUTH MAIN STREET, PENNINGTON, NJ 08534 USA

Web of Science 分类: Electrochemistry; Materials Science, Coatings & Films

学科类别: Electrochemistry; Materials Science

IDS 号: 366KM

ISSN: 0013-4651

图 2-6 SCIE 网络版全记录显示(WOK5.4 版)

参考文献显示:在全记录显示状态下,单击"引用的参考文献"之后的数字,即显示该篇文章所引用的参考文献。如果参考文献为 ISI 产品收录,则显示为短记录格式,单击标题链接到其全记录数据;如果不是 ISI 产品收录的文献,则记录的标题显示为"不可用",而且只有文章的第一作者和来源文献信息。

(3)检索结果输出

要输出检索结果必须标记要输出的记录。有两种标记输出形式:

一种是当前标记输出,也是无记忆标记输出,在当前显示页面选择标记记录,利用检索结果的上部或下部的输出工具条选择输出,可以打印、电子邮件发送、保存到其他软件菜单等;后者实际上是将所选记录导出到 EndNote Web、RefMan、ProCite、RefWorks 等参考文献管理工具,但计算机上必须安装这些参考文献管理程序方可使用。如保存到 EndNote Web,必须是 ISI 注册用户且登录后才可使用。要查看 EndNote Web 中的记录,使用"我的 EndNote Web"功能即可。

另一种是将所要的文献添加到标记结果列表,这种标记具有记忆功能,如果不做删除标记操作,该标记会保持到退出检索系统。使用时须单击记录左侧的复选框并添加到标记结果列表中,便于集中打印、保存、通过电子邮件发送、订购或导出记录。

(4) 精练检索结果(refine results)

系统对检索结果进行了多项分析,包括:学科类别、文献类型、作者、来源出版物、出版年、会议标题、机构、基金资助机构、语种、国家/地区。分析结果在精练检索结果栏目列出,用户可以根据分析结果进一步精练检索结果、排除特定记录,或者按照记录数或字母顺序对记录进行排序。

结果内检索:也就是二次检索,要过滤或精简初始检索结果,此检索将只返回原始检索式中包含了第二次输入的主题词的记录,就是说后来输入的检索式与原始检索式是"AND"的关系。

(5) 分析检索结果(analyze results)

检索结果分析是在用户所选择的字段中提取数据值,然后形成按顺序排列显示该值大小的分析报告,可分析的项目与检索字段相同,并可设置分析记录的最大数量、显示选项(显示前多少条分析结果)、设置最少记录数、排序方式等。例如:如果选择作者并将阈值设置为 4,则当作者姓名至少出现在 4 条记录中时,检索结果表中才会显示该作者姓名。

(6) 相关记录(related records)

相关文献的设定是主题相关,引用相同著作的文章具有主题关系,并不考虑它们的标题、摘要或关键字是否包含相同词语。两篇文章共同引用的参考文献越多,其主题关系越密切。从数量上定义为两篇文章引用同一篇著作,就认为是相关文献。例如:Journal of Hepatology,50(4):805—816,2009 上的一篇文章与 Pathologie Biologie,58(4):296—300,2010 上的一篇文章具有 17 篇共引参考文献,可以认为这两篇文章的主题关系相当密切。WOS 这种根据共同引用的参考文献查找相关记录是一种查找相关文献的很好的方法。在全记录浏览页面,单击"查看 Related Records",相关文献按照相关性由高到低的顺序进行排序。

(7) 唯一作者集

许多作者在 WOS 来源文献中有多篇论文被收录。当用主题等字段检索时,这些作者的一部分文章可能不会出现在当前的检索结果集中。对于这些作者,如果想浏览其中某一位作者在数据库中的全部文献,可从"全记录"页面单击该作者姓名进行一键式检索,返回的结果即是该作者的全部论文。

(8) 查看网络检索结果(view web results)

Thomson Scientific WebPlus 是一个由汤森路透创建的开放式 Web 检索引擎,该引擎将 Thomson 的编辑技术、受控词汇表和专有的相关性算法集于一体,从开放的 Web 中检索相关科学结果。它旨在完善检索结果,为专业研究人员提供最密切相关的 Web 资源。

2.2.2.5 用户服务

(1) 创建引文报告(Create Citation Report)

引文报告是对检索结果的引文情况进行综合统计分析所产生的报告,包括图表和统计数字(参见图 2-7),其中的引文均来源于 Web of Science 收录的期刊。报告内容包括:

① 检索式、检索条件及检索结果的记录内容。
② 检索结果集的年度出版情况和年度被引用情况(柱形图)。
③ 检索结果总数、检索结果集的总被引用次数、单条记录平均被引用次数。
④ 高被引指数,也称作 h 指数(h-index)。这是美国物理学家 Jorge E Hirsch 于 2005 年提出的一种科研人员学术成就评价指标。如果一位科研人员发表的 Np 篇论文中有 h 篇论文被引次数至少为 h,其他(Np-h)篇论文中每一篇的被引次数都小于等于 h,那么这位科研人员的 h 指数就是 h。例如某科研人员的 h 指数为 20,则表示该科学家至少发表了 20 篇被引频次至少在 20 次的论文。该指标将论文的数量和质量(被引频次)综合考虑,对于论文数量很多,但论文被引频次不高的科研人员,其 h 指数一定不高;对于被引频次很高,但论文数量不多的科研人员,其 h 指数受论文数量限制也不会很高;只有当论文数量多,而且多数论文具有高被引频次时,才能获得高 h 指数。h 指数基于 WOS 引文数据库的引文数据,要确定一个人在某个时间段的 h 指数,可以在 WOS 数据库中检索出这个人在该时间段发表的所有 SCI 论文,将检索结果按照被引次数从高到低排列,并依次核对,直到某篇论文的序号大于该论文被引次数,该序号减去 1 就是 h 指数。WOS 会自动计算被检索作者的 h 指数,在引文报告中有一个分隔标记线,标记线上部的最大序号即为 h 指数。如图 2-7 中作者的 h 指数为 2。
⑤ 单篇文章年度被引次数、总被引次数、年均被引次数。

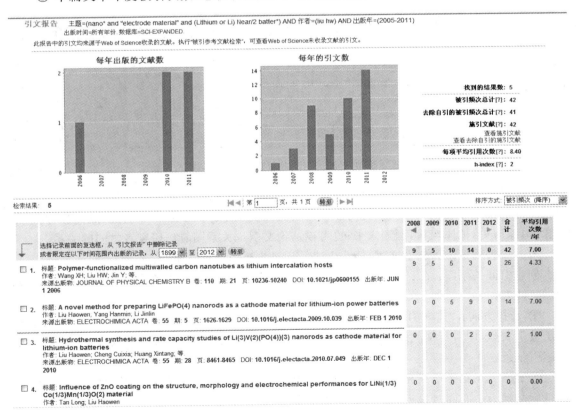

图 2-7 WOS 引文报告显示(WOK5.4 版)

(2) 引证关系图(Citation Map)

引证关系图是一种示意图,利用各类可视化工具和技术来揭示某篇论文(即后面提及的目标文献)与其他论文(目标文献的参考文献和施引文献)之间的引用关系。引证关系图包含指定的目标文献引用了哪些文献,哪些文献引用了目标文献,而且将目标文献的参考文献和施引文献直接发生了关联(参见图 2-8),引证关系图可以为研究人员撰写综述或者跟踪课题提供很好的帮助。

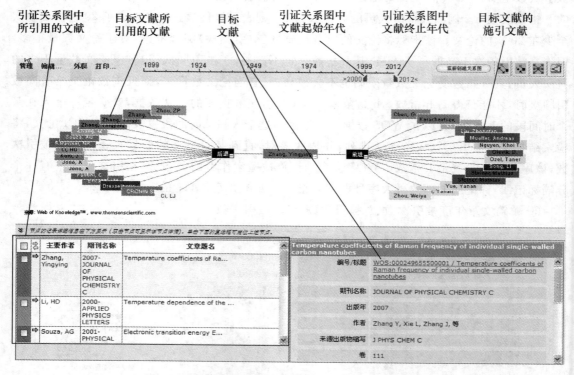

图 2-8 WOS 施引和被引双向引证关系图(WOK5.4 版)

论文引证关系图的作用:作为一种研究工具,科学论文引证关系图可以揭示科学文献间的相互继承关系。利用引证关系图可以帮助研究人员快速深入了解科学研究课题发展的来龙去脉,追踪历史,把握现状,预测未来;也可以从论文引证关系图看出研究者之间的关系。

箭头⇨表示记录为施引文献;箭头⇦表示记录为被引参考文献。

创建引证关系图:在目标文献的全记录页面上,选择"引证关系图"链接即可。创建过程中需要注意:

① 选择方向:"前向引证关系"显示施引文献,即引用目标文献的文献;"后向引证关系"显示被引文献,即目标文献所引用的文献;"施引和被引"则揭示双向引证关系,同时显示被引和施引记录。

② 选择层:第 1 层只显示引用了目标文献的施引文献,或显示目标文献所引用的文献,或以目标文献为中心同时显示施引文献和被引文献;选择第 2 层,当前所显示的施引文献,其引用的对象是目标文献的施引文献,而显示的被引文献是被目标文献引用的文献所引用的记录。

最终的引证关系图分为三个窗格:

- 上部窗格为引证关系的交互示意图,目标记录显示在"引证关系图"的中间;其右侧是引用目标记录的论文(施引文献);左侧是被目标记录引用的论文(被引参考文献)。
- 下部左侧窗格(检索结果集)显示引证关系图中被引和施引记录的概要,包括主要作者、期刊名称和文献题名。"检索结果集"窗格包含您正在查看的引证关系图涵盖的所有记录。箭头⇨表示记录为目标文献的施引文献;箭头⇦表示记录为目标文献所引参考文献。
- 下部右侧窗格(记录视图)显示目标文献的题录记录格式。

(3) 创建引文跟踪

要定制引文跟踪服务必须首先要注册并登录,在欲跟踪文献的全记录格式页面,单击"创建引文跟踪"链接即可。每次有新的文献引用此文章时,系统会自动发到用户邮箱里。注:此项服务需要向 Web of Science 订购,之后在"我的引文跟踪"栏目即可打开"我的被引文章列表",修改引文跟踪设置,或删除被跟踪引文的文献。

(4) 检索结果管理

WOK 可将检索结果导入文献管理软件 EndNote 以及 EndNote Web,使用方法参见第十一章第三节。

(5) 学术社区

科研人员在这个信息平台上可以展示自己的科研成果,分享同行的科研成果,并进行交流。注册了 Researcher ID 后,用户能够创建自己的著作列表,并跟踪自己著作的被引用情况,其功能可以自动生成引文报告,包括总被引频次,篇均被引频次和 h 指数。

(6) 检索历史的保存、管理和跟踪

每执行一次有效的检索,都会留下检索历史,包括检索式、检索条件和检索结果的数量,并自动保存到检索历史中,最多可以保存 40 条检索式。还可以对前期的检索式进行"AND"或"OR"组配,并使用"保存历史/创建跟踪"功能可将检索式保存到远程服务器或本地计算机。

保存到服务器的检索历史按名称的字母顺序列于保存的检索历史表中,要打开和管理这些保存的检索,使用"打开已保存的检索历史"和"我已保存的检索"功能即可,还可以通过设置 RSS、在 RSS 阅读器中更新和阅读已保存的检索历史;以及创建电子邮件跟踪检索历史等。

(7) 注册和登录

ISI WOK 为用户提供了多种增值服务功能,但有些功能必须注册并登录后才能够使用。注册过程很简单,提供自己的电子邮件地址,按提示填写相关信息即可。

(8) 检索培训

WOK 提供了功能强大、内容详细的检索帮助系统,检索释义与检索页面相伴随,在当前的检索页面单击右上角的"帮助",打开的即是与当前页面相对应的检索帮助说明,语言与检索页面所选择的相同。另外帮助中还设置了内容详细的目录和索引系统,使用极其方便快捷。

同时,为了更好地利用数据库,WOK 还提供了培训园地,包括产品培训(内容涉及录音课件、在线学习新功能、培训资料等),应用技巧,常见问题等。

2.3 社会科学引文索引(SSCI)

2.3.1 数据库内容

SSCI 由美国 ISI 出版和提供服务。1973 年,ISI 将引文索引法应用于社会科学领域,出版了针对社会科学期刊文献的多学科索引《社会科学引文索引》(SSCI)印刷版,现在由汤森路透公司提供服务。

SSCI 目前所收录的数据最早回溯至 1956 年,截止到 2010 年 12 月该数据库收录的期刊为 2 803 种。同时还从 3 700 多种世界一流科技期刊中单独挑选涉及社会科学研究的论文收录到数据库中。涵盖的学科领域包括:人类学、历史、行业关系、信息科学和图书馆科学、法律、语言学、哲学、心理学、精神病学、政治学、公共卫生学、社会问题、社会工作、社会学、药物滥用、城市研究、女性研究等。

数据库为周更新,每年大约新增 15 万条记录、31 万条引用的参考文献。自 1992 年 1 月起,近 60% 的文献包含英文作者详细摘要,1990 年以前几乎没有标引文摘。SSCI 除了能检索文章被引用的情况外,同时还可以揭示原文中所有的参考文献,并据此获得一批相关文献,是社会科学领域研究人员获得参考文献、评价学科发展的最有效、最具权威性的参考工具。

网络版地址:http://webofknowledge.com/WOS/

2.3.2 版本类型

SSCI 的出版类型与 SCI 一样,有印刷版、光盘数据库、网络数据库、联机等四种,不过 SSCI 的各种出版类型之间所收录内容基本一致,不像 SCI 有核心收录和扩展收录的差别。

SSCI 与 SCI 同为 ISI 所编辑和出版,其印刷版的结构也基本相同。

联机检索(Online)服务:SSCI 在 Dialog、DataStar、DIMDI、STN 等联机检索系统中均能提供服务,国内以 Dialog 为主,SSCI 在 Dialog 系统中称作 Social SciSearch,文档号为 7 号。

2.3.3 数据库特点及功能

和 SCI 一样,SSCI 也是重要的统计工具和学术分析及评价的工具。SSCI 和 A&HCI 相辅相成,它们互为补充,共同构成了社会科学、人文与艺术科学领域的权威检索工具。查询社会科学或艺术与人文科学领域的核心文献、了解该领域重要的学者或学术科研机构的学术科研水平、掌握该领域核心期刊的影响程度等均可使用 SSCI 和 A&HCI 这两大数据库。

2.3.4 网络数据库检索系统

SSCI 的网络数据库与 SCIE、CPCI-S、CPCI-SSH、IC 和 CCR Expanded 一起构成了 Web of Science 整合数据库,其检索方法与 SCIE 完全相同,检索方法参见 2.2 节。

2.4 艺术与人文科学引文索引(A&HCI)

2.4.1 数据库内容

A&HCI 创建于 1978 年,由美国 ISI 出版,现在由汤森路透公司提供服务。是针对艺术和人文科学期刊文献的多学科索引。

A&HCI 目前所收录的数据最早回溯到 1975 年。截止到 2010 年 12 月,完整收录了 1584 种世界一流的艺术和人文科学期刊。同时还从 8 800 多种主要自然科学和社会科学期刊中单独挑选出相关文章编制到该索引中。所涵盖的学科领域:考古学、建筑学、艺术、亚洲研究、古典文学、舞蹈、民间传说、历史、语种、语言学、文学、音乐、哲学、诗歌、广播、电视和电影、宗教以及戏剧等。

数据库周更新,每周平均增加 2 300 条新记录,新增大约 15 250 条引用的参考文献。自 2000 年 1 月起,包含英文作者详细摘要。

A&HCI 的一项独特功能是它能够检索作为艺术著作(如:书籍、绘画、照片、建筑图纸、音乐乐谱)的引文。这些著作可能会在文章中被提及或复制,但文章作者并没有将这些文献作为正式被引参考文献列在脚注或尾注中,这种情况通常称为暗引,而汤森路透会根据文献内容将这些暗引的著作标引成被引参考文献。暗引还可以包括书信、手稿、日记和其他主要来源文献的参考文献。为了明确区分暗引与其他引文,暗引的卷字段会包含以下缩写之一:IMP——暗引;ILL——示意图;MUS——音乐乐谱。

网络版地址:http://webofknowledge.com/WOS/

2.4.2 版本类型

A&HCI 也先后经历了印刷本、联机、光盘、网络数据库等出版和服务过程,A&HCI 在 Dialog 系统中称作 Arts & Humanities Search,文档号为 Dialog 439 号。

2.4.3 数据库特点及功能

参见 2.3.3 小节。

2.4.4 数据库检索

参见 2.2 节。

2.5 期刊引用报告(JCR)

2.5.1 数据库内容

《期刊引用报告》(Journal Citation Reports,JCR)是 ISI 出版的一种关于期刊评估的资源工具,现在由汤森路透公司提供服务。JCR 每年对 WOS 收录的期刊之间的引用和被引用数据进行统计、运算,从文献计量学的角度对期刊各项指标进行了深入分析,用引文分析方法及各种量化指标系统地分析了各个学科领域中期刊的相对重要性,揭示了期刊引用和被引用之间的深层关系。其覆盖范围是多学科的和国际性的,期刊选自 60 多个国家的 3 000 余家出版单位。

JCR 收录了 Web of Science 科学、技术和社会科学领域的全部期刊,在数据库中分为科学(JCR Science Edition)和社会科学(JCR Social Sciences Edition)两部分。根据 2010 年网络版,科学部分涵盖 8 073 种期刊,划分为 174 个学科;社会科学部分为 2 731 种期刊,划分为 56 个学科。

JCR 有网络版和光盘版,本节只介绍网络版的检索方法。

数据库网址:http://webofknowledge.com/JCR

2.5.2 JCR 统计指标简介

JCR 客观地统计了 Web of Science 收录期刊所刊载论文的数量、论文参考文献的数量、论文的被引用次数等原始数据,再应用文献计量学的原理,统计分析期刊的影响因子、快引指数、被引半衰期等反映期刊质量和影响的定量指标,为期刊的评估和核心期刊的确定奠定了基础。

(1) 总引用次数(total cites)

在 JCR 统计年某期刊的总被引次数。

(2) 期刊影响因子(journal impact factor)

影响因子是 JCR 统计和评价期刊的一个重要参数,它是根据特定年限内某种期刊中论文被引总数与论文发表数之比来衡量期刊的影响程度。影响因子是 JCR 评价期刊的一项重要指标,根据一定期限内期刊平均被引频次的高低来衡量期刊的影响程度是比较科学的。期刊影响因子也是 ISI 选刊的一个重要因素。

影响因子计算方法：期刊前两年（相对于统计年）发表的论文在统计当年的被引用总次数除以该期刊在前两年内发表的论文总数。例如著名的期刊 Nature，2008 年和 2009 年发表的论文数分别为 899 和 866 篇；而 2008 年发表的论文在 2010 年全年被引用 35 114 次，2009 年发表的论文在 2010 年全年被引用 28 610 次，那么 2010 年 Nature 的影响因子为：

$$(35\,114+28\,610)\div(899+866)=36.104$$

（3）期刊 5 年影响因子（5-year impact factor）

JCR 统计年的前 5 年（相对于统计年）发表的文章在统计当年被引次数总和除以该刊前 5 年的发文总量。

（4）学科集影响因子（aggregate impact factor）

学科领域范围内所有期刊前两年（相对统计年）发表的论文在统计当年被引用总次数除以该学科领域所有期刊在前两年内发表的论文总和。

（5）快引指数（immediacy index）

快引指数是根据某种期刊当年发表的论文在当年的被引比率来反映期刊的影响程度的，也是 JCR 统计和评价期刊的重要参数。期刊的快引指数越大，说明该刊当年被引的频次越高，也相对地说明该刊的核心度和影响力较强，其所发表的论文品质较高、较为热门。快引指数比较高的期刊一般是那些主要刊载多学科的、在某方面具有突破性和开创性的研究文章，这些文章一旦发表很快就会被引用。

快引指数计算方法：期刊当年发表的论文在同年总被引次数除以当年期刊发表的论文数。例如：期刊 Cell 在 2010 年发表的文章为 319 篇，2010 年发表的文章在当年被引 2 125 次，那么 Cell 的快引指数为：$2125\div319=6.66$。

（6）论文（articles）

JCR 统计年某期刊的发文量，只有那些可以作为有效引文的论文才进入统计数据。

（7）被引半衰期（cited half-life）

期刊的被引半衰期是以"被引期刊"（cited journal）的数据为依据的。半衰期一般只统计 10 年的数据，如 JCR 2010 版只统计 2001—2010 年。半衰期是一个介于 1 与 10 之间的数字。半衰期如果大于 10，系统将不再进行统计；一般来说半衰期是一个截至小数点后第一位的数字，其整数部分是以被引累积百分比小于或等于 50% 的年代数为准的。被引累积百分比是根据从 2001—2010 年之间的某一年度到 2010 年的被引数之和与总被引数之比得出的。

（8）引用半衰期（citing half-life）

引用半衰期的含义及功能同被引半衰期，只不过其数据是以"引用期刊"（citing journal）为基准的。

（9）特征因子分值（eigenfactor score）

特征因子分值的测度是基于过去 5 年中期刊发表的论文在 JCR 统计当年的被引用情况。与影响因子比较，期刊特征因子分值的特点有：1) 特征因子考虑了期刊论文发表后 5 年的引用时段，比影响因子的 2 年引文时段，更能客观地反映期刊论文的引用高峰年份；2) 特征因子对期刊引证的统计包括自然科学和社会科学，更为全面、完整；3) 特征因子的计算扣除了期刊的自引；4) 特征因子的计算基于随机的引文链接，通过特征因子分值可以较为合理地测度科研人员用于阅读不同期刊的时间。

（10）论文影响分值(article influence score)

论文影响决定了一种期刊论文发表后的前 5 年的平均影响力,论文影响分值的计算方法是期刊的特征因子分值除以该期刊的发文量在所有期刊的全部论文中所占的比值,这个指标大致类似于 5 年期刊影响因子,是一个 5 年期内期刊引文影响与期刊论文贡献大小的比率。论文影响分值中间值为 1.00,论文影响分值大于 1 表示期刊的每一篇论文的影响力大于平均水平,反之小于平均水平。

（11）被引期刊(cited journal)

被引期刊是统计某种期刊在 WOS 数据库(SCI 或 SSCI,下同)中被其他期刊引用的数据列表,使用该表可查看某一期刊各年度(一般统计最近 10 年,如 2010 版统计 2001—2010)所发表的论文在统计年被其他期刊引用的统计数据。先按被引总数的高低排列全部引用期刊,被引总数相同的再按引用期刊缩写名称的字顺排列。该列表中的所有期刊均是被 WOS 数据库所收录的期刊。

（12）引用期刊(citing journal)

引用期刊列表是统计 WOS 数据库中的来源期刊的列表,使用该表可以查看某一期刊各年度所发表的论文引用其他期刊情况的统计数据。同被引期刊列表一样,只统计近 10 年的数据。所有被引用期刊按各年度引用总数的高低排列,总数相同时再按照期刊字顺排列。

（13）来源数据(source data)

可查看某期刊的各项来源数据,将论文分为研究论文、综述和组合型 3 种文献类型,并列出每种论文的发文量和参考文献数量,同时计算了参考文献数量与论文数量之比。

（14）期刊自引(journal self cites)

每种期刊有一个期刊自引表,表中显示了期刊自引在该刊影响因子中所占的份额或者说对该刊影响因子的贡献。

2.5.3 JCR 数据库检索

（1）选择数据库

JCR 分为科学版和社会科学版两部分,在检索之前先选择要检索的数据库,并确定年份,然后再选择浏览或检索方式,包括:通过主题领域、出版者以及出版国家或地区浏览一组期刊;检索一种特定的期刊;浏览全部期刊。

（2）数据库检索

使用 JCR 主要是以浏览方式进行,包括:

学科领域浏览:可选择一个或多个学科领域浏览一组期刊。可按期刊的影响因子、快引指数、特征因子分值等排序。另外,也可浏览学科领域的汇总数据,如:学科领域内全部期刊的总被引用次数、学科领域的学科集影响因子、学科领域的发文量等。

出版者浏览:JCR 有一个出版者列表,用户可以从该列表中选择所要的出版者,并浏览该出版者旗下的期刊信息。

国家或地区浏览:按照字母顺序排列出所有国家或地区,选择要浏览的国家或地区名称,可浏览该国家或地区收录在数据库中的所有期刊信息。

此外,系统还提供了检索某特定期刊的方式。可以按期刊全名称(full journal title)、缩写刊名(abbreviated journal title)、刊名关键词(title word)和国际标准连续出版物号(ISSN)字段,来检索某一特定期刊。

(3) 检索结果

检索后的结果列表内容包括:缩写刊名、ISSN、期刊在统计当年被引总数、期刊影响因子、期刊5年影响因子、期刊的快引指数、期刊当年论文发文量、期刊的被引半衰期、特征因子分值以及论文影响分值等(参见图2-9)。

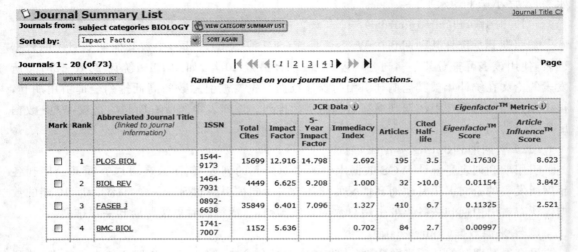

图2-9 JCR检索结果浏览

期刊的缩写名称以超链接方式存在,单击某一期刊名称后可以浏览该期刊的详细信息,包括:期刊全名、出版信息、各种指标的计算和统计分析图表,以及期刊的自引情况等。进一步链接还可以浏览近10年该期刊被哪些期刊引用(Cited Journal),近10年该期刊引用了哪些期刊(Citing Journal)等信息。

JCR提供9种排序方式,分别是期刊名、被引总数、影响因子、快引指数、统计年的发文量(Current Articles)和被引半衰期、5年影响因子、特征因子分值、论文影响分值。系统默认按期刊名称字顺排序,用户可根据需要随时更改排序方式。

JCR设置了标记功能,在期刊信息左侧的复选框中打"√"选择一种或多种期刊,再利用"uptate marked list"上传即可,还可使用"marked list"按钮显示标记过的所有期刊。

第三节 常用理工类参考数据库

3.1 工程索引(Ei)

3.1.1 数据库内容及相关概况

《工程索引》(*The Engineering Index*,Ei),是由美国工程信息公司(Engineering Information Inc.)编辑出版的一部历史悠久的大型综合性检索工具。Ei在全球的学术界、工程界、信息界享有盛誉,是科技界公认的重要检索工具。《工程索引》网络版(*Engineering Index Compendex Web*,Ei *Compendex*)是当今最大的综合性的工程研究参考数据库。截止到2011年初,该数据库包含了 1 100 多万条参考文献和文摘,有来自全球 5 600 种学术性期刊、会议录以及技术报告。其内容涵盖工程及应用科学,包括:核技术、生物工程、交通运输、化学和过程工程、光及光学技术、农业工程和食品技术、计算机和数据处理(加工)、应用物理、电子及通信、控制、土木、机械、材料、石油、航空航天工程等。收录年代始于 1969 年,年增新记录约 65 万条,周更新。数据库中化工和工艺的期刊文献最多,约占 15%;计算机和数据处理占 12%;应用物理占 11%;电子和通信占 12%;另外还有土木工程占 6%和机械工程占 6%。大约 22%的数据是有主题词和摘要的会议论文,90%的文献是英文文献。Ei 从 1992 年开始收录中国期刊。

数据库网址:http://www.engineeringvillage.com/

3.1.1.1　历史发展及出版状况

(1) 发展简史

《工程索引》印刷版创刊于 1884 年,最初只是美国工程师学会联合会会刊中的一个文摘专栏,命名为"索引注释"(Index Notes)。1895 年,美国《工程杂志》(The Engineering Magazine)社购买其版权后正式更名为——The Engineering index,后一直沿用至今,并开始出版累积索引,1892—1905 年总共出版了四卷累积索引;1906 年起每年出版一卷。1934 年,工程索引公司(The Engineering Index,Inc.)成立,专门负责《工程索引》的编辑出版工作。20 世纪 70 年代开始生产电子版数据库 Ei Compendex,1972 年通过 Dialog 大型联机系统提供检索服务。1981 年,工程索引公司更名为工程信息公司(Engineering Information,Inc.),并于 80 年代后期开始发行光盘,到了 90 年代,随着计算机网络技术的发展,Ei 适时推出了网络检索服务。

(2) 版本类型

为满足用户不同的检索需要,《工程索引》(Ei)以多种形式出版:

印刷型:最早出版的是印刷版,全称 The Engineering Index,包括:

① 年刊(The Engineering Index Annual),于 1906 年开始出版,每年出版一卷,年刊出版周期较长,但查检方便;

② 月刊(The Engineering Index Monthly),创办于 1962 年,每月出版一期,报道时差为 6—8 周;

③ Ei 累积索引(The Engineering Index Cumulative Index),自 1973 年起编纂,每 3 年出 1 期,用于手工回溯检索;

④ 1928 年,《工程索引》还出版了工程索引卡片,按主题分组发行,报道时差更短,便于灵活地积累资料,1976 年停刊。

缩微胶卷(Ei Microfilm):1970 年《工程索引》开始发行缩微胶卷。

机读磁带:1969 年开始发行为计算机检索使用的工程索引机读磁带。

联机检索:Ei 数据库也在多个系统中以联机方式提供服务,如:Dialog、STN、ORBIT 等。Dialog 系统中 Ei 为 8 号文档,数据起始于 1884 年,到 2010 年 10 月覆盖期刊 4 500 多种。

光盘版数据库:20 世纪 80 年代后期《工程索引》发行了光盘版,叫做 Ei Compendex * Plus,收录 1987 年以来的 Ei 文献,记录每月更新,共收录 2 600 种来源出版物;其收录的出版物与印刷版相对应。

网络版(Ei CompendexWeb):Compendex 是 Computerized Engineering Index 的缩写,即计算机化的工程索引。Ei 1990 年开始网络检索,1995 年推出了 Ei Engineering Village,Ei CompendexWeb 即为 Ei Engineering Village 中的一个数据库,覆盖年代范围为 1969 年至今,

由早期的联机检索版 Ei Compendex 和 Ei PageOne 合并而成。目前国内订购和主要使用的是 Web 版的 Ei Compendex。值得一提的是工程索引还有一个回溯数据库 Ei Backfile，覆盖了 1884—1969 年工程索引全部内容。

工程索引版本之间的区别：其印刷版与光盘版 Ei Compendex * Plus、缩微胶卷和机读磁带收录的资源相当；而网络版与联机数据库具有相同的收录范围，涵盖了联机检索版 Ei Compendex 和 Ei PageOne 两部分内容，只是网络版数据库分为两个时间段：现代版的 Ei CompendexWeb(1969 年之后)和回溯版 Ei Backfile(1884—1969)。

3.1.1.2　Ei Compendex 核心出版物

目前网络版的 Ei Compendex 是早期的联机检索版 Ei Compendex 和 Ei PageOne 合并而成。与光盘版相比，增加了 Ei PageOne 的部分，两个版本的文献来源有较大的不同。通常把 Ei 网络版中的 Ei Compendex 称为 Ei 网络版的核心收录部分，其所涉及的期刊和连续出版的会议录共计 2 600 余种(和光盘版基本相同)，这部分期刊和会议录在 Ei 网络版中可以通过字段内容来筛选或甄别。CompendexWeb 数据库中的核心和非核心数据的主要区别在于：记录中有分类码(Ei classification codes)和主题标引词(Ei main heading)为核心数据，没有这两项内容的为非核心数据。

Ei 从 1992 年开始收录中国期刊，之前也有核心期刊与非核心期刊之说。Ei 公司在 2009 年度对期刊收录进行了调整，从 2009 年 1 月开始，所收录的中国期刊数据不再区分核心数据和非核心数据。检索 2009 年之前的数据，可参考核心数据和非核心数据的区别。目前 Ei CompendexWeb 数据库共收录中国大陆地区期刊 183 种，2009 年 Ei 收录的中国期刊汇总可参见 Ei 中国网站。

3.1.1.3　Ei 的选刊原则

（1）出版物的主题

化学工程、土木工程、电气/电子工程、机械工程、冶金矿业以及石油工程、计算机工程及软件为 Ei 的核心领域，这些学科的期刊除编者按和讨论外，由作者编写的文章会全部收录，而这些期刊通常被称为核心期刊。Ei 在有些领域的期刊文献是有选择性收录，包括：农业工程、工业工程、纺织工程、应用化学、应用数学、大气科学，以及造纸化学和技术，这些领域的期刊只收录有关工程技术方面的文章。

（2）出版物的格式和清晰表达

这也是 Ei Compendex 选刊的一个重要方面，文章用英文写作更有助于收录，期刊要清楚地陈述其覆盖领域，使 Ei Compendex 很容易判断该期刊是否其收录的内容，而同行评议也是很重要一个条件。

（3）投稿

期刊发表的文章记录的应是原始研究或原始工作。

（4）出版物品种

期刊要有英文刊名、国际标准期刊号 ISSN 和分类代码、完整的出版信息，如果有网络版，则 URL 要在期刊上公布；会议要有英文会议名称、地址、起止日期、主办者、国际标准期刊号或国际标准书号、出版者信息；各类内容要有规范的出版格式，如文摘的长度、反映重要信息的文摘描述、规范的书写格式等。

3.1.2 Engineering Village 平台和 Ei 数据库检索

Ei Compendex 网络数据库的检索平台采用的是 Engineering Village 2(简称 EV 2)。EV 2 涵盖了工程、应用科学相关的最为广泛的学科领域,资源类型包括学术文献、商业出版物、发明专利、会议论文和技术报告等。除 Ei Compendex 之外,EV2 检索平台还可以访问的数据库资源包括:《工程索引回溯文档》(*Ei Backfile*)、《科学文摘》(*INSPEC*)、《美国政府报告数据库》(*NTIS*)、《Ei 专利》(*Ei Patents*)、《地学参考数据库》(*GeoRef*)、《地理参考数据库》(*GeoBase*),可以链接到美国专利及欧洲专利数据库,也可以链接到专门用于科技信息检索的科技搜索引擎 Scirus。

3.1.2.1 检索功能

Engineering Village 2 检索平台设置了简易检索、快速检索和专家检索 3 种检索方式之间进行切换。

(1) 简易检索(easy search)

即关键词检索,检索范围为全记录字段,可使用布尔逻辑算符、括号、截词符等检索技术。

(2) 快速检索(quick search)

实际上是一种填空和选择式的检索,可选特定字段进行有针对性的限制检索,使用 AND、OR 或 NOT 逻辑算符进行组配。可选择词根运算,同时可以使用检索技术,如布尔逻辑算符、括号、截词符以及精确词组检索等。可检索字段包括:全部字段(all fields)、主题词/标题/文摘(subject/title/abstracts)、文摘(abstracts)、作者(author)、第一作者机构(author affiliations)、标题(title)、Ei 分类代码(Ei classification code)、期刊代码(CODEN)、会议信息(conference information)、会议代码(conference code)、国际标准系列出版物编号(ISSN)、Ei 主标题词(Ei Main Heading)、出版者(publisher)、来源出版物名称(source title)、Ei 受控词(Ei controlled term)、原始国家(country of origin)(参见图 2-10)等。

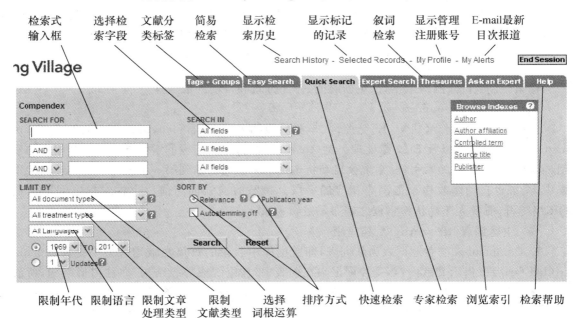

图 2-10 Ei 快速检索页面(Engineering Village 2)

(3) 专家检索(expert search)

用户可将检索词限定在某一特定字段进行检索(字段代码见专家检索页面的字段表),同时可以使用逻辑算符、括号、位置算符、截词符等;也允许用户使用逻辑算符同时在多个字段中进行检索;系统将严格地按输入的检索式进行检索(参见图2-11)。检索界面上还设置了词根运算选项。例如:

((("Single-walled carbon nanotube" OR SWCNT) AND (Biomacromolecule$ OR DNA)) WN KY AND {dai hongjie} WN AU

注:WN是表示检索词限定在一个字段内。

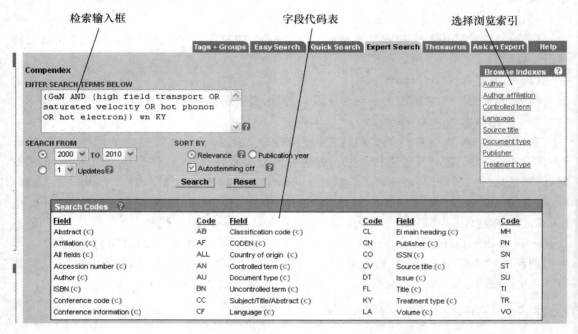

图2-11 Ei专家检索页面(Engineering Village 2)

检索限制:可限制检索年代、更新时间、排序方式和自动词根运算。

(4) 索引(browse indexes)

包括作者、第一作者机构、Ei受控词、来源出版物名称、语言(language)、文献类型(document type)、出版者以及Ei文献处理类型(treatment type)等字段的索引词表。打开相应的索引词表后,选择适当的索引词,系统会自动将选定的索引词粘贴到第一个没有内容(空)的检索框中,系统也自动修改检索范围为相应的字段。粘贴的检索词与前一个检索框之间默认用OR组配符,需要人工确认检索框之间布尔逻辑关系。

(5) 主题词表(thesaurus)及其应用

Ei Compendex的主题词表为叙词表,即数据库中收录的每篇文献均有多个受控词(controlled term)来揭示文献内容,受控词汇集在词表中,被组织成等级结构,亦称树形结构,所涵盖的概念设定为上位词、下位词和相关词关系,即称叙词表。在每条记录的多个受控词中,其中一个受控词作为主标题词(main heading)来表示文献的主题,同时还要用更多的受控词来描述文献中所涉及的其他概念。在2001年更新的第4版Ei主词表中含有1.8万个主题词,其中包括 9 000 个受控词,9 000 个引导(lead-in)词。

在叙词表中,受控词为正体字,引导词以斜体字呈现。引导词有两种情况:一种是受控词的同义词但不属于受控词;另一种是曾经用来标引文献的早期受控词(在叙词表中打星号),而现在已经被新的受控词所替代的词语。引导词不能直接用于检索,单击引导词后系统会自动指引到相对应的同义受控词或替代受控词。

叙词表有多种用途,比如当利用受控词检索文献时,叙词表则是受控词选词指南,可用来确定受控词,查找同义词和相关词,利用词表中的推荐词和下位词来精确检索策略等。随着科技的快速发展,叙词表一直在与时俱进发生着变化,叙词表还可以用于追溯受控词在某个时间段内的使用情况。

受控词检索有 3 种使用方法:

① 叙词表选词检索:在主题词表的查询框中输入词或词组后,如选择"search",系统按照字母顺序方式将该受控词的上位词、下位词及相关词线性混合排列出来;如选择"exact term",系统会分别列出其上位词、相关词和下位词;若选择"browse",则打开按照字母顺序线性排列的全部叙词表,但系统会自动移动至所输入的词语处。以上 3 种情况用户均可根据所列受控词选择并设置限制条件进行检索。如选择多个词语,则各词语间为逻辑"OR"的关系。

如果在叙词表中使用了非受控词或不正确的词语检索,系统在提示没有检索结果的同时也会建议可能匹配的受控词。

② 一般检索:在快速检索和专家检索页面,在检索框中输入检索词,并选择限制在受控词字段检索。

③ 超链接检索:在摘要格式和详细格式记录中受控词以超链接的形式存在,如果用户在浏览记录时,发现有更适合自己检索需求的受控词,在记录浏览状态下可直接单击该受控词,系统以快速检索的方式,并自动限定在受控词字段,检索所有时间范围内的记录。

3.1.2.2 检索技术

(1) 逻辑算符

包括 AND、OR、NOT。

(2) 位置算符

NEAR:检出的文献要同时含有这两个词,这两个词要彼此接近,前后顺序不限,两词间隔与数字有关。如 laser NEAR/5 diode 表示两词相互间隔 5 个词以内。

ONEAR:检出的文献要同时含有这两个词,彼此按照输入顺序出现。如 laser ONEAR/5 diode 表示两词相互间隔 5 个词以内,在记录中的顺序是 laser 前,diode 后。

对于位置算符,如果没有数字,则系统默认两词间隔 4 个词以内。如 laser NEAR diode 表示两词相互间隔 0—4 个词。

(3) 优先算符为括号( )

表示括号中的检索式将优先执行。

(4) 通配符

截词符"*":

① 右截断,如:optic*,将检索出以 optic 为起始的所有词,如 optic、optics、optical 等。

② 左截断,例如:*sorption,将检索到 adsorption、absorption、resorption 等。

③ 中截断,例如:h*emoglobin,将检索到 hemoglobin、haemoglobin 等。

代字符"?"：一个?代表一个字符，如 t??th 可检索到 tooth、teeth、truth、tenth。注意：截词符和代字符不能与词根运算、位置算符、引号" "和括号{ }同时使用。

词根算符"$"：此功能将以输入词的词根为基础，检索同一词族中的所有派生词。例如：$computer 将检索出与该词根具有同样语意的多个词，如 computing、computation、computational、computers 等。在快速检索和专家检索界面中，系统对输入检索框中所有检索词(除作者字段外)均设定了自动词根功能，可以方便有效地提高查全率。如果不想使用自动词根功能，可以单击这个界面上的 Autostemming off，即可关闭。注意：如果检索词(词组)使用了引号" "或括号{ }做精确检索，系统将不会进行词根运算。

（5）词组检索符号

引号" "或大括号{ }：用于精确词组检索，如"carbon nanotubes"。没有使用引号或大括号的词组，系统会自动将各词组配成 and 的关系。注意：符号应在英文状态下输入。

（6）特殊符号(special characters)

除 a—z、A—Z、0—9、?、*、♯、( )或{ }等字符外，其他符号均视为特殊符号，检索时将被忽略。如果检索的短语中含有特殊符号，则需将此短语放入括号或引号中，此时系统将特殊字符按照空格处理。例如：{n>5}或"M. G. I"。

（7）检索限制选项

文献类型：期刊、会议、专著等文献类型；

Ei 文献处理类型：应用、理论、实验、综述、传记、经济等方面的文献；

语种：原始文献的语言；

检索年代：文献的出版年代；

更新时间：可将检索限制在数据库最新更新的 1—4 周时间范围内；

词根运算：系统自动进行词根运算(autostemming off)，可选择关闭。

3.1.2.3 检索结果

（1）检索结果显示

系统默认每屏显示 25 条记录，每 20 屏 500 条记录为一组。选择某一记录下的"Abstract"或"Detailed"，可分别单篇显示该记录的文摘或全记录格式，对标记过的记录可多条显示文摘或全记录格式。

（2）检索结果排序

检索结果的排序方式有：相关性、出版年、作者、来源、出版者。相关性排序只能按照递减顺序排序，其他选项可以分别按正、反序排列。

（3）检索结果输出

对标记过的记录可以进行浏览(view selections)，或通过 E-mail 发送、打印、下载(download)、保存到文件夹(save to folder)等方式进行输出。其中"下载"是指用户将记录以文件的方式保存到自己的各种存储盘中；"保存到文件夹"则是指用户可以在 Engineering Village 2 的服务器上建立自己的账户和文件夹，并将检索结果保存在所建立的文件夹中，如果需要查看或存取，只要通过 E-mail 地址和密码登录即可。

（4）二次检索(精简检索结果)

如果初次检索结果不能满足要求，可在该项检索结果的基础上做进一步检索，即对检索结果进行优化或精简。精简检索结果有两种方式：

① 使用 Refine Search 功能：单击后原始检索式将自动出现在精简检索框中，根据检索需要对其做进一步的改动，再单击检索（Search）按钮即可。如果原始检索是快速检索，精简检索自动定位到快速检索页面，专家检索和简易检索亦然。该方式用户可以随心所欲对检索式做任意修改。

② 使用精简检索结果栏进行包含和排除检索。在检索的同时，系统对检索结果进行了作者、机构、控制词、分类代码等多项分析（分析内容详见"检索结果分析"）。用户可以根据分析结果，选择其中某项排除或包含检索。例如：检索式（"nanostructured materials"）WN TI 在 2008—2009 年的检索结果为 120 篇文献，分析结果显示作者为 Jiang, Q. 的有 3 篇，如果要单独浏览这 3 篇文献，单击该作者前面的选择框，并选择包含检索（单击 Include）。同样，从受控词分析看，上面的结果中有 18 篇是关于纳米结构方面的文献，如果想排除，单击该受控词前的选择框，并单击"Exclude"，那么新的检索结果中已经将有关纳米结构方面的 18 篇文献从最初检索结果中排除出去。包含和排除检索均可多项多词语选择。

（5）检索结果聚类

精简检索结果功能实际上也是一个检索结果多项分析的功能，分析内容包括：作者、作者机构、来源名称、受控词、分类代码、文献类型、国家、语言、出版年、出版机构等。对于每一项内容，都会有一个分析列表，按照记录数量递减顺序排列，缺省显示条目重现最多的 10 条记录。例如其中的作者项，当执行一个检索命令后，在检索结果分析栏会列出当前检索结果中发表文章最多的 10 位作者。单击"more"则显示更多的分析结果。单击每一个分析项目后的""图标，则显示对应的分析图表，从而直观浏览检索结果的分布情况。

3.1.2.4 用户服务

（1）检索历史

系统记录了当前所进行的每一次检索。可以使用"Search History"功能来查看当前检索历史，检索历史可以显示检索式序号、检索模式（快速检索、高级检索或叙词检索等）、检索式、排序方式、词根运算的开关状态、检索结果的数量以及所检索的数据库。单击检索历史中的任何一个检索式则显示该检索式的检索结果，也可以按照序号对检索式进行逻辑组配，例如：(#1 AND #3) OR (#2 AND #4)。

检索历史中，用户可以将任意一个检索式保存到远程服务器上或创建一个电子邮件定题跟踪通报（E-mail alerts）。使用已保存检索（saved searches）功能，可以调出检索历史查看，并进行删除（remove）或清空已保存的检索（clear saved searches）。注意：保存或管理检索式要先进行个人账户注册。

（2）全文链接（fulltext linking）

对于某一篇文献，如果用户所在机构具有该文献的电子全文浏览权限，则该条记录中会有一个全文链接按钮 Full-text，单击该按钮，直接指向原始文献，进一步浏览全文。

（3）注册个人账户（personal account）

注册账户可以保存检索式，删除、管理保存在远程服务器上的检索结果，创建 E-mail 最新期刊目次通报，建立 RSS 服务，对记录打标签（tag）等。可以通过"My Profile"对已制定的各种个性化服务项目进行管理。

（4）RSS 订阅

将信息窗中提示的 URL 连接地址拷贝并粘贴到 RSS 阅读器中，每周 Ei 数据库更新时，与用户检索策略相匹配的最新检索结果就会显示在 RSS 阅读器中。每次更新最大推送量为

400条记录。推送的结果包括文献题目和阅读详细记录的连接。

(5) 定题跟踪通报(E-mail alerts)

选择检索历史功能,然后在复选框中选中用户想设置为E-mail专题服务的检索式。每当数据库更新时,系统会将检索结果发送到注册时留下的E-mail信箱中。

(6) 博客文章(blog this)

博客是一种简短的网络日志,Engineering Village 2可以让用户将感兴趣的文章转发到自己的博客中。

(7) 文献标签及标签组(tags+groups)

Engineering Village 2设置了文献标签及标签组功能,用户可对文献进行自主分类,并建立共用文献群。Tag就是建立标签,是一种更为灵活、自定义的网络信息分类方式,用户可以为每篇日志、每个帖子或者每张图片等添加一个或多个标签(如关键词或人名),然后可以看到一定范围内所有相同标签的内容,由此和他人产生更多的联系,看到更多自己感兴趣的文献。Tag体现了群体的力量,使得内容之间的相关性和用户之间的交互性大大增强。

主要功能包括:① 添加、编辑、删除自己的标签;② 创建或删除标签组以及小组成员;③ 检索浏览标签,可以通过检索词在public、private或My institution范围内查找使用某个词语做标签的记录并浏览;也可以直接单击tag列表中任何感兴趣的标签进行检索。

系统设定了三类标签的权限:
- Public:选定此标签组后所建标签为所有Engineering Village用户可见;
- My Institution:选定此标签组后所建标签为所有本机构用户可见;
- Private:选定此标签组后所建标签只为本人可见。

3.2 化学文摘(CA)

《化学文摘》(Chemical Abstracts,CA)是世界上最大的、最全面的化学信息数据库,收录内容来自185个国家和地区4.4万多种化学化工及相关科技期刊和会议文献,目前文献信息量已累计达3 000多万条记录,包含4 400多万种化学物质及6 000多万生物序列。每年CA报道新增100多万条文献、130万个新物质和12.3万个专利,占世界化学化工文献总量的95%以上,号称为打开化学化工知识宝库的金钥匙。自创刊以来,CA不仅成为化学家们获取化学化工研究最新进展的重要信息源,也是文献检索和回溯检索无可替代的工具。

CA创刊于1907年,由总部设在美国俄亥俄州(Ohio)首府哥伦布城(Columbus)的美国化学学会旗下的美国化学文摘社(Chemical Abstracts Service,CAS)出版。《化学文摘》的前身为1895年创刊的《美国化学研究评论》(Review of American Chemical Research)以及《美国化学会志》两种期刊的文摘部分,出版初期,主要收录美国的化学文献,随着发行范围的扩大,逐渐变成为世界性的重要参考文献。1969年兼并了出版最早的(1830—1969)、具有140年历史的著名德国《化学文摘》(Chemisches Zentralblatt)。1969年建立数据库,20世纪70年代初开始进入Dialog联机检索系统,1996年又制作了光盘版数据库。之后CAS又推出网络版数据库,系统名称为SciFinder。《化学文摘》作为其中的主要数据库,为广大化学化工研究和工作人员提供了更加便利的文献检索手段。2010年1月1日起,历经百年历程的CA印刷版正式退出了历史舞台。

CA的出版类型:

印刷版:为周刊,分文摘和索引两大部分,其中索引除每期有期索引外,还有卷索引和累积索引。此外还有其他出版物,如索引指南、登记号手册、文献资源索引等。CA 印刷版同时还出版有缩微胶片。印刷版于 2010 年 1 月 1 日正式停刊。

光盘数据库:称为 CA on CD,月更新。收录的范围与印刷版相对应,文摘号也一致,只是内容编排有些区别,进一步提高了 CA 的可检性和速检性。

网络数据库:称为 SciFinder,将数据库分为书目参考资料、化学反应、化学物质,商品化合物等。

联机数据库:在 STN 和 Dialog 系统均提供联机服务,常用的联机检索系统为 Dialog,数据起始于 1967 年,文档号 399。

《化学文摘》特点:历史悠久,数据量大而全,不仅方便检索新资料,还有利于回溯检索;文献类型齐全;索引种类齐全,索引体系完整,检索途径多;累积回溯工作好;文摘标引质量较高。

3.2.1 数据库内容及相关概况

3.2.1.1 数据库内容

涉及生物化学、有机化学、高分子化学、应用化学、物理化学、无机化学、分析化学,其中生物化学占的比重最大,达 34%(参见图 2-12)。原始文献来自 56 多种语言。

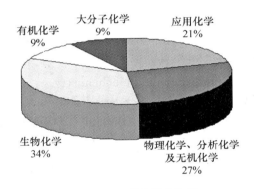

图 2-12 CA 学科覆盖比例

CA 的来源包括世界上 4 万多种期刊,其中 2010 年的现刊约为 1 万多种,文献可归类成 6 种基本类型:期刊(74%)、专利(16%)、技术报告(1%)、学位论文(2%)、会议论文集(6%)、图书(1%)等。

CA 也是世界上收录最全的化学物质数据库,是一个庞大的有机物质的集合,到 2010 年 12 月化学物质总数已达 4 200 多万个,序列 6 000 多万个。这对于鉴别化学物质来说,是一个权威资料信息库,所涉及的物质类型参见表 2-1。

表 2-1 物质类型

有机物 Organic	配位化合物 Coordination compounds
无机物 Inorganic	同位素 Isotopes
金属 Metals	核粒子 Nuclear Particles
有机金属 Organometallics	蛋白质 Proteins
合金 Alloys	序列 Sequences
矿物 Minerals	聚合物 Polymers
元素 Elements	非结构材料 Nonstructurable materials

3.2.1.2 主题分类体系

为了便于检索,《化学文摘》按照学科的主题内容进行了分类,称为"Chemical abstract sections"。共分为5个大类(① 生物化学类,② 有机化学类,③ 高分子化学类,④ 应用化学和化学工程类,⑤ 物理化学、无机化学和分析化学类)和80个小类。这些分类词在数据库中可以作为检索字段。

① 生物化学(Biochemistry Sections):
1 药理学(Pharmacology)
2 哺乳动物激素(Mammalian hormones)
3 生化遗传学(Biochemical genetics)
4 毒理学(Toxicology)
5 农业化学生物调节剂(Agrochemical bioregulators)
6 普通生物化学(General biochemistry)
7 酶(Enzymes)
8 放射生物化学(Radiation biochemistry)
9 生物化学方法(Biochemical methods)
10 微生物、藻类及真菌生物化学(Microbial、algal and fungal biochemistry)
11 植物生物化学(Plant biochemistry)
12 非哺乳动物生物化学(Nonmammalian biochemistry)
13 哺乳动物生物化学(Mammalian biochemistry)
14 哺乳动物病理生物化学(Mammalian pathological biochemistry)
15 免疫化学(Immunochemistry)
16 发酵和生物工业化学(Fermentation and bioindustrial chemistry)
17 食品及饲料化学(Food and feed chemistry)
18 动物营养学(Animal nutrition)
19 肥料、土壤及植物营养学(Fertilizers、soils and plant nutrition)
20 历史、教育和文献(History、education and documentation)

② 有机化学类(Organic Chemistry Sections):
21 普通有机化学(General organic chemistry)
22 物理有机化学(Physical organic chemistry)
23 脂肪族化合物(Aliphatic compounds)
24 脂环化合物(Alicyclic compounds)
25 苯及其衍生物,稠合苯化合物(Benzene,its derivatives and condensed benzenoid compounds)
26 生物分子学及其合成(Biomolecules and their synthetic analogs)
27 杂环化合物(一个杂原子)(Heterocyclic compounds-one hetero atom)
28 杂环化合物(一个以上杂原子)(Heterocyclic compounds-more than one hetero atom)
29 有机金属和有机非金属化合物(Organometallic and organometalloidal compounds)
30 萜烯及萜类化合物(Terpenes and terpenoids)
31 生物碱(Alkaloids)

32 甾类化合物(类固醇)(Steroids)

33 碳水化合物(carbohydrates)

34 氨基酸、肽和蛋白质(Amino acids、peptides and proteins)

③ 高分子化学类(Macromolecular chemistry sections):

35 合成高聚物化学(Chemistry of synthetic high polymers)

36 合成高聚物的物理性质(Physical properties of synthetic high polymers)

37 塑料的制造和加工(Plastics manufacture and processing)

38 塑料制品及应用(Plastics fabrication and uses)

39 合成橡胶及天然橡胶(Synthetic elastomers and natural rubber)

40 纺织品及纤维(Textiles and fibers)

41 染料、有机颜料、荧光增白剂和摄影感光剂(Dyes,organic pigments,fluorescent brighteners, and photographic sensitizers)

42 涂料、油墨及相关产品(Coatings、inks and related products)

43 纤维素、木质素、纸张及其他木制品(Cellulose、lignin、paper and other wood products)

44 工业碳水化合物(Industrial carbohydrates)

45 工业有机化学品、皮革、脂肪和石蜡(Industrial organic chemicals、leather、fats and waxes)

46 表面活性剂和清洁剂(Surface-active agents and detergents)

④ 应用化学和化学工程类(Applied Chemistry and Chemical Engineering Sections):

47 仪器和设备(Apparatus and plant equipment)

48 单元操作和过程(Unit operations and processes)

49 工业有机化学品(Industrial inorganic chemicals)

50 推进剂和炸药(Propellants and explosives)

51 矿藏燃料、衍生物及其相关产品(Fossil fuels、derivatives and related products)

52 电化学能、辐射能及热能技术(Electrochemical、radiational and thermal energy technology)

53 矿物化学和地质化学(Mineralogical and geological chemistry)

54 萃取冶金学(Extractive metallurgy)

55 黑色金属及合金(Ferrous metals and alloys)

56 有色金属及合金(Nonferrous metals and alloys)

57 陶瓷(Ceramics)

58 水泥、混凝土及其相关建筑材料(Cement,concrete,and related building materials)

59 空气污染和工业卫生(Air pollution and industrial hygiene)

60 废料加工处理(Waste treatment and disposal)

61 水(Water)

62 香精油和化妆品(Essential oils and cosmetics)

63 药物(Pharmaceutical)

64 药物分析(Pharmaceutical analysis)

⑤ 物理化学、无机化学和分析化学类(Physical,Inorganic,and Analytical Chemistry Sections):

65 普通物理化学(General physical chemistry)

66 表面化学和胶体(Surface chemistry and colloids)

67 催化、反应动力学和无机反应机理(Catalysis、reaction kinetics and inorganic reaction mechanisms)

68 相平衡、化学平衡和溶液(Phase equilibriums、chemical equilibrirms and solutions)

69 热力学、热化学和热性质(Thermodynamics、thermochemistry and thermal properties)

70 核现象(Nuclear phenomena)

71 核技术(Nuclear technology)

72 电化学 Electrochemistry

73 光谱、电子能谱、质谱及相关性质(Optical、electron、mass spectroscopy and other related properties)

74 放射化学、光化学、显影及其他电子翻印方法(Radiation chemistry、photochemistry and photographic and other reprographic processes)

75 结晶学和液晶(Crystallography and liquid crystals)

76 电现象(Electric phenomena)

77 磁现象(Magnetic phenomena)

78 无机化学品和反应(Inorganic chemicals and reactions)

79 无机分析化学(Inorganic analytical chemistry)

80 有机分析化学(Organic analytical chemistry)

3.2.2 SciFinder 及其检索

3.2.2.1 SciFinder 的内容构成

SciFinder 是 CAS 推出的基于 CA 的化学资料网络数据库检索平台。SciFinder 检索平台上有 6 个数据库,涉及文摘数据库、物质数据库和反应数据库,包含了全世界最大、最全面的化学和科学信息。覆盖的学科范围包括:应用化学、化学工程、普通化学、物理、生物学、生命科学、医学、聚合体、材料科学、地质学、食品科学和农学等诸多领域。SciFinder 数据库覆盖了 1 万多种期刊,涉及 50 多种语言,包括 62 个专利授权组织的专利,文献最早回溯到 1840 年。

访问网址:https://origin-scifinder.cas.org/scifinder/view/scifinder/scifinderExplore.jsf

数据库及其内容如下。

(1) 参考文献数据库(CAPLUS)

覆盖化学、生物化学、化学工程及其宽泛的相关领域。数据起始于 1907 年,另外也收录了一些 1907 年之前的文献,共计 13 万多条期刊记录。来源文献包括:期刊、专利、会议录、学位论文、技术报告、网页预印本以及书籍等,其中收录世界各地 1 万多种有影响的期刊杂志,到 2010 年 12 月已收录 3 000 多万条参考书目记录,每天新增 3 000 条以上。

(2) 物质信息数据库(CAS REGISTRY)

数据起始于 1957 年,到 2010 年涵盖有机和无机化合物共计 4 200 多万种,6 000 多万种序列,某些类别的化合物回溯到 20 世纪初期。每种化学物质对应唯一的 CAS 登记号,每天新增约 7 万条化学物质记录。在数据库中可以得到以下信息:别名、分子式、核酸及蛋白质序列、环分析数据、结构图、实验及计算属性数据。每日更新,每天新增 1.2 万条记录。

CAS 登记号(CAS Registry Number),亦称化学物质登记号,是 CAS 将所收录的文献中具有特定结构、化学键性质、并已确定的化学物质登记下来,给予一个号码,这个号码称为登记号,也是鉴别物质的标识符。登记号由 10 位以下数字构成,连字符将数字分为 3 部分,例如:咖啡因的 CAS 登记号为 58-08-2,其中最右边部分为校验码,以验证整个编码的有效性和唯一性。1965 年,美国化学文摘社针对化学物质一物多名的问题,建立了庞大的 CAS 化学物质登记系统(Registry System)。该系统利用化学物质结构图的正确一致的特点,对其分子结构图进行算术运算,并经一系列差错检测,确认一种物质后,指定一个独一无二的 CAS 化学物质登记号,使得每一种化合物达到一物一名。化合物可以用分子式、结构图、系统命名、属名、专利商标名或商品名、俗名等来描述,但不管用何种方法描述,一个化学物质登记号只能针对一种化学物质,它是由化学结构决定的。例如:CH3-CO-CH2-CH3,英文有几种命名:methylethyl ketone(甲基乙基酮)、methyl acetone(甲基丙酮)、acetylethane(乙酰基乙烷)、2-oxobutane(2-氧代丁烷)、2-butone(2-丁酮)等,并且同一分子式存在同分异构体现象,而这些不同命名的物质在化学物质登记系统中只有相同的编码 63944-35-4。CAS 登记号已经得到国际公认。

(3) 化学反应数据库(CASREACT)

信息内容包括:反应物和生成物的结构图,所有反应生成物、试剂、溶剂和催化剂的 CAS 登记号,各种生成物的量,以及化学反应的参考文献信息。数据起始于 1840 年,到 2010 年 12 月数据库已收录了 1 600 多万条反应记录,还有 60 多万条摘自期刊论文和专利、包含化学反应信息的文献记录,每周新增约 600—1 300 条记录。

(4) 化学品供应商信息数据库(CHEMCATS)

提供有关商业应用化学物质及其全球供应商的信息。到 2010 年 12 月共收录 2 600 多万种商业应用化学物质,来自 900 多家供应商的 1 000 多种化学物质目录,提供供应商地址、化学品定价信息、运输方式等。不定期更新。

(5) 管控化学物质信息数据库(CHMLIST)

覆盖年代范围为 1979 年至今,到 2010 年 12 月收录约 24.6 万种储备或管控化学物质的详细清单,来自 13 个国家和国际性组织、TSCA 清单及附录中摘录的原始数据和 1778—1987 年美国联邦政府登记物质。信息内容包括:化学名称、别名、管制目录、化学物质储备状态。周更新,每周新增 50 条新记录。

(6) 医学文献信息数据库(MEDLINE)

美国国家医学图书馆出版,收录 70 个国家的 4 800 多种期刊,1 800 多万参考记录,数据起始于 1949 年,每周更新 5 次。

3.2.2.2 SciFinder 检索

使用 SciFinder 首先要进行注册,建立用户个人的 SciFinder 账号。进入数据库要进行账号登录。数据库通过 IP 来控制其使用范围,有并发用户数量限制。

物质检索和反应检索是一种化学结构检索,SciFinder 有一个专门的结构图绘制编辑器,该编辑器需要 Java 运行环境,所以进行化学结构检索首先要安装 Java 插件。如果用户的计算机中没有 Java 程序,可链接到 CAS Java 插件网页下载该程序。

插件下载网址：http://www.cas.org/misc/downloads/jreplugin.html

3.2.2.3 检索功能

SciFinder 提供了 3 种检索方式：文献检索、物质检索和反应检索，再细分为若干种具体的检索路径(参见图 2-13)。

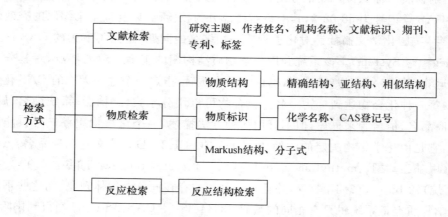

图 2-13 SciFinder 检索方式展开图

(1) 文献检索(explore references)

文献检索提供了主题、作者姓名、机构名称、文献标识、期刊、专利和标签等检索途径(参见图 2-14)。

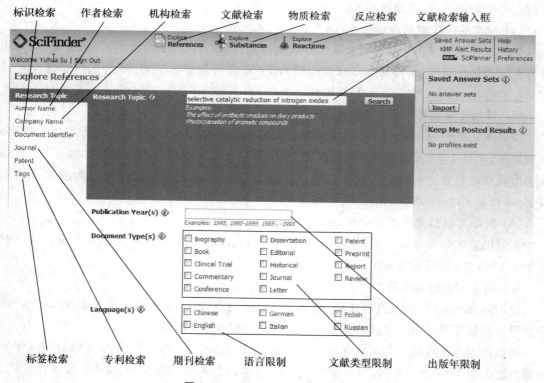

图 2-14 SciFinder 文献检索页面

① 主题检索(research topic)：主题检索使用的是自然语言，可以是一个短语和一个句子，例如：selective catalytic reduction of nitrogen oxides。SciFinder 能够自动识别关键词，并自动联系相关词。智能检索系统会自动考虑：同义词、同一词的不同拼写形式、索引、缩写、截词等，不支持截词符、代字符，可以使用括号，但括号内为前一个词的同义词。

主题检索一般涵盖 2—3 个概念为最佳，最多不能超过 7 个。概念之间的连接方式可以用介词、连词或其他简单词。通常可以使用的介词如：after、among、at、between、from、in、into、on、upon 和 within。大家知道英文短语中有无介词所表达的意思是有差别的，例如 reactions caused by heat(热导反应)和 reactions causing heat(放热反应)，虽然 SciFinder 不能理解介词对于两个词的关联含义，但能识别介词，并利用其完成检索请求，因此上述 2 个检索式会得出不同的检索结果。SciFinder 检索系统不能够正确判断 AND 或 OR 的区别，所以检索时会提供两种运算方式供用户选择。要注意 SciFinder 用介词检索通常比 AND 算符的检索结果更精确。

可对检索做如下限定，与主题形成"AND"的关系：

检索年代：某一特定年和年代范围，例如：2005，2005—2011，—2005，2005—；

文献类型：期刊论文、临床试验、综述、会议文献、学位论文、和专利文献等；

原文语言：中文、英文、法文、德文、日文、俄文、西班牙文、意大利文和波兰文等；

机构：发表文献的作者所在的单位或机构。

② 作者姓名检索：检索系统会自动考虑作者姓名不同的拼写形式，会将相同、相近、缩写、不同格式等检索结果陈列在页面上，供用户选择。

③ 机构名称检索：检索系统会自动识别相同机构的不同拼写形式，例如用 Peking University，Peking Univ，Beijing University，Beijing Univ 四种不同形式的机构名称检索，会得到相同的检索结果。

④ 文献标识检索：文献标识是用于表示某一特定文献的任何一组数字，如专利号、DOI 号、CAS 文摘号、CA 记录访问号等。

⑤ 期刊检索：可检索期刊名称、卷、期、起始页，可与文献题名、作者姓名组配检索，同时可限制出版年代；也可以检索除专利之外的其他文献，如图书、报告以及会议录等。

⑥ 专利检索：通过专利号检索，可与专利授权人、发明人组配检索，同时可限制专利公开年代。

⑦ 标签检索：如果用户曾经给浏览的文献打过标签，在进行标签检索时，系统会自动列出所有标签的标题，单击其中一个标签标题即可打开那些打上该标签的文献。

(2) 物质检索(explore substances)

① SciFinder 化学结构编辑器：物质检索和反应检索中很重要的检索方式是化学结构检索，SciFinder 有一个结构图绘制工具——结构图编辑器(参见图 2-15)，该编辑器需要 Java 运行环境，所以首次使用要先安装 Java 插件，以便正确运行编辑器。

结构编辑器可任意绘制化学结构图，绘制工具中有预先设置好的元素、基团、固定结构(芳环、己环等)、化学键等可供选择；可以将结构进行旋转和翻转；在原子上放置正(负)电荷，表示该原子增加一个正(负)电荷或减少一个负(正)电荷。化学反应结构编辑器还可以标记化学反应点位(例如反应过程中要形成的化学键或打开的化学键)；选择化学键或环，以示该化学键或环不能被取代；标记元素，以示该元素不能被取代；确定参与反应的物质或物质结构在反应过程中的角色(产物、反应物、试剂等)。

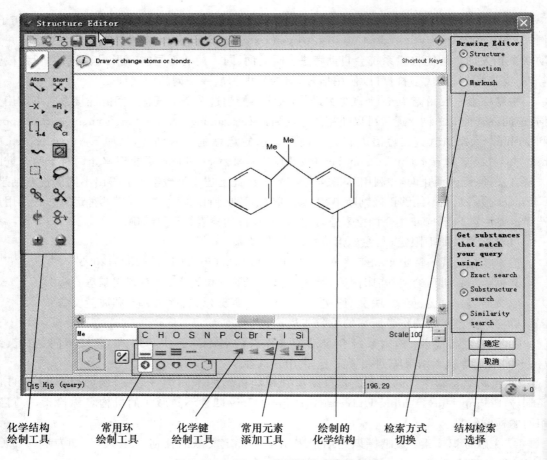

图 2-15 SciFinder 物质结构图编辑器

② 化学结构检索(chemical structure)：通过物质的化学结构来检索文献，结构检索的方式包括：精确结构、亚结构和相似结构检索。绘制化学结构使用的是 SciFinder 结构图编辑器(参见图 2-15)，也可以在物质结构浏览状态和反应结构式浏览状态单击物质结构、或在反应浏览状态单击反应步骤(steps/stages)中列出的物质名称，直接将物质结构图插入到检索框中进行化学物质检索。化学结构检索可同时进行检索限制，包括：

特性：单组分、可商用物质、出现在参考文献数据库中的物质等。

化合物种类(class)：合金、配位化合物、混合物、聚合物、有机物、没有完全定义的物质及没列出的其他物质。

化合物的角色：分析(analytical)、生物(biological)、制备(preparation)、反应物或试剂(reactant or reagent)等。

③ Markush 结构检索：Markush 结构又称马库西结构，是由一个新颖的母体基团和可变取代基组成，可以通过物质结构来检索 Markush 结构的文献。检索时可同时限制是指定位置可变还是亚结构可变。

④ 分子式检索：分子式可以是完整的化合物，也可以是包含在化合物中的基团；在检索输入时可按照正常的书写规则输入分子式，检索系统会自动将元素按照下列顺序进行排列：

C→H→其他元素（其他元素按照字母顺序排列）。

分子式输入规则：基本的分子式由元素及其数量构成，例如：C10H8；区分大小写，例如：Fe 和 Ca；如果元素的数量是 1 则不必写明，例如：NO2；输入时不同元素/数字之间可用空格隔开，例如：C21 H26 N2 S2，多数情况下系统也会自动分隔；用句点分割组分，例如：C15 H10 N2 O2．C6 H14 O3；用括号将一部分循环单元括起来，其中 n 为循环数量，例如：（C2 H3）n C14 H13 N4 O2；可以在元素之前加系数（该系数可以是整数、分数或未知数，未知数用 x 表示），例如：（C8 H8 O3 S）x．（C8 H8 O3 S）x．x H3 N．x K；均聚物则输入单体组分，然后用括号加 x 表示，如（C2H4.C4H6）x。

⑤ 物质标识检索：物质标识是用于表示某一特定化合物的各种名称或号码，包括化合物名称（包括系统命名、商品名称、CA 索引名称、缩写名称等）和 CAS 登记号。

(3) 化学反应检索（explore reactions）

化学反应检索主要是利用物质的化学结构进行检索，反应结构的绘制参见图 2-15，但编辑器的功能更多一些，如可指定反应物角色、参与反应的原子、选择参与反应的官能团、标记反应位置等。也可以在物质结构浏览状态和反应结构式浏览状态单击物质结构，或者在反应浏览状态单击反应步骤（steps/stages）中列出的物质名称，直接将物质结构图插入到检索框中进行化学反应检索。

反应检索可以同时选择一些限制条件，包括：反应溶剂（无机溶剂、离子液体、非极性溶剂、极性溶剂、超临界流体等）；指定不参与反应的官能团；指定反应步骤；指明反应类型（生物转化、电化学反应、催化反应、气相反应、放射反应、选择反应、光化学反应等）；限制文献类型；指定出版年等。

3.2.2.4 检索技术

SciFinder Web 不支持布尔逻辑运算符 AND 及 OR，采用自然语言检索，使用连词或介词分隔主题概念词或词组。排除检索符为 NOT 或 EXCEPT，例如：ringed planets but NOT Saturn；不支持通配符或截词符等，SciFinder 对检索词自动截断，并检索复数、过去式等其他形式的词；检索系统能识别常用缩写、英式或美式拼写词；同义词检索时将同义词放在检索词后面的括号内，如：milk production of cows（bovines）；不限制任何检索词，无禁用词。

3.2.2.5 检索结果（search results）

SciFinder 的检索方式有 3 种，对应的检索结果同样有文献检索结果、化学物质检索结果和化学反应检索结果 3 种形式。

(1) 文献检索结果

进行参考文献检索时，首先会得到几种检索结果提示供选择。例如，输入检索词 hydrocarbon water emulsions，不加任何限制条件，检索结果（2011 年 12 月 11 日数据）提示包括：

● 检索词或词组作为索引词出现在检索结果中，检索结果提示为 30 条记录；
● 检索词或词组作为主题概念匹配，则检索结果提示为 3 175 条记录。

如果输入的检索词包含有 2 个以上主题概念，例如输入短语"antibiotic residues on dairy products"，不加任何限制条件，系统提供了 5 种检索结果（2011 年 12 月 11 日数据）提示供选择，包括：

● antibiotic residues on dairy products 为精确词组出现在检索结果中，找到 3 条记录；
● 同时包含 antibiotic residues 和 dairy products 2 个主题概念词，且 2 个词在同记录中所

处的物理位置比较接近,找到 121 条;
- 同时包含 2 个主题概念词,2 个主题概念词在相同记录中处于任意位置,找到 246 条;
- 包含其中一个主题概念 antibiotic residues,找到 5 656 条;
- 包含其中一个主题概念 dairy products,找到 379 052 条。

① 检索结果的浏览

根据检索结果提示进行选择,可进一步浏览具体文献的检索结果列表。文献检索结果列表显示有 3 种格式。简洁格式(参见图 2-16):标题、作者/发明人、出版年、来源信息/专利号、原始文献语言以及来源数据库等;部分文摘格式:简洁格式加部分文摘;全记录格式:简洁格式加全部文摘。

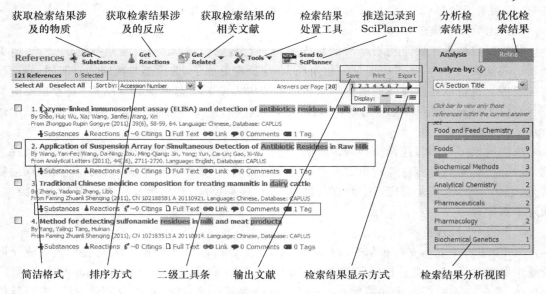

图 2-16　SciFinder 文献检索结果简洁记录格式

在检索结果列表显示页面,每篇文献下面都有一个二级工具条,可以链接到本篇文献涉及的物质、反应、该文献的施引文献,链接全文(应具有浏览权限),拷贝该篇文献的 URL,为本篇文献做注解或评论(最多 1 024 个字符),为本篇文献打标签。

在文献检索结果列表显示页面有一个主工具条,其中的选项包括:
- 获取物质(get substances):可以获取全部文献或选择的部分文献所涉及的物质,同时可以限制在某种范围,如副作用、分析研究、制备、生物研究、过程、性质、反应物或试剂、应用等。进一步得到物质的:化学名称,物质登记号,分子式,化学结构图表,序列信息;包括 GenBank 和专利注释,各种性质数据,商品信息,化学物质参考文献,物质的反应信息等;
- 获取反应(get reactions):可以获取全部文献或选择的部分文献所涉及的反应,进一步浏览反应结构式、反应的详细信息、拷贝粘贴反应的 URL、链接相似反应、浏览反应步骤、链接有浏览权限的全文、反应物的商品来源信息等;
- 获取相关文献(get related):可获取全部或选择的部分检索结果的引用文献或施引文献;

- 工具(tools)：这是一个检索结果处置工具，使用该工具可以删除重复文献(通常删除的是 MEDLINE 中的数据)、组配检索结果、给全部或选择的部分文献打标签、删除选择的文献、浏览选择的文献、链接全文(最多不超过 100 篇)；
- 推送记录(send to SciPlanner)：推送选择的文献到 SciPlanner 中，就是将多个相关检索结果推送到一个工作空间，检索类型可以是参考文献检索、物质检索或反应检索结果。在该工作空间可以自由移动数据，可以设计合成路线和步骤，以更直觉的视觉效果组织和管理检索结果。

全记录格式：单击单篇文献的标题，可以浏览该文献的全记录格式。全记录格式包括：记录访问号、标题、作者、文摘、出处、作者机构、索引词条、概念词条、附加词条、来源数据库等信息。在全记录格式浏览页面的工具条中，可链接该篇文献涉及的物质、反应、引用文献、施引文献以及全文，也可推送该文献到 SciPlanner 中。

② 检索结果的排序、标记

检索结果的排序方式包括：记录访问号、作者姓名、文章标题、出版年及施引文献数量，均可正反向排序。

可通过单击记录左侧的复选框标记/删除单个记录，也可以单击"Select All"或"Deselect All"标记全部记录或删除全部标记。

③ 结果输出

可以对全部记录或标记过的记录进行输出。save 是将检索结果保存到 SciFinder 远程服务器，print 打印文献，export 是将检索结果保存到个人计算机。SciFinder 不能直接发送检索结果到信箱中，需要借助其他途径：选择需要发送的记录后，单击主工具条中 Tools 的全文连接选项，即可打开"ChemPort"网页，在该网页单击 E-mail References，可以将检索结果发送到 E-mail 信箱。

④ 全文链接

对于具有全文浏览权限的文章可以链接到全文：首先要选择并标记感兴趣的文章，可多篇标记，然后单击"Tools"中的"Full Text"(单击记录下面的全文链接标志只能浏览单篇全文)。这时系统打开"ChemPort"网页，单击文献中的"Full-text Options"即可链接到有浏览权限的全文。

(2) 化学物质检索结果

鉴于 CAS 的特殊性，SciFinder 除常规文献的检索结果之外，还有物质检索结果和反应检索结果。当执行物质检索命令后，呈现物质检索结果页面，每个物质记录包括物质的 CAS 登记号、物质结构式、分子式、化学名称等信息(参见图 2-17)。单击"Substance Detail"可以获得物质的各种物理和化学性质、生物特性数据以及引用的参考文献等。同时可链接描述该物质的参考文献、反应、商品信息等。

特别值得说明的是图 2-17 右上角的▷符号，该符号下设置了许多功能。其中最有用的是 explore by structure 选项，可以将物质结构图直接插入到检索框中进行物质检索、Markush 专利检索、化学反应检索。另外还可链接到该物质的详细信息、描述该物质合成方法的所有文献、涉及该物质的所有反应(链接时可选择该物质在反应中的角色，如：反应物、产物、试剂、催化剂、溶剂等)、涉及该物质的所有参考文献等。

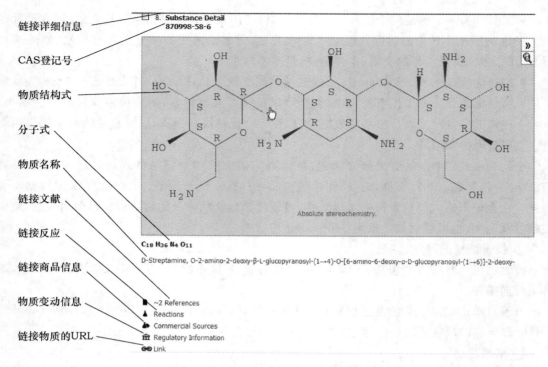

图 2-17 SciFinder 物质检索结果记录图示

物质检索结果页面主工具条的选项中设置了多种功能,可链接全部或选择的部分检索结果所涉及的参考文献和化学反应,链接全部或选择的部分物质的商品信息,删除选择的记录,浏览选择的记录,也可发送记录到 SciPlanner。

排序方式:可按照 CAS 登记号、描述该物质的文献数量、分子量和分子式。

物质检索结果的输出:标记、打印、保存与文献检索结果记录输出相似,但不能将物质结构显示状态的记录发送到 E-mail 信箱。

(3) 化学反应检索结果(search results-reactions)

通过物质结构检索获得反应检索结果,每条反应记录(参见图 2-18)显示内容包括:反应结构式、描述该反应过程的文献、反应步骤、反应过程中涉及的催化剂、溶剂、试剂、反应条件等,以及测定物质结构使用的仪器等。单击物质结构图或反应步骤(Steps/Stages)中列出的物质名称,并选择"Explore by Structure"选项,可直接将物质结构图插入到检索框中进行各种结构检索。

反应记录的链接:可链接描述该反应过程的全文(需要具备全文浏览权限),单击"View Reaction Detail"可浏览具体的反应路线、过程和条件,单击"Steps/Stages"下列出的物质名称可以得到该物质的反应、结构、合成等各种信息。

对于反应检索结果的输出,包括标记、打印、保存等,与文献检索结果记录输出相似,不能将反应显示状态的记录发送到 E-mail 信箱。

(4) 检索结果的其他后续处理

① 检索结果分析(analyze)。SciFinder 可以对三种检索结果集进行分析处理。文献检索结果分析项目包括:作者姓名、CAS 登记号、CA 概念标引词、CA 分类、作者机构、来源数据

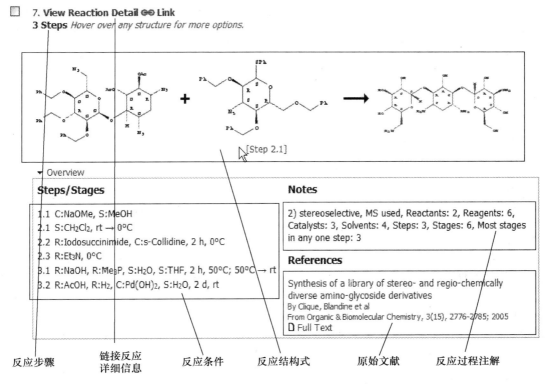

图 2-18 SciFinder 反应检索结果记录图示

库、文献类型、索引词、期刊名称、语言、出版年、附加词等；物质检索结果分析项目包括：工业可用性、元素、有无相关反应文献、物质角色等；反应检索结果分析项目包括：作者姓名、催化剂、作者机构、文献类型、实验流程、期刊名称、语言、出版年、产率、反应步骤、溶剂等。对分析结果均可得到柱状示意图。

② 精炼检索结果(refine)。SciFinder 可以对检索结果进行精炼处理，即在前一次检索结果范围内二次检索。文献检索精炼项目包括：主题词、机构名称、作者、出版年、文献类型、语言、数据库等；物质检索结果精炼项目包括：化学结构、物质是否含有同位素、物质中是否含有金属、工业可用性、物质性质、参考文献等；反应精炼检索项目包括：反应结构、产率、反应步骤、反应类别、不参加反应的官能团等。

③ 获取相关信息(get related)。SciFinder 可以链接到所选择文章的以下相关信息：检索结果中全部/标记文献所引用的文献；检索结果中全部/标记文献的施引文献；检索结果中全部/标记文献所涉及到的化学物质；检索结果中全部/标记文献所涉及到的化学反应；从网络上获取检索结果中全部/标记文献的相关信息。

3.2.2.6 用户服务

① 检索史。检索史记录了每一次登录 SciFinder 完整的检索过程，并以一个文件的形式自动保存到检索史中，内容包括用户进行的检索活动、系统的响应和检索发生的时间等信息，但是其中的检索式不具备超链接功能。要查看检索史单击主工具条中的"History"，可以看到历次的检索以文件的形式按照时间顺序排列，打开任意一个文件即可查看该次检索的整个过程。

② 浏览保存的检索结果。使用 saved answer sets 功能可以浏览保存在 CAS 服务器上的检索结果。检索结果依照 references、substances 和 reactions 分类保存,保存的内容包括检索式、检索结果数量、保存的记录数量等。单击所保存的文件名称,检索结果即可呈献在浏览页面。

③ 定题跟踪通报(KMP alert results)。当执行一次有效的检索之后,在检索结果页面的上部会显示本次的检索式及检索条件,单击旁边的"Add KMP Alert",可以按照提示将本次的检索策略完整保存,即创建一个最新目次报导。

3.3 科学文摘(INSPEC)

3.3.1 INSPEC 内容及相关概况

《科学文摘》(*Science Abstracts*,SA),电子版称为 INSPEC(Information Service in Physics,Electro-Technology and Computer & Control),截止到 2011 年,数据库覆盖了 1969 年以来全球发表在相关学科领域的 5 000 多种期刊、2 500 余种会议文集,以及大量报告、图书和论文等,容纳了 1 100 万条书目文摘和索引记录,并且在以每年 50 万条的速度递增。其中期刊论文占整个数据库的 73%,会议论文占 17%,以期刊形式出版的会议论文占 8%,其余的报告、图书、技术报告、著作章节、学位论文占 2%。有 1 600 多种期刊被完整收录。在 1976 年之前还包含相应学科的专利。文献来源于 80 多个国家和地区,涉及 47 种语言。中国出版的期刊有 200 多种收录在其中。数据库提供了获取世界范围内物理、电气工程、电子、通信、控制工程、计算机科学和技术、信息技术以及生产和制造等领域科技文献的很好途径。同时 INSPEC 还覆盖了运筹学、材料科学、海洋学、工程数学、核工程、环境科学、地球物理、纳米技术、生物医学工程以及生物物理等领域的内容。

INSPEC 目前已经回溯至创刊年代 1898 年,其回溯数据库称为 INSPEC Archive(1898—1968),包括 873 700 多条记录。其学科覆盖范围包括:物理学;电气和电子学;计算机与控制。

3.3.1.1 INSPEC 出版概况

(1) 出版历史

《科学文摘》印刷版创刊于 1898 年,在这 100 多年历程中,其称谓、收录内容以及出版形式都经历了很多次变化。19 世纪末,伴随着科技的崛起,英国电气工程师协会(The Institution of Electrical Engineers,简称 IEE)和伦敦物理学会(The Physical Society of London)合作编辑出版了《科学文摘》,以物理学原理、声、光、电、电工基础、电力和发动机等为主要内容,以单卷册的形式出版。随着科学技术发展及文献量的不断增加,1903 年《科学文摘》进行了扩版,分为 A、B 两辑,A 辑为《物理学文摘》(*Physics Abstracts*),B 辑为《电工文摘》(*Electrical Engineering Abstracts*);在文献报道内容方面也进行了扩展,收录的期刊已达 1 000 余种。自 1966 年开始,《科学文摘》进行了系列调整,B 辑更名为《电气与电子学文摘》(*Electrical and Electronic Abstracts*),并与美国电气与电子学工程师学会(IEEE)、英国电子学与无线电工程师协会(IERE)、国际自动控制联合会(IFAC)等单位联合编辑出版了《科学文摘》的 C 辑——《控制文摘》(*Control Abstracts*),自 1969 年起,C 辑又更名为《计算机与控制文摘》,使其收录内容更加宽泛。1983 年起又增加了 D 辑——《信息技术文摘》(*Information-Technology*)。后又增加了 E 辑《生产与制造工程》(*Production & Manufacturing Engineering*),现改名为 E 辑《机械与生产制造工程》(*Mechanical and production engineering*)。

自 1969 年起,IEE 下设的国际物理学、电子电气、计算机与控制信息服务部(International Information Services in Physics,Electro-Technology,Computer and Control)开始负责编辑出版《科学文摘》,并开始利用计算机加工、整理文献资料。2006 年 3 月,IEE 与英国实务工程师学会(The Institution of Incorporated Engineers,IIE)合并组建为工程技术学会(The Institution of Engineering and Technology,IET),原 IEE 的 INSPEC 产品由 IET 继承。

(2) 版本类型

SA 自 1969 年开始建立数据库,数据库名称定为 INSPEC,1973 年 9 月进入 Dialog 检索系统,实现了国际联机检索。这也是英国最早借助于分时网络系统实现国际联机检索的第一个数据库。1991 年,由 UMI 数据库公司将数据库制作成光盘,名称为 INSPEC Ondisc,有回溯版(1969—1989)、当前版(1989 以后),并分为综合版和分辑。随着网络技术的发展,有多家数据库出版公司将该数据库放在网络版平台上,例如:OVID、ProQuest、Web of Knowledge、INSPEC-China 等,INSPEC 实现了网络环境运行,为用户的使用提供了更为便捷的检索条件。

目前 INSPEC 产品主要分为电子产品和印刷版两大类。电子产品涵盖 SA 5 个分辑的全部内容,包括光盘数据库(INSPEC Ondisc)、网络版数据库、联机检索及本地数据库(INSPEC Local Loading)。印刷版包括《科学文摘》的 A、B、C 三辑和 INSPEC 期刊摘要(Abstracts Journals)。

(3) INSPEC 特点

INSPEC 历史悠久,收录的文献品质高,文献数据量大,文献类型齐全,语种多,数据规范性好,分类及索引系统完备。数据库与印刷版相比,具有更多检索字段,并将五大重点学科集为一体,检索更灵活方便。

3.3.1.2　INSPEC 的学科分布

数据库的主题为物理、电气电子工程、计算机与控制、信息技术以及生产和制造工程五大学科,其中物理占数据库数据量的 58%,电气电子工程为 32%,计算机和控制为 28%,信息技术为 8%,生产与制造为 7.5%(各学科之间内容有交叉重叠)。数据库已将这 5 个学科合为一体,而现代科学技术发展到目前,学科的交叉已成趋势,这样综合性的数据库为跨学科检索提供了更加便利的条件。

3.3.1.3　INSPEC 的主题词表和分类结构

(1) 主题词表

INSPEC 有一个非常具有特色的主题词表,即叙词表。叙词为受控词,在 INSPEC 中叙词是一个概念汇编,这些概念均来自于原始文献,主要是对文献主题的描述,而且经过了标准化和结构化。而在进行文献加工过程中又反过来使用叙词标引文献。

叙词表也可以说是计算机检索数据库的语言,1973 年 INSPEC 第一次出版了叙词表,1983 年《INSPEC 叙词表》收录的词条约 1 万条,随着新技术的不断发展,到目前,叙词表中的主题词已增加到 1.9 万个,其中优先检索词 1 万多个,用于标引和检索文献,参见和引导词(非正式主题词)9 000 多个。这些叙词在分类层级中更多的是排列在第三层或第四层,并注明其分类号。叙词使用的是标准术语,具有标准的拼写和标点方法,如电视天线定义为"television antennas",而不是"TV antennas"。叙词表对手工检索也非常有用,可以帮助读者正确选择主题词,确定该主题的分类号以及摘录主题的 SA 分辑名称。在检索时,首先在叙词表中选择标准词,然后将该词限制在叙词字段进行检索,可以检索到与主题非常相关的记录,通常在进行检索时,主题词检索是非常重要的检索字段。

叙词表的作用：由于叙词在拼写、术语、标点符号等方面进行了规范，不仅具有主题含义，而且具有很高的专指度，利用叙词检索得到的检索结果相关性比较高；词表中不仅标注了同义词及多种形式的词、上位词、下位词和族首词，还有相关词，既可利用同义词、上位词和相关词进行扩检以提高查全率，又可利用下位词缩检来提高查准率。

（2）分类结构

INSPEC的另一特色就是其完整的分类体系，它反映了20世纪70年代以后整个学科的全貌和新进展，类目设置较详细，分类标引深度大，利用分类查找文献，是比较快捷的途径之一。1898—1941年按学科分类编排，1942—1960年按《国际十进分类法》分类标引和编排。1961年之后使用自编的分类表，1977年起改用目前使用的分类表——主题分类（Subject Classification）。

在INSPEC数据库中各子数据库的分类与印刷版的各辑文摘一致，只是格式有所不同，如：液晶的分类在印刷版中为物理分辑61.30，而在数据库中为A6130。在INSPEC数据库中，各学科按各自的分类体系编排，其分类码物理为A，电气与电子工程为B，计算机与控制为C，信息技术为D，机械和生产工艺为E。现行的分类法采用四级分类，每一级类目的类号按层累制方式展开，即每个大类之下分若干个二级类、三级类和四级类。前三类号是用数字表示，第四级类号是在第三级之后加一字母。

如：电子与电气工程的一级分类有9个，每个一级分类下都有若干个二级分类和三级分类及四级分类，如：B7000（仪器及其应用）之下的B76子分类如下：

B7000　Instrumentation and Special Applications

　B7100

　B7200

　……

　B7600　Aerospace facilities and techniques

　　B7610　General aspects of aircraft, space……

　　B7620　Aerospace test facilities and simula……

　　B7630　Aerospace instrumentation

　　　B7630A　Avionics

　　　B7630B　Power supplies

　　　B7630D　Space vehicle electronics

　　B7640　Aerospace propulsion

　　B7650　Ground support systems

　　　B7650C　Air traffic control

　　　B7650E　Space ground support centres

对于分类号B7630B的分类结构：

　　　B　　　Electrical & Electronic Engineering

　　　B7　　　Instrumentation and Special Applications

　　　B76　　Aerospace facilities and techniques

　　　B7630　Aerospace instrumentation

　　　B7630B　Power supplies

用结构图来表示如图 2-19 所示。

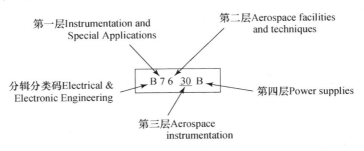

图 2-19　INSPEC 分类结构

3.3.2　数据库检索

到目前为止,INSPEC 的网络版检索系统已有 OVID、ProQuest(检索方法参见第四章)、Web of Knowledge 等。

本次我们介绍的是 Web of Knowledge 平台上 INSPEC 数据库的检索方法,对于一般检索方法、检索技术、检索结果处理以及个性化服务等可参见本章的 2.2 节,这里主要介绍几个 INSPEC 特有的检索方法和检索限制,如:受控词索引、非受控词索引、分类、数值数量、化学、天体对象、会议信息及识别代码等,这些方法可以极大地提高检索效率。

网址:http://apps.isiknowledge.com/

3.3.2.1　检索功能

(1) 主题词表浏览(受控词索引)

受控词索引字段中的词语是标引人员在标引文献时根据文献内容,从 INSPEC 叙词表中选取相关度高、能概括文献内容的词或词组,然后分配给被标引记录的,用以表达所标引的来源文献内容。

受控词的作用:控制词拼写标准化,可以避免拼写差异,如 program 代替 programme;避免缩写的歧义,如:personal computers 和 printed circuitsd 的缩写同为 PC;专业词汇标准化,统一同义词,如:Internet、WWW 和 world wide web 统一使用 Internet;符号标准化,控制各种符号的表达差异,如:alpha 代替 α。所有这些都可增强检索结果的相关性,减少检索噪音。

选择受控词索引字段检索后,单击字段选择框右侧的 图标即可打开 INSPEC 叙词表。INSPEC 叙词表为层次结构,每个层次结构的顶部为最高或概念范围最广的检索词。单击 H 图标,即可看到所选检索词所在的层次,进一步可以单击 T 图标查看叙词的详细信息(参见图 2-20)。

在 INSPEC 叙词中,叙词详细信息可能包含以下部分或全部信息:

① 叙词(thesaurus terms):经认证的叙词词条的完整名称;
② 状态(statuss):显示当前叙词是否处于在使用中;
③ 替代词(used for):已被现任叙词所替代的非控制词词条(包括同义词、近义词);
④ 下位词(narrow terms):位于当前叙词分层结构的下一层次的受控词,概念范围较窄;
⑤ 上位词(broader terms):位于当前叙词分层结构的上一层次的受控词,概念范围更宽;
⑥ 可用词(use):用于替代当前所显示的叙词的受控词;
⑦ 相关词(related terms):与当前叙词相关的受控词;

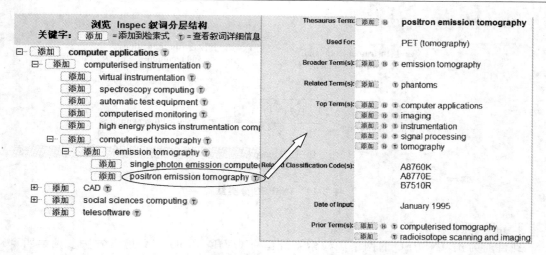

图 2-20　INSPEC 叙词分层结构和叙词详细信息

⑧ 顶级词（top terms）：位于叙词分层结构中最高层次的受控词，以 H 图标标识，当前分层结构中的叙词从属于这些词；

⑨ 相关分类代码（related classifitation code）：与叙词相对应的 INSPEC 分类代码；

⑩ 输入日期（date of input）：当前叙词收录到叙词表的日期；

⑪ 先前词条（prior term）：在当前叙词输入日期之前使用（可能仍在使用）的与当前叙词相关的受控词；

⑫ 覆盖范围说明（scope notes 和 history scope notes）：叙词的覆盖范围说明及历史注释。覆盖范围说明指示叙词涵盖的概念和未涵盖的概念。

受控词检索方法：检索时输入受控词，将检索范围设定为受控词索引；或者从叙词表中选取受控词，添加到检索框中；此外，在文献的全记录显示页面，受控词为超链接状态，单击后会检索到所有包含该词的文献。使用受控词检索可以同时用其他检索条件进行检索限制。受控词检索可使用布尔逻辑运算符 AND、OR 或 NOT。

（2）关键词索引（非受控词索引）

非受控索引词是一种不受叙词表控制，用于主题标引和检索的自由词或自由短语，这些词没有经过规范化处理。非受控索引词可以弥补受控词的局限，如专指度和覆盖范围，可能比原始标题或受控索引词提供更丰富的来源文献说明。非受控索引词只在 1971 年以后的记录中才有，有些非受控索引词也可以在 INSPEC 叙词中查找。

（3）分类与分类代码检索

分类是标引文献时用来表示来源文献所涉及的主题的词语。INSPEC 分类对其涵盖的主题进行分层组织，并为每一层的每个主题词语指定一个代码，即分类代码，而分类主题词也称作分类标题。

检索时，使用分类标题和分类代码可检索 INSPEC 记录的分类字段。在选择主题字段检索时，其检索的范围也涵盖分类字段。

分类词分层结构如图 2-21 所示，其中"添加"图标表示可将所选代码传输至检索页面的分类字段，S 图标表示可查看分类词及代码的详细信息。

106

```
浏览分类分层结构
关键字：[添加] =添加到检索式  S =查看覆盖范围说明
```

```
□ Physics
  □ [添加] A0000 General
  □ [添加] A1000 The physics of elementary particles and fields  S
     □ [添加] A1100 General theory of fields and particles  S
     □ [添加] A1200 Specific theories and interaction models; particle systematics
        □ [添加] A1210 Unified field theories and models  S
           [添加] A1210B Electroweak theories  S
           [添加] A1210C Standard model of unification  S
           [添加] A1210D Unified models beyond the standard model  S
        □ [添加] A1220 Models of electromagnetic interactions
           [添加] A1225 Models for gravitational interactions  S
        □ [添加] A1230 Models of weak interactions
        □ [添加] A1235 Composite models of particles
        □ [添加] A1240 Models of strong interactions
           [添加] A1270 Hadron mass formulas  S
           [添加] A1290 Miscellaneous theoretical ideas and models in elementary particle physics
     □ [添加] A1300 Specific elementary particle reactions and phenomenology
     □ [添加] A1400 Properties of specific particles and resonances
  □ [添加] A2000 Nuclear physics
```

图 2-21　INSPEC 分类分层结构

注意：在检索中，使用上位代码进行检索将不会自动检索其下位代码标引的记录，必须使用通配符"＊"才可以。例如，输入"B7＊"，可以检索到 B7（仪器及其应用）及其下位类方面的全部记录；而输入"B76＊"则检索范围比前一个检索式缩小，可检索到 B76（航空设备和技术）及其下位类方面的全部记录；依次类推。如用"B7630B"来检索，则会得到学科范围非常窄的结果，即只可检索到 B7630B（Power supplies）方面的记录，而检索不到其上位分类的记录。

（4）数值和数量检索

INSPEC 提供了诸如温度（temperature）、波长（wavelength）、压力（pressure）、频率（frequency）、计算机速度（computer speed）、深度（depth）、年代（age）、噪音系数（noise figure）等在内的 40 多个数值数据检索字段。利用数值数据检索将使检索结果更加精确。数值数据索引字段所包含的数值均进行了结构化，并对应规范的数量单位。

要检索数值数据，从"检索范围"字段下拉菜单列表中选择一个单位，检索框转变为如图 2-22 所示。在左侧的框中输入数据可指定最小值，在右侧的框中输入数据可指定最大值，如果是指定一个数值范围，需在两个框中输入数字。如：图 2-22 中第一行表示最低温度为 40.0K；第二行表示电压最高为 15.0V；第三行表示速度范围为 50.0—100.0 米/秒。

```
[ 40.0 ]  to  [       ]         检索范围 [ temperature (kelvin)        ▼]
示例: temperature (kelvin) 1.0E+03 to 1.9E+03

[      ]  to  [ 15.0  ]         检索范围 [ voltage (volt)              ▼]
示例: temperature (kelvin) 1.0E+03 to 1.9E+03

[ 50.0 ]  to  [ 100.0 ]         检索范围 [ velocity (meters per second)▼]
示例: temperature (kelvin) 1.0E+03 to 1.9E+03
```

图 2-22　数值/数量检索示例

（5）化学物质检索

化学物质针对的是来源文献中所讨论的重要物质和材料（不包括有机物质），这些物质和材料均进行了受控标引。INSPEC设置了3种物质的组分描述字段，所涉及的每个物质均被指派了其中的一种。3种组分描述为：元素、二元系和3种以上元素组分系。另外，来源文献中涉及的物质有些还标引了特征描述字段，包括：被吸附物或吸附物、掺杂物、界面系统、表面或基底物质等。

要检索化学字段，在左侧的检索框中输入一个物质（需使用化学元素符号），从"检索范围"字段下拉菜单列表中选择一个化学描述字段即可。

（6）天体对象检索

天体对象是指来源文献中讨论的天体对象的受控名称，检索输入可遵循国际天文学联合会提供的命名规则，包括：基于名称的首字母缩写；基于天文学目录名称列表，由目录的首字母缩写组成，且后跟目录条目编号；位置信息。例如：CM Tau 和 PSR 0531。对于天体对象的检索可以使用布尔运算符（AND、OR 和 NOT）和通配符（ * 、? 和 $），例如：CM Ta * 和 PSR 0531 AND CM Tau。

（7）识别代码检索

识别代码是指：入藏号、CODEN、ISSN、标准书号、报告编号、合同号、专利号等。对识别代码检索可使用布尔逻辑算符和通配符。

3.3.2.2 检索限制

除一些常见的检索限制之外，INSPEC 还有一种独特的文献类型检索限制，即按照文章的内容对文献进行了分类处理，称为处理类型（treatment types），在数据库中是作为限制字段，有以下几种类型：

- Application（简写为 A）——应用技术方面的文章
- Biographical（简写为 B）——题录文献（通常参考文献在 50 个以上）
- Economic（简写为 E）——经营、管理、营销类文章
- Experimental（简写为 X）——描述试验过程及结果的文章
- General or review（简写为 G）——一般性或综述性文章
- New development（简写为 N）——最新发展
- Practical（简写为 P）——实用性文章
- Product review（简写为 R）——产品评述
- Theoretical or Mathematical（简写为 T）——理论、数学方面的文章

3.4 生物学信息数据库（BP）

《生物学文摘》（*Biological Abstracts*，BA），是由美国生物科学信息服务社（BioScience Information Service，BIOSIS）生产的、世界上最大的有关生命科学的文摘和索引数据库。印刷版《生物学文摘》创刊于 1926 年，由《细菌学文摘》和《植物学文摘》合并而成，当时由美国生物学会联合会负责编辑，由生物学文摘公司负责出版。1964 年起，编辑出版机构改为生物科学信息服务社。

印刷版 BA 一直连续出版至今，20 世纪 70 年代初在联机数据库中投入使用，数据收录从 1969 年开始。90 年代初由美国银盘公司（Silver Platter Information Inc.）出版光盘产品，收

录的数据也是从 1969 年开始。以后由 Ovid 公司、美国科技信息所(ISI,后合并为汤森路透公司)以及美国银盘公司等先后发行了网络版数据库 BIOSIS Preview,数据内容已经回溯至 1926 年。

3.4.1　BP 数据库内容及其特点

《生物学信息数据库》(BIOSIS Preview,BP),是世界上容量最大、最全面的生命科学研究参考文献数据库。包含了《生物学文摘》(BA,自 1926 年至今)、《生物学文摘——综述、报告、会议》(Biological Abstracts/RRM,1989 年至今)和《生物研究索引》(BioResearch Index,1969 至 1979)。数据库涵盖了传统生物学和生物医学领域的原始研究报告和综述;还包含了有关重大的生物学研究、医学研究发现和新生物体发现的主要期刊文献的参考文献。收录范围包括:生物学——如植物学、动物学、微生物学,相关学科领域——生物医学、农业、药理学、生态学,一些交叉学科——如生物化学、生物物理以及生物工程也包括在内。它偏重于基础和理论方法的研究,收录世界上 100 多个国家和地区的 6 000 多种期刊、1 500 多个会议,数据量达 1 900 多万条,每年增加大约 50 万条记录。数据库包括期刊论文的内容概要、书及来自于会议的信息,也涉及短文和书信、技术数据报告、评论、美国 1986—1989 年间的专利、翻译期刊、自 1980 年至今的会议报告、书目、命名规则等。

BP 创刊时间长,包含内容广泛,具有独特的生物分类系统;版本多,能够满足不同用户需要。目前 BP 有印刷版(BA)、光盘版、联机检索和网络检索等出版形式。其中印刷版时间跨度大,检索字段少,便于读者掌握,而光盘版和网络检索途径多,更直观、灵活。光盘版以银盘公司的光盘检索系统 WINSPIRS 最为出色。网络版以美国汤森路透公司(即原美国科技信息所,ISI)的检索系统 Web of Knowledge、美国 OVID 公司的检索系统应用最为广泛。

3.4.2　数据库检索

BIOSIS Preview 的网络版检索系统有 OVID 和 ISI Web of Knowledge 等。本次我们介绍的是 Web of Knowledge 平台上 BP 数据库的检索方法,对于常规内容的检索方法、检索技术、检索结果处理以及个性化服务等,可参见本章 2.2 节中介绍的 WOK 检索方法,这里主要介绍 BP 所特有的检索。

数据库网址:http://apps.isiknowledge.com/

(1) 分类数据检索

BP 的分类内容包括:超级分类(super taxa)、分类注释、生物分类、生物物种名称、不同形式和详细信息。

当选择分类数据字段检索后,单击字段选择框右侧的 图标即可打开 BP 分类表。BP 分类表为层次结构,单击⊞图标后即可以看到检索词所在的当前层次结构(参见图 2-23)。其中,单击 T 图标可查看相对应的分类注释,单击 添加 图标可将对应的检索词添加到检索框中。

生物物种分类代码由五位数字组成,表示属以上的分类层级。索引代码后跟有单词"New"的表示此代码代表的是新物种,例如:Osteichthyes [85206-New] 即表示 Osteichthyes 为新发现的物种。如果要查找新物种生物,可在分类字段中输入"new"。在进行主题检索时,系统将自动检索分类名称。分类字段检索允许使用布尔运算符(AND、OR、NOT 和 SAME)和通配符(*、? 和$)。

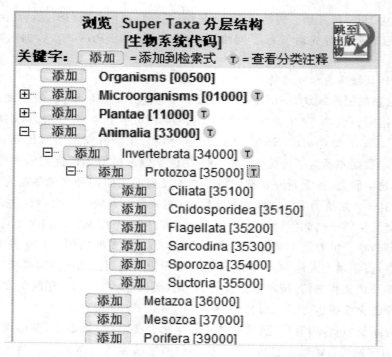

图 2-23 BP 生物分类表分层结构图

(2) 主题检索

其相当于部分字段的关键词检索。主题检索的范围包括下列字段：标题、文摘、生物体、主概念词、概念代码、分类数据、分类注释、生物器官、系统和细胞质数据、疾病名称表、化学品和生物化学品表、基因名称数据表、序列数据表、方法和设备表、地理数据、地质年代信息、综合叙词等。主题检索可以运用布尔逻辑算符、通配符（*、? 和$）、括号和表示精确词组检索的双引号" "等各种 WOK 检索技术。

(3) 主概念检索（major concepts）

主要概念是来源文献中涵盖的广义学科类别。数据库中有主要概念词表，为分层结构，通常只有两层，少量概念分 3 层结构。上位词表示更宽泛的学科类别（如 Agriculture），下位词表示的范围更加具体（如 Animal Husbandry）。主要概念在 1993 年之后的记录中才有。可以在检索框中直接输入生物主概念词条，也可以打开主概念词表选择检索词。

(4) 概念代码检索

概念代码是表示生命科学方面的宽学科类别的五位数代码。数字代码后跟代码定义（概念主题词），并附带有涵盖的学科范围。在数据库中，概念代码按照概念主题词的字母顺序排列。可以在检索框中直接输入代码或主题词进行检索，也可在概念代码表中选择添加的方式检索。

(5) 化学和生化名称检索

字段检索范围：1993 年之后 BP 发布的全记录中的化学数据表，包括：化学名称及不同形式的名称、CAS 化学物质登记号、药品限定词和详细信息；2001 年之后 BP 发布的全记录中的基因名称数据表，包括：基因名称中的词及名称不同形式、详细信息；1989 年之后 BP 发布的全记录中的序列表，包括：入藏号、数据库、CAS 登记号、详细信息。

3.5 医学文献数据库 MEDLINE 和 EMBASE

3.5.1 MEDLINE 数据库
3.5.1.1 数据库内容及特点

MEDLINE 数据库是由美国国家医学图书馆制作的综合生物医学信息书目数据库，内容涉及生物医学的各个领域，包括临床医学、牙科、教育学、健康服务管理、护理、毒理学、营养学、药学、实验医学、精神病学、医学工程、病理学，以及兽医等，从 2000 年起增加了生命科学的收录范围。它的数据来源为三个印刷本索引：《医学索引》(*Index Medicus*)、《牙科文献索引》(*The Index to Dental Literature*)和《国际护理索引》(*The International Nursing Index*)。数据库覆盖的最早时间是 1950 年，2012 年共收录 70 多个国家和地区出版的 4 900 多种国际性期刊，涉及语言 30 多种，记录达 2 100 万条，其中 75% 是英文文献。MEDLINE 中的每条款目都对应一条书目记录或引文出处，该库中不含全文，但其中半数以上的题录附有作者本人撰写的文摘。含有美国国家医学图书馆编制的主题词表 MeSH。

MEDLINE 数据库最大的特点在于它的主题词表——MeSH 叙词表。MeSH 的全称为"医学主题词表"(Medical subject Headings)，是用于 MEDLINE 数据库标引文献而建立的生物医学词语方面的受控词汇表，由美国国家医学图书馆开发和维护。叙词表中的主题词按照字母顺序排列，多数主题词有分层结构，受控词表中包含主题词和限定词(也称为副主题词，从属于受控词)，主题词作为检索词，而限定词是限定主题词或为主题词添加上下文的受控词。

MeSH 词表为分层结构，也称树状结构，如图 2-24 所示。其中上位词为概念宽泛的主题词，下位词为主题更明确的概念词。顶级词(例如 Anatomy、Diseases)位于分层结构的顶部，这些广义的主题词通常不作为检索词在 MeSH 字段进行检索，除此之外每一层主题词均可作为检索词。其中 D 图标可查看有关词语的详细信息，包括覆盖范围说明和相关检索词。

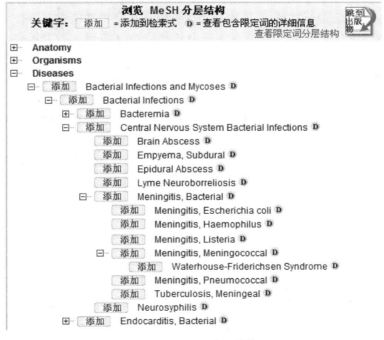

图 2-24 MeSH 分层结构

3.5.1.2 MEDLINE 数据库检索

MEDLINE 数据库目前在网上向全世界公众提供免费使用，具体检索网址为：
http://www.ncbi.nlm.nih.gov/pubmed

此外，提供 MEDLINE 网络服务的检索平台有多个，包括：ISI Web of Knowledge、ProQuest 检索平台(参见第四章)、OCLC 的 FirstSearch 检索系统(参见本章 5.2 节)、EMBASE.com 和 SciFinder Scholar(参见本章 3.2 节)。

本节主要基于 ISI Web of Knowledge 检索平台，介绍 MEDLINE 特有的检索方法——MeSH 词表在检索中的应用。其他如一般检索、检索技术和检索结果处理参见本章的 2.2 节。

数据库网址：http://apps.isiknowledge.com/

(1) MeSH 叙词表的检索应用

选择 MeSH 主题检索后，可以直接在检索框中输入主题词，或单击 🔍 图标打开 MeSH 主题词表，单击 ⊞ 可展开分层结构并显示其他词语，而后根据需要选择主题词检索。MeSH 词表具有词义对照功能，如：在 MeSH 词表中查找词组 hair loss(头发脱落)，但 MeSH 主题词表中没有该词，系统经词义对照后会显示主题词 alopecia(秃头症)。

添加限定词：通过单击 D 在查看主题详细信息的同时，可以看到该主题词的限定词，将相关的限定词添加到检索式中，检索结果的相关度会更高。例如：主题词 brain abscess(脑脓肿)有 congenital(先天的)、diagnosis(诊断)、diet therapy(食疗)、drug therapy(药物治疗)等 38 个限定词，如果选择主题词 brain abscess 进行检索，在添加限定词 diagnosis 之后，可以得到脑脓肿诊断方面的文献；而选择 brain abscess 并添加限定词 drug therapy，则会得到药物治疗脑脓肿方面的文献。

(2) MeSH 叙词表的扩展应用

选择主题字段检索时，如果选择"主题-添加 MeSH"，则在主题检索的同时，每个检索词会自动与 MeSH 主题词表进行对照，对匹配成功的检索词还会扩展检索其下位词。例如：在检索框中输入检索词组"hair loss"，系统在主题字段检索包含短语 hair loss 的文献的同时，将 hair loss 词组与 MeSH 词表进行对照，在词表中与叙词 alopecia 相匹配，这时系统还会自动检索 alopecia 及其下位词 alopecia areata 等。如果检索词使用了通配符(如 vasovag *)，则系统不会将该词与 MeSH 词表进行对照。

但如果是选择"主题-添加 MeSH(未扩展)"字段检索，在进行主题检索的同时系统会自动将每个检索词对照到 MeSH 主题词表，但匹配后不会扩展检索其下位词。例如：在检索框中输入检索词组"hair loss"，并选择主题-添加 MeSH(未扩展)字段检索，则系统在主题字段检索包含短语 hair loss 的文献，同时检索在词表中相匹配的叙词 alopecia，但不检索其下位词 alopecia areata 等。

3.5.2 EMBASE 数据库

3.5.2.1 数据库内容

EMBASE(Excerpta Medica Database)是荷兰爱思唯尔(Elsevier)出版公司推出的全球最大最具权威性的生物医学与药学文献数据库。EMBASE 收录了 1974 年以来生物医学文献信息，其印刷版对应于荷兰医学文摘"Excerpta Medica"，截止到 2012 年，数据库涵盖 70 多个国家和地区出版的约 7 600 多种医学和药理学方面活跃的、同行评议的权威性期刊，累计约 2 400 万条索引记录，每年新增记录 60 多万条，80% 的记录带有文摘。其中约有 2 000 种期刊是 MEDLINE 没有收录的。主要内容包括：临床医学、药学、基础医学、预防医学、法医学以及生物医学工程等。该数据库中收录的药物方面的文献约占 40%，几乎涵盖了目前为止所有药物和与药物相关的研究文献的信息。EMBASE 拥有独有的 Emtree 主题词表，该词表覆盖了所有 MeSH 术语。而 EMBASE.com 是 EMBASE 与 MEDLINE 强强联合，构成了重要的生物医学与药理学信息专业检索引擎。

数据库地址：http://www.embase.com/

3.5.2.2 数据库检索

数据库设置了如下检索功能：检索(search)、主题词浏览(Emtree)、期刊(journals)和作者(authors)索引。

(1) 检索

① 快速检索(quick search)：一种简易检索方式，直接输入检索词，没有更多的检索条件和检索限制，适用于不了解复杂检索语言的初学者。

② 高级检索(advanced search)：主要是利用 Emtree 主题词表中的主题词检索，因此得到的文献结果其相关性更高。高级检索需要用户自己编写并输入检索式，可使用各种检索技术(参见图 2-25)。除此之外，还提供了 5 项扩展检索功能和其他检索限定。5 项扩展检索功能有：

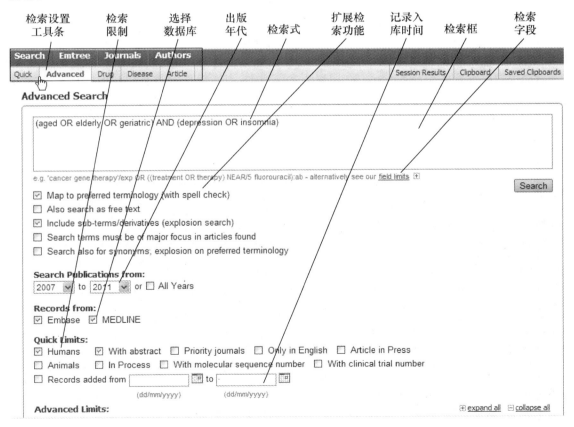

图 2-25　EMBASE 高级检索页面

- 主题词对照检索(map to preferred terminology)。将输入的检索词与 Emtree 首选主题词进行对照,匹配后,系统将检索词自动转换成 Emtree 主题词进行检索;
- 自由词检索(also search as free text):检索词同样作为自由词检索;
- 主题词扩展检索(include sub-terms/derivatives(explosion search)):利用 Emtree 主题词树状结构,对检索词及其对应于 Emtree 主题词的同位词和下位词进行扩展检索;
- 检索结果与检索词高度匹配(search terms must be of major focus in articles found):也即,找到的文献主题与检索词高度相关。
- 同义词扩展检索(search also for synonyms, explosion on preferred terminology):检索词进行 Emtree 主题词匹配检索的同时还对同义词进行检索。

其他检索限定主要有:
- 字段限制:高级检索共设置了 36 个检索字段,可在"field limits"下显示并选择字段列表。可设置检索年代,选择检索的数据库(EMBASE 和 MEDLINE)。
- 快速限制(quick limits),限制条件包括:人类、动物、带文摘、期刊优先、只限英语文献、包括正在印刷中的文献、具有分子序列号、具有临床试验号等。
- 高级检索限制,包括:循证医学、出版物类型、学科、语种、性别和动物研究类型等。

③ 药物检索(drug search):利用药物名称检索,与高级检索具有同样的 5 项扩展检索功能和同样的检索限制。另外药物检索设置了与药物有关的副主题词 17 个、给药途径相关的副主题词 47 个作为检索扩展检索选项,用于限制药物名称检索。注意:在药物检索中"map to preferred terminology"扩展检索功能会被自动激活,不可选择。

④ 疾病检索(disease search):利用疾病名称检索,与高级检索具有同样的 5 项扩展检索功能和同样的检索限制。另外疾病检索设置了与疾病有关的副主题词 17 个作为扩展检索选项,用于限制疾病名称检索。

⑤ 文献检索(article search):通过作者姓名、期刊名称、ISSN、分类编码等文献信息检索。

(2) EM 主题词表(Emtree Thesaurus)浏览及其检索

Emtree 是用于生物医学文献主题分析、标引和检索的权威性词表,包含 5.7 万多个首选术语,涵盖了所有 MeSH 主题词。主题词按字顺排列,分成 15 个主题大类,词表按等级呈树状结构。

使用时,可以直接输入词条浏览或查找主题词,每单击一层主题词,都会显示该主题词的树状分支结构、同义词及相关词,直至所需浏览的主题词,选择并检索。

在执行一项检索时,检索词或词组会自动匹配或对照其相对应的 Emtree 主题词,并且也会同时检索疾病索引和药物索引。例如词组 myocardial infarction 对照到词表中匹配的主题词条为 heart infarction,那么包含索引条目"heart infarction"的文章就会被检索到。

(3) 索引

① 期刊索引(journals):EMBASE 提供了一个期刊浏览列表,列表中的期刊均与 MEDLINE 所含期刊不重复。单击列表中的期刊名称,可以浏览该期刊中的文献内容。

② 作者检索(authors):根据作者的名称来查找该作者的文献,在检索框内输入作者名称,姓在前,名的缩写在后,如:Smith J,单击"find"即列出以这些字母开头的一览表,选择其中所要的作者进行检索即可。

(4) 检索技术

布尔逻辑算符包括 AND、OR 和 NOT。

位置算符包括 NEAR 和 NEXT。其中 NEAR 表示两词相邻的距离,但不确定词序,例如 symptom NEAR/3 headache 表示 symptom 与 headache 出现在检索结果中,其间隔为 0—2 个词,但前后顺序不固定;NEXT 表示两词相互之间的距离,但词序按照输入顺序出现。

通配符:截词符为"*",代字符为"?"。

可使用括号来确定检索词的运算顺序,例如:(aged OR elderly OR geriatric) AND (depression OR insomnia)。

词组检索:用""来确定精确词组;如果词组没有使用引号,系统自动将检索词组配成"AND"的关系。

(5) 检索结果

检索结果列表缺省显示题录格式,可显示文摘格式和包括药物词条和疾病词条在内的全记录格式,在全记录浏览显示页面,可链接相关文献,并提供全文链接功能。

排序方式:提供了相关性(relevance)、出版年份(publication year)和入库日期(entry date)3 种排序方式。

结果输出:提供标记、打印、保存、E-mail 等输出方式。

(6) 其他服务

注册用户可将检索式和检索结果保存到远程服务器,可设置最新文献目次报道;提供从分子序列号到 NCBI(美国国立生物技术信息中心)的信息链接;整合 Elsevier 公司的 SCIRUS 网络检索引擎。

3.5.3 MEDLINE 与 EMBASE 数据库比较

MEDLINE 和 EMBASE 为当今世界最权威的生物医学和药理学信息数据库,两个数据库收录的内容有交叉,也各自拥有约 2 000 多种特有期刊。MEDLINE 侧重临床医学、牙科、护理学以及生命科学,覆盖北美地区文献较为全面。EMBASE 主要侧重疾病和药物信息,较全面地汇总了欧洲和亚洲医学文献。两个数据库均有主题词表,MEDLINE 为美国国家医学图书馆编制的控制词表 MeSH,EMBASE 是由 Elsevier 编制的生命科学辞典 Emtree,而所有 MeSH 主题词均包含在 Emtree 之内。

3.6 Emerald 文摘数据库

Emerald 出版公司于 1967 年由来自世界百所著名商学院之一的 Bradford University Management Center 的学者建立,主要出版管理学、图书馆学、工程学等专业领域的图书和期刊。其宗旨是出版有助于实践意义的研究性文献,架起学术与实践之间的桥梁。目前 Emerald 出版有全文期刊、电子图书、书目数据库、网站信息等。本节主要介绍其中的 4 个文摘数据库,覆盖了土木工程、计算机科学、计算机与通信安全以及图书馆和信息管理领域的重要期刊。

数据库检索网址:http://www.emeraldinsight.com/search.htm

Emerald 文摘数据库收录了世界公认的高品质期刊,每年由独立的专家团队评审并确认;更新及时;对所收录的每一种期刊均全面摘录其中的文章;具有全文链接功能;提供 E-mail 最新文献报道服务。

(1) 计算机和通信安全文摘(Computer and Communications Security Abstracts,CCSA)

提供全球高品质的 100 多种计算机安全期刊,截止到 2012 年文献量达 1.6 万多篇。同时该数据库还收录了每年 40 多个国际重要会议的会议录文摘。提供了最新的文摘、会议新闻、研究信息,特别是关于计算机和通信安全的文献。覆盖学科包括生物识别技术、密码技术、电子商务安全、侵扰探测、恶意软件、网络安全、第三方信任等。用户可检索 1996 年至今的数据,数据库月更新。

(2) 国际计算机文摘数据库(Computer Abstracts International Database,CAID)

数据库为相关领域研究者及学生提供了关键性资源,包括计算机领域重要的知识。到 2012 年数据库容纳了 200 多种顶尖期刊,超过 20 万篇文摘信息。主要学科包括:人工智能、通信和网络、计算机理论、数据库与信息系统、硬件、程序等。可检索 1987 年至今的数据,数据库月更新。

(3) 图书馆和信息管理文摘(Current Awareness Abstracts,CAA)

到 2012 年 CAA 共收录全球 400 多种有关图书馆学和信息管理科学核心期刊,包含了 3.3 万篇文摘记录,文献最早回溯至 1988 年,月更新。

(4) 国际土木工程文摘(International Civil Engineering Abstracts,ICEA)

该文摘库提供了最新的土木工程领域信息,全面收集了大约 150 种全球顶尖的土木工程期刊,到 2012 年已超过 17 万篇文摘。涵盖学科:施工管理、环境工程、结构工程、岩土工程、水利工程以及运输工程等。覆盖 1976 年至今的数据,数据库月更新。

数据库检索见第五章第二节。

3.7 数学科学数据库(MathSciNet)

3.7.1 数据库内容

MathSciNet 由美国数学学会(American Mathematical Society,AMS)出版,它涵盖了国际数学领域的研究文献以及与数学相关的计算机、统计、经济计量和其他学科,文献资源涉及期刊论文、专著、会议录和会议论文信息,提供了评论、文摘、目录信息资料。到 2011 年,MathSciNet 记录容量达 200 多万条,其中有 100 多万条可直接链接到原始文献。数据库涉及到的期刊约 1 900 种,年新增 10 万条记录。数据库继承并延续了传统的印刷版《数学评论》(Mathematical Reviews)的内容,每年有 4 万多篇评论添加到数据库中。数学评论内容可回溯到创刊年代的 1940 年,书目参考文献回溯到 19 世纪初。

本数据库所包括的主要专题是数学及其在下述领域的应用:天文学和天体物理学、生物学和行为科学、经典热力学和热传导、计算机科学、经济学、流体力学、信息和转播学、量子力学和系统科学、固体力学、运筹学、光学及电磁学理论、相对论、统计物理、物质结构、统计学、系统论及控制论。本网络版的数据库支持 HTML、PDF 和 ASCII 等显示格式。

检索网址:http://www.ams.org/mathscinet/

注意:一些数学符号或公式需要安装 MathJax 软件方可显示。了解更多的 MathJax 信息请登录 http://www.mathjax.org/。

3.7.2 数据库检索

3.7.2.1 检索功能

MathSciNet 的检索功能包括:出版物检索、作者索引、期刊浏览和引文检索(参见图 2-26)。

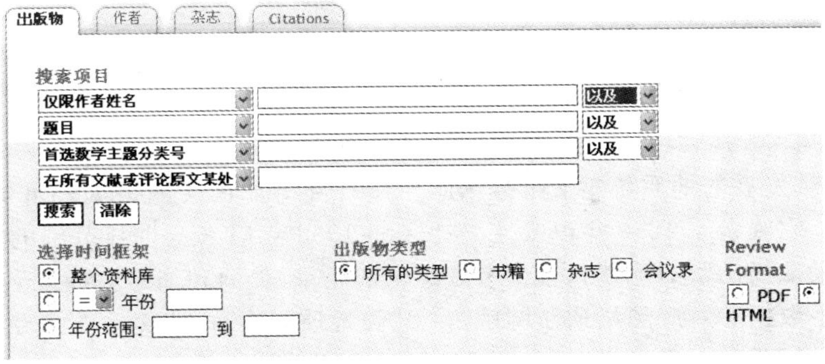

图 2-26 MathSciNet 数据库网络版检索页面

（1）出版物检索：可检索的字段有：仅限作者姓名、作者姓名加编者/译者等、题目、该评论中的任何词语、杂志名称、研究机构的特定代码（可以访问 http://www.ams.org/instcode/ 来检索研究机构代码列表）、系列名称（该字段可以输入丛书名的全称或缩写、可以使用通配符）、首选或第二位的数学主题分类号、首选数学主题分类号、《数学评论》条目号（每一条记录在数学文献数据库中都有一个唯一的记录号码，包含 7 位数字）、评论员姓名、在所有文献或评论原文某处出现的词语、参考文献。

（2）作者索引：通过作者姓名或作者 ID 号检索。作者姓名的输入方法：姓的全拼→逗号→名，如：Hilbert, D* or 85745。字母不区分大小写，也可以使用通配符，如：wang, hong *。输入检索词后，页面给出符合检索条件的作者姓名；单击作者，则可看到数据库中收录的该作者撰写的所有文献。

（3）期刊浏览：选择"杂志"栏目，输入杂志名称的缩写、杂志名称、部分名称，或者国际标准刊号（ISSN）检索，即可浏览期刊的全部内容。

（4）引用检索：被引作者、被引期刊、通过主题检索被引较多的文献等。

3.7.2.2 检索技术

布尔逻辑算符：AND、OR 和 NOT；

优先算符：可以用（）表示组配的优先顺序，用空格连接的词将作为词组检索；

大小写：检索条件输入不区分大小写；

通配符：* 号，代表一个或多个字符。"首选数学主题分类号"字段不可使用通配符。

3.7.2.3 检索结果和相关服务

题录信息有 MR 或 CMP 记录号、作者姓名、题名、刊名及年、卷、期、页码等。题录信息设置有多种链接，如：MR 或 CMP 记录号会链接该记录的详细信息；作者姓名会链接该作者的所有文章；刊名会链接该刊的基本信息；期刊期号会链接该期的文章题录；MSC 分类号会链接该分类号的相关分类信息；等等。

其他服务功能：可以标记记录，使用"Add to Clipborard"功能会将该记录加到书写板中；使用"Doc Delivery"可以提供全文文献传递（申请前需注册）；"Journal"按钮可连到该刊的网站；"Article"按钮链接的是该文献的全文，若用户已购买刊登该文献期刊的电子版，则可直接打开全文。

3.8 地学参考数据库 GeoRef 和 GeoBase

3.8.1 地学参考数据库（GeoRef）

GeoRef 数据库 1966 年由美国地质协会（American Geological Institute）编辑发行，是全球最全面，并持续发展的地质科学文献数据库。1991 年开始由美国银盘公司与美国地质协会合作发行光盘。它收录了 1669 年以来北美地区和 1933 年以来全世界范围的地质科学文献，其中美国地质勘探局出版的地球科学参考文献全部收录，美国和加拿大各大学的博士、硕士论文也涵盖其中。数据库对应的早期印刷版为：北美地质学书目、北美地质学专著书目索引、地球物理学文摘及地质学书目索引。GeoRef 收录的文献范围广泛，包括期刊论文、会议论文、图书、地形图和地质图、报告、学位论文以及传记等，其中期刊文献占 75%。到 2011 年，数据库收录世界各国出版的期刊 3 500 余种，数据量已达 310 万条，现年递增 10 万条文献，涉及 40 多种语言。收录的学科范围主要包括：地质学、地球物理、古生物、地层学、工程地质、环境地质、水文地质、水文学、矿物岩石学、结晶学、地球化学、海洋学、海洋地质、石油地质，另外还包括行星科学、天体物理学、天体化学、数学地质、遥感地质、电子学和计算机应用、分析化学等。可以通过网络、联机和光盘的方式检索数据库。

提供 GeoRef 检索服务的网络检索系统包括：Engineering Village（参见本章第三节）、ProQuest（参见第四章第二节）、EBSCO（参见第四章的第三节）、GeoScienceWorld（GSW）、NERAC、Ovid 等，本节不多做介绍。其中，

EBSCO 平台网址：http://www.ebscohost.com/academic/georef

ProQuest 平台网址：http://www.csa.com/factsheets/georef

3.8.2 地理参考数据库（GeoBase）

GeoBase 由加拿大测绘委员会（Canadian Council on Geomatics,CCOG）监制出版，是一个地球科学、生态学、地理学和海洋学方面的书目数据库，它覆盖面广、来源多，对于环境和地理学以及其他相关领域研究来说是非常好的工具。数据库覆盖的资料起始于 1980 年，提供了包括同行评审期刊和商业出版物在内的近 2 000 种国际性期刊，还提供了数千个附加的期刊和图书名录。到 2011 年为止，数据量达 140 万条，每年新增 10 万条题录或文摘记录。文献类型涉及期刊论文、会议论文、报告、仲裁文件及其他科技文献等。GeoBase 的学科范围包括地质学、地质力学、海洋学、人文地理、自然地理、国际发展（包括环境、农业、资源等）、生态学、经济地理等。数据库提供网络、联机和光盘等不同版本类型。提供 GeoBase 检索服务的网络检索系统包括：Elsevier ScienceDirect（见第五章）、Engineering Village（参见本章第三节）和 Ovid 等。其中，

Elsevier ScienceDirect 平台网址：http://www.elsevier.com/wps/find/advproductsearch.cws_home?action=product_search&search=no

第四节　常用社科类参考数据库

4.1 经济学文献数据库（EconLit）

EconLit 美国经济协会编制出版的数据库，提供了经济学及相关学科的题录和文摘文献。

文献类型包括：期刊、会议录、图书、学位论文等。收录年代为1969年至今。对应的印刷版出版物为《经济学文献期刊》(Journal of Economic Literature)。内容涉及经济理论及应用，覆盖的学科领域包括：农业和自然资源经济，工商管理和经营，国家研究，经济发展、科技进步及增长，经济史，财政经济，经济学总论和教学，健康、教育和福利，国际经济学，劳工与人口统计学，法律与经济学，宏观经济与货币经济学、微观经济学，数量经济学，方法论和经济思想史，公共经济学，城市、乡村和区域经济等。其中的文献80%以上具有文摘，也包括1993年以来由Journal of Economic Literature出版的书评的全文。截止到2011年，数据库收录了104万条记录，每年新增大约3万条，月更新。

数据库检索系统为ProQuest检索平台，检索方法参见第四章。

网址：http://search.proquest.com/econlit/

4.2 教育资源信息数据库(ERIC)

ERIC全称是Educational Resources Information Center，是由美国教育部教育资源信息中心创办的美国教育文献的摘要数据库。教育资源信息中心是美国教育部成立的联邦基金计划内容之一，主要是为从事教育和研究教育的工作者提供信息保障，其资源是一个国际性教育及相关学科的应用和研究导向性信息库，为提高学习、教学、教育决策和研究的实践提供了翔实可靠的信息源。该数据库涉及两个印刷型月刊的内容：《教育资源》(Resources in Education，RIE)和《教育期刊现刊索引》(Current Index to Journals in Education，CIJE)，内容涉及期刊论文、政府文件、视听资料、研究报告、课程和教学指南、博硕士论文、会议论文、书和地址名录等。数据库起始于1966年，截止2012年记录量约为140万条。

ERIC涵盖的学科领域：成人、职业生涯和职业教育(adult, career and vocational education)，个人咨询服务(counseling and personnel services)，小学与幼儿教育(elementary and early childhood education)，教育管理(education management)，特殊(残疾和天才)教育(handicapped and gifted children)，高等教育(higher education)，信息资源(information resources)，专科教育(junior colleges)，文学语言(languages and linguistics)，阅读与交流技能(reading and communication skills)，农村与小型学校教育(rural education and small schools)，科学、数学与环境教育(science, mathematics and environmental education)，社会研究与社会科学教育(social studies and social science education)，师范教育(teacher education)，教育实验、测试与评估(tests, measurement and evaluation)，城市教育(urban education)。

ERIC免费向全世界读者开放，网址：http://www.eric.ed.gov/

另外，提供ERIC网络检索平台服务的还有：EBSCOhost(参见第四章)、ProQuest(参见本章5.1节)、OCLC Firstsearch(参见本章5.2节)等。

4.3 心理学文摘数据库 (PsycINFO)

PsycINFO数据库由美国心理学协会(American Psychological Association，APA)根据其出版的《心理学文摘》(Psychological Abstracts)及《心理学信息》(PsycINFO)编辑而成，系统收录了19世纪至今的心理学及相关学科文献。到2012年PsycINFO共收录50多个国家出版的2500余种期刊，覆盖29种语言，其中99%为同行评审期刊，目前数据总量为300多万条，年新增记录约6万。主题涉及心理学、行为科学、社会学、精神科学、人类学、教育学、语言学等相关学科的期刊论文、专著、图书章节、博士论文等文献的文摘、题录。其中期刊文献占数据库资源总量的约 79%，学位论文约占 12%，专著和图书章节约占 11%，其中学位论文收录起始于 1995 年。数据库涵盖的主要领域包括：应用心理学、交流系统、发展心理学、教育心理学、人类和动物实验心理学、人格、心理和生理失调、生理心理学和神经科学、职业人员和相关问题、计量心理学和统计学、社会心理学、社会过程和相关问题、运动心理学和娱乐休闲、治疗和预防等。周更新。

该数据库目前已回溯至 1806 年，并提供自 1967 年以来的索引叙词表（Thesaurus of Psychological Index Terms），有 8 600 多个受控词。同时也开始提供 1920 年以来的参考文献（Cited References），到目前参考文献已达 4 800 多万条。

PsycINFO 的网络检索平台包括：ProQuest（参见第四章的第二节）、EBSCO*host*（参见第四章的第三节）、Ovid 和 APA PsycNET。其中，

APA 网址：http://psycnet.apa.org/index.cfm?fa=search.defaultSearchForm

ProQuest 平台网址 http://search.proquest.com/index?accountid=13151

4.4 社会学文献数据库（SocioFile）

Sociofile 收录了自 1974 至今全球 2 000 余种社会学及相关科学期刊的文献索引及摘要，以及 1986 年以来发表的与社会学相关的学位论文。数据库还收录了 1980 年以来《社会计划与发展文摘数据库》（*Social Planning/Policy & Development Abstracts*，SOPODA）详细的期刊论文摘要，SOPODA 把理论研究进一步向应用社会学方面扩展。主题涵盖：活动研究、社区组织、案例探讨、人口统计、家庭问题研究、女性问题研究、老人问题探讨、政治科学和社会学等。文献类型包括：期刊论文、专著、会议论文、研究报告和学位论文等。到 2011 年初记录累计达 44 多万条。

Sociofile 检索平台包括：ProQuest 检索系统（参见第四章的第二节）、OVID 网络检索系统和银盘公司光盘检索系统等。其中，

ProQuest 平台网址：http://search.proquest.com/index?accountid=13151

4.5 图书馆与信息科学文摘数据库（LISA）

《图书馆与信息科学文摘》（*Library and Information Science Abstracts*，LISA）数据库是为图书馆及其信息工作者设计的国际性文摘和索引工具，它是印刷版 LISA 和《图书馆和信息科学研究动态》（*Current Research in Library and Information Science*，CRLIS）的联合数据库。数据库起始于 1969 年，涉及图书馆与信息科学的各个方面，其文摘来自 68 个国家的 440 种期刊和会议录，涵盖 20 种语言。主题范围很宽，且涉及电子会议、影像文本、联机系统、电子通信和电子出版物。其中 CRLIS 报道最新研究计划，每年对早期的计划进行更新，而且 CRLIS 提供了有关期刊和报告文献出版之前的研究工作情况。截止到 2011 年，数据库规模为 44 多条记录，年新增数据约 2 600 条。

LISA 主题领域包括：人工智能（Artificial intelligence）、计算机科学与应用（Computer science applications）、信息科学（Information science）、信息技术（Information technology）、网络技术（Internet technology）、WWW（World Wide Web）、信息中心（Information centres）、信息管理（Information management）、信息存储（Information storage）、光盘（CD-ROMs）、记录

管理(Records management)、知识管理(Knowledge management)、图书馆职业(Librarianship)、图书馆管理(Library management)、图书馆技术(Library technology)、图书馆与档案(Libraries and archives)、图书馆利用和用户(Library use and users)、联机信息检索(Online information retrieval)、书评(Book reviews)、出版与书籍销售(Publishing and bookselling)、医学信息(Medical information)、电信(Telecommunications)和技术服务(Technical services)。

LISA 检索平台包括：ProQuest 检索系统(参见第四章的第二节)、EBSCO*host*(参见第四章的第三节)、银盘公司光盘检索系统等。其中，

ProQuest 平台网址：http://search.proquest.com/index? accountid=13151

4.6 中国高校人文社会科学文献中心(CASHL)数据库

中国高校人文社会科学文献中心(China Academic Social Sciences and Humanities Library,CASHL)是在教育部的统一领导下，本着"共建、共知、共享"的原则、"整体建设、分布服务"的方针，为高校哲学社会科学教学和研究建设的文献保障服务体系，其最终目标是成为"国家级哲学社会科学资源平台"。CASHL 的建设宗旨是组织若干所具有学科优势、文献资源优势和服务条件优势的高等学校图书馆，系统地、有计划地引进和收藏国外人文社会科学文献资源，为全国高校、哲学社会科学研究机构和工作者提供综合性文献信息服务。

CASHL 既是全国性的唯一的人文社会科学文献收藏和服务中心，也是由 17 所著名高校联合组成的网络虚拟图书馆，这 17 所高校是：北京大学、复旦大学、武汉大学、吉林大学、南京大学、中山大学、四川大学、北京师范大学、中国人民大学、清华大学、南开大学、厦门大学、东北师范大学、华东师范大学、山东大学、浙江大学和兰州大学。CASHL 的管理中心设在北京大学。现在，CASHL 不仅可以为高校教学科研服务，也成为全国其他科研单位文献获取的基地。与科技部建设的"国家科技图书文献中心"(NSTL)形成优势互补，社会效益明显。

网址：http://www.cashl.edu.cn

4.6.1 CASHL 资源内容

4.6.1.1 期刊和图书

CASHL 的网络服务平台名称为"开世览文"，于 2004 年 3 月 15 日正式启动并开始提供服务，面向全国用户免费开放，提供公益性服务。

截止到 2012 年，CASHL 已收藏有 1.3 万多种国外人文社会科学领域的重要印本期刊和电子期刊，其中核心期刊 3 586 种(指被 SSCI 及 A&HCI 收录的人文社会科学外文期刊，在数据库中带有"核心"标识)；120 万种外文印刷版图书和电子图书；建立了《高校人文社科外文期刊目次库》，目次数据达到近 3 500 万条记录；建立了《高校人文社科外文图书联合目录》等数据库；提供期刊目次数据库检索和浏览、书目数据库检索和目录浏览、书刊馆际互借与原文传递、相关咨询服务等。

资源主题覆盖范围：地理/环境、法律、教育、经济/商业/管理、军事、历史、区域学、人物/传记、社会科学、社会学、体育、统计学、图书馆学/信息科学、文化、文学、心理学、艺术、语言/文字、哲学/宗教、政治等。

4.6.1.2 大型特藏文献

特藏文献被公认为极具科研价值与收藏价值的珍贵文献，但其价格昂贵。为了满足全国人文社科科研人员的研究需求，也为了弥补高校图书馆收藏的空白，CASHL 于 2008 年度开

始大批购入特藏文献。首批引进大型特藏文献多为第一手的原始档案资料，涵盖历史、哲学、法学、社会学、语言学、经济学等多个一级重点学科，涉及图书、缩微资料、数据库等不同介质。例如：《马克思恩格斯著作全集》(*Karl Marx, Friedrich Engels: Gesamtausgabe*，图书)、《国际社会科学书目》(*International Bibliography of the Social Sciences*，图书)、《日本立法资料全集》(图书)、《通商彙纂〔復刻版〕》(图书/档案)；《英国情报机构西藏文档》(*British Intelligence on China in Tibet*，缩微平片)、《海峡殖民地年度报告》(*Annual reports of the Straits Settlements, 1855—1941*，图书)、《人类学和民族志学丛书》(*Routledge Library Editions: Anthropology and Ethnography* (95 Vol Set)，图书)以及《传教团文档》(*Church Missionary Society Archive*，缩微平片)等。到2012年，已拥有大型特藏58种。

4.6.2 数据库检索

CASHL系统分别设置了期刊文献检索、图书检索和大型特藏文献检索，其检索方法基本相同。以期刊文献检索为例：

(1) 期刊浏览：可以按刊名和学科进行浏览。

(2) 期刊文章检索：具备简单检索、高级检索、二次检索等功能，可以选择刊名、篇名、作者、ISSN等字段进行检索，检索时可以有多种检索限定，如出版时间、学科类别、馆藏地址、期刊类型等(参见图2-27)。

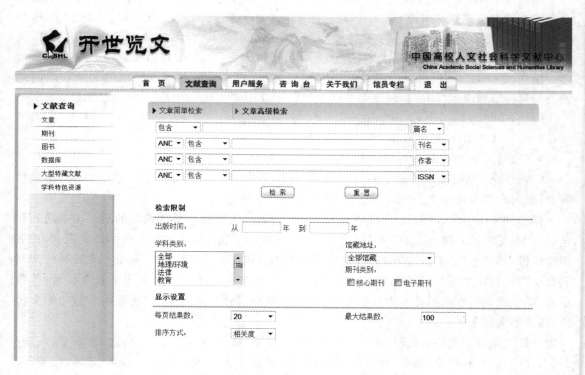

图2-27 CASHL检索系统期刊文献高级检索

(3) 检索技术：可以使用布尔逻辑算符：AND、OR和NOT；以及截词符 * 。精确词组或短语的检索必须使用引号" "；有禁用词限制。

(4) 检索结果：默认显示篇名目录，其详细记录内容包括篇名、作者、刊名、ISSN 号、出版年月、卷期、起止页码、馆藏地址以及申请文献传递请求链接。可对文献进行保存、打印或导出操作。

如果是图书的检索结果，还可以看到近几年出版的新书封面和目录内容；而大型特藏中的缩微资料，也提供了全部的目录内容，供用户对资源进行详细了解。

4.6.3　用户服务

CASHL 的用户服务方便快捷，颇有特色。只要是注册用户，就可以享受到原文传递服务、图书借阅服务、代查代检服务、个性化服务（如最新目次报道服务）等。详细介绍见第四章第七节。

第五节　综合类参考数据库

5.1　ProQuest 剑桥科学文摘数据库

ProQuest《剑桥科学文摘数据库》（*Cambridge Scientific Abstracts*，CSA）系同名公司出版。CSA 是一家私营信息公司，位于美国马里兰州的 Bethesda。公司已有 50 余年历史，主要编辑出版科学技术研究文献的文摘及索引。公司产品中有印刷型期刊，也有各种电子版数据库。电子版数据库可通过远程联机和光盘检索。1998 年又推出基于互联网的数据库服务。2011 年 CSA 与 ProQuest、Dialog 等合并共同组建了美国 Cambridge Information Group 公司，CSA 数据库采用 ProQuest 平台发布。

《剑桥科学文摘数据库》包含了 CSA 自行出版及其合作伙伴提供的各种数据库 100 多个。数据库中的记录不仅包括题录，还有原始文献的摘要，使读者能够容易识别文献的可用性。

学科范围为：航空航天科学（Aerospace sciences）、农业科学（Agricultural sciences）、水生生物科学（Aquatic sciences）、生物学及医学（Biological & medical sciences）、计算机技术（Computer technology）、工程（Engineering specialties）、地球与环境科学（Earth & environmental sciences）、材料科学（Materials science）、市场研究（Market research）和社会科学（Social sciences）。其中每个主题下对应有多个数据库。

ProQuest 平台网址：http://search.proquest.com/index? accountid=13151

5.1.1　ProQuest 检索系统平台上重要文摘数据库内容

（1）生物科学数据库（Biological Sciences）

生物科学数据库提供了生物医学、生物技术、动物、生态以及农业和畜牧业等研究方面的文摘和题录，到 2011 年数据库共收录期刊 8 000 多种，另外还收录有会议录、技术报告、图书和专利，总量超过 504 万条记录，每年新增数据 16 万多条。其中的数据进行了深度标引，除题名、作者、出处、关键主题词等常规内容外，还有生物医学研究中很重要的原图、制图和各种图表。该数据库包含有 21 个子数据库（详见表 2-2），这些子数据库可以整体检索，也可以单独检索或跨子库检索，除《生物技术研究文摘》为半月更新外，其他子库均为月更新。

表 2-2 CSA 生物科学子数据库

子数据库名称	覆盖主题	起始年	记录量/条
藻类、真菌学与原生动物学文摘—微生物学 C（Algology Mycology and Protozoology Abstracts-Microbiology C）	繁殖、发育、生命周期、生物化学及遗传学等	1982	396 272
动物行为文摘（Animal Behavior Abstracts）	攻击、学习及食物摄取等	1982	186 206
生命科学和生活资源 I ASFA 1：Biological Sciences and Living Resources	海洋生物、淡水生物及盐湖生物等	1971	977 237
水产业文摘（ASFA Aquaculture Abstracts）	水产业、水生生物、渔业、海洋学及环境等	1984	126 065
海洋生物文摘（ASFA Marine Biotechnology Abstracts）	分子生物技术、海洋微生物、鱼类和贝类的遗传工程	1989	45 315
细菌学文摘（Bacteriology Abstracts-Microbiology B）	细菌免疫学、接种疫苗、抗生素及免疫学等	1982	525 214
生物技术研究文摘（Biotechnology Research Abstracts）	生物技术（医学、农业、环境）和生物工程等	1980	513 134
钙及钙化组织文摘（Calcium and Calcified Tissue Abstracts）	骨骼和牙齿生物学及离子钙	1982	150 312
化学感应文摘（Chemoreception Abstracts）	味觉、嗅觉生物学及感观研究	1982	54 803
神经科学文摘 Neurosciences Abstracts	神经生物学、运动及感觉系统、记忆及阿尔茨海默病	1982	674 822
生态学文摘（Ecology Abstracts）	水生生态系统、陆地生态系统及人类生态学	1982	489 231
昆虫学文摘（Entomology Abstracts）	生理学、解剖学、生物化学、生态学及行为学	1981	328 754
遗传学文摘（Genetics Abstracts）	染色体、进化遗传学及细胞循环	1982	597 106
健康与安全科学文摘（Health and Safety Science Abstracts）	环境健康、职业安全、杀虫剂、毒物学、突发事件管理及事故	1981	220 480
人类基因组文摘（Human Genome Abstracts）	基因克隆、基因治疗及遗传筛查	1982—1995	22 395
免疫学文摘（Immunology Abstracts）	免疫法、自身免疫性及遗传性	1982	506 288
工业和应用微生物文摘 A（Industrial and Applied Microbiology Abstracts-Microbiology A）	食品微生物学、发酵及微生物抵抗	1982	351 256
核酸文摘（Nucleic Acids Abstracts）	基因操作、DNA 及转送 RNA	1982	409 482
致癌基因和增长因素文摘（Oncogenes and Growth Factors Abstracts）	癌细胞增长及丝氨酸	1989	68 491
毒物学文摘（Toxicology Abstracts）	药物、化学品及污染物	1981	317 624
病毒学及艾滋病文摘（Virology and AIDS Abstracts）	艾滋病、免疫学及抗病毒剂	1982	364 961

(2) BioOne 文摘索引数据库（BioOne Abstracts and Indexes）

《BioOne 文摘索引数据库》可提供来自 BioOne 组织的全文链接,提供了 82 种高品质生物科学研究期刊,内容涉及生物学、生态学和环境科学。BioOne 由以下 5 个组织共同设立：美国生物科学研究所,学术出版与学术资源联盟,美国堪萨斯大学,大西部图书馆联盟,亚伦出版公司。数据库起始于 1998 年,到 2011 年共收录 11 万多条记录,月更新。

(3) 会议论文索引(Conference Papers Index)

提供了世界各地科技会议的论文,1995 年以来主题侧重点是在生命科学、环境科学和水科学,之前的资料也包括物理、工程和材料科学。信息来源于会议议程、文摘出版物和已出版的会议录。主要学科领域包括：农业、生物化学、化学、化工、林业、生物、环境科学、土壤科学、生物技术、临床医学。数据库起始于 1982 年,到 2011 年共收录 360 多万条记录,双月更新。

(4) 经济学文献数据库(EconLit)

参见本章 4.1 节内容。

(5) 环境评估报告要览(Digests of Environmental Impact Statements,EIS)

数据库收录了 1985 年以来联邦政府发布的几百个各年份环境评估报告,并提供了报告的详细摘要。EIS 从复杂且庞大的报告中撷取了关键问题和论点,转化成精练易读的文摘。每个条目包括了主题描述、正面影响和造成负面结果以及法律授权。覆盖的主题领域：航空运输、国防部预算、能源、有害物质、土地利用、公园/避难场所/森林、研究与开发、公路和铁路、城市与社会规划、水资源。到 2011 年数据库包含了大约 1.08 万份评估报告。

(6) 环境科学及污染治理(Environmental Sciences & Pollution Management)

涉及环境科学的各个学科,涵盖了多个子数据库。收录 1967 年以来科技期刊、会议录、报告、专著、图书及政府出版物等 1 万多种,涉及的主题范围包括：农业生物技术、空气质量、水污染、细菌学、生态学、能源、环境生物技术、环境工程、与工业及环境相关的微生物学、危险性废品、工业卫生学、各种污染(包括陆地、空气、噪声、固体废物、放射等)、安全、毒理学、水污染、废物管理以及水资源问题。到 2011 年数据总量达 352 多万条,月更新,年新增 8 万多条记录。

(7) 图书馆与信息科学文摘数据库(LISA)

参见本章 4.5 节内容。

(8) 教育资源信息数据库(ERIC)

参见本章 4.2 节内容。

(9) 植物科学数据库(Plant Science)

为植物科学书目和文摘数据库,对应的印刷版是《植物科学最新进展》(Current Advances in Plant Science),重点是植物病理学、共生、生物化学、遗传学、生物技术、环境生物学。数据库起始于 1994 年,到 2011 年共收录文献近 50 万篇,月更新,年新增记录约 1.5 万条。

(10) MEDLINE 数据库

参见本章 3.5 节内容。

(11) 毒理学数据库(TOXLINE)

涵盖了毒理学领域的期刊文摘和书目资料,另外也有专著、技术报告、学位论文、通信、会议文摘等资料,内容包含化学、药理学、杀虫剂、环境污染等。数据库起始于 2000 年,到 2011 年共收录文献近 90 万篇,周更新。

5.1.2 数据库检索

ProQuest 剑桥科学文摘数据库与原 ProQuest 数据库资源现已全面整合到新平台——ProQuest 检索系统,检索方法参考第四章第二节。

5.2 OCLC FirstSearch 系统数据库

OCLC,即联机计算机图书馆中心(Online Computer Library Center),是一个世界性的图书馆联盟组织,也是世界上最大的提供文献信息服务的机构之一,目前向全世界171个国家和地区的7.2万多家会员图书馆提供服务,馆藏信息达18亿多条,其中包括800多万条博硕士论文记录和2.7亿多条不重复的图书书目记录,提供几十个高质量数据库,涉及广泛的主题范畴,覆盖所有领域和学科。其宗旨是促进世界各地图书馆之间的合作,实现世界间的资源共享,并通过OCLC的服务最大程度地降低图书馆成本和读者利用图书馆的成本。

OCLC创始于1967年,其总部设在美国的俄亥俄州,是一个非赢利性的成员组织。当时俄亥俄州的大学校长们为了实现图书馆资源共享和降低图书馆成本,建立了俄亥俄州大学图书馆中心(Ohio College Library Center,OCLC),将该州内54所大学图书馆馆藏目录卡片通过电子网络输入电子目录数据库,开创了图书馆之间馆藏编目合作的历史先河。1971年OCLC为图书馆建立了联机共享目录系统WorldCat,直到今天还在被世界范围的图书馆使用。1977年OCLC进行了调整,开始吸收俄亥俄州之外的图书馆加入该组织,1981年更名为Online Computer Library Center,并于1979年引入了国际性的馆际互借。OCLC最大的突破是实现了全球联合编目和图书馆资源的全球化共享。它有多项产品和服务,广泛应用于世界各地的图书馆和科研机构。OCLC联机系统主要通过由OCLC设计运行的联机通信网向成员馆及其他组织提供各种处理过程、产品和参考服务,也接收来自互联网的访问。OCLC成员馆可访问包括WorldCat在内的所有服务和数据库,其成员构成了世界最大的图书馆协作组织。

FirstSearch是OCLC在Internet网上推出的一个大型联机检索系统,近年来发展迅速,深受使用者的欢迎。FirstSearch服务起始于1992年,该系统是一个大型综合性的多学科数据库检索系统,覆盖科学技术、人文及社会科学的各个领域和学科,这些数据库多数是由美国的相关机构、研究院、图书馆及各大公司提供的,资源广泛,文献类型全,内容丰富,更新及时,包括:世界图书馆馆藏的电子资源和传统资源、知名参考数据库、全文和全图像文献、网络资源等。其中的一些资源可以通过题录联接到免费或具有浏览权限的全文;同时FirstSearch也提供馆际互借服务功能。

通过OCLC的FirstSearch检索系统可查阅几十个数据库,主要包括以下主题范畴:艺术和人文学科、工商管理和经济、会议和会议录、消费者事务和人物、教育、工程和技术、普通科学、综合和参考、生命科学、医学和健康学、新闻和时事、公共事务和法律、社会科学。

FirstSearch检索网址:http://firstsearch.oclc.org/FSIP

5.2.1 FirstSearch重要数据库内容

(1) 联合书目(WorldCat)

OCLC为世界各国图书馆中的图书及其他资料所编纂的目录,也是OCLC的核心数据库,文献资源来源于OCLC成员馆,截止到2012年数据量达2.7亿多条记录,涉及400种语言,每个记录中带有馆藏地点。它包括以下类型的目录资料:图书、手稿、计算机数据文件、地图、计算机程序、乐谱、影片和胶片、报纸、期刊、录音资料、视频资料等,每种文献类型都可作为检索选项来限制检索。最早的资料可回溯到公元前1000年,每天更新。

① 书：图书、手册、技术报告、印刷文件、论文、手稿及其他作品。
② 连续出版物：期刊、报纸、年鉴、杂志、论文集、会议录及专著。
③ 文章：文献为某种资料的一部分内容，如会议论文、图书的部分章节及论文等。
④ 视听资料：可放映媒体（包括动感照片、幻灯片及电影胶片等），二维不可放映图像（包括图表、活动卡片、贴画、图画、复制品、原始艺术品、油画、影印画、照片、明信片及海报），三维史前古物和天然存物（包括模型、透视画、游戏、迷宫、模拟物、雕刻及其他三维艺术品、展览品、衣物、机械物品、玩具及刺绣品等），另外还有一些用显微镜观看的标本、教具等。
⑤ 录音带：音乐和非音乐资料。非音乐资料有：音响效果、鸟叫、体育训练录音、歌声、音乐伴奏下的圣歌、音乐伴奏下的故事朗诵及配乐游戏等。
⑥ 乐谱：印刷型乐谱（包括完整的乐谱、唱诗班乐谱、缩微乐谱、音乐手稿、音乐学习及练习方面的书）。
⑦ 计算机文档：属电子资源，计算机软件（包括程序、游戏、图像、制图、声音及字体）、数字资料、面向计算机的多媒体、计算机文献及联机系统等。
⑧ 档案资料：搜集保存的照片、手稿及录音资料等。
⑨ 地图：地图、地图原稿、地球仪、地图集、航空图、航海图、遥感图像及计算机制图等。
⑩ 互联网资源：具有联机文献、图表、系统或服务的 Web 站点。

(2) 期刊目次数据库（ArticleFirst）

截止到 2011 年包括了 1.6 万多种期刊的文章索引，数据量达 2 700 多万条，每个记录对应于期刊的一篇文章、新闻报道、信函或其他类型的资料。内容范畴涉及：商业、科学、人文、社会科学、医药、技术及大众文化等。大多数期刊收录起始于 1990 年 1 月，每天更新。

(3) 联机电子出版物数据库（Electronic Collection Online Database，ECO）

OCLC 的学术期刊汇编，包括全部所收录期刊的书目信息，涉及文章中所有的图像和原始内容。截止到 2011 年，共收录 5 000 多种期刊，涵盖 420 万多条记录，是一个全部带有联机全文文章的期刊数据库，但全文需另外付费，一般用户只能查到元数据信息，同时可以看到世界各地图书馆的馆藏情况，查看用户所在图书馆或单位订阅的期刊中的摘要和全文文章。该数据库主题范畴广泛，包括农业、图书馆学、人类学、文学、商业、医药、经济学、哲学、教育、政治科学、美术、心理学、地理、宗教、历史、科学、语言、社会科学、法律及技术等。期刊收录起始于 1995 年，每天更新。

(4) 教育资源信息数据库（ERIC）

以教育为主题的期刊文章及报道，其中 ERIC 包括某些免费的全文文献。详情参见本章 4.2 节。

(5) 医学文献数据库（MEDLINE）

内容涉及所有医学领域，包括牙科学和护理学。详情参见本章 3.5 节。

(6) 世界年鉴（WorldAlmanac）

《世界年鉴》是一个十分重要的参考工具，包括传记、百科全书款目、各种事实与统计资料。资料来源于印刷版工具书 Funk & Wagnall's New Encyclopedia、The World Almanac and Book of Facts、The World Almanac of the U.S.A、The World Almanac of U.S. Politics 以及

The World Almanac for Kids 的内容。其中 The World Almanac and Book of Facts 已有百年历史,介绍世界各国历史、政治、经济概况,对发生重大事件的国家和地区作比较详细的叙述。数据库中有大量的地理知识,如气候、山脉、河流、古迹、地震、洪水等报道。此外还有对世界知名人士、名牌大学、诺贝尔奖获得者、奥运会以及其他体育竞赛的大量知识性介绍。主题内容涉及:美国的生活、艺术与娱乐、计算机、经济学、环境、历史大事件、国防、新闻人物、科学和技术、运动、税务、美国城市与各州、美国各州与领土的概况、世界各国、人口统计学等,资料起始于1998年,目前已有3.2万多条记录,年更新。

(7) 拉丁美洲期刊索引(ClasePeriodica)

ClasePeriodica 由两部分组成,其中 CLASE 索引了有关社会科学与人文科学方面的专业文献,而 PERIODICA 收录的是科学与技术文献期刊。包括学术期刊2 700种,涉及西班牙语、葡萄牙语、法语和英语,2010年10月数据量达45.5万多条。信息来源于24个不同的拉丁美洲和加勒比海国家,文献类型包括:期刊论文、散文、书评、专著、会议录、技术报告、采访以及简注等。主要内容:农业科学、历史、人类学、法律、艺术、图书馆与信息科学、生物学、语言学与文学、化学、管理与会计、通信科学、医药、人口统计学、哲学、经济学、物理学、教育、政治学、工程、心理学、精密科学、宗教、外交事务、社会学、地球科学。数据库收录年代起始于1978年,季度更新。

(8) 数字资源联合目录(The OAIster Database)

由世界上1 100多个学术机构提供的多学科资源。资源的类型涉及:数字化图书与文章、原生数字型态文字、音频文件、图像、电影、资料集等,记录数量达2 300多万条,季度更新。

(9) OCLC 博硕士论文数据库(WorldCat Dissertations and Theses)

内容选自 WorldCat 联合编目数据库,到2011年,论文量约800多万篇。它提供对 OCLC 成员馆中学位论文的方便快速地检索,而且,许多论文可免费直接从出版机构获取到电子版。数据库每天更新。

(10) OCLC 会议论文索引数据库(PapersFirst)

世界性的会议论文索引数据库,主要是在会议上提交的文章索引,包括了在世界范围的会议、联合会、博览会、专题会、专业会、学术报告会上发表的论文的书目索引。它覆盖了大英图书馆文献提供中心现存的已出版的会议论文,会议信息内容包括在每一个记录当中。覆盖了1993年到现在的资料,目前有近700万条记录,半月更新。

(11) OCLC 会议录索引数据库(Proceedings First)

世界性的会议录索引数据库,包括了在世界范围的会议、联合会、博览会、专题会、专业会、学术报告会上发表的论文的书目索引。它收录的是大英图书馆收藏的各种会议录,会议信息内容包括在每一个记录当中。目前有19万多条记录,覆盖了1993年到现在的资料,数据库每周更新2次。

(12) OCLC 电子图书(Electronic Books)

OCLC 为世界各国图书馆中的图书及其他资料所编纂的目录。数据库中含有由 OCLC 成员图书馆编目的所有的记录,涵盖400种语种。内容包括:图书、手稿本、网址与网络资源、地图、计算机程序、乐谱、电影与幻灯、报纸、期刊与杂志、录音、文章及文件、录像带等。收录的资源起始于公元前1000年,从1971年建立数据库到2010年11月,记录数量已达5 200多万条,每天更新。

5.2.2 FirstSearch 检索

FirstSearch 是一个面向最终用户设计的联机检索系统,它的最大特点是提供一体化服务,用户进行相关文献的检索,不仅掌握二次文献信息,还能查找文献所在地,包括世界范围的图书馆、世界上可提供全文服务的文献服务社和 OCLC 自身,并进一步找到一次文献。此外,还有 7 种界面语言供选择:英语、法语、西班牙语、日语、韩语和中文(简体和繁体),而 WorldCat 数据库中的中文、日语、韩语、阿拉伯语记录以原始编目语言显示内容。

5.2.2.1 检索功能

在进行检索之前,首先要选择一个或多个数据库,或按主题范畴选择。每个主题范畴对应多个数据库,共分为 15 个主题和数据库类型,包括:艺术与人文(Art & Humanities)、传记(Biography)、商务与经济(Business & Economics)、会议与会议录(Conferences & Proceedings)、消费者事务和大众(Consumer Affairs & People)、教育(Education)、工程和技术(Engineering & Technology)、综合类(General)、普通科学(General Science)、生命科学(Life Sciences)、医学/健康—消费者(Medicine/Health,Consumer)、医学/健康—专业人员(Medicine/Health,Professional)、公共事务与法律(Public Affairs & Law)、快速参考(Quick Reference)及社会科学(Social Sciences)。

数据库最佳推荐:FirstSearch 还有一个特殊的功能——推荐最适合的数据库。OCLC 有 10 多个主题范畴,而每个主题范畴又对应很多数据库,怎样才能够知道哪个数据库更适合自己呢?利用最佳推荐可以实现选择数据库的操作。单击"推荐最佳数据库",将要查询的词或词组输入到检索对话框中,系统会把该词在所有可用数据库中进行扫描,并且显示该检索词或词组在每个数据库中匹配的记录数,对于用户来说,命中记录越多的数据库应该是最好的数据库,用户据此可以有针对性地选择适合于自己的数据库。

选择数据库时,数据库名称显示为深蓝色字体的为 OCLC 的数据库。

数据库名称后,图标 ![i] 可以显示该库的详细信息,图标 ![≡] 表示该库有联机全文。

选择好数据库以后,即可进入 FirstSearch 检索主页面,缺省为高级检索页面(参见图 2-28)。

(1) 基本检索(basic search)

基本检索适合于初次使用 FirstSearch 检索的人员或检索式比较简单的操作,只要输入检索词,选择检索范围、设定限制条件和检索排序后即可进行检索。

基本检索的检索范围比较小,通常只限于作者、题目和关键词字段,不同数据库的检索范围也有所不同。

设定限制条件时,要注意每个数据库可限制的条件不同。例如检索 ArticleFirst 数据库,如果用户所在的图书馆为 OCLC 成员馆,则仅对用户所在的图书馆馆藏文献的内容进行检索、重新排列检索结果和限制检索,以方便用户获取全文;也可限制只检索带有全文的数据库。而对于 WorldCat 数据库,除上述限制外,还可以限制文献类型等。

设定检索结果的排序,可以按照相关性和更新日期两种排序方法。

(2) 高级检索(advanced search)

高级检索可以选择多个检索字段,扩大检索范围;检索限定的选项也比较多,例如:可按年代限制检索(年代的书写格式为 YYYY—YYYY,如 2001—2010);还可使用图书馆代码限制在特定图书馆检索,并提供图书馆代码表查找代码(参见图 2-28)。

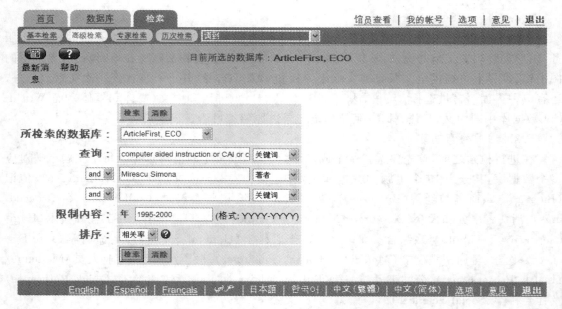

图 2-28　FirstSearch 系统高级检索页面

(3) 专家检索(expert search)

专家检索是为能熟练使用逻辑检索功能、截词符和检索字段标识符的有经验的检索者而设计的。检索式由字段符、检索词、布尔逻辑算符等组成,可使用括号来强化检索功能。逻辑算符为 AND、OR 和 NOT,检索字段可以自定义,如果只限制一种字段检索,也可以在字段下拉菜单中选择(参见图 2-29),其他操作如高级检索。例如:

life measures and pathophysiology and wom#n and incontin *

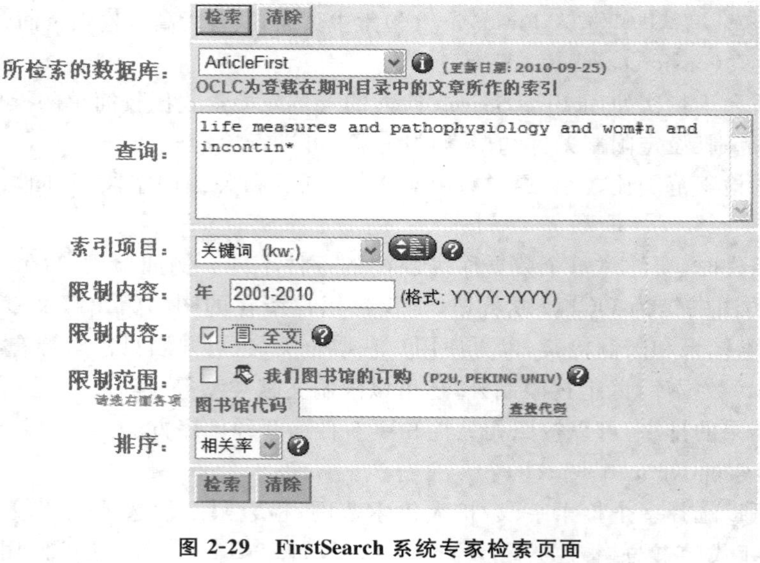

图 2-29　FirstSearch 系统专家检索页面

(4) 索引

系统提供"浏览索引"功能,用于定位检索词的位置,查询检索词的正确拼写。浏览索引时,单击检索框右侧的 ▣,打开数据库索引浏览页面。数据库中每一个检索字段对应一个浏览索引,索引结构按字母顺序排列。例如:ArticleFirst 数据库包括关键词、著者、来源、题名词、年代等在内的 16 个检索字段,均具有对应的索引。

在索引列表中选中一个词或词组,该词或词组就会进入检索对话框,再执行检索。

5.2.2.2 检索技术

(1) 字检索与词检索

系统默认的是字检索,如果要检索一个准确词组,就要对词组加引号。如:"artificial intelligent"为准确词组;而 artificial intelligent 检索的执行效果为 artificial and intelligent。

(2) 位置算符

W(with):两词之间用 W 连接,表示两词要按照输入顺序同时出现在记录中,之间没有其他词。两词用 W 和数字(1—25)连接,表示两词之间间隔的词数不超过该数字,两词出现的顺序与输入顺序一致。如:art w3 forgery。

N(near):两词之间用 N 连接,表示两词可按照任意顺序同时出现在记录中,之间没有其他词。两词用 N 和数字(1—25)连接,表示两词之间间隔的词数不超过该数字,两词出现的顺序可前可后。如:byzantine n4 east。

(3) 截词符

无限截断:＊和＋,其中复数用＋,表示词尾为 s 或 es,注意:特殊复数的词要同时输入而不能用截词符,如:leaf OR leaves。

有限截断:♯和?,其中♯代表一个字符,?可代替 0 至一串字符,如用 colo?r 可检索到 color、colour、colonizer 和 colorimeter,用 colo?2r 可检索到 colour,但检索不到 color、colonizer 和 colorimeter。注意有限截词符不可以用在词头。

(4) 禁用词

FirstSearch 的禁用词包括:

a but he of was an by in on which are for her that with as from his the you at had is this be have it to

5.2.2.3 检索结果

执行检索命令后,与检索策略相匹配的所有记录列表则显示在屏幕上,并列出此时检索的数据库名、每个数据库命中的条目数、检索的短语以及使用的排列和分类顺序(如果曾选择和使用过)(参见图 2-30)。

屏幕上同时还有其他当前未检索的相关数据库的导航连接,单击其中一个数据库,系统则用当前检索策略直接在该数据库中进行检索,并列出检索结果。

通过题名或"详细记录"链接,即可进入详细记录浏览状态(参见图 2-31)。详细记录中的作者名具有超链接功能,可以进行该作者的其他著作和文献的检索。一部分数据库记录中主题(subjects)字段下具有超链接的叙词,可检索同一主题词下的其他文献。图标"▣图书馆",则表示可以看到当前文献的图书馆收藏地址。

全文浏览:有图标▣表示可看全文,但用户需要先有浏览全文的权限。

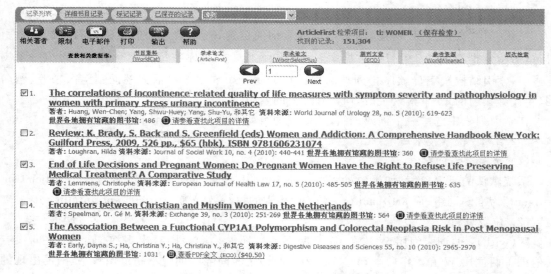

图 2-30 FirstSearch 系统检索结果列表

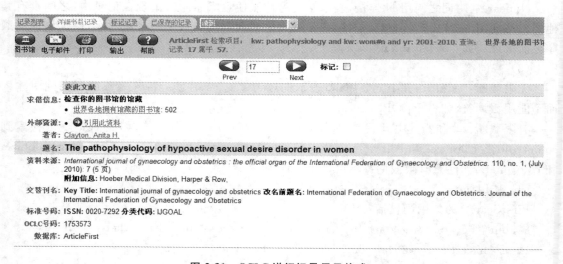

图 2-31 OCLC 详细记录显示格式

检索结果可以打印（打印图标或者图标 ）、保存（保存图标或者图标 ）、使用 E-mail 发送（电子邮件图标或图标 ）。

5.2.2.4 用户服务

保存检索：在结果显示页面，同时会显示对应的检索式，使用"保存检索"功能，可将检索式保存到 FirstSearch 远程服务器上，用户可以在注册并登录后管理这里的内容。在检索历史（检索平台显示"历次检索"）中也可以完成检索式的保存。

系统提供原文传递和馆际互借的服务。

5.2.2.5 FirstSearch 管理模块（Administrative Module）

为了更有效地服务，OCLC 提供了一套针对 FirstSearch 检索服务的管理系统，主要由集团用户的账号管理工作人员使用，这套管理模块的主要用途：

控制和管理 FirstSearch 服务的检索功能。如：设置检索屏幕的静止时限（time out），设置检索系统可否进行相关数据库检索，设置一次最多检索数据库的数目，设置馆藏信息的显示，显示检索的文献所在的图书馆，设置发送全文的方式，设置馆际互借功能等。

整合 FirstSearch 检索系统与本地图书馆的其他服务项目。如：检索结果中设置与本地图书馆馆藏目录的链接，设置本地图书馆的 OpenURL 服务链接等。

控制使用 OCLC 时的费用情况。如：设定文章的购买方式，设置最高文章的价格，设定可按价格选择期刊等。

5.3　Ingenta 期刊索引数据库

Ingenta 网站是 Ingenta 公司于 1998 年建成的学术信息平台。Ingenta 期刊索引数据库（ingentaconnect）是目前世界最大的期刊数据库之一，到 2012 年该库收录期刊 1.1 万多种，拥有期刊文章索引（或文摘）超过 560 多万篇，广泛覆盖了自然科学与社会科学多种学科的主题。数据库更新及时，基本与印刷本期刊出版时间保持同步，因此可以检索到最新的文献信息，并提供及时迅捷的原文传递服务。目前，Ingenta 公司在英国和美国多个城市设有分公司，拥有分布于世界各地的 1 万多个机构用户和 2 500 多万个个人用户，已成为全球学术信息服务领域的一个重要的文献检索系统。

数据库检索网址：http://www.ingentaconnect.com/

5.3.1　数据库收录内容

Ingenta 提供的信息涉及许多学科领域。包括：农业与食品科学、人文艺术科学、生物与生命科学、化学、计算机与信息科学、地球与环境科学、经济工商、工程技术、数学与统计学、医学、护理、哲学与语言学、物理与天文学、心理与精神病学以及社会科学 15 个类。分为 3 个数据库：

Online Articles：180 多个出版机构提供的 1990 年以来的 5 400 多种全文电子期刊的论文。

Uncover Plus：1988 年以来的 2 万多种出版物的论文。

Science Direct：覆盖了全部 Elsevier 期刊，只能通过 Online Articles 数据库链接到 ScienceDirect 数据库的全文文本。

Online Article 和 Uncover Plus 两个数据库内容有相互交叉，又有各自独有的资源，用户应检索两个数据库，以保证检索结果的全面性。

5.3.2　数据库检索

Ingenta 也是个整合平台，提供两类期刊的原文服务：

第一类是在线出版物（Online Publications），是由 200 多个在线出版商提供的出版物，一般可直接获取电子全文链接，但前提是用户或用户所在机构已购买了这些出版物的使用权限；

第二类是标识有 Fax/Ariel 的期刊，这些期刊没有电子全文，要获取全文只能通过传真或 Ariel 方式（网际传真）进行传递。

5.3.2.1　检索功能

（1）出版物名称/主题浏览

提供出版物名称索引，可按出版物名称的首字母浏览期刊卷期。

也可按主题浏览期刊，在首页选择"浏览主题"（browse subject area resources），或在出版物名称浏览页面的 by subject area 的下拉菜单中选择一个主题,即可浏览二级主题及该主题下的全部出版物,包括:所有期刊(Online Journals)、在线参考信息(Reference)、教育资源(Educational Resourceas)、学会协会(Associations)和其他网络资源(General Resources、Metasites)等。

此外,还可以按出版社名称浏览期刊。

(2) 检索

包括简单检索(search)和高级检索(advanced search),其中高级检索可进行关键词、作者、出版物、ISSN、卷期等多个字段的检索。检索限定中的"Electronic content"表示检索可直接链接全文的内容(但需要用户有权限),"Fax/Ariel content"表示检索可提供原文传递服务的内容。

5.3.2.2 检索技术

逻辑算符:可使用 AND、OR 和 NOT(出版物名称、ISSN 等字段不支持逻辑算符)。

截词符:可使用 * 进行截词,如输入 categor * 可检出 category、categories 等。

优先算符:可使用括号(),表达优先运算,如输入 river and (otter or stoat)。

精确检索:可使用双引号("")表达精确检索,如输入"convex mirror"只能检索出完全匹配的词组。

5.3.2.3 检索结果

检索结果包括题名、作者、出处(包括期刊或会议名称、卷和起止页码等)和出版信息等内容;可对结果进行标记(mark)和查看概要信息(summary)。可以直接下载全文的记录中有全文链接(例如 Elsevier 的电子期刊其链接按钮为 Science Direct),可以进行原文传递的期刊给出的是原文传递的价格和方式等(按钮为 fullText)。

检索结果可以保存、打印和使用电子邮件发送。

5.4 最新期刊目次数据库

5.4.1 数据库介绍

《最新期刊目次数据库》(*Current Contents Connect*,CCC),由美国汤森路透公司出版发行,世界上最重要的多学科最新资料通告源之一。最初的印刷版《最新目次》(*Current Contents*,CC)创刊于 1957 年,汇集了全球权威性的自然科技、社会科学和艺术人文科学方面的学术期刊,每日更新,当时为更新最快的文献信息源,为研究人员提供快速的文献目次。用户不仅可以检索到已发表的期刊、图书、权威网站和网络文献等最新信息,还可以获取期刊预印本文献以及一些电子期刊正式出版之前的全部书目信息。到 2011 年数据库收录了来自世界多学科的负有盛名、影响最大的研究性同行评审期刊 8 800 多种(CCC 7 个子数据库收录的期刊之间有交叉)。

5.4.2 CCC 的内容和特点

CCC 收录有:期刊论文;图书题录快讯中连续出版的图书信息;被收录期刊中的预印本文章(含有 efirst 标示);在 cunent Web Contents 中是精选的权威性网站;在 eSearch 中还包括了来自上述权威性网站中有关研究基金、预印本和研究活动的网络文献;可以从结果概要和全记录页面链接到用户所在机构订购的全文;建立诸如定题跟踪服务、引文跟踪服务和期刊目次服务等各种 E-mail 提示功能;链接到订购的 Web of Science 上查看参考文献、相关记录和施引文献;同时跨库检索其他已订购的数据库以及通过 Web of Knowledge 获得外部数据库的能力。

CCC 按学科分为 7 个子集和 2 个合集,涵盖生命科学、物理、化学、地质、工程、计算机、艺术人文、农业、环境、医学等领域的核心期刊信息。7 个子集为:

农业、生物和环境科学(Agriculture, Biology & Environmental Sciences, ABES)。到 2011 年,共收录期刊 1 239 种。

社会及行为科学(Social & Behavioral Sciences, SBS)。到 2011 年,收录期刊 2 219 种。

临床医学(Clinical Medicine, CM)。到 2011 年,收录期刊 1 484 种。

生命科学(Life Sciences, LS)。到 2010 年 12 月收录期刊 1 409 种。

物理、化学及地球科学(Physical、Chemical & Earth Sciences, PCES)。到 2011 年,收录期刊 1 363 种。

工程、计算机和技术(Engineering、Computing & Technology, ECT)。到 2011 年,收录期刊 1 314 种。

艺术与人文科学(Arts & Humanities, AH)。到 2011 年,收录期刊 1 291 种。

2 个合集:

商业合集(Business Collection, BC),为商业界提供的特定数据库,到 2011 年,收录 228 种期刊及其他资源,不仅包括学术期刊资料,也包括商业出版信息。内容涉及会计、金融、商业、经济学、劳资关系、人力资源、计算机技术与信息系统、法律、市场、管理、公共政策与发展等。

电子学及通信合集(Electronics & Telecommunications Collection, EC),到 2011 年,收录 192 种期刊,其中包括商业出版信息,涉及当前较热门的电子与通信行业的技术和商业领域,包括计算机科学、技术与应用,电子与电气工程,光纤与激光技术,半导体与固体材料,信号与电路系统,电信技术,技术 R&D 管理,纯粹化学与应用化学,物理。

数据库网址:http://isiknowledge.com/?DestApp=CCC

5.5 CALIS 外文期刊网

中国高等教育文献保障系统(China Academic Library & Information System, CALIS),是经国务院批准的我国高等教育"211 工程"三个公共服务体系之一,其主要目标是为高等教育的教学、科研提供丰富的学术研究资源和服务。

《CALIS 外文期刊网》(原名西文期刊目次数据库,CCC)是 CALIS 推出的一个图书馆馆藏西文期刊集成系统。系统把成员图书馆的馆藏印刷版期刊与各图书馆购买的全文数据库所涵盖的电子期刊与篇名目次有机地整合在一起,使读者可以直接通过系统的资源调度得到电子全文;系统对 CALIS 高校图书馆的印刷版馆藏期刊和电子资源馆藏均统一进行了标注;报导期刊目次和馆藏详细信息;系统可以连接到 CALIS 馆际互借系统,读者可以把检索到的文章信息直接向 CALIS 馆际互借系统发送文献传递请求,从而获取全文。本系统还为成员馆提供了各种用户使用查询统计报告、成员馆馆藏导航数据下载、成员馆电子资源维护等服务。目前该系统共收录高校图书馆馆藏的印刷版及电子期刊约 13 万种,其中 4 万多种具有篇名目次,数据总量达 8 000 万条,每周更新一次。

数据库网址:http://ccc.calis.edu.cn/

数据库的检索方法、用户服务介绍,以及 eduChina 其他数据库的内容,详见第三章。

5.6 NSTL 外文期刊目次数据库

国家科技图书文献中心(National Science and Technology Library,NSTL)是由中国科学院国家科学图书馆、工程技术图书馆(中国科学技术信息研究所、机械工业信息研究院、冶金工业信息标准研究院、中国化工信息中心)、中国农业科学院图书馆、中国医学科学院图书馆组成的虚拟科技信息资源机构,其外文期刊目次库拥有1.4万多种期刊的逾千万条目次数据,详细内容介绍、检索方法、服务方法见第三章。

检索网址:http://www.nstl.gov.cn/

参 考 文 献

1. 尤金.加菲尔德,著.引文索引法的理论及应用.侯汉清,等译.北京:北京图书馆出版社,2004.
2. 朱兵.特征因子及其在 JCR Web 中与影响因子的比较.情报杂志,2010(5),p.85—88.
3. 孙红卫.数字时代二次文献的困境与发展趋势研究.情报资料工作,2009(5),p.51—53.
4. Thomson Reuters. Journal Citation Reports. [2011-09-10]. http://admin-apps.isiknowledge.com/JCR/JCR? SID=2FiCc@b16lKMP8e7H4F.
5. Thomson Reuters. [2012-5-31]. http://www.thomsonscientific.com.cn/.
6. Engineering Village 检索帮助. [2011-10-12]. http://www.engineeringvillage.com/.
7. CAS 介绍. [2010-11-11]. http://www.cas-china.org/expertise/cascontent/ataglance/ataglance.htm.
8. INSPEC 介绍. [2010-12-11]. http://www.theiet.org/publishing/inspec/about/.
9. EMBASE 检索帮助.[2010-12-09]. http://www.embase.com/.
10. Emerald 产品信息. [2010-12-09]. http://www.emeraldinsight.com/products/.
11. Emerald 检索帮助. [2010-12-09]. http://www.emeraldinsight.com/search.htm.
12. MathSciNet 检索. [2010-12-09]. http://www.ams.org/mathscinet/help/jourid_help_full.html.
13. 中国高校人文社会科学文献中心. [2012-5-31]. http://www.cashl.edu.cn:8000/search/.
14. Cambridge Science Abstract. [2012-5-31]. http://csaweb105v.csa.com/factsheets/.
15. Cambridge Science Abstract 检索帮助. [2011-12-19]. http://support.csa.com/.
16. OCLC 数据库介绍. [2011-12-19]. http://www.oclc.org/support/documentation/firstsearch/databases/producers/.
17. CALIS 外文期刊网. [2012-5-31]. http://ccc.calis.edu.cn/index.php? op=index.
18. Embase. [2011-10-18]. http://embase.com/info/what-is-embase/coverage.
19. MathSciNet. [2011-12-16]. http://www.ams.org/mathscinet/help/about.html.
20. GeoRef database. [2011-12-17]. http://www.agiweb.org/georef/about/index.html.
21. GEOBASE. [2011-12-19]. http://www.elsevier.com/wps/find/bibliographicdatabasedescription.cws_home/422597/description.
22. PsycINFO. [2011-12-19]. http://www.apa.org/pubs/databases/psycinfo/index.aspx.
23. IngentaConnect. [2012-01-07]. http://chinesesites.library.ingentaconnect.com/.
24. Master Journal List. [2012-01-06]. http://science.thomsonreuters.com/mjl/.
25. SciFinder Overview. [2012-01-06]. https://www.cas.org/help/scifinder/index.htm.

第三章 中文参考数据库

我国参考数据库建设始于20世纪80年代初,并在90年代得到了长足的发展。国家各部委所属的科技情报所、中国科学院系统的文献情报中心、公共图书馆、高校图书馆和数据库商纷纷加入参考数据库建设的行列,各种数据库产品层出不穷,成为一类重要的文献信息资源。

国家各部委所属的科技情报所走在了参考数据库建设的前列。1981年中国科技情报所和国家医药管理局科技情报所合作建立《中国药学文摘》数据库,1984年完成并正式发行中国第一份计算机排版的《中国药学文摘》。电子部科技情报所于1984年建立了《中国电子科技文献库》,化工部科技情报所于1985年建立了《中国化学化工文献库》,机械部科技情报所于1986年建立了《中国机械工程文献库》,随后,其他部委的科技情报所陆续建立了《中国航空文献库》、《中国邮电电信文献库》、《中国兵工文献库》、《中国核科技文献数据库》、《中国建设科技文献数据库》、《中国林业文献库》、《中国农业文献库》、《中国生物医学文献数据库》等文摘索引数据库。

中国科学院系统的研究所和图书情报机构也于80年代初开展了参考数据库的建设工作。中国科学院上海有机化学研究所于1983年建立了《中国化学文献数据库》,中国科学院上海文献情报中心于1985年建立了《中国生物学文献数据库》,中国科学院文献情报中心联合有关物理专业研究所于1987年共同建立了《中国物理学文献数据库》,随后,中国科学院系统还陆续建立了《中国计算机文献数据库》、《中国光学文献数据库》、《中国力学文献数据库》、《中国天文学文献数据库》、《中国无线电电子学文献数据库》、《中国数学文献数据库》和《中国地理文献数据库》等文摘索引数据库。

较早开发参考数据库的还有各类数据库生产商、图书馆等机构。《中文科技期刊篇名数据库》由重庆维普资讯公司开发,创建于1990年,是当时国内最大的中文期刊题录文献据库之一。1994年,解放军医学图书馆研制的《中文生物医学现刊目次数据库》问世。由文化部、国家图书馆(旧称北京图书馆)牵头,上海图书馆、广东省中山图书馆、深圳图书馆参加研制的《中国国家书目回溯数据库》,于1998年11月通过鉴定,其中包含了1949—1987年我国出版的40余万种中文图书的书目记录。

我国参考数据库的发展具有如下特点:

(1) 部分参考数据库由相应的纸本检索刊发展而成

20世纪80年代初至90年代期间,一些纸本文摘索引编制单位,将书本型记录转换成机读形式,将数据库作为书本型文摘索引的副产品。如中国科学院系统的检索刊都有与之对应的文献数据库,纸本检索刊和数据库同步发行;化工部主管的《中国化工文摘》,创刊于1983年,1985年改由计算机编辑排版,并以此为基础开发了《中国化学化工文献数据库》;著名的大型检索刊物《全国报刊索引》和《人大报刊资料索引》等也纷纷推出了各自的数据库。

(2) 载体形态与信息技术的发展相适应

从载体形态看,随着计算机和网络技术的不断迅猛发展,参考数据库也都经历了单机版、光盘版和网络版的发展历程。

(3) 随着数据库建设的不断深入发展,我国参考数据库开始向集成化方向发展

例如,《中国科技文献数据库》是在原国家科委信息司的主持和资助下,由万方数据公司联合 40 多个国家部委和科学院系统的科技信息机构共同开发的一个大型文献集成数据库,它包含了国家各部委所属的科技情报所建立的大量参考数据库,是我国科技信息界权威机构联合行动的结晶,其学科覆盖面广、文献时间跨度长、文摘率高。

再如,《中国学科文献数据库》是由国家科学图书馆(原中国科学院文献情报中心)牵头组织,在数学、物理、力学、化学、稀土、天文学、地理学、生物学、计算机科学技术、电子学、光学等文摘型学科文献库的基础上建设而成的,同时仍保留各学科文献库,数据起始年为 1985 年,2002 年经过重整,形成了数理科学库、化学库、生命科学库、资源与环境科学库和高技术库 5 个学科数据库。

随着网络和数字资源的发展,部分中文参考数据库逐步发展成为全文数据库,如《中文科技期刊篇名数据库》从最初的题录型数据库发展为电子期刊全文数据库,但这些数据库仍然保留了其参考数据库的服务,供用户免费检索。中文参考数据库以其来源广泛、数据量大、连续性累积性强、索引系统完备等特征,以及具备了引文分析、全文链接、文献评价、文献传递等多种增值服务功能,在全文数据库大行其道的当今,仍然在各类文献资源中占有一席之地,发挥着难以被替代的作用。

本章将根据中文参考数据库的特点,对国内几大主要参考数据库的检索系统、检索技术以及检索技巧等加以介绍。

第一节 中国科学引文数据库

1.1 数据库内容

《中国科学引文数据库》(*Chinese Science Citation Database*,CSCD)由国家自然科学基金委员会和中国科学院共同资助,国家科学图书馆(原为中国科学院文献情报中心)承建开发,创建于 1989 年,该数据库的编制全面参照了美国"科学引文索引"(SCI)的编制体系。

数据库网址:http://sciencechina.cn/search_sou.jsp

CSCD 收录的学科范围主要为理工农医,包括数学、物理学、力学、化学、天文、地球科学、生物学、农林科学、医药卫生、工程技术、环境、管理科学等领域,以中国大陆出版的原创性中英文学术性期刊为主要收录对象。

CSCD 的来源期刊每两年进行评选一次,按照来源期刊不同,中国科学引文数据库可分为核心库和扩展库,核心库的来源期刊经过严格的评选,是各学科领域中具有权威性和代表性的核心期刊;扩展库的来源期刊经过大范围的遴选,是我国各学科领域优秀的期刊。以 2009—2010 年为例,CSCD 共收录了 1 123 种期刊,核心库期刊为 748 种,扩展库期刊为 375 种,其中中英文刊数量分别为 1 056 种和 67 种。从 1989 年到 2001 年 10 多年间,CSCD 仅收录来源期刊的论文题录及中文引文数据;自 2002 年起,开始收录来源期刊的论文文摘及全部引文数据。截止到 2011 年 1 月,CSCD 已积累论文记录 300 万条,引文记录近 1 700 万条,年增长论文记录 20 余万条,引文记录约 250 万余条。

《中国科学引文数据库》具有如下的特点和作用:

（1）可以查询各学科领域最重要的核心文献。根据著名的"布拉德福定律"（文献集中定律）——即少数核心期刊集中了大多数重要文献的客观规律，《中国科学引文数据库》在选择来源期刊时将目标锁定在各学科领域具有权威性和代表性的重要的核心期刊上，选择了涉及数、理、化、天、地、生、农林、医学、工程技术领域的1 123种来源期刊，可以使科研人员在短时间内找到大量的科研信息，提高了科研效益；同时有助于科研管理部门对文献计量方法的研究，进而规范科研绩效评价行为。

（2）通过论文产出量和被引用量的统计分析，可以进行各种科学评价。论文产出量可通过引文、著者、机构、关键词、综合等方法进行检索；被引用量的统计分析包括：科学论著被引频次、著者被引频次、机构被引频次等的统计。通过对这些数据进行分析，可以达到评价个人或机构的学术科研水平、追踪学科发展热点、审定期刊质量等效果。以这种计量分析方法进行相关评价，具有很强的科学性、针对性和合理性。

（3）吸纳了美国"科学引文索引"（SCI）数据库的很多优点，如检索系统功能、数据内容的规范等，基本与SCI保持一致，可以很方便地满足各种查询需求。

《中国科学引文数据库》还有一系列衍生产品，包括：

《中国科学文献计量指标数据库》（CSCD ESI Annual Report）：运用科学计量学和网络计量学的有关方法，以1999年以来的CSCD及SCI年度数据为基础，对我国年度科技论文的产出力和影响力及其分布情况进行客观的统计和描述，是了解我国科学研究发展的重要工具。数据库从宏观统计到微观统计，渐次展开，展示了省市地区、高等院校、科研院所、医疗机构、科学研究者论文产出力和影响力，并以学科领域为引导，显示我国各学科领域的研究成果，揭示不同学科领域中研究机构的分布状态。该数据库适用于科研管理者、情报分析工作者、科研政策制定者及科研工作者等，有助于使用者对我国科研产出的宏观、中观和微观三个层面的了解，了解同行在学术研究中的发展，从而制定定标比超的目标，更好地促进学术的发展。

《中国学科文献数据库》：1985年开始建库，收录国内出版的1 800余种期刊和国外出版的200余种期刊上发表的研究论文。收录文献的学科范围涉及化学、生物、物理、光学、力学、数学、天文、地理、计算机、电子学、金属腐蚀与防腐蚀和稀土应用等基础研究领域和部分应用技术领域。经过10多年的发展，形成了数学、力学、化学、天文学、地学、生物、计算机等13个系列学科数据库，2002年经过重整，形成了数理科学库、化学库、生命科学库、资源与环境科学库和高技术库5个学科数据库。数据起始年为1985年，基础数据量为95万条，年数据增量为15万条。

《中国科技期刊引证指标数据库》（CSCD JCR Annual Report）：根据CSCD年度期刊指标统计数据创建，以CSCD核心库为基础，采用期刊论文发文量、基金论文量、发文机构数、篇均参考文献数、自引率、引用半衰期、影响因子、即年指数、总被引频次、自被引率、被引半衰期等指标数据，从不同角度——尤其是从学科论文引用角度——揭示和定位期刊影响力，提供期刊质量评估结果，可以作为期刊竞争情报分析的参考资料、作者投稿的依据、学者阅读期刊的指南、教师及图书馆员推介期刊的参照，也可为图书馆进行期刊管理和开展核心期刊研究提供第一手资料。

1.2 数据库检索

《中国科学引文数据库》依托"中国科学文献服务系统"(Science China)为发布平台,作为综合性的引文索引数据库,提供其所收录期刊上发表的论文文献(来源文献),及其引用文献(引文)的检索。

1.2.1 检索功能

(1) 简单检索

简单检索提供两种检索途径:来源文献检索和引文检索。

简单检索中的来源文献检索包括作者、第一作者、题名、刊名、ISSN、文摘、机构、第一机构、关键词、基金名称、实验室等检索字段。引文检索包括被引作者、被引第一作者、被引来源、被引机构、被引实验室、被引文献主编等检索字段。

(2) 高级检索

高级检索也提供来源检索和引文检索两种检索途径,其可检索字段同简单检索。高级检索提供"命令检索"和"复杂检索"两种查询方式。

"命令检索"即用户可在检索框中直接输入由"检索字段代码:检索词"构成的检索式,或是输入简单检索式通过 AND、OR 等逻辑运算符组配后进行检索。默认检索为模糊检索,如果在检索字段代码后加入_EX,表示精确检索,检索字段名称及其代码如表3-1所示。

表 3-1 CSCD 系统检索字段

字段名称	字段代码	字段名称	字段代码
作者	AUTHOR_NAMES	基金名称	FUND_NAMES
第一作者	AUTHOR_NAME1	实验室	LABORATORY
刊名	JOURNAL_NAME_GF	被引作者	CITATION_AUTHOR
ISSN	ISSN	被引第一作者	CITATION_AUTHOR1
题名	SUPERSCRIPTION_CN	被引来源	CITATION_DERIVATION_GF
文摘	TABLOID_CN	被引机构	CITE_ORGANIZTION
关键词	KEYWORD_CN	被引实验室	CITE_LABORATORY
机构	ORGANIZATIONS	被引出版社	PUBLISHING_COMPANY
第一机构	ORGANIZATION1	被引文献主编	EDITOR_IN_CHIEF

"复杂检索"即提供代表不同字段的多个检索栏,用户可直接填入检索词,再选择逻辑组配方式,某些字段还可以选择是否精确检索,然后使用"添加"功能,在"命令检索"框中自动生成检索语句后检索(参见图3-1)。

(3) 来源刊浏览

可按刊名首字母,对 CSCD 数据库收录的中英文期刊进行浏览,也可直接输入刊名或 ISSN 号进行浏览。可检索期刊是否被 CSCD 收录及其被收录的年代范围。还可按年、卷、期浏览来源期刊上的文献,并了解其被引用情况。

1.2.2 检索技术

(1) 模糊检索与精确检索

系统默认为是模糊检索,检索结果中包含所输入的检索词,检索词不拆分。如在作者字段中输入"张炬",会检索到张炬、张炬红、刘张炬等作者发表的文献;在题名字段中输入"高温超导 YBCO

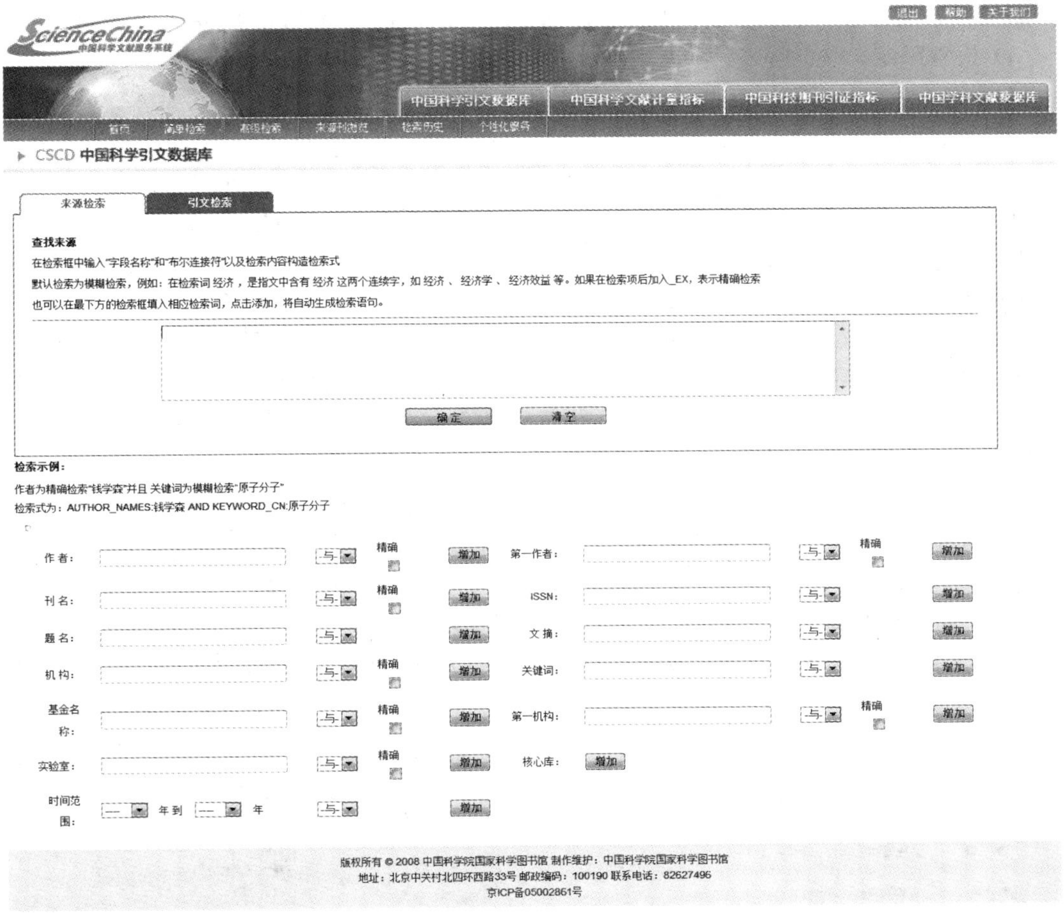

图 3-1 《中国科学引文数据库》高级检索

薄膜",检索结果为题名中包含"高温超导 YBCO 薄膜"这个词组的文献;在刊名字段输入"化学学报",可检索出发表于《化学学报》《物理化学学报》和《高等学校化学学报》等期刊上的文献。

用英文引号将检索词括起来,即可实现精确检索,检索结果字段须与检索词完全匹配。如在第一作者字段中输入检索词""张炬"",则检索结果只包含第一作者为张炬的文献,而不包含张炬红、刘张炬等作为第一作者发表的文献;在题名字段中输入检索词""高温超导 YBCO 薄膜"",检索结果只包含完整的题名为"高温超导 YBCO 薄膜"的文献,而不包含题名为"测量高温超导 YBCO 薄膜厚度的一种新方法"等文献;在刊名字段输入""化学学报"",则只能检索出发表于《化学学报》上的文献。

(2) 字段检索

可供检索选择的字段,如表 3-1 所示。

(3) 布尔逻辑检索

在同一检索字段内输入的几个检索词之间以空格分隔时,按逻辑 AND 的关系进行检索,例如在题名字段输入检索词"高温 超导 薄膜",在检索结果中,这 3 个词同时出现即可,顺序不限。

高级检索支持布尔逻辑算符 AND、OR、NOT,可以用括号将优先检索的词括起来。

(4) 检索限定

包括限定论文发表年代范围、限定论文被引年代范围、限定学科范围(可从 48 个学科中选择任一学科)。

1.2.3 检索结果

(1) 检索结果列表

来源文献的检索结果默认按时间顺序由近到远降序显示。每条记录显示题名、作者、来源和被引频次 4 项,也可按题名、作者、来源或被引频次重新对检索结果进行升序或降序排序。作者字段默认显示前 3 个作者,也可通过"显示更多作者"链接显示全部作者。

被引文献的检索结果默认按引证文献发表的时间顺序由近到远降序显示,每条记录显示被引文献作者、被引出处和被引频次 3 项,也可按被引文献作者、被引出处和被引频次重新对检索结果进行升序或降序排序。

(2) 详细记录格式

来源文献的详细记录包括文献名称、作者、文摘、来源、ISSN、关键词、地址、学科、基金、全部参考文献的题录信息,以及该文献的引证文献的题录信息。还包含了与该文献具有相同作者、关键词和参考文献的相关文献的链接(参见图 3-2)。

在被引文献检索结果列表中,选择相应记录,可查看选中文献的引证文献的题录信息。

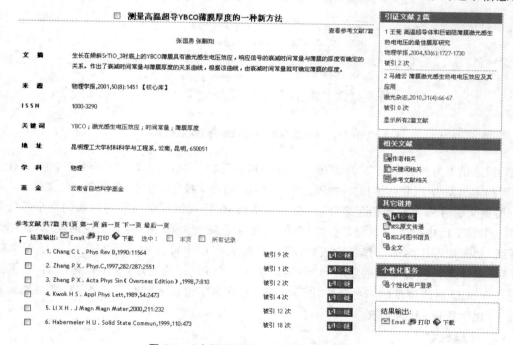

图 3-2 《中国科学引文数据库》详细记录

(3) 二次检索

允许用户在检索结果集中再次检索。

还可以对检索结果进行再次限定,即来源文献的检索结果可按来源、年代、作者和学科分别进行筛选;被引文献的检索结果可按被引出处、年代、作者分别进行筛选。

(4) 标记文件

可逐篇或全部标记所需文献。

(5) 文件下载

提供电子邮件发送、打印、下载3种方式,输出字段可选。

1.2.4 用户服务

(1) 个性化服务

CSCD 为注册用户提供个性化服务,可管理个人账户信息和登录密码,定制检索页面,保存和管理个人检索历史,并可对用户使用过的检索策略提供最新目次报道服务,定制文献的引文推送服务等。

(2) 其他链接服务

提供到《全国期刊联合目录数据库》或国家科学图书馆馆藏目录系统的馆藏信息查询服务,也提供国家科学图书馆的原文传递和网络虚拟咨询服务。

第二节 中文社会科学引文索引

2.1 数据库内容

《中文社会科学引文索引》(*Chinese Social Sciences Citation Index*,CSSCI)是由南京大学中国社会科学研究评价中心开发研制的引文数据库,用于检索中文人文社会科学领域核心期刊发表的论文及论文引用情况。该数据库收录的学科范围主要包括马列、哲学、心理学、统计学、社会学、管理学、民族学、政治学、国际关系、法学、经济学、新闻和传播学、教育学、图书馆学情报学、体育学、语言学、文学、艺术、历史、考古、地理学、环境科学等,涉及人文社会科学的各个领域。目前收录25大类的527种学术期刊,详见表3-2。从1998年到2010年,CSSCI累积了来源文献100余万篇,引文文献共计600余万篇。

数据库网址:http://www.cssci.com.cn

表 3-2 CSSCI 的学科分类及来源刊数量

学科分类	来源刊数量	学科分类	来源刊数量
法学	21	统计学	4
高校综合性社科学报	70	图书馆、情报与文献学	20
管理学	26	外国文学	6
环境科学	5	心理学	7
教育学	37	新闻学与传播学	15
经济学	72	艺术学	19
考古学	7	语言学	22
历史学	26	哲学	12
马克思主义	12	政治学	39
民族学	13	中国文学	15
人文、经济地理	7	宗教学	3
社会学	9	综合性社会科学	50
体育学	10		

《中文社会科学引文索引》数据库具有如下的特点和作用：

（1）是我国社科文献信息的重要检索工具之一，它收录了中文人文社科领域的500多种重要的来源期刊，不仅累积了100余万篇来源文献的题录信息，同时还提供了共计600余万篇的引文信息，从文献之间的引证和被引证的角度揭示社科研究成果之间的相互关系，为用户在科学研究中检索相关资料提供了有力的工具。

（2）作为社会科学成果计量化统计工具，《中文社会科学引文索引》填补了我国社会科学领域引文索引统计分析方面的一个空白，为我国社会科学科研管理、科学研究评价提供了基本工具和基础数据，在人文社会科学研究领域的项目评审、成果评价、学科评估等方面发挥了重要作用。

2.2 数据库检索

《中文社会科学引文索引》作为引文索引数据库，既可以检索其所收录的期刊上发表的论文文献（来源文献检索），也可以检索被其收录的期刊论文所引用的文献（被引文献检索）。

2.2.1 来源文献检索

来源文献检索主要用来查询本数据库所收录的来源期刊上的论文。其检索字段包括篇名（词）、作者、关键词、作者机构、中图类号、作者地区、期刊名称、基金信息检索和所有字段（参见图3-3）。

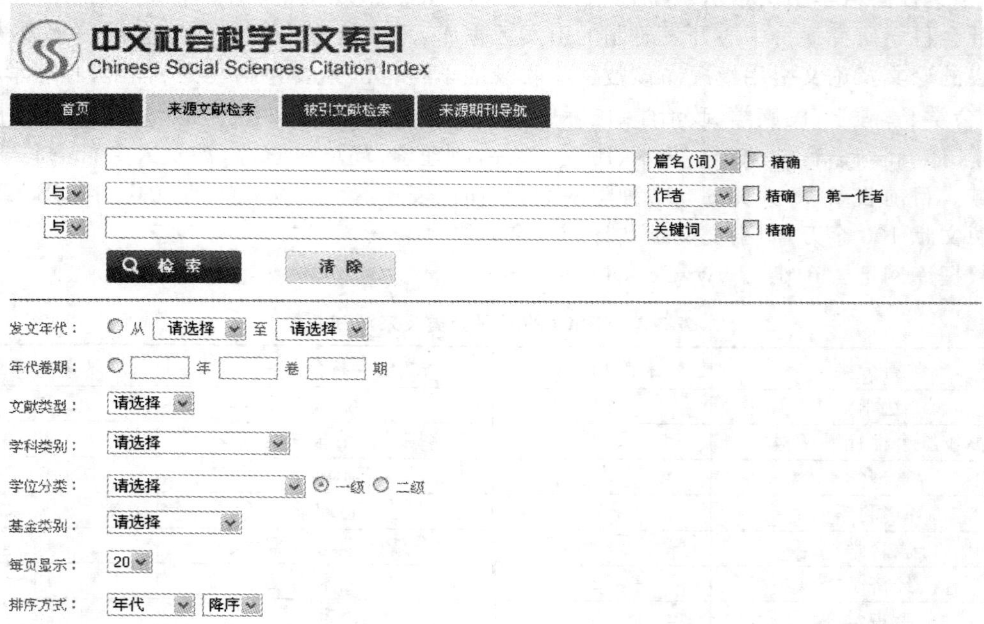

图3-3 CSSCI来源文献检索

篇名（词）：主要对篇名中词语进行检索。可实现篇名关键词以及篇名词语的组配检索。可以在篇名检索栏输入完整的篇名，也可以只输入一个词，甚至一个字。选择"精确"选项，则系统会将检索词作为一个完整的篇名进行检索，检索与检索词完全一致的篇名。

作者:查找个人学者或团体作者(如某课题组)的发文情况。选择"第一作者"选项,则仅查找符合检索词为第一作者条件的记录。默认是包含检索,会检索出与检索词相同或包含检索词的记录,如检索作者"孟苏",可检索出"孟苏荣"、"孟苏"和"吴孟苏"。选择"精确"选项,只检索出"孟苏"。

关键词:关键词检索提供了通过关键词找到相关论文的途径,可实现精确检索、包含检索和组配检索。

作者机构:用来了解某一机构发表论文的情况。选择"第一机构"选项,则仅查找第一作者单位。

中图类号:按照《中国图书馆图书分类法》检索,可查找某一学科的文献。

作者地区:查找特定地区作者发表的文献。

期刊名称:主要用于对某种期刊发表论文情况的查询。例如,欲查看在《管理世界》上发表的论文,可以在刊名录入框中输入《管理世界》,可以得到CSSCI所收录该刊论文情况。当然也可以通过卷期来限制某卷某期发表论文的情况。

基金检索:对来源文献的基金来源进行检索。

上述检索字段之间可进行逻辑"或"和"与"的组配检索;默认逻辑关系是"与"。

2.2.2 被引文献检索

被引文献检索主要用来查询作者、论文、期刊、图书等被引情况(参见图3-4)。其检索字段包括被引文献作者、被引文献篇名、被引文献期刊以及其他被引信息。各字段之间默认的组配关系是逻辑"与"的关系。

图 3-4 CSSCI 被引文献检索

被引文献作者检索：检索某一作者在《中文社会科学引文索引》收录文献中被引用的情况。可采用模糊检索、组配检索和精确检索。

被引文献篇名检索：被引篇名的检索与来源文献的篇名词检索相同，可输入被引文献的篇名、篇名中的词语进行检索。

被引文献期刊检索：主要用于查询期刊、报纸、汇编(丛书)、会议文集、报告、标准、法规、电子文献等的被引情况。

2.2.3 检索技术

(1) 模糊检索与精确检索

系统默认是模糊检索，检索结果中包含所输入的检索词，检索词不拆分。例如在作者字段中输入"肖君"，会检索到肖君拥、肖君和程肖君等作者发表的文献；在篇名字段中输入"用户认知"，会检索到题名中包含"用户认知"这个词组的文献，而不会检索到题名中包含"用户心理认知"的文献。

在检索字段输入检索词后，再选择字段后的精确选项，即可实现精确检索，检索结果字段与检索词完全匹配。例如在题名字段输入"面向21世纪的高校德育"，会检索到"面向21世纪的高校德育"、"面向21世纪的高校德育创新探析"等文献，如检索时同时选择精确选项，则只检索出第一篇文献。

(2) 布尔逻辑检索

支持逻辑"与"和逻辑"或"的使用，算符分别为"＊"和"＋"。例如在题名中输入检索词"用户 ＊ 认知"，检索到题名中同时包含"用户"和"认知"这两个词的文献，其先后顺序不限；输入检索词"用户 ＋ 认知"，检索到题名中包含"用户"或"认知"任意一词或者同时包含两个词的文献。

(3) 检索限定

包括限定论文发表年代范围、卷期、文献类型、学科类别、学位类别、限定论文被引年代范围等。

2.2.4 检索结果

(1) 检索结果列表

来源文献检索结果列表主要包括：序号、来源作者、来源题名、期刊名、年代卷期页码等项内容。进一步可选择或全部显示记录的详细信息。

被引文献检索结果页面主要包括：序号、被引作者、被引文献篇名、被引期刊、被引文献出处、被引次数等项内容。进一步可选择或全部显示记录的详细信息。

(2) 记录格式

收录文献的详细记录格式包括篇名、英文篇名、作 者、作者机构、文献类型、学科类别、中图类号、基金项目、来源期刊、年代卷期、关键词、参考文献等字段。

(3) 结果标记和输出

标记：在结果列表格式下可以对结果选择或全部进行标记。

显示和下载：可以显示或下载全部被标记记录的详细信息。

第三节　中文报刊资料索引数据库

3.1　数据库内容

中国人民大学书报资料中心成立于1958年,是国内最早搜集、整理、存储、提供社会科学、人文科学信息资料的学术信息机构之一。该中心编辑出版的两种信息产品——《复印报刊资料》系列刊物和《报刊资料索引》系列刊物,是查考人文社科报刊论文资料的基本检索工具。

《报刊资料索引》是以年度为单位,分类揭示报刊论文资料出处的索引。它和收录全文的《复印报刊资料》关系密切,包括了其全年各期的全文复印资料和仅列篇名出处的全部篇目信息,此外《报刊资料索引》还收录了《复印报刊资料》限于篇幅而未能反映的一些篇目。在查考年度报刊论文资料出处时,《报刊资料索引》具有更为全面和检索方便的优点。

《报刊资料索引》按学科、专题分为7册,另有著者索引一册,共8册。细目如下:

第一分册:马列主义、毛泽东思想研究、哲学、社会科学总论类
第二分册:政治、法律类
第三分册:经济类
第四分册:文化、教育、体育类
第五分册:语言、文艺类
第六分册:历史、地理类
第七分册:科技、生态环境、出版类
第八分册:著者索引

《中文报刊资料索引数据库》是与《报刊资料索引》相对应的题录型数据库,它是将《复印报刊资料》系列刊每年选登的目录和未选印的文献题录按专题和学科体系分类编排而成。其每条数据包含:专题代号、类目、篇名、著者、原载报刊名称及刊期、复印专题名称及刊期等。该数据库汇集了自1978年至今的百余个专题刊物上的全部题录,数据量为430多万条。

数据库网址:http://ipub.zlzx.org/

《中文报刊资料索引数据库》具有如下的特点和作用:

(1) 系统性与连续性。人民大学书报资料中心创办于1958年,现已发展成为一个系统完整的社科情报体系。既有利于图书情报部门集中相关学科文献的收集管理,也便于读者查阅文献,长期、定期跟踪某一专题文献的研究,可节省大量检索文献的时间。

(2) 学术性与权威性。该数据库的文献是从全国数千种报刊中精选出来的,按专业或主题分类,学术性较强。同时,还可以通过该数据库特有的"关联检索"充分反映学术问题研究的进展情况。

(3) 内容广泛而集中。该数据库内容广泛,主要体现在数据库收录的内容丰富、信息量大,几乎覆盖了整个社会科学领域。收录的文献来源于国内公开出版和内部发行的报刊3 000余种。内容的集中性主要体现在它能够把广泛分散在全国各种报刊中同一主题的文献资料,按性质、内容、特点集中收录在不同的专题中,便于用户使用。

(4) 检索途径多样性。该数据库提供了10余个检索字段,主要包括:分类号、分类名、作者、原文出处、出版地、年份、期号、任意词组配检索。不同的检索途径往往适应不同的检索要

求,检索途径多样性就可以根据课题的难易程度和范围,并结合各种检索途径的特点,制定检索策略。

与印本《复印报刊资料》相对应的《复印报刊资料全文数据库》介绍,详见本书第四章。

《中文报刊资料索引数据库》还有其他系列的副产品,包括各类《中文报刊资料摘要数据库》以及《中国特色社会主义理论》、《汉学研究》、《人力资源与社会保障》等20多个专题数据库,在此不做详细介绍。

3.2 数据库检索

3.2.1 检索功能

(1)简单检索:简单检索是中文报刊资料索引数据库的默认检索方式,检索字段包括:任意词、标题字段、副标题、作者、作者简介、分类名、原刊名称和命令方式。并可以限定检索的时间范围(参见图3-5)。

选择任意词检索字段,将会检索标题、著者、出处等。允许输入字、词,也允许使用截词符。

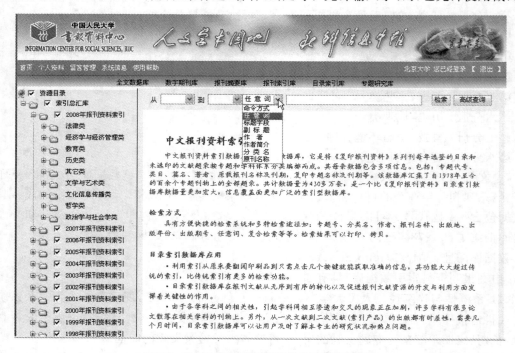

图3-5 《中文报刊资料索引数据库》简单检索

(2)高级检索:高级检索的检索字段分别为:任意词、专题号、专题名、分类号、分类名、标题、副标题、作者、译者、其他作者、原刊名称、出版地、出版年份、原刊期号、原刊页号、复印期号、索引序号、分类号、文号等19个。检索字段之间可进行各种逻辑组配。

在高级检索中,任意词、原刊名称和分类号等检索字段还提供有"输入帮助",用户输入任意检索词,系统将列出与之相关的词供用户进一步选择。

(3)分类浏览:可按论文发表的年份、所属的专题和学科体系来分类浏览论文。其中专题和学科体系包括法律类、经济学与经济管理类、教育类、历史类、文学与艺术类、文化信息传播类、哲学类、政治学与社会学类、其他类等九大类,各大类下设置4级类目,个别类目最多可到7级。

3.2.2 检索技术

(1) 模糊检索:默认为是模糊检索,检索结果中包含所输入的检索词,检索词不拆分。例如在标题字段输入检索词"亚洲地区国家",检索结果为题名中包含"亚洲地区国家"这个词组的论文,而不会检索出题名为"亚洲地区发展中国家"的文献。

(2) 布尔逻辑检索:支持"＋"(逻辑或)、"＊"(逻辑与)和"－"(逻辑非)。

(3) 截词检索:"?"号:两词(字)之间允许隔几个字,相隔字的个数等于出现"?"号的个数,最多允许出9个"?"。如"北京??大学",可检索出包含"北京工业大学"、"北京师范大学"、"北京体育大学"的文献,但不会出现"北京外国语大学"等结果。

"!"号:两词(字)之间允许隔0—n个字,最多允许输入9个"!"。如两词(字)之间出现9个"!",即表示两词(字)之间可以出现0—9个字。例如"北京!!!大学",可检索出包括"北京大学"、"北京工业大学"、"北京师范大学"、"北京外国语大学"等结果。

(4) 优先运算:括号"()"中的运算优先执行,支持多层嵌套运算。

(5) 检索限定:限定检索条件包括限定论文发表年代范围。

3.2.3 检索结果

(1) 检索结果格式:检索结果列表的每条记录只显示论文标题和作者字段,详细记录包括题名、专题号、专题名、分类号、分类名、作者、原刊名称、出版地、出版年份、原刊期号、原刊页号等字段。单击检索结果列表上方的"标题"按钮可对检索结果按题名重新进行升序或降序排列。

(2) 二次检索:允许用户在检索结果集中再次检索。

(3) 标记文件:可逐篇或全部标记所需文献。系统不支持跨页标记,即只能标记当前页记录,翻页后已做标记将被自动清除。

(4) 文件下载:对标记过的记录可以单击上方的"多篇显示"按钮在一个新打开的窗口中同时显示,对这些显示出来的结果可以进行保存或打印。

第四节 全国报刊索引数据库

4.1 数据库内容

4.1.1 《全国报刊索引》印刷版简介

《全国报刊索引》是历史悠久的中文报刊文献检索工具,1955年3月由上海市图书馆创刊,初期刊名为《全国主要期刊资料索引》,双月出版;从1956年起,收入报纸的内容,改名为《全国主要报刊资料索引》,同年下半年起改为月刊,1959年起分成"哲学社会科学版"与"自然科学技术版",1966年9月起因文革休刊。1973年复刊时正式改名为《全国报刊索引》(月刊),前期哲社版与科技版合一,1980年又分成《全国报刊索引:社科版》与《全国报刊索引:科技版》两刊,出版至今。

《全国报刊索引》收录了全国(包括港台地区)的报刊8000种左右,涉及人文、社会科学、自然科学以及工程技术领域。它的内容包括我国与各省市自治区党政军、人大、政协等重大活动、领导讲话、法规法令、方针政策、社会热点问题、各行各业的工作研究、学术研究、文学创作、评论综述以及国际、国内的重大科研成果等。目前《全国报刊索引：社科版》与《全国报刊索引：科技版》两个版本的月报道量均在1.8万条以上，每年的报道量合计在44万条左右。

《全国报刊索引》的正文采用分类编排，早期的分类采用中国人民大学分类法，1966年起采用自编分类法，1992年起采用《中国图书资料分类法（第三版）》，2000年起改用《中国图书馆分类法（第四版）》。正文后附有个人著者索引、团体著者索引、题中人名索引以及收录报刊名录。

4.1.2 《全国报刊索引数据库》概况

《全国报刊索引数据库》原名《中文社科报刊篇名数据库》，是由文化部立项、上海图书馆承建的重大科技项目，由上海图书馆文达信息公司《全国报刊索引》编辑部负责研制和编辑，数据取自《全国报刊索引》（社科版），自2000年起，正式更名为《全国报刊索引数据库》（社科版），同时《全国报刊索引数据库》（科技版）正式出版，目前该数据库数据已回溯至1833年，年更新量在50万条左右，是目前国内揭示中文报刊资源时间跨度最大（近一个半世纪），报道报刊品种最多（1.6万余种）的报刊数据库产品（详见表3-3）。

表3-3 《全国报刊索引数据库》各时间段记录数据量的统计

时间段	版别	数据量/万
2010	科技	25
2010	社科	25
2009	科技	25
2009	社科	25
2000—2008	社科	238
2000—2008	科技	268
1993—1999	社科	148
1980—1992	综合	160
1950—1979	综合	127
1911—1949	综合	460
1833—1910	综合	40

《全国报刊索引数据库》严格遵照国家标准GB339-83《检索期刊条目著录规则》的著录条款。其著录字段包括顺序号、分类号、题名、著者、著者单位、报刊名、年卷期、所在页码、主题词、摘要等10余项。

《全国报刊索引数据库》还有其他附属产品，包括：

《全国报刊索引数据库库——目次库》：鉴于中国报刊出版品种逾万种，年报道文献信息量要达到达250万篇以上，才能全面揭示中国每年出版的数百万条报刊信息，《全国报刊索引》编辑部在原《全国报刊索引数据库》基础上通过流程整合，2003年起研制与编辑出版了新产品《全国报刊索引数据库——目次库》，该目次数据库与原有的《全国报刊索引数据库》相比，具有文献信息量多4倍，收录报刊种类近1万种等优势，方便了读者进行学术研究和信息分析。

《全国报刊索引数据库——会议库》：原名《国内专业会议篇名数据库》，收录了自1978—2008年间国内一二级学会组织召开的9000多个专业会议，约76万余篇会议论文，内容涉及社会科学、自然科学、工程技术、交通运输、航空航天、环境科学等学科领域。数据库年更新数据量近6万条,该数据库具有检索点多,查询快捷便利等特点。凡在该数据库中检索到的会议文献,通过上海图书馆的文献传递等方式均可获得原文。

数据库网址:http://www.cnbksy.com/ShanghaiLibrary/pages/jsp/fm/index/index.jsp

4.2 数据库检索

4.2.1 检索功能

(1) 普通检索

普通检索是系统默认的检索方式,可根据需要选择如下检索字段:分类、题名、著者、单位、刊名、年份、期号、基金、主题、摘要和全字段。

可以限定检索的时间范围。

(2) 高级检索

可检索字段及检索限定同普通检索,检索字段之间可进行各种逻辑组配(参见图3-6)。

高级检索还提供命令检索的查询方式,可直接输入组配好的检索式进行检索。检索项的格式为:检索字段代码=检索词,如"C=鲁迅"(C为著者字段)。

检索字段代码:A(分类)、B(题名)、C(著者)、D(单位)、E(刊名)、F(年份)、G(主题)、H(文摘)、I(全字段)、J(基金项目)和K(期号)。

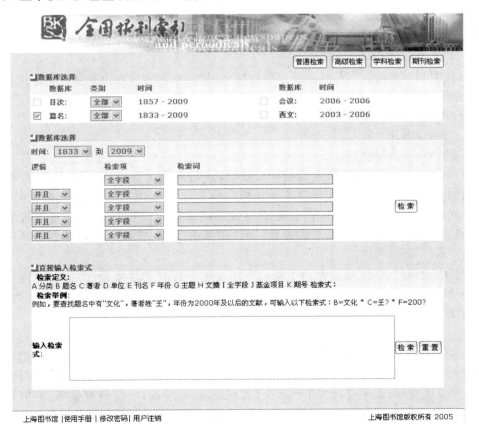

图 3-6 《全国报刊索引数据库》高级检索

(3) 学科检索

可检索字段及检索限定同普通检索,主要特点是可在21个学科一级类目以及子类目进行限定检索。21个学科大类为:

A 马克思主义、列宁主义、毛泽东思想、邓小平理论
B 哲学
C 社会科学总论
D 政治、法律
E 军事
F 经济
G 文化、科学、教育、体育
H 语言、文字
I 文学
J 艺术
K 历史、地理
N 自然科学总论
O 数理科学和化学
P 天文学、地球科学
Q 生物科学
R 医药、卫生
S 农业科学
T 工业技术
U 交通运输
V 航空、航天
X 环境科学、安全科学

学科检索的分类类目可以逐级打开并显示,分级最多为4层。

(4) 期刊检索(浏览)

期刊检索有3种方式:

① 根据刊名、期刊分类、译名、ISSN、CN号、邮发编号、出版地、主办单位和编辑部地址检索期刊。

② 根据期刊刊名的首字母排列顺序进行期刊浏览,中文期刊为刊名第一个字拼音的首字母,外文期刊为刊名的首字母。

③ 按《中国图书馆图书分类法》的21个大类分类浏览期刊。

4.2.2 检索技术

(1) 模糊检索与精确检索

题名、单位和摘要字段默认为是模糊检索,检索结果中包含所输入的检索词,检索词不拆分。例如在题名字段中输入"现金流量分析",检索结果为题名中包含"现金流量分析"这个词组的文献,而不会包含题名为"企业现金流量的管理与分析"等文献;在题名字段输入检索词"周恩来鲁迅",则返回题名中出现"周恩来鲁迅"名字连在一起并且先后顺序固定的检索结果。

在题名中和单位字段中,检索词中间的空格会被系统自动过滤掉,例如在单位字段输入"南京　大学",检索结果仍为单位为南京大学的作者发表的文献,而不会出现作者为"南京师范大学"的结果。

年份、主题词、刊名、分类号和著者字段支持精确检索,检索结果字段与检索词必须完全匹配。例如主题词输入"东南亚国家",则只会检索出主题词为"东南亚国家"的文献,而不会检索出主题词为"东南亚国家联盟"的文献;刊名输入"经济研究",则只会检索出刊名为《经济研究》的期刊上发表的文献,而不会检索出刊名为《宏观经济研究》或《经济研究参考》的期刊上发表的文献;输入分类号B84,则只会检索出分类号为B84的文献,而不会检索出分类号为B841、B842的文献;著者字段输入检索词吴联,则只会检索出以"吴联"为作者的文献,而不会检索出吴联生等人发表的文献。

(2) 布尔逻辑检索

高级检索支持检索框之间的3种逻辑组配：并且、或者、不包含。

(3) 截词检索

支持前方一致检索，"?"代表0到多个字符。如在作者字段检索"王?"，可检索出姓王的所有作者。检索"王冬?"，则既可以检索出王冬，也可检索出王冬梅等人；在年份字段输入"200?"，可检索出2000年及以后发表的文献。

(4) 检索限定

包括限定检索的数据库、限定论文发表年代范围、限定学科范围。

4.2.3 检索结果

(1) 检索结果列表：检索结果默认按时间排序，还可按刊名或相关度排序。默认的显示格式字段包括：题名、著者、刊名/会议名、年份、卷期和原文索取链接。每页最多可显示20条记录。

(2) 详细记录：详细记录包括分类号、题名、著者、著者单位、刊名、年、卷期、页、主题词、摘要和上图的馆藏索取号等字段。

(3) 二次检索：在结果中检索、在结果中添加、在结果中去除。

(4) 标记文件：可逐篇标记所需文献，也可单击"全选"选择框选择标记当前页的全部记录，翻页时，可保留已标记的记录。

(5) 文件下载：可以文本文件的形式下载所有标记的记录。

4.2.4 用户服务

单击检索结果页左下方"原文索取"，可向上海图书馆申请以邮件、邮寄或传真的方式获取文献。

第五节 万方数据知识服务平台

5.1 万方数据知识服务平台概述

万方数据资源系统是由中国科技信息研究所、万方数据集团公司联合开发的网上数据库联机检索系统，1997年8月开始运行，2010年升级为"万方数据知识服务平台"。目前主要包括以下数据库群：中国科技文献数据库、学术期刊数据库、学位论文数据库、会议论文数据库、专利信息数据库、中外生产和工艺标准数据库、科技成果数据库、政策法规数据库、企业和产品数据库等。

在这些数据库中，参考数据库群——《中国科技文献数据库》发展最早，历史也最悠久，学科覆盖面最广，为用户广泛使用。万方系统升级为"万方数据知识服务平台"后，将部分独立数据库按照分类归并整合，以便实现统一检索。《中国科技文献数据库》被整合到其电子期刊平台中，但仍保留了原来的专题。

本章将重点介绍万方数据知识服务平台中的《中国科技文献数据库》，万方系统的电子期刊、事实数据库、特种文献（包括会议论文、学位论文、成果、专利、标准等数据库）分别在第五、七、八章中介绍。

数据库网址：http://www.wanfangdata.com.cn（主服务器）或 http://wanfang.calis.edu.cn/（CALIS镜像站）或 http://g.wanfangdata.com.cn（北京地区镜像站）

5.2 《中国科技文献数据库》内容

《中国科技文献数据库》是在原国家科委信息司的主持和资助下,由万方数据公司联合40多个科技信息机构共同开发的一个大型文献类数据库群,学科覆盖面广、文献时间跨度长、文摘率高。该数据库群最初由90多个专业子数据库组成,到2010年,还保留有其中40多个数据库。

下面介绍其中部分数据库:

(1)《中国机械工程科技文献数据库》:收录了与机械工程相关的学术期刊、学位论文、会议论文、科技成果等多类型数据资源共约90万条,内容涵盖了机械制造及其自动化、机械电子工程、机械设计及理论等领域。数据库收录起止年份为1986年至今。

(2)《中国水利科学技术文献数据库》:收录了与水利科学技术相关的学术期刊、学位论文、会议论文、科技成果等多类型数据资源共20多万条,内容涵盖了防洪、农田水利、水力发电、航道和港口、供水和排水、环境水利、海涂围垦等领域。

(3)《中国管理科学技术文献数据库》:收录了与管理科学相关的学术期刊、学位论文、会议论文、科技成果等多类型数据资源共40多万条,内容涵盖了管理理论、管理方法和管理实践活动等领域。数据库收录起止年份为1997年至今。

(4)《中国化工科技文献数据库》:收录了与化工相关的学术期刊、学位论文、会议论文、科技成果等多类型数据资源共近70万条,内容涵盖了化学工业、化学工程、化学工艺、化工与能源、化工与材料、化工与其他科学技术等领域。数据库收录起止年份为1986年至今。

(5)《中国农业科学技术文献数据库》:收录了与农业科学相关的学术期刊、学位论文、会议论文、科技成果等多类型数据资源共约150万条,内容涵盖了农业环境、作物和畜牧生产、农业工程、林业科学、水产科学、农业经济等领域。数据库收录起止年份为1988年至今。

(6)《中国有色金属科技文献数据库》:收录了与有色金属相关的学术期刊、学位论文、会议论文、科技成果等多类型数据资源共约10万条,内容涵盖了有色金属、有色金属工业等领域。数据库收录起止年份为1991年至今。

(7)《中国建材科技文献数据库》:收录了与建筑材料相关的学术期刊、学位论文、会议论文、科技成果等多类型数据资源共约20万条,内容涵盖了结构材料、装饰材料、专业材料等领域。数据库收录起止年份为1980年至今。

《中国科技文献数据库》中的其他数据库简介如表3-4所示。

表3-4 《中国科技文献数据库》中的其他数据库简介

序号	数据库名称	学科范围	记录数量*
1	中国光纤通信科技文献数据库	光纤通信、激光通信、光缆通信	75 493
2	中国煤炭科技文献数据库	煤炭研究、煤炭工业、煤炭经济	276 135
3	中国船舶科学技术文献数据库	船舶理论、船舶设计、船舶工程、机电、信息工程	259 354
4	中国铁路航测遥感科技文献数据库	铁路航测、铁路遥感	44 665
5	中国包装科学技术文献数据库	包装材料、包装工艺、包装结构设计、包装印刷、包装机械设计基础	73 348
6	中国人口与计划生育科技文献数据库	人口发展、人口与社会经济、人口与生态、人口与环境、计划生育政策、计划生育常识	169 990

续表

序号	数据库名称	学科范围	记录数量*
7	中国金属材料科技文献数据库	金属材料研究、金属材料应用、金属材料发展	78 384
8	中国磨料磨具科技文献数据库	磨料磨具研究、磨料开采、磨料磨具应用、磨料磨具发展	114 069
9	中国粮油食品科技文献数据库	原粮、成品粮、油脂、粮油制品、食品、食品安全	331 532
10	中国麻醉科学技术文献数据库	麻醉理论、麻醉技术、麻醉药物、麻醉仪器设备	99 196
11	中国环境科学技术文献数据库	生态学、环境学、环境化学、环境生物、环境监测、环境工程、环境质量及评价、环境管理与环境法、环境信息系统	327 791
12	中国地震科学技术文献数据库	地震灾害研究、地震学研究与应用	103 298
13	中国采矿科学技术文献数据库	选矿工程、采矿工程	152 822
14	中国计算机科技文献数据库	理论研究、系统集成、行业应用	1 245 723
15	中国畜牧科技文献数据库	育种、繁殖、饲养、管理、防病防疫,以及草地建设、畜产品加工和畜牧经营管理	308 616
16	中国建设科技文献数据库	建筑设计、建筑历史、建筑艺术、建筑美学、建筑构造、建筑物理、建筑材料、建筑力学、建筑结构、建筑施工、城市规划设计、园林景观设计、室内设计、建筑经济、市政工程、环境工程、交通工程学、防灾工程学	710 885
17	中国林业科技文献数据库	林业生产、林业发展、林业经济、林业保护、林业管理	135 459
18	中国计量测试科技文献数据库	计量学研究、计量技术、检测技术、分析测试技术和方法、技术规范和方法	67 016
19	中国生态农业科技文献数据库	生态农业、生态学、生态经济学	95 344
20	中国农产品无害化生产关键技术文献数据库	有机农业、绿色农业、生物农药、无害化农产品、病虫无害化防治、动物疫苗、新型天然食品添加剂、新型生物肥料	35 598
21	中国食品安全与检验检疫科技文献数据库	食品安全、食品卫生、卫生检疫、动植物检疫、商品检验	124 743
22	中国低能耗与新能源汽车科技文献数据库	新材料制品、仪表盘、燃料电池、蓄电池、太阳能电池、直流传动系统、控制与自动控制电路、计算机辅助技术、汽车理论	96 537
23	中国绿色农用生物产品和制造工艺科技文献数据库	畜禽新型疫苗、新型饲用抗生素替代产品、新型高效生物肥料、农林生物农药	21 566
24	中国餐饮业化学性和生物污染快速检测技术文献数据库	化学性毒物、细菌性食物中毒、食品污染、生物污染、生物污染防治、生物污染快速检测、饮食卫生	65 768
25	中国重大自然灾害监测与防御科技文献数据库	自然灾害监测、防御、灾害应急处置	354 752
26	中国交通事故预防预警、应急处理技术文献数据库	机车安全、事故处理与分析、交通运输与安全技术、交通管理	42 483

续表

序号	数据库名称	学科范围	记录数量*
27	中国工业用水循环利用技术文献数据库	工业用水、工业用水的回收与再生、水处理设备、节水措施、废水处理与利用	89 003
28	中国污水资源化利用技术文献数据库	污水回收、废水的处理与利用	120 636
29	中国可再生能源开发利用科技文献数据库	可再生能源理论研究、可再生能源的发展、可再生能源应用	41 295
30	中国节能减排科技文献数据库	高耗能行业节能减排的技术与创新、新能源的利用	240 843
31	中国雨洪资源化利用科技文献数据库	雨洪资源化措施、微型水利工程	18 301
32	中国重大生产事故预警与救援科技文献数据库	事故预防、事故监测预警、事故分析、事故监测预警、应急处理、救援、安全生产	56 320
33	中国冶金自动化科技文献数据库	冶金自动化科研、设计、生产、建设	178 541

* 说明：以上数据库中，《中国光纤通信科技文献数据库》数据量的更新时间为2009年9月，其余数据库数据量的统计时间均截止到2010年。

5.3 数据库检索

5.3.1 检索功能

(1) 简单检索：默认在全部字段中检索。检索范围可以是综合类的学术论文（包括期刊论文、学位论文、会议论文和外文文献），或者在期刊论文、学位论文、会议论文、外文文献、专利技术、中外标准、科技成果、新方志、政策法规、机构、科技专家等文献类型中选择一种。

如果检索范围包含以上文献类型之间的组合，可在跨库检索中，选择多种文献类型，并进行检索。

(2) 高级检索：提供标题、作者、来源、关键词、摘要、发表时间6个固定的检索字段，检索字段之间是逻辑与的关系。还可以同时对检索结果的文献类型、被引用次数、是否为全文、排序方法、页面显示条数等进行限制（参见图3-7）。

(3) 经典检索：经典论文优先是指被引用次数比较多，或者发表在核心期刊上、学术价值比较高的文献。经典检索即指对这些论文的查询。其检索字段和检索限定与高级检索相同，检索字段之间是逻辑与的关系。

(4) 专业检索：专业检索相当于是其他检索系统的命令检索，可使用检索命令＋检索词的方式进行检索，如"数字图书馆 AND Creator＝张晓林"，表示查询作者为张晓林、关于"数字图书馆"主题的文献。

在检索式中，可使用冒号（：）、等号（＝）限定在某些字段中检索。格式（参见表3-5）为：

字段代码：检索词，或者字段名称＝检索词

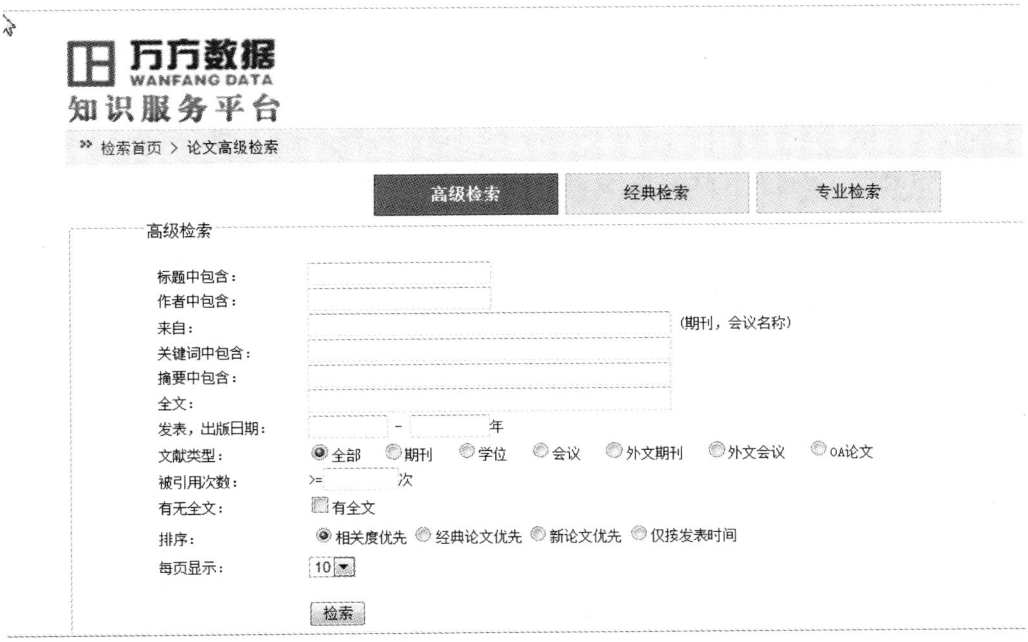

图 3-7 万方数据知识服务平台高级检索

表 3-5 万方数据资源系统常用字段及其表达方式

字段名称	字段代码	示例
标题	T　title　titles 题　标题　题目　题名　篇名	标题：地质构造
责任者	A　creator　creators　Author　authors 人　作者　著者	作者：张晓
机构	Organizations　机构　单位	单位：天津大学
关键词	K　keyword　keywords 词　关键字　主题词　关键词	关键词：地质构造
摘要	Abstract　abstracts 概　概要　概述　摘要　简述　文摘	摘要：地应力

(5) 浏览：可按照期刊论文、学位论文、会议论文、外文文献、专利技术、中外标准、科技成果、新方志、政策法规、机构、科技专家等文献类型进行分类浏览；也可按照《中国图书馆图书分类法》21 个一级学科逐级下分类目，进行学科浏览。

5.3.2 检索技术

(1) 精确检索：检索词加引号后即可进行精确检索，如在标题中输入检索词""房地产行业""，则只有题名中包含完整词组"房地产行业"的文献被检中，如在题名中输入检索词"房地产行业"，则会检索出题名中包含"房地产行业"、"房地产经纪行业"、"房地产估价行业"、"房地产营销代理行业"等词组的文献。

(2) 布尔逻辑运算：AND 或者星号（＊）表示逻辑"与"操作；OR 或者加号（＋）表示逻辑"或"操作；NOT 或者减号（－）表示逻辑"否"操作；三角（^）含义为"否"，当需要限定某字段不包含的检索词时使用,如"摘要^:工业"表示摘要中不出现"工业"这个词组。

词组间的空格表示"与"操作,如输入检索式"房地产 行业",其检索结果与输入检索式"房地产 AND 行业"的结果相同。

(3) 优先算符:允许使用括号做优先算符,括号中的检索式优先运算。

(4) 检索限定:包括对文献类型、被引用次数、是否为全文等的限定。

5.3.3 检索结果

(1) 检索结果列表:检索结果记录包括题名、作者、文献来源和文摘。进一步可看到该文献的详细信息。如果有全文记录,则会有全文下载和查看的链接。

(2) 检索结果排序:检索结果默认相关度优先排序,也可以按论文发表时间或论文经典程度排序。

(3) 二次检索:支持二次检索,还可以对检索结果进行按学科、文献类型、年份、来源的聚类。

(4) 标记和下载:可以对部分或者全部记录进行标记,进一步选择导出格式,包括参考文献、文本以及常用的文献管理软件格式等,然后即可下载保存。

第六节 中国高等教育文献保障系统数据库

中国高等教育文献保障系统(China Academic Library & Information System, CALIS),是经国务院批准的我国高等教育"211 工程"中三个公共服务体系之一,其主要目标是通过高校图书馆的联合与共建、共知、共享,为高等教育的教学、科研提供丰富的学术研究资源和服务,提高我国高校图书馆文献资源整体保障率。CALIS 项目的管理中心设在北京大学,迄今已有近千所高校参加了 CALIS 项目的建设。2010 年 9 月 20 日,CALIS 门户网站 e 读(eduChina)宣布正式开通。eduChina 集成和整合了全国高校参建图书馆的纸本馆藏、电子馆藏和相关网络资源,使读者在海量的图书馆资源中通过一站式检索,查找所需文献,在尊重知识产权的基础上,为全国高校师生提供全文学术资源。

截止到 2012 年,CALIS 拥有近亿条数据,资源涵盖所有学科。eduChina 可一次检索 800 余家图书馆的近 900 万种图书、8 000 多万篇外文期刊论文、450 万篇中外文学位论文,更有古籍、拓片等特色资源,而且数据还在每天增加。

e 读网址:http://www.calis.edu.cn/

6.1 CALIS 主要数据库内容

《CALIS 高校学位论文数据库》:论文来源于"211 工程"的 80 所重点高校。目前该库只收录题录和文摘,没有全文;全文服务通过 CALIS 的馆际互借系统提供。详细内容请参见第八章 1.3 节的介绍。

《CALIS 书刊联合目录》:全国 800 多所高校图书馆馆藏联合目录数据库,国内最大的实时联机联合目录,是 CALIS 最早建设的数据库之一。它的主要任务是建立多语种书刊联合目录数据库和联机合作编目、资源共享系统,为全国高校的教学科研提供书刊文献资源网络公共查询,支持高校图书馆系统的联机合作编目,为成员馆之间实现馆藏资源共享、馆际互借和文献传递奠定基础。

《CALIS外文期刊网》：CALIS的外文期刊目次数据库，为用户提供综合性的期刊服务，详见第二章相关内容。

《高校教学参考信息管理与服务系统》：高校教学参考信息管理与服务系统将各校教学信息以及经过各校教师精选的教学参考书数字化，建设基本覆盖我国高等教育文理工医农林重点学科的教学需要、技术领先、解决版权问题的教学参考信息库与教学参考书全文数据库及其管理与服务系统；在保护知识产权的前提下，提供师生在网上检索和浏览阅读，其内容包括教学参考书电子全文书库和教学参考信息库两部分。

《学苑汲古—高校古文献资源库》：由北京大学、南京大学、四川大学、清华大学、中山大学、复旦大学等多所高校图书馆联合建设的高校古文献元数据、书影与全文资源库，目前可检索20多所高校图书馆的60万条元数据，并可看到其中部分书目记录的书影和全文电子书，为用户提供给书目查询、书影和电子书浏览、馆藏查询、全文传递等服务。

6.2 数据库检索

CALIS的数据库均集成在其门户网站e读上。但不同数据库的检索有所差别。以下将以CALIS书刊联合目录数据库为例重点介绍。

6.2.1 检索功能

（1）简单检索：可检索字段包括题名、责任者、主题、分类号、所有标准号码、ISBN、ISSN和全面检索8项。检索数据范围包括中、西、日文所有书目数据。

（2）高级检索：可检索字段包括题名、责任者、主题、出版者、出版地、期刊题名、丛编题名、统一题名、个人责任者、团体责任者、会议名称、分类号、所有标准号码、ISBN、ISSN 和 ISRC 16项。选择"分类号"检索时，还可以使用"中图分类号表"浏览，将选中的分类号自动填写到检索词输入框中。其检索界面如图3-8所示。

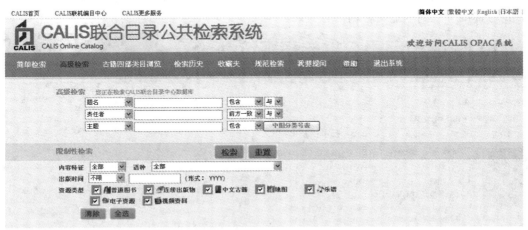

图3-8 《CALIS书刊联合目录》高级检索界面

可选择检索项的匹配方式，默认为前方一致，还可选择精确或包含。检索式之间可根据需要进行逻辑组配。默认为同时检索中文、西文、日文、俄文四个数据库，检索结果将按数据库分别显示，也可以只选择检索部分数据库。默认为普通图书、连续出版物和中文古籍3种类型，也可根据需要选择部分文献类型。检索词与限制性检索之间为逻辑"与"的关系。

(3) 古籍四部类目浏览

可按照古籍四部分类类目浏览 CALIS 联合目录中的古籍数据。选择类目名称进行浏览，单击类目名称即返回对应的结果集列表。

6.2.2 检索技术

(1) 精确匹配：检索结果字段与检索词完全匹配，如选择题名字段，检索词为"李白研究"，检索词匹配方式为精确匹配，则只会检索出题名为"李白研究"的图书，而不会检索出题名为"20 世纪李白研究"等图书。

(2) 前方一致检索，相当于后截断，如选择题名字段，检索词为"杜甫研究"，检索词匹配方式为前方一致，则会检索出题名为"杜甫研究"的图书，也会检索出题名为"杜甫研究论文集"等图书。

(3) 包含：在检索结果中包含检索词即可，如选择题名字段，输入检索词"国际纠纷"，则可检索出题名中同时包含"国际"和"纠纷"2 个词的图书。

6.2.3 检索结果

(1) 检索结果列表：不同文种的检索结果会分库显示，检索结果列表的每条记录包括：序号、题名、责任者、出版信息、形式、馆藏。

(2) 详细记录格式：书目信息有多种显示格式，默认为简单文本格式；选择详细文本格式或 MARC 显示格式后，可以显示更多的书目信息。前两种格式对所有用户免费开放，MARC 显示格式只对参加 CALIS 联合目录的图书馆开放，可显示收藏了该文献的成员馆的列表。

(3) 检索结果排序：检索结果分库显示，单一数据库中的检索结果少于 200 条时方提供排序；检索结果超过 200 条则不提供排序功能。默认的排序优先次序是：题名、责任者、出版社。

(4) 记录输出：对用户提供记录引文格式、简单文本格式、详细文本格式的输出，此外，对参加 CALIS 联合目录的图书馆还提供 ISO2709/MARC 列表的输出（参见图 3-9）。提供 E-mail 与直接下载到本地两种输出方式。

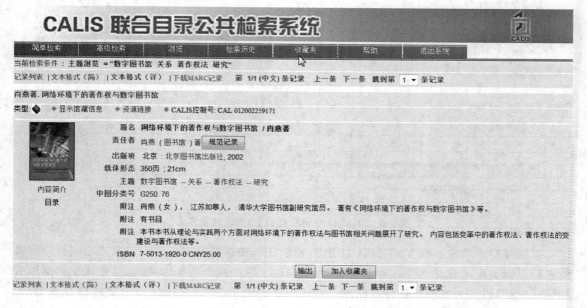

图 3-9 《CALIS 书刊联合目录》的详细记录显示页面

6.2.4 用户服务

(1) 检索历史：保留用户发出的最后 10 个检索请求；用户关闭浏览器后，检索历史将清空。

(2) 收藏夹功能：对有权限的用户提供保存用户的检索式与记录列表。

(3) 馆际互借：提供用户在检索系统中直接发送请求到图书馆馆际互借服务处，用户无需填写书目信息。

第七节 国家科技图书文献中心数据库

国家科技图书文献中心(National Science and Technology Library,NSTL)是由中国科学院国家科学图书馆、工程技术图书馆(中国科学技术信息研究所、机械工业信息研究院、冶金工业信息标准研究院、中国化工信息中心)、中国农业科学院图书馆、中国医学科学院图书馆等单位组成的虚拟式科技信息资源机构。中心收藏有中外文期刊、图书、会议文献、科技报告、学位论文等各种类型、各种载体的科技文献信息资源，其主要任务是面向全国提供馆藏文献的阅览、复印、查询、检索、网络文献全文提供和各项电子信息服务。

NSTL 网站上提供有各类数据库和相关服务(参见图 3-10)，下面将分别介绍。

数据库网址：http://www.nstl.gov.cn/index.html

7.1 数据库内容

NSTL 是我国收集外文印本科技文献资源最多的、面向全国提供服务的科技文献信息机构。除了部分网络版全文数据库外，NSTL 主要以其成员单位收藏的全文科技文献为基础，在 NSTL 网络服务系统上以文摘的方式(或者以其他方式)加以报道，供用户通过检索或浏览的方式获取文献线索，进而获取文献全文加以利用。无论是否注册，用户均可以免费检索该网站上的各种文献数据库，已注册用户可向系统提出全文请求。

NSTL 的资源分为三类：

(1) 期刊目次数据库

以文摘形式报道了 1.4 万余种外文期刊和 8 000 种中文期刊的期刊论文。

《西文期刊目次数据库》：该数据库主要收录了 1995 年以来世界各国出版的 12 634 种重要学术期刊，部分文献有少量回溯。学科范围涉及工程技术和自然科学各专业领域，并兼顾社会科学和人文科学。目前包含 1 470 多万条记录，每年增加论文约百万余篇，每周更新。

《俄文期刊目次数据库》：该数据库主要收录了 2000 年以来俄国出版的俄文重要学术期刊 378 种，部分文献有少量回溯。学科范围涉及工程技术和自然科学各专业领域。目前包含近 48 万条记录，每年增加论文约 5 万余篇，每周更新。

《日文期刊目次数据库》：该数据库主要收录了 2000 年以来日本出版的日文重要学术期刊 1 101 种，部分文献有少量回溯。学科范围涉及工程技术和自然科学各专业领域。目前包含近 120 万条记录，每年增加论文约 8 万余篇，每周更新。

《中文期刊目次数据库》：该数据库主要收录了 1989 年至今国内出版的 8 000 余种期刊刊载的 2 865 万多篇文献。学科范围涉及自然科学各专业领域，并兼顾社会科学和人文科学。

图3-10　NSTL网络服务系统

(2) 特种文献题录数据库

其包含以下特种文献的题录数据：

《会议文献数据库》：包含外文会议和中文会议文献。

《学位论文数据库》：包含外文学位论文和中文学位论文。

《专利文献数据库》：包括美国专利、英国专利、法国专利、德国专利、瑞士专利、日本专利、欧洲专利、世界知识产权组织专利和中国专利。

《技术标准数据库》、《计量规程数据库》：包括国外标准、中国标准和计量检定规程。

《科技报告数据库》：美国政府科技报告。

上述特种文献数据库介绍请参见本书第8章相关内容。

（3）网络版全文数据库

NSTL 全国开通文献：NSTL 购买了一部分国外网络版期刊的使用权，如 Nature 周刊回溯文档数据库(1869—1986)，面向中国大陆学术界全部或部分用户开放使用。

网上开放获取期刊：是 NSTL 整理的可通过互联网免费获取全文的期刊资源，全国用户都可使用。

7.2 数据库检索

本节以期刊目次数据库为主，介绍 NSTL 数据库的检索。

7.2.1 检索功能

（1）快速检索：快速检索不能选择检索字段，可以选择检索的文献范围。

（2）普通检索：普通检索相当于复杂检索，可选择检索字段，检索字段是随所选数据库的不同而变化的，多库查询时所列出的字段是所选数据库共有的字段。检索框之间可进行"与"、"或"、"非"的逻辑关系组配，在检索框内也可以使用逻辑运算符 AND、OR、NOT 构造检索式。

可以单选、多选或全选数据库。系统可在多个数据库中同时检索文献。

可根据需要设置查询条件，包括查询范围、时间范围、查询方式和馆藏范围。

（3）高级检索：高级检索相当于命令检索，可在检索框中直接输入检索命令和检索词。高级检索支持字段限定符、布尔运算符和截词符，可用括号来改变逻辑运算的顺序。其数据库选择和查询条件设置同普通检索(参见图 3-11)。

（4）分类检索：分类检索是在普通检索的基础上，增加了学科范围的浏览和选择。用户可以在系统提供的 21 个学科大类中任意选择一个学科检索文献。检索界面提供的数据库选择、查询条件设置等检索方法与"普通检索"相同。

（5）期刊目次浏览：期刊目次浏览可按刊名首字母字顺分别浏览西文期刊、俄文期刊和日文期刊的论文目次。还可按 19 个一级学科及其下的二级学科来分类浏览期刊及期刊目次。

（6）期刊检索：期刊检索可按刊名、ISSN、EISSN 和 CODEN 等字段检索期刊。

7.2.2 检索技术

（1）模糊检索和精确检索：包含模糊查询和精确查询两种检索词匹配方式。模糊查询是指检索结果中包含输入的检索词。精确查询是指检索结果与输入的检索词完全匹配。

（2）布尔运算符：支持 AND、OR 和 NOT 三种逻辑运算符。

（3）二次检索：如果查询到的文献过多，在检索结果列表页面可进行二次检索。

（4）截词符：使用截词符"$"进行右边截词检索，"$"代表零个或任意个字母。

（5）运算顺序：使用括号可改变运算的顺序。

7.2.3 检索结果

（1）检索结果列表：简单检索结果列表的每条记录包括题名、作者和文献来源三项。单击题名可查看该文献的详细信息。

（2）标记和下载：支持标记文献。注册用户还可以进行"加入购物车"或"加入我的收藏"操作。"加入购物车"操作即进入全文订购流程。

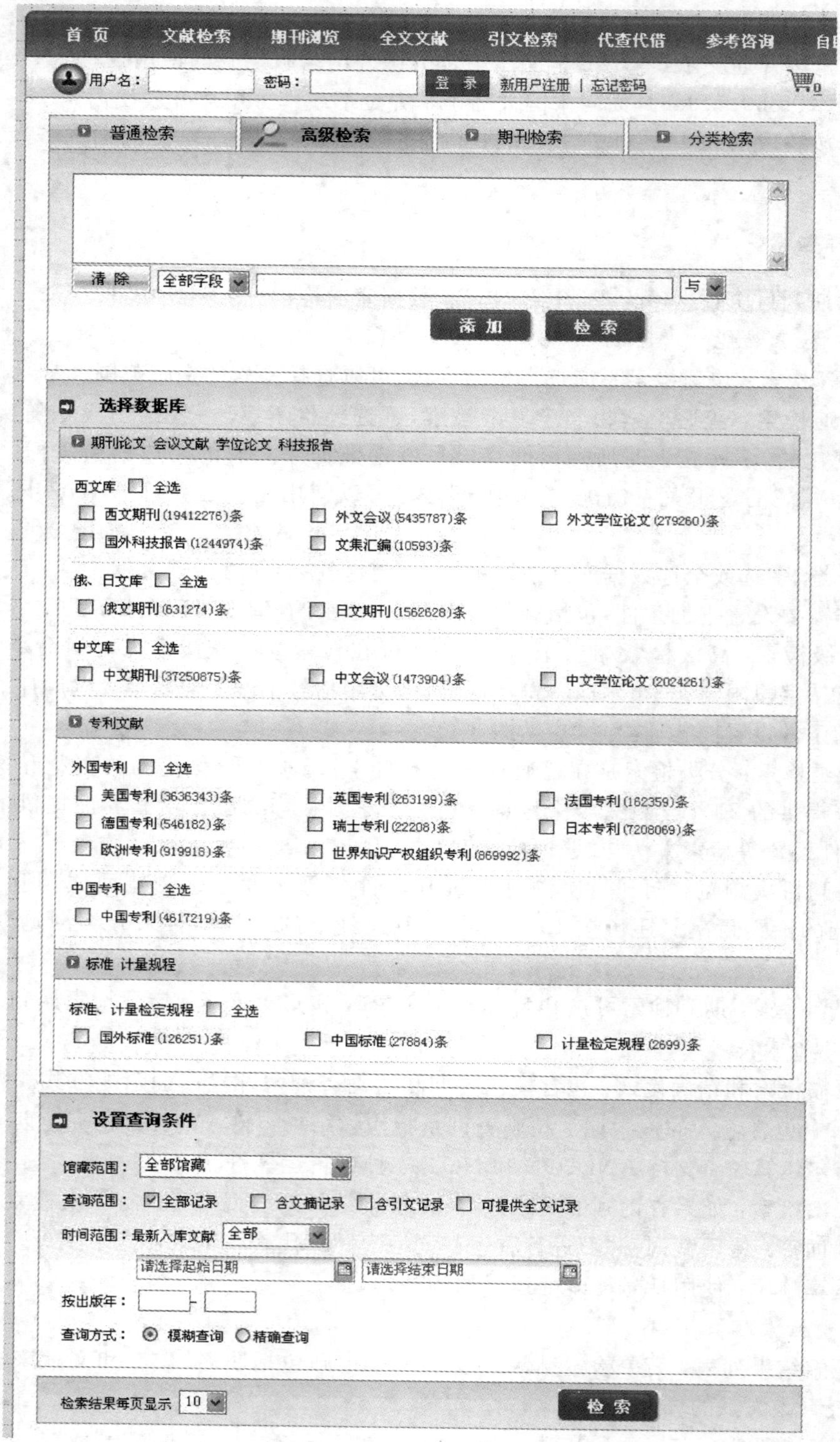

图 3-11　NSTL 高级检索

7.3 NSTL 服务介绍

7.3.1 原文提供服务

用户在前面所述 6 个期刊及论文目次数据库中检索到的文献,均可向 NSTL 索取全文。NSTL 以电子邮件、普通函件、平信挂号、特快专递和传真等多种方式为用户提供原文服务,并收取少量成本费。原文正常获取时间为两个工作日。

用户首先要通过注册,成为合法用户,即可向 NSTL 直接索取原文。

具体注册方法如下:

(1) 首先登录到 NSTL 网站:单击"用户注册",在"用户注册"页面输入框内填写用户名,用户名可以是任何由英文字母和数字组成的字符串。注意用户名是大小写敏感的,也就是说字母组合相同但大小写不同的两个字符串将被视为两个不同的用户名。

(2) 填写个人信息:在"用户信息"页面,系统要求用户填写自己的个人信息,如真实姓名、通信地址等,一定要如实填写,因为用户将来订购文献的全文时,系统将按照这个姓名和地址邮寄、发传真或电子邮件。在口令输入框内输入口令,下次登录时,系统将根据这个口令验证用户的身份。

(3) 修改信息:如果用户输入的信息不正确,系统会提示用户输入有误,用户可以回到"用户信息"页面重新填写自己的个人信息。

目前很多图书馆都是 NSTL 的集团用户,如果用户对原文提供的需求量小,也可以不注册交费,而是通过所在图书馆使用这项服务。

7.3.2 参考咨询服务

解答用户在科技文献查询与获取过程中遇到的问题,包含实时咨询、非实时咨询、已回答问题和常见问题。

第八节 国家科学数字图书馆联合目录服务系统

8.1 数据库内容

《全国期刊联合目录数据库》创建于 1983 年,由中国科学院文献情报中心(中国科学院国家科学图书馆的前身)牵头研建,现已发展成一个多学科的大型数据库,包括《全国中文期刊联合目录数据库》、《全国西文期刊联合目录数据库》、《全国日文期刊联合目录数据库》、《全国俄文期刊联合目录数据库》4 个子库;学科范围覆盖数学、物理、化学、天文、地理、生命科学、农业、医药、信息科学、工业技术、社会科学等;成员馆遍布全国,包括约 500 余家主要的大型公共图书馆、中国科学院系统图书馆、中国社会科学院系统图书馆、各大部委的情报所、科研系统的图书馆、重点高校的图书馆和军队卫生系统的图书馆等。截止到 2012 年,《全国期刊联合目录数据库》共收录西文印本期刊 6 万多种,馆藏约 30 万条;收录日文印本期刊 7 000 余种,馆藏 2.5 万条;收录俄文印本期刊 6 500 余种,馆藏 1.8 万条;收录中文印本期刊逾 2 万种,馆藏 10 万多条。

2004 年以后,国家科学图书馆又相继开通了图书联合目录数据库服务和电子资源知识库服务,目前图书联合目录数据库已拥有 100 多万条中外文图书书目记录。电子资源知识库存储着来自300余家出版社的9 000余种电子期刊的描述信息和链接信息、近60万条电子期刊馆藏信息(包括年卷期)、150余个数据库的描述信息和链接信息等。期刊联合目录、图书联合目录和电子资源知识库共同构成了国家科学图书馆的联合目录服务系统。

数据库网址：http://union.csdl.ac.cn/index.jsp

8.2 检索功能

系统默认的检索方式为简单检索,可检索字段包括：文献的题名、著者、ISBN/ISSN、主题词、分类号、出版年、出版者等。匹配方式包括前向匹配、模糊匹配和精确匹配。可通过选择图书或期刊等资料类型来限定检索数量,默认方式为"全部"。

8.3 检索结果

检索结果列表内容包括序号、文献名、责任者、出版者、标准号、出版年及资料类型。单击带有下划线的项目名称,如责任者,系统可对该项数据结果进行升序或降序的排序显示。单击检索结果列表中的文献名,可查看某个记录的详细信息。在记录的详细信息页面,可查询该文献的馆藏信息。

参 考 文 献

1. 刘瑞兴. 期刊引文分析. 北京：中国统计出版社,1996.
2. 李莹,等. 计算机信息检索. 北京：机械工业出版社,1997.
3. 马文峰. 社会科学文献信息检索概论. 北京：中国人民大学出版社,1996.
4. 金碧辉,等. 科研绩效评价的重要工具—中国科学引文数据库. 科学管理,1998 (05),p. 74—76.
5. 倪晓建,等. 信息加工. 武汉：武汉大学出版社,2001.
6. 张树华,张久珍. 20世纪以来中国的图书馆事业. 北京：北京大学出版社,2008.
7. 冯玉明. 中国科学院检索类期刊与学科文献数据库可持续发展的思考. 中国科技期刊研究,2005,16(6),p. 787—789.
8. 崔颖. 国内自建中文数据库概述. 现代情报,1993 (01),p. 4—5.
9. 北京市科学技术委员会. 北京市科学技术委员会科技志：第一节科技资源. [2011-08-01]. http://www.bjkw.gov.cn/n1143/n1240/n1465/n2261/n14623/n14713/n14878/403996.html.

第四章 全文数据库与全文服务

第一节 全文数据库概述

全文数据库(full-text database),即收录有原始文献全文的数据库,最初与数值数据库、指南数据库、术语数据库等事实型数据库(factual database)统称为源数据库(source database),内容主要以报纸、通讯、书评、评论、分类广告、流行杂志等为主,较少学术性论文、报告;主要的全文数据库分布在 Dialog 和 STN 等少数联机检索系统中,必须由专业检索人员代用户检索,因此利用率并不高。到 20 世纪 80 年代初,据"Directory of Online Database"统计,在当时的 400 个数据库中,全文数据库有 17 个,仅占 4%。

20 世纪 80 年代中期以后,全文数据库在数据库中所占比例开始逐步增长。进入 90 年代,随着文献出版量及其价格呈几何级数式的增长,一般机构或图书馆已无法购买和拥有足够的原始文献;而网络技术的发展,使人们可以越来越方便和频繁地在网上访问和获取数字信息资源,从而也就越来越希望在网上直接得到一次文献,因此,全文数据库、特别是基于互联网开发的全文数据库(web-based full-text database)以及全文服务就有了飞速发展。到 2005 年,全文数据库在数据库中所占比例已经发展到了大约为 77%(参见第一章相关内容)。

(1) 全文数据库的发展表现

① 收录的学术性、实用性增强,基本以期刊论文、会议论文、政府出版物、各类统计报告、法律条文和案例、商业信息等为主;

② 内容上不再只限于文字,各类图表、图片都可以收录并浏览下载;

③ 不以联机检索为主要检索方式,而是发展出了适合全文数据库特点、基于互联网的检索系统;

④ 在概念和体系上脱离了源数据库,成为一种独立的电子资源类型。

(2) 全文数据库按应用领域的划分

① 期刊文章全文库,收录有期刊或报纸上文章的原文,如 ProQuest 公司(原 UMI 公司)的《学术研究图书馆》(*ProQuest Research Library*)、中国人民大学书报资料中心《复印报刊资料全文数据库》等。

② 商业信息、统计报告全文库,收录有各类市场新闻、公司情况、研究报告等,如 EBSCO 公司的《商业资源电子文献库》(*Business Source Premier*)就包含大量这类的信息。

③ 法律法规条文和案例全文库,如 LexisNexis 系统的 Lexis.com。

④ 政府报告、新闻消息等,如 LexisNexis 系统的 Nexis.com。

⑤ 混合型数据库,混合了上述各类文献类型,甚至包括很多事实数据的数据库,如 LexisNexis Academic。

(3) 与其他类型的电子资源相比,全文数据库的特点

① 直接性:即用户可以直接检索出原始文献,不必像参考数据库那样先检索出书目信息,再去查找原文。

② 综合性：全文数据库收录求"全"，尽可能地扩大文献来源，增加数量，按主题同时收录有多种类型的文献，用户可以在同一主题下检索出数量很多、类型不同的文献。但这样做也存在一定的问题，即收录过"杂"，有些通俗读物也被收录其中，降低了数据库的学术水平。

③ 检索方法：除一般检索方法之外，增加全文检索技术，因此文献的正文及其他相关部分（如引文）都可以被检索到，可以找到许多边缘信息。但同样也造成在检索结果中出现许多不相关信息的现象。为解决这个问题，在全文数据库检索中，除布尔逻辑检索之外，用得较多的方法还有位置算符检索。

④ 检索语言：自然语言应用较多。

⑤ 标引：全文自动抽词标引，生成倒排档。

⑥ 存储空间大：通常一年增加的数据量有几百千兆（GB），因此一般不在本地存储数据，而是通过互联网直接在提供商的数据库中进行检索和存取。

⑦ 文件格式：多采用 PDF 文件和文本文件两种格式，前者保持了与纸本期刊相同的版式，尤其是可以保存各类图表、图片，看上去就如同在浏览纸本期刊一样，但必须使用特定的浏览器 Adobe Acrobat Reader 来阅读，且数据传输速度较慢。文本文件则相对传递较快，但文中的图表、图片或者无法转换，不能看到；或者采用与文本文件不同的格式，如 GIF、JPEG 等格式，需单独浏览和保存。

(4) 全文数据库的评价标准

许多著名的参考数据库，如《科学引文索引》、《化学文摘》等，都是在已有几十年甚至近百年历史的印刷型出版物基础上形成的，在学术研究领域已经颇具权威性。而全文数据库的发展却只有 10 多年的历史，因此在选择和使用全文数据库时，要有一系列的评价标准：

① 对数据库全文收录情况进行分析：所谓全文数据库，并非其中收录的报刊、报告全部都是全文，因此全文占多大比例就很重要，通常全文占到 50％左右即可以称为全文数据库，而全文能到 65％（三分之二）以上就是比较好的全文数据库了。另外，全文是指整篇文献的收录，有些数据库号称收录全文，但实际上有时一篇文章由于不能解决版权等问题，只给出一部分篇幅，这样的"全文"是有水分的。

② 核心出版物收录情况：全文数据库往往为了求"全"而不断增加来源出版物，这一点不同于参考数据库——后者通常要对收录的出版物进行精心选择——因此数据库中核心期刊和权威出版物所占比例，其中又有多少全文刊，是说明数据库质量的一个重要因素。通常数据库中所包含的出版物品种的数量是不足以说明问题的，因为其中可能有不少是非核心刊物或通俗读物。

③ 注销出版物：全文数据库的出版物收录情况往往会发生变化，有些出版物虽然仍然包含在数据库中，但已经不再出版或停止向数据库商提供电子版，也就是说，这些出版物并不包含当前的数据，这样就无法满足用户对最新数据的使用需求。还有些数据库，最初可以提供某些出版物的全文，但现在只能提供文摘了。因此要注意分析从数据库中注销的出版物的情况，如果过多，则数据库质量就有所下降。

④ 对数据库检索系统要做全面评价，这方面的评价指标详见第一章相关内容，其中尤其是能否进行全文检索（full-text search capabilities），以及在检索结果中能否用全文限制做二次检索（view full-text only），或在检索时就可以使用全文做限制，以方便用户只看有全文的记录。

⑤ 检索结果：文件格式最好有超文本文件和 PDF 文件两种供用户选择；允许用户按相关性、日期或字母顺序重新排列结果；具备打印、存盘或 E-mail 发送的功能；特别需要注意的是，有些数据库只能给出文字，原文中的图片、表格因种种原因无法给出，这并不符合要求，因为实际上有许多重要信息就包含在这些图表中。如果在一个全文数据库中经常出现这样的问题，就说明这个全文数据库有"水分"。

⑥ 出版物更新与滞后情况：数据库的更新频率越高，内容的时效性越强，通常以日更新或周更新为最佳。但由于全文数据库收录的内容仍以印刷型出版物为主，也就存在着时滞，即出版物被收录进数据库的时间与印刷型出版物的出版时间之间的差。时滞过长，就影响数据库的时效性和质量。有些全文数据库虽然收录的全文出版物很多，但出版商出于版权的考虑，限制全文上网的时间，这样这些全文出版物最初就只能提供给读者文摘或部分全文，影响了读者查阅。这种出版物如占比例过大，或时滞过长（2 个月以上），数据库质量也相应下降。

目前发展比较成熟的全文数据库检索系统有：
- 美国 ProQuest 公司（原 UMI 公司）的 ProQuest 系统；
- 美国 EBSCO 公司的 EBSCO*host* 系统；
- 美国 Gale Cengage Learning 公司（原 Gale 公司，曾名 Thomson Learning 公司）的 Info-Trac 系统；
- 美国 LexisNexis 公司的 LexisNexis 系统；
- 美国 West Group 公司的 WestLaw 系统；
- 美国 OCLC 公司的 FirstSearch 系统；
- 美国 IEEE Electronic Library 数据库检索系统。

中文数据库目前还没有比较成熟的全文检索系统。

第二节　ProQuest 系统全文数据库

2.1　数据库内容

ProQuest 目前是和 CSA、Dialog 等共同隶属于美国 Cambridge Information Group 公司的全球性全文检索和传送系统，ProQuest 提供了对 1 250 多亿个数字化页面的世界学术成就的无缝访问和导航，并将其传送到桌面或者多个领域（从艺术、文学和社会科学到一般参考、商业、科学、技术和医药）中的研究人员的工作流程中。研究人员可通过所有类型的图书馆访问 ProQuest 的海量内容库，其中包括数字化报纸档案、包含 9 000 多种刊物且跨越 500 多年的期刊数据库、优秀的学位论文文集以及各种其他学术文集。

ProQuest 数据库网址（个别数据库略有不同）：http://proquest.umi.com/login

ProQuest 包括商业、教育、种族研究、美学与表演艺术、系谱学、政治学、历史、文学、医学、物理学、技术、通用参考等各个主题领域的数十个数据库，主要的数据库介绍如下。

（1）ProQuest 中心数据库（ProQuest Central）

ProQuest Central 是当今市场上规模最大的综合性全文数据库之一，它囊括 1.7 万种期刊、联合 28 个 ProQuest 数据库和覆盖 160 个主题领域，除期刊外，还收录大量学位论文、报纸、工作文件、市场和产品报告以及视频资料等，如：

① 逾 600 种美国、加拿大和国际报纸全文，包括《华尔街日报》和《洛杉矶时报》等；

② 逾 3 万篇学位论文的全文，学科涉及商业、心理学、物理学、健康、教育等等，有助于最终用户建立一套较健全的搜索结果；

③ 提供选自逾 9 000 篇市场报告的简明商业信息，这些市场报告涉及 43 个行业、40 个国家，覆盖英国、西欧、东欧、亚太地区、北美以及拉丁美洲等地；

④ 逾 4.5 万份来自《Hoover's 公司记录》的公司报告。

ProQuest Central 的内容取自后面介绍的如 ABI 等多个数据库，其设计理念是向图书馆和其他场所提供使用最多的单一数据库。该数据库主要学科包括：商业和经济、健康和医疗、新闻和国际事务、科学、教育、技术、人文、社会科学、心理学、文学、法律和女性研究等。

(2) 商业信息数据库(ABI/INFORM Complete，ABI)

最全面的 ABI/INFORM 数据库，由 ABI/INFORM Global、ABI/INFORM Trade and Industry、ABI/INFORM Dateline 和 ABI/INFORM Archive 组成，收录约 5 000 种刊物(其中 3 900 多种提供全文)、2.5 万篇论文、1.4 万个 SSRN 工作文件、重要报纸(如 The Wall Street Journal 和 The Financial Times)和以国家/行业为重点关注对象的报告和数据。其内容与国际全面接轨，使研究人员得以一窥全球公司和商业趋势的全貌。

① ABI/INFORM Global：是市场上最全面的商业数据库之一。包括 3 000 多种出版物的深度内容，其中有 2 000 多种提供文本全文，为所有层次的研究人员提供最新的商业和金融信息。

② ABI/INFORM Trade & Industry：包括公司、产品、主管、趋势和在 2 000 多种出版物中可用的其他主题的深度内容，其中有 1 800 多种提供文本全文。通过 ABI/INFORM Trade & Industry，用户可以研究和比较特定贸易和行业，包括电信、计算、运输、建筑、石化等。

③ ABI/INFORM Dateline：包括地区和区域性商业出版物，如 McClatchey Tribune。主要内容是地区公司、分析、市场信息等，还允许用户研究就业机会、汇总福利和薪酬数据，从地区角度了解有关公司战略和其他主题。

④ ABI/INFORM Archive：以完整的记录为 ABI/INFORM 提供全部图像，包括插图和广告。该库包含主要商业和管理出版物，针对数百个主题提供了独特的历史回顾，包括公司战略、管理技巧、营销、产品开发和全球行业状况。

ABI/INFORM Complete 的学科范围如下：商业(Business)、经济状况(Economic conditions)、企业战略(Corporate strategies)、管理理论(Managementtheory)、管理技巧(Management techniques)、商业趋势(Business trends)、竞争态势和产品信息(Competitive landscape and product information)、会计(Accounting)、金融(Finance)及其他。

ABI 数据库注意资料来源的管理，不收录报纸、新闻发布、宣传小册子，较高质量的、与行业相关的期刊和杂志才会被选入，为学者、教授、学生们作商业研究、经济分析时常用，因此受到各类商学院、公共图书馆、企业图书馆欢迎，世界上几乎所有的著名商学院，如哈佛商学院、美国西北大学商学院、芝加哥大学商学院、英国 Henley 商学院以及香港全部的大学都订有该数据库。

(3) 学术研究图书馆(ProQuest Research Library，PRL)

原名《学术期刊图书馆》(Academic Research Library，ARL)，是综合参考及人文社会科学期刊论文数据库，涉及商业与经济、教育、保护服务/公共管理、社会科学与历史、计算机科学、工程/工程技术、传播学、法律、军事、文化、医学、卫生健康及其相关科学、生物科学/生命科学、艺术、视觉与表演艺术、心理学、宗教与神学、哲学、社会学及妇女研究等学科,收录 4 721 种出版物,其中全文刊占三分之二,达 3 288 种提供全文。可检索 1971 年来的文摘和 1986 年来的全文。

ABI 和 PRL 有一定程度的重复,从 2011 年数据情况来看,重复比例不到五分之一,大约为 660 种。

(4) 科学期刊数据库(ProQuest Science Journals)

原名 Applied Science & Technology Plus(ASTP),收录有科学和工程技术学科的 1 595 种期刊,其中全文刊为 1 260 种,包含主题为声学、航空航天、人工智能、大气科学、化学化工、土木工程、电气电子、建筑、环境、食品、地质、机械、矿业、海洋科学、石油石化、物理、化学、塑料、空间科学、通信、纺织、运输等。数据库内容从 1986 年开始。

(5) 典藏期刊全文数据库(Periodicals Archives Online,PAO)

提供世界范围内从 1802 至 2000 年著名人文社科类期刊回溯性内容全文。该数据库收录近 700 种全文刊,为高校及科研机构的读者提供了一个超过 330 万篇文章、总计超过 1 400 万页期刊内容的过刊在线图书馆。在该数字资源当中有超过 20% 为非英文期刊内容,为读者提供了访问非英语国家期刊信息资源的机会。

PAO 收录的期刊几乎全部都回溯至期刊的创刊号,使得用户可以检索来自众多出版商的期刊的完整的回溯性数据。

(6) 回溯报纸数据库(ProQuest Historical Newspapers)

提供回溯至 18 世纪的重要报纸的全文和全图文章,完整收录了每种刊物每期每页内容的数字复制版本,最早可以回溯至 1851 年第 1 期 The New York Times,包含 2 500 多万页数字资料,用户可采用 PDF 文件形式进行下载。

ProQuest Historical Newspapers 使用户可以轻松访问历史资料。研究人员可以检索 21 种不同类型的文章以精确查找所需信息,包括:新闻、社论、致编辑的信、讣告、出生和结婚启事、图库照片、广告等。

(7) 护理与联合健康资源数据库(ProQuest Nursing & Allied Health Source)

为用户提供了可靠的医疗保健信息,内容涵盖护理、医学相关学科、替代和辅助药物等更多领域,可满足医疗机构研究人员及学术机构中护理和医学相关项目的需求。数据库提供超过 825 种期刊的摘要和索引(其中 700 多种以全文提供),另包括 1.2 万多篇可代表护理及其相关领域最高学术水平的学位论文全文。

广泛覆盖 70 多个主题,包括:细胞学、护理、营养、肿瘤学、儿科护理、药理学、公共卫生和放射学等。

(8) 自然科学数据库(ProQuest-Illustrata Natural Sciences)

横跨多个学科范围,包括:生物学、地球科学、环境研究、医学、农业、鱼类和渔业、地理、兽医学、食品与食品工业、药剂学、药理学、气象学、公共卫生与安全、水资源保护、森林以及森林学,提供开创性的深度索引,突出期刊文章中高价值的图表。

(9) 会计学数据库(ProQuest Accounting & Tax)

提供对顶级期刊、参考报告、会议论文集、学位论文以及更多资源(包括 2 300 多本出版物,其中部分以全文形式提供)的集中访问。

(10) 黑人研究中心(ProQuest-Black Studies Center)

Black Studies Center 致力于黑人文化的研究、教学和学习,以及其他更广泛的黑人领域(如历史、文学、政治学、社会学、哲学和宗教)研究的学科,是一种重要工具。

(11) 美国传统在线(ProQuest-HeritageQuest Online)

合并了美国联邦人口普查记录的数字化可检索图像、常用的数字版"家谱和地方史志"(Genealogy & Local History)合集以及其他有价值的内容,所涵盖内容可回溯至18世纪晚期。研究人员可使用 HeritageQuest Online 查找其祖先的信息,追溯他们跨越美洲的迁徙路线,了解他们定居地区的生活风貌。数据库包括美国联邦人口普查1790—1930年间的所有图像和广泛索引,可提供2万多个图书标题,包括近8 000个家族史以及1.2万多个当地历史。此外,还有250多个原始来源的文献,例如税单,城市目录,遗嘱记录等。

(12) 非洲作家数据库(ProQuest-African Writers Series)

提供广受称赞的 Heinemann 的"非洲作家系列"(African Writers Series)中的主要作品。这个系列提供20世纪非洲文学经典中的开创性作品,包括的作者有 Steve Biko,Ama Ata Aidoo,Nadine Gordimer 和 Buchi Emecheta。优秀的小说和短篇故事以及戏剧和诗歌,都是完全可搜索的并标注了丰富的索引;还包含作者传记。

(13) 心理学期刊数据库(ProQuest Psychology Journals,PPJ)

提供来自专业出版商的逾600种心理学专业期刊,其中500多种拥有1971年开始的全文,涉及临床、社会心理学、上瘾、交流、犯罪学、教育学、遗传学、老年病学、催眠、语言学、神经学、精神病学、商务和经济心理学、社会福利等主题。

(14) 报纸数据库(ProQuest Newstand)

在线提供800多种报纸,其中500多种是全文报纸。格式灵活,可以选择单种订购;使用受控词表来编排索引;包括多种主流报纸,如《芝加哥论坛报》(Chicago Tribune)、《中国日报》(China Daily)、《洛杉矶时报》(Los Angeles Times)、《基督教科学箴言报》(The Christian Science Monitor)、《纽约时报》(New York Times)、《华尔街日报》(The Wall Street Journal)、《华盛顿邮报》(The Washington Post)、《今日美国》(USA Today)、《时代周刊》(The Times)、《印度教徒报》(The Hindu)及《卫报》(The Guardian)等。

(15) 文学在线(Literature Online,Lion)

主要由35万篇全文英文诗歌、散文、戏剧以及网上评论和参考资料图书馆组成,是文学研究的得力助手。其范围涉及当代版权著作和稀有并已绝版的书籍,包括:从18世纪开始的34万首诗歌,逾6 000本英美戏剧,逾2 550篇散文小说,逾250种专业期刊,逾4 300本作者传记,逾1.8万位作者记录等。

(16) 下议院议会文件在线(House of Commons Parliamentary Papers,HCPP)

包括18世纪英国上议院、1688年至今的下议院的期刊、辩论、议程及其他立法材料,是研究英国、其前殖民地以及全世界历史的至关重要的原始资料,对于理解现今的立法、政策制定以及政治环境也都极为重要。

(17) 健康与医疗数据库(ProQuest Health and Medical Complete)

包括1 200多种全文临床、生物医学、医疗卫生期刊以及实证医学搜索引擎——《医学重在实证》(Medical Evidence Matters),涉及皮肤病学、药物滥用与酗酒、老年病学、妇科学、免疫学、工业卫生、男性健康、护理、儿科学、药剂学和药理学、生理健康和卫生、精神病学、公共卫生、放射学、运动和游戏、外科学及女性健康等。

(18) 博硕士论文全文数据库(ProQuest Dissertations & Theses Database,PQDT)

是 ProQuest 公司的王牌产品,是在全世界最大的学位论文数据库 ProQuest Dissertations & Theses 基础上建立起来的,内容介绍详见第八章。

2.2 数据库检索

ProQuest 检索系统的特点是:

(1) 开发历史较早,发展成熟,检索功能完善,具备简单检索、高级检索、命令行检索、以引文查找全文、出版物浏览、索引、二次检索等多种检索功能,部分数据库还具备"图和表"检索、"数据和报告"检索、"查看相似文献"等检索功能;提供十多个检索入口;可运用布尔逻辑检索、截词检索、位置算符、嵌套运算、限制检索等多项检索技术。在检索语言上,可进行自然语言检索,有叙词表供用户浏览和检索使用。

(2) 提供了检索结果的多种处理方式,可以浏览并标记记录,以保存、打印、电子邮件、导出等方式输出。

(3) 采用资源发现技术,帮助用户发现更广泛的信息,可以提供推荐主题;可以对检索结果按照来源类型、出版物名称、文档类型、主题、分类、公司/组织、地点、人名、标签、语言、文档特性、日期等进行聚类;还可以"参见相似文档"。

(4) 全文输出完整,文中的表格、图表、图像与全文一样,多数文献具备文本和 PDF 文件两种输出格式供选择。

(5) 在用户服务功能方面,提供"创建定题通告"、"创建 RSS 荟萃"、"保存检索"、添加"标签"等个性化服务;可以对选中文献创建引用列表以方便论文写作和投稿;可以通过社交网站或在线书签服务等共享文献(网页)。

(6) 界面友好,"帮助"文件完整,易学易用。

下面以 ABI 和 PRL 数据库为例介绍 ProQuest 系统的检索。

2.2.1 检索功能

ProQuest 系统具备以下检索功能:简单检索(basic search)、高级检索(advanced search)、索引(look up citation)和浏览(browse)。

(1) 简单检索

检索界面简单,只提供一个检索框,不提供检索字段选择,用户可直接键入一个单词和词组,然后提交检索式。

支持限制检索,但只有"全文(full text)"、"同行评审刊(peer reviewed)"和"学术期刊(scholarly journals)"三个限制检索条件。

(2) 高级检索

高级检索包括高级检索、以引文查找全文(look up citation)和命令行(command line)3 种检索方式,高级检索提供多个检索框,检索字段包括全字段、标签、出版物名称、文章题名、文章全文、摘要、主题词、产品、地点、公司/组织、人名、作者等,还可以使用 NAICS 分类代码、图像说明、章节等作为字段进行检索。

检索限定条件包括全文或期刊检索范围(同简单检索的限制条件)、日期、来源类型、文档类型、文档特征、语言等。

高级检索还提供检索结果排序、每页显示条数选项;此外,当选择多个 ProQuest 数据库检索时,提供"包括重复文档(include duplicate documents)"的选项。

高级检索界面功能详见图 4-1。

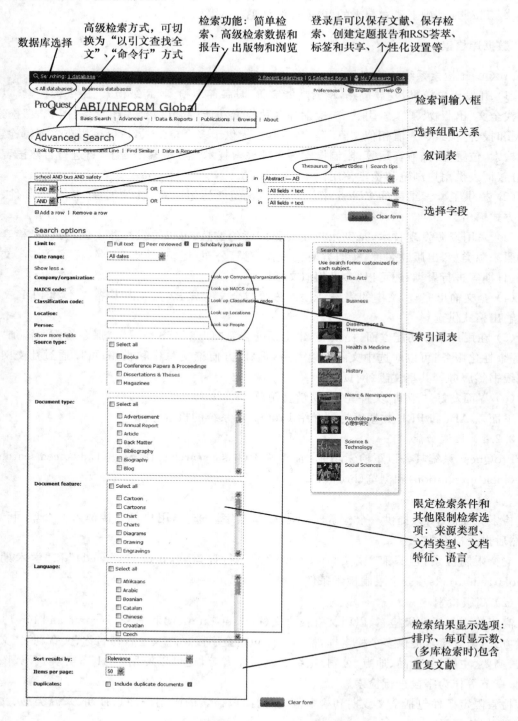

图 4-1　ProQuest 检索系统(高级检索)

(3) 索引

ProQuest 系统提供了 5 种索引：人名(person)、地点(location)、公司/组织(company/org)、产品(product)和出版物(publication)。其中前 4 种索引在选择检索字段时出现,如选中人名字段后,检索框下方出现相应的索引词表(look up person),输入任意想要查找的词汇甚至若干字母,系统会按右截断的方式显示在这之后的所有词汇,供用户查看。也可以直接按顺序翻看所有索引词。

(4) 浏览

包括特色内容浏览(browse featured contents)和树状主题浏览(topic guide, topic paths)。前者只在部分数据库中有,如 ABI/Inform Complete。也包括行业和市场研究(industry and market research)、日用品报告(commodity reports)、company reports(公司报告)、国家报告(country reports)等类目以及更多特色内容,每个类目下又可以划分到二级、三级、四级,例如：

Industry and Market Research（一级）
  Business Monitor International (BMI) Industry Reports（二级）
    Automobile industry（三级）
      Americas Automotives Insight-April 2009（四级）
      Americas Automotives Insight-April 2010（四级）
      Americas Automotives Insight-August 2009（四级）
      Americas Automotives Insight-December 2009（四级）
      Americas Automotives Insight-February 2009（四级）
      Americas Automotives Insight-February 2010（四级）
      ……
    Banking industry（三级）
      ……

用户可一层层向下浏览类目,二级类目可以选择按主题(by subject)或文献题名(by document title)浏览,三级类目可以选择浏览该类目下所有文献(view documents),四级类目是具体的文献(报告),单击即可查看。

树状主题浏览的详细说明和样例见第一章第三节。

2.2.2 检索技术

(1) 字检索与词检索：可以检索单字或词,即在检索框中直接输入要检索的字或词,如果组成词的单字为 3 个或 3 个以上,则必须使用引号将检索词括起来。例如：

information：是检索所有包括这个单字在内的文章；

information retrieval：所有包括这个词在内的文章,组成词的两个单字不分开检索；

online information retrieval：检索结果包括这个词,或词中的三个单字按逻辑 and 的关系分散出现在一个段落内,如"online database and information retrieval"等；

"online information retrieval"：只检索包含这个词的文章,即为精确匹配。

(2) 字段检索：可供检索选择的字段如表 4-1 所示。

表 4-1 ProQuest 系统频繁使用的检索字段

检索字段	字段代码	示例
摘要	AB	AB(food)
系统控制码	AN	AN(1713554)-同时检索 ProQuest 文档 ID(适用于所有文档)和第三方文档 ID(适用于 某些数据库,例如 PsycINFO)
作者	AU	AU(smith)
文档特征	DF	DF(maps)
文档 全文	FT	FT(food)
文档标题	TI	TI(food)
文档类型	DTYPE	DTYPE(literature review)
ISBN	ISBN	ISBN(3-926608-58-7) ISBN(3926608587)(可省略连字符)
ISSN	ISSN	ISSN(10673881) ISSN(1067-3881)(可省略连字符)
期	ISS	ISS(23)
语言	LA	LA(french)
地点主题	LOC	LOC(france)
人名作为主题	PER	PER(smith)
出版日期	PD	PD(20051231)
出版物名称	PUB	PUB(wall street journal)
出版年份	YR	YR(2005)
来源类型	STYPE	STYPE(newspapers)
主题词(所有)	SU	SU(higher education)
标签	TAG	TAG(benefits)
卷	VO	VO(85)

(3) 主题词表检索(thesaurus):这是 ProQuest 检索系统的特色和优势之一,即为每篇收录的文献给出了主题词(subject),并将这些主题词编辑成叙词表(thesaurus),列出各种参照和上、下位类词表;通过这个词表,显示出了数据库内容的知识体系,表现出了文献之间的内容关联和各种继承关系。

可在高级检索中使用此项功能,其词表的参照标志有:

① 用(Use instead):当前词汇已不再是主题词,使用另一主题词代替,如:information science USE INSTEAD library science,表示 information science 一词已被 library science 代替使用。

② 代(Use for):当前主题词代替另一词汇的使用。如:library science USE FOR information science,表示 library science 代替 information science 的使用。

③ 属(Broader term),当前主题词所属上位类目。如 library science 的上位类为 information industry,则表示为:library science,BROADER TERM information industry。

④ 分(Narrower term):当前主题所包含下位类目。如 information industry 的下位类目包含 library science,information retrieval 等,则表示为:information industry,NARROWER TERM library science,information retrieval。

⑤ 参照(Related terms)：与当前主题相关的主题词。如：library science，RELATED TERMS information retrieval，libraries，表示 information retrieval、libraries 等词均与 library science 相关，可以作为参考。

(4) 布尔逻辑检索：布尔逻辑算符分别为 AND、OR、AND NOT，系统默认的检索顺序为 OR、AND、AND NOT。允许使用括号将优先检索的词括起来。

(5) 位置算符检索：由于该数据库为全文数据库，故经常使用位置算符检索。主要位置算符：

① W/n(within)，如 information W/3 technology，表示两词相邻，相隔最多不超过 3 个词，前后顺序可以颠倒；

② NOT W/n(within)，如 information NOT W/3 technology，表示两词相邻，相隔至少超过 3 个词，前后顺序可以颠倒；

③ PRE/n(precede by)，如 information PRE/3 service，表示两词相邻，相隔最多不超过 3 个词，前后顺序不能颠倒；

④ W/DOC(within DOC)，表示两词包含在同一文献中，不必相邻，与布尔逻辑算符 AND 不同的是，后者表示的只是两个词在同一段落中。

(6) 优先运算(precedence)：允许使用()将优先运算的字词括起来，如"(Federal Reserve AND U. S.) OR Federal Bank"检索式，系统会优先运算"(Federal Reserve AND U. S.)"。

(7) 截词检索：使用"*"表示后截断，使用"?"做通配符，如 econom* 可以检索出 economy、economics 等，wom?n 可检索出 women、woman。

(8) 限定检索：包括：日期、来源类型、文档类型、文档特征、语言、是否仅检索全文(limit to full text)、是否仅检索学术期刊、是否仅缉拿所同行评审期刊，这些检索限定通过用户的选择，可以缩小或扩展检索范围。

2.2.3 检索结果

(1) 检索结果列表(results)

结果顺序按时间倒排，时间最近的排在最前面，包括篇名、作者、出版物名称、出版地、出版日期、卷、期、页、摘要等，每一篇文献都有引文/摘要、全文文献、全文-PDF 格式、指向全文文献的链接、UNICAT 联合目录等的图标，用户可按需求单击这些图标查看某一篇文献的记录和获取全文。

(2) 二次检索

允许用户在检索结果集中再次检索，也可以在检索结果页面修改检索。

(3) 标记文件

在目录页的文献序号左侧有一个单选框，可以标记所需文献，标记后单击生成的按钮可以显示全部所选条目。

(4) 检索结果浏览和分析

检索结果的详细记录格式包括引文和摘要、全文，其中引文包括主题、标题、作者、出版物名称、卷期、页数、出版者、出版地、出版日期、期刊主题、ISSN、来源类型、出版物语言、文档类型、子文件、DOI、ProQuest 文档 ID、文档 URL、版权等。全文文献有 HTML 格式的文本文件和 PDF 格式的图像文件两种格式供用户选择。

检索结果的排序方式可调整，可选择按照相关度或文献发表的时间先后排序。

系统对全部检索结果进行聚类，用户可依据来源类型、出版物名称、文档类型、主题、分类、公司/组织、地点、人名、标签、语言、文档特征、日期等聚类条件缩小检索结果（参见图4-2）。

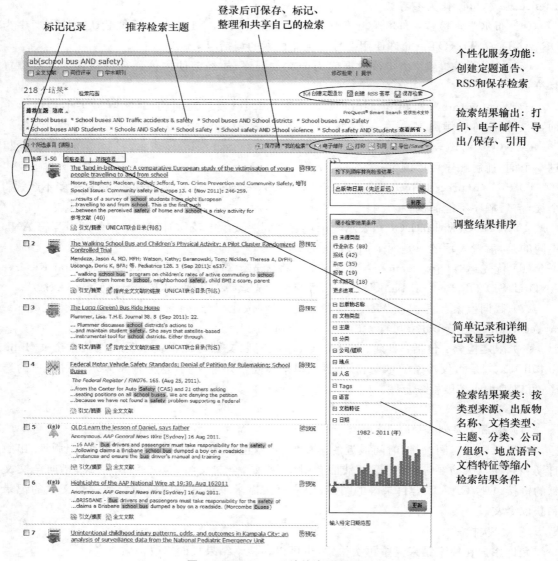

图 4-2 ProQuest 系统检索结果页面

（5）检索结果输出

提供电子邮件、打印、引用、导出/Save 等多种检索结果输出方式。

引用：将全部标记记录按指定的引文样式生成引文，然后可以将引文复制并粘贴到指定的文档，也可以对生成的引文打印、下载或电子邮件发送。

导出/Save：可以保存为为本地文件，保存格式有 PDF、RTF、HTML 或文本（无图像或文本格式）；也可以导出到个人参考文献管理工具，例如 RefWorks、ProCite、EndNote、Reference Manager、RIS 等。

2.2.4 用户服务

(1) 个人研究记录(my research)

创建"My Research(我的检索)"账户,登录后可以保存、标记、整理和共享自己的检索历史。

(2) 个性化订制服务(set up alert 和 create RSS feed)

创建定题通告(Set Up Alert):对于用户使用过的检索策略创建并计划定题通告,填写 E-mail 地址和报道周期(每天、每周、每月或每 3 个月),当有与用户的检索策略匹配的新文档时,ProQuest 系统会自动向用户传递这些文档。登录"我的检索"账户,可以修改、删除或查看所有定题通告。

创建 RSS 荟萃(Create RSS Feed):可以对于当前检索策略自动发布一个 RSS(聚合服务)文件以便调用;当新文档可用时,RSS 荟萃会自动通知用户。

2.3 系统管理服务

ProQuest 系统除了直接为最终用户提供数据库检索服务外,还为图书馆提供了一个后台管理系统——ProQuest Local Administrator(LAD),图书馆可以通过该系统管理一部分本地服务,并按需求为本地用户增加一些服务内容。

LAD 的主要功能如下:

使用报告(usage reports):按需提供统计,支持在线阅读和下载统计报告;还可以订制统计报告,系统将定期以邮件等方式发送。

账户参数(account preferences):建立到 ProQuest 多个数据库的链接和设计本地的检索参数。

书目信息(collection information):从系统中下载数据库所收文献的 MARC 格式书目记录(MARC record),便于图书馆将这些书目记录同时装载到本馆的机读目录数据库。这样,当本地用户检索图书馆目录时,也同时检索到电子期刊馆藏,并通过记录本身的链接,直接访问到所需的期刊。

跨系统的链接(linking out):包括建立 ProQuest 文献到图书馆其他资源的快速链接;配置链接和链接解析器、管理和建立 ProQuest 文献到其他电子期刊、馆际互借服务和本地 OPAC 等的链接;检索和编辑本地馆藏记录;更新本地馆藏;建立到"Google 学术搜索"的链接等。

第三节　EBSCO*host* 系统全文数据库

3.1 数据库内容

EBSCO*host* 系统是美国 EBSCO 公司的数据库检索系统,也是著名的全文数据库整合平台,目前有 170 多个数据库,主题涉及人文科学、社会科学、自然科学、工程技术、农业和医学等几乎所有学科。

数据库网址:http://search.ebscohost.com/

主要的全文数据库有:

(1) 学术期刊集成全文数据库(Academic Source Premier, ASP)

Academic Source Premier 作为《学术期刊全文数据库》(Academic Source Elite, ASE)的升级版,提供了近 4 700 种出版物全文,其中包括 3 600 多种同行评审期刊。它为 100 多种期刊提供了可追溯至 1975 年或更早年代的 PDF 过期卷,并提供了 1 000 多个标题的可检索参考文献。其涉及的学科与下文中提到的 ASC 基本相同。

(2) 学术资源全文数据库(Academic Source Complete, ASC)

ASC 是 ASP 数据库的升级版,内容上完全涵盖 ASP 数据库,属于综合学科类数据库,包括社会科学、教育、法律、医学、语言学、人文、工程技术、工商经济、信息科技、通信传播、生物科学、教育、公共管理、社会科学、历史学、计算机、科学、传播学、法律、军事、文化、健康卫生医疗、宗教与神学、生物科学、艺术、视觉传达、表演艺术、心理学、哲学、妇女研究、各国文学等学术研究领域。

ASC 收录从 1887 年开始的数据,共计收录 1.3 万多种出版物,其中包括 1.2 万多种索引及摘要,8 000 多种全文期刊,其中同行评审的全文期刊超过 7 000 种。

(3) 商业资源集成全文数据库(Business Source Premier, BSP)

Business Source Premier 是《商业资源全文数据库》(Business Source Elite, BSE)升级版,收录了 8 000 余种期刊的索引和文摘,其中全文刊约 2 300 余种,包括 1 100 多种同行评审刊名的全文。该数据库回溯了 350 多种顶尖学术杂志的全文,最早可追溯至 1922 年。数据库涉及的主题范围有国际商务、经济学、经济管理、金融、会计、劳动人事、银行等,著名的如《每周商务》(BusinessWeek)、《福布斯》(Forbes)、《哈佛商业评论》(Harvard Business Review)、《经济学家预测报告》(Country Reports from the Economist Intelligence Unit (EIU))等。

(4) 商业资源全文数据库(Business Source Complete, BSC)

BSC 是 BSP 数据库的升级版,内容上完全涵盖 BSP 数据库。提供商管财经领域的资料,包括:① BSP 原已收录的同行评审期刊;② 行业杂志和大众商业杂志、书籍/专著、案例研究、企业资料、国际学术会议论文、国家经济报告、产业报告、市场研究报告、SWOT 分析报告、工作论文(Working Paper)之外;③ 新增加的作者个人记录和访谈录(对高层管理人员和分析家)两种文献类型;④ 新增加的更多独家的文献收录渠道,如《华尔街手稿》(Wall Street Transcript)、《伯恩斯坦财务分析报告》(Bernstein Financial Data)、美国会计师协会(AICPA)独家出版物、《经济学家预测报告》(EIU)272 种全文出版品、8 种晨星基金股票分析出版品、AICPA 美国会计师协会出版品、Richard K. Miller & Associates 市场研究报告、《环球透视预测报告》(Global Insight)等,以及美国哈佛大学、斯坦福大学商学院教授的研讨会视频(Seminar Videos)。

BSC 收录从 1886 年开始的数据,包括商管财经专业 2.5 万种以上出版物的索引及摘要,其中 2.4 万多种出版物有全文资料。BSC 提供 3 000 多种期刊的全文,其中包括 1 000 多种同行评审的期刊,部分全文期刊可回溯至 1965 年或更早。

(5) 职业技术全集数据库(Vocational Studies Complete)

Vocational & Career Collection 为服务于高等院校、社区大学的专业图书馆而设计,提供了 1 800 多种全文期刊,300 多种全文图书,涉及包括制造、生物技术、多媒体技术、计算机与电子、时装设计、艺术、健康信息技术、法律、旅游、装饰、机器人、兽医等多种与职业技术教育相关的学科。

(6) 报纸资源库(Newspaper Source)

Newspaper Source 提供了 40 多种美国国家级和国际出版的报纸的精选全文,如《华盛顿邮报》(*The Washington Post*)、《今日美国》(*USA Today*)、伦敦《泰晤士报》(*The Times*(London))等。该数据库还包含来自电视和收音机的全文新闻副本以及 200 多种地区(美国)报纸的精选全文。该数据库通过 EBSCO*host* 进行每日更新。

(7) 职业发展全集数据库(Professional Development Collection)

该数据库为职业教育者而设计,它提供了 550 多种非常专业的优质教育期刊,包括 350 多个同行评审刊。该数据库还包含 200 多篇教育报告。Professional Development Collection 是世界上最全面的全文教育期刊数据库。

(8) 地区商业新闻库(Regional Business News)

该数据库提供了地区商业出版物的详尽全文收录。Regional Business News 将美国所有城市和乡村地区的 75 种商业期刊、报纸和新闻专线合并在一起。此数据库每日都将进行更新。

(9) 历史参考中心数据库(History Reference Center)

History Reference Center 提供了 750 多部历史参考书和百科全书的全文以及近 60 种历史杂志的全文,并包含 5.8 万份历史资料、4.3 万篇历史人物传记、1.2 万多幅历史照片和地图以及 87 小时的历史影片和录像。

(10) 计算机资料库(Computer Source)

收录了 250 多种关于计算机、通信、电子、互联网等高科技方面的期刊的全文。

(11) 通信与大众传媒全集数据库(Communication & Mass Media Complete,CMMC)

包括有近 800 种与通信、交流、大众传媒领域相关或相近的期刊,其中近 500 种有全文,内容可回溯至 1915 年,提供主题词表和引文索引。

EBSCO*host* 与 ProQuest 系统的全文数据库之间有内容上重复,重复比例多年来一直在 20%—40%之间,以 2008 年数据库的内容为例,可见一斑(参见表 4-2、表 4-3)。

表 4-2 ASC、ASP 与 PRL 数据库全文期刊的重复情况比较

	全文期刊	与 PRL 重复	
	(种数)	种数	比例/%
ASC	6 428	993	15.45
ASP	4 633	931	20.09

表 4-3 BSC、BSP 与 ABI 数据库全文期刊的重复情况比较

	全文期刊	与 ABI 重复	
	(种数)	种数	种数/%
BSC	3 355	1 173	34.96
BSP	2 320	928	40.00

可见,ASC、ASP 与 PRL 重复的全文期刊在数据库中的比例较低,BSC、BSP 与 ABI 重复的全文期刊在数据库中的比例较高;ASC、BSC 与 ProQuest 重复的全文期刊在数据库中的比例比 ASP、BSP 与 ProQuest 重复的全文期刊在数据库中的比例低。

3.2 数据库检索

除了下文中介绍的 EBSCO*host* 检索系统外,EBSCO 公司还最新推出了 EDS(EBSCO Discovery Service)整合系统,用户可以透过 EBSCO*host* 界面使用这一系统,同时检索 EBSCO 公司的数据库以及其他出版社的数据库。EDS 最突出的特点是整合性和个性化,具体功能如下:

(1) 一站式检索:只要一个简单的检索框即可以搜寻图书馆的所有资源。EDS 提供了整合的检索功能,可以对 EBSCO*host* 平台的所有数据库、图书馆目录以及诸如 NewsBank、Readex、LexisNexis、Alexander Street Press 等非 EBSCO*host* 平台数据库(这些数据库的出版商与 EBSCO 之间有协议)实现整合检索。

(2) 个性化功能:EDS 提供了全新的个性化服务,用户可以定制个性化网页,除了可以替换 logo、更改界面颜色之外,更具备功能服务的个性化命名、工具栏设定等高级定制设置。用户可以在检索结果页面上嵌入工具软件,也可以将 EBSCO*host* 嵌入学校或其他用户常用的网站。

(3) 发现获取服务:EDS 可以对检索结果按照主题、作者、出版社等信息进行聚类(分面检索);可以将检索记录链接到用户所在的图书馆目录(包括分馆目录)并直接显示馆藏状态,也可以链接到 EBSCO 以及其他系统的相关数据库,通过 EDS 的全文链接、引文链接服务(LinkSource)可以方便地实现检索结果的全文获取。

下面以"学术期刊集成全文数据库库"(ASP)和"商业资源集成全文数据库"(BSP)为例介绍 EBSCO*host* 系统的检索。

3.2.1 检索功能

EBSCO*host* 系统包括的检索功能有:

简单检索(basic search);

高级检索(advanced search);

视觉检索(visual search),也称可视化检索;

浏览:包括树状主题浏览(subjects)、出版物浏览(publications);

索引(indexes):包括作者、作者关键词、公司/实体、文献类型、地点、标题词、期刊名称、语种、人物、ISBN 和 ISSN 等多个字段的索引;

除了上述共有的检索功能外,ASP 数据库还有引文检索(cited reference),BSP 数据库还有图像检索(images)。

(1) 简单检索和高级检索

简单检索只有一个检索框,可以输入任意检索词,不限定检索字段;高级检索允许输入 3 个检索条件,可以选择检索字段并输入检索词(参见图 4-3)。简单检索和高级检索均可使用检索选项。

(2) 视觉检索(可视化检索)

视觉检索即将检索结果以人们容易理解的图形图像的形式呈现,既直观地表现了知识点之间的关联、知识体系的架构,也方便用户查找相关的资料。

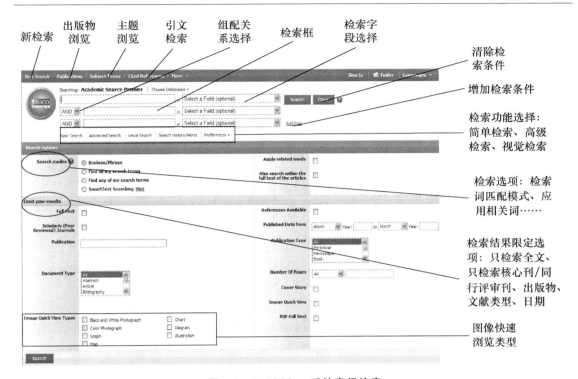

图 4-3　EBSCOhost 系统高级检索

例如图 4-4，在视觉检索功能界面下输入"stem cells"并检索后，系统开始载入检索结果，检索结果按主题或出版物进行聚类后以图形显现，每个大类又可随时展开二级、三级甚至四级类目，直至在右侧出现检索结果的具体内容。检索结果还可以按照发表时间、文献类型等随时改变排序或进行过滤，按时间或文献类型显示的检索结果也以图形的形式展现。

简单检索和高级检索、视觉检索都有几种检索模式供选择使用，高级检索的检索选项略多于简单检索。包括：

Boolean/Phrase：布尔逻辑检索和短语检索，可以使用布尔逻辑算符和优先算符（），例如 education AND (information technology)，如果输入一个字符串而没有任何算符，系统就默认为精确匹配。

Find all my search terms：全部字词命中，只要输入一个字以上的词，则默认为每个单字之间是逻辑 and 的关系，检索结果包含全部单字，但字与字可以分开，顺序可以颠倒。例如输入"online information retrieval"，系统默认为"online AND information AND retrieval"，检索结果包含全部 3 个单字，但 3 个单字之间可以任意组配，如：

online，information retrieval

retrieval，online information

等等。

Find any of my search terms：任意字词命中，只要输入一个字以上的词，系统会默认每个单字之间是 OR 的关系，检索结果则包含其中任意一个单字，但最具相关性的结果排在最前面；如果用""号将要检索的词括起来，则检索结果包含这个词的全部。例如输入"online'in-

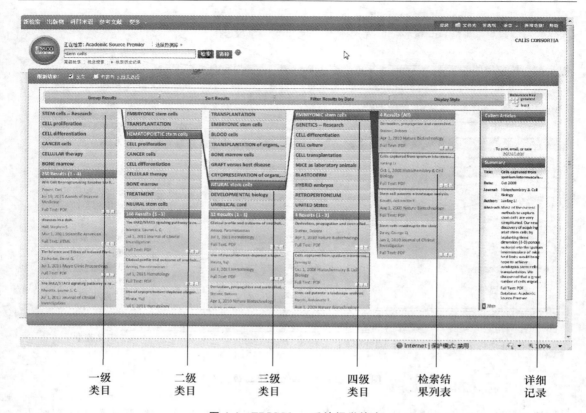

图 4-4　EBSCO*host* 系统视觉检索

formation retrieval'",系统默认为"online OR 'information retrieval'",检索结果包含"online information retrieval"、"online"或者"information retrieval",包含"online information retrieval"的结果排在最前面。

SmartText Searching:智能文本检索,这是 EBSCO*host* 独有的检索方式,可以输入想要检索到的任何文本,例如短语、句子、段落甚至整页的文本。

此外还可选择如下选项:

Apply related words:应用相关字词。

Also search within the full text of the articles:也可在全文范围内搜索。

（3）浏览

包括主题(subject)和出版物(publication)的浏览。

树状主题浏览:主题词可以进行检索或按字顺浏览。

输入关键词单击浏览(Browse),系统可自动在主题词表中定位,如果有完全匹配的主题词,则会精确定位;如果没有完全匹配的主题词,也会定位到词表中匹配度最高的主题词。匹配主题词的选项有 3 个:Term Begins With(词语的开始字母)、Term Contains(词语包含)和 Relevancy Ranked(相关性排序)。

浏览或定位到某个需要的主题词以后,可以单击词语查看详细资料,包括该主题词的上位词、下位词、相关词等,可选择一个或多个主题词添加到检索框中进行文献检索,如果选择某个主题词后的"Explode(展开)"选项,则表示同时检索该主题词的下位词和相关词。主题词表的详细使用方法,可参见第一章 2.7 节相关示例。

出版物浏览:收录了数据库中所有的刊物,可使用刊名进行检索或按刊名、卷期浏览,每种刊物还提供了国际统一刊号、更新频率、价格、出版者、学科、主题、收录文摘或全文的起始时间等信息。

(4) 索引

包括多个字段的内容索引,如作者、关键词、机构名称、地理名称、人名、期刊名称、主题词、出版年、ISSN 号、ISBN 号等,选择字段,输入姓名或关键词等,系统自动按字顺定位到索引表中相应的词语。索引表的使用方法同"(3)浏览"。

(5) 其他资源和服务功能

在检索系统上还提供了一些相关信息的特色资源及其检索服务,包括:

公司概况浏览(company profiles):可按公司名称浏览公司完整报表,还提供公司地址、行业等信息。

图像数据库:EBSCO*host* 的图像收藏(image collection)提供超过 18 万幅人物、自然科学、历史图片和地图、旗帜等图像;图像快速查看收藏(image quick view collection)提供来自 EBSCO*host* 数据库全文中包含的图像的缩略图。选择上述两项收藏可以检索相关的图像或全文资源,检索界面类似于简单检索,支持检索选项,但选项仅限于检索模式和检索结果限定中的图像类型限定。

3.2.2 检索技术

(1) 字检索与词检索

在检索框中直接输入要检索的字或词,检索结果包含字词的词性变化或单复数等,例如输入 technology,检索命中结果会包含 technology 和 technologies、technological 等;但对于按顺序输入的多个单词或词组,其命中结果中各个单词的位置关系不变,例如输入 new information technology 会命中 new information technology、new information technologies 和 new information communication technologies,但不会命中 information technology 和 new。

(2) 字段检索

ASP 主要使用 7 个字段作为检索入口,BSP 主要使用 18 个字段作为检索入口,常用字段代码分别为:

全文(all text)——TX

作者(author)——AU

文章题名(article title)——TI

文摘(abstract)——AB

主题(subject terms)——SU

作者关键词(author supplied keyword)——KW

出版物名称(publication name 或 source 或 journal name)——SO

国际统一刊号(ISSN)——IS

数据库存取号(accession number)——AN

在高级检索中使用的方法是先选择字段代码,然后输入检索词。作者的输入方式特别规定为"姓,名"格式,如"Wiley, Ralph"。

(3) 布尔逻辑检索

适用于所有检索功能,运算顺序为 AND、OR 和 NOT。

(4) 位置检索

共两个算符,"N"表示两词相邻,顺序可以颠倒,例如"information N retrieval"的检索结果同时包括 information retrieval 和 retrieval information;"W"表示两词相邻,但顺序不能改变。N 和 W 都可以用数字表示两词中间相隔的词的数量,如"information W2 management"的检索结果可以包括 information management,information technologies and management 等。

(5) 截词检索

没有前截断;使用"*"符号代表后截断,如 comput*,可检索 compute、computer、computing、……;使用"?"代表中截断(也称通配符),如 defen?e,可检索 defense 和 defence。

(6) 优先运算

允许使用括号将优先检索的词括起来。

(7) 检索限定与扩展

有多种检索限定条件,包括:

Full Text:只检索全文文献。

Scholarly (Peer Reviewed) Journals:只检索学术期刊(同行评审期刊)。

Publication:只检索特定出版物中的文章。

Image Quick View:只检索能够快速查看图像的文章。EBSCO 数据库中有些文献全文中含有图片或图表、照片、地图等,为了更好地揭示这些信息,EBSCO 除了提供 PDF 格式的全文外,还对全文中的这些图像提供可预览的缩略图,用户可以只检索这些能够快速查看图像的文章。

References Available:只检索有参考文献的文章。

Published Date:出版日期。

Number Of Pages:页码。

Image Quick View Types:图像快速查看类型,包括黑白和彩色照片、各种图表、插图、地图等类型。

Cover story:只检索有封面报导的文献(适用于高级检索)。

PDF Full text:只检索 PDF 格式的全文文献(适用于高级检索)。

特殊限定条件对于不同的数据库选项不同,例如对于 ASP 只有出版物类型(Publication Type)和文献类型(Document Type)限定,而对于 BSP 则除了上述两种限定条件外,还有产品名称(Product Name)、公司/实体(Company/Entity)、股票代码(Ticker Symbol)、NAICS/行业代码(NAICS/Industry Code)等多种特殊限定条件。

3.2.3 检索结果

检索结果可以按相关度、时间、作者、来源出版物排序。

检索结果列表显示每一个记录的文章篇名、作者、刊名、卷期、页数,并用图标显示全文是 PDF 格式还是文本格式(HTML 格式)。对于图像文献或带有图像的全文文献也显示缩略图。

单击文献篇名或篇名后的预览图标,可以查看文献详细信息,包括文章篇名、刊名、作者、出版者、出版地、出版日期、卷期、页数、国际统一刊号、主题词、文摘、全文、附注、参考文献、收录数据库及数据库识别号等,文章中如果包含照片图片图表地图等还会显示图像缩略图。全文为 PDF 格式、图像文件为 JPEG 格式。

在详细记录显示页面选择相应的图标可以对记录进行打印、保存、E-mail 发送、引用本文(cite this article)、输出到个人文献管理工具(export to bibliographic manager)、添加到个人收藏夹以及添加注释等。

3.2.4 用户服务

（1）提供多种检索结果后续处理功能：除了支持对检索结果直接输出到常见的 EndNote、ProCite、CITAVI、Reference Manager、RefWorks 等个人文献管理工具中外,还支持其他通用的参考文献管理软件(Generic bibliographic management software),也可以将结果保存为 XML、BibTeX、MARC21 等格式的题录。

（2）自动生成参考文献(cite)：可以对当前记录按照不同期刊的投稿格式自动生成参考文献,为论文写作提供帮助。

（3）订制服务(Alers)：对于用户使用过的检索策略提供最新目次报道服务,单击"Search history"显示系统中保存的检索策略,填写注册过的用户名和密码可以保存检索策略并对选中的检索策略提供最新目次报道服务。

（4）全文链接服务：凡是数据库没有全文的文献,均可以使用链接服务系统 Serial Solution 的全方位链接服务"360 Link to Full Text"（图标 ）寻找数据库之外的全文,也提供到本地书目系统的馆藏查询服务。

3.3 系统管理服务

EBSCO*host* 系统除了直接为最终用户提供数据库检索服务外,也为图书馆提供了一个强有力的工具——EBSCO*Admin* 管理系统,允许图书馆员对提供给本馆用户的检索服务进行后台管理。EBSCO*Admin* 系统主要包括的功能模块如下：

客户化设置(customize services)：包括检索、数据库、结果显示、链接、风格等页面和功能的客户化设置,还可设置传递选项、多语种选项等。

图书馆馆藏目录(local collection)：允许图书馆增加、删除、修改本馆的印刷本馆藏的题名、馆藏地址等,使用户能够在查到电子期刊的同时,了解到本馆是否收藏有纸本期刊。

用户报告与统计(reports & statistics)：提供标准的用户使用报告和各种统计,例如符合"COUTER"标准的统计、个性化的统计、图表统计,并可按时间订制统计报告等。

数据库来源出版物列表(database title list)：提供数据库中收藏的所有期刊以及其他来源出版物的列表,包括 MARC21 格式、HTML 格式和表格格式的列表,供图书馆载入馆藏目录和电子期刊导航系统之用。

第四节　LexisNexis 系统全文数据库

LexisNexis 成立于 1973 年,是社会科学领域最早提供数据库服务的公司,最初只是 Lexis 公司,1979 年 Nexis 公司加盟,更名为 LexisNexis 公司,并提供同名数据库的联机检索服务；1994 年成为 Reed Elsevier 集团的子公司。多年来,LexisNexis 为高等院校、企业界、政府及法律机构等提供全方位的资讯服务,其数据库提供 4 万多种法律、新闻和商务资源,超过 50 亿个可搜索的文档,在资讯产业位居领先地位。产品主要有 LexisNexis Academic(学术大全数据库)及 Lexis.com(全球法律信息数据库)、Nexis.com(新闻信息数据库)等数十个产品。

4.1 学术大全数据库

4.1.1 数据库内容

1998 年,LexisNexis 公司为了进一步占领大学、学术机构和个体研究人员这个市场,从已有的各类数据库中,遴选出适合大学和学术研究使用的内容,专门做了一个《学术大全数据库》(Academic Universe),后更名为 LexisNexis Academic。该数据库全文资料来自于 1.6 万多种信息源(数据截止到 2010 年),收录范围涉及新闻、法律、商业、医学等领域。涉及学科包括:会计税务、农业林业、汽车、银行金融、化学、服装、计算机技术、建筑、国防、电子、能源、工程、艺术、食品、医疗健康、生活消费品、信息服务、保险、互联网、法律、制造业、市场广告、媒体出版、金属矿产、造纸包装、生物医药、房地产、批发零售贸易、体育、电子通信、物流仓储、旅游等学科领域。

(1) 新闻:收录 1 000 多种报纸;300 多种杂志和期刊以及 600 多种新闻简报;电视台、广播电台和通讯社的文字新闻稿;国会委员会听证记录,以及有关州政府、司法部门、国防部门及总统新闻发布会的简讯。内容包括一般新闻、今日新闻、美国新闻、世界新闻、广播电视新闻、校园新闻、外语新闻(西班牙语、法语、荷兰语、意大利语、德语)、商业行业新闻等。内容摘自报纸、期刊、有线新闻、通讯、报告等。著名的英语报纸有 50 余种,如《金融时报》(*Financial Times*)、《纽约时报》(*New York Times*)、《华盛顿邮报》(*Washington Post*)等都收录有 20 多年的全文。

(2) 商业资讯:收录全面的商业信息资源,包括商业和财务新闻,提供有关美国及国际公司的财务信息,信息来源主要包括政府或私人资源、市场调查、行业报告以及美国证券交易委员会档案文件等。

(3) 法律研究:收录 500 多种出版物的法律评论文章;300 多种法律报刊、杂志和新闻简报的法律新闻;美国联邦及 50 个州的法律法规、案例;国际法律法规资料及案例;专利资料;法学院名录;1789 年以来的《谢泼德引文》(*Shepard's Citations*)等。

(4) 医学资讯:收录医学和健康新闻资源;医学和健康期刊;国家图书馆的联机医学文献分析和检索摘要等。

(5) 参考文献:传记信息;美国州县概况;公共舆论研究;名人名言;世界年鉴。

其中新闻和商业、法律三类是该库最具特色的收藏,每日更新。

LexisNexis Academic 数据库的特点是:

(1) 内容收录完整,特别是包括有许多正式出版发行渠道不能得到的半正式出版物,如政府出版物、各类统计报告、法律案例等,极大地弥补了其他期刊全文数据库的不足。

(2) 全文收录比例很高,约占 90%;但广泛的收录也使得内容有些杂乱,有些学术性不强的文献也被收录在内。

(3) 数据库检索系统具备个性化检索功能,即针对所收出版物的特点增加了一些检索或限定功能,例如在法律案例的字段限制检索中,就增加了"当事人名称"(party name)、"律师"(attorneys)和"法官"(judges)等检索点。

(4) 允许进行全文检索。界面友好,简单易学。

(5) 检索功能没有 ProQuest 系统和 EBSCO*host* 系统完善,因而降低了查准率。

(6) 不足之处:全文输出不够完整,带有图表、图像或表格的文章通常只给出了文字,还有些文章只能浏览部分段落章节。

LexisNexis Academic 与 ProQuest 系统全文数据库、EBSCO*host* 系统全文数据库类型相同,其内容也有一定的重复性(多为期刊的重复),重复率一般不到 10%,如表 4-4 所示。

表 4-4　LexisNexis® Academic 与 ABI、PRL、ASP、BSP 的信息源比较(据 2009 年数据)

	LexisNexis Academic	ABI	PRL	ASP	BSP
收录种数	16 265/2 166	2 563	2 365	3 956	2 339
Lexis 与其重复种数	—	509	328	249	446
Lexis 期刊与其重复种数	—	354	223	195	310

注:LexisNexis Academic 的 1.6 万多种信息源指全部的全文信息源,包括期刊、新闻、报告、法令等,其中正式出版的期刊 2 166 种;而 ABI、PRL、ASP、BSP 的信息源主要指的都是期刊。

数据库网址:http://origin-www.lexisnexis.com/ap/academic/

4.1.2　数据库检索

4.1.2.1　检索功能

主要分为简单检索(easy search)和高级检索(power search),系统将这两种检索方式称为一般检索(general searching);此外系统还设计了特别的检索方式和其他有用的功能,包括:新闻、国际判例资讯、国际立法资讯、国际期刊资讯、美国法律、公司资讯、学科领域、资源列表。

(1) 简单检索

包括 6 种资源类型的检索,并分别针对不同的检索范围设计检索字段和检索限定,详见表 4-5。

表 4-5　LexisNexis Academic 简单检索字段与功能

资源类型	检索功能	默认检索字段	检索限定条件
综合检索 Combined Search	检索复合资源	关键词	期限、文献类型来源
新闻检索 Search the News	涵盖 1980 年后新闻	关键词	文献类型、资料来源名称
公司资讯检索 Get Company Info	涵盖 4 300 万家企业资讯	公司名称、公司股票代码	
判例检索 Look up a Legal Case	涵盖美国判例	引证号、当事人名称、主题	
英联邦案例检索 Look up Commonwealth Cases	涵盖英联邦判例	引证号、当事人名称、主题	
人物资讯检索 Research People	涵盖公众人物	姓氏、名字	资料来源

(2) 高级检索

高级检索主要是关键词检索,检索类型包括关键词组配检索(terms & connectors,中文界面译为"精确")和自然语言检索(natural language,中文界面译为"模糊")。关键词组配检索支持字段选择和布尔逻辑,可以输入例如:PUBLICATION(New York Times),HEADLINE(Obama),BYLINE(Smith)等检索式;自然语言检索可以任意输入词组或短语等。

高级检索允许进行时间和来源的检索限定,其中时间限定可以到具体某个日期、某天之前、某天之后、前一周、前一月、最近1年等多种;来源包括前面提到的新闻、公司资讯、法律判例等各个资源类型(参见图4-5)。

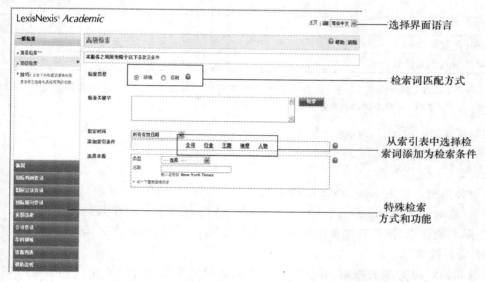

图 4-5 LexisNexis® Academic 检索系统(高级检索)

(3) 索引

系统还提供了"增加索引词(index terms added)"的功能,包括公司(company)、行业(industry)、主题(subject)、地理(geography)和人物(people)5种索引检索入口,用户可以选择一种索引,输入关键词,在索引词表中定位后选择一个或多个索引词,将其添加到检索框中,和前面的关键词检索策略进行组配检索。

(4) 其他特殊检索功能

除了一般检索(包含简单检索和高级检索)外,系统还针对不同资源类型以及不同的主题领域和来源等设计了特殊的检索方式,详见表4-6。

表 4-6 LexisNexis Academic 特殊检索方式和功能

资源类型/主题	检索内容/功能项目	检索方式/功能
新闻 News	All News Regional News TV & Radio Transcripts Foreign Language College & University Business & Industry	关键词检索 支持多个检索条件 检索字段包括全文、作者、标题、主题索引词、至少出现5次(见表后注)等 检索限定包括时间、来源(报纸、杂志、新闻稿等类型或具体的名称)、新闻类型

续表

资源类型/主题	检索内容/功能项目	检索方式/功能
国际判例资讯 International Case Law	EU, Commonwealth, and Other Nations Australian Commonwealth, State & Territory Case Law Hong Kong Cases UK Cases, Combined Courts Canadian Cases	同一般检索的高级检索 没有"增加索引词"功能
国际立法资讯 International Legislation	Canadian Legislation Statutes and Statutory Instruments of England and Wales Butterworths Statutes of South Africa Laws of Hong Kong Statutes & Statutory Instruments of Scotland Statutes of Malaysia (English)	浏览和检索 检索支持关键词检索 检索技术支持布尔逻辑和位置算符 检索字段包括法律类型、名称、条文等
国际期刊资讯 International Journals	Canadian Law Journals Hong Kong Law Journal UK Law Journal	关键词检索 支持多个检索条件 检索字段包括全文、作者、标题、主题词、至少出现5次 检索限定包括时间和来源(法律期刊名称)
美国法律 US Legal	Federal & State Cases Shepard's? Citations Landmark Cases Federal Statutes, Codes & Regulations State Statutes, Codes & Regulations Law Reviews Legal Reference Patents Tax Law	关键词检索 支持多个检索条件 检索字段包括全文、作者、标题、主题词、当事人名称、法律专题、法官、律师、至少出现5次;专利检索字段包括专利名称、申请人、发明人、专利号等;谢泼德引文(Shepard's)的默认字段是"引文(引证,citation)" 检索限定包括时间和来源(法律、参考工具书等);管辖区域;法律类型等
公司资讯 Company Info	Company Dossier™ Dossier™ Create a Company List Dossier™ Compare Companies Company Profiles SEC Filings	支持多个检索条件,包括公司名称、股票代码、DUNS号、公司类型、(公司所在)城市、州和国家等
学科领域 Subject Areas	AreasAccounting Environmental Studies Health and Medical Care Government & Politics	关键词检索,允许选择多个关键词之间的组配关系,包括布尔逻辑和位置算符 检索限定包括时间和来源(期刊)

续表

资源类型/主题	检索内容/功能项目	检索方式/功能
资源列表 Source（来源出版物）	Browse Sources Find Sources	浏览：可按出版物类型（publication type）、新闻和商业主题（news & business topics）、行业（industry）、法律领域（area of law）浏览；可按国家（country）和主题（topics）进行过滤；或者直接单击资源目录进行浏览 查找：可按关键词或字母顺序查找，可输入资源名称关键词，限定查找条件包括出版物类型和主题 浏览或查找到具体资源后，单击"i"图标可以查看该来源的信息介绍，选择一个或多个来源确定后可添加到高级检索界面的来源框中进一步检索

注："至少出现5次"是LexisNexis系统特有的检索字段，目的是按照词频检索相关新闻。

4.1.2.2 检索技术

（1）字检索与词检索：系统默认的是词检索，即在输入两个以上单字的单词时，可以不必使用引号，检索结果包含全部检索词。

（2）字段检索：系统的个性化检索功能设计的比较好，不同类型资源的检索字段各自体现资源特色，具体字段名称可参见表4-6。

（3）布尔逻辑算符：使用AND、OR、AND NOT三种逻辑算符。

（4）位置检索：由于Academic收录内容90%以上是全文，所以位置算符尤其使用的比较多，主要有：

W/n：表示两个概念在同一文件中相邻，相隔不超过N个词，顺序可以颠倒。例如：merge W/3 acquisition。

W/S：表示两个概念在同一句话中相邻，顺序可以颠倒。

W/P：表示两个概念在同一段落中相邻，顺序可以颠倒。

PRE/n：表示两个概念在同一文件中相邻，相隔不超过n个词，顺序不能颠倒。

相反含义的位置算符有NOT W/n、NOT W/S、NOT W/P。

（5）截词检索：使用"*"和"!"作为中截断和右截断的算符，其中"*"号也可用于有限截断，即限定被截断的字母的个数，如wom*n，检索结果为woman、women，bank**可以检索bank、banker，但不包括banking；"!"则不限定字母个数，如intelligen! 表示intelligent、intelligence等。

（6）检索限定：一般都有日期、来源两种限定，日期限定可以具体到某一天，来源限定一般为出版物名称或新闻网、电视台等的名称，例如法律期刊名称，法律参考工具书、新闻博客、CNN新闻等，也有一些是行政范围，例如地区新闻中限定美国各州的名称、加拿大各省的名称、世界各国的名称等；部分不同的文献类型提供不同的检索限定，例如法律判例的管辖范围，可参见表4-5、表4-6。

(7) 优先算符：允许使用括号做优先算符，括号中的检索式优先运算，如：(bill W/3 clinton) OR (george W/3 bush)。

(8) 禁用词：共有 12 个禁用词不被检索：the　and　of　his　my　when　there　is　are　so　or　it。

4.1.2.3　检索结果

(1) 检索结果列表：按相关度和时间顺序显示检索结果的题录，包括文献名称、作者、来源出版物、出版日期、卷期、页数等。

(2) 详细记录格式：显示记录的全部内容，并以红色字体标明检索关键词。详细记录页面下还显示当前检索策略、数据来源、记录排序依据等信息，如图 4-6 所示。

图 4-6　LexisNexis 系统记录样例

(3) 文件格式：全部为 HTML 的文本格式。

(4) 二次检索：可以对当前检索结果进行二次检索，方法是在检索结果界面的"search within result"检索框中输入二次检索条件。也可以单击"修正检索"按钮，重新修改检索式。

(5) 标记文件：在检索结果列表页面，序号左侧有一个单选框，可以标记所需文献。

(6) 文件输出：单击显示页面右上方的相应图标可以对一个或多个标记的记录进行打印/E-mail 发送/下载保存/输出到参考文献管理工具。

4.1.2.4 用户服务

(1) 维基服务（research guide wiki）：提供关于检索指南的维基服务，用户可以进入该维基网站查看系统的使用帮助信息，注册后还可以进行讨论和内容编辑等。

(2) 视频指南（video tutorials）：系统为用户提供视频培训教程，方便用户掌握系统的使用方法。

4.2 全球法津信息数据库

4.2.1 数据库内容

《全球法律信息数据库》(Lexis.com)是 LexisNexis 公司为法律专业人士开发的网上法律信息产品，包括各类法律法规、案例、专题论文、新闻、相关评论以及各种文献资料等专为法律专业研究人员和律师提供的权威性、全球性法律信息，内容丰富。Lexis.com 与 LexisNexis Academic 两个数据库产品只有法律部分是重复的，约占其总内容的 10%—15%，Lexis.com 法律领域收录的内容比 LexisNexis Academic 多出 1 倍。

Lexis.com 数据库具备浓厚的法律学科特色，其文献来源可以充分说明这一点：

(1) 法律原始文献：美国联邦与各州约 300 年的判例，如美国最高法院 1790 年至今的判例、美国地方法院 1789 年至今的判例、破产法院、国贸法院、税务法院等专门法院的判例；美国联邦和各州的立法资源；英美立法和政治制度。

(2) 法律二次文献：法律期刊、专著、Mealey 法律报告和会议资料，可以从中查询美国法学院和律师协会的学习材料、美国法律报告和美国法学、法律时事通讯、律师杂志、美国和加拿大法律评论、加拿大法律评论、美国法律评论和期刊、Martindale-Hubbell 列表、美国法学、美国法律报告、美国高级法院律师版本的注解、Martindale-Hubbell 法律摘要和声明原则等；以及全球性法律新闻实践领域的法律新闻，如财务法、海事法、反托拉斯法、银行法、破产和商业法、宪法、建筑法、合同法、版权法、网络安全法、电子商务法、药品和医疗设备诉讼法、人力资源法、移民法、国际法、就业法、退休金与福利、个人伤害保障法、个人隐私保护法、公共契约法、老年人法、能源法、财产与信贷法、道德规范、健康与护理法、科技与智能财产法、不动产法、家庭法、证券法、税法等领域。

(3) 各国法律资源：包括阿根廷、印度、爱尔兰、意大利、澳大利亚、马来西亚、文莱、墨西哥、加拿大、新西兰、中国、北爱尔兰、俄罗斯、独联体、英格兰和威尔士、苏格兰、欧共体、法国、德国、匈牙利、新加坡、南非和大不列颠及北爱尔兰联合王国等 27 个国家的法律资料。

(4) 62 个法律领域的综合资料：如行政管理法、海事法、反托拉斯和商务法、银行法、破产法、宪法、商法、建筑法、合同法、公司法、版权法、刑法、网络安全法、电子商务法、人力资源法、移民法、保险法、国际法、国际贸易法、劳动与就业法、诉讼法、医疗法、公司兼并法等的的原始文献信息（法律法规、判例、条约、行政规定、立法材料等）、二次文献信息（各种相关的期刊、杂志和报告文章、会议资料、相关新闻、参考资料和文档)。

在收录上述内容时,考虑到使用对象特点,专门增加了以下内容:

① 案例概述(case summary):由公司专门聘请律师撰写。

② 核心要点(core concept):每个案例的法律关键要点所在。

③ 检索顾问(search advisor):按法学特点提供了主题浏览系统,每个主题下都可以找到法律案例、条文、法律评论和相关新闻。

④ 谢泼德引证服务(Shepard's Citations service):"谢泼德引证"是美国联邦最高法院和联邦各州高级法院的法律索引,专门供法律人员查找与某一案例相关的案件、意见和法律条款以及追录案件是否后来已经被批准、被区别、被推翻,或者是否已由其他法院做了其他评注,等等。

作为著名的法律数据库,Lexis.com 与其他相类似的数据库如 Westlaw(见本章第五节)、HeinOnline(见第五章)之间有少量重复,但各有特色,其内容比较如表 4-7 所示。

表 4-7 Lexis.com、Westlaw 和 HeinOnline 内容比较(据 2010 年数据)

收录范围	Lexis.com	Westlaw	HeinOnline
案例	近 300 年美国联邦和各州的判例法案例;27 个国家的法律信息	美国(联邦和州)自 1658 年起所有案例;英国、欧盟、澳大利亚、香港、加拿大最早自 1825 年起所有案例	世界著名审判,最早追溯到 1700 年左右;美国最高法院文库
法律法规	美国联邦和各州的立法和法律法规;英美立法和政治制度材料;27 个国家的法律信息	英国、美国、欧盟、香港、加拿大的法律信息	美国联邦法典;美国联邦立法史;美国法令全书
法律期刊	967 种全球法律期刊、杂志和报告,可以回溯到 1980 年	超过 1 000 种法学期刊和法律评论,大部分期刊可回溯到 1960—1970 年代	期刊文库收录期刊总计 1 300 余种,几百种期刊始于其曾经出版的最早一期
文库	法律专业书籍;美国法律考试相关资料;法律报告和会议资料,新闻等	专著;法院文档;法律重述资料;美国法律考试相关资料;全球法律新闻等	英文报告;美国联邦纪事;国际法;美国总统事物文库;条约、协定文库;美国司法部意见等
专利资料	1979 年以来欧洲、美国、日本专利资料全文	Derwent 世界专利法律资料库	无

由表 4-7 可以看出,Lexis.com 和 Westlaw 是综合性法律数据库,收录的资料范围比较广也有所不同,注重较新资料的收集;Heinonline 是回溯性数据库,期刊和其他资料的起始收录年限都比 Lexis.com 和 Westlaw 早,收录范围以美国及其相关的资料为主。仅从期刊品种的比较来看,Westlaw 与 HeinOnline 期刊重复数为 300 余种,与 Lexis 期刊重复数是 400 余种。

数据库网址:http://origin-www.lexisnexis.com/ap/auth/

4.2.2 数据库检索

Lexis.com 与 LexisNexis Academic 使用同一检索系统,因此在检索技术和检索结果上二者颇为类似,本节对此不再介绍,主要侧重于检索功能。

Lexis.com 在检索功能方面主要有两个特点:

一是由于是针对法学界人士提供法律方面资料的检索服务,因此在检索上具备法学特点,方便实用。

二是与其他检索系统不同的是,Lexis.com 的中英文检索平台不仅仅是界面文字不同,在内容上也有所不同。中文系统的内容比英文系统的内容要少,在资料分类体系上也仅仅由案例、法律法规、期刊、国际条约四个部分组成。

图 4-7 将以英文检索系统为例,介绍 Lexis.com 的特色检索功能。

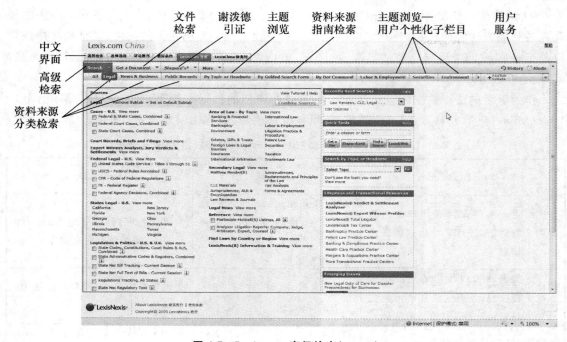

图 4-7　Lexis.com 高级检索(search)

4.2.2.1　高级检索(search)

即按照资料的来源进行检索,具体包括的检索方式有:资料来源分类检索、资料来源指南检索、指令检索。

(1) 资料来源分类检索(sources)

即将所有的资料按照来源分为法律(legal)、新闻与商业(news & business)、公众记录(public records)三类,每一类下面按资料来源又分出二级、三级类目,呈树状结构,可选择单个或多个类目进行检索,类目结构如下:

法律(legal)

　　美国案例(cases-U.S.)

　　　　联邦和州案例(Federal & State cases)

　　　　联邦法院案例(Federal Court cases)

　　　　州法院案例(State Court cases)

　　法院记录,简版和详版(Court records,briefs and filings)

　　专家鉴定人分析,陪审团,协议(expert witness analysis,jury verdicts & settlements)

　　美国联邦法律(Federal legal-U.S.)

......
美国各州法律(State legal)
......
立法与政治(legislation & politics)
......
法学主题(area of law-by topic)
    银行与金融服务(banking & financial services)
    破产(bankruptcy)
    环境(environment)
    不动产、馈赠与信托(estates, gifts & trusts)
    外国法律和法律资源(foreign laws & legal sources)
    保险(insurance)
    国际仲裁(international arbitration)
    国际法(international law)
    劳动与雇佣(labor & employment)
    诉讼实践与程序(litigation practice & procedure)
    专利法(patent law)
    证券(securities)
    税收(taxation)
    商标(trademarks)
法律二次文献(secondary legal)
    ......
    百科全书(encyclopedia)
    法律评论和期刊(law reviews & journals)
    ......
法律新闻(legal news)
参考工具(references)
......
新闻与商业(news & business)
    综合新闻(combined sources)
    新闻(news)
    市场与行业(market & industry)
    科学与技术(science & technology)
    国家与地区(美国以外)(country & region)
    公司与金融(company & financial)
    特色内容与服务(featured & serveices)
    单种出版物(individual publications)
        纽约时报(The New York Times)
        华盛顿邮报(The Washington Post)

......
公众记录(public records)
......

(2) 资料来源指南检索(guided search forms)

将全部资料粗分为十多个大类,类目之间无级别划分,在每一类中根据资料情况进行字段指南检索,比较适合不熟悉数据库或不熟悉法律的人使用。例如:"联邦法律"(Federal legal)可以使用关键词和案例分类检索;"法律主题"(area of law)可以按照法律分类(如行政法、诉讼法等)和关键词检索;"案例"(cases)可以按时间、当事人、辩护律师、法官、法院等字段检索;"法律评论"(law reviews)可以按照关键词、出版物名称、作者等字段检索;等等。

(3) 指令检索(dot command)

即命令检索,需由用户写入检索指令,详见第一章第3.2.6小节。

4.2.2.2 简单检索

(1) 文件检索(get a document):可以按照引证(citation)、当事人名称(party name)、备审案件号码(docket number)等直接、快速检索某个案例的资料,检索过程中可以对法院名称进行限定。如果同时检索多个案例的文件,系统还提供了"get & print"功能。

(2) 谢泼德引证检索(Shepard's-check a citation):可以通过题内关键词(KWIC)和全文检索两种方式查询如下内容:一是某一案例的权威性,即通过案件判决后被引证、利用、是否被推翻的情况了解该案例是否具备权威性,是否对类似案例的判决有参考性;二是对某一案例的研究,即通过了解案例判决前和判决后的各方面的情况对其进行研究。

4.2.2.3 浏览(by topic)

构建了法学的树状分类体系,用户可以一层层浏览下去,直到在叶子节点找到相关文献。体系结构如下:

行政法(Administrative Law)
海事法(Admiralty Law)
反托拉斯和贸易法(Antitrust & Trade Law)
银行法(Banking Law)
 银行行为(Bank Activities)
  银行账号(Bank Accounts)
   储蓄账号(Deposit Accounts)(节点,可以直接找到文献)
   信托账号(Trust Accounts)(节点,可以直接找到文献)
 客户保护(Consumer Protection)
 电子银行(Electronic Banking)
 有价证券行为(Securities Activities)
 税收(Taxation)
 ......
联邦储蓄系统(Federal Reserve System)
国际银行业(International Banking)
国家银行(National Banks)
......

破产法(Bankruptcy Law)
……
移民法(Immigration Law)
国际法(International Law)
劳动与雇佣法(Labor & Employment Law)
……

此外,用户还可以将自己常用的一级节点加为工具栏的子栏目(subtab),随时可以单击使用。例如,经常使用移民法的用户,可以在"高级检索"下的工具栏中加上"Immigration Law"栏目,便于经常单击使用。

4.2.2.4 索引(find a source)

主要是资料名称的字顺索引。

4.2.3 特色用户服务

检索史(history):分为检索策略(检索式)保留和检索类目保留。与其他系统不同的是,这些都是在中央服务器上进行,而非本地保留,由系统服务器控制。其中检索策略保留时间为12个小时。检索类目保留则没有时间限定,以最近的20个类目为准,每新增加一个类目,系统自动"挤"掉最早的类目,不同的检索功能保留的类目不同,在资料来源检索功能下面保留了用户最近查过的20种资料来源类目名称;在浏览功能下面则保留了用户最近检索过的20个主题名称,这些都方便了用户调用。

最新文献报道服务(alerts):用户如果对某个案例或某个主题非常感兴趣,希望跟踪其发展,可以使用此项服务。即在其中输入自己的检索策略(检索式),系统会按月、按周或按日将最新资料送到用户的E-mail信箱中。

此外,LexisNexis提供了大量与文献有关的咨询服务,如分析师服务(LexisNexis analyzer)、文献传递服务(delivery manager)、专家按需研究服务(LexisNexis expert research ondemand)、专家鉴定人概况(LexisNexis expert witness profiles)、裁决书和协议分析服务(LexisNexis verdict & settlement analyzer)等。

第五节 其他英文全文数据库

5.1 档案类数据库

5.1.1 数据库内容

(1) 解密档案参考系统(Declassified Documents Reference System,DDRS)

1967年7月4日,信息自由法案(简称FOIA)写入法律,使公众能够访问联邦政府文件。从那以后,大量机密的美国政府档案被解密。由Gale公司(即Cengage Learning公司)出版的DDRS数据库使研究者能方便、快速地访问这些原始解密档案。Gale DDRS数据库包含了8.6万份来自美国政府机构的原始档案资料,超过50万页,是研究者、政治科学家及政策制定者的强大工具。内容涉及军事、政治、历史、外交、新闻业、对外和本土政策等。可了解美国政府对二战后发生在全球各个角落的政治、军事事件的观点、行动及决定;还可深入了解美国国内事务的内部处理机制。时间覆盖二战之后的50年历史,每年更新。

档案来自于以下机构:
- 中央情报局(Central Intelligence Agency,CIA)
- 联邦调查局(Federal Bureau of Investigation,FBI)
- 司法局(Justice Department)
- 国家安全局(National Security Agency)
- 北大西洋公约组织(North Atlantic Treaty Organization,NATO)
- 国务院(State Department)
- 白宫(White House)

档案涉及以下方面:
- 内阁会议记录(Cabinet meeting minutes)
- 中央情报局情报研究及报告(CIA intelligence studies and reports)
- 通信(Correspondence)
- 日记记录(Diary entries)
- 首脑文章(Joint Chiefs papers)
- 国家安全委员会政策(National Security Council policy)
- 政治分析(Political analyses)
- 总统会议信息(Presidential conferences)
- 技术研究(Technical studies)

数据库网址:http://infotrac.galegroup.com/

(2) 解密后的美国国家安全档案(Digital National Security Archive,DNSA)

DNSA 由 ProQuest 公司与美国国家安全档案馆合作出版,其中收录了大量珍贵的从 1945 年开始的美国对其他国家外交、军事政策的第一手资料,它是目前该领域内收录信息最全面的数据库,每年更新。

该数据库收录了大量重要的解密文档——总数量超过 5.8 万多个文档,这些文档都是广泛使用美国《信息自由法案》后收集起来的,其中许多都是第一次公开出版。目前该数据库包含 27 个专集(collection),每个专集均收录有多种政策文档,包括:总统密令、备忘录、外交急件、会议记录、独立报告、简报、白宫通信录、E-mail、机密信函和其他机密材料。每个专集都是一个专题,具体为:

- 阿富汗:美国对阿富汗政策的形成,1973—1990 年
- 柏林危机,1958—1962 年
- 中美关系:从敌对到合作,1960—1998 年
- 古巴导弹危机,1962 年
- 萨尔瓦多:美国对萨尔瓦多政策的形成,1977—1984 年
- 萨尔瓦多:战争、和平与人权,1980—1994 年
- 伊朗:美国对伊朗政策的形成,1977—1980 年
- 伊朗反政府事件:丑闻的制造
- 伊拉克门事件:萨达姆·侯赛因,美国对伊政策及海湾战争前奏,1980—1994 年
- 美日关系:外交、安全和经济关系,1960—1976 年
- 美日关系:外交、安全和经济关系,1977—1992 年

- 尼加拉瓜：美国对尼加拉瓜政策的形成，1978—1990 年
- 菲律宾：在马克思执政时期美国对菲律宾的政策，1965—1986 年
- 关于国家安全的总统指示，第一部分：从杜鲁门到克林顿
- 关于国家安全的总统指示，第二部分：从杜鲁门到乔治·布什
- 南非：美国对南非政策的形成，1962—1989 年
- 对前苏联的评价：美国对前苏联的分析，1947—1991 年
- 美国间谍和情报部门，1947—1996 年
- 美国情报团体：组织、运作和管理，1947—1989 年
- 美国核历史：在导弹时代的核武器和核政治，1955—1968 年
- 美国对空间的军事利用，1945—1991 年
- 美国的核不扩散政策，1945—1991 年
- 恐怖主义与美国政策，1968—2002 年
- 关于国家安全的总统指示，第二部分：从杜鲁门到乔治 W. 布什
- 越南战争中的美国政策，第一部分：1954—1968 年
- 越南战争中的美国政策，第二部分：1969—1975 年
- 危地马拉与美国关系：敢死队、游击战、秘密战和种族灭绝：1954—1999 年

数据库网址：http://nsarchive.chadwyck.com/

Gale DDRS 与 ProQuest DNSA 数据库的比较

Gale DDRS 与 ProQuest DNSA 收录的都是美国的解密档案，文献类型是美国政府原始档案资料，而且是以前作为政府机密的文献，如会议记录、研究报告、通信、日记、简报、电报等；时间覆盖二战以后 50 年的美国历史；两个数据库每年均增加 3 000—5 000 个文档。

Gale DDRS 收录的超过 25 年以来解密的 8.6 万多个文档，ProQuest DNSA 收录 10 多年以来解密的 5.8 万多个文档，二者内容上有少量重复。ProQuest DNSA 按照专题将所收录的档案组织成 27 个专集，有完整详细的目录结构和受控文摘索引，比较方便检索。ProQuest DNSA 的信息来源是美国国家安全档案馆，Gale DDRS 的档案则从各总统图书馆获得。

这两个数据库分别从不同时期和不同角度研究美国历史、美国的全球关系和政策，被认为是研究 20 世纪这段关键时期以及进入 21 世纪美国外交政策、情报和安全问题最有效的研究和教学工具。

(3) 美国早期印刷品（Early American Imprints, EAI）

EAI 由美国 Readex 公司出品，收录了现存的 1639—1819 年期间在美国出版的图书文献 7.4 万种，是 17—19 世纪美国图书文献最完整的资源，包括：图书、年鉴、小说、剧本、诗歌、圣经、教科书、契约证书、法规、烹调书、地图、乐谱、小册子、初级读物、布道书、演讲词、传单、条约、大活页文章和旅行记录等，还包括许多欧洲作家的作品在美国的印本。涉及的主题有：经济与贸易、政府、健康、历史、劳动、语言、法律与犯罪、文学、军事、人物、哲学、政治、宗教、科学、社会、生活方式与习俗、神学等。

EAI 计划于 1955 年开始实施，由 Readex 与美国古文物收藏家协会（American Antiquarian Society）合作，最初以缩微制品向学者提供，近年来将这一产品数字化，并分为两个系列。其中系列一以 Charles Evans 所著《美国书目》及 Roger Bristol 所著《美国书目补编》为基础，系列二则是以 Ralph B. Shaw 教授和 Richad H. Shoemaker 教授编辑的《美国书目，1801—

1819》为基础,由美国历史学会的文献复制委员会提供支持,汇集了美国主要图书馆的馆藏,包括美国古文物收藏家协会、国会图书馆、哈佛大学图书馆、耶鲁大学图书馆、麻萨诸塞历史学会、纽约市公共图书馆、布朗大学图书馆、费城图书馆公司等,以及一些重要的欧洲图书馆的馆藏。

数据库网址:http://infoweb.newsbank.com/

5.1.2 数据库检索

上述三个数据库中,DDRS 的检索系统采用 Gale 公司的 InfoTrac,提供简单检索和高级检索方式,具体的检索功能和技术可参见本书第七章第四节。

DNSA 由 ProQuest 公司出版,但其检索系统相比于其他 ProQuest 数据库系统略显简单,系档案全文以图像方式提供服务所致。除快速检索外,其高级检索则针对不同的文献资源类型分别提供了个性化的检索界面,包括:档案(Documents)、书目(Bibliography)、年表(Chronology)和术语(Glossary),其中档案的检索字段最为全面,包括档案名称、机构、关键词、类型、日期等;书目和年表都只提供了"关键词"检索,术语提供了"术语项"一个检索字段。

EAI 的浏览功能比较突出,可以按照类型(genre)、主题(subjects)、作者(author)、出版历史(history of prints)、出版地(place of publications)、语种(language)六大一级类目进行浏览,每个一级类目下的二级类目极为详细,例如"类型"下面就有书目(bibliographies)、小说(novels)、歌曲(songs)、课本(textbooks)、烹饪用书(cookbooks)等 120 多种子目,每个二级子目下就可以按照字顺浏览到相关的图书。

EAI 的检索功能方面提供了简单检索和高级检索两种检索方式,检索字段包括题名、主题、类型、作者、出版地、出版者、文献号、出版年和全文等。主要检索技术包括:支持布尔逻辑 AND、OR 和 NOT;支持位置算符 ADJ 和 NEAR,其中 ADJ[n]表示 n 个词相邻且词与词之间的位置顺序不可变,NEAR[n]表示 n 个词相邻且词与词之间的位置顺序可变;支持嵌套运算;支持截词符? 和 *,其中? 表示有限截断,* 表示无限截断,均可出现在词尾(后截断)或词中间(中间截断)。

需要强调的是,到目前为止,档案类数据库的全文均以图像方式提供,用户因此可以看到档案的原貌,特别是档案中的笔迹、签名、批注、修改等,如实还原了历史;但也给用户带来了不能检索全文的缺憾。

5.2 IEEE/IET 电子图书馆

5.2.1 数据库内容

《IEEE/IET 电子图书馆》(*IEEE/IET Electronic Library*,IEL)提供美国电气电子工程师学会(Institute of Electrical and Electronics engineers,IEEE)及其合作伙伴英国工程技术学会(Institution of Engineering & Technology,IET)的出版物,包括:256 种期刊(其中 151 种现刊),每年 900 多种 IEEE 会议录,3 400 多种标准,400 多种电子书,200 多个教育课程(educational courses)。全文文献数量接近 300 万篇,每年增加大约 2.5 万个文档;提供 1988 年以后的全文文献,部分历史文献回溯到 1893 年。

IEL 的内容覆盖了电气电子、航空航天、计算机、通信工程、生物医学工程、机器人自动化、半导体、纳米技术、电力等各种技术领域。

数据库网址:http://ieeexplore.ieee.org/

5.2.2 数据库检索
5.2.2.1 检索功能

（1）简单检索（search）：任意输入检索词进行快速检索，不需选择检索字段和进行检索限定。

（2）高级检索（advanced keyword/phrases）：相当于指南检索，支持多个检索条件的组配，可以选择检索字段和检索限定条件（参见图 4-8）。

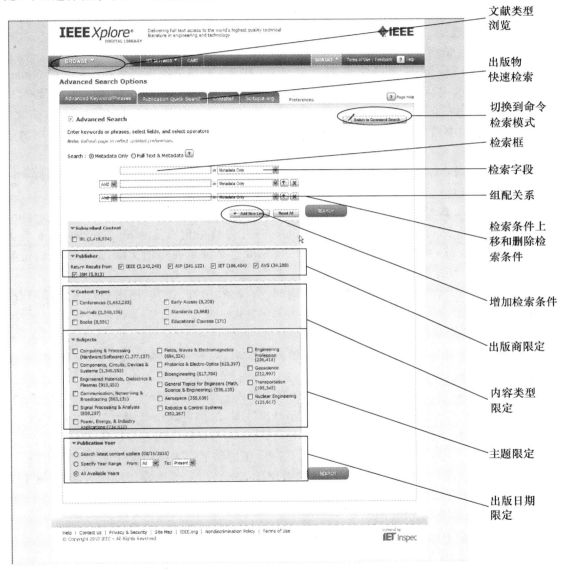

图 4-8　IEEE Xplore 检索系统

（3）专家检索（command search）：从高级检索界面单击"switch to command search"可以进入专家检索界面，可由检索专家自行构造检索式，使用字段代码限定检索入口，其他功能与高级检索相同。

(4) 浏览(browse)：按照资料类型提供浏览：期刊杂志，会议录，标准、图书、教育课程(educational courses)、技术调查(technology surveys)。每一出版物类型下按字母顺序、出版年、卷期排列文献。

(5) 出版物快速检索(publication quick search)：可以通过输入出版物名称、文章名称、作者名称、(文章发表的)年、卷、期、起止页码等信息快速检索文章。

5.2.2.2　检索技术

(1) 系统默认精确检索，即在输入两个以上单字的单词时，检索结果包含全部检索词，且应在同一句中出现。

(2) 截词符：使用 * ，例如 optic * 可检索出 optic、optics 和 optical。

(3) 字段检索：可检索的字段有文献名称、作者、出版物名称、文摘、索引词(index terms)、作者机构、书目号、作者关键词、能源部术语(DOE terms)、数字对象标识符(DOI)、INSPEC(科学文摘)非受控词、INSPEC 受控词、国际标准书号(ISBN)、国际标准刊号(ISSN)、卷期、美国医学图书馆主题词(MeSH)、物理天文学分类表术语(PACS terms)、专利号、出版号、标准号等。

(4) 作者检索：必须严格按照系统规定的格式输入作者姓名，即：姓＋空格＋名的首字母＋"."号。如作者姓名为 Joseph M. Lancaster，则输入为：Lancaster J. M.。

(5) 布尔逻辑算符：支持 AND、OR、NOT 算符，按输入顺序运算，例如输入(gasoline NOT diesel AND electric hybrid) AND vehicle，则首先检中包含 gasoline 这个词但不包含 diesel 这个词的文献，然后检中的是与 electric hybrid 这个词组并集的文献，最后检中的是与 vehicle 这个词并集的文献。

(6) 检索限定：包括出版者、内容类型(期刊、会议录、标准、课程、图书等)、主题领域、出版时间等四种限定。

5.2.2.3　检索结果

(1) 检索结果列表：包括篇名、作者、来源出版物名称、卷期、日期、页码、文摘链接、文件格式、全文大小等内容，如图 4-9 所示。

(2) 检索结果排序：有相关度、出版时间(倒排序)、字母顺序(a to z、z to a)5 种排序方式，可由用户选择其一。此外还可以选择每页显示结果数量，最多可以每页达到 100 个结果。

(3) 二次检索：使用 "search within results"，可以在结果集中进行二次检索。

(4) 记录格式：除去检索结果列表中的内容外，还增加了作者机构、ISBN、ISSN、IEEE 目录号、页数、引文总数、INSPEC 编号、文摘、索引词(index terms)等内容，并用红色标记出了检索词所在位置。

(5) 文件格式：大部分文献的全文为 PDF 格式，也有少量 HTML 文本格式。

(6) 检索结果下载：可以直接下载 PDF 格式全文，也可以只下载、打印、E-mail 发送题录或文摘。题录或文摘下载时可以选择常见参考文献管理工具的格式。

5.2.2.4　用户服务

(1) 最新目次报道(alerts)：在系统中注册一个账户，订制一个或多个检索策略，可以获得系统提供的最新目次报道服务。

(2) 热点推荐服务(What's Popular? 和 What's New?)：单击首页的 What's Popular? 可以查看热门的检索词和最近一个月排名前 100 的检索文献；单击 What's New? 可以查看

最近某日最新更新的期刊文献、会议文献和标准文献。

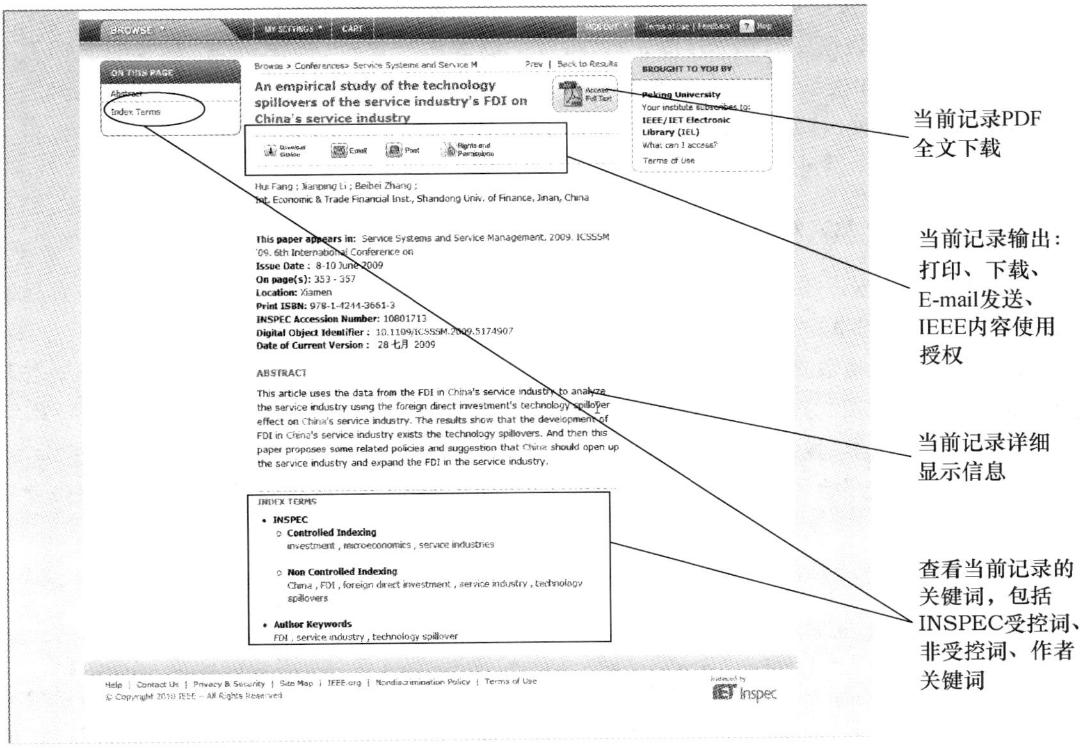

图 4-9　IEEE Xplore 系统记录样例

5.3　Gale 全文数据库

Gale 公司是一家世界著名的美国出版公司,以出版工具书闻名,如《现代作家》(Contemporary Authors)等,几十年来其出版长盛不衰。后来 Gale 公司合并了一些著名的参考工具书的出版商,如德国的 K. G. Saur、英国的 Graham & Whiteside、美国的 Macmillan Reference USA,Charles Scribner's Sons™等,形成了现在的出版集团,同时生产发行数据库。近年来,由于 Gale 公司的投资方屡有变化,曾改名为汤姆森学习公司(Thomson Learning),现又命名为圣智学习公司(Gale Cengage Learning),但用户还是习惯称为 Gale 出版公司。

Gale 集团的数据库中,以原来印刷型参考资料为基础出版的事实数据库最为著名,如《文学资源中心》(*Literature Resource Center*)、《传记资源中心》(*Biography Resource Center*)、《商业与公司资源中心》(*Business & Company Resource Center*)、《历史资源中心》(*History Resource Center*)等,本书将在第七章"事实和数值型数据库"对此做重点介绍,同时介绍其检索系统 InfoTrac。本节主要介绍其中两个比较好的全文数据库。

(1)《学术期刊全文数据库》(*Expanded Academic ASAP*):是 Gale 集团第一个跨学科的学术研究全文数据库,以人文社会科学为主,包括历史、文学、传播学、社会学、天文学、宗教、法律、科学、经济、商业、环境、时事、心理学、生物等多个学科。收录期刊 4 300 种,其中全文期刊 2 500 种,同行评审刊(peer-reviewed)1 900 种,著名杂志如 *Journal of Communication*、

Journal of Southern History、*Journal of Social Issues*、*Newsweek* 等均有收录,收录年限自1980年开始,不同出版物收录年限不同,报纸的收录时间为最近6个月。日更新。

(2)《法律信息数据库》(*LegalTrac*):选自主要的法律评论、法律杂志、专业的法律及律师协会出版的期刊和报纸,内容包括案例研究、政府法规、法律实践、税收、法令、国际条约及专门法规,约1 500多种出版物的索引,其中全文出版物逾200种,收录年限自1980年开始,

Gale全文数据库网址:http://infotrac.galegroup.com/

5.4 OCLC 的 ECO 全文数据库

在OCLC的数据库检索系统为FirstSearch(系统使用方法见本书第二章)中,比较有代表性的全文数据库是ECO。

《联机电子出版物数据库》(*Electronic Collection Online Database*,ECO):是一个全部带有全文文章、包括8 300多种期刊的数据库,学科范畴广泛,包括农业、文学、人类学、医学、商业、哲学、经济、心理学、教育学、政治学、工艺美术、地理、历史、语言、法律、技术、图书馆学等。许多期刊从1995年开始收录。数据库分为题录文摘库和全文库两部分,可以只购买题录文摘部分;日更新。

OCLC全文数据库网址:http://firstsearch.oclc.org/FSIP

5.5 Westlaw 法律数据库

Westlaw法律数据库是全球著名的法律法规资讯提供商——汤姆森法律法规集团子公司(Thomson Legal & Regulatory)的美国Westlaw公司于1975年开发出来的全球法律在线研究平台,涉及法律、新闻及商业领域各个方面。数据库包括全部英国和欧盟主要法律资料、最重要的美国专题法律、加拿大和香港的判例法,以及美国和加拿大的法律报刊、文献及国际条约资料,可以快速、有效地利用来进行法律研究。

Westlaw主要包括以下内容:

案例:英国案例(1865年—)、美国联邦和州案例(1658年—)、欧盟案例(1952年—)、澳大利亚案例(1903年—)、香港案例(1905年—)、加拿大案例(1825年—)等。

法律法规:包括从1267年开始、经过全文整理的英国法律法规,附有全文注释的美国法律法规,完整的欧盟法规,自1997年起的香港法律法规,全文整理的加拿大法律法规等。

期刊:超过1 500种法学期刊和法律评论,覆盖当今80%以上英文法学核心期刊,如《哈佛法律评论》、《欧洲竞争法律评论》、《刑法报告》、《McGill法律评论》、《墨尔本大学法律评论》、《香港法律期刊》等。

新闻:如《纽约时报》、《金融时报》、汤姆森商业财经资讯等。

经典权威法律工具书,如《布莱克法律大词典》(*Black's Law Dictionary*)、《美国法典注释》(*United States Code Annotated*)、《美国法百科全书》(*American Jurisprudence*)、《美国判例法大全》(*American Law Reporter*)等。

作为著名的法律数据库,Westlaw与其他相类似的法律数据库如Lexis.com(见本章第四节)、HeinOnline(见第五章)之间有少量重复,但各有特色,其内容比较见本章第四节。

Westlaw数据库访问地址:http://www.westlaw.com

5.6 中国主题的史料数据库

近几年,随着中国的开放与走向世界,研究中国的学者越来越多,以中国史料为主要收藏内容的全文数据库也越来越多,这里介绍英国学术出版社 Adam Matthew Publications 出版的几个比较有特色的代表性资源。

5.6.1 海外收藏的中国近代史珍稀史料文献库

《海外收藏的中国近代史珍稀史料文献库》(China: Trade, Politics and Culture, 1793—1980)向读者提供了在海外收藏的1793—1980年间中国与西方往来的珍稀史料,内容丰富,充分地反映了两个世纪以来中国不可磨灭的社会与政治变化的方方面面,可运用于中国近代史的研究与教学,同时对于独立的研究项目来说也十分理想。

数据库收录了大量包含有不同人物、场景、民俗与事件的地图、彩色绘画、照片与画稿,共有7.2万幅左右的图片及部分彩色图片;包括了中国海关史上主要人物的重要文件,从包腊(ECM Bowra)、包罗(CAV Bowra)、赫德(Robert Hart)到梅乐和(Frederick Maze);主要外交使团到中国的档案,从马嘎尔尼(Macartney)、阿姆赫斯特(Amherst)到尼克松与赫斯等;在中国所有地区的外国传教团文档,如广东、澳门、上海与北京等;以及英国国家档案馆馆藏的20世纪70年代与中国关系解冻的最新解密文件;此外还有大事年表、书目等等。其内容来源于伦敦大学亚非学院,大英图书馆,英国国家档案馆与新西兰国家图书馆。

数据库具有以下特点:
(1) 珍贵的中国近代史资源,单一来源。目前几乎没有其他类似内容的数据库。
(2) 均为珍贵的原始手稿或原始档案的图像,更加有利于对当时历史的研究。
(3) 可以对图像中的文字进行全文检索。
(4) 功能直观,方便易学,用户可以在短时间内自学掌握所有功能。
(5) 提供导航分类,单击不同分类,可浏览相应内容。
(6) 辅助提供相关论文、大事年表与书目等。
(7) 相对宽松的使用限制。

数据库网址:http://www.china.amdigital.co.uk/index.aspx

5.6.2 英国外交部档案,中国:1949—1980

《英国外交部档案,中国:1949—1980》(*Foreign Office Files China*, 1949—1980)数据库内容来源于英国国家档案馆,是英国外交部关于1949—1980年这一时期中国大陆、香港和台湾的文件,对于所有对中国现代史感兴趣的人来说是一个基础资源库,其中收录的资料从分三个时间段记录了中国历史的关键时期。由于英国是第一个认可中国共产党的西方国家,从而使得这些文件尤其珍贵。

第一部分(1949—1956年)的资料是由英国官方提供的这一时期中国各个领域发生的重大事件以及规律性分析,数据库为学者和研究人员研究1949年之后中国的发展,评价美国、苏维埃、英国、欧洲和英联邦与中国(包括香港和台湾)的关系提供了机会。

第二部分(1957—1966年)记录了在毛泽东的领导下中国工业和经济的发展,包括1958—1962年的"大跃进",通过使用社会主义经济的力量发展中国的钢铁、煤炭、电力产业,实行农业集体化,全力奔向现代化的宏伟计划。研究者可以通过这些资料来研究影响20世纪中国发展的这一时期社会、政治、经济和农业的变化。

第三部分(1967—1980年)涵盖了1966—1980年十余年间的全部外交档案。其中的发展经过了英国驻华官员和位于伦敦的英国外交部的详细考证,构成了英国与美国及英联邦合作进行规律性研究的常规课题。

数据库网址:http://www.amdigital.co.uk/collections/FO-China.aspx

5.6.3　中国:文化与社会——华生中国收藏

《中国:文化与社会——华生中国收藏》(China: Culture and Society—Wason Pamphlet, 1750—1929)数据库收录内容来源于美国康奈尔大学图书馆查尔斯·华生(Charles W. Wason,康奈尔大学校友,曾任职于克利夫兰铁路公司,出于对中国及远东的巨大兴趣,华生曾和妻子在1903年到中国和日本进行了长时间的巡回旅行并收集了大量珍稀资料)中国收藏。这是一个首次囊括了华生全部有关中国及东亚地区、内容跨越三个世纪(1750—1929年)的丰富一手珍稀原始资料数据库。

数据库内容包含220卷、1 200册文档。主要涉及以下方面内容:文物、建筑、传教士、殖民统治、货币制度、民风民俗、教育、大使馆及公使馆、航海、医药学、国际关系、鸦片交易及走私等。主要文献类型:演讲演说稿、报告、期刊、笔记、手稿、信件、会议录等。其文献以及文献当中众多高质量的插图与艺术封面设计都具有极高的研究价值,不仅为教学研究人员提供了研究中国与西方极为重要的学术资源,同时还满足了在更广泛的研究领域中,对中国历史、宗教、文化与社会生活相关学术资源的需求。

数据库网址:http://www.chinacultureandsociety.amdigital.co.uk/

第六节　中文全文数据库

6.1　复印报刊资料全文数据库

中国人民大学书报资料中心成立于1958年,是我国目前规模最大的社科学术文献信息服务机构之一。该中心以3 000余种国内较为权威的中文报纸和杂志为信息源,按学科、专题或行业进行整理加工,以学术期刊的形式向国内外公开出版发行,是国内最早搜集、整理、存储、提供社会科学、人文科学信息的学术资料,学术性、理论性很强,很适合研究需要。中国人民大学书报资料中心编辑出版的两种信息产品——《复印报刊资料》系列刊物和《报刊资料索引》系列刊物,是查考人文社科报刊论文资料的基本检索工具。

本书第三章已经介绍了《报刊资料索引》和与之相对应的《中文报刊资料索引数据库》及其检索系统,本章则主要侧重讲述与《复印报刊资料》相对应的《复印报刊资料全文数据库》。由于这两个数据库使用同一检索系统,本章将不再介绍其检索方法。

《复印报刊资料全文数据库》1995年由北京博利群电子信息有限公司制作,同时以光盘版和网络版两种形式发行,其检索系统为CGRS。后改由中国人民大学书报资料中心自行制作发行。其主要内容包括:

(1)政治学与社会学类:融贯理论与实践,包括政治学和社会学领域研究。政治学领域具体涵盖政治理论研究、中外政治思想史、政治体制和制度研究、政党问题、民族问题、阶级与阶层、政府工作与管理等研究,是政治学各学科研究人员的核心读本和政界从业者的工作指南。社会学领域包括社会问题总体研究、中外社会学理论、社会学史、人类学、民俗学、社会学分支、社会转型与发展、社会保障与福利、社会政策与制度、社会结构与组织、社会文化、城乡社会、人口与社会等研究。既关注学术理论问题,也反映学术研究中的方法、规范、评价等内容。体现了学术观点和科学研究方法之融合。

(2) 法律类:遴选法学文章篇目,包括理论法学研究、部门法学研究、立法研究、司法研究、学术前沿问题研究、案例剖析、国内外法学动态以及年度法学研究回顾与综述等方面的资料;分类科学,内容丰富,涵盖法律学科和工作部门的各个领域;集中、适时、全面提供法学研究、法律教学和司法实践的信息。

(3) 哲学类:着眼于哲学的各个领域,集萃了哲学研究的历史成果和最新信息,包括哲学原理、科技哲学、中国哲学、外国哲学、逻辑、美学,详尽完备地展示了整个国内外哲学学科的发展脉络,涵盖了学科的基本原理观点、学者创新观点、学界关注焦点等,集中、全面提供哲学研究的信息,具有海量、综合、全面的优势,为使用者学习和工作提供最周到的帮助。

(4) 文学与艺术类:覆盖中外文学艺术研究各个领域,多角度、透彻地剖析各类文化现象,既有理论的宏观深入阐释,也有文学艺术作品的生动细读。并着重考察各个时代的重要文学思潮与流派,探索文学史发展轨迹,从新的视角诠释中外作家与作品,探讨文学与历史、文学与当代社会、文学与文化的深层联系。聚焦时下文坛热点,呈现文学艺术研究的丰富全貌。

(5) 教育类:精选国内数千种报刊之精华,汇集国内外教育学研究重要成果,并在原有的基础上进行二次加工使其精上加精,内容囊括教育方针、政策、教育基本理论,包括中小学教育、高等教育、成人教育、职业技术教育、体育教育、思想政治教育和心理学教育等方面,全方位、多层次地反映了教育改革的热点和前沿问题,为使用者学习和工作提供帮助,是教育学各学科研究人员和各级教育行政部门制定教育政策的重要参考。

(6) 经济学与经济管理类:精选宏观与微观经济领域的优秀论文,以翔实的资料、丰富的内容,具有代表性的观点展现了经济管理及经济史等方面的研究成果,全面准确反映了经济管理学科的研究发展方向。涉及经济学理论的深度阐释、具体经济现象解析、当前经济管理研究、经济学领域的热点问题、当代经济学研究的前沿学术动态等。

(7) 历史类:荟萃史学理论研究、方法探讨,各断代史、各专史的最新史料、最新发现,史学理论与史学方法,史学与史观,人物与事件,文物与考古,史料与典籍,探索与争鸣,动态与热点等。

(8) 文化信息传播类:涵盖文化类,包含文化理论研究、产业发展、传统及中外文化发展、交流与比较等内容;媒介经营管理类,包含传媒前沿思考、理论研究及业界动态,出版理论研究、图书与期刊编辑、营销、发行研究、档案管理、档案数字化建设、国内外档案管理的先进技术和方法等,图书馆学、情报工作理论及实践研究,数字图书馆建设、信息资源管理、服务及信息法规建设等研究成果。

数据库网址:http://ipub.zlzx.org/

(9) "CGRS全文检索系统"内的其他中文全文数据库:《复印报刊资料全文数据库》最初由北京博利群电子信息有限公司制作发行时,与该数据库使用同一个"CGRS全文检索系统"的其他中文全文数据库还有:

《中国法律法规大典数据库》(光盘/网络版):由中国政法大学与北京博利群电子信息有限责任公司联合开发制作,收录了我国自1949年至1999年颁布的法律法规,共42 500篇。数据库针对法律特点,划分为国家法、行政法、民法、刑法、经济法、国际法、诉讼法7大类、78

个子类。每类又划分为四层结构:人大法律,国务院法规,各部委的部门、产业法、法规和100个中等城市以上的地方法,独具特色。但由于网络版系统的缺陷,这种对知识的组织管理在网络版数据库中并没有体现出来。

《诉讼法文献索引及全文库》(光盘/网络版):由司法部立项,西南政法大学常怡教授为首的"诉讼法文献索引及全文数据库"课题组编选集合而成,由北京博利群电子信息有限责任公司开发制作成数据光盘,经中国电子工业出版社出版发行。数据库共分6个组成部分:行政诉讼、民事诉讼、刑事诉讼、仲裁、公证、律师,收录1949—1998年有关上述6个部分有代表性、有权威性的专著、教材、文献资料,共1.8万条,按分类号、标题、作者、译者、出版社、出版时间、期号、页号等标识。网络版系统目前尚没有实现资料的分类组织。

《民事诉讼法学参考资料库》(光盘/网络版):由西南政法大学常怡教授等整理编选,共三大部分,50种,1 200万字。其中包含一些从未发表过或绝版的珍贵资料,涉及国内外的历史资料、司法部门文件、专著、教材、论文、国际学术会议、专业文献资料等,学术价值和实用价值较高。

《文史哲全文数据库》(光盘/网络版):由山东大学《文史哲》编辑部编辑出版的著名学术理论期刊《文史哲》,是新中国第一家文科学报,自1951年5月创刊以来,一直以刊载高水平的学术文章著名,已对外发行30多个国家和地区。数据库收录了其50年累计250期的全部文章(近4 000万字),可按年份、卷期、年度总目录、每期目录、栏目、标题、作者、页次、标题词等多途径进行检索,但无法进行时间、主题或卷期的浏览。

《中国法律年鉴全文数据库》(光盘/网络版):收录了中国法律年鉴社编辑出版的《中国法律年鉴》1987—1999年的全部内容,以每本年鉴(每年)作为一个分库,完整再现年鉴的全部内容,每篇文献可以按内容分类、目录分类、标题供稿(文章作者/文章来源)、发表日期、正文等12个字段进行多途径检索,光盘版可以实现有主题标引的索引目录检索。

6.2 中国资讯行全文数据库

是香港专门收集、处理及传播中国商业信息的数据库,建于1995年,拥有300多万篇商业报告和文章,内容包括中国经济新闻、中国商业报告、中国法律法规、中国统计数据、大陆上市公司文献、香港上市公司资料、中国中央及地方政府机构、中国企业产品、中国人物以及医疗健康信息、名词解释等。

数据库网址:http://www.chinainfobank.com(香港)或 http://www.bjinfobank.com/(北京)

数据库详细介绍及检索方法详见第七章"事实和数值型数据库"。

6.3 道琼斯中文财经资讯数据库

《道琼斯中文财经资讯数据库》由新华在线信息公司提供,内容主要来自于道琼斯公司,内容涵盖全球五大洲,涉及各类金融市场,报道一切有可能影响经济的经济事件、政治事件、社会事件。美国道琼斯通讯社是全球最优秀的专业财经通讯社之一,旗下媒体(华尔街日报、巴伦周刊、远东经济评论等)均是世界知名的财经媒体。美国道琼斯公司作为全球最权威的财经信息和评论的提供商,在经济领域的专业性和权威性举世公认。

6.4 法律类全文数据库

6.4.1 数据库内容

6.4.1.1 北大法宝数据库

1985年开始出版,由北京大学法律系(今法学院)制作,包括以下子系统。

(1) 中国法律检索系统:全面收录1949年至今44万多个法律文件,并不断更新。

数据库涵盖了法律和法学文献资源的各个方面,内容主要包括以下17个数据库:《中国法律法规规章司法解释全库》、《中国地方法规规章库》、《中华人民共和国条约库》、《外国与国际法律库》、《最高人民法院公报案例库》、《中国法院裁判文书库》、《经典案例评析》、《仲裁裁决与案例库》、《条文释义数据库》、《实务指南数据库》、《法学教程》、《法学文献库》、《合同范本库》、《法律文书样式库》、《立法背景资料库》、《台湾法律法规资料库》、《香港法律法规资料库》。

(2) 中国法律英文网:由北京大学法律翻译研究中心与北大英华公司联合推出,建库于2000年,译文包括北京大学法律翻译研究中心翻译的文本、国家立法机关提供的官方译本及经有关机构授权使用的译本,经过多层审校,最大程度地保证了英文译本的质量。数据库还提供法律新闻、学术动态、政府公报、北大法律周刊等咨询服务。

(3) 中国法学期刊数据库:是为从事法律实务、法律学习及研究的法律人提供法学期刊服务的专业数据库,由北京大学法制信息中心与北大英华公司联合开发推出。本库是连续动态更新的专业中国法学期刊库,目前已成功收录国内60多种法学期刊,其中90%为全文期刊,大部分刊的内容都覆盖创刊号至今发行的所有文献,全文文献共13万余篇;目前还在不断增加更多法学期刊。

《中国法学期刊库》目前已全面收录《中国法学》、《中外法学》、《政法论坛》、《法学杂志》、《法学评论》、《现代法学》、《河北法学》、《当代法学》、《比较法研究》、《法学论坛》、《政治与法律》、《法制与社会发展》、《行政法学研究》、《犯罪研究》、《清华法学》、《科技与法律》等专业法学期刊数据,各刊文章从最新发行数据回溯至创刊及其前身刊物。

(4) 中国司法案例库:由民事案例、刑事案例及行政案例3个数据库组成。数据库全面精选收录我国大陆法院的各类案例,根据用户需求提供全方位检索、导航功能,并独家推出个案系统呈现、案例帮助系统及刑事比对功能。同时在"北大法宝"法条联想功能的基础上,进一步实现法规与案例的全方位的联想功能,使用户在最短时间内了解与本案相关的理论、实务方面的知识。

北大法宝数据库网址:http://www.chinalawinfo.com/index.aspx

6.4.1.2 北大法意数据库(北大法意网)

是由北京大学法学院实证法务研究所研发和维护的法律数据库网站,现由北京法意科技有限公司制作出版维护,旨在提供专业、系统的法律信息服务,是全球最大的中文法律数据库之一。其中,案例数据库收录的案件总数量超过25万,法规数据库收录的法规文件总数量近40万部。

北大法意目前拥有法规数据库、案例数据库、合同数据库等三大基础数据库群组。其为:

(1) 法规数据库群涵盖国家法律库、行政法规库、司法解释库、部委规章库、行业规范库、地方法规库、中英文逐条对照法规库、新旧版本逐条对照法规库、法规解读库、法条释义库、香港法规库、澳门法规库、台湾法规库、国际条约库、外国法规库、中国古代法规库、立法资料库、政报文告库等18个数据库。

（2）案例数据库群涵盖最高法院指导案例库、中国司法案例库、媒体报道案例库、仲裁案例库、行政执法案例库、香港案例库、澳门案例库、台湾案例库、国际法院案例库、外国法院案例库、中国古代案例库、教学参考案例库等12个数据库。

（3）合同数据库群涵盖中文合同范本库、英文合同范本库、中英文对照合同库、合同法律风险库等4个数据库。

其他14个特色专题数据库检索服务包括：法学论著库、法律文书库、法学辞典库、统计数据库、金融法库、WTO法律库、仲裁法库、劳动法库、房地产法库、知识产权库、审判参考库、法务流程库、司法考试库和法律人库。

数据库网址：http://edu.lawyee.net/

6.4.1.3 法律门数据库

是法律出版社依托自身优势和中华法律网资源优势制作出版的大型全文检索应用型数据库，是大型的法律专业全文检索应用型数据库，以法律解决方案为重点，涵盖法规案例、文书合同、法律工具等数据内容，共计14个子库，旨在为法律专业人士及公众提供专业的法律解决方案及全程法律信息服务。

数据库网址：http://www.falvm.com.cn/falvm/index.jsp

6.4.1.4 中华法律网数据库

是由香港中华法律研究中心建置的中国法律数据库，可长期进行各项网上法律资料的建立和更新。目前提供中文、英文、日文检索。此外，它还有100多款中国内地常用合约范例，提供业界在大陆进行任何合作时必须知道的税务及法律知识。

其他法律类全文数据库还有前面介绍过的CGRS全文检索系统中的法律法规大典等4个数据库。

6.4.2 数据库检索

以北大法宝为例介绍法律类全文数据库的检索。

6.4.2.1 检索功能

（1）简单检索：任意输入检索词进行快速检索，只需选择标题或全文字段，可以选择检索词匹配方式。

（2）高级检索：选择单库可进行高级检索，以《法学文献数据库》为例，高级检索的可检字段包括标题关键词、作者、全文关键词，默认支持上述各个检索条件的"AND"组配，可以选择检索限定条件。

（3）浏览：可分库按照更新日期由近及远册顺序进行全部文献的浏览。

（4）分类导航：根据法律文献的特点建立了分类导航体系，分为：法律条文释义、法律实务指南、立法背景资料、效力级别、地域检索，可按照这5个大类及其子类进行文献浏览。

6.4.2.2 检索技术

（1）字段检索：可检索的字段根据子库的文献内容和类型的不同而有所不同，例如法律文献库有标题、作者、全文等字段；案例数据库有案由分类、审理法院、来源、审理法官、当事人、代理律师、代理律所、审结日期、法院级别、文书性质、审理程序、关键词等字段；法律法规条文库有关键词、发布部门、批准部门、法规分类、发布日期、实施日期、时效性、效力级别等字段。

(2) 检索词匹配方式：精确、模糊、同句、同段。

(3) 检索限定：不同子库的检索限定不完全一致，有些直接作为检索字段，例如日期，一般都有来源（例如期刊）和时间两种限定。

6.4.2.3 检索结果

(1) 检索结果列表：包括篇名和日期。

(2) 检索结果排序：默认按时间（系统的发布日期）由近及远排序，可以选择按效力级别排序。

(3) 二次检索：简单检索和各子库的高级检索都支持"结果中查询"的二次检索。

(4) 记录格式：除去检索结果列表中的内容外，还增加了全文和相关的字段信息（各子库的记录格式不同，可参见检索字段）。

(5) 文件格式：大部分文献的全文为 HTML 格式。

(6) 检索结果下载：只能通过复制粘贴的方式保存记录。

6.4.2.4 用户服务

系统提供 E-mail 免费订阅服务，可以订阅最新立法资讯和法学期刊，对于订阅的期刊，可以了解最新的期刊目录和论文发表动态。

第七节 互联网上的全文服务

尽管全文数据库的数量增长很快，但以文摘索引为主的参考数据库仍然以其广泛集成、收录内容丰富、检索系统先进甚至免费提供检索服务而得到用户的广泛使用。为了能够满足用户尽快和比较直接拿到一次文献的需求，一些参考数据库就以自己的数据库为基础，为用户开发提供全文服务。而即使是全文数据库，对没有全文、只有题录文摘的内容，也提供一部分原文传递服务。

目前这种基于互联网进行的全文服务大致可以分为两种类型：全文链接服务和原文传递服务。

7.1 全文链接服务

用户在数据库中找到一篇适用的文献，通过系统提供的全文链接按钮，直接链接到其他数据库或其他系统中的原文文献，称为全文链接服务（link to full-text）。这种链接是通过系统与系统之间的协议或接口，数据库和数据库之间内容的整合实现的，是直接链到具体文献（title to title），而不是仅仅到系统首页或某种资源集合（如一种期刊、一个数据库）的超链接，后者是让用户必须再次检索。

对于二次文献数据库商来说，要实现跨系统的全文链接——即链接到一次文献提供商的系统中去，就必须与一次文献提供商之间就系统接口和元数据的使用达成协议，且用户也必须购买了所需一次文献的使用权，如图 4-10 所示。

图 4-10　全文链接示例：Web of Science 系统

在上述例子中，用户在《科学引文索引》(Science Citation Index)数据库中检索到一篇美国物理学会(American Physical Society, APS)的期刊论文，由于出版者汤森路透公司已经与 APS 达成协议，而且用户也已经购买了 APS 的电子期刊，因此在用户界面上出现了一个全文链接按钮，用户单击之后，即可以直接链接到 APS 网站上的这篇文献。

已经与汤森路透公司达成协议的全文出版商很多，如，American Institute of Physics、American Physical Society、Annual Reviews、CatchWord、Ltd.、Elsevier Science/ ScienceDirect、HighWire Press、Karger、Nature Publishing Group、Royal Society of Chemistry、SIAM、Society for Endocrinology、Springer-Verlag、Wiley-Blackwell 等。所达成的协议越多，用户就可以越方便地直接链接到全文。

其他采取这种全文链接服务方式的二次文献出版商还有 CSA(Cambridge Scientific Abstracts)、OVID 等公司。

对于同时出版一次文献和二次文献的数据库商来说，则主要是在系统内部将一次文献和二次文献数据库链接起来。例如，OCLC 发行的书目、文摘、索引的参考数据库，如 EconLit、MEDLINE、PsycINFO、Social Sciences Abstracts 等，就与全文数据库 Electronic Collections Online(ECO)有链接，用户只要购买了 ECO，就可以从文摘索引数据库中直接单击看到 ECO 的全文。

同样，EBSCOhost 也具有这种功能，可以直接链接到 EBSCO 的电子期刊系统的具体文献中。

这种全文链接服务，与电子期刊之间的引文链接服务(reference linking)原理和服务都有所不同,详见本书第一章和第五章的相关说明。

7.2 原文传递服务

即二次文献数据库具备网上检索和发送原文传递请求的功能,用户检索到所需文献后,单击原文传递按钮,将索要全文的请求直接发送给数据库提供商,提供商或提供商委托的文献提供单位为用户提供原文传递服务(document delivery)。目前有这项服务的国内外数据库有以下几个。

7.2.1 Ingenta

由于合并了原来的 UnCover 公司,因此是目前世界最大的期刊目次数据库之一,该库收录期刊超过1.1万多种,广泛覆盖了自然科学与社会科学领域的多种学科。数据库更新及时,基本与印刷本期刊出版时间保持同步,因此可以检索到最新的文献信息。数据库中收录的文章,绝大部分可提供全文服务;出于版权问题的考虑,采用了传真传递方式,24小时即可拿到全文。特点是速度快,保障率高,价格较贵。

数据库网址:http://www.ingentaconnect.com/

7.2.2 ProQuest 系统博硕士论文数据库(PQDT)

在该数据库中检索到的论文摘要95%以上可以拿到全文,美国本土的用户可直接在网上使用信用卡付款并得到 PDF 文件,其他地区的用户一般采用预先付款开账号(deposit account)的方式,UMI 公司通过邮政快件(EMS)向用户提供原文复制件,时间一般为1—2周。详细介绍请见第八章"特种文献资源"。

此外,OCLC、汤森路透、大英图书馆(British Library)等也都有这种全文传递服务,但并不是仅仅基于数据库进行的,这里不再详述。

国内目前可提供这种服务的数据库有中国高等教育文献保障系统、国家科技图书文献中心、中国高校人文社会科学文献中心等,由于这些数据库系国家投资的公益性项目,因此提供免费的数据库检索服务。

7.2.3 中国高等教育文献保障系统数据库

中国高等教育文献保障系统(CALIS)是为高校提供文献信息保障的资源网络,既是国家"211工程"的公共服务体系之一,也是高校图书馆的联盟。它在门户 eduChina 上发布的资源如图书、期刊、学位论文、古文献和其他特色资源等,大部分可提供文献传递服务;用户在网上检索到所需文献之后,只要有权限许可,就可以直接发送馆际互借或文献传递请求(参见图4-11)。

数据库内容介绍和使用方法见本书第三章。

网址:http://www.calis.edu.cn

7.2.4 国家科技图书文献中心数据库

国家科技图书文献中心(NSTL)的外文期刊数据库提供了1.4万多种的外文期刊的目次,到2011年,已有约1700多万条记录,用户在网上检索到所需文献之后,只要有权限许可,就可以直接发送馆际互借或文献传递请求。

使用 NSTL 的文献传递服务需事先进行注册,数据库使用方法及用户注册方法详见本书第三章"中文参考数据库"。

网址:http://www.nstl.gov.cn/index.html

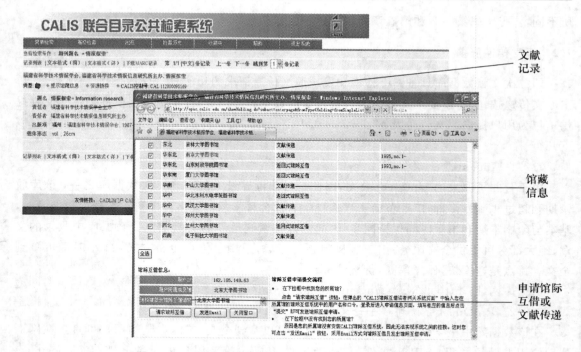

图 4-11 原文传递服务示例:《CALIS 书刊联合目录》数据库

7.2.5 中国高校人文社会科学文献中心数据库

中国高校人文社会科学文献中心(CASHL,详细介绍见第二章)拥有国内最多的人文社科外文文献资源,截止到 2011 年底,收藏有 1.3 万多种国外人文社会科学领域的重要印本期刊和电子期刊,120 万种外文印刷版图书和电子图书,48 种大型特藏;建立了《高校人文社科外文期刊目次数据库》和《高校人文社科外文图书联合目录》等数据库,目次和书目数据接近 3 500 万条记录。

CASHL 以"开世览文"网站为公共服务门户,由北京大学、复旦大学、武汉大学、吉林大学、中山大学、南京大学、四川大学、北京师范大学、东北师范大学、华东师范大学、兰州大学、南开大学、厦门大学、山东大学、清华大学、浙江大学、中国人民大学和中国社科院文献情报中心 18 所机构联合,面向全国教学科研人员提供书目查询、期刊目次检索、图书借阅、文献传递、全文下载、代查代检、课题咨询、特色资源等专业性强、学术质量高的公益性服务,受到了广大用户的欢迎。其中最主要服务介绍如下:

(1) 原文传递服务:用户在"开世览文"平台上查找到期刊目次及其收藏图书馆(如北京大学或者复旦大学)之后,可以发送文献传递请求给收藏馆,收藏馆可以在几个小时到 3 天之内将原文发送到用户手中。

(2) 图书借阅服务:用户在"开世览文"平台上查找到图书目录及其收藏图书馆(如北京师范大学或武汉大学)之后,可以发送借书请求给收藏馆,收藏馆会很快将图书邮寄到用户手中。

(3) 代查代检服务:对 CASHL 没有收藏的文献,也会通过代查代检服务帮用户找到文献。

(4) 个性化服务:在请求处理过程中,用户还可以登录跟踪情况。此外,用户可以通过登记,定制最新目次报道。

截止到 2011 年,共有 600 多家高校用户使用 CASHL 的原文传递服务,服务数量已经突破 60 万篇。普通用户只需要在"开世览文"注册,即可以使用 CASHL 的借书和文献传递服务。"开世览文"原文传递服务页面如图 4-12 所示。

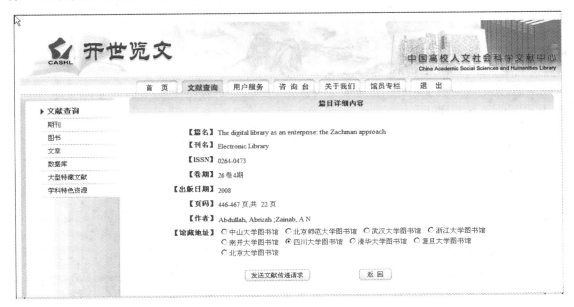

图 4-12 "开世览文"原文传递服务

网址:http://www.cashl.edu.cn/

7.2.6 台湾期刊论文索引系统

台湾期刊文献索引系统最早由我国台湾"国家图书馆"于 1970 年创办,主要收录自 1970 年以来台湾"国家图书馆"馆藏的台湾出版的中西文学术期刊、学报以及部分港澳地区出版的期刊约 4 800 种,逾 220 万条记录。馆藏 1970 年以前的学术期刊也在陆续回溯建档中。

网址:http://readopac.ncl.edu.tw/nclJournal/

参 考 文 献

1. 肖珑. 互联网上的全文数据库与全文服务. 大学图书馆学报,2000(3),p. 3—8.
2. 肖珑. 国外网络数据库的引进与使用. 现代图书情报技术,2000(2),p. 58—60(66).
3. 马文峰. 复印报刊资料系列光盘的检索. 大学图书馆学报,1998(1),p. 62—63.
4. Nancy Sprague, Mary Beth Chambers. Full-text Databases and the Journal Cancellation Process: a Case Study. Serials Review, 2000, 26(3), p. 19—32.
5. Deborah F. Bernnard, Yolanda Hollingsworth. Teaching Web-based Full-text Databases: new concepts from new technology. Reference & User Services Quarterly, 1999, 39(1), p. 63—70.
6. 北京大学图书馆主页. [2011-08-20]. http://www.lib.pku.edu.cn.
7. ProQuest 数据库产品. [2011-12-09]. http://www.proquest.asia/zh-CN/.
8. ProQuest 系统. [2011-12-09]. http://search.proquest.com/.

9. ProQuest 系统帮助. [2011-12-09]. http://search.proquest.com/help/2052_zh_CN/webframe.html?Search_Results.html.
10. EBSCO 数据库产品. [2011-08-20]. http://www.ebscohost.com/.
11. EBSCOhost 系统帮助. [2011-08-20]. http://support.ebsco.com/help/.
12. EBSCOhost 系统. [2011-08-20]. http://search.ebscohost.com/.
13. LexisNexis 系统 LexisNexis Academic 帮助. [2011-10-11]. http://wiki.lexisnexis.com/academic/.
14. LexisNexis 系统 Lexis.com 帮助. [2011-10-11]. http://origin-www.lexisnexis.com/ap/auth/.
15. Gale Infotrac 系统. [2011-08-20]. http://infotrac.galegroup.com/.
16. Gale 数据库介绍. [2011-08-20]. http://www.gale.cengage.com/.
17. DNSA 数据库. [2011-08-20]. http://nsarchive.chadwyck.com/.
18. EAI 数据库. [2011-08-20]. http://infoweb.newsbank.com/.
19. IEEE Xplore 系统. [2011-08-20]. http://ieeexplore.ieee.org/.
20. OCLC FirstSearch 系统. [2011-08-20]. http://firstsearch.oclc.org/FSIP.
21. OCLC 数据库介绍. [2011-08-20]. http://www.oclc.org/firstsearch/about/content.htm.
22. Westlaw 数据库. [2011-08-20]. http://www.westlaw.com.
23. 北大法宝数据库. [2011-08-20]. http://www.chinalawinfo.com/.
24. 北大法意数据库. [2011-08-20]. http://edu.lawyee.net/.
25. Ingenta 数据库及服务介绍. [2011-10-11]. http://www.ingentaconnect.com/.
26. CALIS 联合目录数据库. [2011-08-20]. http://www.calis.edu.cn.
27. 国家科技图书文献中心期刊目次库. [2011-08-20]. http://www.nstl.gov.cn.
28. 中国高校人文社会科学文献中心外文期刊目次库. [2011-08-20]. http://www.cashl.edu.cn/.
29. 台湾期刊论文索引系统. [2011-10-11]. http://readopac.ncl.edu.tw/nclJournal/.

第五章 电子期刊和报纸

第一节 电子期刊概述

电子期刊,指以数字(或称电子)形式出版发行的期刊,英文为 electronic journal,简称 e-journal。电子期刊最早产生于 20 世纪 80 年代中期,进入 90 年代以后发展迅速,成为电子出版物中的后起之秀。

电子期刊分为两种类型:一种是印刷型期刊的电子版(electronic version 或 electronic edition),主要内容与印刷版相同,但利用网络和计算机技术增加了很多服务功能,如检索结果和内容的超文本链接、编者和读者的互动交流、相关学科的网站或资料的介绍、利用电子邮件发送最新卷期目次的期刊目次报道服务(E-mail alert)等,《科学》杂志的电子版《科学在线》(Science Online)即为此种类型。另一种属于原生(born-digital)数字资源,是只在互联网上发行的纯电子期刊(electronic-only),完全依托计算机、网络和通信技术编辑、出版和发行,内容新颖,表现形式丰富,如英国物理学会和德国物理学会联合创办的《新物理学杂志》(New Journal of Physics,网址:http://www.iop.org/EJ/njp)。

电子期刊与第四章"全文数据库与全文服务"中的期刊论文全文数据库是有区别的,后者由数据库集成商(aggregator)按学科收录,混合各出版商的期刊,以中小规模的出版公司的期刊居多,而电子期刊则是由出版商出版,多为较大的出版商或颇有名气的学会的期刊,按种类、卷期提供使用。

1.1 电子期刊的特点

与印刷版期刊相比,电子期刊的特点是:

(1) 基于互联网产生、出版、发行和使用。出版商或各类出版机构非常注意电子期刊的版权保护,从这个角度出发,再加之电子期刊的存储是以全文为基础的,占据空间很多,所以电子期刊通常是存储在出版商或各出版机构的服务器(或少数镜像服务器)上,其检索系统是基于浏览器开发的,用户则通过互联网访问。

(2) 出版周期短,期刊的时效性增强。由于投稿和发行都可以通过电子方式进行,出版和发行的时间缩短了,读者见到电子期刊的时间要早于印刷版期刊,因而提高了信息的传递速度。

(3) 使用检索系统,具备检索功能。电子期刊是依托在某个检索系统中的,可以运用刊名、篇名、作者、主题词、关键词、文摘、国际统一刊号(ISSN)等进行检索,读者使用时既可以像印刷版期刊那样逐刊逐期浏览,也可以直接用检索词查找自己需要的内容,方便、快捷。

(4) 具备多种技术功能,尤其是超文本链接功能的使用,包括期刊目次与内容的链接、文章内容与有关注解、参考文献的链接、其他相关学科出版物、网站的链接和介绍、文本与图像的链接等,打破了印刷版线性排列方式,使得期刊内容丰富、使用灵活;此外,还使用了表格(form)、Java 技术、图像扫描技术等,增加了多媒体信息。

(5) 服务功能增加。如，期刊目次报道服务，按读者指定的关键词、期刊名称将每期最新的目次推送到用户的电子信箱里；提供编辑部电子信箱或其他即时交流渠道，如：MSN 或 QQ 等，读者可以直接在线投稿或与编辑讨论交流；提供 RSS 订阅服务；将文献题录信息导出到文献管理软件中，等等。

(6) 免费和有偿服务相结合。只有少部分开放获取(open access)期刊提供免费使用，大多数期刊都是有偿服务的，即首先要付费，获取使用权，然后才能下载全文。但期刊目次一般都是免费的，即用户可以直接访问该期刊的站点浏览目次，甚至可以免费阅读文摘。还有些期刊采取了灵活的订购政策，读者若不长期订购刊物，也可以根据目次、文摘只订购某一期或某一篇文章。

(7) 访问方便、灵活，即可以做到随时随地访问。使用印刷版期刊，读者往往必须到图书馆或其他收藏地点去，同时受这些地方的开放时间限制；电子期刊是基于互联网开发的，服务器通常是 24 小时开机，用户在家中或办公室里就可以通过互联网访问。

(8) 提供多种文件格式，目前主要是文本文件(HTML 或 XML)或 PDF 文件。文本文件的好处是字节数少，占据空间小，传输速度快，使用一般浏览器即可阅读，但文中的图表、图像则必须另行扫描制作，存盘时也必须单独存成一个文件。PDF 是一种可移植文件格式，它具有许多其他电子文件格式无法相比的优点。首先，该文件格式与操作系统平台无关，便于电子文件发行和交换；其次，PDF 文件可以将文字、字型、格式、颜色及独立于设备和分辨率的图形图像等封装在一个文件中。该格式文件可以包含超文本链接、声音和动态影像等电子信息，支持特长文件，集成度和安全可靠性都较高，对版权保护也较好。

(9) 电子期刊特别是过刊(back file)的长期保存(preservation 或 archive)和永久可靠使用是一个亟待解决的战略问题。目前，电子期刊的维护通常由出版商进行，可以进行修改和更新，但过刊的保存仍旧是一个问题，过刊保存在哪里？如果保存在出版商那里，出版商一旦倒闭、合并或破产怎么办？如果保存在图书馆，图书馆不仅要增加大量的硬件设备以及人力财力，还面临由谁来更新维护系统和数据库的问题；但如果图书馆不保存维护，一旦不订购电子期刊，则任何期刊也看不到了。另外，由于数字资源本身固有的脆弱性及其对自然环境的依赖性，任何自然灾害、技术失效、组织失败、经济因素、国际政治动荡都会影响数字资源的可持续利用，所以国内外图书馆和出版界都在积极寻求解决问题的途径。2009 年 9 月 3 日，Springer 科学与商业媒体集团与中国科学院国家科学图书馆签订了数字资源长期保存协议和合作意向书，就服务失效时如何对 Springer 在中国大陆其他用户提供服务的有效方法，以及中国国内采购用户停止订购后的检索、获取服务方式等问题进行了探讨，这是我国图书馆界在建立合法、规范和可靠的数字资源长期保存系统方面迈出的坚实步伐，随着数字资源的广泛利用，这一问题将被更加关注。

1.2 电子期刊的出版与服务

电子期刊的出版商和服务商是不同的。出版商是指期刊的直接出版者，主要是决定出版期刊的内容、学科和品种，聘请学者和公司职员一起编辑，进行期刊的经营和营销等。服务商(或称数据库商)则负责向用户提供服务，包括编辑期刊的电子版使之能够上网服务，生产制作电子期刊的检索系统，为用户进行技术服务等。出版商和服务商有时是统一的，即由同一家公司提供出版和服务，但这一般限于较大的出版商。

1.2.1 出版商的主要类型

(1) 商业性出版公司。占据期刊市场近二分之一,以盈利为目的出版学术期刊,资金雄厚,出版水平高,名声响亮,技术先进,通常直接向用户提供服务。如荷兰的 Elsevier 公司、美国的 Wiley-Blackwell、英国的 Nature Publishing Group、德国的 Springer Science 集团等。

(2) 学术团体和出版机构。约占期刊市场四分之一,只出版本学科领域的期刊,目的是为了促进交流,有些期刊甚至免费提供给读者。例如美国物理学会(American Institute of Physics)、美国化学学会(American Chemical Society)、出版《科学》周刊的美国科学促进会(American Association for the Advancement of Science)、英国物理学会(Institute of Physics)、英国皇家化学学会(Royal Society of Chemistry)等。这一类的出版者由于各自出版的期刊品种并不多,因此除了自己提供电子期刊之外,也由服务商提供服务,特别是在检索和技术服务方面。

(3) 大学出版社。约占期刊市场五分之一,出版期刊的目的主要是为了教学和学术交流。1995 年,美国约翰·霍普金斯大学开始与 Milton S. Eisenhower Library 合作实施 Muse 计划(Project Muse),以非盈利的形式出版电子期刊,截止到 2011 年 11 月,已有 135 家出版社的近500 种电子期刊在此出版。美国斯坦福大学的 Highwire 出版社也是专门为出版电子期刊而成立的,截止到 2011 年 10 月,已出版有生物学、医学、物理学、社会科学和人文科学等领域的期刊、工具书和会议录等 1 400 余种。

(4) 独立出版者。多为个人经营,也并非盈利,以出版纯电子期刊者居多。

1.2.2 电子期刊的服务方式

(1) 由出版商直接向用户提供服务(direct access),以大中型商业出版公司居多。

(2) 由服务商提供服务,即出版商与服务商之间签订协议,服务商收集不同出版商出版的不同学科的电子期刊,开发统一的检索系统,再向用户提供服务。这一类服务商又叫电子期刊集成商(aggregator),用户使用多家出版商的电子期刊时,只需访问服务商的站点即可。如 EBSCO 公司的 EBSCOhost、Swets 公司的 SwetsWise 等。使用这类服务的出版商以中小型出版社、学协会出版社为主。

(3) 镜像服务(mirror site),即由出版商/服务商提供系统和数据库,在本地建立服务器开展服务。

(4) 本地服务(local loading),即采用用户本地开发的系统,出版商提供裸数据服务。

1.2.3 最新期刊目次推送服务

这是电子期刊不同于印刷型期刊的最具特色的服务,一般通过电子邮件(E-mail alert)或 RSS 订阅来实现个性化定制和期刊最新目次推送。有关这两个服务的定义和示例详见本书第一章第四节内容。

1.2.4 用户订购电子期刊的 3 种方式

(1) 以个人用户的名义直接订购。如果该用户已订有印刷版期刊,则免费或只收少量费用就可以使用电子期刊。

(2) 以单个机构的名义购买并签订许可协议(license agreement),再转而向该机构的个人用户提供服务。这些机构通常是学术团体、图书馆、学校等,他们购买之后,出版商为保护自身利益,采取两种方式控制机构用户的访问权限:一是利用机构所在局域网(如校园网)的 IP 地址范围来控制;二是使用用户名和密码,或者两种方法同时使用。

(3) 多个机构联合采购。这种采购方式又称集团采购，联合起来的机构称为一个集团 (consortia)。集团采购的好处是可以使价格降低很多，而由于较多用户的参与，出版商/服务商的服务质量也会提高，这也是图书馆资源共建共享原则在网络环境下的体现。例如高校图书馆数字资源采购联盟(DRAA)就是一个图书馆联合体，到 2011 年年底，已经有 700 多家图书馆参加了 DRAA 组织的集团联合采购。

1.3 核心期刊和同行评审期刊

电子期刊的数量越来越多，如何鉴别期刊的学术质量成为一个很重要的问题。一般来讲，人们比较看重的是核心期刊和同行评审期刊。

核心期刊(core journal)，指的是刊载与某一学科(或专业)有关的信息较多，且水平较高，能够反映该学科最新成果和前沿动态，受到该专业读者特别关注的那些期刊。核心期刊的种类是运用文献计量学的方法，经过复杂的统计和运算最后确定的。目前外文核心期刊基本以美国汤森路透公司出版的 SCI、SSCI、A&HCI 数据库中收录的期刊为准，中文核心期刊以北京大学图书馆编写的《中文核心期刊要目总览》中收录的期刊为准。需要说明的是，这些工具书所收录的核心期刊都是印刷版期刊，因此对于那些纯电子期刊来说，目前尚无关于核心期刊的统计。

同行评审期刊(peer-reviewed 或 refereed)，是指期刊发表的主要文章在发表之前，由编辑部聘请作者同一学科或同一研究领域的同行专家对论文进行评审，评审时并不公开作者姓名，然后决定是否发表、修改或退稿，这样做的目的主要是为了提高论文和期刊的质量。目前无论是印刷版期刊的电子版还是纯电子期刊，都拥有大量的同行评审期刊，例如美国数学学会(American Mathematical Society)的纯电子期刊"Representation Theory"就是同行评审期刊。

1.4 电子期刊的检索

1.4.1 检索系统

电子期刊的数据通常分为两部分，一部分为二次文献元数据，包括刊名、篇名、作者、主题词/关键词、文摘、国际统一刊号(ISSN)、卷期、页数、参考文献、文章标识等，为文本格式；另一部分为全文，大多为 PDF 格式。与全文数据库不同，由于全文格式大多为 PDF，所有检索多集中在元数据部分，很少有全文检索。因此，电子期刊检索系统通常结构较为简单，易学易用。

目前比较著名的电子期刊出版者及其检索系统有：

(1) 荷兰 Elsevier 公司的电子期刊及其检索系统 SciVerse ScienceDirect；

(2) 德国 Springer 公司的电子期刊及其检索系统 SpringerLink；

(3) 美国 John Wiley 出版公司的 Wiley Online Library 检索系统；

(4) 美国斯坦福大学 Highwire Press 的电子期刊及其检索系统；美国约翰·霍普金斯大学出版社等 135 家出版社参与的学术性电子期刊出版计划"Project Muse"；

(5) 美国多家大学和学术图书馆参与的非盈利性过刊回溯项目 Jstor(Journal Storage Project)及其检索系统；等等。

电子期刊集成商或服务商有：

(1) 美国 EBSCO 公司及其检索系统 EBSCO*host*；

(2) 美国 OCLC 的电子期刊集成库 Electronic Collection Online 及其检索系统 FirstSearch；

（3）美国 Dialog 公司及其检索系统；

（4）荷兰 Swets 公司及其检索系统 SwetsWise；等等。

1.4.2 电子期刊导航系统

为了给读者提供一个统一、方便、快捷的电子期刊查询及全文浏览途径，很多图书馆都提供电子期刊导航服务，即按刊名字顺、学科分类和出版商为用户提供指引，用户只需单击刊名，就可以链接到期刊首页，直接阅读期刊，如图 5-1 所示。

图 5-1　电子期刊导航系统示例

1.4.3 CrossRef 和引文链接

引文是指某篇文献后的参考文献，即这篇文章引用的其他文章。当用户阅读电子期刊的文献时，经常会使用到其中的引文，并且希望通过对引文题目的单击可以直接看到引文的原文。这种"篇名—篇名"(title to title)从引文到正文的链接，就称为引文链接(reference linking 或 citation link)。

引文链接可以发生在同一检索系统内，也可以发生在不同检索系统的文献之间，如：从 Science Online 的期刊引文链接到 Nature 期刊的全文。引文链接不同于我们在第四章中提到的全文链接，后者是指从二次文献数据库到一次文献数据库，从元数据到正文之间的链接。

基于 CrossRef 的引文链接是最常见的引文链接服务，CrossRef 的发展和工作机制详见第一章第四节"全文链接和全文传递服务"。

CrossRef 引文链接的典型例子是《科学》杂志电子版 Science Online，当找到其中的一篇文章以后，后面会列有一系列参考文献，凡是可以通过引文链接看到原文的，均在后面标注以"CrossRef"，单击 CrossRef，即可直接读到原文。当然，前提条件是用户还必须购买了被链接的电子期刊的使用权限，否则无法读取原文。CrossRef 链接如图 5-2 所示。

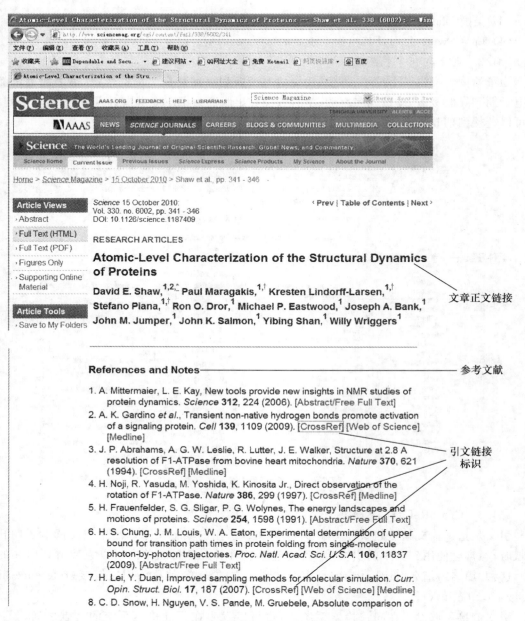

图 5-2 引文链接示例—Science Online

第二节 综合性西文电子期刊

综合性电子期刊数据库收录的期刊覆盖多个学科领域,具有内容广泛、学术性强,核心期刊占比大等特点。一般都由大型商业出版社出版,比较著名的如荷兰 Elsevier 公司、美国的 John Wiley 公司、德国的 Springer 公司等,这些出版商出版的期刊在质量和学术性方面都堪称高品质。

2.1 Elsevier 出版的电子期刊

荷兰 Elsevier 公司(中文名爱思维尔公司)是世界著名、也是规模最大的学术期刊出版商,截止到 2011 年,已经出版有 2 500 多种经同行评审的学术期刊(包括原来著名的美国学术出版社(Academic Press)出版的期刊),可在线访问 1 000 多万篇文献。Elsevier 电子期刊的早期服务平台为 ScienceServer、ScienceDirect,2010 年 8 月,Elsevier 公司将 ScienceDirect、公司其他的数据库产品 Scopus 以及 Scirus 整合在了一个集成性的检索平台即 SciVerse 上。

SciVerse ScienceDirect 平台上的资源分为四大学科领域:自然科学与工程、生命科学、健康科学、社会科学与人文科学,涵盖了 24 个学科(见表 5-1),其中又以医学与口腔学、生物化学、遗传学和分子生物学为主,占其期刊总数的 28%;许多高品质的期刊如 Cell 和 Lancet 均在其中,根据 2011 年版 Journal Citation Reports,Cell 的影响因子为32.403,排在全部科技期刊的第 16 位;Lancet 的影响因子为38.278,排在全部科技期刊的第 7 位。

表 5-1 ScienceDirect 在线期刊学科分布(据 2010 年数据)

序号	学科 中文名称	学科 英文名称	种数	比例/%
1	医学与口腔学	Medicine and Dentistry	731	29.24
2	生物化学、遗传学和分子生物学	Biochemistry, Genetics and Molecular Biology	304	12.16
3	工程	Engineering	242	9.68
4	社会科学	Social Sciences	205	8.20
5	农业与生物学	Agricultural and Biological Sciences	193	7.72
6	材料科学	Materials Science	155	6.20
7	计算机科学	Computer Science	150	6.00
8	神经系统科学	Neuroscience	144	5.76
9	化学	Chemistry	135	5.40
10	心理学	Psychology	124	4.96
11	护理与健康	Nursing and Health Professions	123	4.92
12	免疫学和微生物学	Immunology and Microbiology	122	4.88
13	地球与行星学	Earth and Planetary Sciences	121	4.84
14	药理学、毒理学、药物学	Pharmacology, Toxicology and Pharmaceutical Science	118	4.72
15	环境科学	Environmental Science	117	4.68
16	物理学与天文学	Physics and Astronomy	112	4.48
17	化学工程	Chemical Engineering	110	4.40
18	数学	Mathematics	100	4.00
19	商业、管理和财会	Business, Management and Accounting	92	3.68
20	经济学、计量经济学和金融	Economics, Econometrics and Finance	89	3.56
21	决策科学	Decision Sciences	62	2.48
22	能源	Energy	58	2.32
23	兽医科学	Veterinary Science and Veterinary Medicine	48	1.92
24	艺术与人文科学	Arts and Humanities	40	1.60
	合计		3 695*	

* 其中部分期刊属于多学科。

数据库网址：http://www.sciencedirect.com/

2.1.1　检索功能

Elsevier 的电子期刊有浏览和检索两种功能，检索包括快速检索和高级检索。

（1）浏览（browse）

系统提供三种浏览功能：一是按题名字顺浏览（browse by title）；二是按学科主题浏览（browse by subject）；三是按个人喜好浏览（favorite journals/books）；此外，用户浏览时还可以对文献级别和文献类型分别加以限定，文献级别包括"全文"和"摘要"两个层次，文献类型包括期刊和专著丛编（book series）、图书（全部图书或者仅限定为参考工具书）两种。对于专著丛编，还可以对该书所属丛编的卷册和题名信息的显示与否（display series volume titles）进行选择。

① 按题名字顺浏览：在每一个浏览题名的后面以分栏形式分别显示该刊的相关信息，依次包括：订购状态、文献类型、待刊文章可访问情况（articles in press）、新文章及相关信息的 RSS 订阅服务（有 标记者）、个人喜好期刊和卷期通报服务。按题名浏览时，也可对当前浏览期刊的内容进行检索。

② 按学科主题浏览：将期刊按四大学科领域 24 个学科类目分类，每一类下再按字母顺序排列。学科主题浏览的显示内容和操作与题名字顺浏览方式相同。

（2）快速检索（search）

可以按全部字段或按特定期刊的刊名、卷期和页码等进行检索，另外，还可以对文章中的图表、视频等进行检索。检索范围是所有期刊、专著丛编、手册、图书和参考工具书。无论在哪个操作页面，快速检索的位置都固定不变，用户使用起来很方便，不足是检索精度不够。

（3）高级检索（advanced search）

默认检索范围是是所有资源（all sources），还可以选择期刊、图书或者图像进行检索。

可检索字段包括：文摘/题名/关键词、作者、特定作者、刊名、题名、关键词、文摘、参考文献、国际统一刊号（ISSN）、作者单位、全文。

检索限定包括：来源（所有刊、已订购刊、个人定制期刊）、学科主题（全部学科、单一学科、或者使用 Ctrl 键选择多个学科）、文献类型（文章、评论、调研、通讯等）、日期（选择所有年代或年代范围）和卷期页码信息进行限定检索。

恢复检索（recall search）：只有在用户注册个人账号，登录后才能使用，可对用户先前保存的检索式重新检索、修改或者删除。

作者检索：高级检索或专家检索中的"专用作者字段"（specific-author field）与快速检索中的"作者字段"（author）检索不同。比如：在高级检索中，利用"J Smith"只能查到作者姓名同时包含这两个检索词的结果，如"J. Smith"、"David J. Smith"、"J. R. Smith"、"Stephen J Craig-Smith"，但是不会检到这两个检索词分别在两个作者姓名中的情况，如"T. Smith, J Rolf"；但在快速检索中，则上述所有结果都能检索到。此外，如果检索时需要明确作者姓和名的顺序，需要使用专家检索。作者姓名的首字母缩写用空格分隔。

高级检索界面如图 5-3 所示。

（4）专家检索（expert search）

可检索字段、检索限定与高级检索基本相同，如：ttl（renal failure）表示检索"renal failure"一词出现在文章题名字段的文献，如果没有给出检索字段，则默认为在整个记录中检索。

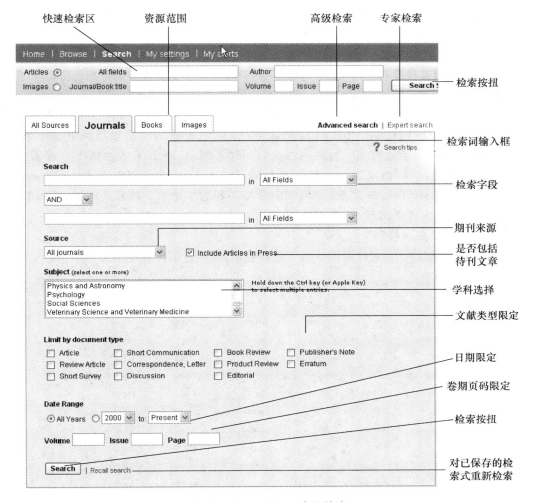

图 5-3 ScienceDirect 高级检索

2.1.2 检索技术

字检索与词检索：系统默认的是字检索（word）。如果要检索一个词（phrase），就必须使用引号，表示两个检索字必须相邻并按顺序出现，例如，键入"hypermedia database"，检索结果只包含这个词；如果键入的是 hypermedia database，没有引号，检中的结果则将 hypermedia 和 database 处理为不连续的两个字，字与字之间为 AND 的关系。使用引号时，字间的符号会被忽略掉，如"heart attack"或者"heart-attack"检索到的结果是一样的；通配符则按照通配符的涵义处理，如"criminal * insan *"可以检索到"criminally insane"和"criminal insanity"。如果要进一步进行词的精确检索（exact phrase），需要把检索词放在{ }内。放在{ }内的符号、停用词、特殊字符等都不被忽略，通配符也作为普通字符处理。

布尔逻辑：在同一检索字段中，可以用算符 AND、OR、AND NOT 来确定检索词之间的关系，但算符要大写。如果没有算符、引号和{ }，系统默认各检索词之间的逻辑关系为 AND。

嵌套检索：可使用括号将有限检索的词括起来进行检索，如输入 blood AND（brain OR barrier），系统就会优先检索 brain OR barrier，然后再将结果与 blood 匹配。

截词检索：可使用"*"作为截词符替代检索词中的0个或多个字符,如：h*r*t可以检索到"heart"、"harvest"、"homograft"、"hypervalent"等。用"?"精确替代一个字符,如：gro?t可以检索到"grout"或"groat",但不能检索到"groundnut"。此外,检索式中字母大小写不区分；运用单数形式的单词去检索时,可以把复数和所有格形式的内容检索出来。如：用city可以检索到"city"、"cities"、"city's"；用"criterion"可检索到"criterion"和"criteria"。

位置算符：有W/n和PRE/n两种位置算符。W/n表示两个检索词相隔最多不超过n个单词,两检索词出现的前后顺序不限,如：pain W/15 morphine表示检索结果中pain和morphine之间相隔的词不能超过15个,两词的前后顺序不限制；PRE/n表示第1个检索词应在第2个检索词之前,两词相隔最多不超过n个词,如：behavioural PRE/3 disturbances表示behavioural应在disturbances之前,两词相隔最多不超过3个词。注意：算符W和PRE一般不能在同一个检索式中出现,除非有括号出现。

检索限定：见"高级检索"。

禁用词表(stop words)：禁用词一般不会被检索,除非它们出现在引号或{}内。

about	by	hence	obtained	since	used
again	can	her	of	so	using
all	could	here	often	some	various
almost	did	him	on	such	very
also	do	his	onto	than	viz.
although	does	how	or	that	was
always	done	however	our	the	we
am	due	if	overall	their	were
among	during	in	perhaps	theirs	what
an	each	into	quite	them	when
and	either	is	rather	then	where
another	enough	it	really	there	whereby
are	especially	its	regarding	thereby	wherein
as	etc	itself	said	therefore	whether
at	ever	just	seem	these	which
be	for	made	seen	they	while
because	found	mainly	several	this	whom
been	from	make	she	those	whose
before	further	might	should	through	why
being	had	most	show	thus	with
between	hardly	mostly	showed	to	within
both	has	must	shown	too	without
but	have	nearly	shows	upon	would
	having	neither	significantly	use	you

注：(1)"not"不是禁用词,而是一个保留词,如果"not"是检索词的一部分时,应放在{ }内检索,如：检索"not contested",应键入{not contested}；

(2)"a"不是禁用词,而是一个通用词,如果"a"是检索词的一部分时,应放在{ }内检索,如：检索"one in a million",应键入{one in a million}。

检索过程中可以随时查看"search tips"来发现检索技巧。

2.1.3 检索结果

（1）检索结果列表：默认按相关性排序，也可以选择按时间来排序。每一条命中记录包括篇名、刊名、卷期、日期、页数、作者、预览（preview，单击后可以查看文摘和大纲）、HTML 或 PDF 全文链接和相关文章按钮（单击可查找与本文内容类似的文章）以及关于检索式的处理选择：编辑检索式（edit search）、保存检索式（save search）、保存为邮件推送（save as alert）和 RSS 订阅（参见图 5-4）。

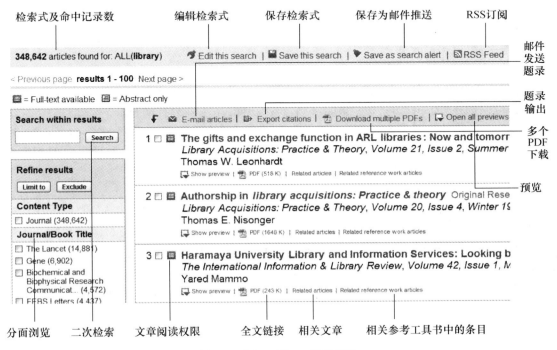

图 5-4 ScienceDirect 检索结果

（2）标记和输出记录：每一条记录前面都有一个带颜色的方框，绿色表示可以查看全文，灰色表示只能查看文摘。对结果集的处理有 4 个功能选项，包括：

① 邮件发送（E-mail articles），可以将前 1 000 条检索结果的清单或者题录信息发送到指定电子邮箱；

② 输出引文（export citations），可以将前 1 000 条检索结果的清单或题录信息以文件形式导出，默认格式是 RIS 格式（支持 Reference Manager、ProCite、EndNote 等文献管理软件），也可以是纯文本 ASCII 或 BibTeX 格式（在 LaTeX 环境或者支持 Bibshare 插件的 MS Word 中使用），也可直接导入到参考文献管理软件 RefWork 中；

③ 下载全文（download multiple PDFs）：允许用户登录后，把选定的多个检索结果一次下载下来，一次最多可下载 20 篇全文；

④ 预览全部（open all previews）：可以把每个命中文献的文摘和大纲显示出来。

（3）二次检索：用户可以增加新的检索条件在结果中再次检索（search within results）。用户也可以进行分面显示与检索结果的提炼（refine results），分别按照文献类型、刊名、论题和年代 4 个分面列出命中的检索结果数量,用户可以选择只查看某一分面的结果(利用 "Limit to"按钮或"Exclude"按钮)。

(4) 引文服务:在参考文献中凡是具有全文访问权限的都可以直接或者通过 CrossRef 调度全文(full text via CrossRef),非常方便。此外系统还给出了该文章在 Scopus 数据库中的被引用次数、相关文章和相关的参考工具书中的条目。

2.1.4 用户服务

个性化服务主要包括两部分:近期操作(recent action)和快速链接(quick links),近期操作记录的是用户最近 100 次的操作(执行的检索或者阅读的论文等)。快速链接为用户常用或者喜爱的期刊、ScienceDirect 网站和其他网站中的热门页面建立快速链接,减少读者切换次数或者单击次数,以提高效率。

(1) 个性化服务的管理

注册后系统会自动生成用户名,以后只要登录就可使用个性化服务功能。如果是个人用计算机,可以选择"Remember me"功能,以后每次访问,系统就会自动登录。

注册用户在"个人设置"(my settings)中管理自己的个性化服务界面,内容包括:添加或删除通报服务项目、修改个人信息和喜好(可以增加或修改个人信息,以及设置向 RefWorks 自动导入题录信息功能)、更改密码和查看系统资源报告等。

(2) 个性化服务的定制

定制个人喜爱期刊及其相关卷期通报服务:用户可以利用期刊浏览界面的"Favorites"和"Volume/Issue Alerts",或者在每种期刊的卷期目次页上,选"Add to Favorites"和"Alert Me about New Volumes/Issues"进行定制。此后这些期刊就会出现在"快速链接"(quick links)中,如果有新的卷期,系统就会自动发送到用户邮箱里,大大提高了用户获取文献的效率。

通报服务(alerts)及其管理包括三种服务:一是检索通报(search alert),用户完成检索后,选择"Save as Search Alert"功能,即可定制检索通报服务,今后只要有新的文章或引用出现,系统就会自动发邮件通报用户;二是论题通报(topic alerts),使用"Add/Delete Topic Alerts"功能即可根据自己的兴趣设定一个专题,如果有关于该专题的新文章出现,系统就会发邮件通报用户;三是卷期通报,用户感兴趣的期刊有新的卷期入库时,系统会自动通知用户。

建立与管理快速链接:用户在 ScienceDirect 系统的任何页面使用"Add to my Quick Links",即可将该页地址添加到首页的"快速链接"中,也可以使用 按钮修改或者删除快速链接。

RSS 订阅服务:从检索结果页面、书刊页面、专题通报存档、我的通报服务、浏览页面或者文章页面,单击图标 ,系统就给出一个 RSS 源地址,利用浏览器(如:IE7.0 以上)的 RSS 功能或者把这个地址拷贝到用户的 RSS 阅读器中,即可完成 RSS 订阅。ScienceDirect RSS 订阅提供三方面的信息:检索结果、专题检索和新刊上的文章。

2.2 John Wiley 出版的电子期刊

John Wiley & Sons 公司(中文名约翰·威利父子公司)成立于 1807 年,是美国最古老的出版公司之一,也是科学、技术和医学类期刊、图书、各类参考工具书的综合性出版商,出版的期刊学术质量很高,很多是相关学科的核心刊物。John Wiley 在 2007 年 2 月与全球最大的学协会出版机构、英国的 Blackwell Publishing 合并,Blackwell 出版的学术期刊在科学技术、医学、社会科学以及人文科学等学科领域享有盛誉,两个公司的合并可谓是强强联手,公司合并后的期刊服务也称为 Wiley-Blackwell。

截止到 2011 年,Wiley-Blackwell 收录了 1 500 多种同行评审期刊,这些期刊以及 9 000 多种电子图书和主要参考工具书中的 400 多万篇文章,成为生命科学、健康和保健科学、医药、人文和社会科学领域内最广泛、最深刻的跨学科在线资源合集——Wiley Online Library 系统。

由表 5-2 可知,Wiley-Blackwell 出版的期刊中,理科方面以医学、兽医学、健康科学和生命科学为主,约占全部期刊数的 38%,其次是人文和社会科学、商业、经济、金融和会计学,约占全部期刊数的 30%。根据 2011 年版 Journal Citation Reports,Wiley-Blackwell 有 1 000 多种期刊被 SCI 和 SSCI 收录,约占其全部期刊数的 65%。

数据库网址:http://onlinelibrary.wiley.com/

表 5-2　Wiley Online Library 1 500 种在线期刊学科分布(据 2010 年数据)

序号	学科		种数	比例/%
	中文名称	英文名称		
1	医学、兽医学和健康科学	Medical, Veterinary and Health Sciences	388	25.78
2	人文和社会科学	Humanities and Social Sciences	287	19.07
3	生命科学	Life Sciences	184	12.23
4	商业、经济、金融和会计学	Business, Economics, Finance and Accounting	168	11.16
5	化学	Chemistry	102	6.78
6	心理学	Psychology	73	4.85
7	工程学	Engineering	68	4.52
8	地球和环境科学	Earth and Environmental Science	64	4.25
9	教育学	Education	43	2.86
10	数学和统计学	Mathematics and Statistics	32	2.13
11	高分子和材料学	Polymers and Materials Science	30	1.99
12	法律和犯罪学	Law and Criminology	23	1.53
13	物理学和天文学	Physics and Astronomy	21	1.40
14	信息科学和计算机	Information Science and Computing	15	1.00
15	其他		7	0.47
	合计		1 505	100.00

2.2.1　检索功能

Wiley-Blackwell 电子期刊的检索系统为 Wiley Online Library,其特点是将 John Wiley 出版的电子图书、期刊和参考工具书放在同一检索平台上,为用户使用提供了方便。

(1) 浏览(browse)

提供按 17 个学科主题(subject)浏览出版物的功能。在每个学科页面可以浏览重点推荐的四种出版物,也可进一步分主题(topics)浏览,或浏览该学科全部出版物,并可使用"筛选"功能(filter list)精选浏览结果。

也可按照期刊名称进入该刊首页,按卷期浏览文章,其中包括已接受文章的浏览和已经在网上出版、但尚未安排卷期号文章的提前阅读(early view)。此外还提供期刊的详细信息,包括刊名、编者、期刊的影响因子、该刊在 Journal Citation Reports 中在本领域期刊内的排名,如：期刊 *Agricultural Economics* 下有信息：ISI Journal Citation Reports © Ranking：2010：2/14（Agricultural Economics & Policy）；73/304（Economics），表示根据 2010 年版 JCR 报告，该刊的影响因子在农业经济与政策领域的 14 种期刊中排在第 2 位，在 304 种经济学刊物中排在第 73 位。

(2) 检索

快速检索（search）：系统默认的是对所有内容进行检索（all content），如果查找的是某一特定出版物，选择按照出版物题名检索（publication titles）。

高级检索（advanced search）：默认是在所有字段中进行检索，也可选字段检索，包括：出版物题名、文章题名、作者、全文/文摘、作者单位、关键词、资助机构、ISBN、ISSN、文章的 DOI 和参考文献（参见图 5-5）。

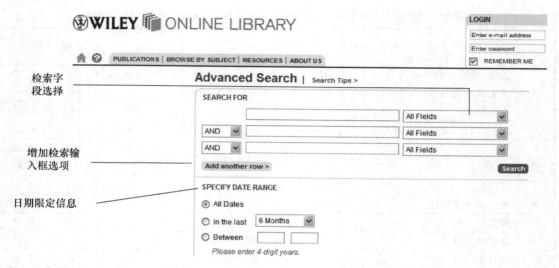

图 5-5　Wiley 电子期刊高级检索

2.2.2　检索技术

布尔逻辑：使用 AND、OR、NOT 算符，可从下拉菜单中选择，也可在检索式中输入。

字检索与词检索：系统默认为字检索，精确匹配要使用引号。如"gene therapy"，逻辑算符 AND、OR、NOT、NEAR、NEXT 如果作为检索词的一部分时，必须放在括号内，否则当逻辑算符处理。

嵌套检索：可以使用（）将优先运算的检索式括起来。如：（brain AND serotonin）OR（brain AND dopamine）

通配符：使用"*"号表示多个字符匹配，使用"?"表示单个字符匹配。

检索限定：可以按出版日期、文献类型、学科及/或学科子目录、全文权限等进行限定。

2.2.3　检索结果

检索结果列表：使用挂锁图标标明文章或章节的访问权限，表示所有用户均免费访问；表示通过 OnlineOpen 免费访问；表示通过当前订阅服务访问。可按文献类型、年份、访问权限和学科等筛选检索结果。

检索结果排序：可以按匹配度（best match）、出版日期等排序。

记录格式：包括题名、作者、刊名、卷期、出版日期、页数、DOI，同时提供文摘、参考文献、全文、引文信息等链接标签，如图 5-6 所示。

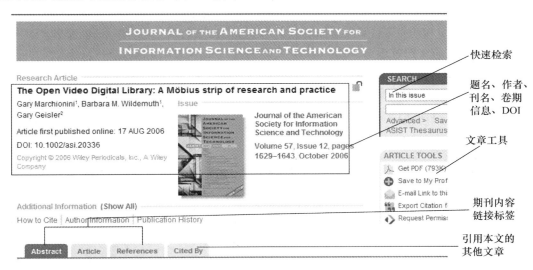

图 5-6　Wiley Online Library 详细记录页面

文件格式：一般都是 PDF 格式，有些支持 HTML 和 PDF 两种格式。HTML 格式具有方便的"跳转"（jump to）导览功能，参考文献部分提供内部（指 Wiley 出版物）或外部参考文献来源的链接，外部链接包括：CrossRef 的标准引文链接、ChemPort、Chemical Abstract Service（CAS）、PubMed/Medline 等专用引文链接以及 Web of Science 的引用次数和引文链接等，如图 5-7 所示。

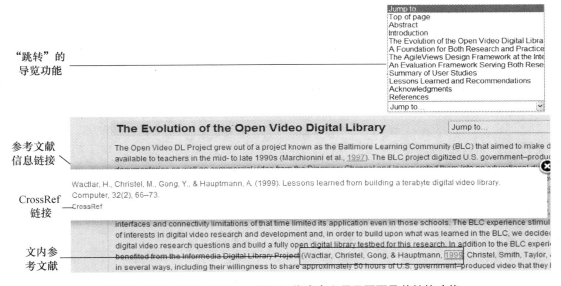

图 5-7　Wiley Online Library HTML 格式全文显示页面及其链接功能

检索结果输出：可将选定文章存入我的文档（save to profile）或者导出题录信息（export citation）。题录信息支持纯文本、EndNote、Reference Manager 及 RefWorks 格式。

2.2.4 用户服务

(1) 期刊工具（journal tools）

出现在每种期刊的首页上，包括期刊新内容通报、RSS 订阅、获取样本刊、推荐给图书馆员、把该刊存入我的文档等服务。

(2) 个性化服务

用户首先注册，此后系统会发送邮件给用户，用户根据邮件中的提示信息激活账号就可使用 Wiley Online Library 的个性化功能，如：可以直接链接到用户常用的期刊、文章和检索式等。

个人定制信息管理（my profile）：包括两部分：一是个人登录信息的编辑和订单信息的跟踪（account information）；二是所保存的文章/章节、出版物和检索结果的管理；电子邮件提醒和最新目录（e-toc）通报管理，提前阅读（early view）和已接收文章（accepted article）通知、引文数据通知等。

2.3 Springer 出版的电子期刊

Springer 科学与商业媒体出版集团已经有近 170 年的发展历史，以出版期刊、图书、工具书等各类学术性出版物而著名，2004 年 Springer 与学术出版社 Kluwer Academic Publisher 合并，成为全球综合性的顶级出版商之一。

截止到 2012 年，已出版有 2 639 种期刊，其中近 2 340 种为同行评审期刊，298 种为开放获取（open access,OA）期刊，内容包括数学与统计学、化学与材料科学、计算机科学、商业与经济学、工程学、地球与环境科学、人文、社科与法律、生物医学与生命科学、医学、物理和天文学、行为科学等 11 大学科范畴。其中医学、生物医学与生命科学期刊在 SpringerLink 最为丰富，两者约占全部期刊总数的 40%，其他学科分布基本均匀。根据 2011 年版 Journal Citation Reports,SpringerLink 有 900 多种期刊被 SCI 和 SSCI 收录，如表 5-3 所示。

表 5-3　SpringerLink 在线期刊学科分布（据 2010 年数据）

序号	学科		种数	比例/%
	中文名称	英文名称		
1	医学	Medicine	576	23.46
2	生物医学与生命科学	Biomedical and Life Sciences	427	17.39
3	人文、社会科学和法律	Humanities, Social Sciences and Law	248	10.10
4	化学与材料科学	Chemistry and Materials Science	206	8.39
5	数学与统计学	Mathematics and Statistics	193	7.86
6	地球和环境科学	Earth and Environmental Science	174	7.09
7	物理与天文学	Physics and Astronomy	165	6.72
8	商业与经济学	Business and Economics	141	5.74
9	工程学	Engineering	138	5.62
10	计算机科学	Computer Science	105	4.28
11	行为科学	Behavioral Science	82	3.34
	合计		2 455	100

国家科技图书文献中心(NSTL)已于 2008 年 5 月购买了 Springer 回溯数据库(Springer Online Archive Collections, OAC)全国使用权,用户可免费访问 OAC 数据库的内容。OAC 的内容为 1996 年以前(含 1996 年)的出版物。

数据库网址:http://link.springerlink.com/

2.3.1 检索功能

Springer 的检索系统名称为 SpringerLink。包括浏览、检索和高级检索功能。

(1) 浏览

提供学科浏览功能,单击某个学科,进入该学科页面。也可以按内容的类型来浏览,包括(期刊)文章(articles)、(图书)章节(chapters)、参考文献(reference work entries)和实验室指南(protocols)。

(2) 检索

检索(search):可在题名、文摘、参考文献、全文中进行检索。检索时系统根据用户键入的字符提供自动建议功能。

高级检索(advanced search):通过对检索词、题名、作者、日期等限定,进一步缩小检索范围,提高检索的精度。还可以对检索结果的范围进行限定,若勾选"Include Preview-Only Content"将包括访问权限内和权限外的所有结果,否则只显示访问权限内的结果(参见图 5-8)。

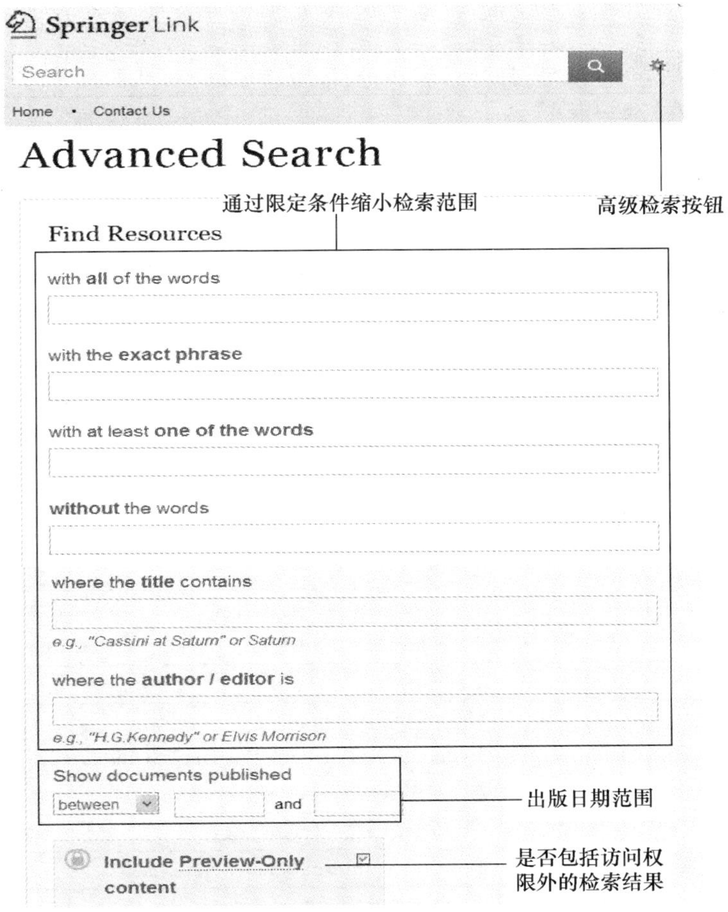

图 5-8 SpringerLink 高级检索页面

2.3.2 检索技术

布尔逻辑算符：支持 AND、OR、NOT 算符，可以在检索式中直接使用。如：Insulin NOT Diabetes。

字检索与词检索：系统默认为字检索，精确匹配要使用引号。化学符号和数学方程最好放在引号内检索。

词根检索：系统默认词根检索，不必用通配符。

特殊字符检索：由于德文、法文中存在很多特殊字符，推荐使用通配符进行检索，如使用 B?nard 来检索 Bénard 等。

2.3.3 检索结果

通过勾选黄色区域内的过滤选项"Include Preview-Only Content"来确定检索结果的显示范围。勾选该选项将显示全部检索结果，否则只显示访问权限内的检索结果。

检索结果可按相关性、由新到旧、由旧到新的时间顺序排列，并可按内容类型、学科、子学科、出版日期范围、作者、语言等过滤选项优化检索结果。记录提供内容类型（如：article、chapter 等）、题名、内容描述、作者、出处和全文链接（PDF、HTML 格式）。单击"Date published"可以将文献定位到较准确的出版年。单击检索结果右上方的箭头"⬇"可将检索结果以 CSV 格式下载。

2.3.4 用户服务

注册用户可以保存检索式，设置邮件通报服务和在线订阅书评等，同时可对自己要出版的文章进行跟踪（article tracking）等。

2.4 Taylor & Francis 出版的电子期刊

Taylor & Francis 于 1798 年在英国伦敦成立，是世界上历史最长的商业杂志出版商，也是全球领先的学术出版机构。Taylor & Francis 现在已发展成为集团，由 Taylor & Francis 出版社、Routledge 出版社、Psychology 出版社、CRC 出版社和 Garland Science 出版社组成，其中，Taylor & Francis 以出版科技文献与参考书著称；Routledge 出版社主要出版人文科学及社会科学领域的文献；Psychology 出版社主要出版心理学方面的文献；CRC 出版社主要出版工程、数学、统计、物理、化学、生命科学等领域文献；Garland Science 出版社主要出版细胞与分子生物学、免疫学、蛋白质科学、基因学等领域的文献，详见表 5-4。

表 5-4 Taylor & Francis 集团在线期刊学科分布（据 2011 年数据）

序号	学科		种数	比例/%
	中文名称	英文名称		
1	人文科学	Humanities	263	17.39
2	教育	Education	227	15.01
3	行为科学	Behavioral Sciences	211	13.96
4	经济、金融、商业与工业	Economics, Finance, Business & Industry	204	13.49
5	社会科学	Social Sciences	200	13.23
6	工程与技术	Engineering & Technology	194	12.83
7	政治与国际关系	Politics & International Relations	182	12.04
8	环境与农业	Environment & Agriculture	144	9.52

续表

序号	学科 中文名称	学科 英文名称	种数	比例/%
9	区域研究	Area Studies	120	7.94
10	自然科学	Physical Sciences	106	7.01
11	地理学	Geography	100	6.61
12	语言与文学	Language & Literature	68	4.50
13	数学与统计	Mathematics & Statistics	66	4.37
14	环境研究与管理	Environmental Studies & Management	64	4.23
15	地球科学	Earth Sciences	58	3.84
16	发展研究	Development Studies	57	3.77
17	生物科学	Bioscience	56	3.70
18	计算机科学	Computer Science	55	3.64
19	艺术	Arts	53	3.51
20	信息科学	Information Science	48	3.17
21	环境	Built Environment	47	3.11
22	体育与休闲	Sports and Leisure	45	2.98
23	医学、口腔、护理与健康	Medicine, Dentistry, Nursing & Allied Health	42	2.78
24	法律	Law	42	2.78
25	社会工作	Social Work	37	2.45
26	城市研究	Urban Studies	31	2.05
27	食品科学与技术	Food Science & Technology	25	1.65
28	旅游	Travel & Tourism	23	1.52
29	博物馆与遗产研究	Museum and Heritage Studies	5	0.33
	合计		2 773 *	

* 其中部分期刊属于多学科。

Taylor & Francis 集团出版 1 500 多种期刊,每年出版新书约 3 000 多种。根据 2011 年版 Journal Citation Reports,Taylor & Francis 集团有 659 种期刊被 SCI 和 SSCI 收录(其中科技期刊 327 种,人文和社会科学领域期刊 332 种)。

数据库网址:http://journalsonline.tandf.co.uk/

2.4.1 检索功能

(1) 浏览

可按出版物题名字顺(all publications)和学科主题进行浏览(browse by subject),其中题名字顺浏览默认是对所有出版物进行浏览,也可按出版物类型分别浏览。

进入特定期刊页面后,页面提供该刊基本信息,包括:刊名、ISSN、出版频率,并以图标形式标注出期刊的特点,如:是否为同行评审刊、是否支持开放获取、是否提供提前阅读服务,并提供推荐、通报(alert me)、刊内检索、被阅读最多和被引频次最高文章的链接等服务(参见图 5-9)。

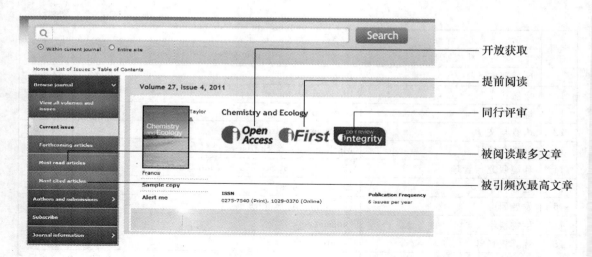

图 5-9 Taylor & Francis 期刊页面

（2）检索

基本检索（search）：为关键词检索，检索范围可限定在整个网站或特定出版物内。

高级检索（advanced search）：提供全文、篇名/章节名、出版物名称、作者、ISBN/ISSN/DOI、摘要和关键词检索，可保存检索式和浏览检索历史。

题录检索（citation search）：如果知道某文章详细的题录信息，可以采用题录检索，输入出版物的题名或者 ISSN、文章题名、卷期和页码即可检索所需文献。

2.4.2 检索技术

布尔逻辑：可在检索输入框右侧的下拉菜单中选择"AND"、"OR"、"NOT"，也可直接在一个检索输入框中使用布尔逻辑算符。

词根检索：通过选择"词根检索"启用该功能，如：输入 Teaching：可以得到 Teaching、Teach、Teacher、Teaches 等检索结果。

限定检索：可按日期、出版社、出版物类型、学科主题等进行限定。

2.4.3 检索结果

检索结果排序：可以按照相关度、题名字顺、出版日期和作者排序。

检索记录内容包括：全文下载（PDF）、全文阅读（HTML）、文摘、参考文献、引文和相关信息链接。在每一条记录后面显示文献的可访问情况，包括免费获取（free access）、订购检索（full access）和购买三种情况。对没有购买的文献还提供首页预览功能。

2.4.4 用户服务

（1）个性化服务

注册用户可以保存检索式，创建引文跟踪，也可以将文献添加到标记列表（add to short-list）或者放在购物车中在线购买。

（2）通报服务

提供邮件通报和 RSS 订阅服务。内容包括：期刊最新卷期通报、专题新出版物通报、满足已保存检索式的新内容通报、网络优先出版文献通告（iFirst alert）和新增引文通报等。个人用户登录后可以通过"Alerts"进入通报服务管理页面，编辑、取消各种通报服务。

2.5 SAGE 出版的电子期刊

SAGE 公司于 1965 年成立于美国,最初以出版社会科学类学术出版物为主,自 1995 年起,也开始陆续出版科学、技术、医学(STM)三大领域的文献。SAGE 与 200 多家专业的学术协会和组织建立了紧密的合作伙伴关系(主要为欧美协会和组织),共出版 600 多种高品质期刊现刊及 381 种过期期刊,涵盖人文与社会科学、健康科学、生命和生物医学、材料科学和工程四大领域 61 个专题,每年出版新书和参考工具书 700 多种。根据 2011 年版 Journal Citation Reports,SAGE 有 60% 多的期刊被 SCI 和 SSCI 收录。SAGE 期刊收录的学科比较广泛,排在前 15 位的学科分布如表 5-5 所示。

表 5-5 SAGE 收录期刊学科分布(只列举占比例较高的前 15 个学科,据 2010 年数据)

序号	学科		种数	比例/%
	中文	英文		
1	社会学	Sociology	81	14.46
2	教育	Education	78	13.93
3	心理与咨询	Psychology & Counseling	76	13.57
4	管理与组织研究	Management & Organization Studies	61	10.89
5	政治与国际关系	Politics & International Relations	49	8.75
6	传播与媒体研究	Communication & Media Studies	38	6.79
7	公众健康	Public Health	35	6.25
8	护理学	Nursing	34	6.07
9	犯罪学	Criminology & Criminal Justice	28	5.00
10	药学与毒理学	Pharmacology & Toxicology	27	4.82
11	保健	Allied Health	26	4.64
12	经济与发展	Economics & Development	24	4.29
13	研究方法与评估	Research Methods & Evaluation	23	4.11
14	文化研究	Cultural Studies	22	3.93
15	特殊教育	Special Education	22	3.93
	限于篇幅,其他学科略去			

数据库网址:http://online.sagepub.com/

2.5.1 检索功能

SAGE 检索平台是 SAGE Journals Online,简称 SJO。2010 年 10 月,SAGE 检索平台全面升级,采用 HighWire 2.0 技术平台(简称 H2O)对资源和服务进行了整合。

(1) 浏览

可按刊名字顺和学科主题浏览。浏览可以限定在"我喜爱的期刊(my favorite journals)"、可访问的期刊(SAGE journals available to me)或者 SAGE 全部期刊(all SAGE content)范围内。

期刊页面提供该刊封面、现刊和所有卷期的链接,以及该刊的影响因子和在 Journal Citation Reports 中的排序,还提供先于印刷版发布的最新文章(OnlineFirst)的链接。在期刊浏览页面可进行刊内检索或者链接到高级检索。期刊封面或者卷期链接可进入期刊的目次页,在目次页提供文摘、全文链接,并提供文摘弹出式预览功能。另外,可将标记文章保存在标记列表中(add to marked citation)、设置 E-mail 通报和 RSS 订阅服务,也可查看该刊被下载最多(most read)和引用最多(most cited)的前 50 篇文章,文章列表每个月更新一次。

文摘页面提供文摘内容、相关服务和链接(如 PubMed、Google Scholar 中的相关文章),文章题名后面的图标"⏩"是文摘信息扩展显示的开关项,可以用平铺方式显示文摘信息,此时相关的服务和链接,如:"Services"、"Citing Articles"和"Share"等功能都被隐藏。文摘页面提供的关键词都是超链接,单击该关键词即可在本刊内进行检索。

(2) 检索

基本检索:在单刊或全部期刊的全文中进行检索,可以输入关键词或作者信息。

高级检索:高级检索可以在全部字段、作者名称(姓)、文摘、全文、关键词、参考文献、作者单位、DOI、刊名、ISSN、卷期和年代等字段中检索。可以按照学科、期刊、日期进行限定检索。也可选择检索结果的显示格式,包括标准和压缩格式两种(参见图 5-10)。

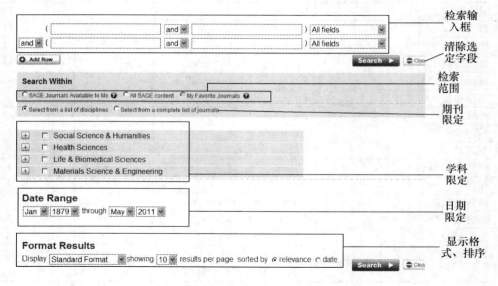

图 5-10　SAGE 高级检索

2.5.2　检索技术

支持布尔逻辑算符 AND、OR、NOT,在一个检索框输入多个检索词时,系统默认为词组精确检索。

2.5.3　检索结果

检索结果列出了每篇文章详细的题录信息以及文摘、全文(HTML 或者 PDF)和参考文献链接,并附有期刊封面,封面上方显示文章的访问权限,凡是标有"artilce available"表示可以访问全文。可对记录选择框进行勾选(check item),将标记记录添加到已保存的题录列表中(add to my citations),也可全选(check all)或者取消所有标记列表中的记录(uncheck all)。

检索结果集页面还提供一系列的服务,包括查看/编辑/邮送/下载/保存/打印题录信息,保存检索式和创建通报服务,将题录信息下载到文献管理软件中等。

检索结果可以按相关度或出版时间排序,可选择标准式或压缩式题录形式显示,每页显示记录数也可选择,默认是每页显示 10 条。

提供 HTML 和 PDF 两种全文格式,HTML 全文中的图表可通过"download to power-point slide"选项,将文章的图表直接下载转换成 PowerPoint 幻灯片。文中的参考文献可以弹出显示(pop-up references),单击则可直接链接到参考文献部分。若参考文献是 SAGE 的内容,则可以直接查看全文;若是其他平台上的文章则通过 OpenURL 协议进行链接,可以链接到 CrossRef、PubMed、Google Scholar、Web of Science 以及 HighWire 平台内的所有文章。

2.5.4 用户服务

注册用户可以使用 SAGE 提供的个性化服务功能,首页导航条上的"My tools"为个性化服务管理链接。主要包括:

(1) 通报服务管理:在期刊主页、文摘和目次页面都可以创建 E-mail 通报服务,包括期刊目次通报、文章引用通报、网上优先发布文章(OnlineFirst)通报等,所有通报服务都可以在这里进行编辑和修改;

(2) 保存题录信息、检索式,对已保存的检索式再次检索等;

(3) 个人喜爱期刊的定制服务;

(4) 账号设置管理等。

2.6 Emerald 出版的电子期刊

Emerald 由著名百强商学院之一的布拉德福商学院(Bradford University Management Center)的学者于 1967 年建立。主要出版商业、管理与经济、工程、图书馆与情报学、语言学、社会学等方面的文献,尤以管理学领域的期刊著称。截止到 2012 年,出版有 330 多种高品质的期刊。根据 2010 年版 Journal Citation Reports,Emerald 有 51 种期刊被 SSCI 和 SCI 收录。

数据库网址:http://www.emeraldinsight.com/

2.6.1 检索功能

(1) 浏览

可以按刊名字顺和学科主题浏览期刊。在期刊浏览页面,提供最近卷期和之前卷期的链接,可以对最近卷期进行 RSS 订阅。通过"Emerald profile"可将期刊设置为喜爱期刊和创建目次通报服务。

每种期刊的访问权限通过图标来表示,✓表示可以访问该刊全文,B表示回溯文档,E表示预印文章(先于印刷版发表,日后有可能变化)。在目次页面,每篇文章前也有 4 个图标:✓表示可以看到本文的全文,B表示回溯文档,E表示预印文章,A表示只有文摘。目次页提供文摘、全文(HTML 或 PDF)链接,单击可以直接链接到相应页面。

学科主题浏览提供财会与金融、经济、教育、管理政策、市场等 30 个专题的浏览。浏览功能同刊名字顺浏览。

(2) 检索

快速检索:"Search for"检索框提供快速检索,可以对 Emerald 全部内容进行检索,检索结果可按 6 种类型分别浏览:全部(all)、图书(books)、期刊、书目数据库(bibliographic databases)、案例研究(case studies)和主页(site pages)(参见图 5-11)。

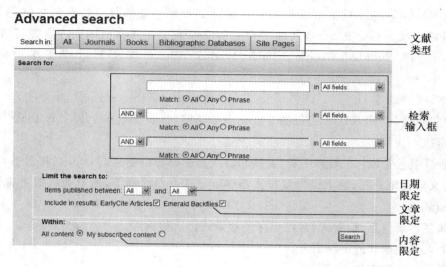

图 5-11 Emearld 高级检索

高级检索:输入检索词后,系统支持 3 种匹配方式:① 全部匹配(match all),即输入的多个检索词都必须在检索结果中出现,但顺序可以改变;② 精确匹配(match phrase),即输入的多个检索词都必须在检索结果中出现,但顺序必须与检索式一样;③ 任意匹配(match any),即输入的多个检索词只要有一个在检索结果中出现即可,且顺序可以改变。

2.6.2 检索技术

支持逻辑算符 AND、OR、NOT、" "、( )、*,但必须大写,否则会作为禁用词被忽略。

通配符:使用"*"号表示多个字符匹配,使用"?"表示单个字符匹配。通配符只能在中间或者右截断使用,不能出现在检索词之首。

模糊检索(fuzzy search):用"?"表示模糊检索,能检索出与输入词拼写类似的结果,如:输入"roam?",结果可能返回 foam and roams。

邻接算符:在检索词后面用"~"和数字表示两个检索词间的距离,如:"stimulate growth ~10"表示 stimulate 和 growth 相距 10 个词。

词语增量检索(term boosting):主要是控制检索相关度的。在检索词后加上符号"^"紧接一个数字(boost factor,称为增量值或增量因子),表示检索时匹配项的相似度,增量值越高,搜索到的结果相关度越好。增量值的默认值是 1,也可以小于 1(例如 0.2),但必须是有效的。如:要检索 work^4 management,且想让"work"的相关度更好,可以输入:work ^4 management,这样检索结果与 work 的相关度就高,如果要对短语进行增量检索,可以这么输入:"jakarta apache"^4 "jakarta lucene"。

带问号的检索式:如果检索内容包括问号时,应在问号前放置一个"\",才能正确检索,否则问号会被作为逻辑算符处理。例如：

"Can You Really Account for Marketing?"（错误检索式）

"Can You Really Account for Marketing\?"（正确检索式）

字段检索：高级检索可以对指定字段检索，如：全部字段（含全文）、全部字段（不含全文）、文摘、出版物名称、文章题名、作者、ISSN号、关键词、卷期号等。

限定检索：可对检索结果的范围进行限制，包括"只显示订购内容"、"含回溯文档"和"含预印文章"等。

2.6.3 检索结果

检索结果记录提供题名、作者和来源信息，并提供文摘、全文（HTML或PDF）等链接。单击"preview"可以预览文摘。结果集页面还提供新检索、修改检索、保存检索式和二次检索等功能。检索结果可以按照相关性和时间排序。

2.6.4 用户服务

注册用户可以保存检索式、创建检索和目次等通报服务，还可以创建自己喜爱期刊、标记列表等。

2.7 牛津大学出版社的电子期刊

牛津大学出版社（Oxford University Press，OUP）是世界上历史最悠久和规模最大的大学出版社，目前出版有240多种同行评审期刊，其中60%是与学会及国际组织合作出版的。

牛津期刊收录范围广泛，包含六大学科库：医学、生命科学、数学和自然科学、社会科学、法律、人文科学，其中有诸多全球被引率最高的学术期刊和文章。绝大多数期刊可访问自创刊以来至今的全文。

牛津大学出版社的期刊可以通过主站点和HighWire平台检索。下面介绍主站点的检索。

数据库网址：http://www.oxfordjournals.org/our_journals/（主站点）

或http://highwire.stanford.edu/lists/allsites.dtl?view=by+publisher#O（Highwire平台）

2.7.1 检索功能

（1）浏览

可以按照刊名字顺和学科主题浏览期刊。有些期刊对已经编辑但尚未分配页码的论文提供网上优先阅读（advance access）服务。在期刊浏览页面可看到本刊封面、当前卷期和过刊卷期的链接以及本刊相关的信息。

（2）检索

基本检索（search articles）：可按关键词、作者等进行检索。

高级检索：提供题录、DOI、关键词（题名、文摘、全文）、作者等字段的检索，可将检索限定在特定期刊或某一学科范围内，还可限定时间范围和文章类型等，用"Shift"键选择全部期刊，用"Ctrl"键选择不连续的多种期刊进行检索。检索结果可以采用标准格式或紧凑格式显示，记录可以按照相关性或者最新文献在前的顺序排列（参见图5-12）。

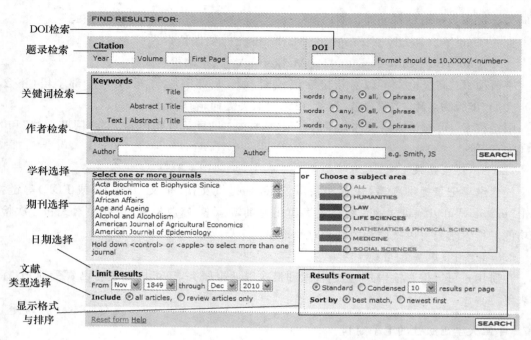

图 5-12 Oxford Journals 主站点高级检索

2.7.2 检索结果

系统默认以标准格式显示。检索词在命中记录中高亮显示。每条记录显示题名、作者、刊名、卷期、文摘和全文链接。可以保存检索式，对选定的记录可以批量浏览其文摘信息或将其题录信息下载到文献管理软件中。

2005 年牛津期刊与 HighWire 出版社签订了协议，所有牛津电子期刊都可在 HighWire 平台上使用。在 HighWire 平台上，按出版社字顺找到 Oxford University Press，可以检索和浏览，功能与主站点基本相同，这里从略。

2.8 全文综述期刊数据库（Annual Reviews）

Annual Reviews 出版社成立于 1932 年，是一家致力于向全球科学家提供高度概括、实用信息的非赢利性组织，专注于出版综述期刊，回顾本学科最前沿的进展，为科学研究提供方向性指导；期刊内容涵盖生物学、医学、自然科学、农学和社会科学等多个学科领域。

可访问创刊年至今的数据。

数据库网址：http://arjournals.annualreviews.org/action/showJournals

第三节 理工类西文电子期刊

本节主要对理工科类的电子期刊进行介绍，该类期刊多由专业学会出版，通常数量不会很大，但却是该专业领域内学术质量最高的期刊，是科学家、科研人员、教师不可缺少的刊物。相对于大型出版商的综合性检索系统，学协会出版商的电子期刊的检索系统相对简单，本节主要侧重对期刊内容和特点的介绍，并选择其中少数检索系统作为案例分析。

3.1 《科学在线》(Science Online)

《科学在线》以美国科学促进会(American Association for the Advancement of Science, AAAS)出版的、创始于1880年的著名《科学》(Science)周刊为主要内容,由斯坦福大学Highwire Press出版。Science周刊是世界一流的科研原创研究、新闻和评论期刊,侧重报道自然科学和生命科学领域的重大发现与研究进展,其品质和影响力为世界科技界所公认。根据2011年版Journal Citation Reports,Science周刊的影响因子为31.201,排在所有科技期刊的第18位,特征因子(Eigenfactor)为1.41282,排在所有科技期刊的第3位。

Science Online创建于1995年,是Science周刊的在线数据库。主要包括以下内容:

Science Magazine(科学周刊):每周五和印刷本《科学》周刊同时出版;现刊部分收录了1997年至今的全文。

Science Classic(经典科学):过刊库,收录创刊(1880年7月—1996年12月)的内容。

Science Express(科学快讯):先于印刷本在网上出版的Science中具有重要价值的研究论文,每周精选3—4篇。

Science News(科学新闻):每天Science新闻组都会为在线用户提供几篇关于科研成果或科学政策的最新消息(ScienceNow,科学此刻);另外也会提供每周出版的Science Magazine中收录的新闻类文章。这些消息简洁扼要,使读者花费少量时间就能及时了解世界各地各科研领域的最新进展。

Science Careers(科学职业):为科学家们通过网络谋职及寻找各种基金资助项目、科研合作项目提供信息;提供与之相关的文献和议题,并设讨论区供科学家们交流求职经验。

Science Signaling(科学信号):从早期的Science's STKE(Signal Transduction Knowledge Environment,信号转导知识环境)发展而来,发表代表细胞信号转导方面最新研究进展的同行评审原始研究文章,包括信号转导网络、系统生物学、合成生物学、细胞通路计算与建模、药物研发等快速发展的领域内的关键研究论文。另外,Science Signaling提供的Connections Maps(细胞信号转导通路图)让使用者可以了解细胞分子之间信息转导的路径及彼此之间的关系。

Science Translational Medicine(科学转化医学):AAAS在2009年10月发布的一种医学相关主题新期刊,侧重生物医学基础研究,进而延伸至实际应用、诊断和治疗上。

Science的其他访问途径:

EBSCO全文数据库:可访问1997年至2004年的全文。

ProQuest全文数据库:可访问Science 1988年至2005年的全文。

JSTOR:可访问Science自1880年至2006年全文(最近年限可以滚动增加)。

数据库网址:http://www.sciencemag.org/

其中国服务器的访问地址为:http://www.sciencemagchina.cn/,为中国用户提供每月通讯"Science RoundUp"中文摘要服务。

3.1.1 检索功能

(1) 浏览

可浏览的资源包括:Science News、Science Magazine、Science Career、博客与社区(blog and communities)、Science多媒体资源(Multimedia)、学科主题资源(collections,由Science Magazine中的文章按不同主题归类而成)。

图 5-13 以 Science 周刊为例来介绍期刊的浏览功能。

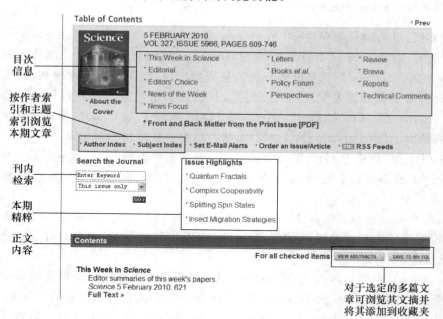

图 5-13　Science 周刊内容页面

现刊浏览(current issue)：可看到最新一期的目次，进一步单击可看文摘或全文。提供 HTML 和 PDF 两种格式的全文。另外，有些条目后面还有"supporting online material"，是作者提交到网上的关于该论文的补充材料，一般为受印刷版面限制无法刊登的信息或图表，为 PDF 格式。

过刊浏览(previous issues)：可按卷期浏览最近 8 期和之前所有的内容，全部过刊分成两部分：一是 1997 年至今的 Science 周刊的文摘和全文；二是 Science Classic，1880—1996 之间的文摘和全文，可按年代分别浏览。

学科主题浏览(collections)：将《科学》周刊 1996 年以来发表的论文按生命科学、自然科学、其他主题分别浏览。另外，还可以对下述内容进行浏览：① 特藏信息(Science special collection)：包括新闻资源(news collection)，评论资源(commentary collection)，研究资源(research collection)，其他资源(other collection)等；② 在线资源(online extras)：对 Science 的补充、延伸以及相关合作伙伴的信息等；③ 档案性资源(archived collection)：已经停刊的三种刊物，包括 Science of Aging Knowledge Environment (SAGE KE)、AIDScience 和 Science Functional Genomics，其期刊内容不再更新，但网页上大量的信息与链接仍持续提供给用户查看与使用。

其他内容浏览：① Science News：提供来自 ScienceNOW 的每日新闻、来自 ScienceInsider 的科研政策新闻和来自 Science 周刊的一周新闻。ScienceNOW 出版的文章在 4 周之内是免费的；② Science Multimedia：包括四部分：一是科学播客(Science Podcast)：即下一期 Science 导读的音频文件，包括内容介绍、作者访谈等；二是相关的照片和 PPT 文件(images and slide shows),可作为教学资源;三是精选的影片视频,可在线观看;四是互动式资料(interactives),对教学与研究主题进行介绍,随时更新。

(2) 快速检索(search)

对 Science Magzine、Daily News、Science Signaling、Science Translational Medicine、SAGE KE、Science Careers、All HighWire Journals 等内容进行关键词检索。检索词间可使用布尔逻辑运算符 AND、OR 和 NOT。

(3) 高级检索(advanced search)

高级检索如图 5-14 所示。

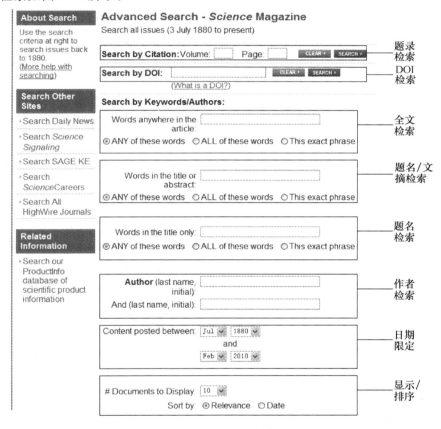

图 5-14　Science 高级检索

题录检索(search by citation):输入文章所在的卷期号和页码,即可检索。检索的优先等级为题录检索,也就是说,如果同时输入卷期号、页码和检索词,若卷期号、页码是错的,即使在"作者、关键词检索"中输入正确检索词,也无法检索出结果。

数字对象标识 DOI 检索(search by DOI):输入文章的 DOI,即可检索。

关键词/作者检索(by keywords/authors):用户可输入全文中的关键词(words anywhere in the article)、篇名与文摘中的关键词(words in the title or abstract)、题名中的关键词(words in the title only)进行检索;如果输入多个检索词,可在检索框下面选择检索词之间的逻辑组配关系,"ANY of these words"相当于逻辑"OR","ALL of these words"相当于逻辑

"AND","This exact phrase"表示精确匹配。

作者检索：提供两个输入框，输入的标准格式是"姓,名的首字母"，如"Smith,J"。两个框都输入作者姓名时，系统按照逻辑算符 AND 进行检索。

时间限定：可限定检索的时间范围(content posted between)。

检索类型或栏目限定：用户可以选择检索"文章与电子通讯"，或只检索文章。另外，还可以选择从那些栏目中进行检索，包括：Original Research、News、Reviews、Perspectives & Essays、Editorials、Letters & Policy Forums 等，允许多选。

3.1.2 检索技术

（1）字检索与词检索：系统默认的是字检索，因此在篇名、文摘、关键词和全文中检索时，如果要检索的是一个词或短语，就必须使用引号。例如，键入"genome sequence"，检索结果只包含这个词；如果键入的是 genome Sequence，没有引号，检索结果则分别包括 genome、sequence 和 genome sequence。

（2）截词检索：使用"*"作为截词符，可以匹配多个字符。如"biolog*"可以检索出含有"biology"、"biological"和"biologists"的内容。截词检索也可用于非英语类的特殊字母，如 grundstr?m 有发音符，输入比较困难，可以使用"grundstr*"来检索。

（3）布尔逻辑：使用 AND、OR 和 NOT，这些算符可用于同一字段中，不同字之间的关系默认为 OR 关系，不同字段间的关系默认为 AND 关系。

（4）嵌套运算：使用（）算符，（）中的字词优先检索，如"(hypermedia or hypertext) and database"。

（5）词根检索：系统会根据对词根的分析检索相关词，如输入 transcription，会检索出 transcription、transcript 和 transcribed 等词，如果用户不希望做词根检索，就必须把检索词放在引号中，同时注意不要把布尔逻辑算符包括在引号中。

（6）大小写：键入词首字母是小写时，如"genome"，则检索结果包括 genome 和 Genome；键入词首字母如果是大写，如"Genome"，则检索结果只包括 Genome。

（7）标点符号：所有的标点符号都会被默认为空格，只有用于截词检索的"*"号和嵌套运算的（）号，以及姓名中的"－"号除外。

3.1.3 检索结果

检索结果默认按相关度排序。也可按出版日期排序，可以由新到旧(most recent)，也可由旧到新(earliest)。

通过"show/hide query details"开关项，可显示或隐藏检索式和检索结果数，检索结果记录包括篇名、作者、卷期、日期、页数和 DOI，可以使用"√"进行标记并查看文摘(view abstracts)和保存到文件夹(save to my folders)，其中全文链接"full text"或"PDF"则可阅读全文。

如果用户想修改检索式，可以选择"modify search"，也可以修改每页显示的记录数。注册用户还可保存检索式和设置新文章通报服务。

引文链接服务：单击参考文献中的"CrossRef"或相关链接，即可直接读取非《科学在线》出版的参考文献原文。

Science 检索结果页面如图 5-15 所示。

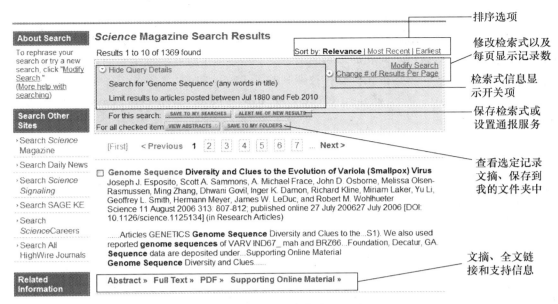

图 5-15　Science 检索结果页面

3.1.4　用户服务

用户在 Science Online 可免费注册个人账号,注册的个人用户可免费访问 Science 周刊 1996 年 9 月至最近一年之前的研究文章全文、SAGE KE 的全文以及 Science Signaling、Translational Medicine 等其他产品的部分全文。

(1) 个人账号管理(my account)

包括我的账号(访问权限、E-mail 通报、密码修改等链接)和用户工具(my Science、my Science Signaling、RSS 订阅服务等)。

(2) 通报服务(alerts)

包括:内容通报(content awareness alerts),如:期刊的目次信息、新闻、快报等;研究通报(research alerts),如:个人研究引文跟踪通报(citeTrack personal research alerts);专题研究通报(collection research alerts)以及职业和基金通报(career and grant alerts)。其中职业和基金通报要求单独注册,其他都是对注册个人用户免费。注册用户可以编辑、增加、删除和管理通报内容。

(3) 保存检索式

在检索结果页面选择保存检索式和设置新文献通报服务,一旦有符合检索式的检索结果,系统就会自动通知用户。

3.2　《自然》(*Nature*)及其系列电子期刊

《自然》是世界上最早的国际性科技期刊,自从 1869 年在英国伦敦创刊以来,始终如一地报道和评论全球科技领域里最重要的突破,Nature 网站涵盖的内容相当丰富,不仅提供 1997 年 6 月到最新出版的 Nature 杂志的全部内容,而且可以查阅其姊妹刊物 Nature 出版集团 (The Nature Publishing Group)出版的 18 种研究月刊、15 种评论月刊以及由学协会出版的 40 种期刊。

《自然》周刊所刊载的内容涵盖了自然科学各个研究领域,尤其在生物学、医学、物理学等领域卓有成就。许多新的发现、创新性的文献大多首发于《自然》周刊。根据 2011 年版 Journal Citation Reports,《自然》周刊的影响因子为 36.280,排在所有科技期刊的第 11 位;特征因子(Eigenfactor)为 1.65524,排在所有科技期刊的第 1 位。

数据库网址:http://www.nature.com/ 或 http://nature.calis.edu.cn/(北京大学镜像站)

3.2.1 检索功能

(1)浏览

使用"Publications A-Z index"或"Browse by subject"可以按照出版物题名字顺和学科主题浏览期刊。浏览和检索 Nature 周刊可使用"Nature Journal",通过"Current Issue"和"Archive"可分别查看现刊和 1869 年以来的期刊信息。

(2)检索

基本检索:对 Nature 进行关键词检索。

高级检索:可以检索具体的题录信息(刊名、卷期、页码)、DOI 等,并根据需要限定出版时间,等等。检索结果按照日期、相关度、题名、期刊和文献类型排序。高级检索如图 5-16 所示。

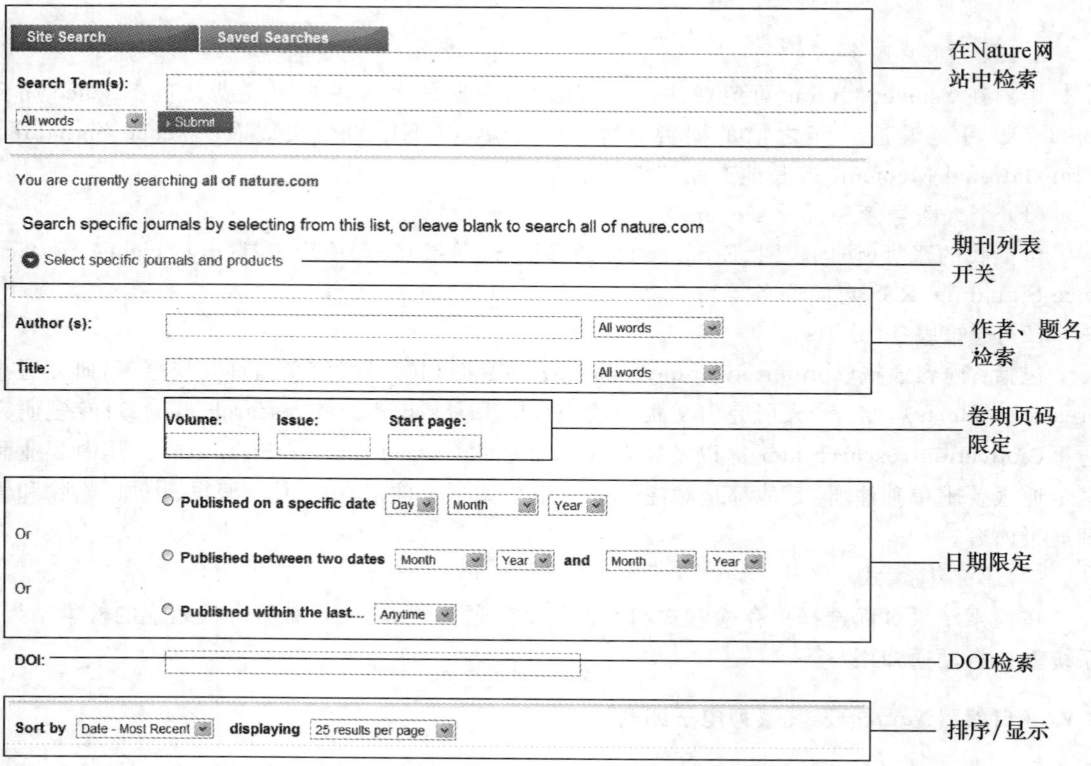

图 5-16 Nature 高级检索

3.2.2 检索技术

字检索与词检索:系统提供了三种检索方式:

(1) 字检索(any words)：系统对每个单字都进行单独检索,检索结果包含全部检索词,或其中一个,相关度最强(即包含全部单字)的结果排在最前面；

(2) 全部字检索(all words)：检索结果包含全部单字,但这些单字不一定排在一起,可能分散在结果中；

(3) 词检索(the exact phrase)：系统视输入的若干单字为一个词组,检索结果包含完整的单词。

忽略大小写。

使用禁用词表：如 a、an、and、as、for、of 等常用词被忽略,不进行检索。

标点符号：常用标点符号被忽略,特殊符号(如 &、|、^、#、$、())和引号则必须放在引号中才能被检索到。

位置算符：使用" "(引号)将需要相邻的两个词引在其中。

截词算符：使用" * "作为右截断的截词符。

3.2.3 检索结果

检索记录分别显示篇名、作者、刊名、卷期(出版日期)等,并提供文摘、HTML 格式或 PDF 全文链接等。使用"Save This Link"功能,注册用户可以把文章题录信息保存在共享的文献管理软件 Connotea 中,使用"Saved Search"可以保存检索式。

3.2.4 用户服务

注册用户可以保存检索式和设置邮件通报服务(NPG updates)。

2002 年,Nature 在北京大学建立镜像站,该站点以 1997 年以来的期刊学术论文(article)为主,读者可根据自己的需要选择访问途径。此外,Nature China 站点致力于收藏来自中国大陆和香港的作者在 Nature 上发表的文章,读者可以检索,并获取全文。

3.3 《细胞》(*Cell*)及其系列电子期刊

《细胞》(*Cell*)是与 Science、Nature 齐名的重要国际性刊物,在生物、医学研究领域享有很高声誉。Cell 出版社还出版其他原创期刊 14 种,评论性期刊 14 种。

根据 2011 年版 Journal Citation Reports,除开放获取期刊《细胞报告》(Cell Reports)外,Cell 出版社出版的 14 种期刊全部被 SCI 收录,其中 Cell(影响因子为 32.403),排在所有期刊的第 16 位,按照特征因子,Cell 排在第 10 位。

数据库网址：http://www.cellpress.com/

3.3.1 检索功能

(1) 浏览

提供现刊和过刊链接与浏览。

Cell Press 是 Elsevier 的子公司,其全文在 Elsevier 的 ScienceDirect 平台上提供服务。

(2) 检索

基本检索(search)：在全文或者作者字段中检索。

高级检索(advanced search 或使用 edit search)：可按全文、题名、文摘、作者、作者机构检索,检索时可限定期刊卷期、时间、期刊名等,也可直接进行 DOI 检索,检索结果可按日期和相关性排序。Cell 高级检索界面如图 5-17 所示。

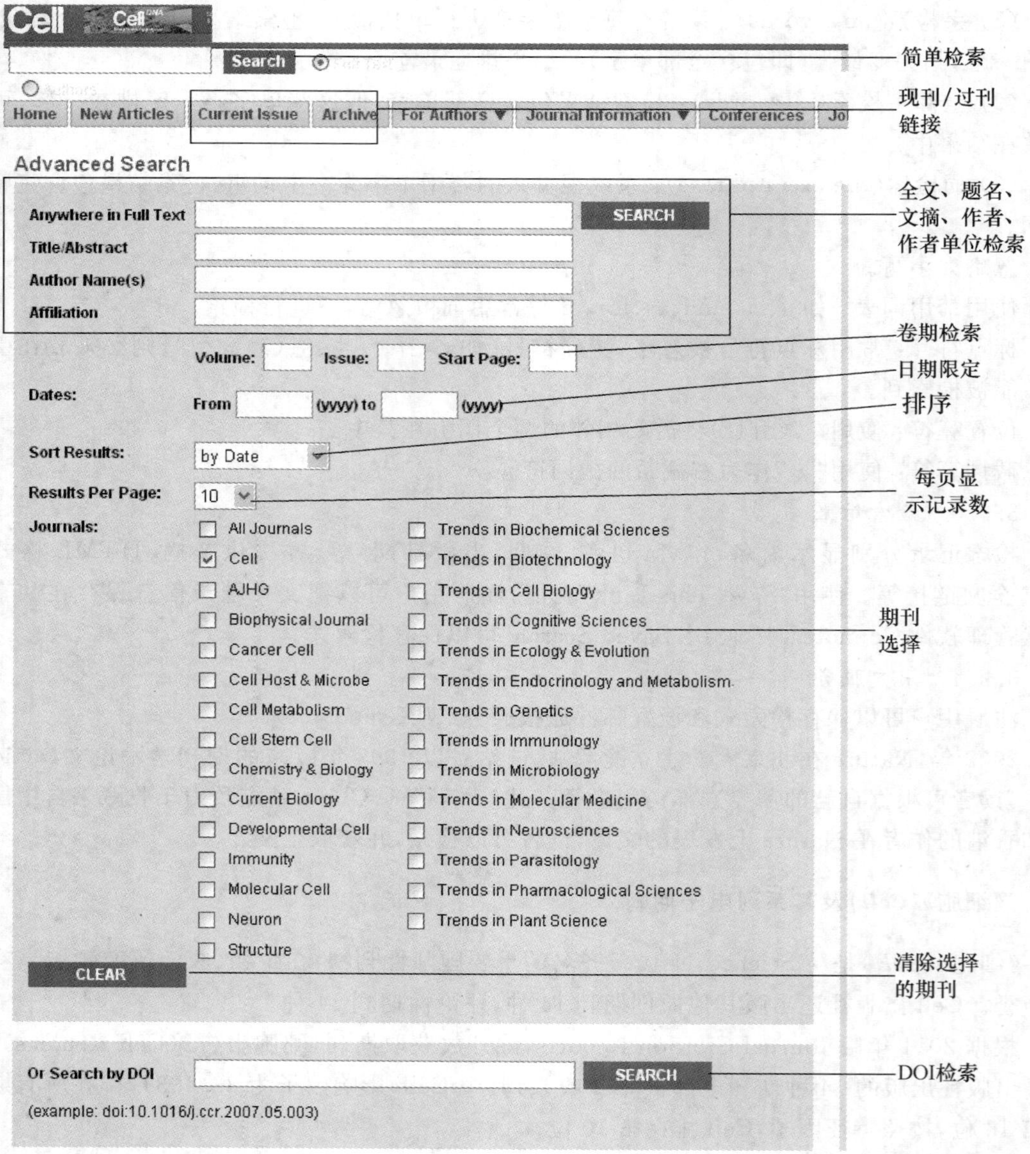

图 5-17 Cell 高级检索

3.3.2 检索技术

支持布尔逻辑和截词符,用"*"表示截词符。

作者检索:多作者检索用分号分隔,如:jones p; lee k。

特殊字符:支持部分特殊字符检索,如:Grundström、α、β等。也可以用符号的拼写形式如 beta or gamma 进行检索。

标点符号:标点符号被忽略,被标点符号分隔的字母或者数字作为独立的部分检索,用 IL-4 或 il-4 检索与 il 4 得到的结果是一样的,不会得到包含 il4 的检索结果,又如:mRNA 得到的检索结果是 mrna,而不会含 m-rna 或 m rna。

3.3.3 检索结果

检索结果显示题名、作者、出版日期、来源信息以及在 Scopus 数据库中的被引次数等。提供文摘和全文链接。

3.3.4 用户服务

注册用户可以保存检索式，创建卷期和引文通报服务，创建自己喜欢的期刊和图书目录，设置 RSS 订阅服务等。

3.4 数学电子期刊

3.4.1 美国数学学会（AMS）的电子期刊

美国数学学会（American Mathematical Society，简称 AMS）是世界上最权威的数学学术团体，成立于 1888 年，AMS 一直致力于促进全球数学研究的发展及其应用，也为数学教育服务。AMS 出版物包括《数学评论》（*Mathematical Reviews*）及多种专业期刊和图书。该学会出版的 7 种期刊同时具有印刷版和电子版，分别是：

Bulletin of the American Mathematical Society
Journal of the American Mathematical Society
Mathematics of Computation
Memoirs of the American Mathematical Society
Notices of the American Mathematical Society
Proceedings of the American Mathematical Society
Transactions of the American Mathematical Society

有 3 种纯电子期刊，分别是：

Conformal Geometry and Dynamics
Electronic Research Announcements of the American Mathematical Society（1995—2007）
Representation Theory

另外还有 4 种翻译期刊，分别是：

St. Petersburg Mathematical Journal
Sugaku Expositions
Theory of Probability and Mathematical Statistics
Transactions of the Moscow Mathematical Society

美国数学学会电子期刊的网址是：http://www.ams.org/journals/，检索系统为 MathSciNet。

3.4.2 工业和应用数学学会（SIAM）的电子期刊

工业和应用数学学会（Society for Industry and Applied Mathematics，SIAM）于 20 世纪 50 年代前期在美国成立，是一个以促进应用和计算数学的研究、发展、应用为目的的协会，目前出版有 15 种同行评审期刊，涵盖了整个应用和计算数学领域，数据库收录范围是自 1997 年以来的数据。

目前 SIAM 在国内有镜像站，为国内用户提供方便、稳定的访问服务。

数据库网址：http://siam.lib.tsinghua.edu.cn/

3.5 物理：英美物理学会的期刊

3.5.1 英国物理学会(IOP)的电子期刊

英国物理学会(Institute of Physics,简称 IOP)成立于1874年,其会员遍布世界各地。学会拥有在世界电子出版行业中一流的独家出版公司 IOP Publishing,主要出版物理学领域的图书、杂志。根据 2011 年版 Journal Citation Reports,该学会出版的 67 种期刊中,被 SCI 收录的期刊有 48 种。IOP 电子期刊的学科包括：应用物理、计算机科学、凝聚态和材料科学、物理总论、高能和核能物理、数学和应用数学、数学物理、测量科学和传感器、医学和生物学、光学、原子和分子物理、物理教育学、等离子物理、天文学等。IOP 所有发表的论文均经过严格的同行评审,拥有一支由 1 000 多名著名物理学家组成的国际编委,使 IOP 期刊享有国际声誉。

访问 IOP 的网址为：http://iopscience.iop.org/ 或 http://iop.calis.edu.cn/（北京大学镜像站）

3.5.1.1 检索功能

（1）浏览

可按现刊的题名字顺和合作出版机构浏览,也可对过刊(journal archive)进行浏览。

（2）检索

快速检索(quick search)：可对题名/摘要、作者及单位、全文等进行检索。

高级检索(search)：可通过主题、期刊、年代等对检索条件进行限制。

特定文献检索(find content)：可根据刊名、卷期、作者或页码,对特定文章进行检索。

3.5.1.2 检索技术

检索时忽略大小写。用户不做选择时,系统自动进行词根检索,如：用"Structure"检索,结果包含"Structure"、"Structural"、"Structures"；若系统不执行词根检索,检索结果只包含"Structure"。系统默认是字检索,若进行词检索,则将该词用双引号括起来。

布尔逻辑算符为 AND、OR 和 NOT。括号表示优先检索。截词符为"＊"。

3.5.1.3 检索结果

可按主题、期刊、年代、作者和 PACS(物理天文学分类代码)等分面显示检索结果数,选定其中一个条件,可对检索结果进行过滤。检索结果可按相关度或日期排序,并可以多种方式导出题录信息。

3.1.5.4 用户服务

提供 RSS 订阅、保存检索式、定制目次等通报服务以及为感兴趣的文章添加标签等。

3.5.2 美国物理学会(APS)的电子期刊

美国物理学会(American Physical Society,APS)出版的 Physical Review (A-E)、Physical Review Letters 等 10 余种期刊是物理学的核心期刊,以其较高的学术参考价值在物理学领域获得相当的声誉。

数据库网址：http://publish.aps.org/

APS 提供期刊浏览和检索功能,另外可通过题录信息或者 DOI 查找特定文献。

APS 高级检索界面如图 5-18 所示。

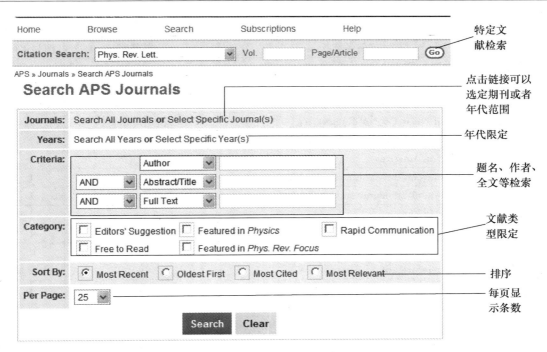

图 5-18　APS 高级检索

3.5.3　美国物理研究所(AIP)的电子期刊

美国物理研究所(American Institute of Physics,AIP)有 10 余种期刊,通过 Scitation 平台提供电子全文服务。目前 Scitation 平台提供包括 29 个学会/机构的 100 多种科技期刊全文服务,如表 5-6 所示。

表 5-6　Scitation 服务平台包括的学会/机构及资源名称一览表(据 2011 年数据)

序号	学会/机构名称	资源	期刊数量
1	American Accounting Association	AAA Digital Library	15
2	Acoustical Society of America	ASA Digital Library	7
3	American Association of Physicists in Medicine		1
4	American Association of Physics Teachers		2
5	American Astronomical Society		1
6	AHS International-The Vertical Flight Society		1
7	American Institute of Physics		19
8	American Society of Civil Engineers	ASCE Research Library	32
9	American Society of Mechanical Engineers International	ASME Digital Library	25
10	AVS: Science & Technology of Materials, Interfaces, and Processing		5
11	Earthquake Engineering Research Institute		1
12	The Electrochemical Society	ECS Digital Library	45
13	Environmental & Engineering Geophysical Society	EEGS Research Collection	2
14	Human Frontier Science Program		1

续表

序号	学会/机构名称	资源	期刊数量
15	International Centre for Diffraction Data		1
16	IEEE Computer Society		1
17	The Institution of Engineering and Technology	IET Digital Library	36
18	The Institute of Noise Control Engineering	INCE Digital Library	1
19	IS&T-The Society for Imaging Science & Technology		2
20	Laser Institute of America		1
21	MAIK Nauka/Interperiodica * Russian Academy of Sciences		1
21	National Institute of Standards and Technology		1
22	Physics Essays Publication		1
23	Rubber Division		1
24	SIAM：Society for Industrial and Applied Mathematics	SIAM Digital Library	15
25	The Society for Information Display		2
26	The Society of Exploration Geophysicists	SEG Digital Library	4
27	The Society of Rheology		1
28	The Tire Society		1
29	Virtual Journals in Science and Technology		6

数据库网址：http://scitation.aip.org/

3.5.3.1 检索功能

(1) 浏览

可按刊名字顺、出版社和主题浏览期刊，并可将自己感兴趣的期刊通过"Add Selected"选项加入到"My Publications"中。

(2) 检索

标准检索(standard search)：可选择检索范围，系统提供4种选择：① Scitation：该平台上所有全文文献；② SPIN(searchable physics information notices)：提供 AIP 及其相关机构出版的期刊和会议录上的数百万题录和文摘信息，即 SPIN 包括其他平台上的物理学期刊信息，SPIN 数据库必须订购才能用；③ SPIN + Scitation，两个平台信息内容的组合；④ PubMed/Medline：美国医学图书馆开发的医学与生命科学领域的书目信息数据库，是开放获取资源的代表。标准检索支持全记录、文摘/题名/关键词、作者、作者单位、文摘、题名、关键词、CODEN 代码、物理天文学分类代码与文本(PACS code or text)、被引作者等，可按照日期和卷期限定检索。标准检索如图 5-19 所示。

高级检索(advanced search)：用检索字段、检索算符等组合进行检索，如：dynamics ⟨IN⟩ abstract ⟨OR⟩ dynamics ⟨IN⟩ title ⟨OR⟩ dynamics ⟨IN⟩ keywords，检索字段的代码、说明，检索运算符的说明及其使用详见该平台帮助信息。

3.5.3.2 检索结果

提供题名、作者、来源和全文链接。另外，还提供二次检索(refine your query if desired)、排序和关于命中文献的处理选项(article option)，可将题录信息导出到书目管理软件中(如：BibTex、EndNote、RefWorks 等)，也可在线查看题录信息。

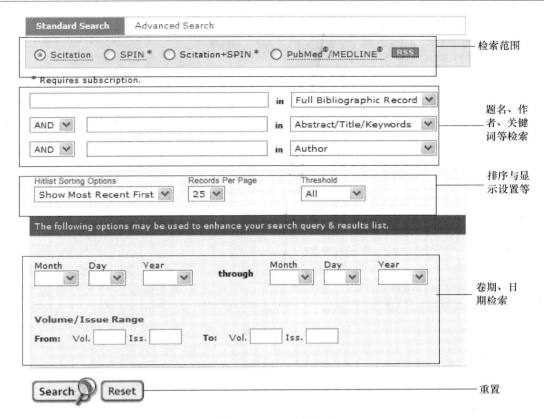

图 5-19　AIP 标准检索

3.5.3.3　用户服务

注册用户可利用平台上的个性化服务,包括:把选定记录保存到"My articles"中,将自己喜欢的期刊保存到"My publications"中,对自己感兴趣的期刊和文章列表进行设置。

3.6　化学:英美化学学会的电子期刊

3.6.1　英国皇家化学学会(RSC)的电子期刊

英国皇家化学学会(Royal Society of Chemistry,RSC)成立于1841年,是化学方面最有权威和影响的学会之一,出版有35种期刊,其中3种是纯电子期刊:PhysChemComm、CrystEngComm 和 Geochemical Transactions。这些期刊均对订有印刷版的用户提供相应期刊的免费服务,其他用户可以在网上免费浏览目次或登记期刊目次报道服务,获取全文则需另外付费。

可以按照刊名字顺或主题浏览期刊。支持基本检索和高级检索。高级检索包括两个范围:一是对 RSC 出版的期刊、图书及其 RSC 网站内容的检索,另一个是仅对期刊检索。

期刊高级检索提供3种功能:① 期刊文章检索:可以检索1841至今的全部文章,也可以限定在1841到2004年的回溯刊;② 指定文章查找(article finder):当明确知道一篇文章的卷期和页码或者 DOI,可以使用该功能直接定位所需文章;③ 免费的化合物和化学结构及其相关资源检索(chemspider compound search)。系统支持 E-mail alert 和 RSS 订阅服务。

英国皇家化学学会电子期刊的网址:http://www.rsc.org/is/journals/j1.htm

此外，RSC 电子期刊在中国高等教育保障系统建有本地服务。

网址：http://rsc.calis.edu.cn 或 http://rsc.calis.edu.cn/main/default.asp（北京大学镜像站）

3.6.2 美国化学学会（ACS）的电子期刊

美国化学学会（American Chemical Society，ACS）出版有 40 余种专业期刊，均为化学领域的高品质期刊。

数据库网址：http://pubs.acs.org/

3.6.2.1 检索功能

（1）浏览

ACS 提供电子期刊刊名字顺浏览功能。

在期刊浏览页面，可按"Just Accepted"、"ASAP（As Soon As Publishable）articles"、"Current Issue"、"Most Read"和"Most Cited"分别浏览期刊文章，"ASAP articles"是指先于印刷版发布的最新文章，对选定文章可以查看文摘和下载题录信息，一次可以对多篇文章进行操作。下载的题录支持 RIS 和 BibTeX 两种格式，RIS 格式的题录能直接导入到目前大部分参考文献管理软件如 EndNote、ProCite、RefWorks 和 Reference Manager 中。BibTeX 格式的题录可以导入到 JabRef、BibDesk 等软件中进行管理。

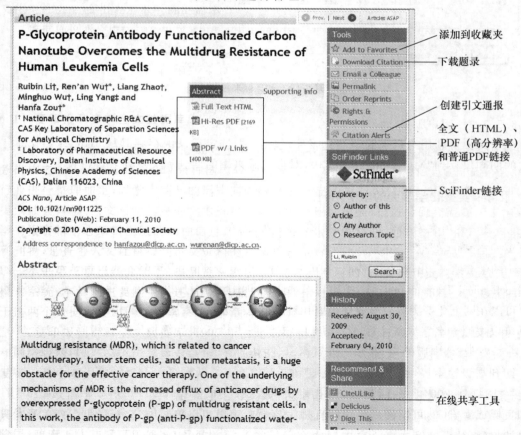

图 5-20 ACS 文摘信息页面

在文摘浏览页面提供"SciFinder Links"服务,可以根据作者、研究专题直接链接到 CAS 数据库,还可以把感兴趣的文章添加到网络书签中,可在线保存、组织和分享论文从而形成个人学术资料库如 CiteULike 等。全文链接有 HTML 和 PDF 两种形式,PDF 分高清晰度 PDF 和普通 PDF 两种,另外,有些文章提供 PDF 格式的补充信息。ACS 的文摘信息页面如图 5-20 所示。

(2) 检索

ACS 提供基本检索、题录检索、DOI 检索、主题检索和高级检索 4 种功能。

基本检索(search):对题名、作者和文摘进行检索。

题录检索(citation):对特定期刊的检索,按照卷期和页码定位期刊。

DOI 检索:按照 DOI 对指定文章进行检索。

主题检索(subject search):对特定学科或主题范围内的刊物进行检索。

高级检索:可以按全文、题名、作者、文摘、图表标题等字段进行检索,还可对检索范围和日期进行限定,系统默认是对 ACS 所有期刊和专著丛编进行检索,通过"Modify Selection"可重新选择检索范围。

3.6.2.2　检索技术

可使用布尔逻辑算符 AND(或者用"+")、OR 和 NOT(或者用"－");可选择是否启用词根功能。

3.6.2.3　检索结果

检索结果的显示格式有 3 种:列表(list)、方格形式(grid)和打印格式(print view),默认为列表形式。无论哪种形式,都可按照文献类型、主题、期刊、专著类型、作者、日期等分面显示检索结果数和查看记录,每条记录提供题名、作者、期刊、卷期、页码和 DOI 等信息。提供文摘、全文链接。在 HTML 格式全文中,若参考文献是 ACS 出版物,单击直接查看全文;另外,提供 PubMed 和 CAS 的链接,还可通过 CrossRef 链接到其他平台上。HTML 格式全文中提供文章各个部分的跳转功能,如:可以从"导论(introduction)"直接跳到"结论(conclusions)"部分。ACS 检索结果页面如图 5-21 所示。

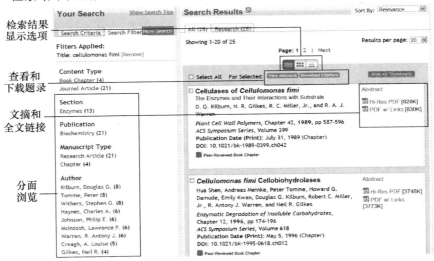

图 5-21　ACS 检索结果页面

3.6.2.4 用户服务

首先到 ACS 学会网站(http://www.acs.org)申请一个 ID 号,再到 ACS 电子期刊平台上注册。注册后可使用个性化服务。ACS 的个性化服务包括:

(1) 通报服务:包括先于印刷版发布的文章通报(ASAP alerts)、期刊最新目次通报(TOC alerts)和引用通报(citation alerts);

(2) RSS 订阅服务;

(3) 保存检索式;

(4) 动态更新基于用户所阅读文章和研究兴趣推荐的文章列表;

(5) 查看个人喜爱文章列表。

3.7 电气电子与信息工程学会、计算机学会的电子期刊

3.7.1 美国电气电子工程师学会(IEEE)和英国电气工程师学会(IEE)的电子期刊

美国电气电子工程师学会(Institute of Electrical and Electronics Engineers, IEEE)和英国电气工程师学会(Institute of Electrical Engineers, IEE)自 1988 年以来出版有 250 多种电子期刊(其中现刊 151 种),数据库名称为 IEEE/IET Electronic Library (IEL),系统名称为 IEEE Xplore,涉及学科包括:计算机、电气电子、信息科学、物理学等,有关介绍及其使用请详见第四章"全文数据库与全文服务",有关其会议录和标准的介绍见第八章"特种文献资源"。

数据库网址:http://www.ieee.org/ieeexplore

3.7.2 美国计算机学会(ACM)的电子期刊

美国计算机学会(Association for Computing Machinery, ACM)成立于 1947 年,是全球历史最悠久和最大的计算机教育和科研机构,服务遍及全球 100 多个国家,拥有 8.5 万多位专业会员。目前,该学会共出版有近 50 种专业刊物,ACM 数据库主要包括《ACM 数字图书馆》(ACM Digital Library)和《计算机文献指南数据库》(*The Guide to Computing Literature*)。

ACM Digital Library 于 1997 年开始提供服务,内容包括:7 种专业期刊(journal)、10 种专业杂志(magazine)、30 种学报汇刊(transaction)、近 220 种学术会议录(proceeding)、时事通讯(newsletter)、SIG 定期简讯(Special Interest Group Newsletters)和有合作关系的出版机构的出版物全文。各种文献的收录年代范围不完全统一,有的收录自创刊起直到当前的最新内容,有的只收录了最新几年的内容,还收录总计超过 4.8 万篇论文的引文目录,并提供 ACM 出版的大约 5 万篇文章中约 20 万个参考文献链接,其中 5 万个链接可以直接链接到全文。

《计算机文献指南数据库》提供 3 000 多家出版社在计算机领域出版的多种文献题录和摘要目录的查询和浏览功能,收录范围涉及图书、期刊、会议录、博士论文、技术报告等,ACM 相关机构的文献大多可以看到全文。

数据库网址:http://portal.acm.org/dl.cfm(主站点)或 http://acm.lib.tsinghua.edu.cn(清华大学镜像站)

主站点的数据比镜像站点更全,数据更新更快。

3.7.2.1 检索功能

ACM Digital Library 通过 ACM Portal 提供服务。下面介绍 ACM 主站点的检索。

(1) 浏览

可按期刊、杂志、学报汇刊、会议录对 ACM 的出版物浏览,也可按 SIG 定期简讯、通讯和

合作机构的出版物(publications by affiliated organizations)、特藏(如：ACM 口述史采访录)、文献类型、ACM 计算分类体系(Computing Classification System,CCS)等分别浏览。

(2) 检索

基本检索：可以输入单个或多个检索词，也可以使用一些逻辑算符。默认是对 ACM 及其相关机构的出版物进行检索，在检索结果页面可以将检索范围扩展到 ACM Guide。

高级检索：可直接输入组合检索式，也可利用系统提供的多个检索框进行检索。提供关键词、人名(作者、编者、导师、评论者)、作者所用关键词、单位、会议信息、出版信息(出版物名称、出版者、出版日期、出版物类型等)、标识号(ISBN/ISSN 或 DOI)、ACM 计算分类体系等检索入口，可对检索结果是否包含全文、文摘或评论进行限定。

二次检索：在检索结果集页面可按关键词、人名、出版物和会议再次进行检索。

3.7.2.2 检索结果

检索结果记录显示题名、作者、来源、部分文摘、全文链接(HTML 和 PDF)、书目统计信息(6 周内、12 个月内以及全部下载量、引文数)以及关键词等信息。另外，提供了多种排序方式：可按相关性、题名、出版物名称、出版时间、出版者、引文数、下载量等排序，检索结果显示的详细程度可以通过选择压缩模式或扩展模式限定，系统默认是扩展模式。在具体文章页面，使用"Save to Binder"可以把检索结果保存在个人空间中，也可以将文章题录信息以 BibTeX、EndNote 和 ACM Ref 格式输出。

3.7.2.3 用户服务

(1) 个人空间(my binders)：在 ACM portal 服务器上建立个人存储空间，可以自建目录，保存检索式和检索结果，还可以与他人共享某个目录中的文献；

(2) 期刊目次通报服务(TOC services)：可将新增卷期的目次信息发到指定邮件地址中。

3.8 土木工程与材料科学学会的电子期刊

3.8.1 美国土木工程师学会(ASCE)的电子期刊

美国土木工程师学会(American Society of Civil Engineers,ASCE)成立于 1852 年，与 60 多个国家的土木工程学会有合作协议，为全球最大的土木工程出版机构，每年有 5 万多页出版物面世，包括 31 种专业期刊、会议录、图书、实践手册、标准和专论等。

ASCE 数据库的访问平台是 ASCE Library 或者 Scitation 平台，Scitation 平台功能见本章 3.4 节，这里介绍 ASCE Library 平台功能。

数据库网址：http://www.asce.org/Books-and-Journals/Journals/Journals/

3.8.1.1 检索功能

(1) 浏览

可分别按期刊和会议录进行浏览，在浏览页面可进行刊内检索。

(2) 检索

基本检索：可选择检索范围，包括：所有期刊论文或所有会议录论文，系统默认为所有文献。

高级检索：检索字段包括全书目记录、文摘/题名/关键词、全文、作者、作者单位、文摘、文章题名、关键词、图表标题、会议编者、会议名称、会议录名称、会址和会议日期等。限制性检索条件包括：出版物名称、卷期起止范围和出版日期，可按出版时间和相关性对检索结果排序，默认为最新出版文献在前。

3.8.1.2 检索结果

检索记录列表显示题录信息和全文链接,还可将标记的文章保存到个人文件夹、下载或阅读题录信息,题录输出支持 BibTex、EndNote、Refwork 和 Plain Text 等多种格式。

3.8.1.3 用户服务

ACSE 学会站点提供的个性化功能包括电子邮件通报服务和个人文件夹"My Articles",使用"My E-mail Alerts"可以设置新卷期目次通报,使用"My Article Collection"进入 Scitaition 个性化服务页面,即 ACSE 的个性化服务功能是借助 Scitation 平台实现的。

3.8.2 美国实验与材料工程师学会(ASTM International)的电子期刊

美国实验与材料工程师学会是目前世界上最大的制定自愿性标准的组织。其前身是成立于 1898 年的美国材料与试验学会(American Society for Testing and Materials,ASTM),作为一个非赢利组织,学会的主要任务是制定材料、产品、系统和服务等领域的试验方法和标准,促进有关知识的发展和推广。虽然 ASTM 标准是非官方学术团体制定的标准,但由于其质量高,适应性好,从而赢得了美国工业界的信赖,不仅被美国各工业界纷纷采用,而且被美国国防部和联邦政府各部门机构采用。除出版标准文献外,ASTM 还出版期刊、会议录、手册等。

数据库网址:http://www.astm.org/Standard/books_journals.shtml

ASTM International 的检索平台为 Standards and Engineering Digital Library,可以检索工业标准和相关的技术工程信息,包括航空、生物医学、化学、土木、健康与安全等工程领域,可以按论题、子论题、技术委员会、会议名称和文献类型以及标准名称字顺等对出版物进行浏览。提供关键词检索,可以选择检索范围(如 ASTM Internaltional 全部资源、标准、期刊和特藏性技术出版物等),也可分别按"Standards"、"Journal"、"Symposia Papers/STPs"、"Manuals"检索。

ASTM 的检索功能、检索结果显示与输出以及个性化服务跟 ASCE 相同,这里从略。

3.9 美国机械工程师学会(ASME)的电子期刊

美国机械工程师学会(American Society of Mechanical Engineers,ASME)成立于 1880年,目前拥有 12.7 万多位会员,是全球最大的技术出版机构之一,出版专业期刊、会议录和图书。

ASME 有 25 种电子期刊(截止到 2011 年年底),包括 ASME 学报期刊和 1 种评论性杂志 Applied Mechanics Reviews,数据回溯至 1980 年。会议录回溯到 2002 年。ASME 主站点检索平台是 ASME Digital Library,可以检索期刊、会议录,检索方法和界面与 ASTM 主站点基本相同,请参见 ASTM 检索,另外还可通过 AIP 的 Scitation 平台进行检索。

数据库网址:http://www.asme.org/kb/journals

3.10 美国航空航天学会(AIAA)的电子期刊

美国航空航天学会(American Institute of Aeronautics and Astronautics,AIAA)于 1963年由美国火箭学会(American Rocket Society,成立于 1930 年)和美国宇航科学学会(Institute of Aerospace Science,成立于 1932)合并而成,其使命是推动航空学和航天学领域中科学、技术、工艺的进步。发展至今,AIAA 已经成为是全球最大的航空航天和国防方面的专业学会和学术出版机构。出版的文献包括期刊、图书、会议录、标准等,截止到2011年年底,AIAA出版有7种期刊。

数据库网址:http://arc.aiaa.org/

3.10.1　检索功能

(1)浏览

可按"Meeting Papers"、"Journals"、"Standards"、"Books"浏览相关文献,选择"Journals"后,可以对AIAA的期刊文献进行浏览。

(2)检索

快速检索:快速检索是对出版物的全文进行检索。

高级检索:提供全文和字段检索,字段包括题名、作者、作者单位和会议名称。

3.10.2　检索结果

AIAA检索结果显示文章的标题、作者、来源和PDF链接。可以将检索结果下载到文献管理软件中。

3.10.3　用户服务

提供期刊目次通报服务,但不用注册,输入邮件地址即可。另外,还提供RSS订阅服务。首页上的注册选项是AIAA会员注册,与前面数据库中所讲的个人注册含义不同。

3.11　国际光学工程学会(SPIE)的电子期刊

国际光学工程学会(International Society for Optical Engineering,SPIE)成立于1955年。作为一个重要的国际学术组织,SPIE致力于所有与光学、光子学相关的工程、科技和商业应用的研究,所涉及的领域包括物理学、电力工程学、材料学等多个学科。学会每年举办350多次国际性学术会议。所形成的会议录文献反映了相应专业领域的最新研究进展和动态,具有相当高的学术价值。SPIE Digital Library收录了1962年以来的会议录以及9种期刊,会议录详细介绍见本书第八章。

SPIE 9种期刊中有两种为开放获取期刊,一是创刊于2005年的SPIE Letters Virtual Journal,该刊汇集SPIE出版的6种期刊上的快讯,这些快讯构成一个虚拟期刊目次,该目次可以链接到6种母刊的文摘和可免费下载的通讯稿。二是创刊于2010年1月的SPIE Reviews,该刊是一个完全的开放获取期刊,主要反映光学和光子学方面的最新技术及其应用。SPIE的出版物可通过SPIE Digital Library主站点检索,也可通过AIP的Scitation平台检索,这里介绍主站点检索功能。

数据库网址:http://spiedigitallibrary.org/

3.11.1　检索功能

(1)浏览

可按期刊、会议录和电子图书对文献进行浏览。

(2)检索

提供基本检索和高级检索。高级检索可对作者、编者、全文、图表进行检索。可按出版物进行限定检索。

3.11.2　用户服务

提供电子邮件通报服务(alerts)。

3.12 美国地球物理学会(AGU)的电子期刊

美国地球物理学会(American Geophysical Union,AGU)成立于1919年,主要从事大气科学、海洋学、空间科学、地球科学、行星等研究领域,目前出版的10余种期刊主要包括:

Journal of Geophysical Research:Space Physics

Journal of Geophysical Research:Solid Earth

Journal of Geophysical Research:Atmospheres

Reviews of Geophysics

Geophysical Research Letters

Paleoceanography

Tectonics

Global Biogeochemical Cycles

期刊的访问年限是2010年至今。

数据库网址:http://www.agu.org/pubs/journals/

3.13 世界科学出版社(World Scientific)的电子期刊

WorldSciNet为新加坡世界科技出版社的电子期刊网站。WorldSciNet目前提供100多种全文电子期刊的访问,涵盖数学、物理、化学、生物、医学、材料、环境、计算机、工程、经济、社会科学等领域。所有电子期刊的访问年限为2000年至今。WorldSciNet在国内有镜像站。WorldSciNet的检索界面比较简明。下面介绍镜像站的检索功能。

数据库网址:http://worldscinet.lib.tsinghua.edu.cn/

3.13.1 检索功能

(1) 浏览

提供学科主题、刊名字顺和作者3种浏览。其中作者索引浏览可以显示该作者所有的文章。

(2) 检索

WorldSciNet提供基本检索、高级检索和期刊检索3种检索途径,此外,可在检索结果中进行二次检索。

基本检索:可以在所有字段、文摘、作者、文章题名、关键词字段中检索。

高级检索:可以在所有字段、文章题名、作者、文摘、关键词、刊名和ISSN字段中进行检索。每一个检索式的检索词之间可以用逻辑算符,各个检索输入框之间的关系也可以进行逻辑组配。另外,还提供学科、期刊、年代等限定检索条件,用户还可以设定每页显示记录数。

期刊检索:可以对刊名及其著录信息进行检索。

3.13.2 检索结果

检索结果按照相关性和时间排序。做过标记的记录可以保存、打印和发送电子邮件。单击检索结果中的文章题名可以进入该文章的详细记录页面,显示作者、关键词、主题、来源、发表史、DOI、全文链接、文摘、参考文献等详细信息。另外还提供作者、关键词、主题等字段的精练检索。

3.13.3 用户服务

用户免费注册后,可以使用个性化服务,包括:

(1) 标记列表:对自己喜爱的文章进行标记、保存,方便日后使用;
(2) 保存检索式:可以再次执行以前的检索;
(3) 设置个人喜爱期刊;
(4) 通报服务:对自己感兴趣的刊物可以设置最新目次通报服务;
(5) 新检索结果通报:系统按照用户保存的检索式对最新出版物进行自动检索,当有检索结果时就会自动发送到用户的电子邮箱中。通过导航条上的"My Features"可以对个性化服务进行设置和管理。

第四节 社科类西文电子期刊

4.1 JSTOR 英文过刊

所谓过刊,通常指非当年的期刊,也有指 3—5 年前的期刊,英文为 back file。

JSTOR 的全称是 Journal Storage,1995 年起源于美国密西根大学,受美国梅隆基金会(Mellon Foundation)支持,专门收录过期学术期刊的全文资料。除期刊外,还选择部分专著、学报汇刊、会议录以及少量的原始或二手资料,如手稿、通讯、政府出版物、口述史等进行数字化。2009 年 JSTOR 与 Ithaka 合并,成为其分支机构,Ithaka 是一个非营利性组织,旨在帮助学术界使用数字技术,从而妥善保存学术记录,并以可持续方式提高研究和教学水平。

JSTOR 不仅对印刷型期刊进行数字化加工存档,对那些原生数字资源(born digital)中的纯电子期刊也开始尝试存档。截至 2011 年,共有全世界 817 个出版社参加了 JSTOR 项目,囊括了 1 500 种期刊的 716 万篇文献。

JSTOR 的收藏分为 3 个系列:一是综合性的期刊系列(Multidisciplinary Collections),二是特定学科精选系列(Discipline-Specific Collections),三是其他系列(Additional Collections)。

JSTOR 期刊主题列表如表 5-7 所示。

表 5-7 JSTOR 期刊部分主题列表(据 2010 年数据)

主题	期刊种数	主题
Arts & Sciences I	119	收录经济、历史、政治科学、社会学以及人文科学和社会科学等领域的重要期刊。此外,还包含了部分与基础科学相关的领域,如生态学、数学和统计学等
Arts & Sciences II	127	是对 Arts & Sciences I 内容的延伸,收录经济学、历史学和亚洲研究等方面的文献,还涉及考古学、古典文学、非洲、拉丁美洲、中东和斯拉夫研究等主题
Arts & Sciences III	151	包括语言学与文学,音乐、电影、民俗学、表演艺术、宗教学、建筑与艺术的历史和研究等主题方面的典藏
Arts & Sciences IV	112	商业、教育、法律、心理学、公共政策和行政管理学
Arts & Sciences V	120	补充前四种 Art & Sciences 数据库中的不足,如:哲学、历史、古典文学、宗教、艺术与艺术史、语言与文学,并增加了文学评论和国家历史

续表

主题	期刊种数	主题
Arts & Sciences VI	120	对JSTOR社会科学领域内容进行深化,侧重在经济、教育、语言学、政治学与区域研究
Arts & Sciences VII	180	包括35个学科的文献,涉及艺术与人文、社会科学各个学科:如:历史、政治、社会学、艺术与艺术史、语言与文学等,尤以健康卫生政策研究方面的内容最为丰富
Arts & Sciences VIII	140	是对人文学科如历史、语言与文学、教育等内容的拓宽,特别是与美国一些博物馆如:Metropolitan Museum of Art 等合作数字化的关于19世纪和20世纪早期美国艺术的内容尤为珍贵
Life Sciences	160	收录生物学、健康和自然科学等方面的内容

除综合性典藏外,JSTOR还根据学科主题精选了一些典藏,包括:生物学、商业学、生态与植物学、健康与自然科学、语言与文学、数学与统计学、音乐等学科。

另外还有国家地区主题回溯期刊套装:如:爱尔兰典藏(The Ireland Collection),19世纪英国的宣传品(19th Century British Pamphlets)等专题。

期刊收录年限:每种期刊收录年限不同,视其起讫卷期而定,从各期刊第一卷期开始,收录各期刊完整卷期,最近3至5年间出版的卷期不收录。即JSTOR不收现刊,平均有3—5年的时间间隔(moving wall),时间间隔指最新出版的一期期刊与JSTOR中所收期刊的最近一期之间的时间间隔,当年不计,它是由出版商与JSTOR签署的授权合约指定的,随着时间推移,这个时间向前推进。如:Science的时间间隔是5年,就是指2011年在JSTOR可以访问Science的内容是创刊至2006年,2012年在JSTOR可以访问Science的内容是创刊至2007年。

数据库网址:http://www.jstor.org/

4.1.1 检索功能

(1)浏览

可以按照学科、题名和出版社进行浏览。

期刊浏览页面提供的信息包括:ISSN、JSTOR的收录范围、与该刊最新一期的时间间隔、学科主题、期刊描述信息、所有卷期列表等。该页面还提供本刊或全部内容检索。从卷期号链接进入相应的目次页,可以对题录信息进行保存、发E-mail或者导出,也可直接链接到全文。JSTOR为每期、每篇文章都建立了一个固定的URL地址,该地址不会随数据库物理位置的改变而改变,用户与该论文的链接不会是死链接。如:论文 Identification of a Chromosome 18q Gene That is Altered in Colorectal Cancers 的固定URL是:http://www.jstor.org/stable/2873582。

(2)检索

JSTOR的检索分为基本检索(search)、高级检索(advanced search)和特定文献检索(citation locator)三种。

基本检索:在作者、题名和全文中检索,如果要限制在某一字段,需要添加字段标识符,如:ti:"two-person cooperative games"。检索词之间可以用布尔逻辑算符。

高级检索：可在全文、作者、题名、文摘和标题中检索。检索框之间的逻辑关系有：AND、OR、NOT、NEAR5、NEAR10 和 NEAR25。限定检索条件包括：文章类型（论文、评论、编辑信息、宣传资料）、日期范围、语言、期刊或学科主题，学科前面的"＋"号，可以展开显示该学科所有的期刊列表，也可对特定期刊进行限定检索。JSTOR 高级检索界面如图 5-22 所示。

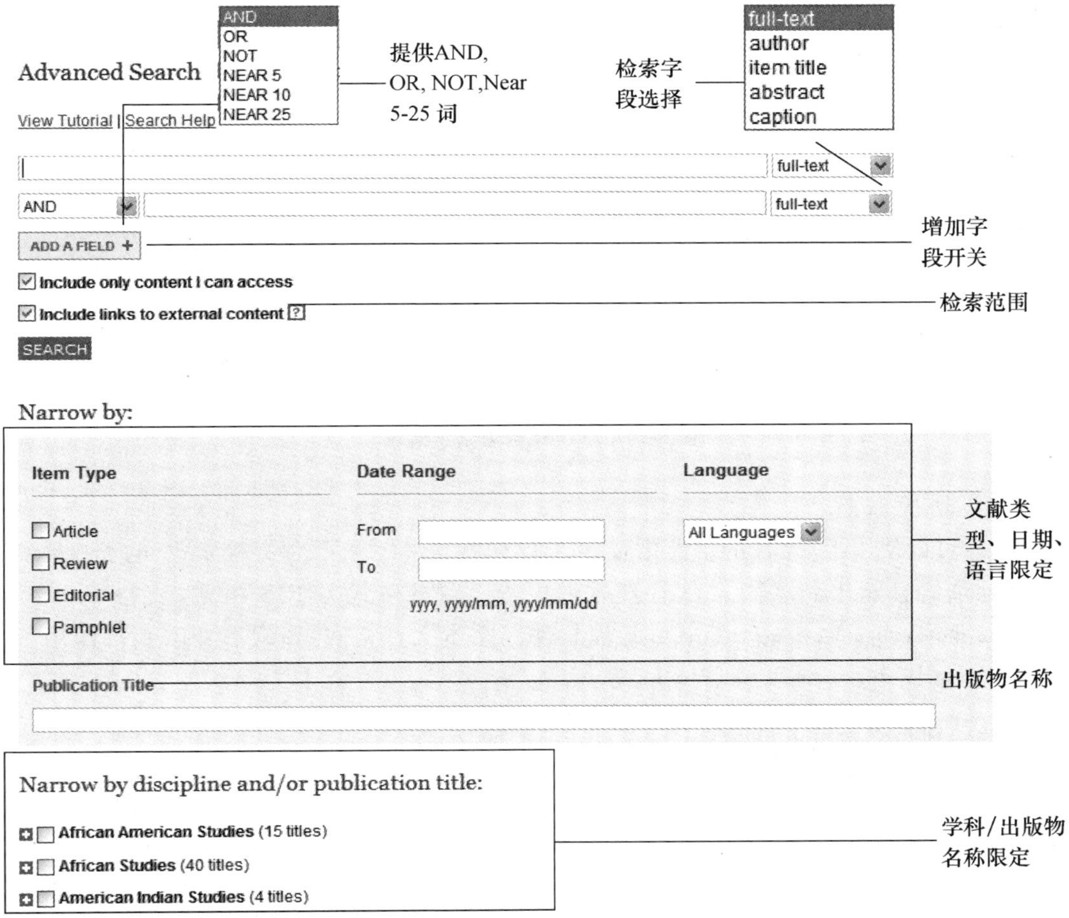

图 5-22　JSTOR 高级检索

特定文献检索：已知文献的题录信息，如题名、作者、卷期、页码等，可以直接定位到该文献。

4.1.2　检索技术

字检索与词检索：默认为字检索，使用引号将检索词（一个或多个）括起来可精确检索。

布尔逻辑算符：分别为 AND、OR 和 NOT。

通配符：使用？表示一个字符，＊表示多个字符。

词根检索：表示词根检索，如：goose♯ 可查到 goose、geese 和 gosling。

4.1.3　检索结果

检索结果记录包括篇名、作者、刊名、卷期、页数、文章信息、全文链接、首页预览、题录输出等,单击"Item information"可以看到该文献的文摘和固定 URL 等信息。检索结果按相关性或时间排序(参见图 5-23)。

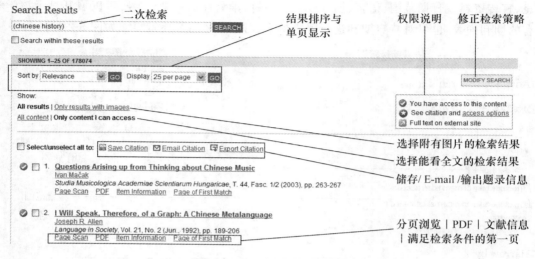

图 5-23 JSTOR 检索结果列表

4.1.4 用户服务

注册后可以使用 JSTOR 的个性化服务功能,包括:保存题录、保存检索式、电子邮件发送题录、把题录信息输出到参考文献管理软件中等。题录格式为 RIS 格式(支持 EndNote、ProCite 或 Reference Manager 等书目管理软件)、文本文件格式(BibTex File)、打印用版本(printer-friendly version)和 RefWorks 等。

4.2 典藏期刊全文数据库(PAO)

《典藏期刊全文数据库》(Periodicals Archive Online,PAO)由美国 ProQuest 公司出版,提供世界范围内从 1802 年至 2000 年著名人文社科类期刊回溯性内容全文,收录近 700 种全文期刊、逾 330 万篇文章、1 400 万页期刊内容,其中有超过 20% 为非英文期刊内容,为读者提供了访问非英语国家期刊信息资源的机会。其收录期刊几乎全部都回溯至期刊的创刊号,用户可以检索来自众多出版商的期刊的完整回溯性数据。

数据库网址:http://pao.chadwyck.co.uk/

PAO 的检索详见本书第四章第二节。

4.3 缪斯计划(Project Muse)电子期刊

缪斯计划始于 1995 年,最初由约翰·霍普金斯大学出版社和约翰·霍普金斯大学艾森豪威尔图书馆合作,专门收录人文社会科学类的学术性期刊,尤其以大学出版社出版的期刊为主,1999 年开始提供互联网服务。

截止 2012 年 11 月,Project Muse 收录 194 个出版社 539 种期刊,学科重点在:文学、历史、地域研究、政治和政策研究、电影戏剧和表演艺术。因为期刊是逐渐增加的,所以各期刊可访问全文的年限存在差异。

数据库网址：http://muse.jhu.edu/

4.3.1 检索功能

（1）浏览

Project Muse 提供刊名字顺、研究主题和出版社浏览功能。每一期刊后都注明可访问的全文数据库的起始时间，期刊页面提供信息包括：刊名、封面和内容简介。

（2）检索

提供电子期刊和电子图书的整合检索。可分为三种检索范围："Books and Journals"、"Books"、"Journals"，默认检索范围为"Books and Journals"。

基本检索（search）：为关键词检索，如果用词组检索，需用引号（""）将词组括起来。可以使用布尔逻辑算符 AND、OR 和 NOT。

修改检索（modify search）：初次检索后，在检索结果页面选择"Modify Search"可以缩小检索范围、增加其他检索词、限定检索字段（参见图 5-24）。

图 5-24　Project Muse 检索页面

4.3.2 检索结果

检索结果记录显示篇名、刊名、PDF 链接、内容摘要、期刊封面，每条记录前有访问权限标记，如 表示可以访问全文，可按相关度、从新到旧、从旧到新排序。可设置每页显示的记录数，默认为每页显示 10 条，最多每页显示 100 条。另外在检索结果页面提供 5 个分面浏览选择：文献类型（期刊或图书）、检索控制（是否只检索有全文的文献）、研究领域、作者和语言。

4.3.3 用户服务

可以保存检索历史、输出检索结果等。

4.4 HeinOnline 法律期刊数据库

HeinOnline 是著名的法律全文数据库,截至 2011 年年底,收录法律期刊 1 700 余种,同时还收录 675 卷国际法领域的权威巨著,10 万多个案例,1 400 多部精品法学学术专著和美国联邦政府报告全文等。该数据库所收录的期刊是从创刊开始,是回溯查询的重要资源。

数据库网址:http://home.heinonline.org/

(1) 浏览:选择"Law Library Journal"进入期刊数据库页面,可以按照刊名、美国州名、国家、主题或者高被引期刊、作者和文章分别浏览期刊或论文。

(2) 检索:支持三种检索方式:检索(search)、引证号导航(citation navigator)和目录检索(catalog search.)。

检索:可按篇名、作者、引文、出版物名称等进行检索。还可进行字段检索(field search)和高级检索(advanced search)。

引证号导航:可以利用引证号精确找到某一篇文章。

目录检索:可按出版物名称、出版物作者、ISSN/ISBN/LCCN 号、丛编、主题和出版社等进行检索。

(3) 检索结果:可按相关度、被引频次、日期、题名等排序,可按照日期、文献类型、主题、题名、出版国、出版州等分别精练检索结果,可以直接查看检索结果中与检索词匹配的内容(view matching text pages),也可以直接打印或者下载全文,打印或下载全文时用户可以自定义页码范围(print custom page range)。

在检索结果页面提供新检索、修改检索、二次检索、其他数据库检索链接。

4.5 美国心理学会(APA)的电子期刊

美国心理学会(American Psychological Association,APA)是全球最权威的心理学学术组织,国际心理科学联合会的主要成员。该学会于 1892 年由美国心理学家 G. S. 霍尔等发起并组织建立。美国心理学会编制了一系列的数据库,其中以《心理学文摘数据库》(PsycINFO,PI)和《心理学全文电子期刊数据库》(PsycARTICLES,PA)最为知名,在全球范围内拥有最多的用户。

PsycARTICLES 收录美国心理学会 APA、美国心理学协会教育出版基金会、加拿大心理学协会和 Hogrefe & Huber 所出版的期刊 70 多种(截止到 2011 年年底),收录内容部分可早至 1894 年。PsycINFO 收录了心理学领域 2 500 多种期刊的 300 多万条文献的信息,是心理学学科的权威性数据库,文献检索年限是 1806 年至今。

PsycARTICLES 数据库目前在多个平台上提供服务,除 APA 自身的平台外,ProQuest、EBSCO 等也提供检索和浏览下载服务。

数据库网址:http://www.apa.org/pubs/journals/index.aspx(主站点)

或 http://search.ebscohost.com/login.aspx? profile=apa(EBSCO 平台)

4.6 剑桥大学出版社的电子期刊

剑桥大学出版社（Cambridge University Press，CUP）成立于 1514 年，是世界上历史最悠久的出版社。该社出版近 300 种学术期刊，以人文社科为主，也涉及自然科学及医学各个学科等其他学科，有 200 余种已回溯至创刊年。

据 2012 年数据，在剑桥大学出版社的期刊中，人文社会科学类约占 60%，自然科学类 30%，其余为医学类和工程技术类，大部分为 Web of Science 收录的核心期刊。

数据库网址：http://journals.cambridge.org/

第五节　中文电子期刊

中文电子期刊的发展始于 20 世纪 90 年代初期，经过 20 余年的发展，目前已经有中国学术期刊（光盘版）电子杂志社和清华同方知网（北京）技术有限公司的《中国学术期刊网络出版总库》、重庆维普资讯公司的《中文科技期刊数据库》、万方数据资源系统等三家电子期刊出版商的出版物，累计出版电子期刊为 10 736 种（不含重复，数据截止到 2011 年），基本囊括了主要的中文期刊，内容也包含了全部的学科。

中文电子期刊出版的共同特点是：

(1) 版权问题解决不彻底，因此电子版比印刷版出版的滞后期长；

(2) 除通用的 PDF 格式外，有些数据库商还使用自己的专用格式（如《中国学术期刊网络出版总库》的 CAJ 格式）；

(3) 三大出版商收录期刊的重复率较高；

(4) 在国内建立镜像较多，目前尚很难做到与其他文献和系统之间的整合，如使用 CrossRef 等。

表 5-8 至表 5-10 列出了三大中文电子期刊检索系统的比较（据 2010 年数据）。

表 5-8　中文电子期刊三大系统收录概况

	收录期刊总数	学科覆盖	全文收录起始年	全文滞后期/个月
中国学术期刊网络出版总库	7 843	文理工农医，全部学科	1906 年—	3—6
万方电子期刊	6 496	文理工农医，全部学科	1998 年—	4—9
中文科技期刊数据库	9 682	文理工农医，全部学科	1989 年—	4—9

表 5-9　中文电子期刊三大系统收录重复情况

中文科技期刊数据库 VS 中国学术期刊网络出版总库	5 845 种
中文科技期刊数据库 VS 万方电子期刊	5 718 种
中国学术期刊网络出版总库 VS 万方电子期刊	5 157 种
中文科技期刊数据库 VS 中国学术期刊网络出版总库 VS 万方电子期刊	4 650 种

表 5-10 中文电子期刊三大系统核心期刊收录情况

数据库	核心期刊总量*	核心刊收录量	核心刊收录率/%
中国学术期刊网络出版总库	1 982	1 872	94
万方电子期刊	1 982	1 742	88
中文科技期刊数据库	1 982	1 660	84

注：以北京大学图书馆编写、北京大学出版社出版《中文核心期刊要目总览》(2011 年版)为核心期刊依据。

5.1 中国学术期刊网络出版总库

《中国学术期刊网络出版总库》由中国学术期刊(光盘版)电子杂志社和清华同方知网(北京)技术有限公司出版发行，又称《中国期刊网》，是目前国内最大型的学术期刊数据库，主要收录有 1994 年以后国内 7 843 种期刊的题录、摘要以及 4 000 多种期刊的全文。每日更新，部分期刊回溯至创刊。

《中国期刊网》收录的期刊均已有印刷版，电子版的速度要晚于印刷版。发行方式有 4 种：网络版(租用方式)、镜像站版、光盘版和流量计费。全部期刊分为 10 个专辑：① 基础科学，② 工程科技Ⅰ，③ 工程科技Ⅱ，④ 农业科技，⑤ 医药卫生科技，⑥ 哲学与人文科学，⑦ 社会科学Ⅰ，⑧ 社会科学Ⅱ，⑨ 信息科技，⑩ 经济与管理学。

《中国期刊网》提供 3 种类型的数据库，即题录数据库、题录摘要数据库和全文数据库，其中题录数据库和题录摘要数据库属参考数据库类型，只提供目次和摘要，可在网上免费检索。全文数据库需另外付费。

《中国期刊网》全文有专用 CAJ 和 PDF 两种格式，阅读下载可使用其专用 CAJ 阅读器，也可直接使用 PDF 阅读器。

数据库网址(中国教育科研网)：http://epub.edu.cnki.net/grid2008/index/zkcald.htm 或 http://dlib2.edu.cnki.net/kns50/，或 http://dlib.edu.cnki.net/kns50/。

5.1.1 检索功能

5.1.1.1 浏览和导航

《中国学术期刊网络出版总库》提供文献分类导航和期刊导航两种浏览功能。

文献分类导航：用户可对所收录文献按学科逐层展开，到最末级学科类目时，单击类目名称旁边的图标，可直接检索出该类目所包含的全部论文，为用户按照学科主题查找文献提供了方便。

期刊导航：提供期刊的基本信息，除按刊名字顺浏览期刊外，还提供学科专辑、世纪期刊、核心期刊、期刊荣誉榜、优先出版期刊、独家授权期刊等导航功能，期刊导航提供图形、列表、详细 3 种显示方式，可分别按照复合影响因子、综合影响因子、被引次数和刊名排序。

5.1.1.2 检索

提供快速检索、标准检索、专业检索、作者发文检索、科研基金检索、句子检索和来源期刊检索 7 种面向不同需要的检索方式(参见图 5-25)。

图 5-25 《中国学术期刊网络出版总库》快速检索

（1）快速检索：类似搜索引擎的检索方式。

（2）标准检索：标准检索是数据库默认检索方式。其检索条件包括：① 检索控制条件，包括期刊年限、支持基金、来源期刊、期刊类别、作者名称和单位等；② 内容检索条件，包括篇名、主题、关键词、摘要、参考文献、全文和中图分类号等（参见图5-26）。

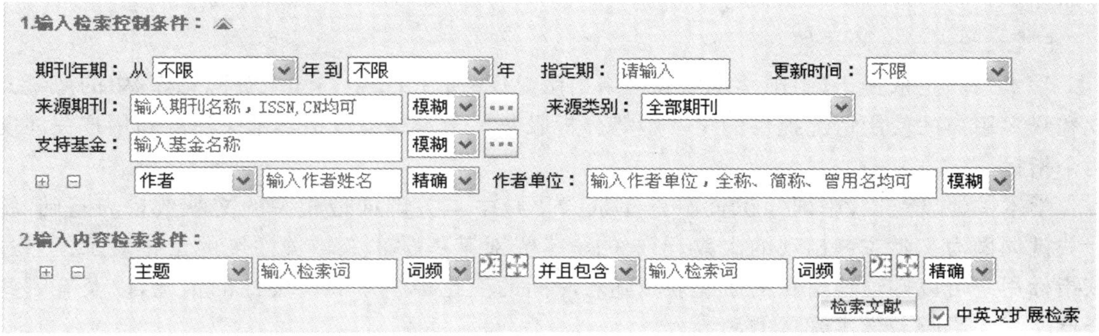

图 5-26 《中国学术期刊网络出版总库》标准检索

标准检索中采用的主要检索技术包括：

词频：指检索词在相应检索项中出现的频次，默认为至少出现一次，词频有两个图标，表示"最近词"，记录本次登录后最近输入的10个检索词。表示"扩展词推荐"，当用户在检索框中输入一个关键词，单击该按钮后会在弹出窗口中显示所输入检索词的相关词，供用户从中选取，若用户在相关词前勾选，再单击"确定"按钮后，该词会自动添加到原检索词所在检索框内，并与原检索词之间形成"逻辑与"的关系，但是若直接单击该相关词，则该词会自动取代原来的检索词。

检索匹配方式：提供精确和模糊两种方式。精确检索指检索结果完全等同或包含与检索字/词完全相同的词语；模糊检索指检索结果包含检索字/词或检索词中的词素。

中英文扩展：是由所输入的中文检索词，自动扩展检索相应检索项内英文语词的一项检索控制功能。仅在选择匹配方式中的"精确"时，"中英文扩展"功能才可用。

在实施一次检索后，如想对本次检索结果进行进一步的筛选，修改所需的检索项内容，然后单击"在结果中检索"，可进行二次检索。

（3）专业检索：使用逻辑算符和关键词构造检索式进行检索。适用于查新、信息分析等工作人员使用，检索字段为：主题＝SU，TI＝题名，KY＝关键词，AB＝摘要，FT＝全文，AU＝作者，FI＝第一作者，AF＝作者单位，JN＝期刊名称，RF＝参考文献，RT＝更新时间，PT＝发表时间，YE＝期刊年，FU＝基金，CLC＝中图分类号，SN＝ISSN，CN＝CN号，CF＝被引频次，SI＝SCI收录刊，EI＝Ei收录刊，HX＝核心期刊。例如：SU＝北京 * 奥运 AND FT＝环境保护，可以检索到主题包括"北京"及"奥运"并且全文中包括"环境保护"的信息。

（4）作者发文检索：作者发文检索是通过作者姓名、单位等信息，查找作者发表的全部文献及被引、下载情况。通过作者发文检索不仅能找到某一作者发表的文献，还可以通过对结果的分组筛选情况全方位地了解作者主要研究领域，研究成果等情况。检索项包括作者姓名、第一作者名和作者单位。

（5）科研基金检索：科研基金检索是通过科研基金名称，查找科研基金资助的文献。通过对检索结果的分组筛选,还可全面了解科研基金资助的学科范围、科研主题领域等信息。

(6)句子检索:通过用户输入的2个关键词,查找同时包含这2个词的句子,可在全文的同一段或同一句话中进行检索,同句指两个标点符号之间,同段指5句之内。

(7)来源期刊检索:通过输入来源期刊的名称、类别和年期等信息,来查找包含相关信息的期刊。

5.1.1.3 学术趋势搜索

学术趋势是依托于《中国学术期刊网络出版总库》所在的《中国知识资源总库》中的海量文献和众多用户的使用情况提供的学术趋势分析服务。学术趋势包括学术关注度和用户关注度两个指标。

学术关注度是以《中国知识资源总库》(CNKI)中与关键词最相关的文献数量为基础,统计关键词做为文献主题出现的次数,形成的学术界对某一学术领域关注度的量化表示。通过该指标用户可以知道他所在的研究领域随着时间的变化被学术界所关注的情况,以及有哪些经典文章在影响着学术发展的潮流。

用户关注度是以用户在《中国知识资源总库》系列数据库中所下载文章的数量为基础,统计关键词作为主题的文章被下载的次数,形成的用户对某一学术领域关注度的量化表示。通过该指标用户可以知道在相关领域不同时间段内哪些重要文献被最多的同行所研读。

5.1.2 检索结果

检索结果可以按照摘要或列表显示,列表显示包括序号、篇名、作者(仅显示第一作者)、刊名、发表年/期、被引频次、下载频次。默认每页显示20条记录,用户可根据自己需要设定每页显示的记录数(参见图5-27)。

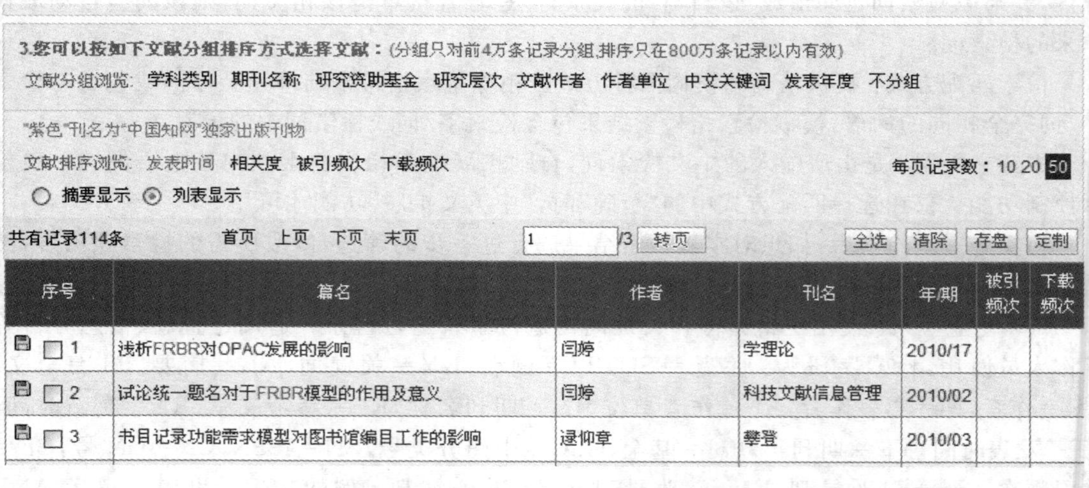

图5-27 《中国学术期刊网络出版总库》检索结果列表

(1)检索结果分组浏览:可分组对检索结果进行浏览,包括:学科类别、期刊名称、研究资助基金、研究层次、文献作者、作者单位、中文关键词和发表年度等。

(2)检索结果排序:可按发表时间、相关度、被引频次和下载频次等排序。

(3)检索结果输出:选定记录后,单击检索结果上方的"存盘"按钮可保存题录信息,题录输出格式包括:简单、详细、引文、自定义、Refwork、EndNote、NoteExpress和查新等格式。

(4) 检索结果格式：包含 PDF 和 CAJ 两种格式，其中 CAJ 格式为《中国期刊网》自创格式，使用时需下载 CAJViewer 阅读器，CAJViewer 与数据库检索功能的兼容性更好一些。

5.2 万方电子期刊

电子期刊是万方数据知识服务平台的核心内容之一，收录自 1998 年以来国内出版的各类期刊 7 000 余种，其中收录北大版核心期刊 1 700 余种（截止到 2011 年），论文总数量达 1 000 余万篇，每年约增加 200 万篇，每周两次更新。

数据库网址：http://www.wanfangdata.com.cn（主服务器）或 http://wanfang.calis.edu.cn（CALIS 镜像站）或 http://www.wanfangdata.com.cn（北京地区镜像站）

5.2.1 检索功能

(1) 浏览

可以按学科、地区或刊名字顺浏览期刊。期刊页面提供刊物的信息，如封面、主编、主办单位、联系方式、相关栏目等，可进行刊内检索。

(2) 检索

在期刊页面单击"检索论文"，或"检索刊名"可分别对论文和期刊进行检索。

高级检索：可以按标题、作者、刊名、关键词、摘要、全文、DOI 等字段进行检索，并可利用发表日期、被引用次数、有无全文来限定检索结果。

经典检索：多个检索字段的组合，不提供限制性检索条件和排序功能。

专业检索：检索表达式使用 CQL（Common Query Language）检索语言。

知识脉络检索：类似于《中国学术期刊网络出版总库》的"学术研究趋势"，有两大功能：① 在文本框内输入一个关键词，单击后面的"知识脉络检索"，就可以了解到有关这个词在每个时间段内（如：1998—2009）在系统中命中的数量。通过这个数量可以判断某个研究课题在数量上的发展趋势。但这个词通常不能太宽泛，否则效果会不理想。② 在文本框内可以输入多个关键词，然后单击后面的"比较分析"，可了解到这几个词在每个时间段内（如：1998—2009）在系统中命中的数量，通过比较，可以判断两个词在不同时间点上的研究数量。系统会自动生成一些相关词，用户选择这些词后，系统会自动将结果可视化展示。

5.2.2 检索结果

可按期刊、年份、学科主题等分面浏览检索结果。检索记录包括题名、作者、来源期刊名称、出版年、卷期、关键词、摘要、被引次数等。来源期刊后面"PKU"表示来源期刊被北京大学编写的《中文核心期刊要目总览》收录，"CSSCI"表示被《中文社会科学引文索引》所收录、"IS-TIC"表示被中国科技信息研究所的《中国科技期刊引证报告》所收录。

排序：万方电子期刊提供的排序功能比较有特色，包括：经典论文优先、相关度优先和最新论文优先。经典论文优先是指被引用次数比较多，或者文章发表在档次比较高的杂志上的、有价值的文献排在前面。相关度优先是指与检索词最相关的文献优先排在最前面。最新论文优先指的是发表时间最近的文献优先排在前面。

有关万方数据知识服务平台的其他内容和详细介绍见本书第四章第五节。

5.3 中文科技期刊数据库

由重庆维普资讯公司制作，在《中文科技期刊数据库》（文摘版）的基础上发展而来，以理工科为主，截止到 2010 年，收录有 9 000 多种期刊的题录和全文，期刊初始年限为 1989 年。

《中文科技期刊数据库》包括有自然科学、工程技术、农业科学、医药卫生、经济管理、教育科学、图书情报等专辑。

2005年1月起,《中文科技期刊数据库》增加收录文、史、哲、法等学科分类的文章、期刊,形成社会科学专辑,社科数据回溯到2000年起。

数据库网址：http://www.cqvip.com/(主站点)或 http://162.105.138.192/(北京地区镜像站)

5.3.1 检索功能

（1）期刊导航和浏览

提供3种期刊导航和浏览功能：① 期刊搜索：可按刊名或ISSN号查找特定期刊,刊名检索为关键词检索,只要刊名中包含关键词就能命中,而 ISSN 检索则为精确检索；② 按照刊名的首字母顺序浏览期刊,但在同一字首的刊名列表中,不再严格排序；③ 按学科分类浏览每一学科所收录的期刊。期刊显示信息包括：序号、刊名、ISSN、CN 号和核心期刊标记(用红色五角星表示核心期刊)。按照字顺和学科浏览时,可查看"核心期刊和相关期刊",也可只查看核心期刊,可进行刊内检索。

（2）检索

《中文科技期刊数据库》提供快速检索、传统检索、高级检索、分类检索以及在检索结果中进行二次检索和期刊导航等功能。

快速检索：数据库的默认检索方式,通过下拉菜单可选择检索选项。

传统检索：这是为经常使用维普资讯原来的网站《中文科技期刊数据库》的老用户提供的一种检索模式,主要便于老用户按照原有的使用习惯进行检索。功能如下：① 选择检索入口,《中文科技期刊数据库》提供12种检索入口：题名或关键词、关键词、作者、第一作者、刊名、机构、题名、文摘、分类号、作者简介、基金资助、栏目信息任意字段,用户可根据自己的实际需求选择检索入口、输入检索式进行检索；② 限定检索范围：中文科技期刊数据库可进行专辑/学科类别限制,每一个学科分类都可以按树形结构展开；③ 可对期刊范围(核心期刊、Ei 来源刊、SCI 来源刊等)以及数据年限进行限制。

高级检索：提供2种检索模式：① 分栏式检索：用户选择检索字段,输入检索词后,选择匹配方式进行检索。该模式中的扩展功能主要是系统为前面输入的检索式提供提示信息。包括：查看同义词、查看同名/合著作者(最多可选取5个)、查看分类表、查看相关机构和期刊导航。在各个检索条件之间可以进行逻辑组合。用户可使用"扩展检索条件"对检索进行限定,包括：时间条件、专业限制和期刊范围,以进一步减小搜索范围,获得更符合需求的检索结果。② 直接输入检索式检索：用户可在检索框中直接输入字段名称代码、检索词和逻辑运算符等构造检索式进行检索。《中文科技期刊数据库》高级检索界面如图5-28所示。

分类检索：分类检索相当于提前对搜索结果作限制,在"分类表"中选择学科大类,类目前的"+"表示该类目还包括子类目,使用▷和◁选定和删除学科,并输入检索式执行检索。

5.3.2 检索结果

（1）检索结果显示：系统提供概要显示、文摘显示和全记录显示3种功能,默认为概要显示,显示记录条数默认为每页20条,可设置成每页50条；

（2）检索结果输出：可下载、打印选定文献的题录信息,也可将选定题录信息加入电子书架；

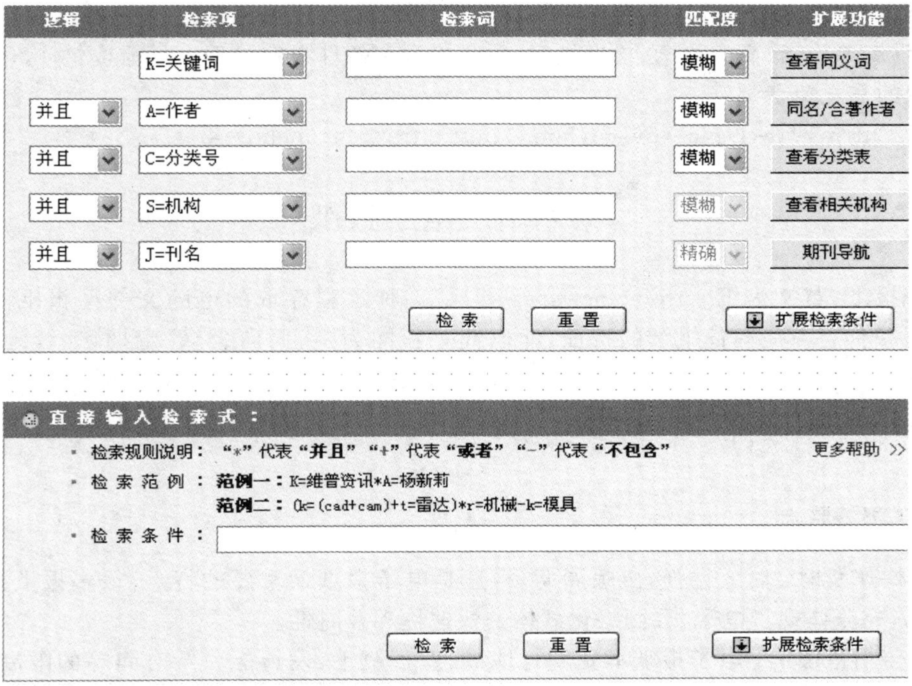

图 5-28 《中文科技期刊数据库》高级检索

（3）检索结果处理选项：在当前检索的基础上，可重新检索或对检索结果进行处理，包括在结果中搜索、在结果中添加和在结果中去除 3 种操作。

5.3.3 用户服务

注册用户可使用个性化服务，包括：我的主页、我的电子书架、我的检索历史、分类定制、期刊定制和关键词定制等。

5.4 晚清期刊全文数据库（1833—1911）

由《全国报刊索引数据库》编辑部编制出版，收录了 1833—1910 年间 300 余种期刊，25 万余篇文献，几乎囊括了鸦片战争、洋务运动、戊戌变法和辛亥革命等重要时期出版的所有期刊，其中有宣扬妇女解放和思想启蒙的妇女类期刊，有晚清小说大繁荣时期涌现的四大小说期刊，有为开启民智、传播新知而创办的白话文期刊，有介绍先进技术、传播科学知识的科技类期刊。

可以按期刊和文章分别检索。检索字段包括：题名、著者、主办单位、刊名、分类号、年份及期号等。

数据库网址：http://www.cnbksy.cn/shlib_tsdc/index.do

5.5 民国时期期刊全文数据库（1911—1949）

由《全国报刊索引数据库》编辑部编制出版，收录民国时期出版的两万余种期刊，1 500 余万篇文献，内容集中反映这一时期政治、军事、外交、经济、教育、思想文化、宗教等各方面的内容。

数据库网址：http://www.cnbksy.cn/shlib_tsdc/index.do

另外,国家图书馆也建设有民国中文期刊资源库,该库以书目数据、篇名数据、数字对象为内容,提供简单检索、高级检索、二次检索、关联检索和条件限定检索。目前提供 4 350 种期刊电子影像的全文免费浏览。

地址:http://res4.nlc.gov.cn/home/index.trs?channelid=4

第六节 电子报纸

电子报纸,英文为 Electronic newspapers,是一种远程存取的电脑文件型报纸。它必须具备两个条件:一是具备报纸的特征,即以刊登新闻为主,面向公众、定期、连续地发行;二是必须是通过电脑等阅读设备阅读,并依靠互联网发行的电子连续出版物。电子报纸最初指传统报纸的电子版,后来电子报纸逐渐演变成信息量更大,以及服务更加充分的网络新闻媒体。

6.1 电子报纸特点

(1)快速及时:时效性强,出版周期短,这是电子报纸最重要的特点,很多报纸是在线实时更新的,充分体现了电子化、网络化载体的快速性和及时性。

(2)传播范围广:电子报纸不受发行地域、发行政策、发行能力及时间等的限制,可在网上跨国界传播;对使用者而言,其对电子报纸的阅读也可不受限制地随意选择。

(3)信息容量大:受版面影响,印刷型报纸信息容量的增长是有瓶颈的,而电子报纸是以 Web 形式呈现的,增加信息内容在技术上不受限制,在成本增长上也微乎其微,因而电子报纸在信息容量方面远远超过了印刷型报纸。

(4)使用方便:电子报纸利用现代计算机技术、用数据库、超文本或超媒体的形式存储信息,可提供方便、灵活的信息检索以及打印、复制和下载等功能;另外,海量存储技术的发展可使电子报纸的保存内容和保存时间增多,使过期电子报纸的存储和获取也变得较容易。

(5)互动性强:传统报纸与读者的互动比较困难,基本上是将信息单向发送给读者,读者通过信函或电话反馈信息,这种交流是滞后的,而网络媒体可以通过 E-mail、论坛、博客、即时通讯工具 IM 等方式,与用户进行信息交流,读者可以在线评论、在线订阅、网上投稿,还可以参加各种网上调查等。读者的阅报感受、体会、意见可以在第一时间传递给报社,以便报社更好地为读者服务。

(6)融合多媒体技术:电子报纸突破了传统报纸只能用文字和图片表达的局限,可以方便地插入视频、音频或动画等,使新闻报道真正做到"有声有色",增强了其动态感和感染力,给读者更生动的阅读体验。

6.2 电子报纸类型

6.2.1 按载体形态划分

(1)网络版电子报纸。

(2)以光盘或硬盘等载体存储和发行的报纸:如《人民日报》光盘数据库、《参考消息》数据库等,这类载体的报纸数据库多以某种或某类报纸的回溯数据为主,如《人民日报》光盘数据库就包括人民日报自 1946 年创刊以来的全部数据。

(3) 便携式电子报纸：便携式电子报纸属于研究和探索阶段，采用的技术也各不相同，如：1999年IBM公司开发出世界上第一份基于"电子墨"技术的电子报纸模型。2006年我国首份便携式互动多媒体电子报纸《宁波播报》问世。目前，科学家正在研究能够用于制造平面屏幕的电子油墨和电子纸技术，这种屏幕由微电子传输层、聚合物层和保护层组成，可以薄如纸张，并具有可卷曲性。如果这种技术成熟，便携式电子报纸有望得到广泛应用。

(4) 手机报（mobile newspaper）：是依托手机媒介，由报纸、移动通信商和网络运营商联手搭建的信息传播平台，通过用户定制，将报纸信息发送到用户手机上，供用户浏览近期发生的新闻。如《全球通凤凰观察》等。

6.2.2　按报纸内容划分

(1) 综合性报纸：内容涉及多个方面。

(2) 专业性报纸：如：计算机类、文学类、经济类、体育类、休闲类。

6.2.3　按电子报纸与印刷版报纸的关系划分

(1) 第一种模式：在互联网上建立一个独立的网站，把纸质报刊的内容原封不动地搬上网络，不提供其他的新闻和信息服务，如《京华时报》(http://paper.people.com.cn/jhsb)。

(2) 第二种模式：在互联网上建立一个独立的网站，上网报纸在提供原有内容的同时，根据报刊的侧重点提供相关的新闻、信息和其他一些服务。此类模式非常强调自己的办报特色，在提供报纸网络版的内容时，也不是原样照搬，而是经过二次筛选、编辑，挑选精品文章上网，典型的如美国的《华尔街日报》、《中国青年报》、《科技日报》等。

(3) 第三种模式：在互联网上建立一个独立的网站，报纸印刷版的内容在该网站中只是一个小小的组成部分，所占空间比例不高。更多的是提供包罗万象的信息服务，目标在于建成综合性的信息平台，如美国的《华盛顿邮报》，国内的《人民日报》、《电脑报》等。

6.3　电子报纸发展概况

6.3.1　国外电子报纸发展现状

世界上第一家基于互联网的电子报纸是美国的《圣何塞信使报》（*San Jose Mercury News*）。1987年，这家位于美国硅谷的报纸，首先将本报内容送上了尚处于初级阶段的因特网，从而开创了电子报刊和网络媒体的新纪元。

随着因特网的成熟和迅速扩展，尤其是20世纪90年代中期互联网和浏览器的推出，刺激了用户上网的高潮，也刺激了报刊上网的热情。在美国，从《纽约时报》、《华盛顿邮报》、《华尔街日报》、《洛杉矶时报》、《芝加哥论坛报》、《时代周刊》、《新闻周刊》等著名报刊到地方性小报，掀起了一波又一波的上网浪潮。越来越多的用户选择浏览报纸网站的方式来获取最新消息。截止到2010年，全美有911种报纸上网，根据美国报业协会（Newspaper Association of America）委托尼尔森在线（Nielsen Online）进行的统计显示，全美报纸网站独立用户访问量达7 496万，占全美互联网独立用户访问量的36.91%。电子报纸对传统报业产生了很大冲击，同时也改变着人们的阅读方式。

6.3.2　中国电子报纸发展现状

自从1995年10月《中国贸易报》率先尝试在网上发行电子版以来，中国的网上报纸呈飞速增长趋势。根据2011年版《中国统计年鉴》，全国出版有1939种报纸，这些报纸基本都在互联网上建立了网站。

中国网络电子报纸的运营主要有3种模式。第一种,创建报纸的网络版。以人民日报社主办的"人民网"为代表,该网站集《人民日报》、《人民日报海外版》、《生命时报》、《文史参考》、《民生周刊》、《人民文摘》等报系于一体,是一个以新闻为主的大型网上信息交互平台。第二种,跨媒体的地区性信息平台,如:千龙网。千龙网是经国务院新闻办公室和中共北京市委宣传部批准,由北京日报社、北京人民广播电台、北京电视台、北京青年报社、北京晨报社等京城主要传媒共同发起和创办的综合性新闻网站。第三种,专业性的信息服务网站。以赛迪网为例,该网站是由《中国计算机报》、《中国电脑教育报》、《中国计算机用户》和《中国电子报》等16家媒体组建的了IT专业信息服务网站,这些网站的内容远远超过了其印刷版报纸的内容,成为大型的信息平台。

近年来,国内手机报的发展逐步兴旺。2003年2月1日22时32分,美国哥伦比亚号航天飞机失事16分钟后,新浪网把这则新闻以手机短信的方式发送给万千客户,由此开创了国内手机传播新闻的先河。手机报可以将传统媒体的新闻内容通过无线技术平台发送到彩信手机上,成为传统报业继创办网络版电子报纸之后,跻身电子媒体的又一举措,是报业开发新媒体的一种特殊方式。

6.4 电子报纸的使用

6.4.1 电子报纸的查找

电子报纸包括网上免费的电子报纸和基于商业目的制作的电子报纸(一般收集报纸的回溯信息),后者有些以单独的报纸全文阅读系统的形式出现,有些则被收录进其他的电子出版系统,如全文数据库中。下面介绍网上免费电子报纸的查找方法。

(1)利用搜索引擎直接查找:目前比较著名的、大型的报纸都已上网,利用搜索引擎可以很方便地查找网上报纸。

(2)利用网站上的集成的电子报纸目录查找:除了利用搜索引擎直接查找电子报纸之外,还可利用网站上的电子报纸目录或链接等更快捷地获得电子报纸信息。可提供电子报纸目录或导航的网站很多,如:6点报等。

6.4.2 电子报纸的检索和阅读

电子报纸绝大多数是免费上网的,所以其检索功能都在报纸的网站上实现,检索界面的设计比较简单,一般包括关键词、标题、日期等的检索;其阅读也多为通用的方式。网上报纸的文件格式多为文本格式、HTML或PDF等,采用通用或者专用的阅读软件阅读。不过网上报纸可供免费检索和阅读的内容一般只限于最近两三年,其完整的报纸内容(尤其创办以来的回溯内容)一般是不在网上免费公开的,而是以商业形式制作和销售,当然其制作和销售形式不一。有些报纸如《人民日报》等,其数据被单独制作成电子版,由不同的平台商代理并向最终用户提供服务,类似的报纸还有金报兴图公司制作的《参考消息》、《中华读书报》、《经济日报》等。这些报纸的检索和阅读都取决于其检索平台。另外,有些报纸被数据库集成商购买了其数据使用权,被集成进某个全文数据库系统中,如《纽约时报》就被收录在ProQuest的全文数据库中。

6.5 代表性西文报纸

6.5.1 独立性报纸

(1)《纽约时报》网络版

《纽约时报》(*The New York Times*)是美国最有影响的大报之一,创办于1851年,至今已有160年历史,内容包括全世界政治、经济、教育文化、军事、体育娱乐、科技等方面的最新消息和相关的评论。

数据库网址:美国版(US edition)为 http://www.nytimes.com,全球版(global edition)为 http://global.nytimes.com/,两个版本可以切换。

首页"Today's paper"可以查看跟印刷版内容相同的当天报纸,在当天报纸浏览页面提供最近7天报纸的免费阅读(The Times in print from the past 7 days)。

网站对之前的过期报纸提供检索功能,首页的检索输入框是基本检索,输入关键词可以检索有关信息,可以对报纸的时间范围进行限定,最早到1851年。在基本检索结果集页面还提供高级检索链接,高级检索提供限定检索,如:标题、作者等,所有内容都可以免费查看,如图5-29所示。

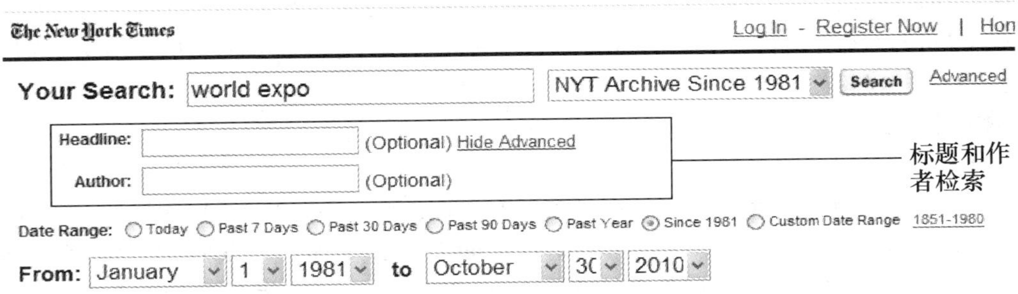

图 5-29 《纽约时报》高级检索界面

(2)《华盛顿邮报》网络版

《华盛顿邮报》(The Washington Post)也是美国最有影响的大报之一,和《纽约时报》一起并称为美国新闻类报纸的两大高峰,创办于1877年。

数据库网址为 http://www.washingtonpost.com

《华盛顿邮报》为注册用户提供免费阅读当天和最近14天内跟印刷版内容相同的报纸,可以按照首页导航条上的类别(如:体育、经济等)分别阅读。在过期报纸中,2005年至今的报纸可以免费检索,之前的要付费才能阅读。

《华盛顿邮报》的检索结果提供分面浏览功能,可按照文章类型、版面类别(如:体育、教育、就业等)、来源、作者、日期等分别浏览检索结果。

另外,在 EBSCO*host* 平台上可检索2003年2月至今的全文。

(3)《泰晤士报》网络版

《泰晤士报》(The TIMES)是英国最有影响的媒体之一,也是世界上最著名的报纸之一,包括国内国际政治新闻、经济报道、评论、专题等。

数据库网址是 http://www.thetimes.co.uk/

在首页选择"Papers"可以看到《泰晤士报》当天报纸、回溯报纸以及移动版报纸的链接。但网站于2010年6月开始收费,用户需要每天花费1英镑才能获得浏览权限。检索结果提供分面浏览功能。

《泰晤士报》回溯卷(1785—1985年)由美国Gale公司(Gale Cengage Learning)出版;此外2000年以来的全文可以在 EBSCO*host* 平台上访问。

6.5.2 报纸全文数据库

除独立性报纸外,还有专门的报纸全文数据库。

(1) 世界各国报纸全文库(Access World News)

是 NewsBank 公司最具代表性的数据库之一,目前收录 4 000 多份来自世界各地的主要报纸,并提供 200 家主要通讯社的电讯稿,另外,还有 100 家主要电视台部分视频节目,内容涉及政府、政治、国际关系、商业、财经、法律、环境、能源、科技、文化、人口、社会、教育、体育、艺术、健康等。

数据库收录的主要报纸有:《金融时报》(Financial Times)、《经济学家》(Economist)、《泰晤士报》(Times)、《卫报》(Guardian)、《华盛顿邮报》(Washington Post)、《纽约时报》(New York Times)、《纽约时报书评》(New York Times Book Review)、《纽约时报杂志》(New York Times Magazine)、《经济时报》(Economic Times)、《商业时报》(Business Times)、《海峡时报》(Straits Times)、《澳大利亚人》(Australian)、《悉尼先驱早报》(Sydney Morning Herald)、《世纪报》(Age)和《莫斯科时报》(Moscow Times)等。

数据库网址:http://www.newsbank.com/

(2) PressDisplay 报纸数据库

Swets 公司推出的 PressDisplay 报纸数据库收录了来自全世界 92 个国家 48 多种语言的 1 700 余份全球知名的报纸,如:《中国日报》(China Daily)、《远东经济评论》(Far Eastern Economic Review)、《华尔街日报》(The Wall Street Journal)、《华盛顿邮报》(Washington Post)、《今日美国》(USA Today)、《卫报》(The Guardian)、《观察家报》(The Observer)、《每日快讯》(Daily Express)、《每日电讯》(The Daily Telegraph)和《每日镜报》(Daily Mirror)等。语种包括英语、俄语、德语、日语、韩语、阿拉伯语、西班牙语、法语、波兰语、葡萄牙语等 48 种。

读者可按照报纸原版面阅读,并可依据国家、语言、报纸名称浏览,提供全文检索,对于在报纸名称前有播放标记的,提供 11 种语言的翻译,并具有标准语音播放功能。

数据库网址:http://www.pressdisplay.com/pressdisplay/viewer.aspx

(3) 全球报纸精选数据库(GALE Infotrac Newsstand)

由 Gale Cengage Learning 公司出版,收录了北美、中南美洲、亚洲、南非等地 1 400 多份的报纸(截止 2011 年),最早可追溯至 1985 年,其中较为知名的报纸有:《亚特兰大新闻宪政报》(Atlanta Journal Constitution)、《波士顿先驱报》(Boston Herald)、《财经时报》(Financial Times)、《泰晤士报》(Times(London))、《卫报》(Guardian (London))、《每日电讯报》(Daily Telegraph (London))、《纽约时报》(New York Times)、《今日美国》(USA Today)、《基督教科学箴言报》(Christian Science Monitor)、《明星论坛报》(Star Tribune)、《国际先驱论坛报》(International Herald Tribune)和《标准邮报》(Post-Standard (Syracuse, NY))等。提供出版物名称和主题浏览。检索包括基本检索、高级检索和二次检索,检索结果可按照相关性和日期排序。

数据库网址:http://infotrac.galegroup.com/

(4) 美国历史报纸数据库(America's Historical Newspapers)

由美国 Newsbank 公司出版,收录了美国 50 个州 1690—1980 年间的 2 000 多种报纸。内容涉及 17—20 世纪美国的新闻、政治科学以及历史等,是对《美国早期印刷品》的补充,其核心部分是收藏于美国古文物家协会,并已拍摄成胶卷的 Isaiah Thomas 殖民地时期的报纸收藏。

数据库包括7个系列。

数据库网址：http://infoweb.newsbank.com/

6.5.3 全文数据库中的报纸数据库

(1) EBSCO 报纸数据库

《EBSCO报纸数据库》(*Newspaper Source*)提供45种美国和国际报纸的全文检索以及389种报纸的选择性全文。还包括部分CBS News、CNN等广播与电视的新闻脚本的全文。

数据库网址：http://search.ebscohost.com/

(2) ProQuest 报纸数据库

包括《ProQuest报纸数据库》(*ProQuest Newsstand*)和《ProQuest历史报纸数据库》(ProQuest Historical Newspapers,HNP)。

数据库网址：http://proquest.umi.com/login

(3) LexisNexis 报纸数据库

LexisNexis《学术大全数据库》(*LexisNexis Academic*)收录美国以及国家性的报纸1 000余种。报纸覆盖的地区和语言较为广泛，如：美联社(the Associated Press)、法新社(Agence France Press)和新华社等新闻媒体的内容。

数据库网址：http://origin-www.lexisnexis.com/ap/academic/

ProQuest数据库的详细内容和检索方法详见第四章。

6.6 代表性中文报纸

6.6.1 独立性报纸

(1) 人民日报图文电子版

《人民日报图文电子版》由人民日报社新闻信息中心提供,收录了自1946至2008年12月31日人民日报的全部图文信息。提供日期、版次、栏目、作者、关键词等字段的检索,也支持全文检索,安装客户端软件后可浏览PDF格式浏览原文。从2010年1月1日起《人民日报》电子报服务开始收费。

数据库网址：http://www.people.com.cn/(通过人民网发布)

(2)《参考消息》、《经济日报》和《中华读书报》

《参考消息》、《经济日报》和《中华读书报》均是由金报兴图公司制作的全文报纸数据库,包括三大报纸自创办以来的全部内容。关于内容所处时间段:《参考消息》为1957至2003年,《经济日报》为1983年至2003年,《中华读书报》为1994至1998年。金报兴图公司专门制作了一个中文报纸的全文检索和阅读平台—金报兴图全文数据库统一检索平台,可提供多种中文报纸的检索、浏览和原版阅读,支持打印及下载。除了这里提到的三大报纸外,金报兴图公司还制作了《中国妇女报》、《农民日报》等报纸。金报兴图全文数据库统一检索平台及其制作的中文报纸通过镜像服务方式向机构发售并通过镜像服务器向最终用户提供服务。

6.6.2 报纸全文数据库

(1) 中华数字书苑之数字报纸

方正阿帕比技术有限公司联合全国各大报社开发的以中国报纸资源为主体的全文数据库系统,是国内首个整报完整收录的报纸全文数据库,也是国内首个集文章内容全文检索和在线报纸原版翻阅为一体的报纸全文数据库。重要报纸如《人民日报》、《环球时报》、《新京报》、《科技日报》《中华读书报》《体坛周报》《解放军报》《中国航天报》《扬子晚报》《北京日报》等多种报纸资源。

该数据库收录报纸近500种,覆盖了60％以上的报业集团报纸和省级以上各类报纸。除对报纸文章内容进行多途径的全文检索外,还可以实现对报纸中所有图片的独立检索,并可以通过图片直接定位到图片所属的文章和报纸。

该数据库目前以镜像和阅读机方式发行。

(2) 中国期刊网重要报纸数据库

收录了2000年以来500多种重要报纸的全文。

数据库网址(中国教育科研网):http://epub.edu.cnki.net/grid2008/index/zkcald.htm 或 http://dlib2.edu.cnki.net/kns50/,或 http://dlib.edu.cnki.net/kns50/

(3) 巨灵财经资讯系统

由中国证监会与深圳巨灵信息产业公司联合承建的一套以金融证券期货类报刊为主的数据库资讯系统。本系统收录近300种国内外财经报刊,涵盖了金融类的证券、期货、银行、保险、信托、各大证券公司的券商研究报告、各上市公司的内部刊物、主要的行业信息报刊及经济理论研究刊物(主要为经济类核心期刊)、境内外的重要财经报刊等,数据库每天更新。

网址:http://terminal.chinaef.com/index.action

6.7 其他电子报纸

除了上面介绍到的一些重要报纸之外,网上还有很多可供利用的免费报纸网站,下面举出几种做简要介绍。

(1) 光明网:可以在线阅览《光明日报》《文摘报》《中华读书报》《新京报》等报纸的内容。网址:http://www.gmw.cn/。

(2)《中国日报》网络版:国内最权威,最有影响力的英文报纸,报道政治、经济、军事、文化、教育、体育、科技等方面内容,网址为:http://www.chinadaily.com.cn/。

(3) 中青在线:中国青年报社主办,网址为:http://www.chinayouthdaily.com.cn/。

(4)《大公报》网络版(Kung PaoTa):是香港重要的报纸之一,具有百年历史,提供香港、中国大陆以及世界其他地区的政治、财经、体育、教育等各方面的新闻资讯,网址为:http://www.takungpao.com。

(5) 香港地区其他报纸还有:《明报》(http://www.mingpaoweekly.com/home.php)、《香港商报》(http://www.hkcd.com.hk/)等。

参 考 文 献

1. Bernald Donovan. 学术期刊的未来. 科技与出版,2000(2).
2. 郭依群. 互联网上电子期刊服务及其利用. 图书馆建设,1998(5).
3. 聂华. 电子杂志的发展现状与趋势. 大学图书馆学报,1999(4).
4. 谢新洲. 电子信息源与网络检索,第六章. 北京图书馆出版社,1998.
5. 黄美君,姜爱蓉. CAJNR的功能及改进方法. 情报理论与实践,1999,22(6).
6. 阎敏,李英兰,姜振儒. 引文连接项目—CrossRef. 情报理论与实践,2002,25(1).
7. Oren Beit-Arie, Miriam Blake, Priscilla Caplan, Dale Flecker, etc. Linking to the Appropriate Copy: Report of a DOI-Based Prototype. D-Lib Magazine,2001,7(9),[2011-12-28]. http://www.dlib.org/dlib/septem-

ber01/caplan/09caplan.html.
8. 关志英,郭依群,等. 网络学术资源应用导览(科技篇). 北京:中国水利水电出版社,2007.
9. Elsevier 电子期刊.[2012-01-07]. http://www.sciencedirect.com/.
10. Wiley-Blackwell 电子期刊.[2012-01-07]. http://onlinelibrary.wiley.com/.
11. Springer 电子期刊.[2012-01-07]. http://china.springerlink.com/.
12. 《自然》杂志电子版.[2012-01-07]. http://www.nature.com/ 或 http://nature.calis.edu.cn/.
13. 《科学》杂志电子版——《科学在线》.[2012-01-07]. http://www.sciencemag.org/.
14. IOP(英国皇家物理学会)电子期刊.[2012-01-07]. http://www.iop.org/EJ/welcome.
15. RSC(英国皇家化学学会)电子期刊.[2012-01-07]. http://royalsocietypublishing.org/journals.
16. APS(美国物理学会)电子期刊.[2012-01-06]. http://www.aps.org.
17. AMS(美国数学学会)电子期刊.[2012-01-06]. http://www.ams.org/journals.
18. ACM(美国计算机学会)电子期刊.[2012-01-06]. http://www.acm.org/pubs.
19. Jstor 英文过期期刊.[2012-01-06]. http://www.jstor.org.
20. 缪斯计划电子期刊.[2012-01-06]. http://muse.jhu.edu/muse.html 或 http://muse.jhu.edu/.
21. 中国期刊网电子期刊.[2011-12-06]. http://www.sy.cnki.net.
22. 万方电子期刊.[2011-12-06]. http://wanfang.calis.edu.cn 或 http://www.wanfangdata.com.cn 或 http://www.wanfangdata.com.cn(北京地区镜像站).
23. 便携式电子报纸可望广泛应用. 科学大众(中学版),2008(3),p.15.
24. Newspaper Association of America. Circulation Facts, Figures and Logic 2009. Arlington, Va.: NAA, 2010.
25. 崔保国,张晓群. 中国报纸产业发展的回顾与展望.[2011-11-06]. http://www.doc88.com/p-99459448430.html.

第六章 电子图书

第一节 电子图书概述

1.1 电子图书概念与发展

电子图书是以磁、光、电等非纸介质为记载媒体,以信息的生产、传播和再现代替纸质图书的制作、发行和阅读的一种新型媒体工具,是随着世界计算机技术的出现与发展而出现并迅速发展的[①]。

电子图书以互联网络为流通渠道,以数字化内容为流通介质,以网上支付为主要交换方式,是基于网络的出版发行和阅读方式。电子图书是信息时代技术发展的必然产物。电子图书的出现,是书籍发展的一大飞跃,使书籍从载体、生产流程、阅读方式、获取途径等方面彻底发生了变化,对图书馆来说也丰富了数字馆藏,并逐渐被人们所接受。

电子图书最早出现于1940年左右出版的一部科幻小说中,书中幻想未来可以在某种特制的电子设备上阅读图书。1971年,迈克尔·哈特(Michael Hart)决定把一些对整个人类而言有一定意义的书籍输入电脑,放置在计算机网络上供人们免费阅读和下载,这项计划被命名为"古腾堡工程"(http://www.gutenberg.net/)。2000年10月,世界上第一台阅读不耗电电子图书在天津问世。早期电子图书是用电脑屏幕阅读的,而今电子图书可以放置在各类数码终端设备中阅览和阅读了——包括电子阅读专用的手持阅读器如汉王电纸书、方正电子书、易万卷电子阅读器等,平板电脑例如苹果的 ipad,以及手机、甚至 U 盘等。

电子图书出现后就得到飞速发展。从国外来看,在网络出版发展最早的美国,每年出版的电子图书达10万册之多,目前已有79%的出版社拥有自己的网站。据调查,2004年电子图书占图书市场销售额的26%,消费者用于电子图书的花费达54亿美元。

从国内来看,国内的电子图书产生于20世纪80年代,表现为一些拥有计算机技术和设备的单位和个人建立的软磁盘数据库。近年来,随着国外电子图书市场的迅猛发展,国内电子图书市场也日趋活跃。大型中文图书服务系统如方正阿帕比数字资源平台、超星数字图书馆、书生之家数字图书馆、时代圣典电子图书等相继建立,且保存的电子图书数量飞速增加。随着电子图书内容的不断丰富和人们阅读需求的增加,电子图书移动阅读服务越来越受到出版商和图书馆的重视,纷纷推出移动阅读解决方案,例如科学出版社和方正电子合作推出的"U 阅书房"可以将图书内容在数字版权保护技术的支持下存入 U 盘,然后连通普通图书的装帧(外包装)一起销售给读者或图书馆,用户可以借出在任何一台电脑上阅读;再如针对前面提到的各种手持阅读器、平板电脑和手机等电子书专用或非专用的移动阅读设备,出版社或图书馆都在考虑将其拥有的数字内容推送到这些设备中,以方便读者在线购买或移动借阅。

---

① 见参考文献11。

1.2 电子图书特点

(1) 容量巨大、成本低廉

电子图书可以实现海量存储,一个小小的服务器所载电子图书可以和一个中型图书馆所藏纸质图书相媲美。

电子图书的成本相比纸质图书低廉得多,电子图书(指内容)的造价仅为纸书的 1/3(将来还要大大降低)。读者花很少的钱就可以买很多的书。

(2) 制作出版方便

电子图书改变了图书出版方式,其制作、出版和库存等流程都更加方便。复制一本纸质图书可能需要几个小时,而复制一本同样的电子图书可能只需要几秒钟;电子图书的修订、改版等也易如反掌,可以实现实时更新;电子图书著述自由,纸质图书一般需要出版社认可才能出版发行,而在网络上,几乎所有的人都可以自由创作;网络出版,不必担心想要的好书脱销,库存永远充足,一本好书,可以近乎零成本无限制地重印。根据现在的测算,约 25 册订数即可出版发行。这意味着读者可以随时买到自己想要的电子图书,作者也不必担心因订数过少而遭到出版社的拒绝——这对那些内容高深的学术著作的作者来说,无疑是非常好的事。

(3) 传播快、流通便捷

电子图书不需要印刷,发行周期短,更新速度快,可以快速地传播和便捷地流通;电子图书并且方便携带,无论是基于网络使用、还是使用移动存储或是便携式阅读器,都具有携带方便的特点;并且电子图书的传播不受时间和空间的限制。

(4) 功能齐全,使用方便

从阅读功能看,电子图书采用了印刷书籍式的人性化界面,具有内码识别、自动翻译、自动朗读、书签等多种功能,电子图书声像并茂,信息内容生动,在屏幕上可以实现浏览、阅读、查询、摘录、打印、演示动画等操作。

从检索功能看,电子图书检索便利,可以提供关键词、题名、作者、出版社等相关字段的检索,并可实现全文检索,可以快速找到相关的章节或正文内容。

从交互功能看,电子图书一般都具有通信功能,内置的 modem 或直接与互联网连接,就可与作者和其他读者交互。

从形式看,电子图书生动直观,尤其是多媒体电子图书,不仅仅有文字,而且有图像、有声音,不仅可以"读"文字,而且可以"看"图像,还可以"听"朗读,是一种与以往任何形式都完全不同的全新概念的"书"。多媒体电子图书阅读器有先进的语音功能,加上多媒体的视频使网上多媒体电子图书倍受青睐。

(5) 符合环保要求

电子图书出版环节的减少极大地节省了资源,包括能源、空间、人力、物力、财力等。首先是无需印刷,节约纸张、油墨、水资源;其次是无需仓储、运输,节约人力物力;再者是结算方便,能够在网上实行即时电子结算,减少了资金周转时间。

(6) 技术发展前景好

加密的电子图书不易被盗印,出版商不会为书籍盗版而头疼,也许困扰出版业多年的知识产权保护问题就此能够得到彻底解决。

当然,电子图书的发展也还存在着大量问题,主要有:

（1）人们的阅读习惯难以改变，制约电子图书的普及发展

习惯具有巨大的惯性，虽然电子图书和纸质图书一样都是知识的载体，但读者千百年来形成的阅读纸书的习惯一时却难以改变。许多人认为没有淡淡油墨味的书就不是真正意义上的书，因为人们读书的目的，除了学习工作外，更多是为了消遣。躺在床上、靠在沙发上看书，对许多人来说是一种生活享受。但在轻薄的便携机或阅读器尚未普及的今天，阅读电子图书不得不在电脑前"正襟危坐"，毫无纸质图书随身带、随手翻的自由，让读者觉得非常不方便。此外，读惯纸质书的人，会对纸质书有一定的感情，对电子图书产生一种排斥心理。上述阅读习惯不是短时间内能够转变过来的。

（2）内容不均衡、主题受限

电子图书内容所涉及的主题范围比较有限，目前多为文学艺术或计算机类图书以及工具书等，一个共同的特点就是片面追求畅销书、热门书等炒作之作，对纯理论性的专业图书很少涉及，造成品种单一、内容不均衡、难以满足不同读者需要的局面，也严重影响着电子图书的魅力。

近年来一些电子图书服务商所提供的电子图书已充分考虑到用户的需求，引进大量的学术性图书，学科范围也扩展至各个领域。同时很多电子图书的出版商采用专门的数字化制作技术以及专用的电子图书阅读器，使电子图书的形式变得丰富多样。

（3）制作品质良莠不齐

从制作质量看，电子图书、尤其是网上的免费电子图书有很多为个人业余制作，总体品质不高，学术价值较低；从展现形式看，电子图书以 TXT、EXE 等形式的文件居多，死链、错别字、内容不全等情形随时可见，也缺乏多媒体技术支持；从使用方面看，可浏览的较多，但真正可实现检索、尤其是全文检索的很少；从电子图书阅读器看，阅读的品质也受到制作质量和终端设备的影响而良莠不齐，例如图书本身分辨率低，阅读器屏幕闪烁等问题；再如阅读器功能方面也还存在很多不足，读者还不能从中完全收获到个性阅读的快乐。

与网上免费电子图书相对应地，由一些较具规模的技术开发商或网络服务商、资源服务商等所提供的的大型电子图书服务系统，如美国的 MyiLibrary、中国的超星、书生之家等，其所制作及提供的电子图书，其内容和质量相对较好，服务也较有保障，当然各个电子图书系统之间还是有较大差别的，总体品质也只可用良莠不齐来形容。

（4）制作格式和阅读器、技术标准不统一

由于电子图书统一的制作和显示规范尚未形成，电子图书的制作和阅读格式呈多样化。目前电子图书市场群雄争霸，各公司纷纷推出自己的电子图书格式或阅读器希望占领市场，光是文件格式就有 PDF、WDL、HLP、HTML、CHM、超星、百博等 10 余种，各个不同格式的电子图书需要下载不同的阅读器才能阅读。不但给阅读带来许多的不便，也影响了电子图书的流通，使得电子图书的使用效率低下。

（5）知识产权保护尚不完善

电子图书复制成本低、复制方便快捷、流通速度快，销毁方便等特点对知识产权的保护是个严峻的挑战。如今许多网站提供免费的电子图书下载，很多都严重侵犯了知识产权。如果不及早采取措施，解决版权的法律保护问题，出版社对电子图书就不会有太高的热情。知识产权问题将成为制约电子图书健康发展的重要因素。

版权问题在电子图书制作及服务方面表现得最为突出，尤其网上电子图书，基本没有考虑

到版权问题,互相转载或擅自将作者作品上网的情形较多,在对知识产权的保护方面比较薄弱;而一些电子图书系统的版权问题也有不同程度的表现,比如中国几个著名的电子图书系统——超星、书生之家等均未能彻底解决版权问题(见后)。这方面国外解决得较好,一般是取得出版社的电子版权,且在服务等方面也充分考虑出版社及著者个人的利益,采用复本控制、权限控制等方式贯彻版权保护原则(见后 NetLibrary 介绍)。

(6) 网络相关问题需要妥善解决

网络是一把"双刃剑",给电子图书的普及和使用带来便利的同时,也带来诸多限制。

首先是在线使用,根据目前网民的普及率、计算机设备及网络的速度来看,还远不能达到电子图书的规模效应。网速过慢、网费过高也是导致电子图书利用率低下的一个原因。

还有网络安全问题,无所不在的网络盗版让网络书店必须花费大量的人力、物力、财力来维护。

支付是所有进行电子商务活动的死穴,不管是网上银行还是银行汇款、邮局电汇还是上门服务,每一种支付方式都有其应用的局限性和不足。电子图书作为电子商务的分支,其支付手段当然也不能例外。在网上浏览到自己喜欢的图书,但由于付钱太麻烦最终不得不放弃购买的事情确不少见。

最后是离线使用——由于网络速度、安全等问题,将电子图书下载到阅读器中离线使用是一个很好的方案,但是由于阅读器的价格目前还很高(一般 2 000 元上下),远远不能达到普及的程度,所以就还得依赖于网络使用电子图书,这些都是需要长时间才能解决得了的。

1.3 电子图书类型

1.3.1 按载体和出版形式划分

(1) 封装型电子图书:主要是光盘电子书,包括只以光盘载体形式出版的电子书,以及书刊附盘等,需在电脑上使用。

(2) 基于 PC 的网络型电子图书:存放于网络服务器,使用通用浏览器或专门阅读软件阅读,一般需在连通网络的电脑上使用,部分网站的电子图书也可下载到终端设备中进行离线使用。

图书馆向读者提供服务的电子图书服务系统,例如国内的方正阿帕比数字资源平台、超星数字图书馆、书生之家数字图书馆、时代圣典电子图书等,国外的 NetLibrary、Safari、Ebrary、MyiLibrary,再如国内的典籍数据如《文渊阁四库全书》电子版、《四部丛刊》电子版,国内外的电子百科全书、丛书、工具书数据库等,都属这类。另外基于网站的电子书城、基于出版社或 IT 技术公司的电子书店等也一般属于此类,而且其电子图书常常可以提供下载,当然下载的权限各不相同,下载的电子图书的格式也多种多样,有些需要专用的阅读器支持阅读。

(3) 离线电子图书(移动阅读终端):离线电子图书是指利用移动阅读设备下载或借阅后、不依赖于网络就可以阅读的电子图书。离线电子图书必须基于移动阅读终端设备而使用,常见的设备包括专用的电子图书阅读器、手机、平板电脑和 U 盘等。

电子图书阅读器是一种浏览电子图书的手持阅读工具,应用于电子书阅读器屏幕的技术有电子纸技术、液晶(LCD)等显示技术,屏幕的大小决定了可以单屏显示字数的多少。目前常见的电子图书阅读器产品一般是由前面提到的电子书店、电子书城推出的、配合电子书离线阅读的数码产品,例如亚马逊(http://amazon.com)的 kindle 电子书阅读器、汉王科技的汉王电纸书等。

电子书阅读器按其屏幕显示技术分为类纸屏（基于电子纸技术）和液晶屏（基于 LCD 技术）两种。

类纸屏阅读器的优点是：重量轻，大容量，电池使用时间长，大屏幕；部分电子书阅读器具备调节字体大小的功能，并且能显示 JPEG、GIF 格式的黑白图像和 Word 文件、RSS 新闻订阅的内容。

其缺点是：无背光，必需依赖外界的光线；功能比较单一，只有阅读功能（不过个别高档机型支持 MP3 格式和有声书，阅读效果更上一层楼了）；不同品牌的电子书格式不通用。一般都支持纯文本（TXT），其他格式如 HTML、Word、CHM、PDF 格式有些支持，有些需要通过转换才可以使用；翻页速度比不上液晶屏，一般需要 2—3 秒；价格比液晶屏的要稍贵一些（1 000—3 000 元）。

这类的阅读器产品例如：汉王电纸书（汉王科技公司）；易博士电子书（广州金蟾公司）；翰林电子书（天津津科公司）；Readius（Polymer Vision）(2008)；Astak Mentor（Astak 公司）(2008)；BeBook Reader（Endless Ideas 公司）(2008)；STAReBOOK（宜锐科技公司）(2007)；GeR2（Ganaxa 公司）(2007)；Kindle（亚马逊公司）(2007)；Cybook Gen3（Bookeen 公司）(2007)；FLEPia（富士公司）(2007)；Hanlin eReader（Jinke 公司）（在乌克兰发行时称 Lbook eReader，2007）；Sony Reader（索尼公司）(2006)；ILiad（iRex 公司）(2006)；Librié（索尼公司）(2004)。

液晶屏阅读器的优点是：支持背光，在没有外界光线的情况下可以方便地阅读；支持格式多，电子书阅读器从最初支持单纯的 TXT 格式以及厂商的格式，到现在支持大多数的图书格式，比如 TXT、JPG、BMP、HTML、PDF、DOC、EPUB、DJVU、CHM 等，甚至有的电子书阅读器还可以支持 RAR、ZIP、PPT 等格式；功能比较丰富，一般都支持 MP3 格式，高档的相当于一个个人数字助理（Personal Digital Assistant, PDA），支持即时翻译等。

其缺点是：因为屏幕的关系，长时间阅读会感到眼睛比较吃力；因为有背光，还有屏幕的原理，耗电量相对来说比较大，不如类纸屏的省电；价格高低不等。

这类的阅读器例如：方正电子书（方正电子公司）；博朗电子书（广州博朗公司）；eREAD PC MOBILE PSP NDS（宜锐科技）；Cybook Gen1（2004），10 英寸彩色屏（Bookeen 公司）；Ebookwise 1150(2004)，5.5 英寸屏；Hiebook(2001)，5.6 英寸屏，重 250 克；Franklin eBookMan（1999—2002）；SmartQ T5 II(2008—   )。

手机：手机作为普及率最高的移动终端，是短时间小规模阅读的最佳工具，手机只要安装相应的客户端软件，即可享受版式阅读（数字内容出版时原版原式的呈现）。目前方正电子书、超星电子书以及很多报纸都已支持手机版式阅读。当然，就算不支持版式阅读，手机也可以进行流式阅读（即根据页面对象的逻辑结构信息，在手机、专业阅读器等屏幕狭小的移动设备上进行流式重排以提供给用户更好的阅读体验），例如目前很多手机都可以接收的手机报，很多阅读网站都提供适合手机的文本格式供用户下载到手机阅读。

平板电脑：最受用户追捧的苹果 ipad 作为一款高端的移动终端设备，已经成为众多出版商、内容提供商和图书馆不得不面对的产品，很多网站推出 ipad 下载专区以满足持有 ipad 的用户的阅读需求。方正电子书已经宣称全面支持 ipad——方正电子书可以在 ipad 上实现版式、流式合一的阅读。

U 盘：U 盘没有阅读屏幕，但其携带方便，操作简单，通过移动数字图书馆系统可以方便地进行在线借阅、续借和归还电子图书，并可在任何有计算机终端的地点即插即阅，因此也有非常广泛的发展前景。

1.3.2 按内容划分

电子图书就其内容而言，可以说是涉及了各个学科，如数学、物理、化学、生物、经济、管理、文学、历史等。但总体而言，涉及比较多的是工具书（辞典、百科全书）、文学艺术类图书、计算机类图书等。

1.3.3 按电子图书内容存储的文件格式划分

电子图书的格式多种多样，均是由不同的公司所提供的电子读物格式，常见的就有 TXT、EXE、CHM、HLP、PDF、WDL、SWB、LIT、EBX、RB 和 EBK 等，当然还有一些可能不常见，但却是由电子图书服务商所提供的、其电子图书所特有的格式，如 NetLibrary 的 NKS、超星的 PDG、方正数字图书馆的 UDB 等。总体说来，这些格式可归纳为两类，即图像格式和文本/超文本格式；此外还有多媒体格式。

第一种：图像格式。所谓图像格式的电子图书就是把已有的传统纸张图书扫描到计算机中，以图像格式存储。这种图书制作起来较为简单，适合于古籍书以及以图片为主的技术类书籍制作。这种电子图书内容比较准确，但检索手段不强，显示速度比较慢，阅读效果不太理想，放大后很不清晰，也不适合打印。国内的中文电子图书多是以图像格式制作和存储的，如超星图书、书生之家图书和中国数图的图书等，方正 Apabi 图书虽说采用电子出版，但其是将图像格式的文件制作成 Apabi 电子书并以 Apabi Reader 阅读的。另外上面提到的常见格式中，WDL、SWB、LIT 等均属图像格式。

第二种：文本/超文本格式。基于文本的电子图书，通常是将书的内容作为文本，并有相应的应用程序。应用程序会提供华丽的界面、基于内容或主题的检索方式、方便的跳转、书签功能、语音信息、在线辞典等等，不一而足。这一类电子图书主要为一些报刊杂志的合订本、珍藏本光盘。这类的电子图书很多，通常以 HTM、HTML、EXE 等超文本文件或执行文件的形式出现，前面提到的电子图书格式中，CHM、HLP 等均属此类格式。

此外，需要特别提到的是 PDF 格式的电子图书。PDF 格式是 Adobe 公司的"便携文档格式"(Portable Document Format)。所谓"便携"，是指 PDF 格式的文件无论在何种机器、何种操作系统上都能以制作者所希望的形式显示和打印出来，表现出跨平台的一致性。PDF 文件中可包含图形、声音等多媒体信息，还可建立主题间的跳转、注释，这又有些像超文本文件，但超文本文件所包含的多媒体信息无非是一些外部的链接，而 PDF 文件的信息是"内含"的，甚至可以把字体"嵌入"文件中，使 PDF 文件成为完全"自足"的电子文档，家庭藏书中的名著多用此类格式。可见，PDF 具有上述所提到的图像和文本格式的双重特点。另外，PDF 是目前最常见的电子读物格式之一，被各方面所广泛使用，其阅读软件也几乎同 IE 等浏览器软件、WORD 等自动化办公软件一样成为通用的软件，其地位是比较特殊的。

第三种：多媒体格式。主要是 MP3 格式的语音图书，文学作品和语言学习类为主。

1.4 电子图书的出版

由于电子图书的出版方便易行，出版门槛低，因此相较传统的印本图书而言，出版者众多，大致分为以下几类：

(1) 大中型出版商：同时出版印本图书和电子图书，自行提供检索服务平台，独立发行，出版的电子图书基本与本公司出版的印本图书品种相同，拥有图书的印本和电子版的双重版权，如美国的 John Wiley & Sons 公司、德国的 Springer 公司等。

(2) 大型集成商(aggregator)：自身并不出版印本图书，以集成中小型出版商的出版物和大型出版商的部分图书为主，拥有电子图书的出版权，例如美国的 MyiLibrary、NetLibrary、国内的方正 Apabi 公司等。

(3) 独立出版者：以个人和小型团体为主，不出版印本图书，其电子图书往往没有正式的国际标准书号(ISBN 号)，品质良莠不齐。

1.5 电子图书的作用

电子图书具有重要的价值。对图书馆而言，电子图书可以起到补充馆藏、丰富馆藏品种等的作用；对读者而言，电子图书满足了他们对于新书、畅销书等图书的巨大需求，同时提供了他们方便快捷的阅读方式。

电子图书是电子资源的重要组成部分之一，要进行各类型电子资源的系列化建设，电子图书的引进是必不可少的一环；另外，电子资源建设的发展趋势来看，一些大型的和主要的文献资源单位，其二次文献的引进基本已满足读者需求，所以引进重点已逐步转化为对一次文献的评估与建设上来，而学术性的电子图书是一次文献中不可或缺的资源。电子图书在图书馆资源建设中的作用主要表现在四个方面：

(1) 提供采购信息。各数字图书馆经常有新书品种增加。这为采购人员一条重要图书渠道。采购人员对照其他图书信息，及时予以补订。

(2) 补充馆藏品种。

(3) 补充馆藏藏书复本量。

(4) 节省图书经费。电子图书的定价一般均大大低于相对应的印刷型图书，以汉王书城的中文电子图书为例，超过半数的电子书价格在 2—4 元之间、6 元以上的电子书只占到 10％多，最贵的新电子书(和印刷型新书基本同步上市)价格不超过 10 元/本[①]。

电子图书在读者利用方面的价值主要表现在两个方面：

(1) 满足读者对部分图书的大量需求。电子图书从其选材内容来看，一般主要集中在两个方面，其一是新书和畅销书等；其二是经典作品。对图书馆读者而言，新书和畅销书是永远供不应求的，他们需要图书馆提供无数个复本给他们阅读，满足他们每一个人的需求，但这既是不实际的、也是不符合经济原则的，电子图书很好地解决了这一矛盾。即使有些电子图书还是有复本的限制，但因其流通规则更灵活，流通周期更快，所以仍可比传统图书更有效地缓解供求矛盾。

(2) 方便读者利用。电子图书一般都可方便地阅读和检索，具有章节导航、定位等功能，有些电子图书还实现了真正意义上的全文检索。另外，电子图书一般均可进行下载或打印，也可摘录其中的部分文字进行编辑修改。

---

① 来源于汉王书城网站。

1.6 电子图书的使用

电子图书的检索可以从电子图书网站或阅读器(也称浏览器、指阅读电子图书的专用阅读软件或客户端软件)两个途径进行,可供检索的主要还是书目信息,即书名、作者、出版社等信息。

(1) 网站检索

对电子图书服务网站的所有图书进行书目检索,一般有简单检索和高级检索方式,同数据库一样,也可进行限定检索。可检字段一般包括题名、责任者、主题和关键词、摘要、年代、出版社等。

部分电子图书系统例如方正阿帕比数字资源平台、NetLibrary 等可以在一本书内实现全文检索。

(2) 阅读器(软件)检索

进入安装在本地计算机的专用浏览器(例如方正 Apabi Reader、超星的 SSReader 等)中,可对已下载至本地的电子图书进行书目或全文检索。

《文渊阁四库全书》电子版、《二十五史》全文电子版等全文数据库型的电子图书系统能够真正能实现整书内容的全文检索,详见后面章节的相关介绍。

1.7 电子图书的阅读

电子图书的阅读视其文件格式及服务方式等而定,一般网上的电子图书,文本、HTML 或 EXE 文件居多,均可直接打开阅读,任何一种计算机操作系统均可支持。这种图书多是免费的。另外一部分网络电子图书或是光盘版电子图书等,是基于商用目的而制作的,都配有其专用的电子图书阅读器(或称浏览器),必须下载并安装了这些阅读器才可进行阅读。

(1) 通用浏览器

网上免费电子图书和国外电子图书常采用通用浏览器,如基于 Internet 浏览器的文本阅读、EXE 文件执行阅读等。

(2) 专用浏览器

专用浏览器有三种情况:其一是由 IT 公司针对电子读物格式而开发的专用阅读器软件,例如 MS-Reader、Adobe Acrobat Reader;其二是由电子图书出版商或服务商开发的,例如 Ebrary Reader、Ssreader、书生数字信息阅读器、方正 Apabi Reader、圣典阅读器、四库全书全文检索系统客户端等专用阅读器软件或客户端软件;其三是离线电子书阅读器上的专用阅读软件。

第二节 西文电子图书

2.1 西文电子图书集成服务系统

西文电子图书主要由国外的大中型出版商和集成商(aggregator)出版。鉴于 John Wiley、Springer、Elsevier 等大型出版社的电子图书内容与其出版的期刊相类似,且在同一平台上发布,本节就不再介绍其内容和检索,这里主要介绍 4 个著名的西文电子图书集成服务系统,即 EBSCO eBook Collection(原 NetLibrary,简称 EBSCO eBook)、Ebrary、Safari Tech 和

MyiLibrary,分别介绍其内容、使用及服务(参见表6-1)。

表6-1 著名西文电子图书集成服务系统概况比较(据2011年数据)

	EBSCO eBook	Ebrary	Safari Tech	MyiLibrary
概况	原名 NetLibrary,隶属于 OCLC,是 eBook 的主要提供商之一。2010年,NetLibrary 被 EBSCO 公司收购,成为后者电子图书数据库的一部分。http://search.ebscohost.com/login.aspx?profile=ebooks	Ebrary 公司于1999年2月正式成立,由 McGraw-Hill Companies, Pearson plc 和 Random House Ventures 三家出版公司共同投资组建。http://librarycenter.ebrary.com/	世界两大著名IT出版商(见下"来源出版商")共同投资组建。http://connect.safaribooksonline.com/	来自英格拉姆数字集团,英格拉姆数字集团隶属于英格拉姆图书产业集团,是世界上最大的图书产品提供商之一。http://www.myilibrary.com/
图书种数	27万多种 3 400种免费书	近25万种	9 800多种	近30万种
来源出版商	300多个出版商,例如:AMS, Brown Publishing Group(Random House), Cambridge University Press, Cold Spring Harbor Laboratory Press, Columbia University Press	整合世界400多家学术、商业和专业出版商的图书文献,主要出版社包括 The McGraw-Hill Companies, CUP, Random House, Penguin Classics, Taylor & Francis, Yale University Press, John Wiley & Sons Greenwood 等	O'Reilly & Associates, Inc. 和 The Pearson Technology Group;以及 Microsoft Press 等	收录了世界上300多个学术和专业出版商出版的内容,包括 Encyclopaedia Britannica, Taylor & Francis, McGraw-Hill, Wiley, Oxford University Press, Cambridge University Press, Springer and Elsevier 等,还收录联合国机构组织出版物等
学术性	80%的电子图书是面向大学读者层的	综合学术收藏中的近7万种电子书全部是为大学服务的	用户包括许多 Fortune 50强的公司、世界知名的大学和培训机构	主要服务于学术研究者、专家学者和大学学生等
学科范围	科学,技术,医学,生命科学,计算机科学,经济,工商,文学,历史,艺术,社会与行为科学,哲学,教育学等	商业经济、计算机、技术工程、语言文学、社会科学、医学、历史、科技、哲学等	全面覆盖IT技术的所有学科	综合类、哲学、心理学、历史学、地理学、社会科学法律、教育学、音乐及音乐理论、美术语言与文学、自然科学、医药科学、农业科学、技术科学、军事科学、图书情报及信息管理学

续表

	EBSCO eBook	Ebrary	Safari Tech	MyiLibrary
新书比例	90%是1990年后出版的	大部分图书是在近3年内出版的	70%以上是最近几年出版的新书	2000年以后出版的图书占70%以上
内容更新频率	每月增加5 000种	每月增加几千种	每月增加约75种	每月增加5 000种

注：以上所有信息均来自各电子图书公司网站。

2.1.1 内容

在上述4个电子图书检索系统中，从内容上讲，EBSCO eBook 和 MyiLibrary 有很多相同和相似之处，从表6-2和表6-3中可以略见一斑。

表6-2 EBSCO eBook Collection 和 Myilibrary 覆盖的学科情况比较（据2009年数据）

学科	EBSCO eBook Collection		Myilibrary	
	书目量	比例/%	书目量	比例/%
自然科学	4 472	4.60	14 189	11.66
一般工程	535	0.50	3 989	3.28
工业技术	6 797	6.90	9 433	7.75
医学	9 295	9.50	12 568	10.33
农学	782	0.80	1 083	0.89
艺术	3 586	3.70	1 580	1.29
社会科学	13 823	14.10	42 218	34.69
教育	3 924	4.00	3 980	3.27
法律	2 975	3.00	2 976	2.45
图书馆、信息、出版	722	0.70	397	0.33
哲学、心理、宗教	8 848	9.00	5 576	4.58
政治	3 819	3.90	2 874	2.36
地理	591	0.60	2 604	2.14
经济商业	16 399	16.70		
语言、文学	12 202	12.40	11 829	9.72
历史	7 162	7.30	5 579	4.58
海军军事	0	0	820	0.68
体育和其他	2 016	2.00		
合计	97 948	100	121 695	100

表6-3 EBSCO eBook Collection 和 Myilibrary 不同年份的书目重复情况（数据截止到2008年）

年份/年	EBSCO eBook Collection	Myilibrary	重复量
2000以前	31 421	15 373	3 633
2000	5 329	3 772	1 234
2001	5 183	4 794	1 309
2002	7 943	6 503	2 557
2003	9 264	8 122	3 304

续表

年份/年	EBSCO eBook Collection	Myilibrary	重复量
2004	10 105	9 914	4 537
2005	10 855	11 379	3 253
2006	8 651	34 530	3 654
2007	7 074	14 715	3 536
2008	2 123	12 554	812

2.1.2 检索

（1）检索功能

有简单检索、高级检索和全文检索方式。

简单检索和高级检索由于其书目信息相对简单，所以检索界面的功能设计以及检索技术的应用方面也都相对简单。这里分别以 EBSCO eBook 和 MyiLibrary 为例介绍检索功能（参见图 6-1 和图 6-2）。

全文检索：虽然电子图书的检索字段一般都有"full-text（全文）"字段，但并不是所有的电子图书服务系统都支持真正意义上的全文检索，尤其是图书内容采用图像格式的电子图书，将"全文"字段理解为全部字段或任意字段检索更为贴切。当然有些电子图书服务系统例如 EBSCO eBook、Ebrary、MyiLibrary 等都是支持正文内容的全文检索的，其中 EBSCO eBook 全文检索后首先定位到图书，打开该图书后可以用同一检索词（系统自动生成提示检索信息）进行书内全文检索、定位到具体的页面。

浏览：可进行分类浏览。

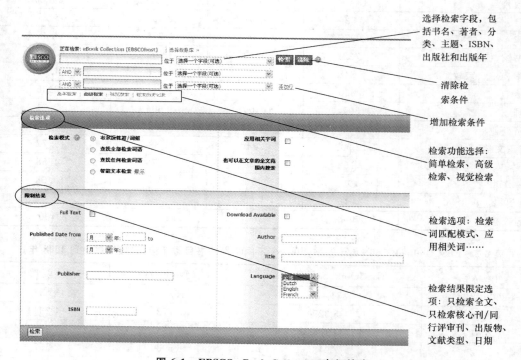

图 6-1　EBSCO eBook Collection 高级检索

第六章 电子图书

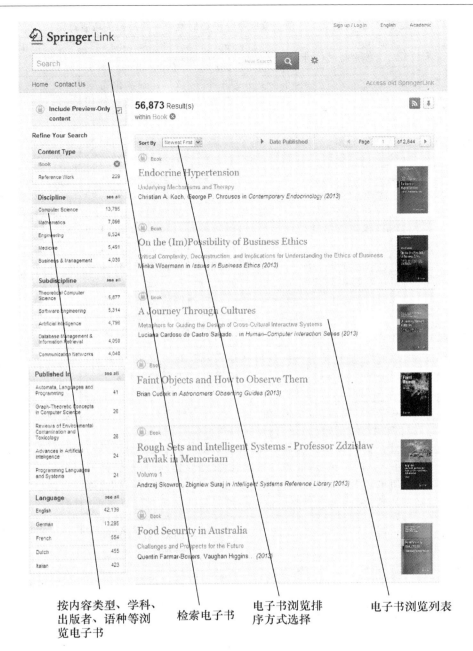

图 6-2　MyiLibrary 高级检索

EBSCO eBook、MyiLibrary 的其他检索功能，Ebrary、Safari 的检索界面以及相关功能的详细介绍详见表 6-4。

（2）检索结果

检索结果列表：以 EBSCO eBook 为例，检索结果列表包括图书封面缩略图、书名、责任者、出版信息、图书简介等，单击缩略图或"View this eBook"可以阅读该电子书，或者单击"Show Details"可以查看详细记录信息。检索结果默认按相关度排序，也可以选择其他排序

表 6-4 著名西文电子图书集成服务系统的检索界面及相关功能对比

检索功能	EBSCO eBook	Ebrary	Safari	MyiLibrary
学科浏览	无	有。分 20 个大类。下面又分若干个子类。使用十分方便	可以。分 22 个大类，下面又细分为若干个子类。使用方便	有。分 20 个大类
检索方式	关键词检索,高级检索,命令检索	简单检索和高级检索	简单检索、高级检索、指定图书检索	简单检索、高级检索、全文检索
检索字段	全文、书名、作者、主题词、关键词、出版单位、出版时间、ISBN 共 8 个字段	全文、书名、作者、主题、出版单位 5 个检索字段	全文、关键词、书名中的词、初级分类的类目、作者、ISBN、出版年代、出版单位 8 个字段	关键词、作者、ISBN、出版社、出版日期、学科、类别、语种等 8 个字段
检索限制	英、法、拉丁语三种语种限制和无版权图书检索选项	学科分类、文献类型、语种（英语、西班牙语）	全部图书、订购单位书架上的图书、当前正在阅读的图书、源代码	国会图书馆的学科分类
布尔逻辑组配	AND、OR、NOT	AND	AND	不清楚
检索词在检索结果中加亮，并显示上下文	以红色加亮显示，但不显示上下文	可以加亮显示，但不显示上下文	以红色加亮显示，并显示上下文	可以
显示记录数限制	有限制。最多显示 300 条	无限制	无限制	无限制
检索结果排序选择	检索词出现频次、书名、作者、出版日期由近及远、出版日期由远及近 5 种方式	相关度、书名字顺、作者姓名字顺、出版日期 4 种方式	相关度、书名、章/节、加入系统的时间、出版单位、出版日期 6 种方式，并允许按书名排序下的章/节相关度二级排序	不清楚
下载/离线阅读	部分图书可以，但必须借助 Adobe Reader 和 Adobe Content Server 管理工具（需要获得授权）	不可以	允许下载书中章/节到本地计算机，然后离线阅读	可以，但需要开放许可
系统自动保留最近检索记录（检索式和浏览过的章/节）	不可以	不可以	可以	可以
全面的帮助文件（使用帮助、指南等）	有，网页形式。层次划分细致，帮助即时有效	有，网页形式。层次划分清楚，比较全面有效	问答和 FAQ,可以查看及检索常见问题以及其他相关信息,较简单	文字帮助文件，问答形式

方式:词频(Rrank)外,还有题名(Title)、作者(Author)、由近及远(Newest First)和由远及近(Oldest First)等4种(参见表6-4)。

详细记录除了列表中的信息外,还增加了主题、语种、ISBN、检索词上下文、电子邮件发送等信息。

电子书阅读:西文电子图书一般都基于网页实现阅读或采取较为通用的PDF格式,并不需要特别安装专用的电子图书阅读器,但其阅读功能仍然十分强大,包括文字缩放、翻页/定位、文本加亮/圈注、文字粘贴/复制、打印、章节导航等(详见表6-5)。

表6-5 著名西文电子图书集成服务系统阅读及导航功能比较

阅读和导航功能	EBSCO eBook	Ebrary	Safari	MyiLibrary
需要插件或专门阅读软件	无。部分PDF格式需Adobe acrobat reader	有,Ebrary Reader	无	无。部分PDF格式需Adobe Acrobat Reader
由书封面,书名或目次链接到内容	书名、目次链接	书名、封面、目次链接	封面、书名、目次、书的章/节、书后索引链接	不清楚
前后翻页	可以	可以	可以	可以
跳到指定页	可以	可以	浏览检索结果时可以,但阅读图书内容时不可以	可以
缩放	无。离线阅读时借助Adobe Reader可以放大	可以放大,有100%、150%、200%三种选择	无	可以
在文本中加亮文字	可以	可以	不可以	可以
作笔记工具(添加"即时贴"类型的笔记或注释)	可以,但每一本书最多允许添加40个注释	可以	可以	可以
加书签功能	可以,但每一本书最多允许添加40个书签	可以	可以	可以
交互式字典	有	有	无	不清楚
包括原书所有图表/颜色	不是(HTML格式)	是(PDF格式)	是(PDF格式)	大部分图书包括
使用原书页码	不是	是	是	不清楚
内容可复制/粘贴到其他应用程序(如WORD)中	可以	可以,但需要付费	可以	可以
打印	可以,屏幕打印,有预览,每次只能1页	可以,打印当前页面,每次只能1页	可以	可以打印章节、片断或页面
建立个人书架	可以,但需要先建立免费个人账号	可以,但需要先建立免费个人账号	不可以。仅有单位已订购图书书架	不清楚

(3) 检索技术

支持字词检索,允许使用布尔逻辑组配,参见表 6-4。

支持字段检索,各电子图书系统支持的检索字段参见表 6-4。

支持检索限定,参见表 6-4。

(4) 用户服务

用户登录:用户可以在电子图书系统中注册,注册用户可以享有系统提供的个性化服务。有些电子图书服务系统允许用户免费使用或试用其部分电子图书,例如 Ebrary 可以直接试用其数十种免费图书等。

借阅服务:在用户使用方式上,部分电子图书可以下载并离线阅读,有的还提供几个副本,这些规则和流程均类似于使用传统的印刷型图书。Ebrary、Safari 和 MyiLibrary 还通过允许多用户同时使用等方法满足多用户同时阅读同一本电子书的需求,例如是在教学参考书的使用上面。另外各个西文电子图书系统也在以及开发统计/报表工具等方式,提供读者阅读需求的相关统计信息,以方便图书馆的订购并最终方便读者的使用。

这 4 个系统的服务功能的比较如表 6-6 所示。

表 6-6 著名西文电子图书集成服务系统服务功能比较

服务功能	EBSCO eBook	Ebrary	Safari	MyiLibrary
用户登录	同一时间无限制的多用户登录	同一时间无限制的多用户登录	有并发用户数限制。图书馆选择并发用户数量	同一时间无限制的多用户登录
借阅服务	允许多个用户同时访问数据库中所有的图书,但有版权图书不能由多用户同时阅读	允许多个用户同时访问数据库中所有的图书,同一本书在同一时间允许多用户阅读	允许多用户同时访问数据库中所有的图书,同一本书在同一时间可以由多用户阅读	多并发用户:一本书可被多用户同时访问

2.2 西文早期电子图书

2.2.1 内容

(1) 18 世纪作品在线(Eighteenth Century Collection Online, ECCO)

ECCO 是 Gale Cengage Learning 公司的重要在线数据库,收录了 1700—1799 年之间所有在英国出版的图书和所有在美国和英联邦出版的非英文书籍,共约 13.8 万种 15 万卷,内容超过 3 000 万页。数据库涵盖历史、地理、法律、文学、语言、参考书、宗教哲学、社会科学及艺术、科学技术及医学等多个领域,可进行全文检索。

网址:http://infotrac.galegroup.com/itweb/peking? db=ECCO

(2) 早期英文图书在线(Early English Books Online, EEBO)

EEBO 是一个旨在再现 1473—1700 年间英国及其殖民地所有纸本出版物、以及这一时期世界上其他地区的纸本英文出版物的项目,数据库全部完成以后将收录 12.5 万种著作,包含超过 2 250 万页纸的信息,成为目前世界上记录从 1473 年到 1700 年的早期英语世界出版物最完整、最准确的全文数据库。EEBO 提供了访问孤本、善本等珍贵早期印刷英文资料的机会,其中多数资料以前在绝大多数图书馆是难得一见的。例如《坎特伯雷故事集》第一次印刷版的原貌、莎士比亚的四开本(Shakespeare's Quartos)等。EEBO 包括许多知名作家的著作,例如莎士比亚(Shakespeare)、马洛礼(Malory)、斯宾塞(Spencer)、培根(Bacon)、莫尔(Moore)、伊拉斯谟(Erasmus)、鲍尔(Bauer)、牛顿(Newton)、伽利略(Galileo)。除了收录那个时期大量的文学资料以外,该数据库还包括许多历史资料,例如:皇家条例及布告、军事、宗教和其他公共文件,年鉴、练习曲、年历、大幅印刷品、经书、单行本、公告及其他的原始资料。

该数据库覆盖从历史、英语文学、宗教到音乐、美术、物理学、妇女问题研究等诸多领域,它的深度和广度为各学科领域的研究提供了广泛的基础。

网址:http://eebo.chadwyck.com/

2.2.2 检索

ECCO 的检索系统是 GaleNet,关于该检索系统的使用可参见本书第七章第四节。

图 6-3 EEBO 简单检索

EEBO 有简单检索(Basic)、高级检索(Advanced)和过刊检索(Periodicals)3种检索方式；可以按作者(Authors)、汤姆森收藏(Thomason Tracts，指英国17世纪著名的书商 George Thomson 个人收藏的古旧手稿、图书、小册子和期刊，这些收藏后来被捐给了大英图书馆)和过刊卷期(Periodicals)等浏览。

检索结果可以按作者字顺、出版日期由近及远、出版日期由远及近以及题名字顺等方式进行排序。

支持字词检索，对检索词可以选择截词或精确匹配方式进行检索；支持出版物卷期和日期等的限定检索。

简单检索界面如图6-3所示。

2.3　其他西文电子图书

2.3.1　电子百科全书和参考工具书

（1）Knovel Library 科技参考工具书

Knovel Library 由 Knovel 公司出版，包含自然科学和工程学参考工具书、数据库和会议录。现收录了30余家出版社的约1 400种工具书以及7种网络数据分析工具。

网址：http://why.knovel.com/

（2）Landolt-Bornstein 工具书

《Landolt-Bornstein 科学与技术数值数据和函数关系》(*Landolt-Bornstein Numerical Data and Functional Relationships in Science and Technology*，LB)：由德国 Springer-Verlag 于1883年开始出版。经过120年的发展，目前 LB 已经成为一套以基础科学为主、系列出版的大型数值与事实型工具书。全世界千余名知名专家和学者常年为这套工具书提供系统而全面的原始研究资料。

LB 新版系列从1961年开始出版，迄今已出版300多卷，并在不断扩充新内容。LB 工具书以其系统性好、综合性强和数据资料权威可信等特点受到广大学者和研究人员的欢迎。LB 工具书涉及的学科包括物理学、物理化学、地球物理学、天文学、材料技术与工程、生物物理学等；内容涉及相关科学与技术的数值数据和函数关系、常用单位以及基本常数等。

网址：http://www.springermaterials.com/navigation/

2.3.2　SpringerLink 丛书

SpringerLink 丛书源自于著名的印本丛书系列，包括：*Lecture Notes in Computer Science*(《计算机科学讲义》)、*Lecture Notes in Physics*(《物理学讲义》)、*Lecture Notes in Mathematics*(《数学讲义》)、*Lecture Notes in Earth Science*(《地球科学讲义》)和 *Lecture Notes in Control and Information Science*(《控制与信息科学讲义》)等，内容涉及化学、计算机科学、工程学、环境科学、地理学、生命科学、数学、医学、物理和天文学等学科和跨学科内容。自2007年开始，这些电子丛书已被整合到电子图书产品中，其标记为"Book Series"。

对 SpringerLink 丛书可以进行检索和浏览，检索结果列表包括封面缩略图、书名、作者和出版信息等，用户可以选择检索结果排序方式，默认按题目字顺排序，可转为日期排序（见图6-4）。SpringerLink 丛书和 Springer 的电子期刊以及其他图书共用 SpringerLink 平台，关于该平台的详细使用请参见本书第五章第二节。

网址：http://www.springerlink.com/

图 6-4 SpringerLink 丛书检索和浏览

2.3.3 iG 电子图书

iG Publishing 是泰国 iGroup 公司的电子图书出版项目,该项目开发了专门针对电子书的 iKnowledge 平台,集成了世界上 100 家专业出版社和学协会,为它们的图书出版物提供电子访问。

iG Publishing 电子图书主要来源于：美国的工业和应用数学学会(SIAM)、SciTech 出版公司、国际工程联合会(IEC)、美国材料与试验协会(ASTM)、Morgan & Claypoo 出版社的工程类电子书(Synthesis)、哥伦比亚大学出版社、美国卫生系统药师协会(ASHP)、F. A. Davis 出版公司、美国医师学会(American College of Physicians)、美国外科医师学院(American College of Surgeons)、J. ROSS 出版社、GMB 的全球市场简报(Global Market Briefing)系列图书和管理报告,以及英国的 Hart Publishing 出版社、Kogan Page 出版社、Thorogood 出版社等。

出版类型包括图书、报告、工具书、指南等,约 4 万种(数据截止到 2011 年),涉及工程、管理、医学、社会科学等。

数据库网址：http://www.igpublish.com/

2.3.4 医学电子图书

(1) Thieme 电子书

Thieme 是一家具有百年历史的国际性科学和医学出版社,Thieme 电子图书馆为医学及生命科学的学习和科学研究提供了一个最佳的资源平台。Thieme 电子图书馆资源平台最早在 2004 年初推出,首批上网的是 Thieme 出版社享誉学术界的 Color Atlas 系列图书,系统地涵盖了医学院校开设的全部课程和多学科基础科学学科的内容。30多年来，Color Atlas 的以简洁的方式表达复杂内容的品质被全世界的学生、老师和医生所认可，目前该丛书在全世界读者超过 7 000 万名。

网址：http://www.thieme.com/

（2）BMJ 临床实证在线（Clinical Evidence Online）

BMJ 出版集团成立于 1840 年，是 BMA(British Medical Association)的一部分，作为医学和专业期刊领域领先的出版社，BMJ 多年来一直致力于"为医疗、保健专业人员以及科研团体和公众出版权威的出版物"，旗下产品包括 BMJ Journal Collection、Clinic Evidence、BestTreatments、BMJ Learning。BMJ Clinical Evidence（临床实证）是 BMJ 出版集团产品之一，是一个不断更新的有关常见临床干预影响实证的最佳资源。该产品提供病症的概述，以及用于该病症的预防和治疗干预手段的优缺点；强调支持特定干预手段的最佳可得实证，重在为患者带来最佳结果；涵盖了治疗和护理中的最常见病症。

BMJ Clinical Evidence Online 包括：

① 现涵盖 500 个主题以及超过 2 000 种的治疗方法；
② 每月都在不断地在线扩充更新资料和新主题；
③ 包括链接至 PubMed，Embase 和 Cochrane 精华内容的参考资料；
④ 包括一些不在印刷期刊中出版而仅有网络版的主题；
⑤ 还提供其他服务，如：电子邮件提醒服务，常见缩写、术语和药物名称指南之类的有关网站工具，等等。

网址：http://www.clinicalevidence.com/

2.3.5 世界电子书图书馆

世界电子书图书馆（World eBook Library，WeL）由成立于 1996 年的 World Public Library Association(WPL)出版，以保存和传播经典文学作品、书籍、期刊、百科全书、字典、手册等参考资源为使命，是为世界各地的联盟图书馆量身订制的综合性数据库。WPL 与来自全球的 20 万余家出版机构合作，主要为知名的商业出版社、政府出版机构、学协会、公共图书馆、大学图书馆等类型的出版机构，如 Macmillan Co.、Houghton Mifflin Co.、Harper & Brothers、C. Scribner's Sons、牛津大学出版社、麻省理工出版社、哈佛大学出版社、密歇根大学出版社、宾夕法尼亚大学出版社等世界级知名高校出版社，以及美国商务部、美国教育部、美国医师协会、英国医药协会、美国历史协会等。WeL 收录内容以人文社会科学为主，也包括自然科学，工业技术等领域共计 32 个学科大类的、超过 200 万种 PDF 格式全文电子图书与电子文档，以及 2.3 万多种有声电子读物。该库不仅能够满足用户多学科的需要，还能够满足用户对多语种的需求，语言种类多达 200 多种，包括了英语、法语、德语、意大利语以及其他小语种在内的电子资源。

第三节　中文电子图书服务系统

中文电子图书的出版，以大型集成商为主。这里重点介绍 3 个重要的、大型的中文电子图书服务系统——超星数字图书馆、书生数字图书馆和方正阿帕比数字资源平台，分别介绍其内容、使用及服务。

超星数字图书馆同时还有另一相关产品——读秀,详见本章第五节。

3.1 中文电子图书内容

3个中文电子图书服务系统中,超星数字图书馆发展最早,早期与国家图书馆等文献收藏单位合作,于1998年将其数字化加工制作的电子图书上网服务,主要是回溯图书;后来超星公司陆续与一些出版社建立了合作关系,开始制作电子新书。目前超星数字图书馆的电子图书通过其门户网站——"超星读书"提供服务,同时也通过其在各个图书馆等单位建立的镜像站提供服务。

书生数字图书馆最早名为"书生之家"之"中华图书网",是一个图书的出版交易平台,于2004年上网服务,主要提供1999年以后出版的电子图书(采用书生的全息数字化技术制作),2007年其电子书门户网站——书生"读吧"正式更名上线。和超星数字图书馆一样,书生数字图书馆也通过其在各个图书馆等单位建立的镜像站提供电子书服务。

方正阿帕比数字资源平台是由北大方正电子有限公司(2006年分立出来并更名为方正阿帕比技术有限公司)2001年创办的,由出版社提供其拥有电子版权的图书,经由方正公司的数字化制作后在各文献资源服务单位(如图书馆)建立镜像站提供服务,图书馆购买其电子图书作为图书馆图书收藏的一部分,与印刷型图书一样提供给其读者借阅。方正阿帕比数字资源平台在阅读、下载等服务方式上,模拟了传统图书馆管理印刷版图书的模式,类似 NetLibrary,在中文电子图书版权方面提供了较好的解决方案。

以上3个中文电子图书服务系统概况如表6-7所示。

表6-7 著名中文电子图书服务系统概况(据2011年数据)

	超星数字图书馆	书生数字图书馆	方正阿帕比数字资源平台
概况:公司名称及主页	北京世纪超星信息技术发展有限责任公司 http://www.chaoxing.com/	北京书生公司 http://www.sursen.com/	方正阿帕比技术有限公司 http://www.apabi.cn
图书总量	135万种(含有版权的图书)	数十万册	60万种(有版权)
	共11个大类130余个子类,2011年推出新分类法共46个大类,未与中图法对应	共32个类目,未与中图法对应	共25个类目,对应中图法的17个一级类目(其中4个一级类目细分为12个二级类目)
学科范围	覆盖所有学科,其中尤以档案文献、历史文献、社科经典文献等类别收藏齐全	覆盖所有学科,尤以教学教参与考试资料、文学艺术、生活、科普、少儿等类别图书收藏较多	覆盖大部分学科,未覆盖学科包括自然科学总论、天文学地球科学、农业科学、工业科学(仅覆盖计算机技术)、航空航天、环境科学安全科学
分类标准			《中国图书馆图书分类法》

续表

	超星数字图书馆	书生数字图书馆	方正阿帕比数字资源平台
出版商来源	全国近百家出版社		中国80%以上出版社
新书比例 更新频率			每年6万种新书
文件格式和大小	超星 PDG 格式;10K/页;3—6M/书;4 000G/50 万种书	书生全息数字格式;3—5M/扫描/300页;1M/全息书;平均3—5M;110G/2.5 万种书	方正 CEB 格式,部分为电子出版,部分为扫描加工制作;平均小于1M/书
加工制作方式	扫描图像	扫描图像数字全息技术	矢量字体,任意比例放大缩小均保证高清晰度
图像效果	一般	采用全息技术制作的图书其图像效果较好,其他一般	好
放大质量	一般	较好	好

注:以上所有信息均来自各电子图书公司网站。

3.2 中文电子图书检索

3.2.1 检索功能

进入相应的电子书门户网站或镜像站之后,可以对电子图书进行检索或浏览。3个中文电子图书服务系统的检索界面及相关功能的详细对比介绍如表 6-8 所示。

表 6-8 著名中文电子图书服务系统检索界面及相关功能

	超星数字图书馆	书生数字图书馆	方正阿帕比数字资源平台
门户网站或主网站	http://book.chaoxing.com	http://www.du8.com/	http://www.apabi.com/
镜像站(以北京大学图书馆镜像站为例)	教育网镜像站:http://edu.sslibrary.com/ 北京大学医学部图书馆镜像站:http://202.112.181.252:8080/markbook/GetIndex.jsp	http://edu.21dmedia.com/(书生第三代数字图书馆)	http://apabi.lib.pku.edu.cn/dlib
分类浏览	有	有	有
检索方式	图书快速搜索(简单检索)和高级搜索	图书全文检索(简单检索)、组合检索和高级全文检索	快速查询(简单检索)和高级搜索
检索字段	书名、作者、主题词、全文	图书名称、作者、丛书名称、主题、提要	书名、责任者、主题/关键词、摘要、出版社、年份、全文;高级检索中还有其他题名、出版地、目录、ISBN 等所有元数据字段
检索限定	图书出版年	无	出版时间
布尔逻辑组配	并且/或者	组合检索中有"与"、"或";高级全文检索中有单词检索、多词检索、位置检索和范围检索,其中单词检索中支持同义词、上下位词、切分词等;多词检索支持"与、或、非、异或"等逻辑关系	并且/或者

续表

	超星数字图书馆	书生数字图书馆	方正阿帕比数字资源平台
检索结果显示	书目信息和封面；按页面序号翻页；书内全文检索；二次检索；分类导航；收藏图书	书目信息和封面；下页、尾页、选择页面序号跳转翻页；二次检索；分类导航；详细显示页面可查找相关图书、查看和发表评论	书目信息和封面；下页、末页、选择页面序号跳转翻页；二次检索；分类导航；可选择查看方式（图文、列表、缩略图）；详细显示页面可查找作者及出版社相关图书
在线帮助	有，网页形式，文字＋图示	有，网页形式，文字＋图示	无

注：上述功能比较同时参考了门户网站和北京大学图书馆镜像站，以功能全面的站点为主。

3.2.2 检索结果

检索结果列表：以方正阿帕比数字资源平台为例，检索结果列表包括图书封面缩略图、书名、责任者、主题/关键词、出版者、出版年等信息。检索结果默认图文显示，也可以切换为列表（只显示文字信息）或缩略图（只显示图书封面缩略图）方式进行显示。单击封面缩略图、书名或是列表显示状态下的"查看"均可详细记录显示页面。

详细记录：除了简单记录显示信息外，还增加其他责任者信息、出版信息、ISBN、摘要、价格、版次、中图分类号等信息。单击详细记录页面的"在线浏览"或"借阅"按钮可进行电子书的在线阅览或离线借阅。

电子书阅读：中文电子图书一般都采用专用的阅读器，各个阅读器在阅读功能方面都有其独特设计，也越来越符合读者的传统阅读习惯。各个中文电子图书服务系统的阅读器功能对比如表 6-9 所示。

表 6-9　著名中文电子图书服务系统阅读和导航功能

阅读/导航功能	超星数字图书馆	书生数字图书馆	方正阿帕比数字资源平台
阅读方式	IE 阅读和超星阅读器 SSreader	书生阅读器	Apabi Reader
由书封面、书名或目次链接到内容	封面、书名链接	书名链接（"全文"按钮）	书名链接（"在线浏览"按钮）
章节导航	有	有	部分没有
显示	更换背景/前景色 显示比例调整 重叠/水平/垂直窗口排列 适合屏幕宽度/屏幕高度显示 全屏	显示比例调整 实际尺寸/适合宽度/适合页面/适合可见显示 页面布局调整：单页/连续/单页对开/连续对开 全屏 图形阅读模式	更换页面背景 更换文字字体和效果 设定读书模式背景 显示比例调整 层叠/平铺窗口 实际大小/适合高度/适合宽度/适合窗口显示 全屏
翻页	上一页/下一页 前进/后退 目录页/正文页 指定页 自动滚屏	上一页/下一页 首页/末页 前进/后退（上一视图/下一视图） 指定页（跳转到） 自动滚屏	上一页/下一页 首页/末页 前进/后退（上一视图/下一视图） 指定页 自动翻页

续表

阅读/导航功能	超星数字图书馆	书生数字图书馆	方正阿帕比数字资源平台
缩放/旋转	有	有	有
书内全文检索	有(查找)	有(查找)	有(搜索)
书签	有	有	有
标注(笔记、注释、加亮文字等)	批注(笔记)、(文字)加亮、直线/铅笔/画圈标注、(为文字标注)链接等	批注(线形、高亮、椭圆、单线、双线);注释	自由画线(铅笔工具)、下划线、加亮、删除线、标注(笔记)
文字识别	有	有	均为全文电子书、无需OCR识别
内容复制/粘贴	有,区域选择工具	有,选择工具和页面快照	有,选择工具或快照工具,但选择工具有字数限制
语音朗读	无	无	无
参数设置(选项)	书籍阅读/页面显示/下载监视等的选项设置	批注/注释/显示/启动/皮肤/文件关联等均可进行选项设置	启动/显示/更新提示等的设置
打印	允许多页打印、可根据需要设置打印选项	允许多页打印、可根据需要设置打印选项	不允许打印
数据导入导出	可以导出导入书签、标注和列表信息	可导入外部文件进行公文处理	无
个性化服务(个人书架、个人图书馆、我的收藏)	可建立个人图书馆	可以建立我的收藏夹,建立分类和分组	可以在文档管理器中建立个人书架,管理我的分类、我的标签,可以检索已借阅或已购买的图书
帮助	有。超星电子书形式:有目录/索引,有图文,非常详细	有。CHM形式,有目录/索引,有图文,比较详细	有。Apabi电子书形式:有目录/索引,有图文,非常详细

3.2.3 检索技术

支持字词检索,默认精确检索,支持前方一致检索。

检索字段:各电子图书服务系统的可检索字段参见表6-8。

检索条件之间的逻辑组配:一般支持"并且"和"或者"两种组配关系,详见表6-8。

检索限定:一般支持"出版时间"的检索限定。

3.2.4 用户服务

(1) 用户登录和注册

中文电子图书服务系统一般均拥有自己的门户网站和多个镜像站,前者通常是面向所有个人用户(会员)的大型读书网站,也是该电子图书服务系统的主网站,例如超星的"超星读书"和书生的"读吧";后者则一般是面向图书馆或其他文献资源单位建立的镜像网站,其网站的功能比较简单,图书数量也只限于单位正式订购的部分,服务的对象和范围也严格遵守合同约定,通过IP或是用户名/密码控制用户的访问,例如北京大学图书馆就建立了"阿帕比数字资源平台",北京大学校园网用户可以访问该网站使用北京大学图书馆正式购买的数万种阿帕比电子书和自建的北京大学电子版学位论文。

(2) 资源整合

在电子图书和图书馆所引进的其他各类电子资源包括文本资源和多媒体资源以及本地印刷型资源之间的整合,各个电子图书系统均有解决方案,其中超星和阿帕比公司都有自身的资源整合平台,书生公司也有整合服务系统。在提供电子图书的 MARC 记录、或提供电子图书的书目元数据方面,方正阿帕比数字资源平台做得比较完善;在深化标引(词条标引)、进行相关资源的组织与链接等方面,超星公司推出的读秀知识库目前在图书馆领域有较多的应用(参见本章第五节)。

(3) 存档(archive)

即引进的电子图书将来的保存问题,包括所有权以及存档技术等,这方面超星和书生公司声称均可提供镜像的格式数据,并允许图书馆拥有全部电子图书数据的所有权;阿帕比公司的电子图书的所有权属于出版社,需另外争取。

(4) 版权解决

版权问题是影响电子图书发展至关重要的因素。电子图书版权解决方案包括各电子图书系统的版权解决方案、解决技术以及其所采取的版权解决方案的公认程度,还有版权解决现状等。在版权解决方面,3 个中文电子图书系统所采取的方式各不相同。

阿帕比公司宣布它所采取的版权解决方案是与出版社合作,取得出版社所拥有的电子版权,并向新闻出版署备案;超星和书生公司均宣称它们所采取的版权解决方案是与著者及出版社签订双重协议,由著者或出版社授权其进行电子出版,并也已取得新闻出版署的同意,向中国版权保护中心缴纳版税。不过,超星和书生两家公司近些年来都出现过关于版权的纠纷或官司,说明其版权解决方案并不彻底。

3 个中文电子图书服务系统服务功能比较如表 6-10 所示。

表 6-10 著名中文电子图书服务系统服务功能比较

服务功能	超星数字图书馆	书生数字图书馆	方正阿帕比数字资源平台
登录/注册	门户网站需注册成为会员(付费),每次登录;镜像站不需注册,IP 登录(机构付费)	门户网站需注册成为会员(付费),每次登录;镜像站不需注册,IP+通用用户名/密码登录(机构付费)	门户网站需注册成为会员(付费),每次登录;镜像站不需注册,IP 登录(机构付费)
用户访问	允许多个用户同时访问数据库中所有的图书,浏览和下载均无限制,但匿名用户下载只能本机阅读	允许多个用户同时访问数据库中所有的图书,浏览无限制	允许多个用户同时访问数据库中所有的图书,在线浏览无并发用户限制,借阅有用户数和时间限制
互动服务	无	无	无
下载/离线阅读	可以下载;注册并离线登录后可以在多个电脑上阅读	不可下载,可以离线阅读(借阅)	不可下载,可以离线阅读(借阅),注册登录后可以获得证书支持多机离线阅读
与图书馆自动化系统兼容	可与自动化系统建立本地资源链接	无	提供 MARC 数据供与图书馆本地书目数据整合

续表

服务功能	超星数字图书馆	书生数字图书馆	方正阿帕比数字资源平台
资源整合	超星公司的读秀知识库整合260万书目资源,并提供书评链接等;读秀还整合报刊、论文、专利、视频等其他资源	书生数字图书馆系统包括全文检索、电子书借阅、全息数字化制作和发布、网站管理等多个子系统,提供资源整合方案;电子公文系统可整合自建资源	"爱读爱看"整合方正读报系统和电子书资源;可采用方正系统整合自建数字资源例如学位论文、工具书等
硬件环境要求	存储空间要求高;在线阅读,服务器负载大	存储空间要求高;在线阅读,服务器负载大	存储空间要求低;离线阅读,服务器负载小
存档	图书馆可拥有;镜像格式数据	图书馆可拥有;镜像格式数据	图书馆拥有电子书数据,永久有效
版权解决	与出版社合作;宣称获得30万著者授权;与版权代理机构合作;读书卡15%缴版权局;版权纠纷较多	与出版社合作;著者授权;与版权代理机构合作;有版权纠纷	直接获得著作权人及出版单位双重授权,彻底解决版权问题;发行服务器:控制版权;加密上载;DRM技术

第四节 中文典籍数据库

4.1 文渊阁《四库全书》电子版

《四库全书》是清代乾隆年间官修的规模庞大的百科丛书。它汇集了从先秦到清代前期的历代主要典籍,共收书3 460余种。它是中华民族的珍贵文化遗产,也是全人类共同拥有的精神财富。《四库全书》原抄七部,分藏北京故宫文渊阁、沈阳清故宫文溯阁、承德避暑山庄文津阁、扬州文汇阁、镇江文宗阁、杭州文澜阁。后经战乱,今存世者仅文渊、文溯、文津三部及文澜本残书。文渊阁《四库全书》是七部书中最早完整的一部,至今保存完好。文渊阁《四库全书》电子版以《景印文渊阁四库全书》为底本,由上海人民出版社和迪志文化出版有限公司合作出版,分为"标题检索版"(简称"标题版")和"原文及全文检索版"(简称"全文版")两种版本。

使用《四库全书》电子版需要首先安装客户端软件,首次使用安装完成后即可直接启动程序进入全文检索界面,在客户端中可以对收录文献的标题、作者、正文字词句等实现全文检索,可以浏览检索结果(字词句)、所属卷或书的内容,还可以进行原版(图像)浏览;像前面介绍到的中文电子图书服务系统一样,客户端软件相当于阅读器,可以翻页;可以放大浏览;可以进行显示模式等的相关设置;可以添加笔记、添加标点;可以圈选文字供检索或复制粘贴;可以使用字典等工具;可以每次打印当前页面。《四库全书》的客户端软件带有较大字库,支持繁体字、异体字的检索和显示(参见图6-5)。

文渊阁《四库全书》电子版仅提供本地镜像版服务,以北京大学图书馆为例,其访问网址为:http://www.lib.pku.edu.cn/portal/jsp/djnvgt/databasedetail.jsp? dbid=1479。

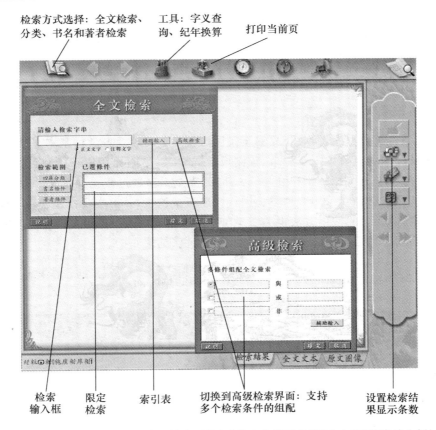

图 6-5 《四库全书》原文及全文检索系统(以北京大学图书馆"全文版"镜像站为例)

4.2 《四部丛刊》电子版

《四部丛刊》是 20 世纪初著名学者、出版家张元济先生汇集多种中国古籍经典而纂成的一部大丛书,其最大特点是讲究版本,"专选宋、元、明旧刊(间及清本必取其精刻)及精校名抄稿本",从版本价值方面来说,《四部丛刊》超过《四库全书》。《四部丛刊》的电子版采用的是北京大学图书馆馆藏的上海涵芬楼的影印本,包括初编(1922 年)、续编(1932 年)、三编(1936 年),共涉及 500 余部古代典籍。

《四部丛刊》电子版的使用方法类似于《四库全书》,也需要在首次使用时安装客户端软件,然后启动客户端,在其中进行全文检索和浏览。

《四部丛刊》电子版仅提供本地镜像版服务,以北京大学图书馆为例,其访问网址及使用说明见 http://www.lib.pku.edu.cn/portal/jsp/djnvgt/databasedetail.jsp?dbid=1479。

4.3 龙语瀚堂典籍数据库

由北京时代瀚堂科技有限公司制作,以精准校对的小学工具类数据、出土文献类数据为基础,纳入儒释道的各类传世文献,涵盖文史哲等专业的教学和研究工作中所应用到的专业古籍文献数据。采用 unicode 扩展技术,彻底解决生僻汉字在计算机平台上无法显示、录入、编辑的瓶颈,使计算机可处理的汉字种类的总量达到 9 万多,结束古籍研究手工抄写、图片替代、生硬造字的历史。它包括了小学工具类数据、出土文献类数据、传世文献类数据和专题类数据四大板块。

网址:http://www.hytung.cn/

4.4 中国基本古籍库

综合性大型古籍数据库,共收录先秦至民国历代经典名著及各学科基本文献 1 万种,选用宋、元、明、清及民国各级善本 1.2 万个,皆制成数码全文,另附原版影像。总计全文 17 亿字,影像 1 000 万页,数据总量 320GB,相当于 3 部《四库全书》(数据截止到 2009 年底)。《中国基本古籍库》可从多条路径和可用多种方法进行快速海量检索,并可实现古籍整理功能。

《中国基本古籍库》的使用方法也类似于《四库全书》电子版,需要在首次使用时安装客户端软件,然后启动客户端,在其中进行全文检索和浏览(见图 6-6)。

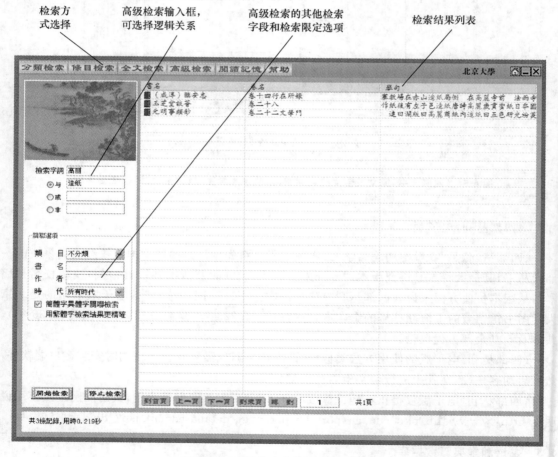

图 6-6 《中国基本古籍库》高级检索

《中国基本古籍库》仅提供本地镜像版服务,以北京大学图书馆为例,其访问网址及使用说明见 http://www.lib.pku.edu.cn/portal/jsp/djnvgt/databasedetail.jsp?dbid=1490。

4.5 学苑汲古-高校古文献资源库

是由北京大学图书馆、南京大学图书馆、四川大学图书馆、北京师范大学图书馆、吉林大学图书馆、香港中文大学图书馆、中国人民大学图书馆、清华大学图书馆、中山大学图书馆、复旦大学图书馆、厦门大学图书馆、郑州大学图书馆、华东师范大学图书馆、苏州大学图书馆、山东大学图书馆、南开大学图书馆、武汉大学图书馆、澳门大学图书馆等国内20多所高校图书馆联合创建的古文献资源的数字图书馆,内容包括各参建图书馆所藏古文献资源的书目记录近70万条,还配有部分相应的书影或全文图像,以后还将增加金石拓片、舆图等多种古文献资源。

数据库书目记录和书影面向全球免费开放,网址:http://rbsc.calis.edu.cn/aopac/index.htm。

上述5个主要的中文典籍数据库在收录范围和目录组织、版本著录、原文提供等方面各有不同,表6-11列出了各个数据库的概况。

表6-11 主要中文典籍数据库概况比较

名称	开发单位	收录范围	目录组织	版本著录	文本/图像
中国基本古籍库	爱如生	历代典籍、明清实录、四库系列、方志、家谱等	有序	简单	文本图像
文渊阁《四库全书》电子版	迪志文化	文渊阁四库全书	有序	无	文本图像
《四部丛刊》电子版	书同文	四部丛刊	有序	简单	图像
龙语瀚堂典籍数据库	北京时代瀚堂	小学工具类、出土文献类、传世文献类	有序	简单	文本图像
学苑汲古-高校古文献资源库	CALIS/北京大学图书馆	20多所主要高校图书馆馆藏古籍目录	有序	规范	文本/图像

从收录范围来看,《学苑汲古-高校古文献资源库》的书目数量近70万条,书目数据量最大,但其只提供部分书影和全文图像;《中国基本古籍库》收录1.2万种古籍、影像1 000万页,可谓全文数据量最大;《四库全书》和《四部丛刊》电子版均全面收录经、史、子、集各部类,且其底本分别为清代官修和民国精编,虽然数量分别只有3 000多种和500多种,但均非常具有影响力,受到学者的欢迎;《龙语瀚堂典籍数据库》相对收录较杂,文献总量不清。

从古籍著录来看,《学苑汲古-高校古文献资源库》制订了古籍著录的元数据规范,规范了古籍的版本著录,对古籍馆藏地址的著录也非常完善;《中国基本古籍库》和《龙语瀚堂典籍数据库》对于版本和馆藏地址的著录都是缺失的;《四库全书》和《四部丛刊》是辑纂类百科全书,只汇集已有典籍,本身没有版本和馆藏地址的著录。由于版本和馆藏地址的著录对于相关领域的学术研究至关重要,因此从著录角度来说,《学苑汲古-高校古文献资源库》还是最具优势的。

4.6 《二十五史》全文电子版

《二十五史》包括《史记》、《汉书》、《后汉书》、《三国志》、《晋书》、《宋书》、《南齐书》、《梁书》、

《陈书》、《魏书》、《北齐书》、《周书》、《隋书》、《南史》、《北史》、《旧唐书》、《新唐书》、《旧五代史》、《新五代史》、《宋史》、《辽史》、《金史》、《元史》、《明》、《清史稿》,是重要的工具书。

《二十五史》全文电子版由天津永川软件公司制作,采用的是文本格式,可进行全文浏览,也可进行查询。

《二十五史》全文电子版仅提供本地镜像版服务,以北京大学图书馆为例,其查询地址是:http://162.105.138.170/net25。

4.7 《十通》电子版

《十通》是十部书名中带有"通"字的古典文献的统称。最初有唐代杜佑所撰的《通典》,后有宋代郑樵所撰的《通志》、元代马端临所撰的《文献通考》、清高宗敕撰的《续通典》、《续通志》、《续文献通考》、《清朝通典》、《清朝通志》、《清朝文献通考》和近代刘锦藻所撰的《清朝续文献通考》,共分为"三通典"、"三通志"、"四通考",后人称为"十通"。它是一套有关中国历代典章制度的大型工具书。其内容包含了上起远古时期下至清朝末年历代的政治、经济、军事、文化等制度方面的资料,共计2 700多卷,约2 800万字,内容广博,规模宏大。其中的《通典》、《通志》和《文献通考》成就最高,在中国史学中占有极其重要的地位,是史学研究人士必备的工具书。

《十通》电子版仅提供本地镜像版服务,以北京大学图书馆为例,其访问网址为:http://www.lib.pku.edu.cn/portal/jsp/djnvgt/databasedetail.jsp?dbid=131。

4.8 《中国历代石刻史料汇编》电子版

《中国历代石刻史料汇编》是由十几位石刻文献研究专家潜心数年,精心编选而成的大型图书,其电子版由北京书同文公司制作。

由于历史原因,石刻文献大多分别散见于数以万计的文献之中,给研究者带来利用上的极大不便。原书编者查阅了现存的千余种的金石志书(包括地方志中的金石志),经过认真对比去重,从中精心辑录出1.5万余篇石刻文献,并附有历代金石学家撰写的考释文字,总计1 150万字。所有碑文按朝代排序,利于读者查阅。全书从秦砖汉瓦到碑文墓志,上下2 000年,内容涵盖中国古代政治、经济、军事、民族、宗教、文学、科技、民俗、教育、地理等各个方面,堪称大型中国古代史料文献汇编。同时,石刻文献因制作的特殊性而极少脱、讹、衍、误等,故其原始性和真实性向为学界所重。因此也可以说,该书是研究中国古代社会文化各个方面十分难得的第一手资料,对于各地域在人物、家族、名胜、重要历史事件等方面的研究和文化开发,极有价值。

《中国历代石刻史料汇编》全文检索版中的文献资料经过全文数字化,文献内容字字可查、句句可检,读者可利用全文检索工具在最短的时间内获得最大的信息量。系统提供中日、简繁、异体汉字关联查询,打破了时空、地域的汉字使用习惯,增强了知识检索的全面性。

《中国历代石刻史料汇编》电子版仅提供本地镜像版服务,以北京大学图书馆为例,其访问网址为:http://www.lib.pku.edu.cn/portal/jsp/djnvgt/databasedetail.jsp?dbid=114。

第五节　其他中文电子图书

5.1　CADAL 电子图书

(1) 内容

CADAL(China Academic Digital Associative Library,大学数字图书馆国际合作计划)前身是 China-America Digital Academic Library(中英文图书数字化国际合作计划),2002 年 9 月立项并开展一期建设、2009 年 8 月更名并开始二期建设。CADAL 项目由国家投资建设,作为教育部"211"重点工程,由浙江大学联合国内外的高等院校、科研机构共同承担。截至 2012 年,CADAL 项目总共完成数字资源成果 186 万多册,其中现代图书近 51 万册;民国图书近 15 万册;民国期刊 15 万多册;古籍 22 万多册;外文图书 48 万多册,此外还有学位论文、专题资料、报纸、图形图像、随书光盘等各类型数字资源。

CADAL 电子图书可以在网上检索书目,并访问部分全文。

网址：http://www.cadal.cn/

(2) 检索

检索功能和检索技术：CADAL 默认的检索方式是快速检索(简单检索),可选择文献类型进行资源检索;高级检索方式允许输入多个检索条件,检索字段包括书名、作者、关键字、出版机构和描述,检索匹配方式有"并且、或者、不包含",可限定检索范围(资源类型),可选择每页结果数或结果排序方式。此外还有图像检索、视频检索和书法字检索等,针对特定资源类型。

检索结果：阅读 CADAL 电子书需要安装 DjVu 插件;CADAL 电子书允许在线浏览和借阅,古籍、英文图书全部开放,CADAL 参建单位的用户允许借阅部分民国、现代出版文物,借阅前需先注册。

5.2　CALIS 高校教学参考信息管理与服务系统

收录国内各高校教师精选的上万种教学参考书,内容基本覆盖我国高等教育文理工医农林的重点学科;在解决版权问题的基础上,以电子文本的形式,提供国内高校师生在网上检索和浏览阅读,以满足教学的需要。

目前该数据库的电子书全文提供部分高校的限制性访问。

网址：http://reserve.calis.edu.cn/dlib/Default2.asp? lang=gb

5.3　读秀知识库

《读秀知识库》是由海量中文图书资源组成的庞大知识库系统,其以 300 多万种中文图书资源为基础,为用户提供深入图书内容的书目和全文检索,文献试读,以及通过 E-mail 获取文献资源,是一个知识搜索及文献服务平台。《读秀知识库》由北京世纪读秀技术有限公司提供技术支持,其检索界面如图 6-7 所示。

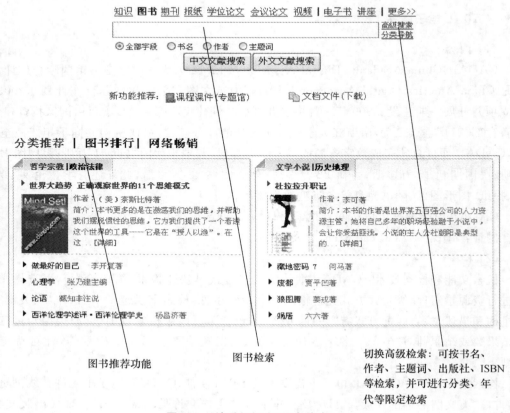

图 6-7 《读秀知识库》图书检索

用户登录《读秀知识库》网站后,可根据需求进行个性化频道检索(全文、图书、期刊、报纸、学位及会议论文)。检索出的结果可以进行排序和二次检索,以准确定位所需要的文献资源;单击某本图书的书名或封面,即可进入图书的详细信息(书目)及阅读(正文试读)功能页面状态,可以深入了解图书内容;对超星拥有版权、可以直接阅读全文的图书可以通过"本馆电子全文"链接进行阅读(需要安装超星阅读器);对尚未解决版权问题、无法直接下载全文的电子图书,可以通过"图书馆文献传递中心"来获取本馆未收藏的图书,方法是在"参考咨询中心"栏目下,填写文献页码区间和个人邮箱,文献传递系统会在12小时内将所需要的图书内容发到用户邮箱(只提供用户需要的部分内容,不提供全书的复制和传递);用户登录个人邮箱,便可在线阅读所需要的图书内容了(该文献将在《读秀知识库》中保留20天)。

读秀的访问地址是:http://www.duxiu.com

5.4 网络免费电子图书(读书网站)

免费电子图书是网络上比较热门的资源之一,一般是由个人或团体(公益团体或兴趣团体)自行制作和维护的,以网站或论坛的形式发布原创文学作品、经典著作或畅销图书,供网络读者共享阅读。这类网站或论坛不需要读者注册或登录,或者就算需要注册登录也不做任何限制、不需缴费或验证等,图书可以任意浏览、检索、在线阅读和下载(包括复制粘贴),这些网站给读者提供了极大的阅读便利,但也容易存在知识产权问题。

网络免费电子图书有很多途径可以获取,比较方便的是通过搜索引擎、读书网站导航或目录、热门网站或频道链接等方式,这里只列举部分网站供读者参考(以下列举信息均来源于网络,不具有推荐意义,若列举网站涉及知识产权纠纷或其他不规范因素,请读者自行判断并慎重使用)。

新浪文化读书频道:http://book.sina.com.cn/;(网友推荐读书频道)

搜狐读书:http://book.sohu.com/;(热门网站读书频道)

盛大文学网:http://www.sd-wx.com.cn/;(全球华语小说梦工厂,运营的网站包括起点中文网 http://www.qidian.com、红袖添香网 http://www.hongxiu.com、小说阅读网 http://www.readnovel.com、榕树下 http://www.rongshuxia.com、言情小说吧 http://www.xs8.cn、潇湘书院 http://www.xxsy.net 等六个原创文学网站以及天方听书网 http://www.tingbook.com 和悦读网 http://www.zubunet.com)

网络中国-电子图书:http://book.httpcn.com/;(免费电子书搜索引擎和下载)

我爱电子书:http://www.52eshu.com/;(TXT、PDF、EXE、CHM 各类免费电子书下载)

E书吧:http://www.eshuba.com/;(免费电子书下载,TXT、PDF、EXE、PDG 格式)

白鹿书院:http://www.oklink.net;(网友推荐网上读书站点)

时代书城:http://www.mypcera.com/book;(网友推荐网上读书站点)

国学网-文献部:http://www.guoxue.com/;(经史子集国学经典文献网上阅读)

国学经典书库:http://lib.ecit.edu.cn/guoxue/;(东华理工大学图书馆网站,国学经典文献网上阅读)

全唐诗分析系统:http://162.105.161.32/tang/;(北京大学中文系维护,邮件申请注册通过后登录使用)

唐诗宋词:http://www.shiandci.net/;(全唐诗、唐诗三百首等全文阅读网站)

锦绣中华之一页-中国文学经典:http://www.chinapage.com/classic1.html;(裴明龙的个人网站,精选诸子百家、文学名著、古诗词曲等经典图书)

中外文学名著在线阅读系统:http://www.eywedu.com/main.asp;(语文资源网,供学生课外阅读)……

参 考 文 献

1. 谢新洲,编著.电子信息源与网络检索,第5、7章.北京图书馆出版社,1998.
2. 张春红,蒋刚苗.中文电子图书比较研究.《大学图书馆学报》,2002(2),p.35—41.
3. 郑巧英.数字图书馆的一种模式——网络图书馆.《现代图书情报技术》,2000(2),p.6—9.
4. 关志英,邵敏,杨毅.基于PC的网络型西文电子图书的现状的现状和采选对策探讨.大学图书馆学报,2003(5),p.20—23.
5. 关志英.三种西文电子图书系统的比较研究.大学图书馆学报,2003(6),p.34—39(46).
6. 李松林.电子图书 你问我答.软件指南,2004(3),p.29—30.
7. 郭树兵.电子图书浅谈.医学信息:医学与计算机应用,2004,17(2),p.109—110.

8. 严丽.电子图书:不得不挑剔你.图书馆理论与实践,2004(2),p.47—48.
9. 石德万.电子图书的反思.图书馆论坛,2004,24(2),p.180—181(167).
10. 张炯.电子图书的网络出版模式探讨——以方正 Apabi 为例.图书情报知识,2004(3),p.87—89.
11. 陈近,文庭孝.论电子图书对图书馆发展的影响.现代情报,2008 年第 10 期,p.7—9.
12. 黄敏.纸质图书与电子图书的比较及互补.长春理工大学学报(高教版),2007(01).P.187—190.
13. 苏敏.SpringerLink、金图图书、Netlibrary 外文电子图书数据库之比较研究.图书馆论坛,2007/04,p.55—57(63).
14. 鲁敏,杜香莉.Internet 中文电子图书的检索与阅读技巧.农业图书情报学刊,2007(04),p.118—120.
15. 黄国彬,孙坦,黄飞燕,叶兰.电子图书提供商经营模式研究——以 ebrary 为例.图书馆杂志,2007(10),p.17—19(26).
16. NetLibrary.[2011-10-17].http://www.netlibrary.com.
17. Ebrary.[2011-08-20].http://librarycenter.ebrary.com/.
18. Safari Tech.[2011-10-17].http://connect.safaribooksonline.com/.
19. MyiLibrary.[2011-10-17].http://www.myilibrary.com/.
20. iG 电子图书.[2011-08-20].http://www.igpublish.com/.
21. 超星网.[2011-10-18].http://www.chaoxing.com.
22. 超星数字图书馆教育网镜像站.[2011-10-18].http://edu.sslibrary.com/.
23. 书生读吧.[2011-10-18].http://www.du8.com.
24. 书生第三代数字图书馆.[2011-10-18].http://edu.21dmedia.com/.
25. 北京书生公司.[2011-10-18].,http://www.sursen.com/.
26. 方正阿帕比技术有限公司.[2011-10-18].http://www.apabi.cn.
27. 方正阿帕比数字资源平台北京大学图书馆镜像站.[2011-10-18].http://apabi.lib.pku.edu.cn.
28. 读秀.[2011-10-18].http://www.duxiu.com.
29. 番薯网.[2011-10-18].http://www.fanshu.com/.

第七章 事实和数值型数据库

第一节 事实和数值型数据库概述

在现代化图书馆的电子资源建设中,各种类型数据库的发展已经为图书馆的服务手段带来了飞跃性的变革。数据库从存储的内容上可分为参考数据库、全文数据库、事实数据库、数值数据库等。在图书馆电子资源建设的初期,二次文献数据库曾发挥了全面快速检索文献的作用,是电子资源的主要组成部分。但随着文献信息的日益膨胀,面对 Internet 网络信息的纷繁庞杂,用户越来越需要准确、真实、适用、具体、能够直接回答问题的针对性强的信息。因此以一次信息(包括全文、事实、图形、数值信息)为主的源数据库已经成为数据库发展的主流,并将成为图书馆电子资源的发展重点。

在数字信息资源发展的初期(20 世纪 70 年代),事实数据库与全文数据库合并称为源数据库(source database),在数据库的划分上,也有些重复。但现在,事实数据库更多是强调最原始的事实、数字信息、图谱信息等,可以说是非文献型的数据库,与基于期刊论文、会议论文、学位论文的文献型的全文数据库、参考数据库不同。

前面 2—6 章着重介绍了文献型的数据库、电子期刊、电子图书等,在本章中我们将对另外两种目前具有重要发展前途的数值型数据库及事实型数据库(亦可合并称为事实数据库)做一个概述性的介绍。

1.1 事实和数值型数据库的含义与发展历史

第一章概述中讲了事实数据库的定义。所谓事实数据库,英文为 factual database,指包含大量数据、事实,直接提供原始资料的数据库,又分为数值数据库(numeric database)、指南数据库(directory database)、术语数据库(terminological database)等,相当于印刷型文献中的字典、辞典、手册、年鉴、百科全书、组织机构指南、人名录、公式与数表、图册(集)等。数值数据库,指专门以数值方式表示数据,如统计数据库、化学反应数据库等;指南数据库,如公司名录、产品目录等;术语数据库,即专门存储名词术语信息、词语信息等的数据库,如电子版百科全书、网络词典等。

如果从利用计算机作数据处理的角度来讲,处理事实数据要比处理书目数据早得多。但作为数据集合的数据库来讲,书目数据库的发展要比事实数据库的发展早一些。第一个事实数据库产生于 1967 年,是由美国 Data 公司根据与俄亥俄律师协会的合同建立的俄亥俄法律法令全文库,收录有全美 50 个州的法律法令。1968 年,美国的 Data Resource Inc 公司成为第一家重要的数值数据库服务公司。

在 70 年代初期,事实数据库发展比较缓慢,其速度远远不及文献数据库的发展速度。但由于事实数据库直接向用户提供原始情报、或经过加工存储的"纯情报",比如商业经济方面的数值数据库,直接向用户提供物价、产品规格、产值等方面的数据。因此,越来越深受用户的欢迎。自 70 年代中期以后,事实数据库迅速发展,没过多久其速度便赶上和超过了文献数据库的发展。据统计,在 1975 年,欧洲只有 51 个事实数据库。但到 1985 年,则猛增到 1 063 个,平均每两年增加一倍。1983 年,世界数据库的总数为 1 845 个,比 1975 年增加了 38 倍。其中文献型数据库增加 1.2 倍,而事实数据库增加了 20 倍。从 1985 年至 2009 年,数据库总量从 2 700 个增加到 25 541 个,其中数值型数据库(不包括文字型的事实库)从 972 个增加到 6 263 个[①]。

事实数据库的发展是有学科性的。一般来讲,科学技术、法律、经济、商业、新闻方面更适合于发展事实数据库。事实数据库最先发展的学科是法律,之后由于商业、工业及科研的需求,促使了金融、物理、化学、新闻等方面的事实数据库的产生和发展,特别是商业金融方面。

从 70 年代存储在磁带上的事实数据库的产生,到后来光盘的出现,再到 90 年代随着数据库工业、计算机技术、存储技术特别是 Internet 网络的快速发展以及用户需求的增长,事实数据库无论从数量、类型、介质上,都有了飞跃性的进步,并表现出更强的发展势头。其发展趋势表现在如下方面:

(1) 商业、金融事实数据库仍是发展的主流。这主要是商业、金融界对事实数据库的大量需求所致,还有商业数据库生产的盈利驱动也是一个重要原因。

(2) 互联网上各种各样的事实型数据库将取得长足发展,特别是会有大量工具型的事实数据库在网上开放共享。

(3) 智能型、多媒体事实数据库将随着计算机技术的发展而大量产生,并可望成为主流。这种数据库将把声音、图像、数据多种类型多种介质的信息结合在一起,不仅将使事实信息的再现更加生动,也将使得对于事实数据库的查找更加便利。

1.2 事实和数值型数据库的特点与作用

人们在从事生产、学习、科学实验、经济活动或其他日常事务中,都会碰到各种各样的事实和数据问题。我们研究问题查找资料,很多时候往往不需要长篇大论的论述或观点,而只是需要某一个信息、一个知识点或背景材料。比如说,某个英文缩写或代码表示什么含义,某种物质的物理化学特性是怎样的,马丁·路德·金的著名演说"I have a dream"发表在何时、何地、什么场合,钱学森有哪些重要的论著和贡献,上海和深圳股票市场每日变化,纽约和伦敦的黄金市场近段有什么波动,等等,这些都是具体的数据和事实问题。从有关的工具书、数据库或有关报纸、期刊等不同载体的文献集合中找出这些具体的事实和数据,都可以认为是事实和数据检索。

事实及数值数据库的作用就是提供对特定的事实或数值的检索与利用,直接面向问题以特定的事实或数字回答用户的查询。从某种程度上说,事实及数值数据库的作用大致相当于传统的参考工具书。在计算机技术没有得到发展以前,检索事实和数据,我们通常会求助于传统的参考工具书来解决。如电子元器件的技术特性数据,可用有关的电子元器件类手册、产品目录、样本或书查找;查过去某年度国民生产总值或国家的外汇储备概况,可使用有关年鉴或统计类资料;查国外某些学会、协会的背景材料、联系方式,可查相关的机构名录;查"UFO-不明飞行物"到底是什么以及有关这方面的研究情况,可用百科全书、学科术语类解释辞典和相关手册;查钱学森的主要论著和贡献,可用名人录;等等。但因参考工具书编写和出版周期长,

---

① 见参考文献 1。

许多正在发展中的最新事实和数据,如各类产品的最新产销数据、价格、股票和黄金市场每日升跌,世界上正在发生的重大事件等,是时刻漂移变动的,不可能快速被工具书收录,用参考工具书查找也就不可能得到答案。此时,查询合适的事实和数值数据库或其他类型的信息源无疑是最适用的一条途径。有些事实与数值数据库本身就是某种参考工具书的计算机化,但它在内容、范围及功能上所具备的一些优势是参考工具书所不能比的,如:在检索上更加快捷方便,内容更新更加及时,存储的信息范围更加广泛,在信息资源的交互性和共享方面的功能都更加强大。

事实及数值数据库主要具有以下特点:

(1) 与传统参考工具书相比,数值型数据库与事实型数据库用计算机检索,速度快,利用方便,还可以作远程的联机检索,实现信息资源的共享查询服务。

(2) 数值型数据库与事实型数据库学科及行业范围非常广泛,从人们的日常生活、事务处理、经济活动、再到科学研究,各个领域都有涉及。

(3) 数据库之间的差别大、各自特点不同。如:数据结构不同,有二元、三元、和多元的参数结构;描述方式不同,有的仅有数字,有的还有文字、图形、图像、公式及计算程序;编排体例千差万别;数据库各有其特点和不同的应用领域。因此数据库的检索方式也各有特性,没有一个统一的模式,也难以形成统一的标准。

(4) 相对于文献数据库,事实及数值数据库直接面向问题,总是以特定的事实或数字回答用户的查询。前者检索结果可能是上百条文献,而事实及数值数据库的检索结果往往可能只是单一的值、一组数据或某一个事实。

(5) 事实及数值数据库对数据的可靠性、真实性、客观性要求较高,有的科学数值库还列出了数据的误差估计、数据来源和实验条件。

1.3 事实和数值型数据库的主要类型与内容特征

1.3.1 从学科领域角度划分

事实和数值型数据库从学科领域角度主要涵盖以下三类。

(1) 事实数值型科学数据库:来源于对科学研究、实验、观测和工程开发中多种类型数据的汇集与精选,包含丰富的数值型、事实型数据,并可能以多种表述形式加以组织和保存,目的是为了提供对相关数据的再利用、再开发。此类数据库的主题都是单一性的,专业范围和内容专一,专业性极强。中国科学院《科学数据库》系统中有几十种科学数值库,例如:《中国珍稀濒危植物数据库》、《细菌名称数据库》、《天文星表数据库》、《中药信息数据库》等等。这些数据库保存了生物、能源、天文、地理、化学化工、医药、材料等领域的实验数据、曲线、图谱、结构、物质命名与性能等各类事实数值型数据。

(2) 社会科学或综合参考类数据库:来源于对综合学科或专门学科知识的总汇,以及对各类社会资源的调查、统计和历史记载,与之相对应的是传统的参考工具书,如:字典、词典、年鉴、百科全书、人物传记、机构指南等。如:《中国大百科全书》、《世界年鉴》(*World Almanac*)等就属于这类数据库。

(3) 商情数据库:商情数据库数据源的采集来源于国家、地区、全球范围内经济贸易活动中产生的各种类型的信息,既包括宏观的经济政策、市场动态、投资信息、金融信息、政府法规、可转化为生产力的重大科技成果,也来源于各大中型企业、公司及各行业的微观经济数据如市场与产品信息、专利与标准信息、企业的规模、资本、产值、利润、生产、经营、管理、销售等多方面信息。如：Dialog 系统中的《产品市场商情数据库》(*PROMPT*)、《品牌数据库》(*Brand Names*)、万方数据库系统中的百万商务数据库都属于此类。

1.3.2 从具体内容和编排体例角度划分

从具体内容和编排体例来说，事实和数值型数据库的主要类型包括以下八类。

(1) 电子化字(词)典、辞典：字典与词典是以"说文解字"为目的，提供文字或词语拼写、读音、意义、用法等相关知识供人们查考的工具。电子化字(词)典、辞典具有信息量大、使用方便、查检迅速的特点。目前便携式的造型小巧的电子型字(词)典非常普遍，如掌上型电子字典、钢笔型电子辞典等，这种电子字典类似于迷你型的电脑，不光具有查考文字、词语的作用，还往往兼具计算或换算，计时，游戏，存储名片、地址等个人资料的多种功能。另外还有大量电子字典以光盘或网络的方式发行，提供查询服务，目前网上有许多免费的电子字典，以及不同语种对译的翻译器。互联网上字典类数据库非常多，因此很难列举穷尽。而下面几个是提供网上免费字典查询的比较有影响的站点：

http://www.dictionary.com 网上免费字典并支持多种语言互译的翻译器；

http://www.onelook.com/OneLook dictionaries 网站列出了 600 种综合性及专用字典，并可实现多种字典一次性检索；

http://www.m-w.com/dictionary.htm 韦氏大学字典。

(2) 数值、公式、数表与表册数据库：这类数据库收录的对象具有特殊性，收录各种公式、数表、表册，并附以少量文字说明或解释。此类数据库涉及的学科领域比较广泛，以自然科学及工程技术信息为主体，专业性强，适用的用户群也具有一定针对性或局限性，但却是相关专业必不可少的常备的参考工具。这类数据库很多都被放在网上，提供给相关领域的研究者随时随地的查询。如《物质的物理化学参数数据库》(http://physics.nist.gov/cuu/Constants/index.html)。

(3) 图像、图录数据库：图录包括地图、历史图谱、文物图录、艺术图录、科技图谱等，是主要用图像或附以简要的文字，反映各种事物、文物、人物、艺术、自然博物及科技工艺等形象的图谱性资料。其中地图是按一定法则，概括反映地表事物和社会现象的地理分布情况、辅助地理科学的资料；历史图谱、文物图录、人物图录、艺术图录等，是一种以图形形象揭示各种人、事、物形象的；科技工程类图谱包括有关科学技术或工艺流程的设计图、线路图、结构图和其他以图形表谱为主的信息。

(4) 电子百科全书：百科全书可以说是人类一切或某一知识门类广泛的概述性著作。百科全书收录的内容包括各学科或专业的定义、原理、方法、基本概念、历史及现状、统计资料、书目和重大事件等各方面的资料。

电子出版物独特的超文本链接技术和树状数据结构最适合表达百科全书类大型工具书复杂的知识体系结构，表现知识之间的错综复杂的联系，并能提供方便快捷的检索方法，利用超链接直接实现相互交叉和关联的知识点之间的跳转。因此随着各种类型的电子出版物的发展，电子型百科全书便应运而生。20 世纪 90 年代，随着国际互联网的广泛普及与发展，提供联机服务的百科全书应运而生。它不仅提供了印刷版百科全书所拥有的条目内容，还提供了丰富多彩的多媒体内容和方便快捷的查询服务，并链接许多相关知识的网址。国际互联网的诞生，使人们能随时方便地使用和查询百科全书，从中获取各种知识。

美国格罗利尔出版公司(Grolier)是世界上第一个提供电子产品的出版商,1982 年格罗利尔公司通过联机服务向读者提供美国学院百科全书内容,1985 年制作了第一个以 CD-ROM 形式出版的电子百科全书。1993 年,美国微软公司和芬克与瓦格纳公司,融合当代最新的多媒体技术,共同开发出《英卡塔多媒体百科全书》,并成为全球最畅销的多媒体百科全书。它有 26 386 篇文章,6320 幅图片,958 段录音、111 段录像和动画演示。1994 年,《不列颠百科全书》成为世界上第一套有偿在互联网上查询的百科全书。

目前比较流行的电子版百科全书包括多媒体光盘及互联网综合性百科全书站点,主要有:《不列颠百科全书》(Encyclopedia Britannica)、《格罗利尔多媒体百科全书》(Grolier Multimedia Encyclopedia)、《英卡塔多媒体百科全书》(Microsoft Encarta Encyclopedia)、《康普顿百科全书》(Compton's Interactive Encyclopedia)、《哈钦森多媒体百科全书》(Hutchinson Encyclopedia)、《世界百科全书》(World Book Encyclopedia)、《哥伦比亚百科全书》(Columbia Encyclopedia),等等。而号称"自由的百科全书"——《维基百科》是一个基于 Wiki 技术的全球性多语言百科全书协作计划,同时也是一部在互联网上体现的网络百科全书网站,其目标及宗旨是为全人类提供自由的百科全书——用他们所选择的语言来书写而成的,是一个动态的、可自由访问和编辑的全球知识体。《维基百科》由来自全世界的志愿者协同写作。自 2001 年 1 月 15 日英文《维基百科》成立以来,《维基百科》不断的快速成长,已经成为最大的资料来源网站之一。

(5) 电子手册及专业手册数据库:手册也叫"指南"、"便览"、"须知";英文手册则有"Handbook"和"Manuals"两类。电子手册属于电子形式的简便的参考资料,往往汇集了经常需要参考的某一专业或某一方面最常用的资料。这种类型的参考资料具有类例分明、资料具体、叙述简练、小型实用、查阅方便等特点。如我们想查找解热镇痛的各种药剂,就可以从专业性手册《药物书册》中去查找;又如我们想查询显影剂的成分,就可以从《摄影手册》中去找答案。

另外,手册也可以是相关专业资料的"大全"。如有百年历史的德国《贝尔斯坦有机化学手册》(Beilstein Handbuch der Organischen Chemie)和《盖墨林无机化学手册》(Gmelin Handbuch der Anorganischen Chemie)是查询化学资料的权威参考工具之一,截止到 1998 年,这两部参考工具书已积累了历年出版的上千册资料。1994 年,集成了这两部庞大资料库的电子版 Beilstein/Gmelin CrossFires 数据库在欧美等国发行。数据库技术及应用对于大全型的专业手册很重要,人们从翻查卷帙浩繁的厚重纸本的传统方式中解脱出来,过去要花几个月才能收集到的参考资料,现在只要几分钟就能够收集齐全。类似的手册数据库还有《世界坦克装甲车辆手册数据库》,是我国出版的一部门类最全、篇幅最大的大型坦克装甲车辆参考指南,系统地反映了世界坦克装甲车辆和主要部件的发展情况、结构特点和基本性能。《美国政府手册》(United States Government Manual)包含关于立法、司法和执行机构的大量信息,还包括准政府机构、美国参加的国际机构及委员会的信息。

(6) 组织机构指南:机构名录收选的内容是机构名称及其概况介绍,如机构的宗旨、组织结构、权限、业务或研究工作范围、地址、职能、人员、资信等。机构名录有学校名录、研究机构名录、工商企业名录、行政和组织机构名录、学协会名录等。如万方公司出版的《万方科研机构数据库》、Gale 公司出版的《社团大全》(Associations Unlimited)。

(7) 传记资料:收选的内容是各学科、领域知名人士的个人资料介绍,主要内容包括姓名、生卒年月、学历、职称、所在国别、民族、工作单位、所从事的专业、论文和著作、主要科研活动及成就等生平传略。如 Gale 公司出版的《现代作家》(*Contemporary Authors*,后来和其他参考工具合并发展成为《传记资源中心》——*Biography Resource Center*)。

(8) 年鉴、统计资料数据库：年鉴是收录某年内发生的事情和其他动向性问题的年度性资料库。其内容包含年内的各类事实、数据、统计资料、图表、图片及近期发展动向等等。年鉴有综合性和专科性之分。按其收录的地域范围不同,则有地区性年鉴、国际性年鉴和世界性年鉴等。

作为年度性的各类统计资料,尤以统计年鉴最为权威和详尽。如要查找某类工业企业的人员、各种产品的产销数据、重要研究成果或产品的进出口等各类事实和数据,可以在专业性年鉴或统计年鉴中检索。如：经济合作发展组织(Organisation for Economic Co-operation and Development,OECD)出版了许多这方面的数据库,包括《国际发展统计数据库》(*OECD International Development Statistics*)、《就业统计数据库》(*OECD Employment Statistics*)等。

第二节 英文商业经济类事实和数值型数据库举要

2.1 BvD 全球金融、财务分析、各国宏观经济指标库

BvD 是全球知名的财经专业实证数据库提供商,全称 Bureau van Dijk Electronic Publishing,总部位于瑞士日内瓦。公司网站：http://www.bvdinfo.com。

BvD 在欧美各国的政府经济监管部门、金融与证券投资机构、咨询公司、跨国经营企业、经济与管理类大学、大型公立图书馆等领域内拥有广泛的专业用户,这些用户均长期使用 BvD 的各类全球财经分析数据库。

2.1.1 数据库内容介绍

BvD 数据库按专业子库划分,涉及全球范围内的跨国企业财务经营数据、银行与保险公司的分析报告、当前全球各行业内最新的并购交易分析数据、各国宏观经济指标数据等,所含信息量庞大并在线随时更新。同时,其每个专业子库均为用户提供了多达 200—300 项的高级检索条件、快速跨国同业对比分析、数据图形转换以及多项统计分析等功能。其代表性专业子库包括(数据更新至 2012 年)：

(1)《OSIRIS 全球上市公司分析库》：OSIRIS 数据库是研究全球各国证券交易所内 6 万多家上市公司的大型专业财务分析库(含中国深/沪及海外上市公司数据),向专业用户提供了深入分析各国上市公司所需的详细财务经营报表与分析比率、股权结构、企业评级数据、历年股价系列、企业行业分析报告等(含已下市公司数据)。OSIRIS 库是目前欧美各国针对各国上市公司证券投资分析、企业战略经营分析、跨国企业转让定价、公司财务分析等研究领域中广泛使用的知名实证分析数据库。

(2)《ZEPHYR 全球并购交易分析库》：ZEPHYR 是国际并购研究领域知名的 M&A 分析库,每天在线向用户发布全球并购(M&A)、首发(IPO)、计划首发、机构投资者收购(IBO)、管理层收购(MBO)、股票回购(Share Buyback)、杠杆收购(LBO)、反向收购(Reverse Takeover)、风险投资(VC)、合资(JV)等交易的最新信息。快速更新的全球数据来自欧洲著名并购信息专业提供商 Zephus 公司。目前 ZEPHYR 收录了全球各行业 70 万笔并购记录,每年新

增约 10 万笔。欧洲范围的交易数据可追溯至 1997 年,美国范围的交易则从 2001 年开始,并涵盖亚太地区及中国的交易记录。

(3)《BankScope 全球银行与金融机构分析库》:BankScope 是 BvD 与银行业权威评级机构 Fitch(惠誉)合作开发的银行业信息库。它详细提供了全球 2.86 万多家主要银行及世界重要金融机构与组织的经营与信用分析数据。BankScope 是当今全球银行业颇具权威性的分析库,也是国际金融研究领域的学术论文中参考、引用频率较高的银行专业分析库。BankScope 中每一家银行的分析报告包含历年财务分层数据(Global format,Raw Data,All ratios)和各银行全球及本国排名、标普/穆迪/惠誉的银行个体评级(长短期、外汇、独立性、支持力、商业债券等评级)、国家主权与风险评级、各银行详细股东与分支机构信息。BankScope 亦为用户配置了高级财务分析功能,可开展同业对比分析、财务指标多年走势分析、自定义添加财务比率、自定义财务报表模板以及各项统计分析。在"Support"中向用户提供了银行业财务分析比率的公式与定义。对于上市银行与各类上市金融机构,则另外提供了其详细股票信息、股价阶段走势、收益率、市盈率、股息收入及相关贝塔系数等分析指标。

(4)《CountryData 各国宏观经济指标宝典》:CountryData 是全面获取全球各国宏观经济指标的历史、当前及未来预测数值的专业实证经济分析库,在全球宏观经济研究领域享有很高的权威性,库中数据涵盖 150 个国家及 40 个地区。宏观指标分为 7 大类,总计 317 项变量系列(Series),含年度、季度、月度数值,数值的时间跨度自 1980 年到 2030 年(提供 5—22 年预测值)。同时,CountryData 基于对各国近期政治发展、经济走势及外部环境等因素的综合判断,每月随库发布全球 181 个国家与地区的月度经济展望报告(Outlook Report),是真正意义上的全球宏观经济分析库。

(5)《ISIS 全球保险公司财务分析库》:ISIS 是一个动态更新的全球保险行业分析库,它包含 1 万多家各国主要保险公司的详细财务信息,提供各公司的保险业务性质、业务描述、全球及本国排名、历年资产负债、损益表、现金流量表、信用评级、股价系列(上市保险公司)、管理层人员姓名、股东及附属机构、审计情况等综合信息。ISIS 是各国保险业管理与研究人员在开展全球与各国保险行业分析中不可或缺的重要工具,可支持开展各国保险公司间跨国对比分析、财务指标走势分析,用户也可创建自定义财务变量并进行统计分析。

(6)《MIF 各国竞争力指标分析库》:MIF 是经济学人智库(EIU)针对世界上 60 个主要国家市场而开发的国家竞争力分析库,具有各国完整的各行业分类指标,从行业发展趋势到劳动力平均成本及收入水平,全面揭示了每个国家中不同行业领域内的历史与当前竞争力指标及未来 5 年的前景预测,用户可快速查取所关注国家的经济、人口、消费、各主要行业等关键分析指标数据。MIF 也对各国整体经济环境给予评级,量化评估各国市场运营风险,是进行新兴国家市场研究、国外投资决策规划、风险管理、国家间竞争力对比等分析的有力支持手段。与"各国宏观经济指标宝典"数据库一样,MIF 配置了灵活多样的绘图与高级分析功能,可进行移动平均、趋势分析、细分、索引筛选、变量相关系数等专业性分析运算功能。

(7)《CityData 世界主要城市物价指针》:CityData 是一个用途广泛的全球城市消费价格信息库,它提供了从 1990 年至今,世界上 123 个主要城市中各种商品与本地服务的详细价格资料。价格种类涉及广泛,从食品、通信、家用水电、平均工资收入、写字楼租金等价格到娱乐、饭店、餐饮消费等各项实际价格。同时也含各国国民消费物价指数、平均通货膨胀率、外汇兑换比率、城市居民可支配收入水平等主要宏观数据。CityData 的各项价格资料均反映当地城市的实际消费支出的价格,而并非批发或生产成本价格。价格分类包括:国民经济指数、食品、烟酒、家庭生活用品、个人用品、民用供给、服装、家务护理、娱乐、交通、办公/居住房租、学费、医疗费用、体育健身、商业旅行费用、工资收入、可支配收入等。

(8)《CHELEM 国际商品贸易分析库》:CHELEM 是帮助用户深入分析单一国家的经济走势相对于全球经济表现的实证型分析数据库,它收录了全球 82 个最主要的经济活动体(国家与地区)的数据。这些国家与地区的贸易总量占据全球贸易总量的 99%,占世界生产总值的 96%。CHELEM 包含 3 个模块:International Trade(国际贸易)、Gross Domestic Product(国内生产总值)、Balance of Payments(国际收支平衡)。

(9)《Oriana 亚太企业分析库》:Oriana 包括亚太地区和中东地区 40 个国家内共计 1000 万多家公司,其中包括中国大陆地区 78 万家企业财务、经营信息以及各行业发展情况的大型企业分析库,是亚太地区企业贸易投资信息检索库。用户可按亚太地区各国家、所在城市、所在行业、产品类别、雇员人数、企业资产规模、企业盈利状况、企业在行业排名等指标快速查询。在企业经营信息的基础上,更提供了亚太地区各国各行业最新的整体发展分析报告(Industrial Report)。

BvD 数据库网址因数据库不同而不同,这里列出其中一部分:
BankScope:http://bankscope2.bvdep.com/
CountryData:http://eiu.bvdep.com/
ISIS:https://isis.bvdep.com/
OSIRIS:https://www.osiris.bvdep.com/
Osiris:https://osiris.bvdinfo.com/
ZEPHYR:https://zephyr2.bvdep.com/

2.1.2 检索系统

BvD 包含专业子库比较多,每一个子库都有单独的检索网址和检索界面。BvD 的检索功能因其专业性强的特点非常全面,其每个专业子库提供了多达 200—300 项的高级检索条件、快速跨国同业对比分析、数据图形转换以及多项统计分析等功能。例如 OSIRIS 数据库的分析功能中用户可进行同业组对比分析、各财务指标多年走势分析、自定义添加财务比值、自定义财务报表模板、自动生成合并后财务报表、各类统计功能、所有财务数值任意转换图表及曲线。下面以 BvD 的 OSIRIS 数据库的检索方法为例,介绍 BvD 检索系统。

(1)检索功能

OSIRIS 可以就单一检索标准或多个检索标准开展组合检索。每一类检索项针对目标公司的不同指标。用户可逐步完成每项检索操作,并在检索摘要窗口中看到各检索式的列表(见图 7-2)。所有检索式之间的逻辑关系默认为"与",也可以修改为"或"与"非"。OSIRIS 的用户可运用复合检索式灵活开展公司搜索,检索项包括:地区(含国家、城市)、所有权信息、股票数据、行业代码或经营活动、雇员人数、财务指标与比率、评级、并购交易等。

(2)检索技术

在文本型检索项中可以键入一个字母、一串字符或几串字符,多个字符串可以用 AND、OR 或者 AND NOT 连接。

在组合检索式时,默认的逻辑关系为"与",也可以修改为"或"、"非",可以加上括号来灵活组合。

系统提供多种索引如国家地区、交易代码、行业等。

（3）检索结果

① 显示公司列表：任何时候，检索出一组公司后，使用"LIST"键，即可列出该公司组。若需打开公司组中一家公司的详细报告，只需直接单击公司名称。在公司列表中，每家公司名称的左侧有一些功能标识钮，他们从左至右分别代表：

Standard Financial Report——该公司标准财务报告；

Peer Report——该公司默认的同业分析报告；

Datamonitor Industry Reports——该公司所在行业的行业分析报告；

Global Reports scanned images——该公司年报彩色扫描版；

Reuters News——有关该公司的路透新闻。

② 排序：在公司组列表状态下，可以对该公司组重新排序。也可以按指标名称重新排序。

③ 浏览公司报告：任何时候，只需使用"Report"键，即可查看所选公司的公司报告和该公司的全部数据。在公司报告中，用户可选择阅读公司报告的某一个数据分区，分区菜单包括以下内容：

- Header 标题栏
- Ratings 评级数据
- Industry/Activities 行业/经营
- Segment Data 分段销售数据
- Financial & Rations 财务指标和比率
- Customers & competitors 主要客户竞争对手
- Text Statements & Reports 文字描述和报告
- Board members & Managers 董事会成员与管理人员
- Auditors & Advisors 审计公司和顾问
- Stock data/Earning estimates 股票数据与收益预期
- Corporate Actions & Dividends 公司活动和分红
- Mergers & Acquisitions 并购交易分析数据
- Shareholders 股东
- Subsidiaries 附属机构
- New section 新闻

④ 输出检索结果：OSIRIS 提供便捷数据下载功能。可下载公司组列表、分析图表和公司报告。首先，用"报告"或"列表"形式显示检索结果。然后使用"Export"键，选择输出格式和要输出的数据范围，下载数据。

所选公司的报告可按多种格式显示并打印，并可直接下载到用户使用的应用软件中，如文字处理软件、数据库或电子工作表（Excel）；同时，还可使用"Peer Analysis——同业分析功能"开展同业比较，或运用"Statistical Analysis——统计分析功能"开展行业统计分析。

（4）用户服务：数据定制及统计分析功能

① 创建个性化报表：创建个性化报表允许用户从报告中提取不同变量以创建自定义财务报告。使用系统的"Profile"功能即可。

② 创建用户自定义变量：用户可创建自定义变量，并在公司报告、公司组列表中使用；亦可用于同业分析与统计分析。

③ 同业分析：可将一家公司的某个变量与一组公司该变量中的中位数值、平均数值进行比较。

④ 统计分析：主要用于研究一组公司而不是一家公司，主要用于针对同一国家、同一行业或其他类型同业组的一组公司而开展的分析。具体包括：细分、数据加总、数据分布、集中度分析及线性回归。

2.2 EMIS 全球新兴市场商业资讯库

《全球新兴市场商业资讯库》（*Emerging Markets Information Service*, EMIS）由 Internet Securities, Inc.（ISI）公司出品。ISI 创建于 1994 年，是 Euromoney Institutional Investor（欧洲货币和机构投资者）集团的全资控股子公司。除设在美国纽约的全球总部和设在英国伦敦的欧洲总部外，ISI 在亚洲、欧洲、南北美洲的新兴市场国家设立了 28 个分部。

目前，ISI 的业务所覆盖的市场有亚洲的中国大陆、香港、台湾、韩国、印度、新加坡、泰国、印度尼西亚、马来西亚、菲律宾、柬埔寨、老挝、越南等，另外还包括澳大利亚、南北美洲、中东、北非和中东欧的大部分新兴市场。

2.2.1 数据库内容介绍

EMIS 数据库涵盖了亚太、欧洲、非洲、南北美洲、拉丁美洲、中东以及中亚和高加索地区的 80 多个新兴市场国家/地区的全行业经济信息，收录了世界银行（WorldBank）、经济学人智库（EIU）、汤姆森金融（Thomson Financial）、经合组织（OECD）、惠誉（Fitch）、标准普尔（S&P）、穆迪（Moody's）、MII-产业经济运行月报、Datamonitor Company Profiles、ISI 企业排名、SCR&A 企业商业信息、分析师盈利预测报告、中国并购快讯、CEIC、零点等 1.4 万余种国际、国内信息资源，重点关注国家贸易风险、宏观经济、行业、公司及全球最著名研究机构的报告，如花旗银行、高盛、汇丰、中银香港、德意志银行等对全球经济发展的研究成果。信息内容分为国家风险评级、经济环境分析、宏观经济、行业、金融市场、公司以及投行、机构研究报告等。

EMIS 数据库共分为 6 个子库（信息更新至 2011 年）：

（1）新闻资讯：80 余个新兴市场国家的政治、经济新闻以及对全球政治经济事件的分析报告，内容覆盖宏观经济、金融市场、公司、行业和评级信息，日更新量超过 3 万条。

（2）公司资讯：全球新兴市场国家 29 350 家上市公司、69.4 万家非上市公司相关信息，包括公司的基本信息、收并购观察、盈利预测等深度研究报告、可供对比的财务分析数据、竞争力分析、信用分析以及著名资信评估公司如 Fitch、Moody's 等提供的公司资信评估及行业综合分析报告等。

（3）行业资讯：各行业研究报告、市场分析与预测以及行业统计数据。内容覆盖按北美行业分类标准划分的 10 个大行业及全部 89 个子行业，包含 80 余个新兴市场国家/地区国民经济发展各行业发展现状和趋势。

（4）宏观经济：宏观经济统计数据，以及花旗、高盛、汇丰、恒生等全球顶级银行和金融研究机构对各国/地区宏观经济发展的预测、研究报告等。

（5）金融市场：新兴市场国家金融市场经济背景、金融市场历史及现实状况、各交易所大盘、29 350 家上市公司历史及隔日交易数据、评级预测、机构报告等。

（6）法律法规：80 余个新兴市场国家的法律新闻及全文法律法规。

此外，2011 年，EMIS 又新增了《中国机电数据》、《中经网行业季度报告》等数种刊物及报告，并提供针对中国市场的信息服务。

数据库网址：http://www.securities.com/

2.2.2 数据库检索

（1）检索功能

检索方式主要分为高级检索、刊物检索、分类浏览三种方式。

① 高级检索：在检索界面上为"高级查询"。登录后系统默认为高级检索界面（参见图 7-1），可以按如下查询范围限定查询条件：

- 国家/地区：指定信息覆盖的国家/地区；
- 语种：指定查询结果的语言，主要是英语和当地语言；
- 刊物类别：指定刊物重点关注信息类别，如新闻、法律法规、财务报表等；
- 主题：国际、地区/区域、政治、公司等；
- 行业：如保险业、出版业、交通运输等；
- 信息来源：指定信息来源所属类别，如新闻通信社、报纸、杂志、政府机构等；
- 时间范围：指定信息刊载所属日期。

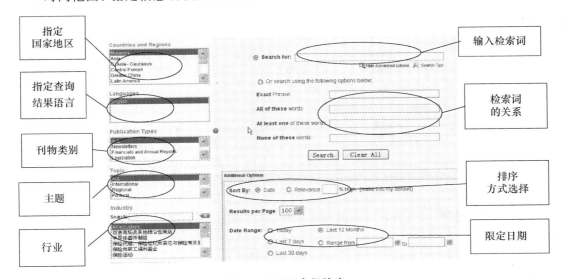

图 7-1 EMIS 高级检索

② 按刊物检索：是指在指定的某一刊物或某几种刊物中进行目标信息的查询，可选择刊物并输入关键词后查找。

③ 分类浏览和检索：数据库可以按照信息类型进行分类浏览和查询，例如："新闻"栏目可按最新消息、重要新闻出版物、新闻主题分类、新闻来源分类浏览查询。不同的信息类型的检索字段和途径不相同。

（2）检索技术

支持 AND、OR、NOT 逻辑运算符；支持"N"位置算符；检索词加半角引号表示精确检索；

支持截词符和通配符。具体实例如表7-1所示。

表7-1　EMIS检索操作符及实例

操作符	实例
AND	使用"地产 AND 行业 AND 投资检索"将返回所有三个词均出现的文章。当搜索使用空格隔开的多个检索词时,搜索引擎默认在各检索词之间加上 AND 操作符,因此检索"地产 行业 投资"和检索"地产" AND "行业" AND "投资"的结果一致。英文搜索不区分英文大小写,因此检索串"BPO Growth Employment"等同于"bpo growth employment"
OR	"国资委 OR 国务院资产管理委员会":结果将返回包含国资委或国务院资产管理委员会或两个关键词都包含的文章
NOT	"网络 NOT 银行":结果将返回所有包含网络,但不包含银行的文章
*	"bank *":结果将返回所有包含以 bank 开头单词的文章,例如:banker, banking, banker 等
nearN	"网络 nearN 银行"(N为整数):结果返回所有出现关键词网络和银行,且两个关键词之间的距离小于等于 N 个字的文章。注:N 为可选项;如果 N 为空,则被视为 100
半角引号""	"房地产 行业":精确搜索,返回所有包含房地产行业的文章。对于中文检索串,使用""后,系统将自动将引号中的空格去除。(需要使用半角"")
半角圆括号()	使用括号来改变运算顺序。例如(房地产 OR 金融 OR 计算机)AND 行业,结果将返回所有包含括号中任意一词以及行业一词的文章
&	ISI 数据库搜索引擎将 & 视作一个可检索字符,而不是运算符。如果检索词中含有 &,例如 AT&T,& 前后请勿出现空格。如果关键词中的 & 前后必须有空格出现,请用半角引号""加以限定,例如"AT & T",以及"P & G"。如果直接使用 AT & T(未使用半角引号限定),则 & 会从检索串中移除,执行的检索将等同于 AT AND T。简而言之,& 是一个字符而非布尔运算符
-	要检索包含连字符(-)的词语,例如 e-commerce,-前后不得出现空格。如果使用 e- commerce 检索,-将会从检索串中移除,执行的检索将等同 e AND commerce
?	半角问号(?)可用于代替任意一个字母,多用于在不确定英文单词拼法之时。例如检索 organi?ation,将返回包含 organization 或者 organisation 的文章

(3) 检索结果

检索结果的排序,可选择按发表时间从新到旧、按发表时间从旧到新以及按照相关度从高到低排序。

(4) 个性化服务

支持个性化的服务。如保存本次检索条件到"我的查询"中,方便以后再次调用。或将本次检索条件加入 E-mail Alert 配置等。

2.3　GMID 全球市场信息数据库

《全球市场信息数据库》(Global Market Information Database,GMID)是欧睿公司(Euromonitor International)的数据库产品,该数据库内容包含中国在内的全球 205 个国家和地区的统计数据;提供 400 多万条国际间可比较的数据统计;1.7 万份完整的市场报告;分别针对行业、国家和消费者的未来趋势的分析性评论;提供个性化的定制数据和分析功能;2.5 万个可以为进一步研究而准备的信息来源。

GMID 数据库为教学和研究提供的信息涉及众多领域和学科,包括:国际商业与市场、经济学与国际管理学、国际关系、人文/社会科学、地理旅游学、环境卫生、食品和消费品市场等。

GMID 数据库内容如表 7-2 所示(数据更新至 2011 年)。

表 7-2 GMID 数据库内容

	行业	国家	国民
统计数据	2万个行业市场规模 20万个细分市场规模 ● 80 个国家 ● 1999—2012 ● 22 个消费品和服务行业 ● 330 个消费产品	300 多万个人口统计,社会经济以及其他国家数据统计及预测 ● 205 个国家 ● 1 650 个数据类型 ● 33 年数据:1977—2020	100 多万个消费者生活方式统计数据 ● 71 个国家 ● 800 个数据类型 ● 25 年数据:1990—015
相关报告	1 500 份消费市场报告 6 000 份区域公司简报 8 500 份细分市场描述 500 份全球公司报告 1 500 份行业市场报告	212 份国家简报和地区描述 79 份未来人口报告 100 个国家概况报告	74 份消费者生活方式报告 30 份战略分析报告
相关评论	对行业动向产生的冲击和趋势给予透明分析	关于国家变化和商业环境的评论——人口,经济,社会和政策趋向	对于全球、国家和地区消费者趋势的洞察评论
信息运用	市场表现和动因 ● 发现增长点 ● 竞争企业标杆分析 ● 发现并购机会 ● 分销渠道分析 ● 制定价值链策略	影响商业环境的因素 ● 追踪经济发展轨迹 ● 展望未来趋势 ● 监测人口结构变化 ● 掌握劳动力市场动态 ● 分析政策对商业的影响	消费者态度,观点,行为 ● 定位消费者群体 ● 理解文化差异 ● 发现新的消费趋势 ● 定义新的市场区隔

数据库网址:http://www.euromonitor.com/

2.4 IMF 国际货币基金组织数据库

国际货币基金组织(International Monetary Fund,IMF)是一个拥有 185 名成员国的世界组织,其成立宗旨是推动国际货币合作、汇率稳定和有序汇率安排,促进经济增长和提高就业率,向各国提供临时经济援助以维护贸易支付差额的调整。国际货币基金组织的业务包括金融监督、经济援助和技术支持,旨在满足成员国在世界经济飞速发展的情况下不断变化的需求。由于其与成员国长期而密切的关系,国际货币基金组织已提供了一些最具权威的宏观经济数据集,其融合度与历史深度是其他同类数据库无法相比的,国际国币基金组织因此被认为是宏观经济数据的权威资源。

IMF 电子资源包括 3 个子库(数据截止至 2011 年):

(1)《国际收支统计》(*Balance of Payment Statistics*,BOP):BOP 提供了一个统计说明,概括了一个经济体与世界其他经济体之间的经济交易。从全球、区域和国家的角度,记录了商品、服务和金融的流通。国家信息显示了国际投资地位,说明了每个国家的外部金融资产和负债情况。BOP 涵盖了 170 个国家的数据,涉及数据有:当前账户余额和构成,包括商品、运输服务、旅行、政府服务、其他服务、员工薪酬、投资收入和当前转移项目的借贷。金融账户余额和构成,包括股票和再投资收益的债权债务、债务证券、金融主管当局、政府、银行和其他部门、金融衍生物、贸易、贷款、货币和存款的资产和负债。储备资产包括黄金储备、特别提款权(SDRs)和外汇。BOP 根据不同国家按季度、年度提供自 1967 年以来的数据。

(2)《国际金融统计》(*International Financial Statistics*,IFS):IFS 创刊于 1948 年,是一本月刊。从 1961 年起每年增加一期年刊,提供超过来自 200 个国家的 3.2 万个时间序列数据。IFS 统计数据被定为国际和国内的财政标准。数据按国家组织。所选的关键数据集,如商品价格、消费价格和贷款偿还等,被累积记入地区和全球表中。主要提供国际货币基金组织各成员在汇率、基金、国际清偿能力、储备金、货币和银行账户、利率、商品价格、产品、政府财政、劳力、国民核算、进出口和人口等方面的统计数据。

(3)《贸易方向统计》(*Direction of Trade Statistics*,DTS):DTS 是贸易价值当前最全面的信息来源。它为国家与贸易伙伴之间的进出口项目提供超过 10 万个时间序列。数据按国家组织来展示,并累计记入地区和全球表中。DTS 收录了 186 个国家的自 1980 年以来的年度和季度数据。

登录网址:http://elibrary-data.imf.org

2.5 World Bank 世界银行数据库

World Bank 电子资源由世界银行出版社出版发行。世界银行出版社拥有获取、生产、推广及发行世界银行出版物和电子产品的权利。此外,该出版社经营并管理银行发展书店,处理与世界银行知识产权有关的所有权利和许可,确定世界银行官方出版物的标准。这些出版物标注世界银行的 ISBN,从出版社办公室获得,并由其发行。为了支持世界银行全球知识供应商的角色,出版社还与其他银行合作,向决策者、学术界、大众和其他顾客传播其出版物。

World Bank 世界银行数据库包括上百个事实数值库,以下介绍几种主要子库(数据更新至 2015 年):

(1)《世界银行在线图书馆》(*World Bank E-library*,E-library):进入世界银行在线图书馆,您可以在线阅读世界银行所有有关社会和经济类的全文图书、报告和多种文件。它带给读者的是一个全文检索和多重查询的数据库。迄今为止该在线图书馆已提供了世界银行从 1987 年以来出版的 4 000 多种图书、所有世界银行政策研究工作报告和各种文件的全文内容,同时也介绍了即将出版的图书信息等。

登录网址:http://www.worldbank.org/elibrary

(2)《世界发展指数》(*World Development Indicators*,WDI):是对全球经济发展各方面基本经济数据的汇总。它包含了 695 种发展指数的统计数据,以及 208 个国家和 18 个地区与收入群从 1960 年至今的年度经济数据。数据包括了社会、经济、财政、自然资源和环境等各方面的指数。

登录网址:http://data.worldbank.org/data-catalog/world-development-indicators

(3)《国际债务统计》(International Debt Statistics, IDS):以发展中国家和部分发达国家的金融流动、外债趋势,以及其他主要的金融指标为关注焦点。(数据来自季度外债统计和季度公共部门债务数据库).包括1970年至2013年期间的200多个时间序列指标,覆盖大部分报告国,以及2019年之前现有承诺额定期债务偿还的管道数据。

登录网址:http://data.worldbank.org/data-catalog/international-debt-statistics

(4)《全球经济监控》(Global Economic Monitor, GEM):是早期世界银行为了便于银行成员内部监控和报告每日全球经济状态而建立的。是一个能够分析当前经济趋势以及经济与金融指数的"一站式"平台。将几个早期的"内部"银行产品整合为单一的单界面产品,可链接至优质的高频率更新的(每日,每月)经济和金融数据资源。

登录网址:http://data.worldbank.org/data-catalog/international-debt-statistics

2.6 SourceOECD 经济合作发展组织数据库

SourceOECD 数据库是由经济合作发展组织(OECD)出品的一个在线图书馆,可24小时提供OECD的报告书、统计、汇编和数据库,是传播经合组织研究成果的重要工具。

数据库网址:http://www.oecd-ilibrary.org/

OECD是由30个市场经济国家组成的政府间国际经济组织,旨在共同应对全球化带来的经济、社会和政府治理等方面的挑战,并把握全球化带来的机遇。成员国包括澳大利亚、奥地利、比利时、加拿大、捷克、丹麦、芬兰、法国、德意志、希腊、匈牙利、冰岛、爱尔兰、意大利、日本、韩国、卢森堡、墨西哥、荷兰、新西兰、挪威、波兰、葡萄牙、斯洛伐克、西班牙、瑞典、瑞士、土耳其、英国、美国30个成员,国民生产总值占全世界的2/3。还包括国际能源组织、国际原子能组织、欧洲交通部长会议、发展中心、教育研究和创新、以及西非发展中国家组织等6个半自治的代理机构。

SourceOECD的内容包括三大部分(数据更新至2010年):

(1)逾3 200种图书、报告,其中约1 700种具有电子版,且每年增加200多种。这1 700种图书按照领域分为20个类别:

- 农业和食品(SourceOECD Agriculture & Food)
- 发展学(SourceOECD Development)
- 教育和技术类(SourceOECD Education & Skills)
- 新兴经济形态(SourceOECD Emerging Economies)
- 就业(SourceOECD Employment)
- 能源(SourceOECD Energy)
- 环境和可持续发展(SourceOECD Environment & Sustainable Development)
- 财政和投资/保险和社会保障(SourceOECD Finance & Investment/Insurance & Pensions)
- 宏观经济和未来学研究(SourceOECD General Economics & Future Studies)
- 政府管理(SourceOECD Governance)
- 工业,服务业和贸易(SourceOECD Industry, Services & Trade)
- OECD成员国数据统计(SourceOECD National Accounts & Historical Statistics)
- 核能源(SourceOECD Nuclear Energy)
- 科学和信息技术(SourceOECD Science & Information Technology)
- 社会问题/移民/卫生健康(SourceOECD Social Issues/Migration/Health)

- 统计资源和方法(SourceOECD Statistics Sources & Methods)
- 税收(SourceOECD Taxation)
- 转型经济(SourceOECD Transition Economies)
- 交通(SourceOECD Transport)
- 城市、乡村和地区发展(SourceOECD Urban, Rural and Regional Development)

(2) 27种期刊,全部都有在线版。期刊按照种类分为:期刊、参考类期刊、统计类期刊三大类,涵盖经济、金融、教育、能源、法律、科技等领域。其中包括著名的经济展望 Economic Outlook,主要经济指标 Main Economic Indicators 等。

(3) 22种在线统计数据库(包括1965年以来的数据),此外还有国际能源组织的9个数据库。具体标题如下:

- 农业统计(OECD Agriculture Statistics)
- 银行统计(OECD Banking Statistics)
- 经济前景(OECD Economic Outlook)
- 教育统计(OECD Education Statistics)
- 就业与劳动市场统计(OECD Employment and Labour Market Statistics)
- 健康数据(OECD Health Data)
- 保险统计(OECD Insurance Statistics)
- 国际发展统计(OECD International Development Statistics)
- 国际直接投资统计(OECD International Direct Investment Statistics)
- 国际移民统计(OECD International Migration Statistics)
- 基于商品统计的国际贸易(International Trade by Commodity Statistics)
- 主要经济指标(Main Economic Indicators)
- 国际贸易月度统计(Monthly Statistics of International Trade)
- OECD国家的国民会计(National Accounts of OECD Countries)
- 科学、技术以及研究和开发数据库(OECD Science, Technology and R&D Databases)
- 社会消费数据库(OECD Social Expenditure Database)
- 服务领域的国际贸易统计(OECD Statistics on International Trade in Services)
- 计量全球化统计(OECD Statistics on Measuring Globalisation)
- 结构分析数据库(OECD Structural Analysis Database (STAN))
- 结构和人口贸易统计(Structural and Demographic Business Statistics)
- 税收统计(OECD Tax Statistics)
- 电信与互联网统计(OECD Telecommunications and Internet Statistics)
- 燃烧物的碳排放统计(CO_2 Emissions from Fuel Combustion)
- 煤炭信息(Coal Information)
- 电力信息(Electricity Information)
- 能源价格和税收(Energy Price and Taxes)
- 能源政策预报(Forecasts from Energy Policies)
- 天然气信息(Natural Gas Information)
- 石油信息(Oil Information)

- 可再生能源信息(Renewables Information)
- 世界能源统计与平衡(World Energy Statistics and Balances)

2.7 EMIS、BvD、SourceOECD 三个经济统计类数据库比较分析[①]

2.7.1 内容比较分析

从三个数据库收录的内容来看,三个数据库的内容各有特色。其中 EMIS 目标是新兴市场的市场动态和商务信息,包含亚太地区、欧洲、中东、北非和南北美洲的 80 多个国家和地区,内容涉及新闻、公司、行业、宏观经济、金融市场、法律法规。BvD 是面向全球范围内的跨国企业财务经营数据、银行与保险公司的分析报告、当前全球各行业内最新的并购交易分析数据、各国宏观经济指标数据等,这个数据库专业性比较强。SourceOECD 的内容主要是 OECD 30 个成员国的数据文献,涉及的面较前两个数据库广,前两个数据库主要是在经济金融行业的信息,而 OECD 的对象领域除了经济领域,还包含社会领域的,如行政管理、发展援助、工业、农林渔业、能源、医疗、教育、科技、就业等。从内容形式上说,EMIS 有数据和报告,以报告为重;BvD 有数据和报告,特点是原始数据比较多;SourceOECD 除了数据和报告,还有期刊、图书。

从内容的广度上来说,EMIS 和 SourceOECD 所含的内容广度比较大,涉及面比较广。比如 EMIS 含有新闻资讯,法律法规等,SourceOECD 含有社会科学领域、国际能源组织的 9 个数据库的内容;而 BvD 主要在经济、金融银行领域。

从内容的深度上来说,BvD 较其他两个数据有更深层次的内容。EMIS 和 BvD 同样都有宏观经济数据库。EMIS 的宏观统计中的宏观指标分为 16 大类 120 多项指标,而在 BvD 的数据库中宏观指标分为 7 大类,总计 317 项变量系列(Series),含年度、季度、月度数值,数值的时间跨度自 1980 年到 2030 年(提供 5—22 年预测值)。又如 SourceOECD 的保险统计数据库收集了经合组织成员国及新加坡的主要官方保险统计数字。而 BvD 的 ISIS 数据库是包含 1 万多家各国主要保险公司的详细财务信息,提供各公司的保险业务性质、业务描述、全球及本国排名、历年资产负债、损益表、现金流量表、信用评级、股价系列(上市保险公司)、管理层人员姓名、股东及附属机构、审计情况等综合信息。从内容的其他角度分析,三个数据库的情况如下:

(1) 数据来源:EMIS 的数据来自当地信息供应商,如新闻资讯来自新闻通信社、报纸、杂志社、在线新闻集团如英国广播公司(BBC)、AFX 财经新闻、金融时报(Financial Times);行业研究报告和统计数据来自国内外咨询公司、研究机构、政府机构、行业协会等;宏观经济统计数据来自国内外研究机构和政府机构,如 EIU、OECD、各新兴市场国家/地区中央统计局、中央银行、海关等;公司资信评估、行业综合分析报告、宏观经济发展的预测、研究报告来自资信评估公司如惠誉、穆迪、花旗、高盛、汇丰、恒生等银行和金融研究机构等。

BvD 的数据来自 EIU、欧洲并购信息专业提供商 Zephus 公司、信用评级机构 Fitch(惠誉)等提供的数据。

SourceOECD 的数据来自 OECD 成员国的数据。有些来自非成员国的数据。

从数据来源看,EMIS 的数据来源中有部分来自 EIU、OECD,而 SourceOECD 和 BvD 相对来说原始数据比较多一些。

(2) 收录的语种资源:EMIS 数据库收录的资源共有 1.4 万多种,其中英文资源占 43%,

---

① 引自:CALIS 文理中心评估报告,据 2011 年数据。

俄语资源占 16%,西班牙语资源占 15%,中文资源占 6%,同时提供葡萄牙语、德语、法语以及其他新兴市场国家/地区官方语言等共 27 个语种信息资源。BvD 和 SourceOECD 收录的资源都是英文资源。

(3) 数据更新频率：EMIS 数据库会根据出版商的不同,数据更新周期为实时更新至双月不等。BvD 数据库根据数据库内容不同,有每日、每周、每月更新。比如 BankScope 每日更新,ZEPHYR 每日更新,ISIS 和 CountryData 每周更新。

(4) 收录的数据年限：EMIS 的数据从 1994 年开始。BVD 的数据库各个子库的数据年限不一,比如 OSIRIS 内的数据最长回溯到 1983 年,BankScope 的数据覆盖 16 年(1992—2007);ZEPHYR 的数据自 1997 年始;ISIS 最长收录 10 年数据(1998—2007),CountryData 的数据范围是 1980—2030 年(含预测值)。SourceOECD 的统计数据库中的数据包括 1965 年以来的数据,图书和期刊是 1998 年以来。

(5) 数据库之间重复：EMIS 的数据来源中部分来自 OECD 和 EIU,重复情况如下：EMIS 收录 OECD 的 11 种刊物或数据库中有关的数据,如 OECD-Energy Prices and Taxes、OECD-Indicators of Industry and Services、OECD-Main Economic Indicators、OECD-Main Science and Technology Indicators、OECD-Monthly Statistics of International Trade、OECD-Quarterly National Accounts、OECD-Sector Reports、OECD Economic Outlook、OECD Economic Surveys、OECD Reports、OECD Research。

EMIS 库中收录 EIU 刊物共有 42 个,目前保持定期更新和拟新增的有 35 个刊物。在 ISI 产品库中,EIU 刊物覆盖 50 个国家和地区。ISI 采购和集成 EIU 国别经济研究的主要内容(内容涉及：国情介绍、政治环境、宏观经济、主要经济指标、商业环境、行业概况、企业投资策略、风险评估、经济展望和预测、专题新闻分析等),EIU 出版刊物的主要内容都可以在 EMIS 库中查询到。

而 EIU 也是 BvD 的数据来源之一,BvD 收录 EIU 出版的 20 多种数据资源,大都是各国经济方面的信息。其中宏观经济指标类的,CountryData 收录了 EIU 所能提供 150 个国家的数据。因此在 CountryData 中,BvD 与 EMIS 来源于 EIU 的同类数据是重复的。

2.7.2 数据库检索比较

三个数据库的检索界面都比较友好,都能支持全文检索、布尔逻辑检索,检索结果的显示、保存导出等功能都比较友好、灵活。对于数据输出,都可以采用 EXCEL 表格输出。

(1) 检索功能

EMIS 支持全文检索、二次检索、多语种检索。它的查询界面包括搜索表和刊物查询两种查询方式。其中搜索表可以按照国家/地区、语种、刊物类别、信息来源、时间范围选择检索。对于财务报表可进行纵向对比分析,也可以进行横向对比分析。

SourceOECD 的检索界面简洁明了。支持一般检索和高级检索。高级检索可以选择时间范围、数据类型、排序等。

EMIS 和 SourceOECD 的检索功能相对 BvD 来说比较简单、易用。BvD 的检索功能因其专业性强的特点,较其他两个数据库全面,其每个专业子库提供了多达 200—300 项的高级检索条件、快速跨国同业对比分析、数据图形转换以及多项统计分析等功能。例如 OSIRIS 数据库的分析功能中用户可进行同业组对比分析、各财务指标多年走势分析、自定义添加财务比值、自定义财务报表模板、自动生成合并后财务报表、各类统计功能、所有财务数值任意转换图表及曲线。

（2）检索结果的格式与处理

EMIS 检索结果显示比较友好，支持 EXCEL 数据导出。SourceOECD 的检索结果显示也比较简洁明了。在 SourceOECD 数据库中，用户可以自行创建自己所需要的表格，将 SourceOECD 中的数据整理并建立成个性化的数据库格式。BvD 的检索结果显示比较复杂多样化，支持多文档格式输出、支持自动抓取数据到电子数据表中。

第三节 英文科技类事实和数值型数据库举要

3.1 贝尔斯坦/盖墨林化学数据库

3.1.1 内容与发展历史

《贝尔斯坦有机化学手册》(*Beilstein Handbuch der Organischen Chemie*)和《盖墨林无机化学手册》(*Gmelin Handbuch der Anorganischer Chemie*)为当今世界上最庞大的化合物数值与事实的资料源，编辑工作分别由德国贝尔斯坦学会(Beilstein Institute)和盖墨林学会(Gmelin Institute)进行，自 19 世纪中叶开始已持续了 100 多年。前者收集有机化合物的资料，后者收集有机金属与无机化合物的资料。

随着资料量的增加，查询纸版资料手册取得化合物的数值和事实资料已变得更加复杂繁琐，加上纸版资料手册的费用昂贵，储存占用相当大的空间，以及各种书籍保存维护上的问题等，使得这些手册已逐渐无法符合现代研究上的需要。

数年前 Beilstein Information System 公司和 IBM/Europe 公司合作，开发化学数据库系统检索软件 CrossFire，这套数据库系统于 1993 年左右发展完成，并在 1994 年以内装(in-house)方式在欧美发行。Gmelin Institute 于 1995 年授权由 Beilstein Information System 公司发行 Gmelin 数据库，1996 年 9 月完成 Gmelin CrossFire 数据库系统的开发。

CrossFire 数据库又称为 Beilstein/Gmelin CrossFire，包括了两套纸本手册的全部内容。CrossFire Gmelin 数据库有两个信息来源，其一是 1817 年至 1975 年 Gmelin Handbook 主卷和补编的全部内容，另一个是 1975 年至今的 111 种涉及无机、金属有机和物理化学的科学期刊。CrossFire Beilstein 数据来源为 1779 年至 1959 年 Beilstein Handbook 从正编到第四补编的全部内容和 1960 年以来的原始文献数据。

该数据库适用的研究领域包括：有机合成化学、无机化学、有机金属化学、天然物化学、药物化学、生物化学、农业化学、食品化学、工业化学、高分子化学、材料化学、海洋化学和环境化学。

2009 年，CrossFire 数据库由爱思维尔公司(Elsevier)代理经营，2010 年升级为 Reaxys 系统，整合了 CrossFire Beilstein、Gmelin 数据库和 Patent Chemistry(专利化学信息数据库)，内容更加丰富。

截至 2011 年，Reaxys 数据库包括：2 916 万个反应式、1 867 万种物质和 419 万篇文献。由于整合了 Crossfire Beilstein、CrossFire Gmelin 以及专利化学信息数据库，增加了 20% 的数据。Reaxys 覆盖范围广泛，包括有机化学、有机金属化学、无机化学和相关学科研究的反应及化合物信息，涉及单一和多步反应数据、催化信息、实验性物质属性数据和反应过程文本。Reaxys 的化学专利信息按照"历史数据"或"深度"分类。历史数据来源于 Beilstein，包括 1886

年至1980年的数据。专利摘要包括物质及反应数据。专利引用信息包括专利号、专利年、国家代码。深度数据包括1976年至今的英文专利信息,分别来自于世界专利局(WO)、欧洲专利局(EP),以及美国专利局(US)。

3.1.2 CrossFire检索系统

Crossfire以IBM RISC工作站的硬件架构为基础,以分子结构图形和文字、数字资料的方式进行数据库检索。数据库系统将数据库管理系统软件与数值资料整合在一起,安装在工作站级的计算机上,使用者以个人计算机上的图形接口联机使用,透过区域计算机网络连接到数据库服务器,检索结果传回远程的客户端。该系统另外一项重要的功能是提供各项资料间的超级链接,从任何一个化合物的反应资料可以轻易连接到参与化学反应的其他化合物,也可连接该化合物的文献资料,加上提供全结构和部分结构的检索功能,把化学资料的检索和应用提升到另一个层次。

(1) 检索功能

CrossFire系统具备方便、灵活的查询功能,可以将多种检索运算符和数据类型进行组合以检索相关的结构、反应及文本数据。

① 数据库选择与跨库检索:

从用户的客户端连接到CrossFire的服务器后,数据库选取栏为授权用户提供单个或多个数据库的检索。

② 文本检索(text search)

文本检索方式是用关键词在文本资料中进行检索的方式,检索范围可以选择在所有文本字段里进行检索,也可以在选择的索引项里进行搜索。选择前者,系统将再次提示确定检索的范围是物质、反应还是题录,从而返回相应的记录。

③ 使用结构图检索(structure editor)

在进行系统客户端安装时,将同时安装绘制化合物结构图的软件,使用物质结构图检索,是CrossFire系统提供一个功能强大的检索方式。比如从子结构查询开始,此时具有生物活性的物质将在结构显示窗口中以高亮度显示,单击这些物质将可以看到生成该物质的反应信息,如果再次单击相关链接,可以进一步看到描述这些反应的文献摘要。

④ 使用事实数据检索(easy data search,EDS)

使用事实数据检索,亦有两种方式供选择,其一是使用系统规定的标识符和运算符构造检索条件,类似专家检索。其二则是使用预设的多个提问表单的方式,用户只要在表单里填写数据或条件。每一种数据如书目数据、生物活性数据、物理性质、反应数据、环境数据都有相应的提问表单。

(2) 检索技术

在事实检索中,支持用标识符和运算符表达检索条件,系统支持的逻辑运算符包括:PROXIMITY、AND、NOT、OR、NEAR、NEXT,PROXIMITY是要求检索词必须在同一个子记录或同一个事实中出现,运算的级别是:PROXIMITY>AND,NOT>OR。同时可以使用括号嵌套检索。

(3) 检索结果

CrossFire Beilstein的显示搜索结果(display hits)窗口显示了所检索物质的详细信息,所有这些信息均可以通过区域列表中的超级链接来访问。同时它还会以结构方式呈现搜索结果,易于浏览,并且生物活性化合物均带有"Bio"标记,便于快速辨别。

CrossFire Beilstein/Gmelin 系统不支持将检索结果直接输出到本地,用户只能将记录保存在服务器上,或者使用复制拷贝的方式摘录数据。

3.1.3 Reaxys 检索系统

CrossFire 数据库由爱思维尔公司(Elsevier)代理经营后,2010 年升级为 Reaxys 系统,是爱思唯尔开发的新型的辅助化学研发的工作流程工具。Reaxys 将 CrossFire Beilstein、Gmelin 和 Patent Chemistry(专利化学信息数据库)综合为一体,改变了原有 CrossFire 的客户端访问模式,以基于通用浏览器的网络访问方式向用户提供更方便的服务。

网址:http://www.reaxys.com

升级后的 Reaxys 具有以下优点:

不需要要安装客户端软件,使用方便;

功能不仅强大,而且使用界面也符合大众使用习惯,容易上手;

将 Beilstein/Patent/Gmelin 三个数据库整合为一个;

能把检索结果按照催化剂等条件进行二次过滤;

能够智能生成一条或多条合成路线。

(1) 检索功能

① 文本检索:文本检索主要用于文本类如文献书目、物化性质等类型的信息检索,又可以分为基本检索和高级检索模式。基本检索是基于书目信息的检索方式。检索字段包括:作者、期刊名称、专利号、专利国、专利年和任意词等检索字段。高级检索方式则包括书目信息、标识类信息、物理数据、量子化学、生物活性、光谱范围、反应数据、应用、自然产品、基本索引等共十大类上百个检索项(检索字段),如图 7-2 所示。

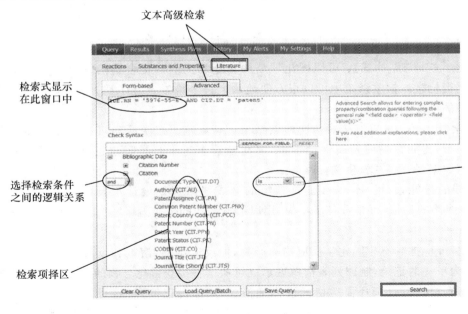

图 7-2 Reaxys 系统文本高级检索

② 结构式检索:Reaxys 可以使用画图工具很方便地画出结构式或化学反应。根据检索需求可以检索化学反应(单击"Reactions"),检索的结果是化学反应式和化学反应的具体步骤

和过程。也可以检索物质结构和性质(单击"Substances and Properties"),那么检索出的结果便是物质结构图、物质名称以及与该物质有关的超链接(包括反应、制备、属性、相关文献等)。结构式检索界面参见图7-3。在检索化学反应时,可以在结构图的右侧限定结构式的其他检索条件:比如限定物质在反应过程中的角色和作用:开始物料、反应物还是产物等。结构式检索又分为基本检索模式和高级检索模式。

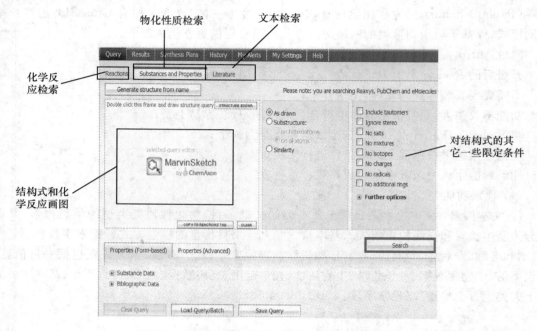

图 7-3 Reaxys 结构式画图检索化学反应界面示例

③ 组合检索(文本与结构式):可以把化学结构和化学反应与化合物的性能或相关文献信息组合起来进行检索。检索系统中可以很方便地从上百个检索条件中选择检索项,这些检索条件都以分类的形式列出。

④ 二次检索(filter):可以直接对一次检索结果进行限定。二次检索可以首先选择界面上列出的分类类型,比如在物质及属性检索中,二次筛选多达十几类限定条件。包括:子结构、分子量、光谱数据、物理数据、生物活性等。

⑤ 合成路线的智能设计:Reaxys 提供独特的合成线路规划设计工具(synthesis planning),辅助合成线路的评估,可精选各步反应,用以形成最佳的合成策略。

(2) 检索结果

① 显示:Reaxys 把具有相同化学反应物和产物,但反应试剂、溶剂和反应条件不相同的反应信息,综合为单一的记录,制成列表清单展示。可从这直接获得化合物的性能和评估最佳的合成线路。显示格式可以选择简单格式或详细格式,字体可以按照用户需要放大和缩小。排序根据检索结果的不同有多种方式可供选择。如:检索结果为化合物时,可以按照 Reaxys 登记号、分子量、化合物可得性、相关文献数量等来排序。

② 输出:检索结果可以打印和导出(output)。选择导出到文件,可以保存到本地也可以保存到服务器。文件格式:可以选择 PDF、Word、Excel 及 XML 格式。

3.2 Web of Science 化学数据库

3.2.1 内容介绍

Current Chemical Reactions(1985—,包括 Institut National de la Propriete Industrielle 化学结构数据,可回溯至 1840 年)和 IndexChemicus(1993—)是美国汤森路透公司推出的事实型化学数据库,是专门为满足化学与药学研究人员的需求所设计的数据库,收集了全球核心化学期刊和发明专利的所有最新发现或改进的有机合成方法,提供翔实的化学反应综述和详尽的实验细节,提供化合物的化学结构和相关性质,包括制备与合成方法。

数据库网址:http://isiknowledge.com/wos

3.2.2 检索方法

基于 ISI Web of Knowledge 资源整合平台,Current Chemical Reactions 和 IndexChemicus 集成在 Web of Science 中(关于 Web of Knowledge 及相关数据库的介绍及使用,请详见本书第二章),既可以用化学结构或结构片段进行检索,也可以用书目信息和引文方式进行检索。其中书目与引文检索与 Web of Science 的其他数据库的检索方式完全一致,在此不再重复讲述。化学结构检索则是针对 Current Chemical Reactions 和 IndexChemicus 检索化学反应和化合物的特色检索:当查找最佳合成方法或某一特殊反应时,可使用这一检索,利用简便易用的结构绘图程序画出一个反应式或化合物,将其作为反应物、产物等角色进行检索。

使用化学结构检索,首先必须在登录的首页下载并安装一个化学插件,才能在数据库中检索化学结构。

(1) 结构绘图检索

在下载完结果式绘图插件后,使用"Draw Query"画出化合物结构式。用反应物结构式或其子结构和反应式进行检索。例如,检索以苯为原料,生产苯乙烯的反应,首先要画出反应式,然后用箭头"Back<<"导入检索框。

反应式绘制过程如下:① 单击左列的"环"按钮,从中选择"苯环";② 单击左列"反应方向"按钮选择"→";③ 单击左列中的"环"按钮,从中选择"苯环";④ 单击左列中的"链"按钮,选择两个碳的链长,连接到画好的苯环上;⑤ 单击底部栏中的双键按钮,将鼠标移至相应位置单击。画出苯乙烯的结构式如图 7-4 所示。

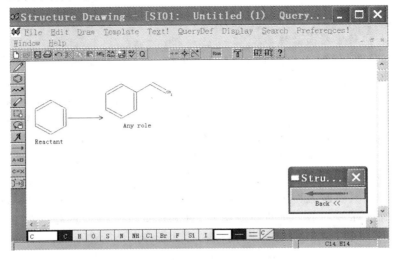

图 7-4　ISI 化学数据库反应结构画图示例

（2）化合物数据检索

可以通过化合物名称、生物活性或分子量这些物质特征检索，同时可以将化合物在反应过程中的角色限定为① 作为反应物；② 作为产物；③ 作为催化剂；④ 作为溶剂展开检索。

（3）化学反应数据检索

具有独特的通过反应条件展开检索的功能。反应条件包括气体环境、时间、反应产率、压力、温度、回流等条件。反应关键词可以输入包括反应的关键词短语，或从检索框旁的索引词表中选相关的检索词或术语。可在检索中使用＞和＜符号，如在反应产率一项中输入"＞90"。每个检索途径的检索条件可相互组合，也可与结构绘图检索或化合物数据检索组合，默认为逻辑"与"运算。

3.3 实验室指南数据库

实验室指南是一种标准化的、并可在实验室再现的"配方"或"方法"，即详细、精确的实验操作记录，包括按部就班的操作步骤、试验必需的原材料清单（原材料包括化学成分、硬件、软件）、注释和提醒（提醒实验员在实验过程中需要注意的事项、以及如何解决问题）等等，主要面向生物化学、分子生物学、以及生物医学等学科。

目前常见的实验室指南数据库主要由 Springer 公司和 John Wiley 公司出版。

3.3.1 Springer 实验室指南数据库

《Springer 实验室指南》（*Springer Protocols*）包含 2.6 万多种分子生物学和生物医学的实验室指南，其中很多都是来自经典的丛书系列，如《分子生物学方法》（*Methods in Molecular Biology*）、《分子医学方法》（*Methods in Molecular Medicine*）、《生物技术方法》（*Methods in Biotechnology*）、《药理学与毒物学方法》（*Methods in Pharmacology and Toxicology*）、《神经学方法》（*Neuromethods*）等，这些内容经过了非常严格的实践检验，倍受研究人员信任和称赞。例如《分子生物学方法》，其作者 John M. Walker 是实验室指南的鼻祖，也是第一位通过生物医学实验室指南按部就班地介绍实验方法、并使其成为标准的人。

《Springer 实验室指南》内容涵盖广泛且有一定深度，同一个实验提供了最新和历史版本等多种操作指南，且可以通过移动设备随时随地访问，方便研究者从中找到最适合自己的指南。

数据库网址：http://www.springerprotocols.com/

3.3.2 最新实验室指南数据库

John Wiley 公司《最新实验室指南》（*Current Protocols*）已出版有 20 多年，目前已有 17 册，收录了 1.4 万多种实验室技术与流程，主要针对生命科学领域，如生物信息学、细胞生物学、化学生物学、细胞计数法、实验室基本技巧、人类遗传学、免疫学、磁共振成像、微生物学、分子生物学、小鼠生物学、神经科学、核酸化学、药理学、蛋白质科学、干细胞生物学、毒理学等。

《最新实验室指南》的内容由生命科学领域的杰出科学家组成的编辑委员会精心挑选和评估，并由具有科研背景的专职人员严格编辑。所有实验室技术被 PubMed 和 Scopus 数据库收录，定期修订与更新，补充新资料，以保证对相关领域最新发展情况的体现。数据库特点是清晰、深入、易于使用，其实验流程采用高度详细而简单易懂的分步介绍形式，同时还提供有用的注释与评注，收录了重要参数与疑难解答提示，对流程做出进一步的解释。并可链接到 John Wiley 的电子图书和电子期刊的全文，也可以在移动设备上访问和下载。

数据库网址：http://www.currentprotocols.com/

第四节　英文社科类事实和数值型数据库举要

4.1　Gale 参考资料数据库

美国盖尔集团(Gale Group)是一家著名的参考工具书出版商,多年来以出版人文和社科工具书著称,一向为大学、学术研究机构、图书馆咨询机构提供比较有特色的工具书资料,尤其是文学及传记工具书以及机构名录方面颇具权威性。如《在版名录》(*Directories in Print*)、《社团百科全书》(*Encyclopedia of Associations*)、《现代作家》(*Contemporary Authors*)等都是其中的经典。2001 年 7 月,Gale 集团与 Cengage Learning, Inc.（圣智集团）正式合并,现名圣智学习公司(Gale Cengage Learning)。

Gale 也是全世界第一个从事电子数据库的公司,产品包括《社团大全》(*Associations Unlimited*)、《盖尔数据库名录》(*Gale Directory of Databases*)、《世界商业名录》(*World Business Directory*)等,其网络检索系统 Galenet 汇集了多个参考资料库,整合了数百种出版物,信息极为丰富,是重要的事实性数据的来源。其内容覆盖人文社会科学、商业经济、国际市场、人物传记、机构名录等范畴。

网址：http://infotrac.galegroup.com

4.1.1　主要数据库及其内容(数据截止到 2011 年)

(1)《社团大全》(*Associations Unlimited*)：包括了大约 45.5 万个国际性及美国国税局(Internal Revenue Service,IRS)认可的非营利性成员机构的名录资料,跨越各个领域。其中,有 2.3 万个美国国家级协会,2 万个国际协会组织,11.1 万个美国地区性、州及地方级协会名录。另外,有 2 600 个主要的美国全国性协会机构,提供了学、协会简介、宣传小册及会员申请表等全文资料。

(2)《传记资源中心》(*Biography in Context*)：发展自 Biography Resource Center 数据库的升级版本。结合 Gale Research 旗下的 50 多种传记型参考数据,270 多种杂志中的传记全文,并提供传主的照片,年代横跨古今,收录传主逾 52.5 万人,其中包含 60 多万份传记。贯穿古今,覆盖全球各个国家,横跨有关文学、科学、文化研究、商业、政治、历史和艺术等各个行业和学科领域。数据库提供多种检索入口,如从人物生卒年、出生地、国家、种族、职业、性别等事实来找出特定人物的相关资料。内容随时更新,只要有新的传记数据出现,就会更新整个数据库的内容。

(3)《传记和家谱总索引》(*Biography and Genealogy Master Index*)：提供用户查找人物传记条目的线索,这些条目散落在 1 000 多种重要的当代和回溯性传记资料中。该索引包括近 500 万个人物的 1 500 万条传记信息。既有在世人物也有去世人物;来自不同历史时期、不同国家和不同领域。

(4)《商业与公司资源中心》(*Business & Company Resource Center*)：包括全球 50 万家公司及 8 000 个行业协会的详细信息。记载了主要公司的发展历史、大事年表和路透社以及顶尖投资银行及研究机构的 200 多万份投资报告。内容还包括 100 多份报纸的商业信息,以及《华尔街日报》(*The Wall Street Journal*)、《纽约时报》(*New York Times*)《亚洲华尔街日报》(*The Asian Wall Street Journal*)等的索引及摘要以及盖尔集团出版的众多著名商业参考书,如:《全球行业百科全书》(*Encyclopedia of Global Industries*)、《盖尔市场份额报告》(*Gale's Market Share & Reporter*)等。

(5)《文学资源中心》(*Literature Resource Center*):来自于近400份全球全文期刊的丰富信息,包括文学、语言学、作家介绍等期刊,提供约75万篇全文文章。包括:全球15万作家的传记信息;3 000多张著名作家的图片,每年新增4 000名作家信息;盖尔集团出版的众多著名文学评论系列参考书,超过7万篇文学评论文章;从公元前2200年到21世纪各时期文学运动、文学作品、作家介绍、文学评论文章;超过5 000篇当代作家的文学作品概述、情节介绍和评论;可链接至5 000个经过专家严格挑选的文学和作家的相关站点;链接了3 000个美国国家公共广播电台访谈及评论;收录超过2.5万篇当代诗歌、短篇小说及戏剧;超过来自《韦氏文学大百科全书》的1万条文学术语定义;来自"国际语言协会"推荐的200万条书目信息;等等。适用于文学和外国文学的研究者,以精确、权威的参考信息提供了一个集综合性和时效性于一体的全球文学发展和研究信息资源平台。

(6)《盖尔常备参考工具数据库》(*Gale's Ready Reference Shelf*):收录了14种盖尔最受欢迎的参考性字典,它包括学会、研究中心、出版机构、出版物(报纸、时事通信、期刊、字典)、数据库、电视台及广播电台等各类名录字典和百科全书。列举如下:

- *Encyclopedia of Associations: National Associations*《社团百科全书:国家性社团》;
- *Encyclopedia of Associations: International Associations*《社团百科全书:国际性社团》;
- *Encyclopedia of Associations: Regional, State, & Local Associations*(《社团百科全书:地区、州、地方性社团》);
- *Encyclopedia of Government Advisory Organizations*(《政府咨询机构百科》);
- *Publishers Directory*(《出版社名录》);
- *Gale Directory of Publications and Broadcast Media*(《盖尔出版物及广播媒体名录》);
- *Directories in Print*(《在版名录》);
- *Newsletters in Print*(《在版通信》);
- *Gale Directory of Databases*(《盖尔数据库名录》);
- *Directory of Special Libraries & Information Centers*(《特种图书馆及信息中心名录》);
- *Research Centers Directory*(《研究中心名录》);
- *Government Research Centers Directory*(《政府研究中心名录》);
- *International Research Centers Directory*(《国际研究中心名录》);
- *Encyclopedia of American Religion*(《美国宗教百科》)。

数据库可以实现对以上14种字典的完全查询,为具有专门需求的用户提供非常有用的信息。内容包含32万个协会、研究中心、出版商、出版物(从报纸、快报以及期刊、名录)、数据库、电视和电台以及其他。其中美国国内协会2 800家,广播媒体机构10 200家,国际协会20 600家,数据库制造商2 900家,美国行政区、州和地方协会116 100家,数据库销售商2 100家,出版社18 900家,名录15 400个,图书馆和信息中心23 600家,快报11 600种,研究中心24 700个,期刊13 100种,政府顾问机构7 000家,数据库18 600个,宗教组织2 300个。

这里需要说明的是,Gale的参考数据库中也包含了很多全文,如Literature Resource Center、Biography Resource Center收录了近千种学术期刊中的全文文章,部分期刊在Pro-

Quest Research Library 数据库以及 EBSCO 的 Academic Source Premier 数据库中也有收录，表 7-3 对比了这几个数据库中期刊的重复情况。

表 7-3 Gale 数据库与 ProQuest 和 EBSCO 近似数据库的重复情况

	Literature Resource Center		Biography Resource Center	
	重复刊数	比例	重复刊数	比例
ProQuest Research Library	167	44.1%	220	62.9%
Academic Source Premier(EBSCO)	129	33.9%	162	46.3%

由于 GaleNet 是多个数据库的集合，每个数据库收录的信息类型不同，检索项不同，其检索方式也存在差别。但总的来说，GaleNet 的每个数据库根据其存储信息的属性，提供了多个层次、多个入口的检索途径，以满足对特定事实的检索，这是它们共有的特征，如可提供名称检索（人名、地名、机构名、数据库名、出版物名称）、主题词检索、扩展检索（可同时检索多个检索字段）、专家检索等。

下面 4.1.2 和 4.1.3 小节以两个比较有代表性的数据库的检索为例来介绍其检索系统的使用。由于系统所包含的数据库使用一个检索平台，检索其他的数据库时基本上可以依照同一方法进行；需要注意的是每个数据库由于收录的内容不同，检索的字段会有所变化，这需要查检时根据实际情况灵活掌握。

4.1.2 社团大全数据库（Associations Unlimited, AU）

(1) 检索功能

检索字段包括：① 机构名称。在字段中键入机构之全名、部分名称或缩写。② 地点。依机构所在地点进行区域性检索。③ 主题/款目全文检索。依机构主题或 SIC 号码进行检索，或在所有款目中进行全文检索。④ 非营利组织查询。查询经过美国国税局（IRS）所认定的非营利组织。在 IRS 查询页面之中，可直接点选检索字段如机构名称（Organization Name）、成立年份（Ruling Year）、资产收入（Asset Income）等，查看联机说明中对于该字段的检索功能描述。

检索功能包括：① 一般检索。从系统提供的各种字段，输入适当的检索词汇，或选取需要的项目进行检索。② 专家检索。以指令来表达想要查询的条件，并选择适当的主题（参见图 7-5）。专家检索中的检索项目及其意义如表 7-4 所示。

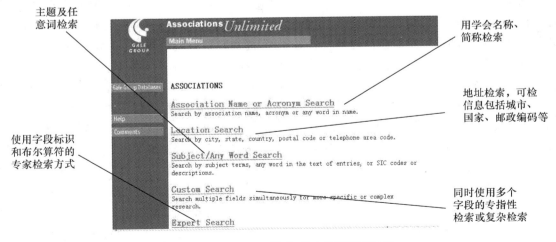

图 7-5 Associations Unlimited 检索界面示例

表 7-4 AU 字段代码及含义

代码	意义	代码	意义
AC	机构简称（Association Acronym）	CN	国家（Country）
AW	奖项名称或授奖频率（Awards）	CY	城市（City）
AY	奖项种类（Award Type）	DE	主题词（Subject Descriptor）
BU	预算（Budget）	FY	成立年代（Year Founded）

（2）检索技术

布尔逻辑算符：系统支持 AND、OR 和 NOT 三种布尔逻辑运算符。

位置算符：① W(WITHIN)：限制二个检索词中可允许最大间隔数，并限制二者的出现顺序。例：在机构字段中键入 American W2 Association，即可查到含有 American 和 Association 的机构，且机构名称中，American 必出现于 Association 前面，二者之间的间隔不超过两个单词。② N(NEXT TO)：限制两个检索词中可允许最大间隔数，但不限制二者之出现顺序。以上例来说，在 American N2 Association 的检索指令下，检索结果中必含有 American 和 Association 两个单词，且中间可包含至多两个单词，但 American 不一定出现在 Association 之前。

截断符：① *：用于右截断，查询相同词根的字，可无限截断，例：键入 faith*，即可查询到 faith、faiths、或 faithful。② !：用于右截断，为有限截断，即以此符号来代表一个空格或一个字符。例键入：analog!!，则会查出包含 analog、analogs、或 analogue 的记录，但不会查出含有 analogous 的记录。③ ?：用于中截断（字内），用以查询同一个单词的不同拼法，为有限截断。如键入 wom?n，即可查询到包含 woman 或 women 的记录。

（3）检索结果

保留选取的检索结果（keeper list）：系统会将使用者所选取的机构以 keeper list 的方式汇总结合，用户可将符合需求的、利用不同检索指令所检索出的检索结果汇入同一个 keeper list，有选择性地输出检索结果。作用与其他数据库的"标记记录"（mark list）功能相同（参见图 7-6）。

邮寄卷标的产生（mailing label）："查看邮寄卷标"（mailing label view）功能，可以按照邮寄的格式显示并输出机构的邮寄卷标，方便使用者利用，而不需记忆复杂的地址、机构名称或处理档案。每个邮寄卷标都会自动列入机构名称、机构联络人或负责人、联络人职称、邮寄地址、邮政编码。使用者可以很方便地将其打印下来，直接利用于邮递文件上。

4.1.3 人物传记资源中心（Biography in Context）

这里简单介绍与《社团大全》数据库相比，在使用方法上的特色之处。

（1）按人物职业身份浏览（browse people）：

可以按照如：美国总统、运动员、科学家等职业分类进行逐级浏览。

（2）简单检索

以人物的姓名、职业、国籍、生卒地点作为检索字段。

（3）高级检索

可以任意添加检索框（add row）实现多重检索字段来组合检索，每一个检索框旁可以选择检索词字段，包括：关键词、题名、出版物名称、作者、主题、全文、人名、地名、作品、公司名等。

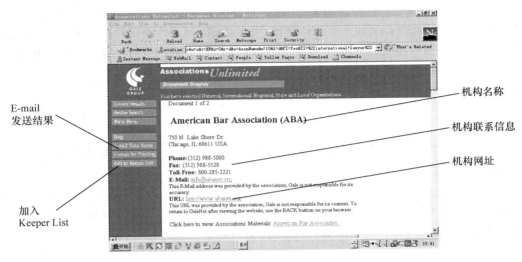

图 7-6 Associations Unlimited 检索结果示例

也可以将查询结果限制在全文文献或专家评审期刊的范围内。高级检索还提供文献类型限制,多达 200 多种文献类型可以从选择框中选择。内容类型限定可以将查询出的结果限定为声音、图像、视频、网络资源、学术期刊文章和新闻等。

(4) 检索结果

系统将检索结果按照内容类型进行分类,包括参考资料(reference)、图像(images)、新闻(news)、杂志(magazines)、学术期刊(academic journals)、基础资料(primary sources)、音频(audio)、视频(videos)、网络资源(websites)等,直接单击相应分类就可以集中查询到想要的内容。检索结果可以保存下载;可以利用第三方网站的邮箱自动添加书签(检索结果的 URL)或发送给他人(bookmark and share);可以用翻译工具直接翻译成多种语言。

4.2 《不列颠百科全书》网络版

4.2.1 《不列颠百科全书》简介

《不列颠百科全书》(*Encyclopedia Britannica*, EB),是西方百科全书中享有盛誉的佼佼者,1768 年首次出版,历经两百多年的出版、修订、再版漫长的发展阶段,《不列颠百科全书》得到不断的完善,2005 年推出了最新版本。2012 年 3 月,《不列颠百科全书》宣布停止出版印本。

从首次出版至今,《不列颠百科全书》的条目均由世界各国著名学者、各个领域的专家撰写,对主要学科、重要人物事件都有详尽介绍和叙述,两百多年来,《不列颠百科全书》一直是英语世界的知识宝库,全套共 32 册,其学术性及权威性已为世人所公认。

1994 年,在《英卡塔多媒体百科全书》(*Microsoft Encarta Encyclopedia*)的压力下,不列颠百科公司出了光盘版。读者对这套光盘版的深度和广度推崇备至,却批评这套光盘版没有视觉效果可言,在使用技术方面,也不如《英卡塔多媒体百科全书》光盘版。

《不列颠百科全书》网络版(*Encyclopedia Britannica Online*, EB Online)作为第一部互联网上的百科全书,于 1994 年正式发布上网之后受到各方好评,并多次获得电子出版物或软件方面的有关奖项。不列颠百科在线英文版内容更加丰富。截止到 2011 年,收录超过22.5 万个词条,34万种词类变化,16万多篇文章,3.3万多篇传记,7.5万多张图解、地图、统计图,7 000多段影片、动画、声音文件等多媒体数据,可连结超过1 000种的电子期刊文章;提供《纽约时报》(*New York Times*)、英国广播公司新闻(BBC News)与韩国SBS电视台国际新闻(SBS World News)焦点新闻连结,及EBSCO与ProQuest提供的700篇全文杂志与期刊内容。提供历史、文学、哲学与科学经典文献简介。

除了百科全书的内容外,EB自2011年开始还增加了很多新的工具性内容,包括:

《韦氏字典 & 辞典》(*Merriam-Webster Dictionary & Thesaurus*);

大英精选网站(The Web's Best Sites):可连结至超过30万个不列颠百科专家编辑群精选推荐的优良网站。

大英知识博客(Britannica Blog):专为喜爱知识的用户建立的知识智能、互动分享空间。

动物拥护站(Advocacy for Animals):替读者开启一扇通往动物世界的大门。以爱护动物,关怀动物为出发点,展开多面向的议题探讨。

视频资料库(Video Collection):依语言艺术、数学、科学、社会科学、地理、世界研究、美国历史、艺术等主题分类,提供各种长短的影音数据文件。

大事年表(Timelines):依照时间序列呈现所选主题的大事纪录,共包括14种主题类别:建筑、艺术、儿童时期、每日生活、生态学、探险、文学、医学、音乐、宗教、科学、运动、科技和女性历史。

全球资料分析(World Data Analyst):提供所选国家的简介及各类统计资料,例如地理状况、人口分析、官方语言、教育程度、政经情势、贸易类型、军队、交通和通信等。

国家比较(Compare Countries):提供超过215个国家的基本地理人口资料、地图、国旗、各类统计、相关文章、相关影像、多媒体数据、最近发生事件与相关网站资源等。

世界地图(World Atlas):与Google合作,提供使用者世界各国人文、地理等概况。

名人格言(Notable Quotation):提供古今中外4 000多篇名人格言。

经典文献(Gateway to the Classics):提供140位作者的文学、科学、历史与科学等主题共225篇经典文献。

大英主题数据库(Spotlights):提供更深入且丰富的主题研究,从远古时代的恐龙、诺曼底登陆、泰坦尼克号,到奥斯卡、美国总统全集共20种主题深度探讨。

全球资料参考中心(Global Reference Center,简称GRC):收藏了大量的大英百科全书外语数据,目前提供西班牙文,日文,韩文,简体中文与法文五种语言。使用者不但可以在这里找到涵盖全球的艺术、地理、历史、政治、科学、体育、科技等包罗万象的数据,每一种语言参考中心亦根据不同的文化历史与传统,提供该国特色的在地内容。此外,全球资料参考中心包含了多元的数据类型,有色彩鲜明缤纷的照片、精细绘制的地图与各种影像搭配着详尽的文字解说等。

网址:http://search.eb.com/

4.2.2 检索系统

EB Online界面友好,简单易用。同时具有浏览和检索功能。其中浏览功能包括:按字母顺序浏览、主题浏览、世界地图浏览、年鉴浏览和时间(大事纪年表)浏览、世界数据浏览、经典名著及名人格言浏览等多种途径。检索功能可根据不同需求,选择检索EB完整版、EB简明版、EB精选网站、影像资料和《韦氏词典》等不同层次和类型的文献。EB还对检索结果进行简单分类,把从不列颠百科完整版、不列颠百科简明版、EB 精选优质网站、其他资源、影像资料等不同来源得到的检索结果分别显示。

(1) 检索功能

EB Online 的检索方式包括简单检索和高级检索。高级检索界面(参见图 7-7)共有 5 个检索条件输入框可以实现:① 全部词出现;② 精确匹配;③ 任意词出现;④ 这些词不出现;⑤ 这些词邻近出现。检索条件之间默认为逻辑与组合。

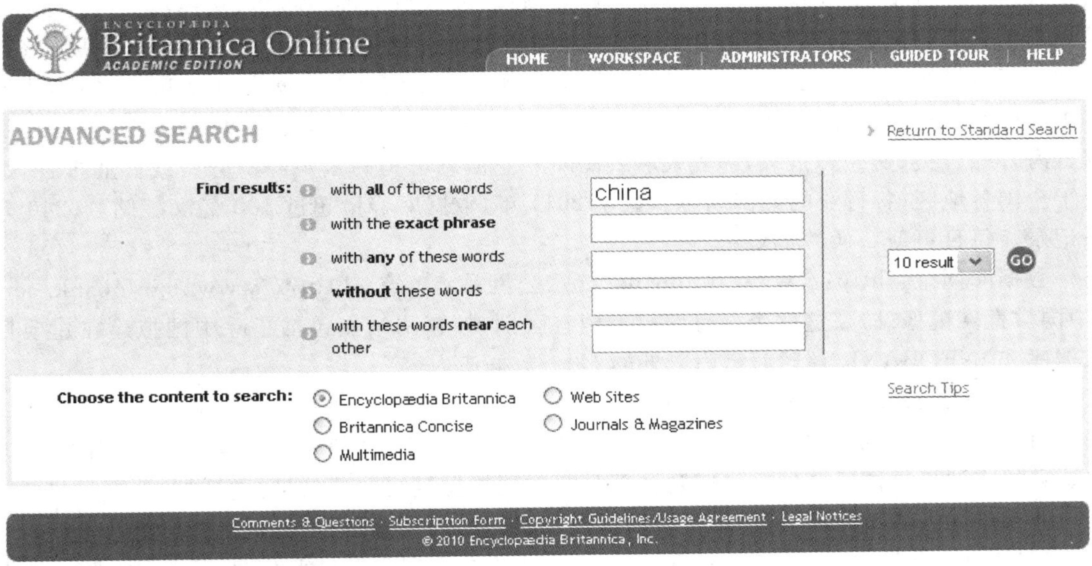

图 7-7 Encyclopedia Britannica Online 高级检索

系统的检索机制是关键词全文搜索,因此只要文章中出现检索词,便作为命中结果显示出来。连续输入两个或两个以上检索词,系统单独处理,单词之间的逻辑关系为逻辑与。

检索结果的排序基本按照相关性的原则,最相关的结果排在最前面。即检索词全部出现在标题中排在最前面,其次是检索词全部出现在文章中排在其后,再次是检索词部分出现在标题中,最后是检索词部分出现在文章中。

(2) 检索技术

系统支持布尔逻辑运算符,算符用大写字母表示:AND(+)、OR 和 NOT(-),""用以表达词组或短语,比如词组:gifted children 在检索时的表达方式为"gifted children"。

系统对英文单词单复数、英国英语和美国英语不同拼法的词汇变化具有智能检索的功能,只要输入任何一个词,比如"theater"或"theatre",检索结果是一致的。

(3) 检索结果

检索结果每一个条目对相关主题的图片、图书、多媒体、地图、Internet 网站及其他索引条目都有超链接。

第五节　中文商业经济类事实和数值型数据库举要

5.1　中国资讯行数据库(China InfoBank)

中国资讯行(China InfoBank)是香港专门收集、处理及传播中国商业信息的资讯企业,其数据库(中文)建于1995年,内容包括实时财经新闻、权威机构经贸报告、法律法规、商业数据及证券消息等。该数据库较为适合经济、工商管理、财经、金融、法律等专业使用,尤其是数据库包含了各类统计数据、法律法规、动态信息等事实与数据信息。数据库包含14个子库,收录了中国内地从中央到地方1 000多种主流媒体,包括报纸、杂志、学报、书籍和各类年鉴,以及部分海外综合类、财经类报纸,部分政府或民间专业信息机构的宏观经济分析或行业报告,反映了全国各地区、各行业的经济动态。截至2011年,数据库容量超过100亿汉字储量,240万条记录。每日更新2 000万汉字。

数据库网址:http://www.infobank.cn/(公网站点) 或:http://www.bjinfobank.com(中国教育网镜像站)。这两个站点内容上稍有区别,教育网站点包括了除中国拟建在建项目数据库和INFOBANK环球商讯库以外的12个数据库内容。

5.1.1　数据库内容(数据截止到2011年)

(1)《中国经济新闻库》:收录了中国范围内及相关的海外商业财经信息,以媒体报道为主。数据来源于中国千余种报章期刊及部分合作伙伴提供的专业信息,内容按19个类别197个行业及中国各省市地区分类。

(2)《中国统计数据库》(China Statistics):大部分数据收录自1995年以来国家及各省市地方统计局的统计年鉴及海关统计、经济统计快报、中国人民银行统计季报等月度及季度统计资料,其中部分数据可追溯至1949年,亦包括部分海外地区的统计数据。数据按行业及地域分类,数据日期以同一篇文献中的最后日期为准。

(3)《中国商业报告库》(China Business Report):收录了经济学家及学者关于中国宏观经济、中国金融、中国市场及中国各个行业的评论文章及研究文献,以及政府的各项年度报告全文。

(4)《中国法律法规库》(China Laws & Regulations):收录以中国法律法规文献为主,兼收其他国家法律法规文献。内容包括自1949年以来中华人民共和国中央及地方的法律法规以及各行业有关条例和案例。

(5)《中国上市公司文献库》:收录了在沪、深交易所上市公司(包括A股、B股及H股)的资料,网罗深圳和上海证券市场的上市公司各类招股书、上市公告、中期报告、年终报告、重要决议等文献资料。

(6)《中国医疗健康库》:收录了中国100多种专业和普及性医药报刊的资料,向用户提供中国医疗科研、新医药、专业医院、知名医生、病理健康资讯。

(7)《中国人物库》:提供详尽的中国主要政治人物、工业家、银行家、企业家、科学家以及其他著名人物的简历及有关的资料,此库文献内容主要根据对中国800多种公开发行资料的搜集而生成。

(8)《中国企业产品库》:收录了中国27万家制造业、邮电业及运输等公司的综合资料,如负责人、联络方法及企业规模等。

(9)《名词解释库》：主要提供有关中国大陆所使用的经济、金融、科技等行业的名词解释，以帮助海外用户更好地了解文献中上述行业名词的准确定义。

(10)《中国中央及地方政府机构库》：载有中央国务院机构及地方政府各部门资料，内容包括各机构的负责、机构职能、地址、电话等主要资料。

(11)《英语出版物数据库》(*English Publications*)：收录了部分英文报刊的全文数据及新华社英文实时新闻资料。

(12)《香港上市公司文献库》：收录了香港主板及创业板上市公司的详细资料。

(13)《中国拟建在建项目数据库》：中国拟建在建项目数据库收集经国家及地方发改委（包括原国家计委、国家经贸委以及地方计（经）委）批准建设的各行业投资总额在人民币1 000万元以上的各行业拟建和部分在建项目的详细资料，包括项目概况、项目规模、主要投资者简介、所需关键设备、负责人简历及联系方式等。行业的范围覆盖全国交通、能源、电信、市政、环保、原材料加工、石油、化工、医药、机械、电子、农林水利和旅游开发等领域。

(14)《INFOBANK 环球商讯库》：保存了 China Infobank 网站自 1998 年以来实时播发的"环球商讯"的全部新闻文献。

5.1.2　检索功能

(1) 简单检索

可以指定在某一个数据库中进行检索，如"中国经济新闻库"或"商业报告数据库"；可输入一个或多个适当的主题或关键词检索，多个字词输入用空格隔开。可使用时间选择，指定检索引擎对数据库内某一时段的信息进行检索。

(2) 二次检索

可以选择：① 重新检索；② 同一检索命令在其他库中检索；③ 在前次结果中检索。

(3) 专业检索

专业检索是在简单检索的基础上，增加了以下限定条件：行业选择；地区选择；资料来源选择；时间范围选择，如图 7-8 所示。

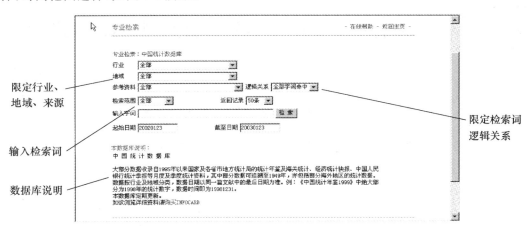

图 7-8　中国资讯行统计数据库专业检索示例

5.1.3 检索技术

(1) 逻辑 AND(全部字词命中)：所选的资料中(标题或正文)，必须同时包含输入的全部关键词。

例：关键词输入："环境汽车"。

检索结果：选定的数据库内，只有包含"环境"与"汽车"两个词的信息被检索出来。在检索出的资料全文中，关键词以高亮显示。

(2) 逻辑 OR(任意字词命中)：所选的资料中(标题或正文)，包含所输入的任何一个关键词。

例：关键词输入："环境汽车"。

检索结果：选定的数据库内，凡是出现"环境"或"汽车"其中一个词的信息都被检索出来。在检索出的资料全文中，关键词以高亮显示。

(3) 逻辑 NOT(全部词不出现)：所选的资料中(标题或正文)，不包含输入的所有关键词。这个检索手段，主要用于去除、过滤不需要的信息。检索结果是，选定的数据库内，所有在标题或正文中有您输入的关键词的信息都被过滤了。

例：第一次检索时，关键词输入："环境汽车"，包含了很多汽车展销会的信息。就可以在第一次检索结果中做二次检索，输入"展销会"，然后选择"全部词不出现"的检索手段，这样，不需要的、有关汽车展销会的信息会全部去除。

5.1.4 检索结果

系统可以调整返回记录的条目，即确定每一页面显示信息的条目。在返回的记录的上方分别显示数据库名称、时间范围、检索词、命中结果数量。

简单记录格式：检索结果按时间顺序列出标题信息，单击标题可以浏览信息正文，中间部分为信息发布时间和出处。

正文显示：在正文的抬头分别显示专业、地区、时间分类、文献出处、标题与副标题，文中的检索词都会以红色的字体高亮显示，如图 7-9 所示。

检索结果可以标记，显示多个所选记录的全文，使用浏览器的打印、保存功能进行检索结果输出。

图 7-9　中国资讯行统计数据库检索结果示例

5.2 中国经济信息网(中经网)及中经网统计数据库

中国经济信息网,是国家信息中心组建的、以提供经济信息为主要业务的专业性信息服务网络,于1996年12月3日正式开通。国家信息中心是国家发展和改革委员会归口管理的事业单位。多年来开展了大量经济预测、经济分析和经济数据库的建设工作,为国家宏观调控提供经济信息支持。中经网从宏观、行业、区域等角度,监测和诠释经济运行态势,为政府、企事业、金融、学校等机构把握经济形势、实现科学决策,提供持续的信息服务。

数据库网址:http://www.cei.gov.cn/

《中经网统计数据库》是由国家信息中心中经网凭借与国家发改委、国家统计局、海关总署、各行业主管部门以及其他政府部门的合作关系,经过长期数据积累并依托自身技术、资源优势,通过专业化加工处理组织而成的一个综合、有序的庞大经济统计数据库群。内容涵盖宏观经济、行业经济、区域经济以及世界经济等各个领域,是一个面向社会各界用户提供全面、权威、及时、准确的经济类统计数据信息的基础资料库。其内容包括《中国经济统计数据库》和《世界经济统计数据库》。

5.2.1 中经网内容(截至2011年见表7-5)

表7-5 中经网内容

子库名称	内容指标
统计数据	涵盖宏观经济、产业经济、经济专题、区域经济、行业经济以及世界经济等各个领域
经济分析	每天重要的新闻条目,经多个层次的专家讨论评定近期的发展趋势及建议
区域经济	跟踪报道国内各地经济发展态势、特点及未来走势;宣传地方政策法规;提供区域经济研究分析报告;发布各地招商项目以及投资环境等信息
金融动向	银行业、证券业、保险业、信托业、信贷监控、金融政策、国际金融、金融外评等八个信息产品
行业季度报告	各行业的相关政策、整体运行状况与产业走势、投资增长及发展趋势、产品结构、市场结构和区域结构的变动、主要企业的竞争态势、营销策略和市场行为、各行业进入和退出的变化因素等
财经视频	提供国内外著名媒体和专家论坛等财经类视频信息,外语视频配以中文字幕同步播出
经济论坛	汇集中国经济学界名流50人的学术观点和研究成果;汇集国内14家著名经济研究机构的研究成果
海外论坛	著名国际知名经济研究机构、投资银行、经济报刊、研究机构以及经济学家所发表的对世界各地热点问题、全球经济、产业经济研究、分析预测等

5.2.2 中经网统计数据库内容(截至2011年)

(1)《世界经济统计数据库》:包括经济合作与发展组织(OECD)月度库和年度库,包括自1960年以来的年度、季度、月度数据;涵盖30个OECD组织成员国、8个非成员国以及国际主要经济组织的宏观经济发展指标;包含国际收支、国民账户、就业、生产、制造业、建筑业、价格、国内需求、金融、贸易、商业趋势调查、先行指标等近30个大类专题。按不同国别及专题分类提供详细指标名词解释。

(2)《中国经济统计数据库》:内容如表7-6所示。

表 7-6　中国经济统计数据库内容

子库名称	内容指标
宏观月度库	反映宏观经济整体运行态势的月(季)度统计数据信息库。涵盖国民经济核算、财政、金融、贸易、投资、房地产、工业交通、物价工资共 14 个专题 2 000 多项指标内容； 70 多万条数据； 近 15 年 180 多个时点数据的任意检索查询； 近 300 项重点指标注解
行业月度库	定位于行业经济的专业性月度统计数据信息库； 39 个工业大类、近 200 个中类行业运行发展情况； 近 50 项主要财务及经济效益指标； 自 1999 年至今的 150 多万条海量数据； 专业化处理 94 国标与 02 国标行业分类口径对应与衔接； 数万字行业调整说明及指标注释
海关月度库	反映中国对外经济贸易状况的月度统计数据信息库； 以中国海关统计数据为基础； 自 1995 年以来的进出口月度统计数据； 涵盖 3 万多个指标； 300 多万条数据
综合年度库	进行宏观经济研究、全面了解中国经济的统计数据信息库； 以历年《中国统计年鉴》为基础； 自 1949 年以来我国社会、经济发展全貌共计 23 个大类专题； 3 000 多个指标； 30 多万条数据
城市年度库	进行城市研究、全面了解中国大陆城市经济情况的统计数据信息库自 1990 年以来全国 300 余个地级城市的城市经济发展状况主要统计指标

5.2.3　检索系统

(1) 检索功能

《中经网统计数据库》检索系统有两种查询统计数据的方式：浏览和关键词检索(参见图 7-10)。

① 浏览

包括分库检索、名词解释两部分。"分库检索"目录节点下包含全部备选的数据子库，各数据子库根据统计频度、指标性质、地理范围进行科学有序地划分，是不同领域内经济统计数据的专业分类集合。"名词解释"目录下包含对应子库中相应的统计名词词典。确定需要查询的统计指标所属的分类，通过鼠标左键单击该分类名称可以实现节点的层层展开，当点取最后一层分类时，该分类下所有指标会出现在指标的备选区中。在备选区中再次对指标进行选择，即可显示数据内容。

② 关键词检索

还可通过关键词检索方式获得备选指标。在输入框中输入所需查询指标的关键字段，如"钢铁"，可将树状选择区中当前选定的指标节点下名称中包含"钢铁"字样的指标全部选入备选区。

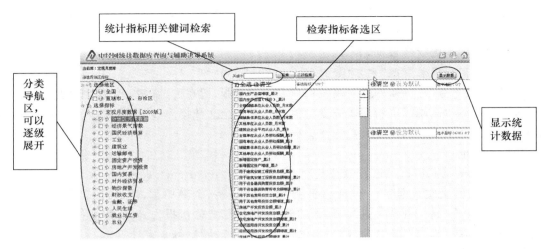

图 7-10 中经网统计数据库检索界面

③ 二次检索

当备选区中的指标数量过多时,可利用"二次检索"功能筛选。"二次检索"功能可循环使用,直至精确定位到用户所需指标上。

(2) 检索结果

显示:指标/地区查询条件全部选中后,使用"显示数据"功能按钮,即可进入结果显示界面。

输出:可以打印或导出到文件。将数据表格导出到 EXCEL 文件,导出文件包括序列信息和数据信息。

表格维度设置:针对每个数据具有"时间"、"地区"、"指标"三维属性的特征,在数据表格显示形式上,系统提供"指标-时间"、"时间-指标"、"时间-地区"、"地区-时间"、"指标-地区"、"地区-指标"等 6 种基于不同维度组合的数据表格显示模式。

序列信息显示:通过"序列"功能,可显示指标序列信息。序列信息包括指标名称、地区、中文单位、序列起止时间、更新时间、数据汇总、序列口径注释等多项信息。可对序列进行排序。

作图:使用"作图"按钮,可对选定区域作图。提供 3 种图形类型,包括线图、柱图及饼图。

5.3 国务院发展研究中心信息网(国研网)

5.3.1 国研网简介

国务院发展研究中心信息网创建于 1998 年,是国务院发展研究中心信息中心主办、北京国研网信息有限公司承办的大型经济类专业信息网络服务平台。国研网以国务院发展研究中心的信息资源和专家阵容为依托,与海内外众多研究机构和经济资讯机构紧密合作,整合国内外经济金融领域的研究成果和经济信息,是集理论研究、形势分析、政策解读、数据发布、辅助决策于一体的专业经济信息平台。

国研网为各级政府部门、海内外投资机构、经济研究机构及其研究人员、高等院校等高级人才培养机构提供:关于中国经济、金融政策及其取向深入、权威的研究成果,关于中国经济改革、开放、发展及其主要影响因素长期、系统的分析判断,关于国民经济支柱行业运行态势、发展趋势、产业政策动态、行业机会与风险全面、细致的描述剖析,关于国民经济及其主要领域运行态势准确实用的财经数据,等等。

5.3.2 "国研网教育版"内容(数据截止到2011年)

"国研网教育版"是国研网针对高校用户设计的专版,旨在为全国各高等院校的管理者、师生和研究机构提供高端的决策和研究参考信息。它由全文数据库、统计数据库、研究报告数据库、专题数据库、世经数据库五大数据库集群组成。

数据库网址:

http:// www.drcnet.com.cn(公共网)或 http:// edu.drcnet.com.cn(教育网)

(1)《国研网全文数据库》:包括国研视点、宏观经济、金融中国、区域经济、行业经济、企业胜经、世经评论、高校管理决策参考、基础教育、经济形势分析报告、发展规划报告、经济普查报告、政府工作报告、政府统计公报、中国国情报告和财政预决算及审计等17个数据库。

(2)《国研网统计数据库》:是国研网在全面整合我国各级统计职能部门所提供的各种有关中国经济运行数据的基础上,历经数年研究开发、优化整合后推出的大型数据库集群,对国民经济的发展,以及运行态势进行了立体、连续、深度展示。它包括最新数据、每日财经、金融数据、世经数据、重点行业数据、宏观数据、对外贸易数据、区域经济数据(市级)、产品产量数据、中国教育经费数据、工业统计数据等内容。

(3)《国研网研究报告数据库》:通过持续跟踪、分析国内外宏观经济、金融和重点行业基本运行态势、发展趋势,准确解读相关政策趋势和影响,及时研究各领域热点/重点问题,致力于为客户提供研究和战略决策需要的高端信息产品。该报告数据库包括宏观经济分析报告、金融中国分析报告、行业季度分析报告和行业月度分析报告等子库。

(4)《国研网重点专题数据库》:包括新农村建设、科学发展观、国际贸易、跨国投资、领导讲话、宏观调控、国内政府管理创新、市场与物价、人口与就业、政策法规、社会保障、循环经济、体制改革、国外政府管理借鉴、聚焦"十一五"、农民工问题、资源环境、基础设施建设、公共管理理论等内容。

(5)《国研网热点专题数据库》:是以辅助政策研究及学术研究、便于用户集中获取相关资料为目的,针对宏观经济、金融、区域经济、行业经济和企业管理等领域不同阶段内的热点问题而设计的专题数据库,其中还包括2002年以来为"两会"设计、制作的专题。

(6)《国研网世经数据库》:共有全球经济、全球金融、热点关注、聚焦中国、国别研究、重点产业以及中国视角7个主要栏目,与此同时,还提供了两个辅助数据库——国际财经时评以及国际财经资讯,以及时了解国际财经领域的重大经济事件。

5.4 中国宏观经济信息网(中宏网)及中宏产业数据库

5.4.1 中宏网数据库内容

中宏网由19类大库、74类中库组成,涵盖了20世纪90年代以来宏观经济、区域经济、产业经济、金融保险、投资消费、世界经济、政策法规、统计数字、研究报告等方面的详尽内容(参见表7-7),是目前国内门类全,分类细,容量大的经济类数据库之一。

数据库网址:http://www.macrochina.com.cn/macro_data/

表 7-7 中宏网内容（据 2011 年数据）

大库名称	指标内容
国家统计	收录国家发改委、国家统计局、海关总署、中国人民银行、各行业主管部门的统计资料
宏观经济形势	收录我国经济的运行状况、形势判断、热点分析和趋势预测等信息和研究报告
经济发展战略与规划	包含人口、资源、环境、战略、规划、社会保障 6 个子数据库，收录了国内外相关发展战略、发展规划、背景资料、动态信息、统计数据、政策法规、焦点分析及相关研究报告
金融	包含银行、证券、基金、保险、期货、国际金融 6 个子数据库，全面收录了行业运行状况、形势判断、热点分析和趋势预测等信息内容和研究报告
财政税收	包括财政、税收两个子数据库：收录财政的发展战略、方针政策、中长期规划、改革方案、政策解读、背景资料以及权威部门、专家对热点问题的分析；收录税收的运行状况、形势判断、热点分析和趋势预测等信息内容和研究报告
投资	收录投资新闻、政策法规、背景资料、统计数据、投资体制、投资环境、投资管理、国际投资信息和研究报告
消费	收录消费市场的运行状况、形势判断、热点分析和趋势预测等信息和研究报告
物价	收录物价运行状况、形势判断、热点分析和趋势预测等信息内容和研究报告
国内贸易	包含新闻动态、国内贸易基本状况、全国消费品市场交易情况、社会消费品零售总额（按行业分）等
对外经济与合作	收录外经济与合作基本状况、战略规划、政策法规、统计数据、市场分析、国际经贸动态信息和研究报告
中国外资	收录中国利用外资的政策措施、外商投资管理体制、专题研究等信息和研究报告
产业发展	农村经济数据库收录了农村经济方面的信息内容和研究报告；能源矿产数据库收录能源矿产方面的信息内容和研究报告；产业数据库收录行业方面的信息内容和研究报告
区域经济	包括经济动态、发展战略与规划、产业结构与布局、经济运行状况、分析预测、政策法规、统计数据等信息和研究报告
世界经济	收录世界经济的运行状况、形势判断、热点分析和趋势预测等信息；收录世界各地区经济动态、发展战略与规划、产业结构与布局、经济运行状况、分析预测、政策法规、统计数据等
政策法规	收录建国以来全国人大法律、国务院行政法规、最高人民法院和最高人民检察院司法解释、国务院各部委规章、各地人大法规和地方政府规章等
体制改革	收录改革动态、改革思路、改革方案、背景材料、调研报告、专题研究报告等
焦点专题	收录各个经济发展阶段中对焦点、难点问题的专题研讨
中宏学术成果	收录中宏专家百人团、中宏研究院研究人员所有的研究成果与资料
企业管理和经营战略	全面收集了国内外企业管理与经营战略方面的信息和研究报告，包括管理理论、管理方法、管理实务、典型案例、规章制度、合同文书范本、企业精英等

5.4.2 中宏产业数据库内容

《中宏产业数据库》数据来源于国家统计局、国家发改委、商务部、住建部、交通部、海关总署和各行业主管部门及行业协会等多家权威单位，在国家发改委产业司及宏观院产业经济研究所有关领导和专家的指导下，经过严格的筛选和分类、加工、处理后，形成一个包含上千条数据序列的数据库产品。目前（据 2011 年数据）运行的 2.0 版数据除了包含有 1.0 版的十大支柱工业产业（即能源、冶金、机械、汽车、电子、石化、轻工、纺织、医药、建材）和五大服务业支柱产业(即交通、房地产、信息、旅游、商贸)外,还覆盖了国民经济行业分类中(国家标准 GB/T4754-2002)采矿业、制造业和电力、燃气及水的生产和供应业等所有 4 位代码行业。专门提供给中国的高等院校,金融机构、政府和大型企业的产业发展及战略研究部门使用,为相关研究人员提供一套完整的对于中国支柱产业发展的监测和预警数据。

5.5 巨灵金融数据库

《巨灵金融数据库》是在中国证券监督管理委员会信息中心组织下,于 1996 年由深圳巨灵信息技术有限公司承建的一套以金融证券期货类报刊为主的电子检索系统。该系统涵盖海内外主要中文财经报刊及一些知名券商的研究报告,收录刊物已达 130 多种。内容包括(截至 2011 年):

(1) 宏观经济研究:包括国内生产总值、农业、工业、建筑业、运输与邮电业、旅游业、景气指数、国内贸易、固定资产投资、金融、财政收支、价格指数、对外经济与贸易、就业与工资和人民生活 15 个子库。

(2) 上市公司研究:包括上市公司财务报表、上市公司财务报表附注、中国上市公司股权结构及变动、上市公司股东大会情况、上市公司董监事、高管人员及员工情况、上市公司重要事项、上市公司审计信息、上市公司收购兼并和资产重组、上市公司股权分置 9 个子库。

(3) 股票市场研究:包括股票基础数据、股票发行、股票配股增发、股票分红数据、股票行情数据、股票收益数据、股票特殊处理、股票市值、高频数据 9 个子库。

(4) 债券市场研究:包括基准利率研究数据、国债研究数据、企业债券研究数据、可转债研究数据、央行票据研究、回购市场研究、资产抵押证券研究、银行间债券报价高频数据、利率期限结构研究、债券收益研究、债券行情数据 11 个子库。

(5) 证券投资基金研究:包括基本信息数据库、发行数据库、分红数据库、持有信息数据库、行情与净值数据库、资产投资组合数据库、财务数据库。其他专题库包括基金相关机构信息数据库、基金绩效评级数据库。

(6) 金融指数研究:包括指数基本信息、指数交易及交易统计、指数收益研究专题数据库。

(7) 权证研究:包括权证基本信息、创设和注销、主要持有人、日指标、行权价格变动、日行情数据。

(8) 行业研究:收录了 33 个重要行业的专有数据。

数据库网址:http://www.genius.com.cn/

5.6 万得金融数据库

万得资讯(Wind 资讯)是中国大陆领先的金融数据、信息和软件服务企业,总部位于上海陆家嘴金融中心。其数据库内容涵盖股票、基金、债券、外汇、保险、期货、金融衍生品、现货交易、宏观经济、财经新闻等领域,实时更新。

万得资讯《中国金融数据库》是一个极为庞大的数据库,为方便用户的使用,分类也极为详尽,就内容属性而言,所划分的子库及包括的内容如表 7-8 所示(截至 2010 年)。

表 7-8　万得资讯《中国金融数据库》内容

股票系列库	公司板块：各类品种、公司和板块的基本资料； 沪深行情：完整全面的沪深交易所收盘行情、复权行情，及高频交易数据； 权息数据：公司历年募资、分配记录，以及股本结构和股权状况。同时还有 Wind 资讯深度挖掘的非上市公司股东或上市公司非十大股东； 财务数据和财务附注：上市公司和债券发行人披露的财务报表、财务附注、重要财务指标，Wind 资讯计算出的常用指标和报告期内调整后摊薄指标，财务审计机构的审计意见，以及公司在披露定期报告前公布的业绩预告和预计披露时间； 经营状况和重大事项：公司经营班子、主要产品、重大交易、重要事项等； 公司公告和公司新闻：与上市公司、基金、债券相关的历史公告和新闻报告
基金系列库	基金基本资料：全部开放式基金及沪深两市封闭式基金的发行上市基本资料以及基金份额的变动情况； 基金净值：每日更新的基金单位净值、累计净值及复权后的净值数据； 基金投资组合：基金按行业行类、按分资产类型分类以及按具体的按品种分类的投资组合数据； 基金文本资料：基金募集说明书、投资组合、定期报告等各类基金公告及相关的新闻评述的文本资料； 基金财务数据：基金资产负债表、利润分配表、净值变动表等各类基金定期财务数据
债券系列库	详细的债券信息，品种类型包括国债、企债、可转债、金融债，涉及市场有沪深交易所、银行间债券市场、银行柜台市场，及其他未上市的地方债
指数系列库	国内各类官方指数（沪深交易所指数、中央登记结算公司指数、银行间债券市场指数）和市场指数（中信指数、新华富时指数、中国银行指数等）、海外权威指数（道琼斯指数、纳斯达克指数、日经指数等）的基本资料和行情
贵金属系列库	上海黄金交易所上市品种的基本资料和每日行情
新闻法规库	国内财经动态、国际财经动态、时事要闻、海外传真等，细致分类的证券市场各项法律法规
市场统计库	沪深两交易所定期公布的市场统计报表
宏观经济数据库	宏观经济分析、宏观数据统计、宏观经济动态等。包含大量数据格式的宏观经济数据指标如宏观经济整体运行情况、工业生产情况、对外贸易情况、市场物价水平情况、劳动就业、人民生活水平情况等
宏观金融数据库	存贷利率、央行票据、外汇牌价、宏观财政数据、宏观货币数据等
海外经济数据库	海外经济数据库，主要包括：海外主要证券市场收盘指数，美国、欧洲、日本宏观经济数据，美国债券数据，H 股、香港创业板股票发行数据等
网站 F10 专用库	包含全部股票、基金、债券的个股基本资料（F10），提供两种信息发送，为客户提供便捷的增值服务种格式的数据：文本格式和数据库格式。包含全部股票、基金、债券的个股实时和历史信息地雷。这些信息可以嵌入到各种行情分析系统和券商网上交易客户端中，客户在浏览行情时可以便捷查询股票基本面信息和市场评论信息
手机短信专用库	针对手机等移动设备的特点，提供定制的短信息（SMS、WMS）内容，供券商等通过短消息渠道进行

数据库网址：http://www.wind.com.cn/

5.7 几个中文商业经济类事实数值数据库的比较分析[①]

国研网、中经网、中宏网、中国资讯行、巨灵财经等中文商业经济统计类事实数据库在数据量、数据库类型分布、全文信息覆盖范围、收录年限、更新情况、数据来源、统计数据覆盖范围、检索系统等方面既有相同和重复之处，也有区别和各自特点，从表 7-9 至表 7-12 所示可见一斑（以 2009 年数据为例）。

表 7-9 中文商业经济统计类事实数据库的全文数据类型分布

数据类型	期刊文章	报刊新闻	独家报告	课题成果	术语指南	国外研究	视频
国研网	√	√	√	√		√	
中宏网				√			
中经网	√	√	√			√	√
中国资讯行	√				√		
巨灵财经		√					

表 7-10 中文商业经济统计类事实数据库的全文信息范围

信息类型	宏观经济	区域经济	金融信息	行业经济	世界经济	企业公告	法律法规	教育信息	医疗信息
国研网	√	√	√	√	√	√	√	√	
中宏网	√	√	√	√	√				
中经网	√	√	√	√	√				
中国资讯行	√		√						√
巨灵财经	√								

表 7-11 中文商业经济统计类事实数据库的统计数据范围

信息类型	宏观经济	区域经济	金融信息	行业经济	世界经济	教育信息
国研网	√	√	√	√	√	√
中宏网	√	√	√	√		
中经网	√	√	√	√		
中国资讯行	√	√	√	√		
巨灵财经	√		√			

表 7-12 中文商业经济统计类事实数据库的统计数据来源

国研网	国务院发展研究中心、国家统计局、海关总署、中国各行业协会/商会等、国际组织（世界银行、亚洲银行、国际货币基金组织、世界贸易组织等）
中宏网	国家统计局、各地统计局、各行业协会，各行业主管部门、国家发改委、国家统计局、海关总署
中经网	国家统计局、商务部、行业协会、地方统计局和地方信息中心、世界银行、国际货币基金组织、海关总署、财政部、中国人民银行、国家外汇总局、中国保监会、上海、深圳证券交易所、证监会、国家发改委

[①] 引自：北京大学图书馆数据库评估报告。

续表

中国资讯行	国家及各省市地方统计局的统计年鉴及海关统计、经济统计快报、中国人民银行统计季报等月度及季度统计资料
巨灵财经	国家统计局、国家发改委、中国人民银行、国家外汇管理局、财政部、国家税务总局、商务部、公司公报、交易所、国家各部委、各大行业协会

综述：

国研网不注重收录时效性较强的新闻快讯,提供国务院发展研究中心的内部研究报告和国内著名权威研究机构的内部研究报告,在专业性研究方面较有特色；统计数据方面历史数据较多,地方数据较少,进出口数据、行业协会产业统计数据比较详尽,但更新较慢；适合做宏观、行业深度研究使用。

中经网收录的信息全面和及时,独家渠道获取的各地方经济信息丰富,提供独立的行业季度报告和地区发展报告以及视频资料,但深度比国研网差；统计数据方面系统的历史数据较少,地方数据较详尽,更新较快；适合获取全国各地的经济动态和行业信息。

中宏网注重收录媒体公开发布的各种经济资料,也提供中宏专家团、权威机构的研究成果与资料,深度在中经网和国研网之间；统计数据方面历史数据少,数据覆盖面广,更新快；适合有一定深度的近年经济研究使用。

中国资讯行注重及时收录公开发布的财经资讯,缺少专业的研究报告,提供名词解释、法律法规、企业产品等查询；统计数据内容丰富,更新较快,但不系统；适合作为资讯渠道和补充资料。

巨灵财经注重收录详尽的金融市场数据,其他方面的资料较少,数据更新快；统计数据方面金融数据丰富,历史数据较少,更新快；适合用于金融市场研究使用。

第六节　其他中文事实数值数据库

6.1　万方事实和数值数据库

6.1.1　万方数据知识服务平台

万方数据资源系统是中国科技信息研究所、万方数据集团公司开发的网上数据库联机检索系统,该系统自1997年8月开始在互联网上对外服务,2010年升级为万方知识服务平台,目前包括期刊论文、专业文献、会议论文、学位论文、科技成果、专利数据、公司及企业、产品信息、标准、法律法规、科技名录、高等院校信息、公共信息等各类数据资源。

万方数据库类型丰富,尤以理工类文献为特色；它们涵盖工程、信息科技、电脑、中医药和环境科学等40个与科学技术有关的范畴。万方数据库还可提供很多实用生活方面的信息,如院校信息、医药信息、交通旅游信息、商品和通信信息等,可适合不同层次读者的需求。

万方数据库网址：http://www.wanfangdata.com.cn 或：http://wanfang.calis.edu.cn/(CALIS镜像站) 或 http://g.wanfangdata.com.cn(北京地区镜像站)

万方数据检索系统的使用方法详见本书第三章。

6.1.2　事实数值资源内容

截至2011年,万方数据知识服务平台的事实数值资源如下：

(1) 专利技术：收录了国内外的发明、实用新型及外观设计等专利约 3 000 万项，内容涉及自然科学各个学科领域。是科技机构、大中型企业、科研院所、大专院校和个人在专利信息咨询、专利申请、科学研究、技术开发以及科技教育培训中不可多得的信息资源。

(2) 中外标准：综合了由国家技术监督局、建设部情报所、建材研究院等单位提供的相关行业的各类标准题录。包括中国标准、国际标准以及各国标准等 28 万多条记录。更新速度快，保证了资源的实用性和实效性。目前已成为广大企业及科技工作者从事生产经营、科研工作不可或缺的宝贵信息资源。

(3) 科技成果：主要收录了国内的科技成果及国家级科技计划项目。内容由《中国科技成果数据库》等十几个数据库组成，收录的科技成果总记录约 60 多万项，内容涉及自然科学的各个学科领域。

(4) 新方志：地方志，也称为"方志"。地方志书是由地方政府组织专门人员，按照统一体例编写，综合记载一定行政区域内，一定历史时期的政治、经济、文化及自然资源的综合著作。也有少数地方志是由地方单位或民间组织编纂的。万方数据方志收集了 1949 年以后出版的中国地方志。

(5) 政策法规：主要由国家信息中心提供，信息来源权威、专业，对把握国家政策有着不可替代的参考价值。收录自 1949 年建国以来全国各种法律法规约 40 万条。内容不但包括国家法律法规、行政法规、地方法规，还包括国际条约及惯例、司法解释、案例分析等。

(6) 机构：收录了国内外企业机构、科研机构、教育机构、信息机构各类信息 20 多万条。其中，企业信息包括企业名称、负责人姓名、注册资金、固定资产、营业额、利税、行业 SIC、行业 GBM 等基本信息，详细介绍了企业经营信息，包括商标、经营项目、产品信息、产品 SIC、产品 GBM 以及企业排名，尤其全面收录了企业的联系信息，包括行政区代号、地址、电话、传真、电子邮件、网址等。科研机构信息包括机构名称、曾用名、简称、负责人姓名、学科分类、研究范围、拥有专利、推广的项目、产品信息等，尤其收录了科研机构的联系信息，包括行政区代号、地址、电话、传真、电子邮件、网址等。教育机构信息包括机构名称、负责人姓名、专业设置、重点学科、院系设置、学校名人等信息以及详细的联系信息，包括行政区代号、地址、电话、传真、电子邮件、网址等。信息机构信息包括机构名称、负责人姓名、机构面积、馆藏数量、馆藏电子资源种类等信息以及详细的联系信息，包括行政区代号、地址、电话、传真、电子邮件、网址等。

(7) 科技专家：收录了 2 万多条国内自然科学技术领域的专家名人信息，介绍了各专家的基本信息、受教育情况及其在相关研究领域内的研究内容及其所取得的进展，为国内外相关研究人员提供检索服务，有助于用户掌握相关研究领域的前沿信息。

6.2 中国科学院《科学数据库》

中国科学院作为中国自然科学的研究中心，在长期的科学研究实践中，通过观测、考察、试验、计算等多种途径产生和积累了大量具有重要科学价值和实用意义的科学数据和资料。早在 20 世纪 70 年代初中国科学院就开始着手组织、协调建立了各种类型的科学数据库。历时 20 年已建成大型的科学数据信息系统，学科跨度大，专业子库数量达到了 503 个，总数据量达到 16.6TB，其中可通过网络共享的数据量达到 9.48TB。数据库内容更加丰富，覆盖了物理、化学、天文与空间、材料、生物、地学、资源、环境、能源、海洋等众多学科领域，数据库种类包括数值库、事实库和多媒体库。《科学数据库》20 年的发展为中国科学院乃至我国积累了一批宝贵的科学数据资源，成为中国科学院乃至我国科技创新的重要基础数据平台。

《科学数据库》网址：http://www.csdb.cn/

该系统中主要分类和专业数据库如表 7-13 所示（截至 2010 年），其中专业数据库还包括若干子数据库。

表 7-13 《科学数据库》内容

学科分类	专业数据库
物理与化学	化学专业数据库 工程化学数据库 理化性能与分析数据库 聚变数据库 光学系统数据库 高能物理与相关学科数据库
地球科学	人地系统主题数据库 冰雪冻土环境本底与可持续发展专题数据库 中国生态系统与生态功能区划数据库 DEM 数据服务系统 Landsat 遥感影像数据服务系统 MODIS 系列数据产品服务系统 资源环境遥感数据库 海岸带环境遥感专业数据库 海洋科学数据库 南海海洋科学数据库 中国湖泊科学数据库 中国沼泽湿地数据库 中国土壤数据库 中国黑土生态数据库 黄土高原水土保持数据库 亚热带农业生态系统要素数据库 南方喀斯特石漠化专业数据库 NCAR 大气海洋数据服务系统 大气科学数据库 目标/背景/大气光学特性数据库 动力大地测量与资源环境数据库 地球化学研究数据库
生物与生命科学	中国植物物种信息数据库 中国植物图谱数据库 中国水生生物数据库 东北植物与生境数据库 中国热带亚热带植物学基础数据库 西双版纳热带植物园植物引种与保育数据库 中国动物数据库 中国西南地区动物资源数据库

续表

学科分类	专业数据库
生物与生命科学	中国微生物与病毒主题数据库 能源微生物功能基因组专业数据库 系统生物学中多组学综合数据库 UCSC Genome Browser 数据库 DNA 甲基化与癌症数据库 分枝结核杆菌数据库 中国古生物学专业数据库 中国科学院青海湖基础数据平台
天文与空间科学	ICS 系统专业数据库 空间科学主题数据库 中国科学院天文学科学数据主题库 斯隆数字巡天(SDSS)镜像数据库 国家天文台天文数据库
材料与能源科学	材料数据库 纳米科技基础数据库 中国典型煤种热转化特性数据库 天然气水合物信息系统 新能源与环保数据库 大规模多模式指纹数据库
信息科学及其他	大规模多模式指纹数据库 中文语言联盟 中国可持续发展数据库 农业网络综合信息数据库

6.3 新华社多媒体数据库

新华社数据库以新闻和社会信息为主要特色,利用新华社丰富的新闻信息资源,及时、全面地反映国内外各个领域的最新动态,不仅收录了大量的一次文献,还有经过精心组织和编写的二次文献。《新华社多媒体数据库》汇集新华社文字、图片、图表、视音频、报刊等全部资源和社会上其他有价值的新闻信息资源,是汇集多媒体、多文种新闻信息综合性数据库。不仅收录了新华社全部原创新闻信息,还汇集了大量的海内外媒体数据资源。主要栏目包括:新华社新闻、教育信息、财经信息、政法信息、新华社报刊、特供数据库、新华图片、新华视频等。除新闻以外,《新华社多媒体数据库》中的事实库主要集中在特供数据库里面,包括:人物库、法规库、译名库和组织机构库。

数据库网址：http://info.xinhua.org

参 考 文 献

1. Gale Directory of Databases. [2010-1-20]. http://infotrac.galegroup.com.
2. 董晓英. 网络环境下信息资源的管理与信息服务. 北京：中国对外翻译出版公司,2000.

3. 邵献图. 西文工具书概论,第五章. 北京:北京大学出版社,1998.
4. 朱天俊. 中文工具书基础,p.364—p.370. 北京:北京图书馆出版社,1998.
5. 谢新洲. 电子信息源与网络检索. 北京:北京图书馆出版社,1998.
6. 尹汉军. 事实数据库研究. 硕士论文,1993.
7. 科学数据库与信息技术论文集. 北京:中国科学技术出版社,1993.

第八章 特种文献资源

特种文献资源是指出版形式比较特殊、获得渠道不同于普通图书、期刊等正式出版物的科技文献资料。特种文献具有较高的科技价值,其内容广泛、数量庞大、类型复杂多样、涉及科学技术和生产生活的各个领域,是非常重要的文献信息资源。本章主要介绍学位论文、会议论文、专利文献、标准文献、科技报告等几种常见的特种文献资源。

第一节 学位论文

1.1 学位论文概述

学位论文是高等学校或研究机构的学生为获得学位,在导师指导下撰写完成的科学论文。其中,硕士和博士学位论文因具有专业性强、学科广泛、内容新颖、有一定的研究深度等特点,而成为一类重要的学术信息资源。其主要特点如下:

(1) 出版形式特殊:撰写学位论文的目的是供审查答辩之用,一般都未正式出版,只是存放在特定的收藏单位。

(2) 内容具有一定的独创性:学位论文一般都要求具有一定的独创性,所探讨的课题相对比较专深,但也存在水平参差不齐的问题。

(3) 数量巨大,培养单位分散,难以系统地收集和管理:随着科学技术的迅速发展,学位教育的规模也在不断扩大,以中国为例,从 1981 年至 2011 年的 30 年间,授予的博士、硕士学位分别达到 33.5 万、273.2 万,全国在学研究生达 140.5 万人,其中博士生 24.6 万人,此外还招收了各类专业学位研究生 90 多万人。研究生的培养单位也比较分散,截止到 2009 年底,我国博士、硕士学位授予单位分别为 347 所和 697 所,因学位论文一般只在各授予单位或少数指定机构收藏,为系统地收集、管理和利用学位论文造成困难。

纸本学位论文除了收藏于学位授予单位外,还要提交复本给国家指定的其他收藏单位。如中国国家图书馆主要收藏全国的博士论文,兼收部分硕士论文;中国科学技术信息研究所主要收藏全国的自然科学、工程技术类学位论文;中国社会科学院文献信息中心主要收藏全国的人文社科类学位论文。除少数以期刊论文和专著等方式出版外,博硕士学位论文大多数不公开出版,读者只能通过到图书馆阅览和文献传递服务等有限的途径获取。

随着信息技术的发展,各学位授予单位兴起了建设学位论文数据库的热潮,要求硕博士研究生毕业时同时提交纸本和电子版学位论文,另一方面,还逐步对存档的纸本学位论文进行全文回溯扫描,不断扩大学位论文数据库的规模。其他学位论文收藏单位也对所收藏的学位论文进行数字化加工,建立学位论文文摘索引数据库,便于读者利用;此外,一些图书馆联盟如中国高等教育文献保障系统(CALIS)、国家科技图书文献中心(NSTL)也依托各自的成员单位,建立起学位论文联合数据库;中国知网、万方数据等数据库商也纷纷通过各种途径收集学位论文,建立商业性的学位论文全文数据库。

随着学位论文数据库的建设和发展,学位论文的获取比以往更加便利。但需要注意的是,目前学位论文开发利用(尤其是商业性开发利用)中的版权纠纷问题较为突出;在我国《著作权法》中,对学位论文这一特种文献的著作权归属问题并无明确规定,不同研究生培养单位对研究生、导师、培养单位在学位论文著作权中的作用也有不同规定或解释,因此在实践中,只能根据学位论文不同的创作情况和创作时依靠的物质条件的不同,具体分析、界定学位论文著作权的归属,在开发利用中,要取得著作权人的直接授权,以免产生版权纠纷问题。

1.2 国外学位论文数据库

1.2.1 ProQuest 博硕士论文数据库

1.2.1.1 数据库内容

《ProQuest 博硕士论文数据库》(*ProQuest Dissertations & Theses*, PQDT)是美国 ProQuest 公司出版的博硕士论文题录及文摘数据库,收录有欧美 2 000 余所大学 270 多万篇学位论文的文摘信息,涵盖文、理、工、农、医等各个学科领域,每年新增论文条目约 7 万多篇,数据每周更新。PQDT 是目前世界上最大和使用最广泛的学位论文数据库,是学术研究中十分重要的参考信息源。PQDT 的主要特点包括:

(1) 学位论文出版合作单位数量多:ProQuest 与全球数千所大学建立了学位论文出版合作关系,是美国国家图书馆——国会图书馆指定的收藏全美博硕士论文的机构,也是加拿大国家图书馆指定的收藏全加博硕士论文的机构。

(2) 收录年代长:PQDT 收录的学位论文时间跨度为 1861 年至今,已有 130 多年的数据积累。

(3) 更新频率快:数据每周更新,可及时收录最新的学位论文。

(4) 提供的信息丰富:除收录每篇论文的题录信息外,1980 年后出版的博士论文信息中包含了作者本人撰写的 350 字的文摘,1988 年以后出版的硕士论文信息中含有 150 字的文摘,1997 年以来的论文还可以浏览每篇论文前 24 页的全文,便于了解作者的研究思路和架构,90% 以上的论文可以在线订购全文。

PQDT 数据库有完全版(PQDT C)和分册版,分册版分为 PQDT A——人文社科版和 PQDT B——科学及工程版。

数据库网址:

http://search.proquest.com/pqdthssai? accountid=13151(PQDT A)

http://search.proquest.com/pqdtsciengai? accountid=13151(PQDT B)

1.2.1.2 数据库检索

PQDT 所在的 ProQuest 系统平台的介绍请参见本书第四章第二节。

PQDT 提供完善的学位论文全文获取服务。如果读者需要完整的学位论文,可以直接在 PQDT 的网站通过信用卡支付的方式购买,也可以通过读者所属机构图书馆的馆际互借与文献传递服务订购全文。

1.2.2 ProQuest 博硕士论文全文数据库

从 2002 年起,国内部分学校和研究机构图书馆组成了"PQDT 全文数据库采购联盟",共同从 PQDT 数据库中挑选并定购电子版学位论文全文,并在国内建立了《ProQuest 博硕士论文全文数据库》服务器提供服务,联盟的成员馆均可共享《ProQuest 博硕士论文全文数据库》

中已购买的学位论文全文。截止到 2011 年,已经有 179 所图书馆参加了这个数据库的建设,数据库全文总量已达 30 万余篇,涉及文、理、工、农、医等多个学科领域。

《ProQuest 博硕士论文全文数据库》论文学科分布情况如表 8-1 所示。

表 8-1 《ProQuest 博硕士论文全文数据库》论文学科分布情况

学科类别	全文比例/%
Applied Sciences(应用科学)	26.89
Biological Sciences(生物学)	13.52
Communications and the Arts(交流与艺术)	3.46
Earth and Environmental Sciences(地球与环境科学)	5.38
Education(教育学)	7.57
Health Sciences(健康科学)	4.85
Language, Literature, and Linguistics(语言,文学及语言学)	3.90
Philosophy, Religion, and Theology(哲学,宗教及神学)	1.52
Psychology(心理学)	3.50
Pure Sciences(纯科学)	11.76
Social Sciences(社会科学)	17.67

《ProQuest 博硕士论文全文数据库》检索情况如图 8-1 所示。

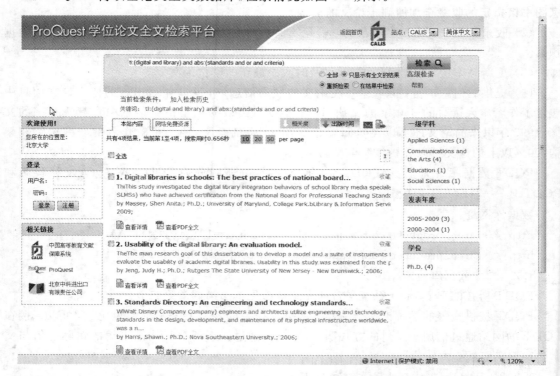

图 8-1 《ProQuest 博硕士论文全文数据库》检索结果列表

数据库网址:

CALIS(北京大学)服务器:http://pqdt.calis.edu.cn

上海交通大学服务器：http://pqdt.lib.sjtu.edu.cn
中国科学技术信息研究所服务器：http://pqdt.bjzhongke.com.cn

ProQuest 博硕士论文全文数据库的检索系统由北京中科公司及 CALIS 共同开发，2010 年升级，数据库检索与 PQDT 基本相同，其特点如下：

（1）在数据更新及网络服务方面，3 台服务器数据同步，并通过负载均衡，保障用户访问畅通。新平台通过断点续传及多线程下载技术，提高数据传输的稳定性。

（2）在检索功能方面，支持全文检索，提供简单检索及高级检索，以及学科导航。用户可以通过学科浏览以及论文发表年度等对检索结果加以限定。中文界面，易学易用。

（3）具备个性化服务功能，用户通过免费注册获取账号后，登录即可根据个人需要和爱好设置和定制个性化服务，包括设置和订阅兴趣学科、管理收藏夹、保存检索历史等。此外，新平台增加了中文繁体及英文检索界面。

（4）增加了管理员功能，图书馆通过管理员账号/密码，可查询使用统计，并可以自行下载所订购年度全部学位论文的导航数据及 Marc 数据。

1.2.3 NDLTD 学位论文数据库

1.2.3.1 数据库内容

NDLTD(Networked Digital Library of Theses and Dissertations)是由美国国家自然科学基金会支持、由美国弗吉尼亚理工大学在 1997 年发起建立的网上学位论文共建共享项目，可浏览学位论文的题录和文摘信息，部分论文还可免费获取全文。

数据库网址：http://www.ndltd.org/find

NDLTD 采取学位论文元数据集中建库、全文由参建机构本地建库（分布式）的发展模式。NDLTD 通过 OAI 元数据收割协议收集各参建机构学位论文的元数据，并通过 OpenURL 技术链接到分布在各机构的论文全文，这种建设模式符合了网络环境下数字资源开放建设和分布服务的发展趋势。目前全球有 170 多家图书馆、7 个图书馆联盟、20 多个专业研究所加入了 NDLTD。同 ProQuest 学位论文数据库相比，NDLTD 学位论文库的主要特点是开放获取，即参建单位共建共享、文摘公开、部分全文可以免费获取。此外由于 NDLTD 的成员馆来自全球各地，覆盖的范围比较广，可检索和获取德国、丹麦等欧洲国家和中国香港、台湾等地区的学位论文。

NDLTD 联合目录(NDLTD Union Catalog)是由 NDLTD、OCLC、VTLS 和 Elsevier 等多家机构和公司共同创建的，其中包含了 100 万多条由成员单位和其他组织提交的电子学位论文题录信息，可为用户提供查找电子版学位论文的统一入口。

1.2.3.2 数据库检索

NDLTD 联合目录借助于 Elsevier 开发的搜索引擎 Scirus 和 VTLS 公司开发的 VTLS Visualizer 检索平台分别提供检索服务，下面将重点介绍 Scirus ETD Search(Scirus 电子学位论文检索系统)。

（1）检索功能

① 简单检索：可以输入任意检索词，不限定检索字段。

② 高级检索：允许输入 3 个检索条件，可以选择检索字段和检索词匹配方式，并输入检索词。还可以对检索结果进行时间范围、学科范围和数据来源范围的限定（参见图 8-2）。

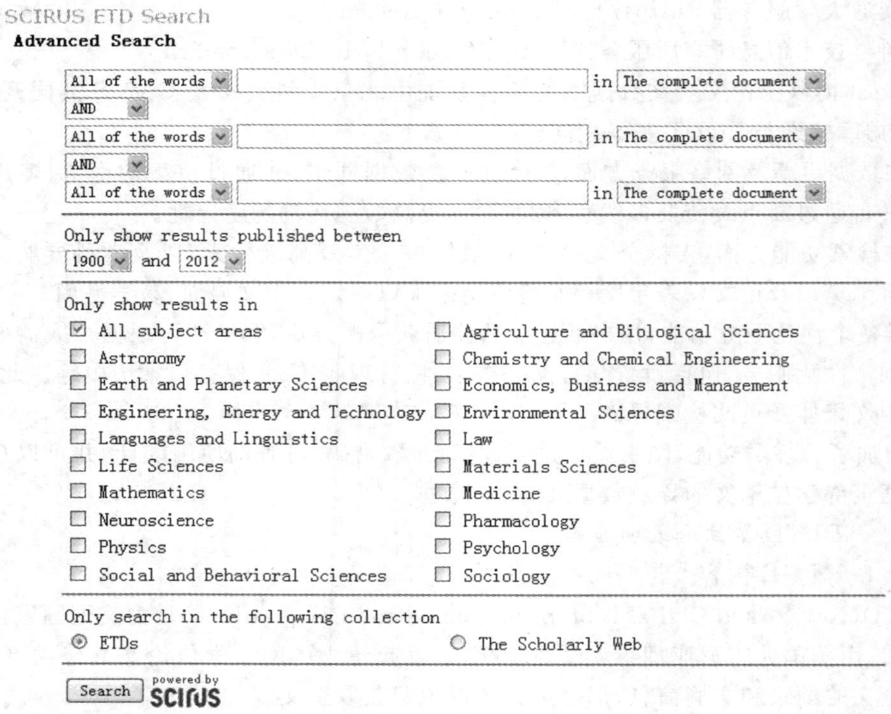

图 8-2　NDLTD 学位论文检索系统高级检索

(2) 检索技术

① 字检索/词检索：输入词组默认为按单词间的逻辑"与"的关系检索。精确匹配需要把词组用英文引号括起来。

② 字段检索：高级检索提供全字段(the complete document)、题名(title)、作者(author)、日期(date)、关键词(keywords)、发布者(publisher)、文摘(abstract)、类型(type)、文件格式(format)、语种(language)、版权(right)等12个字段作为检索入口，常用字段的代码如：题名(title)——ti，作者(author)——au，关键词(keywords)——ke。

③ 布尔逻辑检索：运算符为 AND、OR、AND NOT。

④ 截词检索：符号"?"可用来代替一个字符，可出现在单词的任何地方。符号"＊"可用来代替0至多个字符，可出现在单词的任何地方。

(3) 检索结果

检索结果显示每一个记录的题名、作者、完成日期和论文摘要，单击题名可直接链接到学位论文电子版全文的原存档数据库。

检索结果默认按相关度排序，也可按日期由新到旧排序。

系统会自动将检索结果集中学位论文所包含的关键词以列表形式显示出来，并可进一步缩小检索结果的范围。

1.3 国内学位论文数据库

1.3.1 CALIS高校学位论文数据库

《CALIS高校学位论文数据库》面向全国高校读者提供中外文学位论文检索和获取服务。截止到2012年5月,该数据库共收录博硕士学位论文数据逾454万条,其中国内学位论文(中文数据)242万条,国外学位论文(外文数据)212万条,数据还在持续增长中。

中文学位论文部分收录了1980年至今CALIS各成员馆的博硕士学位论文的题录、文摘信息和章节试读,内容涵盖自然科学、人文社会科学、医学的各个学科领域,全文需通过CALIS的馆际互借系统获取。

外文学位论文部分包括《ProQuest博硕士论文全文数据库》和《NDLTD学位论文数据库》的题录信息,全文需通过原数据库获得。

数据库网址:http://etd.calis.edu.cn

(1) 检索功能

① 简单检索:只提供一个检索框,可以选择检索范围和检索字段,(参见图8-3)。

图8-3 《CALIS高校学位论文数据库》简单检索

② 复杂检索:允许输入三个检索条件,可以选择检索字段,检索框之间的逻辑组配关系为"与"。复杂检索也可以对检索范围、出版年、语种、论文来源以及检索结果的排序方式进行限定。

③ 导航浏览：可按学科类别、答辩年份和作者单位浏览学位论文。

（2）检索技术

字段检索可对中英文题名、关键词、摘要、作者、导师、学科、作者单位、全面等字段进行检索。

（3）检索结果

检索结果可按答辩年、语种、学位类型、学科、作者单位、数据来源、关键词等多种途径进行分面筛选。默认按相关度排序，还可选择按题名首字母或答辩年排序。检索结果还与中外文图书、期刊论文、特种文献等其他类型资源关联，方便读者快速找到相关信息。

检索结果显示每一条记录的中英文题名、作者、答辩日期、作者单位、关键词、导师和摘要，单击记录的题名可查看论文的详细信息。部分论文提供前16页预览，单击"文献传递"链接可以进入CALIS馆际互借系统发送获取全文请求。

（4）用户服务

用户注册并登录系统后，可以在服务器上的"个人空间"保存已选记录等个性化信息。

1.3.2 中国学位论文数据库（万方）

《中国学位论文数据库》由北京万方数据股份有限公司开发，通过万方数据知识服务平台提供服务。收录自1980年以来我国各高等院校、研究生院以及研究所的硕士、博士以及博士后论文共计220多万篇。学科范围涉及哲学、经济学、法学、教育学、文学、历史学、理学、工学、农学、医学、军事学、管理学等学科，每年增加约30万篇。

提供简单检索、高级检索和浏览3种检索途径。可按学科、专业目录或学校所在地分别进行浏览。万方数据知识服务平台系统请参见本书第三章第五节的介绍。

数据库网址：http://www.wanfangdata.com.cn（主服务器）或 http://wanfang.calis.edu.cn/（CALIS镜像站）或 http://g.wanfangdata.com.cn（北京地区镜像站）

1.3.3 中文学位论文数据库（国家科技图书文献中心）

国家科技图书文献中心（NSTL）《中文学位论文数据库》主要收录了1984年至今我国高等院校、研究生院及研究机构所发布的硕士、博士和博士后的论文的文摘数据。学科范围涉及自然科学各专业领域，并兼顾社会科学和人文科学，截止到2011年，所收录的论文篇数为160余万条。在该数据库中检索到记录后，可通过文献传递的渠道获取原文。国家科技图书文献中心数据库系统的介绍请参见本书第三章第六节。

数据库网址：http://www.nstl.gov.cn/index.html

1.3.4 中国优秀博硕士学位论文全文数据库（中国知网）

截止到2011年，《中国优秀博硕士学位论文全文数据库》共收录：① 1999年以后的近20万篇博士学位论文全文文献，涉及到全国400多家博士培养单位，数据日更新。② 1999年以后的全国620多家硕士培养单位的优秀硕士学位论文150多万篇，数据日更新。数据库与《中国学术期刊网络出版总库》均通过中国知网平台提供服务，其检索功能可参见本书第五章关于《中国期刊全文数据库》检索系统的介绍。

数据库网址（中国教育科研网）：http://epub.edu.cnki.net/grid2008/index/zkcald.htm

或 http://dlib2.edu.cnki.net/kns50/或 http://dlib.edu.cnki.net/kns50/

1.3.5 中文学位论文数据库的比较

上述四种中文学位论文数据库各有特色,表 8-2 将对其做一个简单的比较。

表 8-2 四种主要中文学位论文数据库的比较(据 2012 年数据)

数据库名称	时间范围	文献来源	收录特点	数量	是否提供全文
CALIS 高校学位论文库	1980 年至今	高校 CALIS 成员馆	重点高校的学位论文收录较全	240 余万	否,可通过馆际互借与文献传递服务获取全文。部分论文提供前 16 页预览
中国学位论文数据库(万方)	1980 年至今	依托国家学位论文法定收藏单位中国科技信息研究所的学位论文资源	学位论文收录较全	220 余万	否,可通过馆际互借与文献传递服务获取全文
中文学位论文数据库(国家科技图书文献中心)	1984 年至今	依托包括中国科技信息研究所等成员单位的资源	学位论文收录相对不全	160 余万	否,可通过馆际互借与文献传递服务获取全文
中国优秀博硕士学位论文全文数据库	1999 年至今	商业性购买	学位论文收录相对不全	170 余万	提供全文

第二节 会议文献

2.1 会议文献概述

会议文献是指在学术会议上宣读和交流的论文、报告以及其他有关资料。随着科学技术的迅速发展,世界各国的学会、协会、研究机构及国际性学术组织举办的各种学术会议日益增多,世界上每年举办的科学会议达数万个,产生几十万篇会议论文。

会议文献没有固定的出版形式,有些刊载在学会、协会出版的的期刊上,作为专号、特辑或增刊,有些则发表在专门刊载会议录或会议论文摘要的期刊上;据统计,以期刊形式出版的会议录约占会议文献总数的 50%。一些会议文献还常常汇编成专题论文集或出版会议丛刊、丛书,还有些会议文献以科技报告的形式出版。此外,有的会议文献以录音带、录像带或缩微品等形式出版。许多学术会议还在互联网上开设了会议网站,或者是在会议主办者的网站上设会议专页,利用网站报道会议情况和出版论文。

会议文献具有以下一些特点:

(1) 专深性:各种学术会议,通常围绕一到多个主要议题举行研讨,参会者大多是该领域内的专家,或是从事相关工作的科技人员,他们对会议议题都有较深的了解,可以在较专深的水平上进行对话,因此,与其他类型的文献资源相比,会议文献的内容更专深一些。

(2) 连续性:会议文献是随着会议的召开而产生的,而大多数学术性、专业性会议又都具有连续性,会议文献也随之会连续出版下去。

(3) 新颖性：许多学科中的最新发现都是在科技会议上首次公布的，会议论文阐述的观点往往代表了作者的最新研究成果，通过会议的形式，可以及早在同行们中迅速传播，通常要比在期刊上发表的论文早一年左右。会议文献反映了本领域的最新动态，代表了本领域的最新水平。

2.2 国外会议文献数据库

2.2.1 会议录引文索引数据库

《会议录引文索引数据库》(Conference Proceedings Citation Index, CPCI)由美国汤森路透公司出版，CPCI 汇集了以图书、科技报告、预印本、期刊论文等形式出版的各种国际会议文献，提供综合、全面、多学科的会议论文资料。截止到 2011 年，该数据库包含了 11 余万个会议的 520 多万条会议录文献、书籍、丛书、期刊及其他出版物的书目记录，数据每周更新，每年添加 38 万多条记录。

CPCI 通过 ISI Web Of Knowledge 平台提供服务。

CPCI 包含《科学会议录引文索引》(Conference Proceedings Citation Index-Science, CPCI-S)和《社会科学与人文科学会议录引文索引》(Conference Proceedings Citation Index-Social Sciences & Humanities, CPCI-SSH)两个子库。CPCI-S 涵盖了所有科技领域的会议录文献，包括了农业、生物化学、生物学、生物工艺学、化学、计算机科学、工程、环境科学、内科学和物理学等学科。CPCI-SSH 涵盖了社会科学、艺术及人文科学的所有领域的会议录文献，包括了艺术、经济学、历史、文学、管理学、哲学、心理学、公共卫生学和社会学等学科。

CPCI-S 的前身是《科学技术会议录索引》(Index to Scientific & Technical Proceedings, ISTP)，由美国汤森路透公司出版，始创于 1978 年，先后发行印刷版、光盘版和网络版。CPCI-SSH 的前身是《社会科学与人文科学会议录索引》(Index to Social Sciences & Humanities Proceedings, ISSHP)，ISSHP 先后发行光盘版和网络版。ISTP 和 ISSHP 合称 ISI Proceedings，属于 Web of Science Proceedings(WOSP)数据库。2008 年，ISI Proceedings 在扩充了会议论文的引文文献后，升级为 CPCI。

CPCI 是查询世界学术会议文献的最重要的检索工具之一，它所收录的国际会议水平高、数量多，收录的信息量大，且速度快，检索途径多，因此在同类的检索工具中影响最大，使用者最多，权威性最高，成为检索正式出版的会议文献的主要工具。CPCI 升级后，不但可以检索会议论文的信息，还可以检索会议文献引用或被引的情况，CPCI-S、CPCI-SSH 和 SCI、SSCI、A&HCI 一样，成为 Web of Science 平台上重要的引文索引数据库。

CPCI 数据库和 SCI 的检索平台相同，其检索功能参见本书第二章的相关介绍。

数据库网址：http://webofknowledge.com/wos

2.2.2 OCLC 会议文献数据库

OCLC FirstSearch 检索系统平台上包含 ProceedingsFirst 和 PapersFirst 两个会议文献数据库，其数据皆来自于大英图书馆文献提供中心(The British Library Document Supply Center, BLDSC)收集到的世界各地出版的国会、研讨会、大会、博览会、研究讲习会等各种会议的会议资料。

数据库网址：http://firstsearch.oclc.org/FSIP

2.2.2.1 会议录索引数据库

《会议录索引数据库》(ProceedingsFirst)是 OCLC 为世界各地的会议的会议录所编纂的索引,可检索大英图书馆文献提供中心收藏的 19.2 万多种世界各地会议的会议录,每一条记录当中都包含了一次会议的相关信息,还包含了在本次会议上所提交的论文的清单,收录日期为 1993 年至今,更新频率是每周两次。其记录样例见表 8-3。

表 8-3 《会议录索引数据库》记录样例

题名	Library instruction: restating the need refocusing the response
会议	National LOEX conference; 32nd (2004; May; Ypsilanti, MI)
出版	PP; 2005
语种	English
丛编	LIBRARY ORIENTATION SERIES; 2005; LIBRARY ORIENTATION SERIES; NO 37
目次	CN055635856 著者:Kuhlthau, C. 题名:Zones of Intervention in the Information Search Process: Vital Roles for Librarians 页:p. 1—4 CN055635868 著者:LaBaugh, R. T. 题名:Back to the Future: Musings from a Recovering Librarian 页:p. 5—10 CN055635870 著者:DeMey, K. 题名:How Do You Teach? Conversations and Collaborations 页:p. 11—16 CN055635881 著者:Diaz, K.; Roecker, F. 题名:Evolution of a Large Library Instruction Program: New Technologies, New Demands, and New Goals 页:p. 17—22 CN055635892 著者:Comer, C. H.; Grim, J.; Mitchell, M. S. 题名:IL Infusion: An Emerging Model for the Liberal Arts Curriculum 页:p. 23—28 CN055635904 著者:Davis-Kahl, S.; Palmer, C. 题名:Making the Case to Graduate Departments: Theory to Practice 页:p. 29—31 CN055635911 著者:Mizrachi, D.; Brasley, S. S. 题名:Sequential Steps to Information Literacy Nirvana 页:p. 37—42 CN055635922 著者:Liles, J. A.; Rozalski, M. E. 题名:Plagiarism and Using Style Manuals to Prevent It: Innovative Techniques and Technologies in the Instruction and Assessment of ACRL Standard Five 页:p. 43—44
目次	CN055635934 著者:Neal, S.; Gonzalez, E. 题名:Success Has Its Challenges Too! 页:p. 47—50 CN055635946 著者:Sugarman, T.; Thaxton, M. L. 题名:Leveraging the Library Liaison Organizational Model to Provide and Manage an Effective Instruction Program 页:p. 59—64 CN055635958 著者:Matthies, B.; Helmke, J. 题名:Using the CRITIC Acronym to Teach Information Evaluation 页:p. 65—68 CN055635961 著者:Tunon, J. 题名:When Quality Assurance, Information Literacy, and Accreditation Issues Intersect 页:p. 71—74 CN055635971 著者:Cox, C. 题名:Using Blackboard to Extend One-Shot Library Instruction 页:p. 75—78
识别符	LOEX; Library instruction
BL 位置	DSC 的书架标记:5200.780000
资料类型	Book
内容类型	Papers
更新	20100124
登入号	PCFLibraryinstructionrestatingthePP20052005LIBRARYORIENTAT2004Ma
数据库	Proceedings

2.2.2.2 会议论文索引数据库

《会议论文索引数据库》(PapersFirst)是 OCLC 为国际会议上所发表的会议论文所编纂的索引,可以检索到大英图书馆文献提供中心收藏的 650 多万篇世界各地学术会议的会议论文。始于 1993 年,每两周更新一次。记录样例见表 8-4。

表 8-4 《会议论文索引数据库》记录样例

著者	Cox, C.
题名	Using Blackboard to Extend One-Shot Library Instruction
资料来源	登载:Library instruction:restating the need refocusing the response; p.75—78; PP; 2005
丛编	LIBRARY ORIENTATION SERIES 号码:2005;LIBRARY ORIENTATION SERIES,;NO 37
语种	English
会议	National LOEX conference;32nd (2004;May;Ypsilanti, MI)
识别符	LOEX;Library instruction
BL 位置	DSC 的书架标记:5200.780000
内容类型	Papers
登入号	CN055635971
数据库	PapersFirst

OCLC ProceedingsFirst 和 PapersFirst 同属于 OCLC FirstSearch 检索系统平台,均为会议文献数据库,其最大的不同是:ProceedingsFirst 对会议录揭示到书目级别,而 PapersFirst 则深入到目次,揭示其具体内容,二者在对会议的覆盖上有大量交叉之处。

OCLC ProceedingsFirst 和 PapersFirst 的检索方法参见本书第二章。

2.2.2.3 OCLC 会议文献的获取

ProceedingsFirst 和 PapersFirst 数据库的每条记录中都包含了大英图书馆相应的馆藏纸本会议文献的馆藏址,同时,OCLC 把 Worldcat 数据库中的数据与 OCLC 会议文献数据库整合在一起,可提供除了大英图书馆外的,世界范围内其他图书馆或文献提供机构收藏相应的纸本会议文献的情况。需要会议文献全文的用户可通过馆际互借与文献传递服务获取全文。

2.2.3 其他主要专业学会的会议录文献

2.2.3.1 美国电气电子工程师学会/英国工程技术学会会议录文献

《IEEE/IET 电子图书馆》(IEL)包含美国电气电子工程师学会(IEEE)和英国工程技术学会(IET)两个机构的出版物,其会议文献部分包括 750 余种 IEEE 会议录,20 多种 IET 会议录,可直接下载全文。《IEEE/IET 电子图书馆》的介绍和检索参见第四章第五节。

数据库网址:http://ieeexplore.ieee.org/

2.2.3.2 美国计算机学会会议录文献

ACM Digital Library 收录了美国计算机协会(Association for Computing Machinery, ACM)的 300 余种会议录文献,大多数可以获得全文。ACM Digital Library 的检索参见第五章的相关介绍。

数据库网址:http://portal.acm.org/dl.cfm(主站点)或 http://acm.lib.tsinghua.edu.cn(清华大学镜像站)

2.2.3.3 国际光学工程学会会议录文献

国际光学工程学会(The International Society for Optical Engineering,SPIE)每年召开约 80 个国际会议,所形成的会议文献反映了相应专业领域的最新进展和动态。SPIE Digital Library 收录了自 1963 年以来由 SPIE 主办的或参与主办的、超过 6 500 卷的会议论文全文,汇集了光学工程、光学物理、光学测试仪器、遥感、激光器、机器人及其工业应用、光电子学、图像处理和计算机应用等领域的最新研究成果。SPIE Digital Library 的检索请参见第五章的相关介绍。

数据库网址:http://spiedigitallibrary.org/

2.3 中文会议文献数据库

2.3.1 中国学术会议论文数据库(万方)

《中国学术会议论文数据库》是万方数据知识服务平台的一个子库,收录了由中国科技信息研究所提供的国家级学会、协会、研究会组织召开的各种学术会议论文,每年涉及 1 000 余个重要的学术会议,范围涵盖自然科学、工程技术、农林、医学等多个领域,内容包括:文献题名、文献类型、馆藏信息、馆藏号、分类号、作者、出版地、出版单位、出版日期、会议信息、会议名称、主办单位、会议地点、会议时间、会议届次、母体文献、卷期、主题词、文摘、馆藏单位等,截止到 2011 年,收录近 200 余万条记录,为用户提供全面、详尽的会议信息,帮助读者及时了解国内学术会议动态和科学技术水平。

需要会议论文全文的读者,可通过所在机构图书馆的馆际互借与文献传递服务从中国科技信息研究所获取论文全文。

数据库网址:http://www.wanfangdata.com.cn(主服务器) 或 http://wanfang.calis.edu.cn/(CALIS 镜像站)或 http://g.wanfangdata.com.cn(北京地区镜像站)

数据库的检索参见本书第三章的相关内容。

2.3.2 中文会议论文数据库(国家科技图书文献中心)

该数据库可提供国家科技图书文献中心的成员单位国家科学图书馆、中国科技信息研究所、机械工业信息研究院、冶金工业信息标准研究院、中国化工信息中心、中国农科院农业信息研究所、中国医学科学院图书馆收藏的中文会议论文的题录和文摘数据,主要收录了 1985 年以来国内各主要学协会、出版机构出版的学术会议论文。学科范围涉及工程技术和自然科学各专业领域。现有中文会议 125 万余条,每年增加论文约 4 万余篇,每周更新。

数据库的检索参见本书第三章的相关内容。

数据库网址:http://www.nstl.gov.cn/index.html

2.3.3 中国重要会议论文全文数据库

由中国知网(CNKI)出版,该数据库收录了 1998 年以来我国 300 个一级学会、协会和相当的学术机构或团体主持召开的国际性和全国性会议的会议论文全文,目前的记录达到 100 多万条,每天更新。

数据库的检索参见本书第五章的相关介绍。

数据库网址(中国教育科研网):http://epub.edu.cnki.net/grid2008/index/zkcald.htm 或 http://dlib2.edu.cnki.net/kns50/或 http://dlib.edu.cnki.net/kns50/

第三节　专利文献

3.1　专利文献概述

专利权,简称"专利",是指由国家专利主管机关依法授予专利申请人在一定期限内实施其发明创造的专有权,属于知识产权的一种。专利文献是指记载专利信息的文献,专利文献的狭义范围主要包括专利说明书、权利要求书、说明书附图、说明书摘要等,专利文献的广义范围包括各种专利申请文件、专利证书、专利公报、专利索引、专利题录、专利文摘、专利分类表等。

3.1.1　专利文献的特点

专利文献在内容和形式等方面不同于一般的科技文献,它是一种集科技、法律、经济信息为一体的经过标准化的信息资源。其主要特点为:

(1) 报道迅速:世界上绝大多数国家实行先申请制,对内容相同的发明,专利权授予最先申请的人,因此,许多重大发明创造都是首先出现在专利文献中。通过阅读专利文献,可以快速掌握各个领域的最新动态和发展趋势。

(2) 内容广泛,准确可靠,详尽实用:专利的内容极其广泛,涉及了科技和生活的各个方面。专利申请文件大多是由专业人员按规定的格式撰写,并经过专利局的科学审查和公众的异议检验,所以具有较高的准确性和可靠性。另外,申请人必须按规定详细阐述发明的技术内容,除文字说明外,还包括各种图表和公式,其他科技人员可以根据专利说明书掌握一项技术或产品的具体细节,其内容详尽,具有较强的实用性。

(3) 重复报道量大:据 WIPO(世界知识产权组织)统计,全世界每年有近 2/3 的专利文献是重复的。主要是因为专利的保护具有地域性限制,同一发明往往会向多个国家或地区申请专利,这样就会出现内容相同、语种不同的重复申请。此外,部分实行早期公开、延迟审查制的国家,在受理和审批专利申请的过程中,同一发明创造在不同阶段往往多次重复公布,这也会造成专利文献内容的重复。

(4) 内容有局限、说明书文字比较晦涩:专利文献的内容一般只限于应用技术,为了实现对自己专利的保护,专利文献很少阐明技术的原理和理论基础,不提供准确的技术条件和参数;同时,为了尽可能扩大对自己的保护范围而使用一些晦涩的法律术语,而不揭示真正的技术"诀窍",这些都使得专利文献的内容具有很大的局限性,在文字上晦涩难懂。

3.1.2　专利文献的类型与内容分类

根据发明创造的性质,通常将专利分为发明专利、实用新型专利和外观设计专利三类。发明专利是指对产品、方法及其改进所提出的新技术方案。实用新型专利是指对产品的形状、构造及其结合所提出的适于使用的新技术方案。外观设计专利是指对产品的形状、图案、色彩或其结合所做出的富有美感,并适于工业上应用的新设计。

为了便于管理和利用数量庞大的专利文献,可按一定的分类体系根据内容对专利文献进行分类。目前世界上主要的专利分类体系有《国际专利分类表》、《美国专利分类法》和《欧洲专利分类法》等。《国际专利分类表》(*International Patent Classification*,IPC)为各国所通用,是进行专利文献检索的一种必不可少的、有效的检索工具。IPC 诞生于 1968 年 9 月,目前每年修订一次,其最新版本为 IPC 2013.01,为 2013 年 1 月修订。使用 IPC 时要注意其版次和有效期限,要用与所查专利年代相应的分类表版本。IPC 以等级结构形式,将与发明专利相关的全部知识领域按部(section)、大类(class)、小类(subclass)、大组(maingroup)、小组(subgroup)逐级细分,共五级,组成了完整的分类系统。

3.2 西文专利文献数据库

3.2.1 德温特创新索引数据库

3.2.1.1 数据库概况

《德温特创新索引数据库》(*Derwent Innovations Index*,DII)将原来的《德温特世界专利索引》(Derwent World Patents Index,WPI)与《专利引文索引》(Patents Citation Index,PCI)加以整合,为研究人员提供世界范围内的化学、电子与电气以及工程技术领域内综合全面的发明信息,是世界上国际专利信息收录最全面的数据库之一。DII 数据库目前由美国汤森路透公司出版。

数据库收录起始于 1963 年,到 2010 年 10 月为止,数据库共收录了来自 42 个专利机构授权的 1 480 多万个基本发明,3 000 多万项专利,数据每周更新。该数据库通过 Web of Knowledge 系统(简称 WOK)平台提供服务。

数据库网址:http://webofknowledge.com/diidw

DII 数据库的特点为:

(1) 对专利文献进行了加工和整理,便于检索和使用。首先,DII 收录的每条专利的标题和摘要都被专业人员用通俗易懂的英语按照技术人员常用词及行文习惯重新编写,便于用户快速、全面理解专利的技术内容;其次,对专利权人的名称进行了规范,并可通过专利权人代码有效地检索到特定机构拥有的专利;此外,还为每条专利文献添加了其独有的德温特分类号和德温特手工代码。

(2) 提供引文链接功能。DII 系统提供独特的被引专利检索以及与 WOK 的双向链接,用户不仅可以检索到专利信息,还可检索专利的引用和被引用情况,通过专利及科学论文之间的引用关系,揭示技术之间以及基础研究与技术创新之间的互动与关联。

(3) 对同族专利信息进行了整合。《德温特创新索引数据库》中的一条记录描述了一族专利,称为同族专利。DII 对收到的所有来自于 42 个专利授予组织的专利说明,都要进行排查,以确定该项专利在 DII 数据库中是否属于新的发明。如果为全新的发明,在 DII 数据库中没有相关记录,那么该文献被设置成基本专利(basic),即创建一个新记录,并给出一个德温特入藏登记号。如果文献所涉及的专利在其他国家已经发布,并作为基本专利已经进入 DII 数据库中,那么该文献被设置成为同等专利(equivalent)加入到基本专利记录中,相对应的基本专利记录由于添加了同等专利信息而被更新,这样的基本专利和同等专利就形成了一个同族专利,可以利用德温特入藏登记号获取同族专利信息。

(4) DII 仅收录发明专利文献,不收录实用新型、外观设计等类型的专利文献。

3.2.1.2 数据库检索

(1) 检索功能

DII 将专利数据库分为 3 个子库:化学、电子电气、工程,可根据需要选择要检索的子数据库及检索的时间或年代。德温特的检索功能包括一般检索、高级检索、化合物检索和被引专利检索 4 种。

① 一般检索：提供 3 个检索框，可选择检索字段如表 8-5 所示，并输入检索词，不同检索框的检索式之间可以进行组配。专利权人、发明人、国际专利分类号、德温特分类号、德温特手工代码等字段提供字典检索。

表 8-5　DII 主要检索字段及其说明

字段名称	说明
主题(topic)	可检索专利的标题、摘要
专利权人(assignee)	指在法律上拥有专利全部或部分权利的个人或公司。可检索专利记录中专利权人名称(patent assignee name(s))和代码 code(s)字段
发明人(inventor)	可检索专利记录中发明人字段。输入方式为姓，后跟名的首字母。当用发明人姓名检索时，建议使用通配符"*"以保证查全
专利号(patent number)	可检索专利记录中专利号字段，既可以输入完整的专利号，也可以利用通配符输入部分专利号进行查找
国际专利分类号(International Patent Classification)	IPC 是由世界知识产权组织(WIPO)按照层级分类体系建立的分类号。该检索字段可对专利记录中的 IPC 数据进行检索
德温特分类代码(Derwent class code)	专利按学科被划分为 20 个大类。这些类别被分为三组。化学(A-M)，工程(P-Q)，电子与电气(S-X)。这 20 个部分被进一步细分成类别。每个类别包括大类的首字母随后跟随两位数字。例如，X22 是 Automotive Electrics 的分类代码，而 C04 是 Chemical Fertilizers 的代码. 当分类代码和其他检索字段如主题检索等组合使用时，可以精确有效地把检索结果限定在相关的学科领域
德温特手工代码(Derwent manual code)	手工代码是由德温特的专业人员为专利标引的代码，代码可用于显示一个发明中的新颖技术特点以及其应用。利用手工代码进行专利的检索可显著改进检索的速度和准确性。输入 H01-B* 可找到石油/钻井领域的专利记录，输入 H01-B01* 可找到所有关于海上石油钻探设备结构与仪器领域的专利
德温特入藏登记号(Derwent primary accession numbers)	可检索专利记录中的德温特入藏登记号字段。入藏号登记号(PAN)是由德温特为每一个专利家族中的第一条专利记录指定的唯一标识号，从而也是为该专利家族所指定的唯一编号。每个号码的组成是一个四位数的年号，随后是一个连字符号"—"，以及一个六位数的序列号。即 YYYY-NNNNNN 格式(例如，1999-468964)。登记号后还有一个两位数的更新号用以标示德温特出版该专利文摘的日期。当使用通配符检索 PAN 号时，应将通配符放在 9 位号码之后。例如：1999-52791* 可检索到若干记录，而 1999-5279* 则检索不到结果
环系索引号(ring index number)	可检索专利记录中的环系索引数据。环系索引号(RIN)是一个为化学有机环系指定的五位数字的代码。自 1972 年以来的 WPI 数据中都可提供检索
德温特化学资源号(Derwent chemistry resource number)	可检索专利记录中的化学资源号(Derwent Chemistry Resource number，DCR)字段。DCR 号是 Derwent Chemistry Resource 数据库中为特定化合物指定的唯一标识号
德温特化合物号(Derwent compound number)	检索专利记录中的德温特化合物号字段
德温特注册号(Derwent registry number)	可检索专利记录中的德温特注册号字段。德温特注册号(DRN)对应了 WPI 数据中最常见的 2 100 多个化合物。DRN 索引自 1981 年以后在 WPI 中提供，用于检索从 B 部(医药)到 M(冶金)的化学专利的检索

② 高级检索：用户可以使用字段标识、布尔逻辑运算符、括号和检索式引用来创建检索式并进行检索（参见图 8-4）。

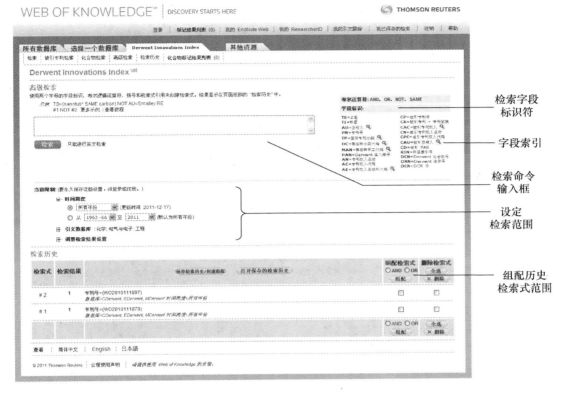

图 8-4　DII 数据库高级检索

③ 化合物检索：通过在化学数据字段中输入检索词来构建一个检索式并进行检索。

化学数据字段包括：化合物名称、物质说明、结构说明、标准分子式、分子式、分子量和德温特化学资源号。还可利用系统提供的化学结构绘图插件，创建化学结构并将其插入到"检索式"框中，与以上化学数据字段进行组配检索。

④ 被引专利检索：可以查找专利被其他专利的应用情况，检索字段包括被引专利的专利号、专利权人、发明人、德温特入藏号（参见图 8-5）。

(2) 检索技术

请参见本书第二章相关内容。

(3) 检索结果

检索结果列表，包括专利号、德温特改写过的专利标题、专利权人、专利发明人、施引专利数量和原文链接。进一步可看到该文章的详细记录，详细记录一般包含所有专利字段，部分记录具有全文和图像，并可以直接链接到本专利引用的其他专利或文献，也可以看到其他专利引用本专利的情况（参见图 8-6）。

检索结果列表支持标记、排序，可对检索结果打印、保存、E-mail 发送。系统提供在线帮助。

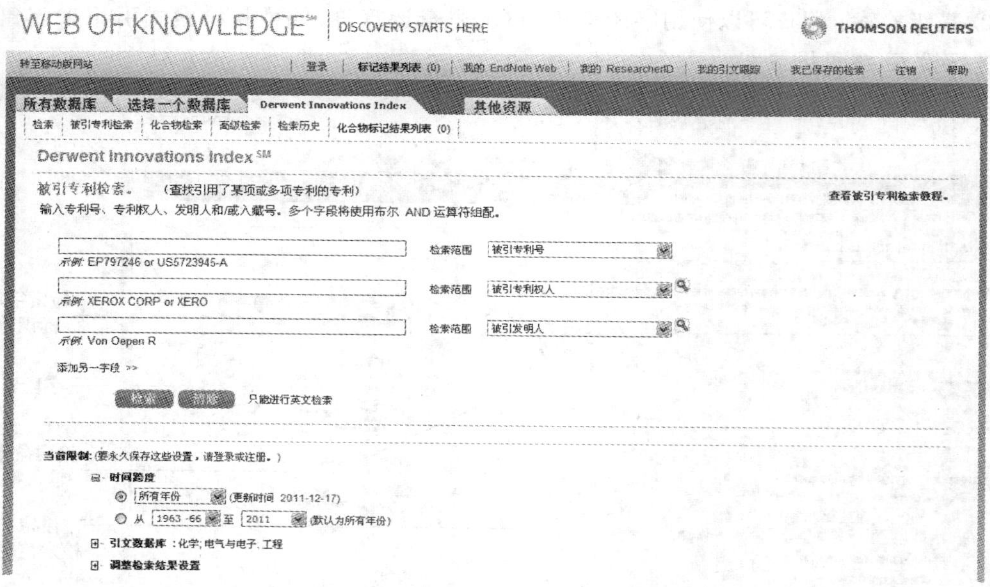

图 8-5　DII 数据库被引专利检索

以上内容均见本书第二章 WOK 平台的相关内容,由于 SCI 和 DII 两个数据库使用相同平台,基本情况类似,这里不再赘述。

3.2.2　其他重要的西文专利数据库

3.2.2.1　美国专利全文数据库

美国专利全文数据库由美国专利与商标局(The United States Patent and Trademark Office,USPTO)出版,包含了《专利全文和图像数据库》(Patent Full-text and Image Database,PatFT)和《专利申请全文和图像数据库》(Application Full-text and Image Database,AppFT)等数据库。

目前 PatFT 可以检索到 1790 年至最近一周美国专利与商标局公布的全部授权专利文献。该数据库中包含的专利文献类型有：实用专利(utility patent)、X 专利(X-patent,指从美国第一项专利开始的 1790—1836 年之间的专利,这些专利的记录曾毁于 1836 年的一场大火,后来恢复了一部分)、设计专利(design patent)、植物专利(plant patent)、再公告专利(reissue patent)、防卫性公告(defensive publication)、依法注册的发明(statutory invention registration)和附加的改进(additional improvement)。AppFT 则可检索 2001 年至今的记录。

在《专利全文和图像数据库》中,1790 年至 1975 年的数据只有全文图像页,只能通过专利号和美国专利分类号检索。1976 年 1 月 1 日以后的数据除了全文图像页外,还包括可检索的授权专利基本著录项目、文摘和专利全文(full text)数据(包括说明书和权利要求)。

数据库提供了快速检索、高级检索和专利号检索 3 种检索途径。

数据库网址：http://www.uspto.gov/patents/process/search/index.jsp

3.2.2.2　欧洲专利数据库

欧洲专利局(European Patent Office,EPO)网站提供了自 1920 年以来世界上 50 多个国家公开的专利文献题录数据,以及 20 个国家的专利说明书,总共约 6 000 多万件专利。对于

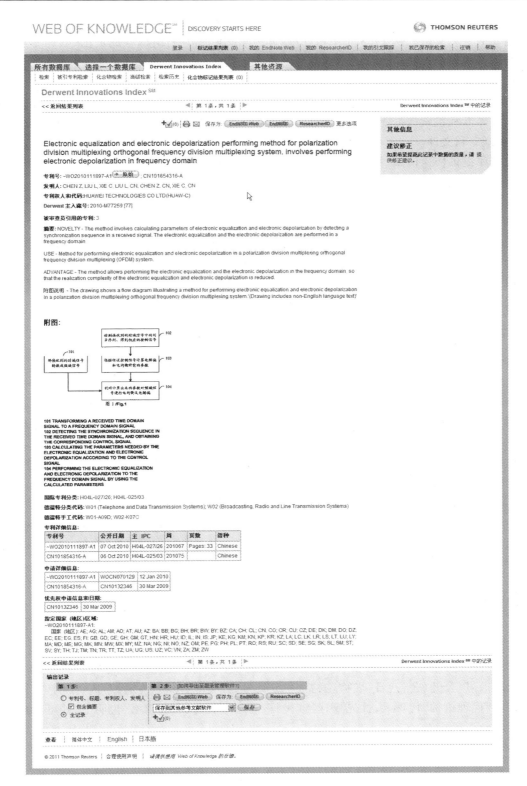

图 8-6　DII 数据库专利详细记录

1970年以后公开的专利文献,该数据库中每个专利同族都包括一件带有可检索的英文发明名称和摘要的专利文献。从1998年中旬开始,可检索到欧洲专利组织各成员国、欧洲专利局和世界知识产权组织近两年公开的全部专利的题录数据。

按照收录范围不同,欧洲专利数据库主要包括2个数据库:

《欧洲专利文献数据库》(*European Publication Server*)收录EPO近24个月公开的专利全文,《世界专利检索数据库》(*Espacenet Patent search*)则收录世界范围内自1836年以来的7 000多万专利文件。

数据库提供快速检索、高级检索、号码检索和分类号检索4种检索方式。

数据库网址:http://www.epo.org/searching.html

3.2.2.3 世界知识产权组织专利数据库

《世界知识产权组织专利数据库》(*WIPO Patent SCOPE*)由世界知识产权组织(WIPO)国际局创立于1998年,包含1978年以来首次出版公布的170多万份PCT国际专利申请,并可进行全文检索。

数据库提供结构化检索、高级检索、简单检索3种检索途径。

数据库网址:http://patentscope.wipo.int/search/en/search.jsp

3.3 中文专利文献数据库

目前,国家知识产权局的多个单位均提供了检索中国专利文献的服务,其中比较具有代表性的为中国国家知识产权局政府网站专利检索系统(http://www.sipo.gov.cn)、中国专利信息中心专利检索系统(http://www.cnpat.com.cn)、国家知识产权局专利检索咨询中心提供的中国专利信息网(http://www.patent.com.cn)、中国知识产权出版社提供的中外专利数据库服务平台(http://www.cnipr.com)。这四个版本的数据来源基本一致,检索功能和界面设计也比较相似,下面以中国知识产权出版社提供的中外专利数据库服务平台为主加以介绍。

3.3.1 中外专利数据库服务平台

3.3.1.1 数据库内容

中外专利数据库服务平台是国家知识产权局知识产权出版社通过"中国知识产权网"提供的专利文献检索系统。该检索系统包括中国发明专利、实用新型专利、外观设计专利、中国发明授权专利等数据库,可检索1985年9月10日以来公布的全部中国专利信息,数据每周三更新。

数据库网址:http://www.cnipr.com

3.3.1.2 数据库检索

(1)检索功能

① 专利检索:专利检索提供18个检索字段的表格检索。包括:申请(专利)号、申请日、公开(公告)号、公开(公告)日、名称、摘要、主分类号、分类号、申请(专利权)人、发明(设计)人、地址、专利代理机构、代理人、优先权、国省代码、同族专利、权利要求书、说明书,并可对这些字段进行组合逻辑检索。

各个检索字段的检索说明见表8-6。

表 8-6　中外专利数据库服务平台检索字段说明

检索字段	检索说明
申请(专利)号/同族专利	支持?代替单个字符,%代替多个字符
申请日/公开(公告)日	申请日/公开(公告)日由年、月、日三部分组成,各部分之间用圆点隔开;"年"为4位数字,"月"和"日"为1或2位数
公开(公告)号	公开(公告)号字段支持模糊检索,可使用截词符
名称/摘要/权利要求书/地址	名称/摘要/权利要求书/地址字段支持模糊检索,模糊检索可使用截词符,检索时应尽量选用关键字,以免检索出过多无关文献。字段内各检索词之间可进行布尔逻辑运算
主分类号/分类号	同一专利申请案具有若干个分类号时,其中第一个称为主分类号,其余为分类号。主分类号/分类号可实行模糊检索
申请(专利权)人/发明(设计)人/专利代理机构、代理人	申请(专利)人/发明(设计)人/专利代理机构、代理人为个人或团体。申请(专利权)人字段支持模糊检索,模糊检索可使用截词符,检索时应尽量选用关键字,以免检索出过多无关文献。字段内各检索词之间可进行布尔逻辑运算
优先权	优先权字段中包含表示国别的字母和表示编号的数字,支持模糊检索,模糊检索可使用截词符,检索时应尽量选用关键字,以免检索出过多无关文献。字段内各检索词之间可进行 AND、OR 运算
范畴分类	范畴分类是由国家知识产权局给出的按文献技术应用领域的一种广域分类。范畴分类字段支持模糊检索,模糊检索可使用截词符,检索时应尽量选用关键字,以免检索出过多无关文献。字段内各检索词之间可进行 AND、OR 运算
说明书	对专利的说明书全文信息进行检索,支持模糊检索,模糊检索可使用截词符字段内各检索词之间可进行布尔逻辑运算
组合逻辑检索	组合检索是对检索表格中使用的检索项目和输入的检索条件进行布尔运算式逻辑组合,按照组合后的表达式进行检索

② 行业分类导航:提供行业分类列表,可直接检索该行业的专利(参见图 8-7)。

③ 法律状态检索:可检索专利的法律状态。

(2) 检索技术

① 前方一致检索:系统默认在申请日、公开(公告)日、公开(公告)号几个字段支持前方一致检索,如公开(公告)号前面几位为 CN13877,则可以直接输入:CN13877。

② 截词符:使用"?"号代替单个字符,"%"号代替多个字符。"%"号可出现在检索词的前方、中间或后方,如在申请号字段中,申请号前五位为 02144,可以输入:CN02144%;申请号中间几位为 2144,可以输入:%2144%;申请号不连续的几位为 021 和 468,可以输入:%021%468%。

③ 逻辑运算:支持逻辑运算符:AND、OR、NOT 以及 XOR(逻辑异或)。不同检索框的检索式之间默认是逻辑与的关系,同一检索框内也可以用布尔逻辑算符组合检索。例如:在摘要(字段代码 AB)中检索含有"变速"或"装置",但不能同时含有"变速"和"装置"的专利,应输入检索式:(变速 XOR 装置)/AB,检索结果等同于输入检索式:(变速 OR 装置)/AB NOT (变速 AND 装置)/AB。

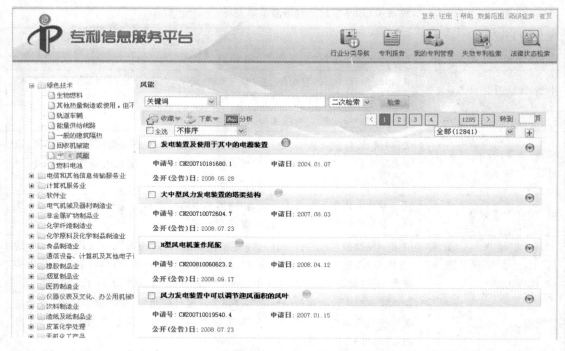

图 8-7 中外专利数据库服务平台行业分类导航

④ 位置运算：

位置运算符 ADJ 表示两个检索词邻接，次序有关，例如：在摘要中检索含有"变速"和"装置"，且变速在装置前面的专利，应输入检索式：(变速 ADJ 装置)/AB。

位置运算符 EQU/n 表示两个词相隔 n 个字，次序有关（默认相隔 10 个字），例如：在摘要中检索含有"方法"和"装置"，且"方法"在"装置"前面，"方法"和"装置"相隔 10 个字的专利，应输入检索式：(方法 EQU/10 装置)/AB。

位置运算符 XOR/n 表示两个检索词在 n 个字之内不能同时出现（默认相隔 10 个字），例如：在摘要中检索含有"方法"和"装置"，且方法和装置在 10 个字内不能同时出现的专利，应输入检索式：(方法 XOR/10 装置)/AB。

位置运算符 PRE/n 表示两个检索词相隔至多 n 个字，次序有关（默认相隔 10 个字），例如：在摘要中检索含有"方法"和"装置"，且"方法"在"装置"前面，"方法"和"装置"至多相隔 10 个字的专利，应输入检索式：(方法 PRE/10 装置)/AB。

⑤ 日期运算符"."和"to"：申请日为 2002 年某月 01 日，可键入：2002..01；申请日为某年 01 月 01 日，可键入：.01.01；申请日为某年 10 月，可键入：.10；申请日为某年某月 5 日，可键入：..5。

检索申请日为从 2002 年到 2003 年的信息，可键入：2002 to 2003。

(3) 检索结果

① 检索结果列表：系统默认显示命中专利记录的申请号、申请日、公开（公告）日、专利名称。可通过"设定显示字段"功能来设定每条命中专利记录显示的字段内容。还可对结果进行二次检索或者直接开始新的检索。

② 详细记录：单击命中记录的名称，可进入其详细信息显示页面（参见图 8-8），可查看其专利申请的相关信息、摘要和主权项，还可查看专利说明书全文（TIF 图像格式）。

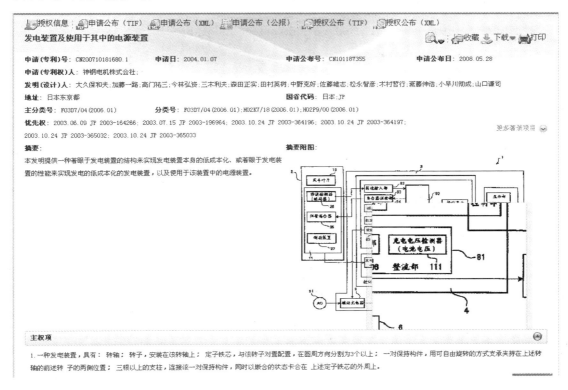

图 8-8　中外专利数据库服务平台的专利详细记录

③ 输出：在检索结果列表页面，可选择并打印或下载需要的专利记录。

（4）用户服务

用户登录系统后，可将选中的专利记录放入"我的收藏夹"暂存，我的收藏夹只能保存 50 条信息，超过的记录会被自动删除。

3.3.2　其他中国专利数据库

3.3.2.1　中国专利信息中心中国专利数据库

《中国专利数据库》由中国专利信息中心主办，该数据库收录了 1985 年 9 月 10 日至当前约 3 周前公布的中国专利信息，包括发明、实用新型和外观设计三种专利的著录项目及摘要，并可浏览到各种说明书全文，但不包括外观设计图形。数据延迟约为 3 周。

数据库地址为：http://www.cnpat.com.cn/

3.3.2.2　国家知识产权局专利检索数据库

国家知识产权局《专利检索数据库》收录内容为 1985 年 9 月 10 日至当前公布的全部中国专利信息，包括发明、实用新型和外观设计三种专利，数据随着每周中国专利公报的出版而更新。提供 16 个检索入口，支持模糊检索等功能，可免费获取中国专利的 TIF 图像格式的说明书全文。此外，系统还提供"IPC（国际专利分类法）分类检索"、"法律状态检索"等检索途径。

数据库地址为：http://www.sipo.gov.cn

3.3.2.3 香港知识产权署专利检索系统

香港知识产权署专利检索系统,数据库内容为已发布的专利申请及已批准的专利的记录,提供专利说明书全文,可免费使用。

数据库地址:http://ipsearch.ipd.gov.hk/patent/index.html

第四节 标准文献

4.1 标准与标准文献概述

标准是为了在一定的范围内获得最佳秩序,经协商一致制定并由公认机构批准,共同使用和重复使用的一种规范性文件。标准文件以科学、技术和经验的综合成果为基础,以促进最佳的共同效益为目的。

标准可从不同的角度进行分类。按适用范围划分,可分为国际标准、区域标准、国家标准、行业标准、地方标准和企业标准。国际标准是指国际标准化组织(ISO)、国际电工委员会(IEC)和国际电信联盟(ITU)制定的标准,以及国际标准化组织确认并公布的其他国际组织制定的标准,该类标准在世界范围内适用。区域标准是由区域标准组织制定的标准。国家标准是由国家标准机构通过并公开发布的标准。行业标准是在国家的某个行业通过并公开发布的标准,适用于当前没有国家标准而又需要在全国某个行业范围内统一的技术要求。在国家的某个地区通过并公开发布的标准,称为地方标准。企业标准是对企业范围内需要协调、统一的技术要求、管理要求和工作要求所制定的标准。

按涉及的内容划分,可分为产品标准、过程标准、服务标准以及接口标准、信息技术标准等。产品标准、过程标准、服务标准是规定产品、过程和服务应该满足的要求,以确保其适用性的标准。接口标准是规定产品(或系统)在它与外界相互连接的部位和兼容性有关的要求的标准,接口标准的内容与产品有关。信息技术标准是以计算机与通信技术为核心,为信息的获取、加工、分析、存储、传递和利用而制定的标准。

按法律的约束性划分,可分为强制性标准和推荐性标准。保障人体健康、人身、财产安全的标准和法律、行政法规规定强制执行的标准是强制性标准,其他标准是推荐性标准。强制性标准必须执行,推荐性标准可自愿使用。

标准文献是指记录"标准"的文献。广义的标准文献包括与标准相关的一切文献,指由产品标准、过程标准、服务标准及其他标准性质的类似文件所组成的文献体系,以及标准化的书刊、目录和手册以及与标准化工作有关的文献等。狭义的标准文献是指带有标准号的标准、规范、规程等规范性技术文件。

标准文献有如下特点:
(1)制定、审批有一定的程序。
(2)使用范围非常明确专一。
(3)有固定的编排格式,内容描述严谨、准确,具有法律效力和可执行性。
(4)时效性强,有一定的有效时间,更新、修订和废除的周期短,利用时要注意引用最新的标准。

4.2 国外标准文献数据库

以美国电气电子工程师学会(IEEE)和英国工程技术学会(IET)标准文献为代表。

IEEE 标准化委员会(IEEE Standard Association,IEEE-SA)隶属于美国电气电子工程师学会(IEEE),其标准制定内容涵盖信息技术、通信、电力和能源等多个领域。IEEE/IET Electronic Library(IEL)数据库提供 IEEE(电气电子工程师学会)和 IET(国际工程和技术学会)出版的 3 000 余种 IEEE 标准,其中现行标准 800 余种。IEEE 标准文献的表示方法为 IEEE+STD+标准编号+发布(修订)年份。

IEL 数据库提供标准浏览、简单检索和高级检索三种检索方式。在数据库主页选择 Standards 选项,即可进入标准浏览页面,可选择按标准顺序号浏览标准,也可输入关键词检索出符合检索条件的标准列表。还可按如表 8-7 所示的分类主题来浏览相应的标准。

表 8-7 IEEE 标准的主题类别

序号	主题名称
1.	Aerospace(航空航天科学)
2.	Bioengineering(生物工程)
3.	Communication, Networking & Broadcasting(通信,网络和广播电视)
4.	Components, Circuits, Devices & Systems(元件,电路,设备和系统)
5.	Computing & Processing (Hardware/Software)(计算及数据处理——硬件/软件)
6.	Engineered Materials, Dielectrics & Plasmas(工程材料,电介质和等离子体)
7.	Engineering Profession(工程专业)
8.	Fields, Waves & Electromagnetics(场,波及电磁)
9.	General Topics for Engineers (Math, Science & Engineering)(工程师的一般主题——数学,科学和工程学)
10.	Geoscience(地球科学)
11.	Nuclear Engineering(核工程)
12.	Photonics & Electro-Optics(光子学和电光学)
13.	Power, Energy, & Industry Applications(电力,能源及工业应用)
14.	Robotics & Control Systems(机器人和控制系统)
15.	Signal Processing & Analysis(信号处理和分析)
16.	Transportation(运输)

IEL 数据库检索平台的介绍请参照本书第四章相关内容。

数据库网址:http://ieeexplore.ieee.org/

4.3 中国标准文献数据库

4.3.1 中外标准数据库

《中外标准数据库》由万方公司出版,收录了由国家质量监督检验检疫总局等单位提供的相关行业的各类标准题录。包括中国国家标准、中国行业标准、国际标准化组织标准、国际电工委员会标准、欧洲标准、英国标准化学会标准、法国标准化学会标准、德国标准化学会标准、日本工业标准调查会标准、美国国家标准学会标准、美国机械工程师协会标准、美国材料试验协会标准、美国电气及电子工程师学会标准、美国保险商实验室标准等28万多条记录。每月更新,保证了标准文献资源的时效性。

在《中外标准数据库》首页,可直接输入检索词进行简单检索,也可按分类浏览标准。

高级检索可按标准类型、标准编号、标题、关键词、国别、发布单位、起草单位、中国标准分类号、国际标准分类号、发布日期、实施日期、确认日期和废止日期等检索项进行检索。

数据库的检索以及万方数据库检索平台的介绍请参见本书第三章相关内容。

数据库网址:http://www.wanfangdata.com.cn(主服务器)或 http://wanfang.calis.edu.cn/(CALIS镜像站)或 http://g.wanfangdata.com.cn(北京地区镜像站)

4.3.2 中国标准数据库

国家科技图书文献中心(NSTL)的《中国标准数据库》收录了国家科学图书馆、中国科学技术信息研究所、机械工业信息研究院、冶金工业信息标准研究院、中国化工信息中心、中国农科院农业信息研究所、中国医科院医学信息研究所、中国标准化研究院标准馆、中国计量科学研究院文献馆等单位收藏和提供的中国标准,共收录中国标准2.5万多条,其内容涉及科学研究、社会管理以及工农业生产的各个领域。中国国家标准的颁布以国家质量监督检验检疫总局批准、国家标准化管理委员会发布为准,中国国家标准分为强制性标准和推荐性标准。

国家科技图书文献中心数据库检索平台的介绍请参见本书第三章相关内容。

数据库网址:http://www.nstl.gov.cn/index.html

4.4 国内外其他标准化机构网站

4.4.1 国际标准化组织

国际标准化组织(International Organization for Standardization,ISO)是目前世界上最主要的国际标准化机构,成立于1947年2月,总部设在瑞士日内瓦。其宗旨是在全世界范围内促进标准化工作的发展,以利于国际间物资交流和服务,并扩大知识、科学、技术和经济方面的合作。其主要活动是制定国际标准,协调世界范围内的标准化工作,组织各成员国和技术委员会进行情报交流,以及与其他国际性组织进行合作,共同研究有关标准化问题。它在国际标准化中占主导地位,其工作领域涉及除电工电子以外的所有领域。

目前ISO已经发布了18 500个国际标准,每年新增1 000个左右的ISO标准,该网站可检索ISO的所有已颁布标准,并提供在线订购全文的服务。

网址:http://www.iso.org

4.4.2 国际电工委员会

国际电工委员会(International Electrotechnical Commission,IEC)是从事电气工程和电子工程领域中的国际标准化工作的国际机构,成立于1906年,其宗旨是促进电气、电子工程领域中的标准化及相关问题的国际合作,增进相互了解。主要任务是制定电气、电子工程领域的国际标准和发行各种出版物。

IEC通过其网站提供标准的检索及其他出版物的信息服务,并提供新出版标准信息、标准作废替代信息等。

网址:http://www.iec.ch/

4.4.3 国际电信联盟

国际电信联盟(International Telecommunication Union,ITU)于1865年5月在巴黎成立,主要是为了全球各成员国或地区之间进行电信事业发展和通信合理使用的合作。1947年成为联合国的专门机构,是世界各国政府的电信主管部门之间协调电信事务的一个国际组织,它研究制定有关电信业务的规章制度,通过决议提出推荐标准。通过其网站可以检索ITU制定的相关标准。

网址:http://www.itu.int

4.4.4 国家标准化管理委员会

国家标准化管理委员会是全国标准化工作的主管机构,主要负责组织国家标准的制定、修订工作,负责国家标准的统一审查、批准、编号和发布。该网站可检索国家标准目录,获得标准的题录信息,并了解标准化动态、国家标准制订计划、国标修改通知等信息,同时可以免费下载或阅览中国国家强制性标准的PDF全文。

网址:http://www.sac.gov.cn

4.4.5 中国标准服务网

中国标准服务网是中国标准化研究院下属的国家标准馆的门户网站。国家标准馆是国家标准文献中心,成立于1963年,收藏了国内外各类标准文献97万余件,包括齐全的中国国家标准和66个行业标准,60多个国家、70多个国际和区域性标准化组织、450多个专业协(学)会的成套标准,160多种国内外标准化期刊及标准化专著。中国标准服务网自2005年开始建设,在整合已有标准文献资源的基础上,形成了标准文献题录数据库、全文数据库和专业数据库,目前标准文献题录数据库量已达130万余条。

网址:http://www.cssn.net.cn

4.4.6 标准网

标准网是由国家发展和改革委员会产业协调司主办的我国工业行业的标准化门户网站。网站主要内容为国家发展和改革委员会负责管理的轻工、纺织、黑色冶金、有色金属、石油、石化、化工、建材、机械、汽车、锅炉压力容器、电力、煤炭、包装、制药装备、黄金、商业、物流和稀土等19个行业的行业标准管理与服务信息。该网站设置标准动态、标准公告、标准计划、工作平台、组织机构、信息查询、文章精选、标准书市、专题栏目、相关产品等栏目。可检索国内外标准目录。

网址:http://www.standardcn.com

第五节 科技报告

5.1 科技报告概述

科技报告是报道或记录研究工作和开发调查工作的成果或进展情况的一种文献类型,是由研究、设计单位向提供经费资助或支持的单位和组织提交的正式报告。

科技报告是现代科学技术发展的产物,起源于第二次世界大战,战后发展迅猛,目前已经发展成为科技文献的一大门类。科技报告真实详尽地记录了科研工作过程中的研究、考察、实验结果,报道了科学技术研究的最新进展,反映了科学技术问题的现状和发展趋势,具有很高的学术研究价值。

5.2 科技报告的特点和类型

5.2.1 科技报告的特点

(1) 出版形式比较特殊。每份报告都独立成册,篇幅不等,有连续编号,出版发行不规则。

(2) 内容详尽、专深。科技报告的内容比较系统,专业性强。不但包括各种研究方案的选择与比较、成功和失败的体会总结,通常还附有大量的数据、图表、公式及实验原始记录。

(3) 时效性强。科技报告发表及时,报道新成果的速度一般快于期刊及其他文献。

(4) 发行范围受限。相当一部分技术报告具有保密性,仅有一小部分可以公开或半公开发表。

5.2.2 科技报告的类型

(1) 按技术内容划分,科技报告可分为:

① 技术报告(technical report),用来陈述科技工作者在某一方面研究的进展情况及科研成果;或者阐明某一项研究、制造、试验与评价的结果;或者论述科技问题的现状及发展趋势等。技术报告是研究单位或承包单位向提供经费的部门汇报研究过程、阶段成果和最终成果的正式技术文件,也是科技人员用来与同行交流研究成果的重要手段。

② 技术札记(technical notes),研究过程的记录和小结,内容不完整,属于试验研究的第一手资料。

③ 技术备忘录(technical memorandum),同一领域内科技人员沟通情况用的资料。

④ 技术论文(technical papers),准备在学术会议或期刊上发表的论文,着重于理论而删除了关键的技术内容。

⑤ 技术通报(technical bulletin),对外公布的摘要性文摘。

⑥ 技术译文(technical translations),外国有参考价值的翻译文献。

(2) 按研究进展划分,科技报告可分为:

① 初步报告,也叫研究计划,是科研人员在研究试验之前写的计划性报告。

② 进展报告,也叫进度报告,是科研人员向课题的主管部门或资助部门汇报工作进展情况而写的报告。又分为定期报告(季度报告,半年报告等)和不定期报告。

③ 中间报告,即报道某项课题研究的若干阶段的工作小结以及对下一阶段的工作建议等。

④ 终结报告,即课题结束时撰写的总结性报告。

(3) 按流通范围划分,科技报告可分为:绝密报告、机密报告、秘密报告、非密限制发行报告、非密报告和解密报告。

5.3 美国政府科技报告及其检索

5.3.1 美国政府科技报告概述

美国在20世纪40年代就设立了专门的机构,从事科技报告的收集、整理、报道和发行工作,美国政府部门出版的科技报告历史悠久,数量巨大,据相关研究,目前全世界每年产生的科技报告在100万件以上,其中仅美国政府科技报告就达80多万份。美国政府科技报告成为世界范围内获取科技报告的重要来源。

美国政府的科技报告种类较多，按其内容及所属系统来划分，最主要的有四大报告：行政系统的 PB 报告，军事系统的 AD 报告，航空与宇航系统的 NASA 报告，原子能和能源管理系统的 DOE 报告。四大报告涵盖了数、理、化、生、地、天、农、医、工程、航空航天、军工、能源、交通运输、环境保护和社会科学等许多领域，系统全面地记载着美国科技发展的成就与经验，是美国科技信息的重要组成部分。另外，美国政府机构发行的研究报告还有其他许多系列，其中较重要的有 COM 报告（美国商务部的入藏报告）、E 报告（地球资源计划调查报告，多数兼有 NASA-CR 号）、ED 报告（美国教育资源情报中心入藏的报告）、EIS 报告（环境影响陈述报告）、HRP 报告（健康资源规划报告）、JPRS 报告（出版研究联合服务处翻译的前苏联东欧的研究报告）、RAND 报告（兰德公司的研究报告）等。

(1) PB 报告：1945 年，美国成立了商务部出版局 (Office of the Publication Board) 负责整理和公布二战中从战败国掠取的内部科技资料，其整理出版的每件资料，都编有顺序号，并在顺序号前冠以美国商务部出版局的英文名称 (Publication Board) 的缩写"PB"作为标识，故被人们称为"PB 报告"。这部分资料编号到 10 万号为止，之后的 PB 报告，大部分来自美国国内各科研机构以及小部分国外科研机构的科技报告。PB 报告的收集、整理、报道和发行机构几经变化，从 1970 年 9 月起，由美国商务部国家技术情报服务局 (National Technical Information Services, NTIS) 负责，并继续使用 PB 报告号。PB 报告内容侧重于民用工程方面。PB 报告的编号原来采用 PB 代码加上流水号，1979 年底，PB 报告编到 PB301431，从 1980 年开始使用新的编号系统，即 PB 十年代＋顺序号，其中年代用公元年代后的末 2 位数字表示。

(2) AD 报告：AD 报告产生于 1951 年，为原美国武装部队技术情报局 (Armed Services Technical Information Agency, ASTIA) 收集、整理、出版的科技报告。该报告由 ASTIA 统一编号，称 ASTIA Document，简称 AD 报告。AD 报告的文献来源包括了美国海、陆、空三军科研单位在内的与国防有关的各个领域，也涉及公司企业、大专院校，以及国外一些科研机构和国际组织。AD 报告的密级分为机密 (secret)、秘密 (confidential)、非密限制发行 (restricted or limited)、非密公开发行 (unclassified) 4 种，AD 报告报告号均以 AD 开头，并根据密级和年代不同，采用不同的号码系列，1975 年以后，AD 报告顺序数字号码之前加上 A、B、C、D、E 等字母，以表示 AD 报告的性质，并重新从 000001 号编起，AD-A 表示公开发行报告；AD-B 表示近期解密阶段报告；AD-C 表示保密阶段报告；AD-D 表示美国军事系统专利；AD-E 表示美国海军研究所及合同户报告。

(3) NASA 报告：NASA 报告是美国国家航空和航天局 (National Aeronautics and Space Administration, NASA) 出版的科技报告。NASA 报告的内容主要包括航空和空间科学技术领域，同时涉及许多基础学科和技术学科，属于综合性的科技报告，NASA 报告号采用"NASA＋报告出版类型代码＋顺序号"的表示方法。报告的出版类型及其对应的代码如下：

技术报告——TR　　　　　技术简讯——Tech Briefs
技术札记——TN　　　　　教学用出版物——EP
技术备忘录——TM　　　　会议出版物——CP
合同单位报告——CR　　　技术论文——TP
技术译文——TT　　　　　参考性出版物——RP
专利说明书——Case　　　 特种出版物——SP

（4）DOE报告：DOE报告是美国能源部（Department of Energy，DOE）及其所属科研机构、能源情报中心、公司企业、学术团体发表的技术报告文献。该报告因出版单位多次变化，先后由美国原子能委员会（Atomic Energy Commission，AEC）、能源研究与发展署（Energy Research and Development Administration，ERDA）和美国能源部出版，报告名称也从 AEC、ERDA 到 DOE 多次变化。自1981年开始，DOE报告都采用"DE＋2位数字表示的年代＋6位顺序号"的形式，"DE＋年代＋500000"以上号码则表示从国外收集的科技报告，DOE报告内容包括能源、化学化工、材料、工程以及环境科学、地球科学等。

5.3.2 NTIS 美国政府报告数据库

5.3.2.1 数据库内容

美国商务部国家技术情报服务局（National Technical Information Service，NTIS）负责系统收集、报道和发行美国的科技报告，美国《政府报告通报与索引》（Government Reports Announcements and Index，GRA&I）是 NTIS 主办的连续出版物，创刊于1964年，以摘要形式系统报道美国政府研究机构及其合同单位提供的科技报告，同时也报道美国政府主管的科技译文及某些外国的科技报告。GRA&I 报道全部的 PB 报告、所有公开或解密的 AD 报告、部分的 NASA 报告和 DOE 报告以及其他类型的报告。可以利用查到的相应记录的报告号和 NTIS 订购号，向 NTIS 订购该报告的全文。

《NTIS 美国政府报告数据库》（NTIS Database 或 NTIS Bibliographic Database）是与纸本 GRA&I 相对应的文摘索引型数据库，存储有1964年至今的报告摘要，有200多万条题录数据，目前每年新增6万余条。NTIS 数据库收录美国政府立项研究及开发的项目报告为主，少量收录西欧、日本及世界各国（包括中国）的科学研究报告。该库75％的文献是科技报告，其他文献有专利、会议论文、期刊论文、翻译文献，25％的文献是美国以外的文献，90％的文献是英文文献，专业内容覆盖科学技术各个领域。

数据库网址：http://www.ntis.gov/search/index.aspx

NTIS 数据库涉及的学科主题范围如表8-8所示。

表8-8 NTIS 数据库涉及的学科主题范围

Subject coverage	中文学科	Subject coverage	中文学科
Administration & Management	行政与管理	Industrial & Mechanical Engineering	工业和机械工程
Aeronautics & Aerodynamics	航空空气动力学	Library & Information Sciences	图书馆学与情报学
Agriculture & Food	农业和食品	Manufacturing Technology	制造技术
Astronomy & Astrophysics	天文学与天体物理学	Materials Sciences	材料科学
Atmospheric Sciences	大气科学	Mathematical Sciences	数学
Behavior & Society	行为与社会	Medicine & Biology	医学与生物学
Biomedical Technology & Human Factors Engineering	生物医学技术与人因工程	Military Sciences	军事科学
Building Industry Technology	建筑业技术	Missile Technology	导弹技术
Business & Economics	商业与经济学	Natural Resources	自然资源

续表

Subject coverage	中文学科	Subject coverage	中文学科
Chemistry	化学	Navigation	导航
Civil Engineering	土木工程	Nuclear Science	核科学
Combustion, Engine & Propellant	燃烧，发动机和推进剂	Ocean Sciences	海洋科学
Communications	通信	Ordnance	军械
Computers, Control & Info Theory	计算机，控制与信息理论	Photography	摄影
Detection & Countermeasures	检测及对策	Physics	物理
Electrotechnology	电气工程	Problem Solving Information	解决问题的信息
Energy	能源	Space Technology	航天技术
Environmental Pollution & Control	环境污染与控制	Transportation	运输
Government Inventions for Licensing	政府授权的发明	Urban & Regional Tech. Development	城市与区域技术发展
Health Care	健康护理		

5.3.2.2 数据库检索

可在 ProQuest、Ei 等平台上检索订购的 NTIS 数据库，也可在 NTIS 网站上(http://www.ntis.gov/search/index.aspx)免费检索 NTIS 数据库的部分内容。

(1) 检索功能

① 快速检索(quick search)：快速检索只提供一个检索框，可选择检索字段，并输入检索词进行检索。检索字段包括产品号(product No)、NTIS 入藏号(accession No)、关键词(keyword)、题名(title)、摘要(abstract)、作者(author)以及全字段(all)。

② 高级检索(advanced search)：在高级检索中，可选择的检索字段同快速检索，还可以选择返回记录的条数，还可选择检索起始和终止年限，并可限定是否只检索音频视频形式的报告。还可选择检索结果的排序方式，限定学科主题范围等(参见图 8-9)。

(2) 检索技术

NTIS 数据库不支持在检索框中输入"AND"、"OR"、"NOT"以及引号，但可根据不同检索技巧的需要，选择不同检索框：

逻辑 AND：使用"多个检索词同时出现"(With All of the words)；

逻辑 OR：使用"至少包含其中的一个词"(With at least one of the words)；

逻辑 NOT：使用"在检索结果中排除的词"(Exclude Words)；

词检索：使用"精确检索"(With the exact phrase)；

检索限定：使用"限定文献来源机构"(Limit Results By Source Agency)。

(3) 检索结果

检索结果列表默认是只显示每条记录的产品号和题名，选择"more details"，显示该记录的产品号、题名、部分摘要、作者、年代，并可将该记录放入购物车，以便购买该报告的全文。

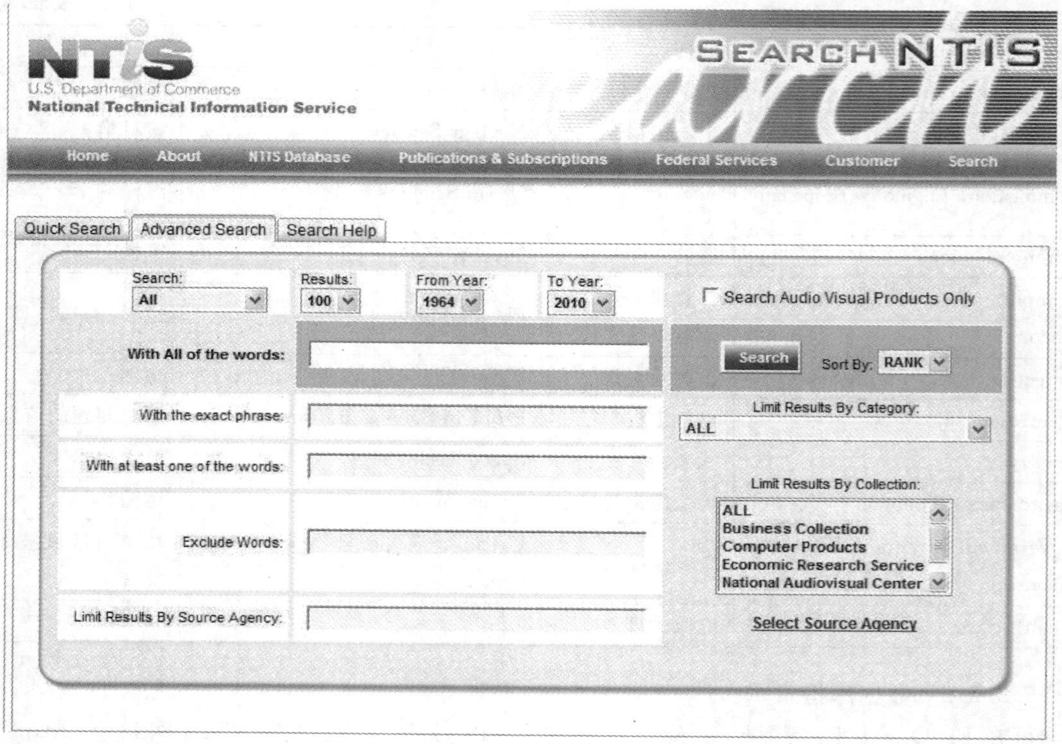

图 8-9　NTIS 数据库高级检索

免费检索每次检索结果最多只能返回 200 条记录,可看到题名、作者、年份以及部分文摘信息。

(4) 用户服务

可将选中的记录加入购物车,并通过 NTIS 网站来购买报告全文。

5.3.3　美国政府科学门户网站 Science.gov

5.3.3.1　数据库内容

Science.gov 是美国最大的政府科学门户网站,由美国能源部(DOE)主办,由来自美国 14 个主要科技部门的 18 个科技信息机构组成的联合工作组开发维护,包括农业部、商业部、国防部、教育部、能源部、健康和公共事业部、环保局、美国航天及空间管理局和美国科学基金会等部门。Science.gov 网站最突出的特点是汇集了来自美国政府各部门的大量科技信息资源,是了解美国政府研究开发成果的门户网站。它可以同时搜索 14 个成员单位的 43 个科技信息数据库,全文数量高达 2 亿页;此外,还链接了 2 000 多个精选的科学网站供用户查询(参见图 8-10)。

数据库网址:http://www.science.gov

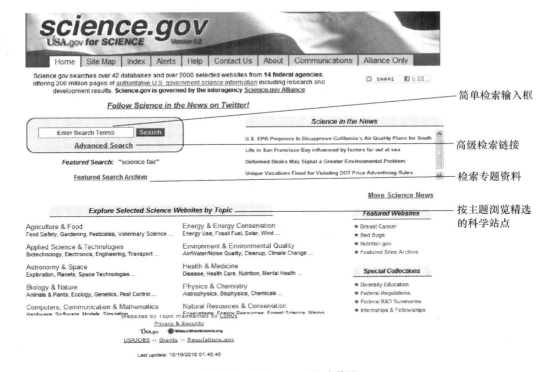

图 8-10 Science.gov 网站首页

5.3.3.2 数据库检索

(1) 检索功能

① 简单检索：输入检索词进行快速检索，不需要选择检索字段和进行检索限定。

② 高级检索：提供全字段、题名和作者三个检索框，可选择检索字段间的逻辑组配方式，默认为 ALL，表示检索字段间为逻辑"与"的关系，还可选择 ANY，代表检索字段间为逻辑"或"的关系。可对检索结果的时间范围进行限定，还可选择同时检索的数据库的范围，默认为全部 43 个数据库。43 个数据库被分为 12 个学科主题，可分别按学科主题选择，也可直接选择学科主题下一级的数据库(参见图 8-11)。

③ 主题浏览：可按主题浏览精选的 2 000 多个科学站点。一级大类主题为 12 个，最多可分三级主题，末级主题下为相关的科学站点。

(2) 检索技术

① 字检索：输入多个检索词时，系统默认为字检索，即单词间的关系为 AND；把词组用引号引起来，可实现词组的精确检索。如"nitrate cycling"。

② 截词符："*"号代表 0 到多个字符。例如"nucle*"可检索出 nuclear, nucleus, nucleoprotein；"?"号代表 1 个字符，例如 DO? 可检索出 DOE、DOI、DOT、DOG 等。

③ 不区分大小写。

④ 布尔逻辑算符：支持 AND、OR、NOT 算符。括号可改变逻辑运算符的运算顺序。

(3) 检索结果

① 检索结果列表：包括题名、作者、文摘、日期和来源数据库。单击题名，可直接链接到来源数据库中的详细记录。

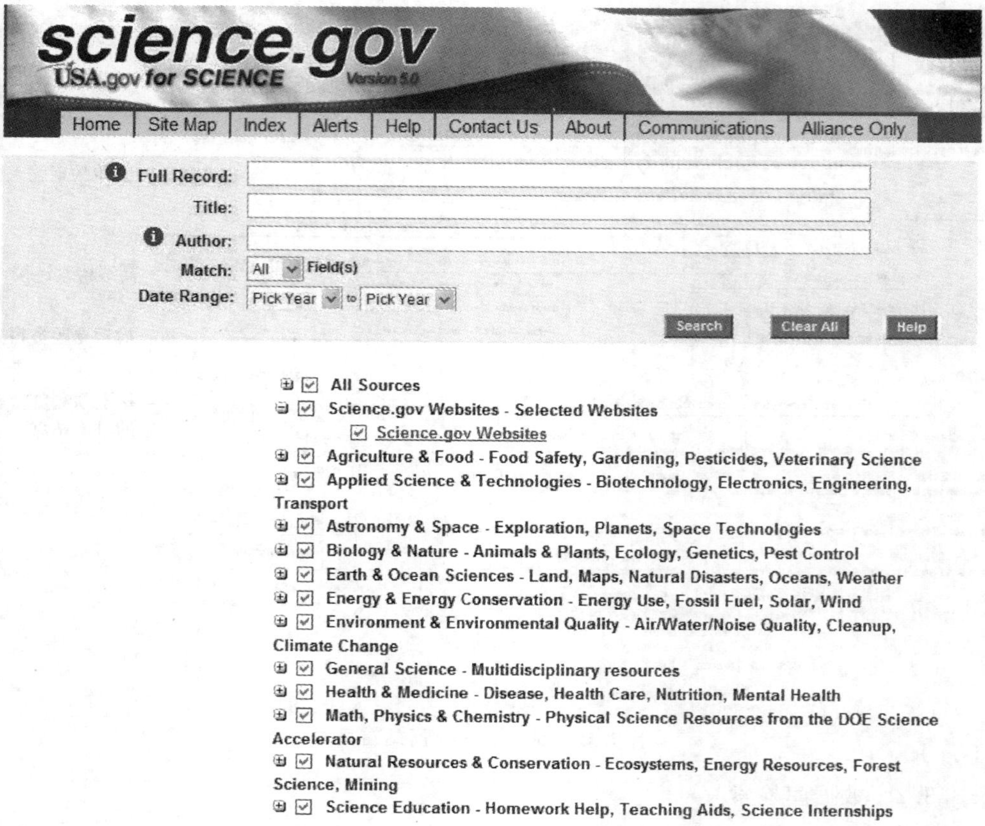

图 8-11 Science.gov 检索系统高级检索

② 检索结果排序：默认按相关度排序，也可按题名、作者和日期来重新排序。

③ 支持二次检索：在检索结果列表页面，使用"Refine Results"按钮可对检索结果进行二次检索。

④ 检索结果聚类：在检索结果列表页面，可按学科主题和日期对检索结果聚类。

⑤ 检索结果下载：可选择检索所需的记录，通过电子邮件发送选中的记录，也可打印选中的记录。

（4）用户服务

注册用户登录后，可保存检索式，设置定题文献通报服务（alerts）。

5.4 国家科技成果数据库(国家科技成果网)

5.4.1 数据库内容

国家科技成果网（简称 NAST）是由国家科技部于 1999 年创建的国家级科技成果创新服务平台，2006 年由国家科学技术奖励工作办公室管理。旨在促进科研单位、科研人员、技术需求方的交流、沟通，加快全国科技成果进入市场的步伐，促进科技成果的应用与转化，避免低水平的重复研究、提高科学研究的起点和技术创新能力。

《国家科技成果数据库》是国家科技成果网的重要组成部分,提供全国科技成果查询服务,其内容丰富、权威性高,已收录全国各地区、各行业经省、市、部委认定的科技成果 30 余万项,库容量以每年 3 到 5 万项的数量增加,充分保证了成果的时效性,可免费查询。在国家科技成果网首页,单击"科技成果"频道,可进入《国家科技成果数据库》(又名 NAST 项目库)首页。

数据库网址:http://www.tech110.net

5.4.2 数据库检索

5.4.2.1 检索功能

(1) 简单检索:在《国家科技成果数据库》首页,可进行科技成果项目的简单检索和分类浏览(参见图 8-12)。简单检索字段包括项目名称、关键词和完成单位,并可按分类、项目年份、成果水平、采集渠道、计划类别和所属阶段等设置限制条件。

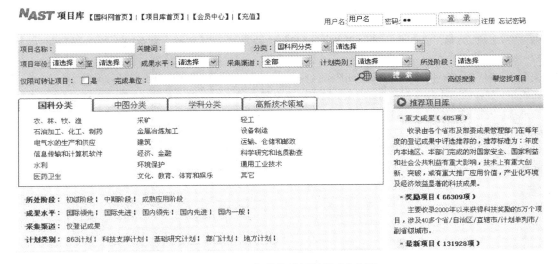

图 8-12 《国家科技成果数据库》首页

(2) 高级检索:检索字段固定,不能选择。可根据成果名称、关键词、完成单位、完成人、成果年份、成果地区、国科网分类、中图分类、行业分类、成果水平等字段进行检索。检索框之间是逻辑与的关系,如想搜索"北京大学"完成的"纳米"研究方面的成果,可在"成果名称"中输入"纳米",再在"完成单位"中输入"北京大学",最后单击"搜索"按钮即可检索出相关成果。

(3) 分类浏览:分类浏览又分为国科网分类、中图法分类、学科分类和高新技术领域四种。还可按项目所处的阶段、项目的成果水平、采集渠道和计划类别分别进行浏览。例如选择国科网分类中的大类"农林牧渔",可浏览与此类相关的科技成果。

5.4.2.2 检索结果

(1) 检索结果列表:每条记录包括项目成果名称和完成单位。单击成果名称,可进入成果的简单信息页面,该页面的信息包括:完成单位、成果摘要、成果年份、中图分类和关键词。更详细的信息需要用户在网站注册,并登录后才能查看。

(2) 支持二次检索:在检索结果列表的上方的检索输入区,可输入相应的检索词,可对检索结果进行二次检索,也可选择增加其他限定条件,对检索结果进行进一步筛选。

5.5 中国科技成果数据库

《中国科技成果数据库》是万方数据知识服务平台的组成部分，主要收录了国内的科技成果及国家级科技计划项目，收录的科技成果总记录60余万项，包括高新技术和实用技术成果、可转让的适用技术成果以及获得国家科技奖励的成果项目，专业范围涉及化工、生物、医药、机械、电子、农林、能源、轻纺、建筑、交通、矿冶等内容，每月更新。也可在万方数据知识服务平台首页单击"科技成果"进入科技成果检索页面。

万方数据知识服务平台的介绍请参照本书第三章的相关内容介绍。

数据库网址：http://c.wanfangdata.com.cn/Cstad.aspx

参 考 文 献

1. 杨莉. 研究生学位论文开发利用中的著作权归属问题研究. 情报理论与实践, 2010(1), p.48—50.
2. 陈传夫, 唐琼, 吴钢. 国际学位论文开发机构版权解决模式及其借鉴. 大学图书馆学报, 2009(2), p.27—32.
3. 关志英, 郭依群, 等. 网络学术资源应用导览(科技篇). 北京：中国水利水电出版社, 2007.
4. 江镇华. 怎样检索中外专利信息. 北京：知识产权出版社, 2007.
5. 孙艳玲. 因特网上查专利. 北京：知识产权出版社, 2007.
6. 《国内外标准、专利概要》编写组. 国内外标准、专利概要. 北京：中国标准出版社, 2006.
7. 赖茂生, 徐克敏, 等. 科技文献检索(第二版). 北京：北京大学出版社, 1994.
8. 陈陶, 夏立娟. ISO、IEC、ITU标准文献的网上检索. 图书馆学研究, 2004(8), p.75—77.

第九章　多媒体学术资源

第一节　多媒体学术资源概述

1.1　多媒体资源的历史与发展

多媒体资源是多媒体技术发展的重要产物之一。多媒体技术兴起于20世纪80年代末期,是近几年来计算机领域中最热门的技术之一,它集计算机、声像和通信技术于一体,采用先进的数字记录和传送方式。多媒体技术受到世界各国和各相关领域的重视,已经形成了多个相关的国际标准,技术的发展也非常迅猛,多媒体技术及其所产生的多媒体资源日益受到用户的青睐。

人们通常以苹果(Apple)公司在1984年推出的引入了位图(bitmap)概念的Macintosh机器作为多媒体技术产生的标志;在那之后的80年代中期苹果公司、菲利普(Philips)公司和索尼(Sony)公司、RCA公司先后推出了处理多媒体信息的计算机、交互式紧凑光盘系统和交互式数字视频系统;随后,从90年代中期开始,多媒体的关键技术标准——数据压缩标准和其他各种多媒体技术标准先后制定和应用,极大地推动了多媒体产业的发展;目前,多媒体技术的发展趋势是逐渐把计算机技术、通信技术和大众传播技术融合在一起,建立更广泛意义上的多媒体平台,实现更深层次的技术支持和应用,使之与人类文明水乳交融。

在多媒体技术的发展进程中,多媒体资源始终作为其重要产物之一而不断发展壮大。多媒体技术的主要应用领域包括通信系统、编著系统、工业领域、医疗影像诊疗系统和教学领域等,其中编著系统的应用主要表现为多媒体电子出版物、软件出版和多媒体数据库等,这些都是我们现在正在使用的多媒体资源。多媒体资源从最初的只读光盘(CD-ROM)出版,到现在的集成了多媒体资源、多媒体检索技术和服务应用技术的多媒体数据库,仅仅经历了十几年的时间。多媒体数据库有非常广阔的应用领域,能给人们带来极大的方便,但目前的难点在于查询和检索,尤其是对图像、语言等内容的查询和检索,目前有很多人正在研究这一难题。随着研究的深入,多媒体数据库将逐步向前推进,并更加实用化。

1.2　多媒体学术资源的概念与特点

所谓多媒体(multimedia),通俗地说就是将多种媒体,包括文本、图片、动画、视频和声音组合成的一种复合媒体[1]。我们把基于学术需求的、能够成为教学科研或语言学习辅助的多媒体资源称为多媒体学术资源。当然多媒体学术资源也包含满足学生素质教育和文化需求的多媒体资源。

多媒体资源涉及学科广泛、内容丰富、形式生动,具体的特点[2]如下:

---

[1]　见参考文献1,p. 2。
[2]　见参考文献1,p. 2—3。

（1）集成性：多媒体资源多是综合性资源，不仅内容覆盖面广，形式方面更是综合了文本、图形、图像、声音和动画等多种媒体，应用到的技术也非常广泛，包括计算机技术、超文本技术、光盘存储技术及影像绘图技术等。从内容的综合性而言，多媒体资源涉及语言、艺术、建筑、历史、生物、医学等各个学科；从形式的综合性而言，多媒体资源包括学术报告、教学录像、庭审案例、医学实验等各种类型。

（2）交互性：所谓交互就是使参与信息传播的各方都可以对信息进行编辑、控制和传递等。通过交互性信息，使用者不再是单纯地接收信息，而是能对信息处理的全过程进行完全有效的控制，并把结果综合地表现出来。交互性给用户提供更加有效的控制和使用信息的手段和方法。例如《新东方多媒体学习库》、《口语伙伴》、《MyET》等语言学习类的多媒体数据库，用户可以通过调整播放进度、回答问题、跟读、连线咨询等方式进行交互式学习。

（3）非线性：多媒体资源的非线性特征表现为其借助超文本链接的方法，把信息内容以一种更灵活、更具变化的方式呈现给用户，改变了人们传统循序性获取信息的模式。例如《知识视界视频教育资源库》有灵活的中/英文字幕，用户可以从文本、也可以从视频、声音获取信息；《KUKE数字音乐图书馆》有乐器图片、也有对应的专辑曲目；有原音朗读、也有对应的文本显示，用户可以从图片找到音乐，从朗诵找到文章，获取信息的方式更加灵活。

（4）信息载体多样性：多媒体资源的传播载体非常多样，可以用光盘作为传输载体，也可以以网络为传输载体，不但使存储容量大增，而且提供了信息的获取、使用、保存和再利用的方便性。

1.3　多媒体资源的类型与内容

1.3.1　按照数字资源的性质和功能划分

多媒体资源均为一次文献，包括单体的多媒体资源例如光盘或磁带，也包括多媒体资源库例如音频库、视频库、课程网站、讲座资源库、考试题库等。

1.3.2　按照数字资源的生产途径和发布范围划分

多媒体出版物和数据库：包括 CD-ROM、CD、DVD 等载体的多媒体出版物和各类多媒体型数据库，例如《KUKE数字音乐图书馆》、《新东方多媒体学习库》、《知识视界视频教育资源库》等；

网络分享资源：包括各种基于公开的网络提供共享的多媒体网站和资源，例如视频/音乐分享网站、知名大学的公开课件、免费的课程学习平台、软件学习平台等；

特色资源：包括各种在大学校园网范围内或其他有限的范围内提供共享的多媒体资源，例如北大讲座、各学校的精品课程、教育部精品课程网等。

1.3.3　按照数字资源的载体与格式划分

按载体分：除了常见的光盘、磁带、硬盘外，数字多媒体资源的载体还有安全数码卡（SD卡）、闪存卡（CF卡）等。

按文件格式分：数字多媒体资源的音频/视频格式可归纳为普通的媒体格式（或称影像格式、影音格式）和流媒体格式。

一般而言，普通的媒体格式是"源"格式，是经由多媒体采集设备例如录音机、摄像机等直接录制拍摄并未经压缩的，常常用于广播电视系统的播出；而流媒体格式是经过压缩和编码的，其主要目的在于网络传输。

(1) 媒体格式可以根据出处划分为三大种：

① AVI 格式：微软（Microsoft）的音频视频交错格式（Audio Video Interleaved），可用 Windows 的媒体播放器播放。AVI 格式调用方便、图像质量好，但缺点就是文件体积过于庞大，不适合作为网络流式传播的文件格式。

② MOV 格式：苹果（Apple）电脑公司的视频格式（MOVIE），可用 QuickTime 播放器播放。

③ MPEG/MPG/DAT：MPEG(Motion Picture Experts Group)是 ISO 与 IEC 联合开发的一种编码视频格式，是运动图像压缩算法的国际标准，现已被几乎所有的计算机平台共同支持。这类格式包括了 MPEG-1、MPEG-2 和 MPEG-4 在内的多种视频格式。MPEG-1 广泛地应用在 VCD 的制作（刻录软件自动将 MPEG-1 转为 DAT 格式）和一些视频片段下载的网络应用上面，使用 MPEG-1 的压缩算法，可以把一部 120 分钟长的电影压缩到 1.2GB 左右。MPEG-2 主要应用在 DVD 的制作、HDTV（高清晰电视广播）和一些高要求的视频编辑、处理方面，使用 MPEG-2 的压缩算法可以把一部 120 分钟长的电影压缩到 5—8GB，而且图像质量更加清晰。MPEG-4 是网络视频图像压缩标准之一，特点是压缩比高、成像清晰、容量小。

流媒体（streaming media）不同于传统的多媒体，它的主要特点就是运用可变带宽技术，以"视音频流（video-audio stream）"的形式进行数字媒体的传送，使人们在从很低的带宽（14.4kbps）到较高的带宽（10Mbps）环境下都可以在线欣赏到连续不断的较高品质的音频和视频节目[1]。流媒体技术简单来说就是把连续的影像和声音信息经过压缩处理后放上网站服务器，让用户一边下载一边观看、收听，而不需要等整个压缩文件下载到自己机器后才可以观看的网络传输技术。该技术先在用户端的计算机上创造一个缓冲区，在播放前预先下载一段资料作为缓冲，当网络实际连接速度小于播放所耗用资料的速度时，播放程序就会取用这一小段缓冲区内的资料，避免播放的中断，也使得播放品质得以维持。流媒体就是将普通的多媒体，如音频、视频、动画等，经过特殊编码，使其成为在网络中使用流式传输的连续时基媒体，适应在网络上边下载边播放的播放方式，通常压缩比比较高，文件体积比较小，播放效率较高，同时在编码时还要加入一些附加信息，如计时、压缩和版权信息等[2]。

(2) 流媒体格式可以划分为多种：

① RA/RM/RAM/RMVB 格式：Real Networks 公司开发的一种新型流式视频文件格式，可用 Real Player 播放。这些格式由一开始就是定位在视频流应用方面的，也可以说是视频流技术的始创者。它可以在用 56K 调制解调器（modem）拨号上网的条件实现不间断的视频播放，但其图像质量较差。

② ASF 格式：微软公司开发的流媒体格式，可以用 Windows Media Player(WMP)播放。ASF 使用了 MPEG-4 的压缩算法，压缩率和图像的质量都很不错。

③ WMA/WMV：微软公司的音频和视频格式文件，是一种独立编码方式的在网络上实时传播多媒体的技术标准，微软公司希望用其取代 QuickTime 之类的技术标准以及 WAV、AVI 之类的文件扩展名。WMV 的主要优点在于：可扩充的媒体类型、本地或网络回放、可伸缩的媒体类型、流的优先级化、多语言支持、扩展性等。

---

[1] 见参考文献 1，p. 4。
[2] 见参考文献 1，p. 5。

④ MOV 格式：苹果公司开发的音频、视频文件格式，也可以作为一种流文件格式，用于存储常用数字媒体类型。

⑤ 动画格式 SWF 和 Real Flash：SWF 是由 Macromedia 公司（现属 Adobe 公司）的动画设计软件 Flash 生成的矢量动画图形格式，占用空间很小，被广泛应用于网络，用 Adobe Flash Player 播放；Real Flash 是 Real Networks 公司与 Macromedia 公司合作推出的新一代高压缩比动画格式。

⑥ MTS 格式：由 MetaCreations 公司的网上流式三维技术 MetaScream 实现，是一种新兴的网上三维动画（3D）开放标准。

⑦ AAM/AAS 格式：由制作多媒体教学课件的 Authorware 工具生成的文件，可以压缩为 AAM 或 AAS 流式文件格式。

⑧ RP 和 RT 格式：Real Networks 公司 RealMedia 格式的一部分，分别是将图片文件和文本文件以流式发放到客户端，通过将其他媒体如音频等绑定到图片或文本上以制作出多种用途的多媒体文件。

关于不同的流媒体格式之间的区别，人们对常见的 WMA/WMV（基于 Windows Media 生成）、RM/RA/RMVB（基于 RealMedia 生成）和 MOV（基于 QuickTime 生成）格式在压缩和解压缩、互动性、文件大小和费用成本等方面做过比较，结论是：如果使用 Windows 平台，Windows Media 的费用最少，QuickTime 在性能价格比上具有优势，而 RealMedia 则在支持的用户数量上有优势。

第二节　多媒体学术资源的使用

2.1　多媒体学术资源的浏览

多媒体资源内容丰富、但描述信息相对简单，因此都非常重视浏览功能的设计。多媒体资源的浏览体系主要有两种，即类别浏览和热门浏览。

关于类别，各个多媒体资源库的定义各不相同——有些是参照某个学科分类体系，例如中图法；或者在学科基础上进行大类归并形成新的分类体系，例如《知识视界视频教育资源库》(旧版)就将其多媒体资源分为文学艺术、历史文化、社会经济、生命科学、材料化学、医学保健、物理科学、电子通信、工业设计、天文航天、建筑装饰、体育探险、地球科学、环境保护、交通运输、军事侦探、旅游风光、科技前沿等 18 个大类，再如《爱迪科森网上报告厅》将其资源分为理工系列、经管系列、文史系列、医学系列、综合素质、法律视点、营销系列等；还有些是结合多媒体资源的内容和体裁形成综合的类别体系，例如上面提到的北京大学图书馆多媒体资源是分为影视、音乐、戏曲、学习参考、讲座、节目、语言学习、其他等 8 个类别的。

关于热门，各个多媒体资源库的功能设计也各有不同，有的叫作排行榜，例如《知识视界视频教育资源库》中的排行榜浏览；有的是热门关键词或热点主题，例如《爱迪科森网上报告厅》中的热门关键词浏览；也有些设计的是精品推荐或最新资源推荐，例如北京大学图书馆多媒体资源服务中的"最新推荐"等。

2.2 多媒体学术资源的检索

多媒体数据库的检索包含两个层面：一是基于元数据信息的文本检索；二是基于多媒体资源即图像、音频和视频的内容检索。

2.2.1 内容检索

内容检索是多媒体数据库检索的难题，目前很多多媒体数据库尚不能支持内容检索，但已经有一些数据库开始进行这方面的尝试，例如《知识视界视频教育资源库》新的检索平台可以支持图像检索。内容检索的主要方法和特征如下：

(1) 图像检索：图像检索技术有两种，一种是基于文本的图像检索，即对每一幅图像进行标注，或搜集图像本身及其周围的文本信息，然后通过组织这些标注或文本信息，通过对文本的检索来定位图像；另一种是基于图像颜色、纹理、形状、空间关系等不同图像特征的图像检索技术，通过每种图像特征的表达方式、索引的建立和特征匹配来实现图像检索。例如基于图像颜色特征的图像检索，首先需要选取合适的颜色空间描述颜色特征，其次需要把颜色特征表示成向量的形式，以便建立索引和进行相似性匹配，最后需要定义不同颜色特征向量之间的距离（即特征向量对应图像间的相似程度），系统先把用户的查询表示成一个向量特征，再根据相似性准则从特征数据库中找出与该特征向量距离最近的那些特征向量，并把这些特征向量对应的图像作为检索结果。

(2) 音频检索：基于内容的音频索引和检索通用的方法是首先把音频归结到一些常见的类型（比如语音、音乐和噪音等），然后根据不同的音频类型分别用不同的方法处理和索引（比如音频类型是语言，就使用语音识别方法），查询输入的音频片段也进行类似的分类、处理和索引，最后比较查询索引和数据库中的音频索引，返回最为相似的音频片段。音频的本质是信息的载体，人耳听到的音频是连续模拟信号，当要利用计算机代替人进行对音频的自动分析处理时，首先要使用音频采集设备将连续的音频信号离散化，变成数字化的信息，此后音频还需要经过特征提取、音频分段、音频识别分类和索引检索这几个关键步骤，此时音频已经变成了不同形式的分类规则，这些分类规则常常表现为"特征向量＋类别"的查找表即索引，因此最终基于内容的音频检索变成了一个模式匹配的问题，对于输入的一段音频到音频数据库中和已有的向量进行比较以返回最相似的音频例子，这就是通用音频内容检索的过程。音频检索对于某些领域是非常重要的，例如新闻及音乐产业，用户可以哼唱或弹奏一曲来找出系统中相似的歌曲；或者输入演讲的某个片段来定位到整个演讲录音。

(3) 视频检索：视频一般包含字幕、音轨、图像等信息，是文本、音频和图像的集合，因此视频的内容检索有基于文本、基于音频、基于内容和综合等多种方法。基于文本的方法即检索视频包含的抄本和字幕。基于音频的方法即将音频分为语音和非语音部分：语音部分首先采用语音识别技术转录成文本，采用信息检索技术对这些文本进行索引和检索；非语音部分如果能识别出含义，也可以用这种方法检索。基于内容的方法有两种实现模式：其一是将视频分割为一系列的帧或者图像，然后采用图像内容检索技术进行索引和检索；其二是将视频序列分割成由相似的帧组成的镜头，然后在各镜头的代表帧上进行索引和检索。综合的方法是将上述两种或多种方法结合起来。

2.2.2 元数据检索

元数据检索即对多媒体资源的名称、责任者、内容摘要、类型、体裁等信息的检索,因此其检索相对于文本型数据库而言非常简单,一般不涉及检索技术,只涉及简单的检索词或检索条件组配。同时由于多媒体资源种类繁多,不同类型多媒体资源的可检字段差别较大,所以检索时需要根据用户自身需求选择合适的检索方式。

多媒体资源的检索方式包括简单检索和高级检索两种方式:简单检索可以输入任意的检索词对全部相关字段进行检索;高级检索则可以区分类别,并可选择合适的字段以及进行组配检索。常用检索技术包括:

(1) 字段选择:不同多媒体资源库字段设定不同,但必备的可检字段一般只有三个即资源名称(课程名称、节目名称……)、主题词/关键词、学科/类别,有些资源库还支持责任者(导演/主演、作曲/演奏、演讲人……)等的检索。

(2) 匹配方式:多媒体资源库一般支持前方一致、模糊查询和完全匹配等3种检索词匹配方式,"前方一致"相当于英文检索技术中的"无限截断",只要前方匹配就算命中;"模糊查询"相当于英文检索技术中的"通配符",查询的内容有部分匹配就算命中;"完全匹配"相当于"精确检索",检索字词必须全部命中且字词顺序不可改变。

(3) 组配检索:一般有"并且"和"或者"两种组配关系。

(4) 限定检索:可能包括语言/语种、地区/国别、出版/发行年代、类型/体裁、资源服务状态等限定检索条件,不过很多多媒体资源库并不支持限定检索,这主要和多媒体资源的著录信息比较简单(很多限定字段没有"值"、不具备检索条件)有关。

2.3 多媒体学术资源的播放及服务

多媒体资源由于其压缩和发布的格式不同,所以需要不同的媒体播放器支持。常用的媒体播放器包括万能播放器和 Windows Media Player、RealPlayer、QuickTime、Adobe Flash Player 以及个别多媒体数据库使用的专用播放器等。

万能播放器是指支持多种媒体格式、主要是视音频格式的播放器,目前常见的万能播放器有暴风影音、快播(QVOD)、酷热影音、超级兔子快乐影音、影音先锋、PPS 影音、QQ 影音、迅雷看看播放器、百度影音、Kmplayer 等。此外视频点播系统(VOD)、非书资料管理系统/多媒体服务平台等软件的开发商或服务商为了配合其系统的应用,也会提供相应的万能播放器,例如开发确然视频服务系统的北京邦丰网络公司提供的邦丰网络播放器就是一款支持 MPEG-1、MPEG-2、MPEG-4、RM/RMVB、AVI 等视频格式,WAV、MID、MP2、MP3、MPA、MPE、WMA、WAX、RMI、RA、AU、APE、OGG、FLAC 等音频格式,DOC、PPT、XML、FLA、PDF、EXE、HTML 等其他格式的万能播放器,2014 年以前北京大学图书馆的自建多媒体数字资源就采用这个播放器来统一实现在线播放。

万能播放器程序小,资源占用少,支持多种多媒体格式,但它也存在很多问题,比如兼容性不好、耗电耗内存,关键是对于某些格式文件的播放效果很差,远远不如与其格式相匹配的媒体播放器,例如常见的 Windows Media Player、RealPlayer、QuickTime、Adobe Flash Player 等几款专用的媒体播放器。

无论万能播放器还是专用播放器,对于其界面、兼容格式、更新速度以及功能等方面,很多用户都有使用的体验,当然最终选择哪一款播放器还取决于用户的个人习惯、操作系统和网络环境等。以万能播放器而言,有的用户认为暴风影音和 Kmplayer 界面好、兼容格式多,使用方便;但也有用户认为暴风影音暗藏很多流氓软件而推荐超级兔子快乐影音,认为 Kmplayer 界面差、同时作为独立软件在某些电脑上可能会影响操作;而按照软件下载排行来看,用户2014 年前后使用较多的万能播放器有迅雷看看、百度影音、快播、吉吉和西瓜影音等。以专用播放器(这里的专用播放器是相对于万能播放器的,其实专用播放器也常常直接或通过插件等兼容其他格式)而言,较多用户推荐 RealPlayer,认为其兼容的格式多、传输速度快、比较实用,但也有用户认为其播放带有弹出窗的文件时很麻烦、播放质量不清晰,不建议使用;关于 Windows Media Player,很多用户认为其支持格式少、界面华而不实,但它是 Windows 系统绑定的多媒体播放器,很多用户也都在使用;关于 QuickTime,很多用户并不熟悉和经常使用,但苹果偏好者则必备这款播放器,有些终端数码设备例如松下数码相机也仅支持 QuickTime。这几款专用播放器的具体特点和功能还可以参考下面的详细介绍。

Windows Media Player 是微软公司出品的一款播放器,通常简称 WMP。它是一款 Windows 系统自带的播放器,支持通过插件增强功能,在版本 7 及以后的版本,支持界面定制(换肤)。1992 年微软在 Windows 3.1 当中捆绑了 WMP1.0,使 Windows 3.1 成为第一代支持多媒体的 Windows 系统;后来在 Windows 98 中内置了 WMP6.4,在 Windows Me 中捆绑了 WMP7,Windows XP 中升级到 WMP8,在 Windows XP SP2 中捆绑了 WMP9;2005 年发布了 10.0 版,2006 年发布了 11.0 版并集成到 Windows Vista 中。Windows Media Player 的功能包括:可以播放 MP3、WMA、WAV 等音频文件,如果安装了解码器,RM 文件可以播放(8.0版以后);视频方面可以播放 AVI、MPEG-1,安装 DVD 解码器以后可以播放 MPEG-2、DVD。用户可以自定媒体数据库收藏媒体文件;支持播放列表;支持从 CD 读取音轨到硬盘;支持刻录 CD。9.0 版开始支持与便携式音乐设备同步音乐;整合了 WindowsMedia.com 的收费以及免费服务。10.0 版更整合了纯商业的在线商店商业服务;支持界面定制(换肤);支持 MMS 与 RTSP 的流媒体。

RealPlayer 是 RealNetworks 公司的媒体播放器。RealPlayer 是一个在网络上通过流技术实现音频和视频的实时传输的在线收听工具软件,使用它不必下载音频/视频内容,只要线路允许,就能完全实现网络在线播放,极为方便地在网上查找和收听、收看自己感兴趣的广播、电视节目。目前最新的是版本 16 简体中文官方版。主要功能包括:支持播放各种在线媒体视频,包括 Flash,FLV 格式或者 MOV 格式等,并且在播放过程中能够录制视频。同时还加入了在线视频的一键下载功能到浏览器中,支持 IE 和 Firefox 等浏览器,这样便能够下载多个视频网站如 YouTube、MSN、Google Video 等在线视频到本地硬盘来离线观看。而且还加入了 DVD/VCD 视频刻录的功能。

QuickTime 是苹果公司提供的视频处理软件,也是其 MOV 格式文件的媒体播放器。QuickTime 是一个完整的多媒体架构,可以用来进行多种媒体的创建、生产和分发,并为这一过程提供端到端的支持:包括媒体的实时捕捉,以编程的方式合成媒体,导入和导出现有的媒体,还有编辑和制作、压缩、分发以及用户回放等多个环节。QuickTime 的主要功能包括:跨平台特性,可以运行在 Mac OS 和 Windows 系统上;播放电影和其他媒体,比如 Flash 动画或者 MP3 音频;对电影和其他媒体进行非破坏性的编辑;转换各种多媒体文件格式,录制并剪辑视音频作品;通过第三方插件多方向扩展 QuickTime 技术;通过流媒体解决方案和以流传输方式在互联网上传播媒体内容。

Adobe Flash Player(由 Macromedia Flash Player 更名而来)是 Macromedia 公司(后归入 Adobe 公司)一款播放器,目前最新版本是 Adobe Flash Player 17。Flash Player 能够播放小又快速的多媒体动画,以及交互式的动画、飞行标志和用 Macromedia Flash 做出的图像。这个播放器非常小,对于体验网页上的多媒体效果是个很好的开始。Adobe Flash Player 也支持高品质的 MP3 音频流、文字输入、交互式接口等等很多东西。最新版本可以观看所有的 Flash 格式。

重要的商用多媒体数据库专用的播放器或插件例如《爱迪科森网上报告厅》的 AdksPlayer、《新东方多媒体学习库》的专用插件等,将在下一节中配合多媒体数据库的使用进行介绍。

除了需要安装适合的播放器以支持多媒体学术资源的点播阅览之外,很多多媒体数据库还提供交互式学习、个性化服务以及资源下载、资源链接等服务,也将在下一节中结合具体的数据库进行介绍。

第三节 重要多媒体学术资源库及其使用

3.1 新东方多媒体学习库

3.1.1 数据库内容

《新东方多媒体学习库》原名《新东方网络课程数据库》,是新东方经典培训课程的在线展示,由隶属于新东方教育科技集团的北京新东方迅程网络科技有限公司提供技术支持。《新东方多媒体学习库》的课程包括应用外语类、国内考试类、出国考试类和职业认证/考试类四个专辑,截至 2014 年课程数量达到 200 多门、课时 2 000 多小时。《新东方多媒体学习库》的课程由新东方面授班原堂录制下来并经过后期多媒体技术制作而成,互动性强,采用音频/视频形式,由新东方名师讲授,能满足读者不同层次的不同学习需求。

《新东方多媒体学习库》的具体课程包括:

(1) 国内考试类:大学英语四级、大学英语六级、考研英语、考研政治、考研数学;

(2) 应用外语类:新概念英语、英语语法、英语词汇、英语口语、商务英语、日语、韩语、德语、法语、西班牙语;

(3) 出国考试类:TOEFL 课程、GRE 课程、GMAT 课程、IELTS 课程、出国文书写作;

(4) 职业认证/考试类:大学生求职指导、大学生实用技能、程序设计、平面设计、三维设计、网络管理、网页设计、英文法律法规等。

数据库网址:http://www.koolearn.com/

3.1.2 数据库检索

(1) 检索功能

检索:《新东方多媒体学习库》的课程可按照课程名称进行检索,在检索框中输入关键词可以搜索到名称中含有该关键词的所有课程。

浏览:《新东方多媒体学习库》的课程可以按照"四六级"、"考研"、"出国留学"、"应用外语"等大类或子类进行浏览。

(2) 检索技术

《新东方多媒体学习库》只支持检索词的精确匹配检索,只有"课程名称"一个检索字段。

(3) 检索结果

检索结果列表:检索结果按课程更新时间排序,最新更新的课程排在最前面,包括课程名称、师资、课时、简介和听课,单击"简介"可以查看该课程以及师资的介绍;单击"听课"可以开始在线听课。

在线听课:首次听课前需要安装听课插件(播放器)。《新东方多媒体学习库》的听课插件有两种:非口语类课程需要安装 Adobe Flash Player 9(或以上版本)和 Plug-in 两个插件;口语类课程需要安装 Adobe Flash Player 9(或以上版本)和语音识别插件。听课插件安装完成后应重启浏览器。

插件安装完成后就可以选择任一课程的某个课时进行在线听课。

《新东方多媒体学习库》的课程结构是由课时和小节构成,即每门课程分为若干个课时,例如新概念英语第一册为 72 课时,每课时分为 4 个小节,单击其中的任一个小节可以开始听课。

听课插件的主要功能包括:快进、快退、暂停、下一节等,部分课程还可以进行背景切换(见图 9-1)。

图 9-1 《新东方多媒体学习库》在线听课

(4) 用户服务

《新东方多媒体学习库》的每门课程为方便读者在线学习和交互,都提供有学习资源、学习笔记、资讯中心、论坛、大师讲堂、我要提问等功能的链接,可以下载补充教材和在线咨询。

3.2 KUKE 数字音乐图书馆

3.2.1 数据库内容

《KUKE 数字音乐图书馆》由北京国泰东方信息技术有限公司提供内容和技术支持。内容主要包括两部分,其一是经典在线音乐,其二是配乐英语原声读物。经典在线音乐部分目前收藏有世界上 98% 的古典音乐,以及中国、美国、西班牙、日本、瑞士、南非、伊朗等多个国家独具特色的民族风情音乐,包括爵士音乐、电影音乐、新世纪音乐等多种体裁、品种,汇聚了从中世纪到现代 9 000 多位艺术家、100 多种乐器的音乐作品,总计 50 多万首曲目(数据截至 2014 年底)。每月还有更新曲目。英语原声读物部分有小说、诗歌、哲学、艺术、历史、传记等经典美文,由 BBC 播音员原音诵出,配有经典背景音乐。

《KUKE 数字音乐图书馆》在包括 Naxos、Marco Polo、Countdown、AVC 以及中国唱片总公司等多家国际知名唱片公司的版权支持下,较好地解决了在线音乐的版权问题,其在线音乐的品质也非常出色。

《KUKE 数字音乐图书馆》的教育网访问地址是 http://edu.kuke.com

3.2.2 数据库检索

(1) 检索功能

检索:KUKE 数字音乐可以选择曲目、专辑、音乐家进行检索,默认曲目检索。英语有声读物不支持检索,只可分类浏览。

浏览:《KUKE 数字音乐图书馆》有非常强大的浏览功能,可以按音乐分类、音乐家、乐器、唱片厂牌等进行浏览,还可以浏览乐谱。

① 音乐分类浏览:经典在线音乐共有七大类别 25 个子类,资源非常丰富,分别是:

- 古典音乐:古典音乐时期、音乐体裁、热门乐器、大师经典和古典合辑,其中按古典音乐时期细分为中世纪时期、文艺复兴时期、巴洛克时期、古典主义时期、浪漫主义时期、20 世纪音乐;按音乐体裁细分为清唱剧、歌剧、音乐剧、宗教类声乐、合唱、艺术歌曲、交响作品、协奏曲、奏鸣曲、室内乐、独奏作品、练习曲、圆舞曲等。
- 世界民族音乐:世界民族民间音乐、世界人文音乐。
- 中国音乐:中国声乐作品、中国器乐作品。
- 历史录音:大师历史录音、出版时期、怀旧历史录音、爵士历史录音。
- 轻音乐:轻音乐、浪漫金曲。
- 爵士音乐。
- 其他音乐:影视音乐、儿童音乐、音效专辑、解说访谈、世界国歌、精品唱片、考级教程、健身\舞曲、世界杯音乐。

② 音乐家浏览:可以按照音乐家姓氏、国籍、所属时期进行浏览,也可浏览明星音乐家。

③ 乐器浏览:按乐器浏览可以找到某个乐器的概述、乐器的演奏方法以及该乐器演奏的代表性作品。乐器分为西洋乐器、中国乐器和世界民族乐器,具体的乐器分类如表 9-1 所示。

(2) 检索技术

默认模糊检索,可以对作品号、作品名、作曲者、专辑名、专辑号、表演团体、指挥者、乐器种类、国家、音乐类别等多个检索字段进行检索,但这些检索字段是隐藏的,用户无法选择。

表 9-1 《KUKE 数字音乐图书馆》的乐器分类

西洋乐器	中国乐器	世界民族乐器

木管类
  长笛 flute
  英国管 cor anglais
  双簧管 oboe
  竖笛 recorder
  大管(巴松)bassoon
  单簧管 clarinet
  短笛 piccolo
  低音单簧管 bass clarinet
	吹奏类
	  笛子 dizi
	  傣族葫芦丝 daizuhulusi
	  箫 xiao
	  埙(中国)xun
	  排箫(中国及其他地区)panpipes
	  巴乌(中国)bawu
	  笙(中国)sheng
	  唢呐(中国)suona
		民族吹奏类
		  苏格兰风笛 bagpipe
		  阿尔卑斯号角 alphorn
		  口琴 harmonica

铜管类
  圆号 horn
  小号 trumpet
  短号 cornet
  大号 tuba
  长号 trombone
	民乐弹拨类
	  古筝 gu-zheng
	  琵琶 pipa
	  阮(中国)ruan
	  三弦(中国)sanxian
	  古琴(中国)guqin
	  箜篌 KongHou
	  柳琴(中国)liuqin
		民族弹拨类
		  夏威夷吉他 Hawaiian guitar
		  曼陀铃 mandolin
		  鲁特琴 lute

西洋打击类
  打击乐器 percussion
  小鼓 snare drum
  排钟 bells
  定音鼓 timpani
  铃鼓 tambouri
	拉弦类
	  二胡 erhu
	  京胡 jinghu
	  高胡(中国)gaohu
	  板胡 banhu
		键盘类
		  手风琴 accordio

弓弦乐器类
  大提琴 cello
  吉他 guitar
  竖琴 harp
  小提琴 violin
  低音提琴 double bass
  中提琴 viola
	打击乐类
	  扬琴 yangqin
	  鼓 drums
		民族打击乐类
		  木琴 xylophone
		  锣 gong
		  响板 castanets
		  马林巴 marimba

西洋键盘乐器类
  钢琴 piano
  管风琴 organ
  羽管键琴 harpsich		

(3) 检索结果

检索结果列表：检索结果包括命中的单曲数、专辑数和音乐家数，例如输入检索词"月光"，则系统显示检中单曲(208)、专辑(175)和音乐家(1)，其中"单曲"的结果列表包括曲目名称、所属作品、作曲家、演奏家、所属专辑、播放和下载，"曲目名称"链接可以显示曲目所属专辑的封面、发行时间、发行公司、专辑介绍以及该专辑的所有单曲信息，可以进一步在线播放或下载该单曲；"专辑"的结果列表包括专辑的封面缩略图、专辑号、专辑名称、播放专辑和展开/隐藏专辑，任意链接均可播放该专辑，"展开专辑"则显示该专辑的所有曲目，用户可以勾选多首连续在线播放;"音乐家"的结果列表显示和"专辑"相同。

标记单曲:用户可以选中一首或多首单曲连续播放。

在线播放和下载:在线播放由 KUKE 播放器支持,KUKE 播放器是内嵌至 IE 浏览器的一款播放器,用户无需安装,直接使用"播放"按钮即可在线收听。

如图 9-2 所示,KUKE 数字音乐在线播放时可以选择一首或多首进行播放,当选择多首时,KUKE 播放器会显示播放列表,用户可以随时调整播放进度和次序。

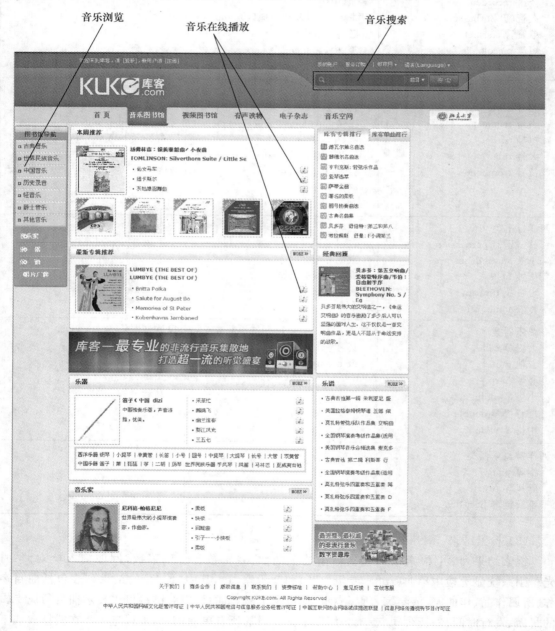

图 9-2 《KUKE 数字音乐图书馆》首页

KUKE数字音乐有"高保真音质"和"普通音质"两种播放效果,用户可以根据自身的网络带宽选择适合的音质。

单曲下载:KUKE数字音乐单曲可以下载(2013年以后需要付费),部分最新专辑或有特殊版权限制的单曲不提供下载,需要查看单曲信息中是否出现下载按钮。

KUKE数字音乐的下载文件格式是WMA,用Windows media 9及其以上版本可以播放,下载后的音乐文件可以保存在用户的任何终端设备中。

(4)用户服务

KUKE数字音乐图书馆创办了《ARIA时尚古典音乐志》,每月一期,介绍经典音乐、音乐知识、音乐人物、音乐活动和功能音乐等,每期一个主题,很得用户欢迎。另外KUKE网站上提供了音乐空间,免费注册成为会员后可以进行乐友互动、发表和查看乐评、收藏唱片和记录音乐等。

3.3 爱迪科森网上报告厅

3.3.1 数据库内容

《爱迪科森网上报告厅》由北京爱迪科森信息技术有限公司提供代理和技术支持,该库整合中央电视台、清华大学、中华医学会、中国经济50人论坛等权威学术机构的专家报告资源,构建出"学术报告"和"学术鉴赏"两大视频报告群落,形成10多个专家报告系列,规模宏大、内容广泛,涵盖了经济、政治、法律、历史、文学、艺术、医学、科技、体育、心理、战争等多种学科类型(参见图9-3)。截至2014年视频总量3万多个,每年递增。

《爱迪科森网上报告厅》的北京大学访问地址是:http://gaoxiao.wsbgt.com/web/index.asp

3.3.2 数据库检索

(1)检索功能

检索:可选择主题、演讲人、系列名称、目次4个字段进行检索。

浏览:可按热门关键词或系列分类进行浏览(参见图9-3)。系列分类按照学术报告和学术鉴赏两个部分分为19个大类,学术报告部分包括:理工系列、经管系列、党政系列、文史系列、医学系列、综合素质、就业择业、法律视点、体育教学、营销系列、农林系列、心理健康、教育培训、外语学习、体育系列;学术鉴赏部分包括对话、军事系列、旅游地理、探索发现等。有些大类下面还包含子类,用户可以任意选择一个大类或子类进行浏览。

(2)检索技术

可输入任意字词进行检索,默认精确匹配,支持前方一致检索。

(3)检索结果

检索结果列表:检索结果包括视频缩略图、主题(视频名称)、演讲人、点播量、所属系列和视频内容简介等,单击缩略图或主题可以在线播放该视频。其中"演讲人"可以检索该演讲人的全部视频;"所属系列"可以查看该系列的所有视频。

在线播放:首次播放前需安装爱迪科森网上报告厅专用的播放器AdksPlayer,按系统提示即可完成安装。

AdksPlayer播放器的功能如下:

① 定位:可以拖动进度条以便快速定位到视频的任一时段。

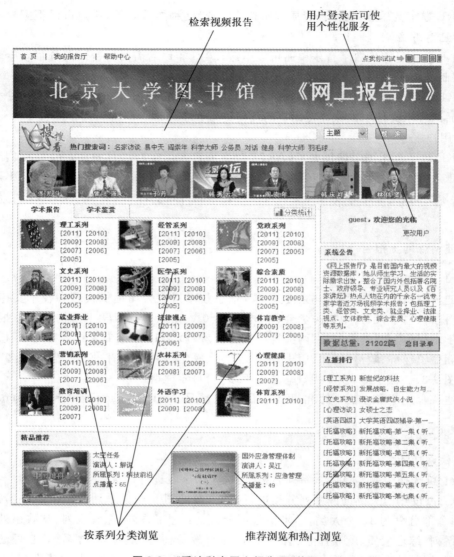

图 9-3 《爱迪科森网上报告厅》首页

② 全屏：可以全屏播放。

③ 双倍窗口：可以放大为 AdksPlayer 播放器默认窗口的双倍大小进行收看。

④ 段落播放：每个视频均划分为不同的段落，每个段落有内容介绍，用户可以选择不同段落进行播放。

⑤ 插入到 PPT：有访问权限的用户对正在播放的视频单击"插入到 PPT"，则系统自动将该视频的链接地址复制到剪贴板上，此时打开 PPT 演示文档，在需要的幻灯片中使用"粘贴"功能，则该视频链接自动显示在用户的 PPT 中——当在幻灯片编辑状态时链接显示为一个黑屏的视频窗口；当幻灯片在播放状态时，如果网络也是连接状态，则该视频会自动在 PPT 中实时播放。

⑥ 查看文稿：部分视频报告配有文稿，"查看文稿"按钮可以进行阅读；没有文稿时，该按

钮显示为不可用。

(4) 用户服务

① 视频书签：是爱迪科森的个性化服务之一。对正在播放的视频单击"视频书签"，则该段视频可以保存在个人空间中，用户下次登录时可以使用"我的视频书签"点播收看保存的视频节目，不必每次进行检索或浏览。使用该项功能需预先注册个人账户并登录使用。

② 推荐好友（发送短消息）：也是爱迪科森的个性化服务之一。注册用户可以将正在播放的视频推荐给好友（好友必须也注册了个人账户，发送前还可检查好友名称是否有效），则此视频会自动出现在所填写的好友的个人空间中。好友登录后即可在"我的短消息"中看到被推荐的视频信息并在线收看。同时在推荐人的个人空间中也有一个"发件箱"中记录了用户曾经推荐给好友的视频信息。

③ 我的报告厅：用户登录后可以管理的个人空间，由"我的短消息"和"我的视频书签"组成，分别由前面提到的推荐好友和视频书签两项功能实现。

3.4 知识视界视频教育资源库

3.4.1 数据库内容

《知识视界视频教育资源库》是由武汉缘来文化公司提供内容和技术支持。视频教育是国外一种先进的教育方式，早在20世纪80年代，澳大利亚、美国、德国、法国等发达国家就成立了专业的科教节目制作中心，他们针对不同年龄段的学生，按不同的学科，制作了一系列的科教节目。这些节目应用到各级学校的教学和学习中后，取得非常好的效果。视频内容直观、形象，具有很强的说服力，更易使人理解和接受片中的知识。《知识视界视频教育资源库》是在大量引进国外视频教育节目基础上，结合国内各大科教节目制作中心优秀的科教片，为高校量身打造而成。所收录的国外视频节目大多为双语字幕，外语发音纯正，适合观赏及综合学习。

《知识视界视频教育资源库》中的内容包罗万象：有介绍尖端科学技术的，有阐释专业的科学现象及其原理的，有追忆悠远的历史事件的……涵盖文学艺术、历史文化、社会经济、生命科学、材料化学、医学保健、物理科学、电子通信、工业设计、天文航天、建筑装饰、体育探险等类。

截至2014年底，知识视界视频库共有8 000多小时、16 000多个节目。

知识视界视频库网址：http://www.libvideo.com/

3.4.2 数据库检索

(1) 检索功能

① 快速检索：在关键词文本框中输入任意关键词可实现快速检索。

② 高级检索：共有5个可检字段，分别是关键字、分类、语种、国别和收录时间，除了关键字其他字段都是下拉菜单形式，用户可从中选择分类即自然科学、人文历史、工程技术、军事侦探、医学保健、专题讲座、语言学习等7个大类及28个子类；语种包括英文、中文、德文、法文、韩文、日文6种发音；国别包括节目的主要来源国如欧洲的英国、法国、德国、意大利、匈牙利、西班牙、瑞典和荷兰，美洲的美国和加拿大，澳洲的澳大利亚和新西兰，亚洲的中国、日本和韩国等；收录时间是2005—2011年的任一年份；关键字可以限定"节目"和"画面"，其中"画面"是细化到"帧"的检索。

③ 浏览：可以按资源分类和排行榜进行浏览。资源分类浏览可以从 7 个大类 28 个子类中任选一个类别；"热播视频"可以显示点播率居高的视频节目；"专题推荐"和"推荐板块"可以显示重点推荐的视频节目（推荐可以由系统管理员根据搜集的推荐信息随时发布和更换）；"最新添加"可以显示最新增加的视频节目。

（2）检索技术

支持字词检索，默认精确匹配，支持前方一致检索，支持字段检索，但只有"关键词"（高级检索中为"关键字"）一个可检字段。

检索限定：见"高级检索"，可以对分类、语种、国别和收录时间等进行限定选择。

（3）检索结果

① 检索结果列表：检索结果包括标题、简介、时长和人气等，单击标题或视频缩略图可以播放该视频。

② 在线播放：该库视频为专有格式，首次播放时需安装专用的播放器，按系统提示完成"知识视界 player"的安装后可在线观看视频节目。该库的播放页面如图 9-4 所示。

图 9-4 《知识视界视频教育资源库》播放

除了视频播放器共有的播放/暂停、停止、进度条拖动、声音调整等功能外，增强的播放功能如下：
- 字幕切换：外挂中、英文字幕框，一中一英同步显示，读者可以任意选择隐藏/显示中文字幕、隐藏/显示英文字幕，给学生在专业课开展的双语教学上提供一定的帮助和灵活的外语学习形式；
- 章节导航和片断搜索：视频节目如有章节区分，可在剧集列表中选择相应的章节直接点播，或对片断进行检索后进行收看；
- 相关资源：为了让用户在观看节目的同时能更多的获取与节目相关的知识，系统提供了"节目信息"、"最近观看的历史"、"相关视频"和"排行榜"等内容；
- 全屏观看模式切换：根据节目观看者的不同特点，提供"全屏"观看模式，该模式下仍可切换中/英文字幕，调整播放进度和声音，并保障了最大的可视画面。

3.5 其他在线多媒体资源库

3.5.1 语言学习类多媒体资源

3.5.1.1 外研社外语资源库

依托北京外国语大学的外语教学资源和外语教学与研究出版社以下简称外研社的外语资源建立的多媒体资源库，内容包括以下几个方面：近两年外研社出版的最新外语类电子书、电子期刊；引进国际知名机构如 BBC、ITN 等公司的原版视频，并经过编辑加工后适合训练听力、精读、泛读的双语视频课程，内容涉及生命科学、自然环境、社会人文、生活休闲等；外研社经典外语教学课程，例如《新概念英语》、《走遍美国》、《跟我学》等；各种考试题库，如大学英语1—3级、四/六级、托福、雅思、考研英语、词汇、听力测试题库；适合不同层次语言水平的行业英语，如 BEC、商务、财经、导游、空乘、医护、体育、科技、影视、时事、休闲等；北外名师讲座，如外语教学法/学习法，还有英、法、德、日、韩等小语种速成课程等。

数据库网址：http://clib.flearning.cn/

3.5.1.2 MyET

《MyET——我的数码口语外教》产品以听说训练法为基础，专门为解决听说障碍而设计，以语音分析技术为核心，并与国内外著名的英语教学出版社和期刊社合作，通过选择适合不同学习水平、不同行业的学习者的课程，让学习者既可以快速提高口语水平，也能够通过长期使用真正有效提高英语的实际应用能力。MyET 产品于 2002 年创立，中国大陆地区的技术支持是北京金艾尔科技有限公司。

数据库网址：http://cnedu.myet.com/

3.5.2 学术讲座/报告类多媒体资源

3.5.2.1 北大讲座/学术报告

北京大学图书馆拍摄并制作发布的北京大学校内各类讲座，截至 2014 年已拥有讲座资源 4 000 余个。《北大讲座》名人名家荟萃、言论自由、兼容并蓄；学术与民生并重，一向受到校内外读者的广泛欢迎。部分讲座通过北大讲座网面向全社会提供在线点播服务。

数据库网址：http://lecture.pku.edu.cn/

3.5.2.2 超星学术视频数据库

由北京世纪超星信息技术发展有限责任公司独立拍摄制作的学术视频数据库，将国内众多知名专家学者、学术权威的学术研究成果制作成视频,供在线点播使用。《超星学术视频数据库》目前已经推出中国历史、世界历史、法律、经济、考古、文化科学、哲学、文学、艺术、工学、理学等系列专题,涉及近百个学术研究课题。主讲人大多来自著名高校和中国社会科学院,都是相关领域的学术权威和学科带头人。截至 2011 年已完成 5 000 多位学者教授的拍摄,资源总量达到 13 万集。

数据库网址:http://video.chaoxing.com

除上述资源外,《世纪大讲堂》等学术报告类节目、前面重点介绍的《爱迪科森网上报告厅》等也属于学术讲座/报告类多媒体资源。

3.5.3 科教文化类多媒体资源

3.5.3.1 万方视频知识服务系统

是以科技、教育、文化为主要内容的学术视频知识服务系统,与中央电视台、教育部、凤凰卫视、中国科技信息研究所、中华医学会、中国科学院、北大光华、中国气象影视制作中心等机构合作,2010 年增加了"高校精品课程系列"、"资格考试辅导系列"和"就业创业指导系列"。截至 2014 年万方视频共有资源 70 多万分钟。

数据库网址:http://www.wanfangvideo.com/

3.5.3.2 JoVE 生物实验视频杂志

Journal of Visualized Experiments,2006 年 10 月创刊,是第一本致力于以视频的方式展现生物学研究的期刊。涉及学科包括:神经科学(Neuroscience)、细胞生物学(Cellular Biology)、发育生物学(Developmental Biology)、免疫学(Immunology)、生物工程(Bioengineering)、植物生物学(Plant Biology)。

JoVE 的实验内容来源于:哈佛大学实验室(Harvard)、麻省理工学院实验室(MIT)实验室、斯坦福大学实验室(Stanford)、耶鲁大学实验室(Yale)、加利福尼亚大学伯克利分校实验室(UC Berkeley)、哥伦比亚大学实验室(Columbia)以及其他著名学术研究机构。

截至 2014 年底 JoVE 的视频总量达到 4 000 多个。

数据库网址:http://www.jove.com/

3.5.4 影视/音乐/戏剧欣赏类多媒体资源

3.5.4.1 ASP 表演艺术、戏剧与电影视频库

是美国 Alexander Street Press 出版社提供的在线视频数字资源,收录了全球 1 000 多部著名歌剧、戏剧与舞蹈视频,6 000 多个剧本全文,1.5 万个剧目信息等(数据截至 2011 年)。

(1) 歌剧、戏剧与舞蹈视频在线欣赏

① 歌剧视频(Music Online:Opera om Video):精选了从巴洛克时期到 20 世纪世界上最主要的 250 部歌剧,总时长超过 500 小时,剧目包括《卡门》、《阿依达》等,艺术家有帕瓦罗蒂、多明戈、艾雯(Maria Ewing)等顶级歌唱家与梅塔(Zubin Mehta)等著名指挥家。数据库还允许读者标记具体场景、动作、咏叹调、甚至一个简单的吟诵片段,进行多种方式的检索,是一个深受欢迎的多媒体资源。

数据库网址:http://opiv.alexanderstreet.com/

② 戏剧视频(Theatre in Video):收录世界上超过 250 个最主要剧目的演出实况,作品来自莎士比亚、贝克特等,总时长超过 500 小时。这些重要演出均由著名导演与演员完成,剧目包括《维琪事件》(*Incident at Vichy*)、《急冻奇侠》(*The Iceman Cometh*)、《醒来并歌唱》

(Awake and Sing!)、《建筑大师》(Master Builder)、《无事生非》(Much Ado About Nothing)、《六个寻找作者的剧中人》(Six Characters in Search of an Author)、《李尔王》(King Lear)、《推销员之死》(Death of a Salesman)、《快乐日子》(Happy Days)、《好医生》(The Good Doctor)等。

数据库网址：http://ativ.alexanderstreet.com/

③ 舞蹈视频（Music Online：Dance om Video）：收录了1950年代到现在全球最具影响力的舞蹈家与演出公司的250部舞蹈作品，总时长超过500小时，舞蹈形式包括芭蕾、轻拍、爵士乐等。内容为顶级芭蕾公司、著名舞蹈剧团与舞美设计者的演出纪录片、舞蹈训练录像等。主要作品有：《空间点》(Points in Space)、《奇特的鱼》(Strange Fish)、《歌声最后的沉默》(Silence is the End of our Song)、《亲密》(Intimate Pages)、《天鹅之歌》(Swansong)、《彼得和狼》(Peter and the Wolf)、《画出彩虹》(Rainbow Round My Shoulder)等。

数据库网址：http://daiv.alexanderstreet.com/

(2) 戏剧与电影资料参考

① 美国电影剧本（American Film Scripts）：收录1 000个美国电影剧本，并收录500多个剧本所有页面的PDF文件及其他补充内容。剧本版权来自华纳兄弟、索尼、雷电华、米高梅等主要电影公司，Faber & Faber等版本所有者与Paul Schrader、Lawrence Kasdan等作者。

数据库网址：http://solomon.afso.alexanderstreet.com/

② 北美戏剧在线（North American Theatre Online）：是北美戏剧中最大、最完整的参考著作。提供17世纪至今美国、加拿大超过1万个戏剧信息，包括从未出版过的著作的参考信息。同时还包括数千个剧院、作者、制片、电影公司与个人信息，以及1 000多种节目单、海报、广告、照片与相关的戏剧宣传单页等，内容多达4.5万页。

数据库网址：http://asp6new.alexanderstreet.com/atho/

③ 20世纪北美戏剧集（Twentieth Century North American Drama）：收录了1920年代至今2 000部美国与加拿大戏剧剧本，其中数百部是从未出版过的，另外还有许多是珍稀的、难以找到的或绝版的，收录了大部分剧作家的全部作品。除著名作家的作品外，也收录了那些不太知名但又十分重要的作品，如非洲裔美国人、亚洲裔美国人的戏剧。

数据库网址：http://solomon.nadr.alexanderstreet.com/

④ 北美妇女戏剧集（North American Women's Drama）：这一重要的新出版的文集收录了超过1 500个美国与加拿大妇女撰写的剧本，包括著名剧作家的全部作品与不太知名但十分重要的作家作品。其中的许多戏剧是珍稀的、难以找到的或绝版的。可供从事文学研究、妇女研究与妇女历史研究等的学者使用。

数据库网址：http://solomon.wodr.alexanderstreet.com/

⑤ 北美印第安人戏剧集（North American Indian Drama）：收录了自第一位美洲印第安人作家R. Lynn Riggs的《切罗基之夜》(The Cherokee Night)起整个20世纪的作品，共200个以上剧本的全文，这些作品由the Native American Theatre Ensemble，Spiderwoman Theater等制作。同时还包括许多由Toronto's Native Earth Performing Arts，Seattle's Red Eagle Soaring制作的当代戏剧。

数据库网址：http://solomon.indr.alexanderstreet.com/

⑥ 亚裔美国人戏剧集（Asian American Drama）：提供250个以上的剧本并且其中至少有

一半是从未公开出版过的。它收录了亚裔美国人从 18 世纪到现在的作家的戏剧著作,此外还包括传记、演出数据库、详细介绍,以及相关的视觉资料,如照片、广告、节目单以及手稿的原始图像等。

数据库网址:http://solomon.bld2.alexanderstreet.com/

⑦ 黑人戏剧集(Black Drama):收录了自维多利亚戏剧开始至今的 1 200 个剧本。这些剧本经过著名专家的精心挑选,这些专家包括 James V. Hatch、一个学者委员会以及作家本人。这个文集还收录了超过 300 位来自北美、非洲、加勒比地区、欧洲、澳大利亚与其他地区剧作家的全部作品。

数据库网址:http://solomon.aadr.alexanderstreet.com/

3.5.4.2 ASP 音乐资源

ASP 音乐资源(Alexander Street Press Music Collections)是美国 Alexander Street Press 出版社的在线音乐数字资源,拥有超过 30 万首世界各地各个时期的音乐(数据截至 2010 年,下同),由 EMI、Sanctuary Classics、Hyperion、The Sixteen、The Royal Philharmonic Orchestra、CRD、The London Symphony Orchestra、Hänssler Classic、Vox 等 34 家国际著名唱片公司提供完全版权。全部内容可以在线欣赏,此外还提供约 50 万页的音乐参考资料。

数据库网址:http://alexanderstreet.com/products/music

(1) 音乐欣赏

① 古典音乐图书馆:收录 9 万首以上合法授权的古典音乐作品。涵盖古典音乐的所有类目。这些作品来自 1 900 位作曲家,同时还提供 620 篇传记,5 300 篇音乐注释,12 200 幅音乐家画像。是一个完整的收录古典音乐杰作的数据库,同时内容还将不断增加。

② 当代世界音乐:收录 5 万首乐曲,融汇了当代瑞格舞、世界节拍、新传统、世界融合、巴尔干爵士、非洲电影、宝莱坞、阿拉伯摇摆舞与爵士以及其他种类。同时还收录了传统音乐如印第安古典、葡萄牙民谣思乡曲、弗拉门戈、克莱兹梅尔、吉德科、高士伯、雅乐等。读者还可以组织与共享个人曲目表、课程文件夹、注释等。

③ 史密森全球音乐图书馆:收录超过 3.5 万首来自全球 150 多个国家与地区各民族、部落的音乐、民谣、传统音乐、民俗演奏,以及各种语音、大自然与人工的声音。是一部世界音乐与听觉传统百科全书。

④ 美国歌曲集:收录 5 万首歌曲,包括美国生活中的各个阶层、所有的种族群体以及每一时期的音乐。创作人群包括美洲印第安人、矿主、移民、奴隶、儿童、领袖与牛仔等。同时还包括反映以下内容的歌曲:美国人权、政治活动、被禁歌曲、革命战争、南北战争、反战歌曲等。其类型有赞美诗、幽默歌曲、校园歌曲、海边小调以及多种主题的歌曲。

⑤ 非裔美国人歌曲集:收录超过 5.4 万首歌曲与音乐,包括爵士乐、布鲁斯、高士伯与其他形式。是第一个记录非裔美国人音乐历史的在线音乐资源。搜集了自 19 世纪至今非裔美国人历史档案中超过 2 300 位歌手所有完整的唱片分类目录。目录中包含了 Document Records(世界史上最大的非裔美国人歌谣唱片公司)与 Rounder Records(美国最重要的乡村民谣唱片公司)两大品牌的所有乐曲,还包括从未出版过的 5 000 首稀有乐曲。

(2) 音乐参考

① 古典音乐乐谱图书馆:汇集自文艺复兴时期、巴洛克时期、古典主义、浪漫主义,到现代音乐等多达 8 000 册,超过 40 万页的全球最重要的古典音乐乐谱、手稿以及从未出版过的

资料。许多乐谱在《ASP 古典音乐图书馆》中有相应的音频文件,读者可以在欣赏音乐的同时查看各种类型的乐谱。

② 古典音乐参考资料图书馆:提供超过 3 万页基本参考资料,其中包括 Baker 音乐字典、Baker 音乐家字典、Baker 学生音乐百科全书等,提供了全部古典音乐种类、从文艺复兴时期到 21 世纪广为流传的音乐以及主要古典音乐作曲家与艺术家的音乐定义及自传信息,还有重要文章、主要参考著作全文、乐谱与抒情诗摘录、音乐与记谱法、人物照片、图片、乐器、合唱等。

③ 格兰德世界音乐百科全书:第一个完整的、供音乐研究的在线资源,资料超过 9 000 页,汇集全球超过 700 位音乐家撰写的条目。自 1997 年第一次出版以来,即成为供这一领域进行研究的,全球各图书馆喜爱的优秀参考著作。获得过多个奖项如"达特茅斯"奖,"纽约公共图书馆杰出参考书"奖与"图书馆期刊"奖等。现在,其全部 10 卷图书在加入了 ASP 的使用功能后,第一次完整地在线向读者提供服务。

④ 非裔美国人音乐参考资料集:从早期奴隶精神到 20 世纪运动,围绕着爵士、布鲁斯与高士伯,非裔美国人音乐在全球音乐发展中扮演着不可缺少的角色,这是第一个与此有关、完整的参考数据库,以编年史的方式记录了 1970 年之前丰富的非裔美国人音乐。该数据库把这一领域的所有重要参考文献汇集到一起,包括唱片分类目录、参考书目、其他歌本、图像与其他印刷资源等。

3.5.5 考试/题库/课件类多媒体资源

3.5.5.1 VERS 维普考试资源系统

《VERS 维普考试资源系统》(简称 VERS)是一套专门为高等院校开发的集日常学习、考前练习、在线无纸化考试等功能于一体的教育资源库软件,截至 2014 年底试卷量达到 11 万多套,内容广涉英语、法律、计算机、公务员、考研、经济、医学、工程学考试等九大专辑 200 个细分考试科目的学习资源,囊括了英语四/六级、研究生考试、计算机等级考试、公务员考试等学生比较关心的全部考试。学生可通过 VERS 系统获得如下主要服务:

(1) 模拟自测:包括 9 大专辑 200 个细分热门考试的历年全真试卷以及全国 10 余所著名高校教育专家编写整理的模拟预测试卷 4 万余套,供学生进行考前模拟自测。测试结束之后,学生可以查看每道试题的正确答案和知识点讲解,并可将试卷保存到"我的题库"中,以便日后重新测试和自我总结。

(2) 随机组卷:通过随机组卷功能,学生可以根据系统默认模板或自定义模板,在特定的题库中随机抽取试题组合成模拟试卷进行自我测试。模拟试卷中的全部试题均为历年考试真题或者相关科目教学专家最新编写的模拟试题,具有很强的针对性和很高的模拟练习价值。

(3) 专项练习:学生可以通过该功能对自己比较薄弱的某类题型进行有针对性的强化练习。选定某种类型考试的某类题型之后,系统将自动在海量题库中进行随机抽题。

(4) 我的题库:学生在"模拟自测"、"专项练习"或"随机组卷"功能下进行自测练习时,可中途退出练习并将试卷保存到"我的题库"中,方便学生下次登录时继续做答。测试结束后,学生也可将试卷或做错的试题保存到"我的题库"中,以便以后进行自我总结和强化训练。

数据库网址:http://vers.cqvip.com/UI/index.asp

3.5.5.3 正保远程教育多媒体资源库

正保集团提供的课程视频库,涵盖外语考试、研究生入学考试、会计考试、公务员考试、司法考试、医学考试、各类从业资格考试等 2 000 多门网络课程,内容主要分为四大部分:基础能力类,包括大学外语考试(包括 英语四/六级、口语、雅思、小语种、法律英语、医学英语、财务英语)、研究生入学考试(数学、政治、英语)、国家计算机考试等课程;专业能力类,针对大学生起点的专业类考试,包括注册会计师(CPA)、国家司法考试、国家公务员、地方公务员、报关员、建造师、造价师、监理工程师等培训课程;从业能力类,包括证券从业资格、会计从业资格、银行从业资格、新会计法则准则等各类课程;医学考试类,包括执业医师、助理医师、药学、临床检验、主治医师、护士资格等培训课程。

数据库网址:http://library.chnedu.com

3.5.5.4 开放链接的国外多媒体课件资源

北京大学图书馆整理的国内外(主要是国外)免费开放的、各个学科的400多门课程的多媒体课件。

数据库网址:http://www.lib.pku.edu.cn-多媒体资源-国外多媒体课件

3.5.5.5 开放的精品课程资源

国家精品课程共享资源,其中部分网址:http://www.jpkcnet.com/,http://cers.jpkcnet.com/,http://www.jingpinke.com ……

上述考试/课程类资源中,VERS系统属于题库资源,后三个系统则属于课程资源,其中正保远程教育多媒体资源库在会计、审计、公务员考试等领域具有优势;北京大学图书馆整理的国外多媒体课件均来源于国外知名大学例如麻省理工、哈佛大学、斯坦福大学等,无论是课程质量还是课程揭示都非常清晰实用,是非常具有价值的;开放的精品课程资源主要是我国评选的各高校的精品课程资源和职业教育的课程资源,其中精品课包含授课视频和课件,是非常具有价值的,这些资源中有些是网络共享资源、有些可以通过各高校的校园网获取;而这里提到的视频资源库或课程资源网站并未能全面搜集精品课程,所以在使用和推广方面还是存在一定局限的。

3.5.6 非书资料/书刊附盘服务

随着书刊附盘的不断增多,各个图书馆都选择了非书资料管理系统将书刊附盘在校园网范围内提供在线检索、浏览或下载服务。北京大学图书馆随书光盘在线服务系统提供各学科10 000余种图书附盘(数据截至2014年)的浏览、检索、馆内点播和下载服务;为保护版权,该系统采取了单用户在线的服务方式,即一种光盘同时只服务一个用户,与印本书刊的服务方式相同。

3.5.7 图片资源库

3.5.7.1 CAMIO艺术博物馆在线数据库

《CAMIO艺术博物馆在线数据库》(*Catalog of Art Museum Images Online*)收录了世界各地丰富多样的艺术资料,其内容及描述由20多家世界级知名博物馆提供,涵盖公元前3 000年至今的10万多件艺术作品的精美图像,包括照片、绘画、雕塑、装饰和实用物品、印刷品、素描和水彩画、珠宝和服饰、纺织物、建筑等。CAMIO展示了各种美术和装饰艺术等作品资料,为教育、研究和欣赏等领域提供高质量的艺术图像。

数据库网址:http://camio.oclc.org/

3.5.7.2 Bridgeman艺术图书馆

提供高品质艺术图片资源,截至2011年数据库共收录36万张图片。Bridgeman艺术图书馆可以体验从史前到当代各个时期各种文明的视觉文化,其中的收藏来自于全球1 600家博物馆、美术馆以及私人收藏、摄影家和艺术家的作品,内容包括:壁画、油画、雕刻品、版画及印刷品、手稿、陶瓷品、照片、雕刻、建筑图片、地貌及地势图片、肖像等。

数据库网址：http://www.bridgemaneducation.com/

3.5.7.3 ARTstor 数字影像图书馆

ARTstor 是 2011 年由梅隆基金会发起创立的、2003 年成为独立的非营利性公益组织。ARTstor 数字影像图书馆收录超过 130 万张艺术、建筑、人文和科学的影像。运用先进的影像浏览软件以及不断增加的影像内容，帮助博物馆研究员、教育工作者、学者和学生利用影像数据进行教学、研究和学习。ARTstor 的藏品来自一流博物馆、专业摄影师、图书馆、学者、照片档案馆和艺术家的收藏。

ARTstor 数字影像图书馆可授权非营利机构将影像用于非营利性和非商业性的教育、研究和学术研究活动，并利用可信赖的技术平台与设备，通过密码保护和加密的软件环境，在校园、博物馆和图书馆间分享高解析度的影像。

数据库网址：http://www.artstor.org/

3.5.7.4 大不列颠百科图片库

《大不列颠百科图片库》(Britannica Image Quest)收藏了 200 多万张高质量的图片，收录自芝加哥历史博物馆、伦敦国家肖像画廊、伦敦国家博物馆、国家地理杂志、盖蒂图片库、《不列颠百科全书》出版社等著名博物馆、画廊、权威杂志和出版社，涵盖科学、地理、历史、人文风情等丰富主题。由《不列颠百科全书》出版社出版。

数据库网址：http://quest.eb.com/

3.5.7.5 方正艺术博物馆图片数据库

由数百位学者、专家精心遴选了数十万件最能代表世界艺术成就的艺术精品，建立的艺术图片库，包括艺术、设计、历史等三个大类，中国美术馆、中国书法馆、中国民间美术馆、世界美术馆、中国红色艺术馆、中国古代设计馆、中国近现代平面设计馆、中国珍贵古籍插图馆、中国经典画谱馆、世界经典商标设计馆、世界经典标识设计馆、世界经典摄影馆、中国历代服饰馆、中国老照片馆、中国出土器精品馆等 16 个子类，29 万余张艺术图片数据截至 2011 年底。

方正《艺术博物馆图片数据库》可进行图片元数据检索，可分类浏览；浏览基于 IE 浏览器，可放大、缩小、漫游等，还可进行作品细节欣赏。

数据库网址：http://photo.apabi.com/

3.5.7.6 ArtBase 中国艺术图片库

依托于雅昌集团的专业艺术资源图片库，收集 50 多万张艺术作品及 2 万多个艺术家的信息。艺术图片门类包括中国画、书法、陶瓷、玉石珠宝、古墓珍玩、古典家具、民间艺术、邮品钱币等。网址：http://www.artbase.com/。

3.5.8 其他多媒体资源

除了上面介绍到的各类多媒体资源外，还有视频素材库、教学资源素材库等素材类多媒体资源，此外还有更多、用户更常使用的网络共享多媒体资源（主要是视频资源），这里简单列举一些网络共享视频资源及其网址，作为学术多媒体资源的补充。

（1）Youtube：是设立在美国的一个视频分享网站，让使用者上载观看及分享视频短片。它是一个可供网民观看及分享视频短片的网站，至今已成为同类型网站的翘楚，并造就多位网上名人和激发网上创作。截止到 2011 年 4 月，它已经有超过 2 亿个视频。网址：http://www.youtube.com。

(2) YOUKU 优酷网：优酷网是中国领先的视频分享网站，倡导"微视频"概念，欢迎一切以微视频形式出现的视频收藏、自创与分享。网址：http://www.youku.com。

(3) 土豆网：是国内起步较早的视频分享类平台。平台于 2005 年 4 月开始运营。土豆网为用户创造一个容易发布或收集个人音频和影像作品的平台。网址：http://www.tudou.com。

2012 年 3 月，优酷网和土豆网宣布合并。

(4) 酷 6 网：http://www.ku6.com/。

(5) 新浪视频：http://video.sina.com.cn/。

(6) 爆米花：http://www.baomihua.com/。

(7) 琥珀网：http://www.hupo.tv/。

(8) 激动网：http://www.joy.cn/。

(9) Mtime 时光网：最专业的电影资料库，包括最新电影资讯、预告片、视频、电影海报、剧照、明星写真和热门影评。网址：http://www.mtime.com/。

(10) 搜狐视频（高清影视）：http://tv.sohu.com/。

(11) 视频搜索引擎：百度视频：http://video.baidu.com/；搜库：http://www.soku.com/。

3.6 北京大学图书馆的多媒体资源整合服务平台

多媒体资源内容丰富、种类繁多，用户也可以通过大学图书馆或其他网站提供的整合的多媒体学术资源服务平台一站式访问相关的多媒体资源。这里介绍北京大学图书馆的多媒体资源整合服务平台（参见图 9-5）。

3.6.1 资源内容

北京大学图书馆多媒体资源整合服务平台的资源包括以下 7 个类别（数据截至 2014 年）：

(1) 学术讲座/报告：主要是图书馆自主采集的、在北京大学发生的所有学术讲座、演讲、报告等；包括图书馆与凤凰卫视签署协议采集的《世纪大讲堂》栏目的所有节目；还包括《中华传统文化》《生物信息学》《明日科技》等专题系列的讲座。总量 4 000 多个，增量约 400 个/年。

(2) 电影：国内外经典电影。总量约 11 000 余部，增量约 500 部/年。

(3) 戏曲：经典的中国戏曲包括昆曲、京剧等。总量 500 多部。

(4) 课程参考：主要包括各学科的知识、学习类的光盘或是百科知识以及知识性栏目的光盘等也包括语言学习类资源。总量 2 900 多种，增量约 300 种/年。

(5) 音乐：主要包括国内外经典的音乐专辑。总量 1 200 多种。

(6) 百科：主要包括自采购的节目类实体光盘、自采集的电视节目等。总量 17 000 多个。

(7) 其他：包括跨学科、跨类型的在线多媒体资源库，国内外多媒体教学课件及其他综合性资源。

3.6.2 平台检索

(1) 检索功能

① 检索：北京大学图书馆的多媒体资源整合服务平台有简单检索、高级检索和跨库检索 3 种检索方式。

● 简单检索：是系统默认的检索方式。

● 高级检索：选择某个子库例如"电影"进入高级检索界面，可进行更多字段的特色化检

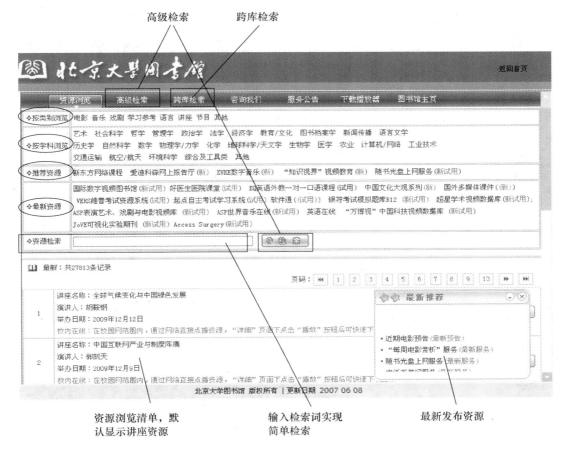

图 9-5　北京大学图书馆多媒体资源整合服务平台

索,可以根据电影的导演、主演、配音、编剧、制片、语种、体裁、类型甚至是资源的播放状态等各种信息进行检索,也可以进行限定检索。
- 跨库检索：在北京大学图书馆自有的 8 个类别资源(见内容介绍,以 8 个"子库"的形式存在)以及正式购买的部分商用多媒体库(爱迪科森、知识视界、新东方多媒体学习库)之间实现跨库检索,只支持题名、主要责任者和关键词 3 个通用字段的检索。

② 浏览：可以进行以下 4 类浏览。
- 按类别浏览：见内容介绍中的 8 个类别,可选择某个类别进行浏览,各个类别下还有子类。
- 按学科浏览：多媒体资源的学科总共有 27 个大类,用户可选择某个学科进行浏览,也可以同时实现对文本数据库、电子期刊、电子图书、学位论文和多媒体资源的共同浏览(参见图 9-6)。
- 浏览推荐资源：推荐图书馆正式订购或自建的多媒体库；或者是图书馆从其他渠道获取的重要的、具有特色的多媒体资源库。
- 浏览最新资源：一般是图书馆正在试用、尚未购买的多媒体资源库。

(2) 检索技术

① 字段选择：在高级检索方式中有 6 个主要的检索字段,分别是资源名称、主要责任者、

图 9-6　北京大学图书馆数字资源导航系统之多媒体资源导航

次要责任者、出版发行者、内容描述、主题关键词,其中前3个字段在不同的8个类别/子库中有不同的子字段可供选择,后3个字段则在8个类别/子库中均无变化,不需选择。主要类别/子库的可检子字段如下:

- 电影:影片名称、影片原名、其他名称,导演、导演原名、演员、演员原名、配音、配音原名,制片、摄影、原著、编剧;
- 音乐:音乐名称、音乐原名、其他名称,作曲/编曲、作曲/编曲(原名),编剧/编舞、编剧/编舞(原名)、指挥、指挥(原名)、演奏/演出、演奏/演出(原名)、演唱/主演、演唱/主演(原名)、作词;
- 戏剧:戏剧名称、其他名称,编剧、导演、演员,剧团、原著、伴奏;
- 学习参考:资源名称、资源原名,作者、主讲,制作;
- 语言:资源名称、资源原名,作者、授课教师、朗诵;
- 讲座:讲座名称、其他名称,演讲人、演讲人拼音,其他演讲人、主办单位、主持、摄像、编辑;

● 节目：节目名称、其他名称，主讲、主持，制片、编导、撰稿、解说。
② 匹配方式：支持模糊查询和完全匹配两种匹配方式。
③ 组配检索：包括"并且"和"或者"两种组配关系。
④ 限定检索：包括语种、资源类型、体裁、资源状态四种限定检索条件，但也是以可检字段方式呈现出来，和其他可检字段并列显示，当与上述提到的 6 个可检字段的组配关系选择为"并且"时，就相当于限定检索。

(3) 检索结果
① 检索结果列表：包括序号、资源名称、责任者、出版/发行时间、资源状态等信息。
② 详细记录：显示资源的全部元数据信息，与结果列表相比主要增加了内容描述、资源类型、体裁、物理状态、资源状态、馆藏号等信息。
③ 资源播放：可以根据资源状态（在线资源、近线资源和离线资源）选择资源的播放方式。

● 在线资源：即已经数字化的多媒体资源，包括外购的多媒体资源库、北大讲座和部分电影、音乐和节目资源等，在详细记录显示页面单击"播放"可直接在线收听或收看。除了外购的多媒体数据库有其指定的播放器外，北京大学图书馆所有自建的多媒体资源都可以采用一个万能播放器即"邦丰网络播放器"来播放，用户在多媒体资源主页上按照提示下载并安装即可使用。
● 近线资源：即未数字化、但通过多媒体播放中央控制系统可以实现网络播放的资源，包括绝大部分的电影、戏剧和部分音乐资源，用户需要在图书馆多媒体中心点播使用，在详细记录显示页面单击"播放"后稍候几分钟即可收听收看（近线资源的点播和服务流程见图 9-7）。

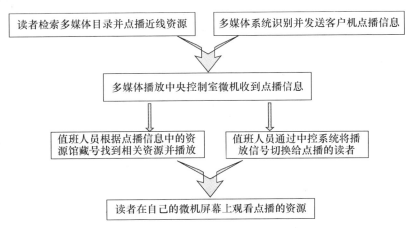

图 9-7　近线资源点播和服务流程

● 离线资源：即开架资源，包括绝大部分学习参考和部分节目资源，用户需要在图书馆多媒体中心自助使用——直接在书架上浏览挑选、或在多媒体资源平台检索并在详细记录显示页面查看这些资源的馆藏号（排架号），选中后自行在电脑上单机播放。有些学习软件或是 CD-ROM 学习光盘还需要即时安装才能使用。

2014 年，北京大学图书馆多媒体服务平台全新升级，除了微软、也支持苹果、安卓等操作系统;支持 IE 高中文本、谷歌、火狐等浏览器;资源嵌入浏览器播放、不再需要安装专用客户端;支持移动服务;浏览、检索和服务功能更加便捷。网址:http://media.lib.pku.edu.cn/。

参 考 文 献

1. 庄捷. 流媒体原理与应用. 北京:中国广播电视出版社,2007.
2. 马修军. 多媒体数据库与内容检索. 北京:北京大学出版社,2007.
3. 刘三满. 多媒体技术发展趋势及应用领域展望. 山西统计,2003(2),p.43—44.
4. 李晓静. 计算机多媒体技术的应用现状与发展前景.《科技情报开发与经济》,2007(36),p.146—148.
5. 北京大学图书馆.[2011-11-2]. 北京大学数字图书馆门户多媒体资源服务主页,http://www.lib.pku.edu/portal/portal/group/pkuguest/media-type/html/page/multimedia.psml.
6. 张春红,梁南燕,左玉波. 网络环境下多媒体服务的重新定位. 大学图书馆学报,2008(2),p.45—50.

第十章 网上免费学术资源的利用

本书前面各章节介绍了各种数据库、电子期刊、电子图书等,这些大都属于商业学术资源,只有用户或者用户所在的机构购买以后才能访问这些资源。事实上,除此之外,互联网上还有大量的免费学术资源值得利用,如何有效地检索和利用互联网上的免费学术资源并从中获取用户所需要的教学科研信息,也是一个需要研究和解决的问题。

第一节 搜索引擎的比较与应用

互联网上的信息是无序的,信息量越大,越难被利用。没有人对互联网上信息的有效性和有序性负责,因此如何获取和利用互联网上的信息就成了一个大问题。目前解决这一问题的最佳途径是利用搜索引擎(search engine)。

与前面所讲的各类数据库、电子期刊和图书等学术性资源相比,搜索引擎本身及其检索结果在有效性、有序性、可检性、学术性、专业性等方面均比较差,但它仍然是目前利用互联网信息的最佳工具,它的主要特点在于:面向互联网广泛收集信息,比较全面;实时更新,信息的时效性非常强。在这种情况下,如果用户需要了解某一学科或专业的最新发展情况,比较好的方式是把前面所说的资源和搜索引擎的使用结合起来。

1.1 搜索引擎的定义和历史

搜索引擎是指通过网络搜索软件或网站登录等方式,将互联网上大量网站的页面收集到本地,经过加工处理而建库,从而能够对用户提出的各种查询做出响应,提供用户所需的信息。

搜索引擎是伴随着互联网爆炸式的发展而诞生的,主要是帮助网络用户在"信息的海洋"里找到所需的资料。现代意义上的搜索引擎的先驱应是1990年在蒙特利尔大学开发的基于FTP的文件查询系统Archie,1993年发布了其HTTP版本ALIWEB,ALIWEB根据网站主动提交的信息建立自己的链接索引,类似于现在的Yahoo。而最早的真正意义上的搜索引擎是Lycos,创建于1994年的春天,Yahoo也是在当年成立的。

搜索引擎最初的发展模式有多种,如:Yahoo注重的是网站分类汇总服务(主题分类指南),而如Alta Vista、Excite等则注重提供庞大的搜索数据库。发展到今天,搜索引擎的核心逐步转变成为网络导航服务,作为网络门户,他们提供新闻、在线图书馆、词典以及其他网络资源,同时提供网站搜索以外的多项服务。在技术上,很多搜索引擎的功能不再单一化,更多的是将关键词搜索引擎、主题分类指南、元搜索引擎的功能融为一体。

而在搜索引擎的服务商之间,也有了分工协作的趋势,出现了专业的技术提供商和数据库服务提供商,技术提供商主要是提供搜索引擎的内核软件,数据库服务提供商则向最终用户提供服务,如Inktomi向Overture(原GoTo)、LookSmart、MSN、HotBot等其他搜索引擎提供全文网页搜索服务,国内的百度公司则为国内多家知名搜索引擎提供技术支持等,并同时兼技术提供商和服务提供商两种角色于一身。

1.2 搜索引擎的工作流程与工作原理

搜索引擎的实现首先应具备从互联网上自动收集网页的能力,即拥有通常所说的"蜘蛛"(spider)系统(俗称爬虫)以及实现所收集网页内容信息的全文检索系统。一个完整的系统还应包括检索结果的页面生成系统,就是把检索结果高效地借助网络页面展示给用户。搜索引擎由搜索器、索引器、检索器和用户接口4个部分组成。

搜索器根据既定的检索策略在互联网中发现和搜集各种类型的新信息,同时定期更新原有信息,采用分布式和并行计算技术实现。索引器则从搜索器搜索的信息抽取信息生成索引倒排表,并赋予表示文档区分度和查询结果相关度的权值,方法一般有统计法、信息论法和概率法。短语索引项的提取方法有统计法、概率法和语言学法。索引器可以采用集中式索引算法或分布式索引算法,在数据量很大时,应支持即时索引(instant indexing),搜索引擎的成功与否很大程度上取决于索引的质量。检索器根据用户的查询要求在索引库中快速匹配文档,对将要输出的结果进行排序,并实现某种用户相关性反馈机制。用户接口界面供用户输入查询,并显示匹配结果,用户接口的设计和实现应适应人类的思维习惯。

搜索引擎首先由搜索器的"蜘蛛"程序(spider)周期性或者按照既定算法分布式并行在互联网中搜索和发现信息,同时将新发现的或者需要更新的页面存到数据库服务器。然后索引器将提取数据库中的有用信息,重新组织后建立索引库。最后则是检索器从用户接口得到用户的检索命令,快速从索引库中检索出文档,按照默认的评价体系评价匹配结果,并将结果排序后借助用户接口反馈给用户(参见图10-1)。

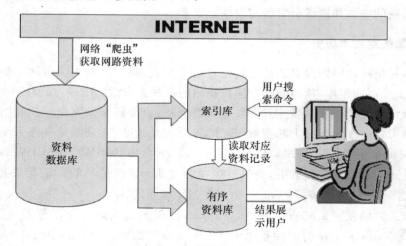

图 10-1 搜索引擎工作流程

从搜索引擎的工作流程可以看出,搜索引擎并不是真正搜索实时的互联网,它搜索的实际上是预先整理好的网页索引数据库;而搜索引擎的工作是分成三步来进行的:从互联网上抓取网页→建立索引数据库→在索引数据库中搜索排序。

(1) 从互联网上抓取网页

利用能够从互联网上自动收集网页的 spider 系统程序,自动访问互联网,并沿着任何网页中的所有 URL 爬到其他网页,重复这过程,并把爬过的所有网页收集回来。

(2) 建立索引数据库

由索引分析系统程序对收集回来的网页进行分析,提取相关网页信息(包括网页所在 URL、编码类型、页面内容包含的所有关键词、关键词位置、生成时间、大小、与其他网页的链接关系等),根据一定的相关度算法进行大量复杂计算,得到每一个网页针对页面文字中及超链中每一个关键词的相关度(或重要性),然后用这些相关信息建立网页索引数据库。

(3) 在索引数据库中搜索排序

当用户输入关键词搜索后,由搜索系统程序从网页索引数据库中找到符合该关键词的所有相关网页。因为所有相关网页针对该关键词的相关度早已算好,所以只需按照现成的相关度数值排序,相关度越高,排名越靠前。

1.3 搜索引擎的分类

(1) 按照搜索引擎的工作原理的不同,搜索引擎可分为三种:关键词搜索引擎、主题分类指南和元搜索引擎。

关键词搜索引擎(search engine):在前台提供一个检索入口,用户通过入口提交查询请求(关键词),系统再将检索结果反馈给用户。这一类搜索引擎交互性强,通常具备二次检索功能,以便用户逐步接近检索结果。适合于查找目的明确并具备一定的数据库检索知识的用户。著名搜索引擎 Alta Vista 最初即是关键词搜索引擎,其他如 Google、国内的搜索引擎百度、天网,也属于此类。

主题分类指南(directory search engine):首先依据某种分类依据(如学科分类),建立主题树分层浏览体系,由搜索引擎抓取网上信息之后,对信息进行标引,并将标引后的信息放入浏览体系的各大类或子类下面,使这些信息呈现出错落有致的上下位关系。用户层层单击,最终进入浏览"树"的叶子节点,找到自己所需的信息。这类搜索引擎体现了知识概念的系统性,查准率高,但由于人工在分类标引上的干预,查全率低,分类体系的科学性和标准性亦存在问题。典型的主题分类指南即 Yahoo。

元搜索引擎(meta-search engine):基于搜索引擎的搜索引擎,自身不建立数据库,而是在接受用户的查询请求后,调用一个或多个独立搜索引擎的数据库,检索结果是来自独立搜索引擎的检索结果或者这些结果集合的综合,可以表现为引用原始的独立搜索引擎的页面,也可以是由元搜索引擎二次加工后、重新定制后的形式。元搜索引擎通常是引用比较知名的搜索引擎,查全率很高,但查准率低,检索功能和检索技术简单。著名的元搜索引擎如 Metacrawler。

(2) 按照搜索引擎收录的内容来分,可以分为很多种,如:网络搜索引擎、图像搜索引擎、新闻搜索引擎、视频搜索引擎、学术搜索引擎等,随着互联网的发展,不同类型的搜索引擎会不断出现,如视频、音频等搜索引擎最近几年才开始发展。

1.4 如何选择搜索引擎

互联网上大大小小的搜索引擎大约有上千个之多,而且每个都声称自己是最好的。如果随便找到一个就用,可能会是事倍功半,甚至越搜索越混乱。那么什么样的搜索工具才称得上恰当呢?一般来说,有以下几条判断标准。

(1) 查全率:既然是搜索引擎,那么首先要比较的就是搜索范围。

(2) 搜索速度:查询速度是搜索引擎的重要指标,快速响应是基本要求。

(3) 查准率：查准率对于搜索引擎也相当重要，搜到的东西即使又多又快，但想要的那条结果不知道要翻多少页才能找到，那也失去了搜索引擎的意义。好的搜索引擎内部应该含有一个相当准确的搜索程序，搜索精度高。

(4) 更新速度：优秀的搜索工具内部应该有一个含时间变量的数据库，能保证所查询的信息都是最新的和最全面的。

(5) 死链接：普通搜索引擎总有些搜索结果是点不进去的，少到百分之一二，多到百分之八九，死链接也被作为判断搜索引擎的好坏标准之一。

(6) 易用性：搜索引擎的易用性包括搜索界面是否简洁、对搜索结果的描述是否准确。

(7) 其他：还有搜索引擎的稳定性、对高级搜索的支持能力等都是评价搜索引擎的重要指标。

1.5 综合性搜索引擎

1.5.1 Google(谷歌)

1.5.1.1 Google 介绍

在 1996 年，斯坦福大学计算机科学系学生 Sergry Brin 和 Larry Page 开展了一项称作 BackRub(返回触摸法)的研究计划。由于采用了分析返回链接(back links)，即哪个网页链接到某特定文献上的方法，因而，他们的实验性的搜索引擎被称为 BackRub。到了 1998 年，Larry 和 Sergey 创建了自己的公司，并于 1999 年搬进了硅谷。2008 年 1 月的统计结果显示，Google 每天处理的查询多达 5 000 多万个，数据量为平均一天 20PB(相当于 2 万 TB)，Google 的工作人员也已经超过了 2 万名。

网址：http://www.google.com

1.5.1.2 Google 检索方法和检索技术

不管是检索数据库还是搜索引擎，检索方法的选择都起到举足轻重的作用，不同的检索方法即可决定不同的检索结果以及检索结果的排序等。而选择合适的检索词，则是培养检索方法和技能的基础。

(1) 检索词的选择

Google 的检索是以分析网页内容和网页链接为基础的，也就是说 Google 是将检索词与网页上的字词进行匹配，所以，在选择检索词的时候，尽量使用会在网页上出现的字词。比如，用户如果想要查找一个娱乐新闻人物的年龄，直接输入姓名"XXX"和"年龄"作为检索词就能很快查到；而如果用户要查党和国家领导人江泽民同志的年龄，使用这种方式就不能很快查到结果，而是用"江泽民"和"简历"作为检索词就能很快得到答案。

(2) 采用合适的检索运算符

① 运算符：逻辑与"AND"和逻辑非"-"(英文状态下的减号)

Google 默认是逻辑 AND 规则，并采用空格作为 AND 算符检索。Google 的逻辑非运算符是英文状态下的减号，也就是"-"。例如，用户想查询除北京外的中国其他地方的乡村改革的情况时，可以用如下的检索词："中国 乡村改革-北京"。结果如图 10-2 所示。

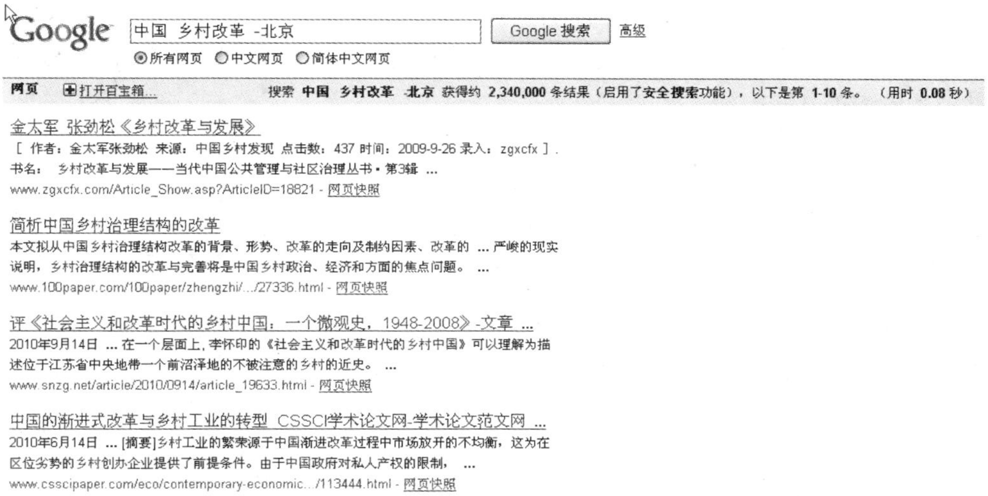

图 10-2 Google 检索结果

② 运算符：逻辑或"OR"

Google 在检索英文的时候，不区分检索词中的大写字母和小写字母。所以，使用 digital library 与使用 DIGITAL LIBRARY 的结果完全相同。但是有一个例外，就是逻辑运算符 OR，OR 表示查找包含其中任何一个词的网页，如"土豆 OR 马铃薯"。尽管 Google 对于检索词不区分大小写，但是，逻辑运算符"或"却必须使用大写 OR 来表示。

③ 字检索和词检索运算符：引号""

Google 默认是字检索，如果检索词是词组或者短语，则用符号""，表示精确匹配，Google 将完全按照引号内输入各个检索词的模样，输出与引号内完全匹配的检索词的结果。

④ 通配符：*

数据库的检索中一般会使用通配符，在数据库中，最常用的两个通配符是"*"和"?"，如 dog* 会查出 dog 和 dogs 这样的结果，这说明通配符代表的是字母；但在 Google 中，通配符"*"表示的是任何英文单词或者汉字，如果只记住某一句话的一部分，就可以使用这种方法。如检索"我 * 你"或者"I * you"，会检索出含有"我和你"、"我爱你"、"我恨你"、"I love you"、"I hate you"、"I promiss you"这样的结果。

⑤ 查找特定格式的文件：filetype

"filetype:"是 Google 开发的一个非常强大而且实用的搜索语法。通过这个语法，Google 不仅能搜索一般的网页，还能对某些特定文件进行检索。如要检索含有资产负债表的所有 office 系列的文件，用户就可以用以下格式进行检索："资产负债表 filetype:doc OR filetype:xls OR filetype:ppt"，检索出来的结果就只会包括 Word、PPT、Excel 表格这样的文件，不会出现网页形式的文件。

⑥ 在特定的网址查找资源：site

site 表示搜索结果局限于某个具体网站或者网站频道（注意：site 后的冒号为英文字符，而且，冒号后不能有空格，否则，"site:"将被作为一个搜索的关键字）。如用户要在教育网上查找与英文六级考试有关的内容，可以将检索式写成如下的形式："英文六级 site:edu.cn"，这样就只会显示在中国教育网(CERNet)上有关的英语六级的内容,不会查询到公网的结果。同样,比如只想查找在新浪上报道过的关于鲁迅的资料,用户就可以用下面的检索式进行查询:"鲁迅 site:sina.com.cn"。

表10-1列出了所有的Google检索运算符。

表10-1 Google检索运算符一览表

名称	符号	说明
逻辑运算符	空格、AND	逻辑与
	OR	逻辑或(大写的英文OR)
	-	逻辑非(英文状态下的减号)
全词通配符	*	代表一个英文单词或者一个汉字
词组检索	""	严格按照引号中内容检索
限定检索范围	intitle	intitle后的第一个检索词必须在网页标题中
	allintitle	所有的检索词都必须在网页标题中
	inurl	inurl后的第一个检索词必须在网页的URL中
	allinurl	所有的检索词都必须在网页的URL中
	filetype	限定检索文件类型
	site	限定在特定网站检索
	link	查询链接到特定网址的网页
其他	+	强制查询被google忽略的常用字
	related	查询相似网页

1.5.1.3 Google其他功能

通过Google除了可以检索数十亿个网页之外,Google还提供许多特色功能,如天气查询、股票查询、邮编查询、货币转换、物理常数等度量转换和阴阳历的转换等。下面只举几个例子进行说明。

(1) 天气查询

用Google查询中国城市地区的天气和天气预报,只需输入一个关键词("天气","tq"或"TQ"任选其一)和要查询的城市地区名称即可。Google返回的网站链接会带来最新的当地天气状况和天气预报。

例如,要查找北京地区的天气状况,可以输入:

示例1:tq 北京

示例2:北京 天气

(2) 阴阳历转换

在Google的搜索框中输入关键词"阳历"或"公历","阴历"或"农历"然后加上日期即可,结果会显示在一般搜索结果的上方。如:"阳历10月1日","阴历8月15日","中秋","2012年春节"等。如果前面不注明年,则默认是当年。

(3) 度量转换

Google可以对货币类型、重量单位、长度单位以及其他单位进行转化。

例如:要知道1厘米等于多少英寸,可以有以下几种检索方法:

示例1:"1厘米等于多少英寸","1厘米等于多少inch","1cm等于多少inch","1cm等于多少英寸"。

示例 2："1cm＝? inch"，"1 厘米＝? 英寸"，"1 厘米＝? inch"，"1cm＝? 英寸"。

1.5.1.4　Google 的其他搜索引擎

前面主要介绍了 Google 的通用搜索引擎（http://www.google.com），Google 还有很多其他的搜索引擎，比如：

图片搜索引擎（http://images.google.com）；

新闻搜索引擎（http://news.google.com）；

博客搜索引擎（http://blogsearch.google.com）；

学术搜索引擎（http://scholar.google.com）；

图书搜索引擎（http://books.google.com）等。

这些搜索引擎的检索技巧和方法与通用搜索引擎都一致，只是收录内容和侧重点不同，比如图片搜索引擎只搜索图片，博客搜索引擎只查找博客内容。其中学术搜索引擎、图书搜索引擎的内容和使用方法将在后文介绍。

随着新事物的不断出现，Google 也会不断地推出新的搜索引擎，因此 Google 推出了 Google Labs（Google 实验室）。Google 实验室是为 Google 工程师和有探索精神的 Google 用户而开设的演练场。喜欢奇思幻想的 Google 员工将他们的原型产品放到 Google 实验室并征询关于技术使用或改进的反馈意见。这些试验并不保证能成功登上 Google.com，因为这是开发过程的第一阶段。

Google 实验室地址：http://www.googlelabs.com/

1.5.2　百度（Baidu）

1.5.2.1　百度介绍

1999 年底，身在美国硅谷的李彦宏看到了中国互联网及中文搜索引擎服务的巨大发展潜力，于是携搜索引擎专利技术，与徐勇一同回国，于 2000 年 1 月 1 日在中关村创建了百度公司。从最初的不足 10 人发展至今，员工人数超过 7 000 人。百度已成为中国人最常使用、影响力最大的中文网站。

百度一词来自宋词"众里寻他千百度，蓦然回首，那人却在灯火阑珊处"，而它的徽标（logo）和页面也体现了简约风格。百度是由中国人自主开发的一款搜索引擎，在中文互联网拥有天然优势，其服务器分布在中国各地。保证用户通过百度搜索引擎可以以最快的速度搜到世界上最新最全的中文信息。作为中文搜索引擎，百度深刻理解中文用户的搜索习惯，开发出关键词自动提示功能：用户输入拼音，就能获得中文关键词正确提示；还开发出中文搜索自动纠错功能：如果用户误输入错别字，可以自动给出正确关键词提示。

网址：http://www.baidu.com

1.5.2.2　百度的检索方法和检索技术

图 10-3 为百度检索首页，默认为基本检索，仅需输入查询内容并敲一下回车键即可得到相关资料。百度的逻辑检索和限定检索基本上是和 Google 一致的，如将空格默认是逻辑与的关系，限定检索的 intitle、inurl 等都与 Google 采用一致的用法，所以关于百度的检索不做过多介绍。百度也有它自己的本土特色，例如 Google 是希望提供更快速的通道，让用户获得信息；而百度更加强调搜索社区的概念，让用户留下来。所以下面重点介绍百度的社区搜索服务。

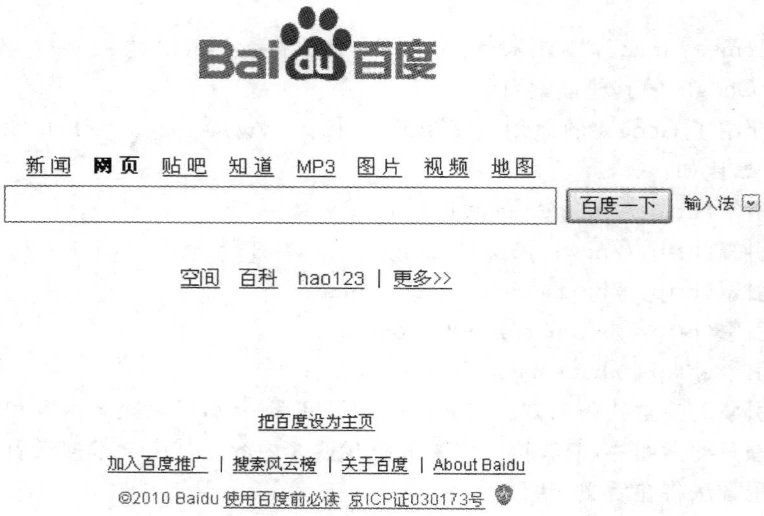

图 10-3 百度首页

1.5.2.3 百度服务

从百度的产品大全页面,我们可以看到它的社区搜索服务有知道、百科、贴吧、空间、文库、音乐掌门人等,这里重点介绍百度知道和百度百科这两个服务。

（1）百度知道

百度知道是一个基于搜索的互动式知识问答分享平台,于 2005 年 6 月 21 日发布,并于 2005 年 11 月 8 日转为正式版。

百度知道是用户自己根据具体需求有针对性地提出问题,通过积分奖励机制发动百度知道界面其他用户,来解决该问题的搜索模式。同时,这些问题的答案又会进一步作为搜索结果,提供给其他有类似疑问的用户,达到分享知识的效果。

百度知道的最大特点,就在于和搜索引擎的有效结合,让用户所拥有的隐性知识转化成显性知识,用户既是百度知道内容的使用者,同时又是百度知道的创造者,在这里累积的知识数据可以反映到搜索结果中。通过用户和搜索引擎的相互作用,实现搜索引擎的社区化。截止到 2010 年,百度知道已经处理和解决了上亿个问题。

网址: http://zhidao.baidu.com/

（2）百度百科

维基（Wiki）平台是一种可在网络上开放多人协同创作的超文本系统,是互联网 2.0 时代的典型应用之一。其中最有名也是最成功的 Wiki 平台服务就是维基百科系统（http://www.wikipedia.org/）。在维基百科的影响下,诞生了众多活跃的类似服务,如我国国内的百度百科。百度百科是百度公司推出的一部内容开放、自由的网络百科全书,其测试版于 2006 年 4 月 20 日上线,正式版在 2008 年 4 月 21 日发布。百度百科旨在创造一个涵盖各领域知识的中文信息收集平台。百度百科强调用户的参与和奉献精神,充分调动互联网用户的力量,汇聚用户的头脑智慧,积极进行交流和分享。同时,百度百科实现与百度搜索、百度知道的结合,从不同的层次上满足用户对信息的需求。

百度百科的全部内容对所有互联网访问用户开放浏览。词条的创建和编辑则只能由注册并登录百度网站的百度用户参与。为了保证信息的专业、权威和可信度,百度百科也尝试引入了权威认证词条的机制。权威认证是指通过专业机构对词条进行专业认证的方式,以保证词条内容的权威性,给用户提供高质量的专业解释、服务。

网址：http://baike.baidu.com/

不可否认,百度百科和百度知道虽然广受用户欢迎。但由于上传信息的用户只是注册并非实名,而百度对于上传的信息也并非严格监管和编辑,因此其中也包含了大量垃圾信息、错误信息,容易误导用户;还有些信息更是侵犯了其他出版物、网站和作者的知识产权。因此用户在使用这两项服务时,需加以甄别和判断。

1.5.3 其他综合型搜索引擎

1.5.3.1 雅虎(Yahoo!)

1994 年 4 月,斯坦福大学两位博士生杨致远和 David Filo 共同创办了雅虎,通过著名的雅虎目录为用户提供导航服务。雅虎目录有近 100 万个分类页面,14 个国家和地区当地语言的专门目录,包括英语、汉语、丹麦语、法语、德语、日语、韩文、西班牙语等。自问世以来,雅虎目录已成为最常用的在线检索工具之一,并成功地使搜索引擎的概念深入人心。

从 1996 年到 2004 年,雅虎先后选用 AltaVista、Inktomi 等第三方的搜索引擎作为自己网页搜索的后台服务提供商。为给用户提供更好的搜索体验,雅虎先后收购了 Inktomi 和 Overture 等著名的搜索引擎公司,并结合自己多年的搜索技术,重新整合打造出 Yahoo! Search Technology(YST)搜索技术平台。2004 年 3 月,雅虎开始推出独立的搜索服务,迅速成长为全球第二大搜索引擎。

Yahoo 的优势在于其分类目录的内容组织。它对网点信息按主题建立分类索引,按字母顺序列出 14 个大类,每个大类所包含的子类有精练的描述,每个子类有数以千计的相关的 Internet 网点信息。其包含的主题范围广泛,并且能将搜索限制在某一类别内。这是由人工参与建立的,故标引较准确,因而查准率较高。雅虎首先发明使用交替类目反映学科的相关主题,使用符号代表这个主题在雅虎等级式的目录中多次出现,这一链接将把用户引向出现该主题的原出处。

网址：http://www.yahoo.com/

1.5.3.2 必应(Bing)

Bing 是一款微软公司推出的用以取代 Live Search 的搜索引擎,于 2009 年 6 月 3 日正式在世界范围内发布,内测代号为 Kumo,其后才被命名为 Bing,中文名称被定为必应,含有求必应的寓意。

与传统搜索引擎只是单独列出一个搜索列表不同,Bing 搜索的最大特点是会对返回的结果加以分类。例如,当用户搜索某位歌星的名字时,搜索结果的主要部分会显示传统的列表,其导航栏则会显示音乐、档案、专辑、简介、视频等几个类别。当用户输入的是某一城市名称时,则会显示交通、天气、旅游、房产等类别。另外,还会显示一组相关的搜索关键词。

网址：http://www.bing.com/

1.5.3.3 MetaCrawler

MetaCrawler 是被推出的第一个元搜索引擎,它是 Infospace Inc. 的一部分,1995 年由华盛顿大学的学生 Erik 和教授 Oren Etzin 共同开发研制的。具有同时调用 Google、Yahoo、Ask、Bing 等搜索引擎的功能,然后按相关度给出详细的结果。

网址：http://www. MetaCrawler.com/

1.5.3.4 搜狗(Sogou)

搜狗是搜狐公司于2004年8月3日推出的自主技术开发的全球首个第三代互动式中文搜索引擎，是一个具有独立域名的专业搜索网站。搜狗以一种人工智能的新算法，分析和理解用户可能的查询意图，给予多个主题的"搜索提示"，在用户查询和搜索引擎返回结果的人机交互过程中，引导用户更快速准确定位自己所关注的内容，帮助用户快速找到相关搜索结果，并可在用户搜索冲浪时，给予用户未曾意识到的主题提示。

网址：http://www.sogou.com/

1.5.3.5 北大天网

北大天网是由北京大学网络实验室研制开发的天网中英文搜索引擎，是国家"九五"重点科技攻关项目"中文编码和分布式中英文信息发现"的研究成果，并于1997年10月29日正式在CERNet上向广大网络用户提供信息导航服务，受到学术界广泛好评。

北大天网在早期Google和百度还没有出现的时候还是起了很大的作用，特别是搜索教育网资源有很大的优势，随着Google和百度的大力崛起，北大天网的优势逐渐失去。比较Google和百度是商业运作的产品，而北大天网只是一个项目。

网址：http://e.pku.edu.cn/

1.6 学术搜索引擎

学术搜索引擎是专门用于检索因特网上的学术信息的专业搜索引擎，通常包括图书、论文、期刊、文档、题录等学术资源和学术站点，对学习和科研有很大的帮助。

1.6.1 谷歌学术搜索引擎(Google Scholar)和谷歌图书(Google Books)

在全球性的数字图书馆研究的热潮中，Google也推出了一系列关于数字图书馆的举措。2004年底，Google在不到一个月的时间里先后推出Google scholar(学术搜索引擎)和Digitize Libraries(数字图书馆，后来改成Google books)，大张旗鼓地进军学术信息领域。Google Scholar与许多科学和学术出版商、专业团体、预印本库、大学图书馆合作，并从网络上获得学术文献。最开始Google scholar只支持英文学术文献的查询，到2005年12月，Google scholar扩展至中文学术文献领域。

Google的学术搜索引擎与前面介绍的Google通用搜索引擎在内容上还是有很大的区别。例如，同时在两个搜索引擎搜索同一个内容"超级女声"，我们可以看出，学术搜索引擎出来的结果都是从学术期刊里面出来的与超级女声有关的学术文章，而通用搜索引擎的结果都是媒体关于超级女声的内容(参见图10-4和图10-5)。

学术搜索引擎在搜索一些学术文章的线索的时候也非常有用，对于一些只知道作者或者只知道部分线索的文献来说，就可以使用搜索引擎先查找文献的详细情况，比如来源、作者、出版社等，然后再进一步查找是否能有本地馆藏。

在2004年的12月，Google宣布将与世界领先的5所图书馆进行合作(牛津大学、哈佛大学、斯坦福大学、密歇根大学以及纽约公共图书馆)，计划将这些合作伙伴的上百万册印刷图书转换成数字文件并收录进Google Books数据库，供人们在网上查询这些图书资料。支持中文图书的查询是从2007年3月开始。所有中英文没有版权的书都可以直接进行全文浏览。

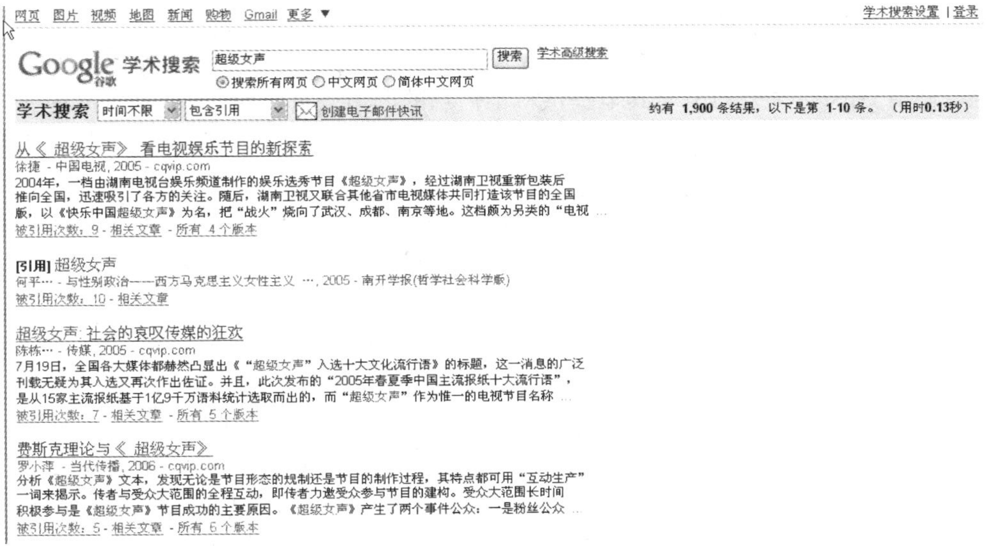

图 10-4　Google 学术搜索结果

图 10-5　Google 的通用搜索结果

需要说明的是，Google Books 虽然方便了用户对图书的使用，但也遭到了诸多出版社和包括作者、作家协会在内的著作权人的抵制，认为 Google 涉嫌侵权和垄断，阻碍了人类的知识创新。虽然 Google 推出了与作者签署"和解协议"等措施来解决这个问题，但该措施普遍被认为是"不平等"、"强势"和"霸道"。这也给 Google Books 的使用造成了极大的不稳定性。

网址：http://scholar.google.com/，http://books.google.com/

1.6.2　Scirus

Scirus 学术搜索引擎由爱思唯尔科学公司（Elsevier Science）于 2001 年 4 月 1 日推出。

在起始阶段，Scirus 涵盖了 Elsevier 公司自己的信息数据库如"科学指南"(ScienceDirect 期刊数据库)、"生物医疗网络"(BioMedNet)和"化学网络"(Chemweb)等，以及网上免费提供的科学信息。随后，Elsevier 公司又与其他提供科学信息的公司进行接触，邀请他们将其所有的数据库纳入 Scirus 可以搜索到的范围之内，从而使 Scirus 能够精确地找到普通搜索引擎所找不到的免费或者访问受限的科学信息资源。

在 2001 年和 2002 年，Search Engine Watch Awards 推选 Scirus 为"最佳科学类搜索引擎"，2004 年由 Web Marketing Association 评选为"最佳目录或搜索引擎网站"，并在 2005 年中再次当选。

网址：http://www.scirus.com/

1.6.3 CiteSeerX

CiteSeerX 的前身是 CiteSeer。1997 年，CiteSeer 引文搜索引擎由 NEC 公司在美国普林斯顿研究所的三位研究人员 Steve Lawrence，Lee Giles 和 Kurt Bollacker 研制开发。它是利用自动引文标引系统 ACI(Autonomous Citation Indexing)建立的第一个科学文献数字图书馆(Scientific Literature Digital Library)。在作为原始模型的 CiteSeer 投入运行的 10 年间，研发人员不断对原系统运行中暴露的问题和用户的反馈建议进行分析，并为该搜索引擎重新设计了系统结构和数据模型，这个新的系统就是 CiteSeerX，它由 National Science Foundation 和 Microsoft Research 资助研发，于 2007 年投入运行。

CiteSeerX 是专注于计算机和信息科学方面的学术搜索引擎，主题包括智能代理、人工智能、硬件、软件工程、数据压缩、人机交互、操作系统、数据库、信息检索、网络技术、机器学习等。CiteSeerX 如同一个数字图书馆，目前能搜索 100 多万的文章和 300 多万的引文。

网址：http://citeseerx.ist.psu.edu/

1.6.4 Sciseek

SciSeek 是一个专注于科学与自然领域的搜索工具，采取人工收集处理的方式，提供农林、工程、化学、物理和环境方面的科技期刊及其他信息。

网址：http://www.sciseek.com/

1.6.5 Find Articles

Find Articles 提供多种顶极刊物的上千万篇论文的检索，涵盖艺术与娱乐、汽车、商业与经融、计算机与技术、健康与健身、新闻与社会、科学教育、体育等各个方面的内容。

http://findarticles.com/

1.6.6 BASE

BASE 学术搜索引擎是德国比勒费尔德(Bielefeld)大学图书馆开发的一个多学科的学术搜索引擎，提供对全球异构学术资源的集成检索服务。截至 2011 年，BASE 学术搜索引擎整合了全球范围内的 1 722 个开放获取信息资源来源的 2 500 多万个文档。

网址：http://www.base-search.net/

1.6.7 Socolar

Socolar 是由中国教育图书进出口公司历时 4 年自主研发的 Open Access 资源一站式检索服务平台。通过 Socolar 可以检索到来自世界各地、各种语种的重要 OA 资源，并提供 OA 资源的全文链接。也可以通过 Socolar 享受 OA 资源的定制服务，推荐用户认为应该被 Socolar 收录但尚未被收录的 OA 资源，发表用户对某种 OA 期刊的评价。另外，Socolar 还是 OA

知识的宣传和交流平台、OA 期刊发表和仓储服务平台。

截止到 2012 年,Socolar 收录 1 万多种开放获取期刊,约 1 300 多万篇文章;1 048 个开放获取机构仓储,约 1 000 多万条记录;每日更新。

网址:http://www.socolar.com/

1.7 搜索引擎的发展趋势

搜索引擎是伴随着互联网的发展而不断发展的,由于互联网已经成为人们学习工作和生活中不可缺少的平台,几乎每一个上网的人都会使用搜索引擎,围绕搜索已经形成一个重要的产业链,有些媒体甚至造出了"搜索经济"这个词。既然搜索这样魅力无穷,人们除了关心目前的搜索的现状外,更加关心下一代搜索引擎是什么样的,也就是想知道搜索引擎的发展趋势。

目前公认的第一代搜索引擎是以 Yahoo 为代表的人工目录分类导航检索的网站搜索,它开始了互联网搜索的时代。第二代是以 Google 为代表的是基于关键词和特殊算法的搜索,是依靠机器抓取的、建立在超链分析基础上的大规模网页搜索,其搜索结果的准确度从网站上升至了网页。

有一种观点认为,下一代搜索引擎应能处理深层网页(deep web)。所谓深层搜索是指搜索那些放在数据库中的信息。目前的搜索引擎主要处理普通的网页(称为浅层网页),对于深层网页的信息难以搜索,而据说这样的信息是普通网页的 500 倍。还有一种观点认为,下一代搜索引擎必须是跨媒体的,也就是说用户通过统一的界面和单一的提问,就能够获得以各种媒体形式存在的语义相似的结果。

目前对搜索引擎基本认识是,第三代搜索引擎相对于第二代将更加智能化、个性化,搜索资源将更加广泛,搜索方式将更快更准,专项搜索将更加丰富。

第二节 网络学术资源导航

2.1 概述

2.1.1 概念及意义

网络学术资源导航,英文名称一般叫作 Internet Resources by Subject/Faculty 或 Internet Resources by Academic Discipline,在中文名称方面通常叫作 Internet 学术资源学科分类导航、网络学术资源学科分类导航或重点学科导航。

网络学术资源导航一般是由大学图书馆、大学重点学科院系或其他学术资源单位编制,针对网上可免费获取的、又具有重大的学术参考价值的资源,按学科、主题或学术资源体系等对其进行搜集、整理、分类,并制作成导航网站上网服务,供相关学科或相关专业、学术领域的读者参照,以节省其上网搜索的时间、节省网络通信费,是一种基于内容的资源导航服务。

目前网络学术资源导航项目很多,各文献资源服务单位,如大学图书馆等均已建立了自己的网络学术资源导航,而且,网络学术资源导航日益受到各方面的重视,其发展潜力是无穷的。那么,为什么会出现这种情形呢?又为什么要建立网络学术资源导航?

众所周知,互联网上的学术信息近年来成几何级数迅速增长,日益成为开展学术研究不可忽视的信息资源。由于这种学术信息与其他载体的信息(如书籍、杂志)相比,具有快速、及时、开放的特点,更为科学研究人员、尤其是已将计算机应用到科研工作中的高校中青年教师和广大学子所青睐。但是,这些资源存在着分布零散、良莠不齐等问题,不便利用,所以对这些资源加以甄别、筛选和科学整理,提供给读者利用,便成为当务之急。

2.1.2 特点

网络学术资源导航的最终成果可能是一个网站,也可能是一个可上网服务的数据库,用户可以通过该网站或数据库,浏览或检索到相关学科的免费的网络学术资源。

网络学术资源导航不同于站点导航或搜索引擎。站点导航是现在很多网站上均设立的一个栏目,也叫作网络导航、网站导航、或友情链接等,主要提供网站内部资源及与本网站相关的各类网络资源的相关链接。综合性的,例如北京大学图书馆主页上的"常用链接",会提供各类教育单位、组织机构、媒体以及热门站点等的导航;专业性的,例如软件园地网页上的相关链接,会提供所有专门的导航信息以便对用户进行必要的指引。搜索引擎则既提供分类的资源导航,还可实现关键词检索或全文检索。

网络学术资源导航具有站点导航和搜索引擎的功能,即对站点的整理、指引和搜索,当然,网络学术资源导航却不仅仅是对网站的简单的搜集和整理,它是一项系统化和规范化的工作,它强调资源的学术性,也强调人工干预。它不是一个简单的机械搜索的过程,而包含有大量的人工分析与评估。

所以,网络学术资源导航的特点可以概括为以下几个方面:

(1) 针对性:网络学术资源导航的重要特点是其以学科为基础,是针对某一个学科或主题、专业学术领域而建立的,它首先强调的就是学科体系;

(2) 学术性:前面已经提到,网络学术资源导航不同于站点导航或搜索引擎,它极其强调所搜集的网络资源的学术性,它不是简单的搜集与整理,是进行评估后精选的具有学术价值的网络资源,且也对每一个选中的网络资源进行必要的描述,真正起到对用户进行指引的作用;

(3) 规范化:网络学术资源导航要求规范操作,从编制伊始,就对所搜集的网站的内容、类型等有所要求;而对于已经搜集到的网站要将它们发布到网上时,还要利用元数据对其进行描述,描述应包含哪些项目、网站地址应如何提供等,这些均有统一的规范(即元数据规范),这是网络学术资源导航的必要前提。目前所有已完成的网络学术资源导航也均是分别有其规范的。

2.2 网络学术资源导航的构建

对于文献资源服务、尤其是大学图书馆,它的网络学术资源导航的建设目标是在其主页上建立完善的学科网络信息导航,使网络学术信息成为馆藏资源的一个重要组成部分,使读者在利用图书馆资源时也自然地使用到这类网络学术信息,以期对本院校的教学科研工作提供帮助。

2.2.1 网站搜集

首先按学科范围对网上的学科学术资源进行调研,主要方法是通过搜索引擎分类体系中的相关学科子目录直接获取大量相关网址,这些网址中包含了大量通俗性、趣味性的内容,不符合学术研究的需要,因此必须经过甄别和筛选,精选出符合教学科研实际需要的学术性资源。而对于搜索引擎分类目录中没有涵盖的学术领域,就要使用关键词进行检索以获取相关的学术信息。另外,一些相关学科的专业网站、大型的综合性网站以及其他一些相关学术单位的导航库链接了大量的相关网址,从中可获得丰富的资源线索。

2.2.2 建立分类体系

经过广泛的资源搜集和严格的筛选后,需按科学的分类体系和便于科研人员利用的方式对资源进行组织。应先根据网络学术资源的特点设置合理的分类体系。

2.2.3 确立导航网站的框架结构

分类体系确定之后,即可根据该类学科资源的特点及其体系搭建导航网站的框架。前面提到,网络学术资源导航的成果是导航网站或数据库,但不管是网站还是数据库,最终均要以一个网站的形式上网发布,以向最终用户提供服务,所以导航网站的界面、栏目、相关的发布系统软件等,均由网站框架结构方案确定。

2.2.4 导航网站发布及服务

根据分类体系可将所搜集到的学术资源网站一一进行整理和归类,并将这些整理过的网站按导航网站的框架一一纳入(或自动发布)到各个栏目中去,形成最终上网服务的导航网站,供用户访问及查询。

2.2.5 更新及维护

导航网站发布上网之后,要提供入口接收用户反馈信息,并有专人(可为网站建设者或学科馆员、学科联系人等)处理用户反馈、查看及更新链接等,定期对导航网站进行维护。

2.3 网络学术资源导航的内容

网络学术资源导航的对象一般都是独立的学术资源网站或网站中有价值的学术论文、报告以及其他文献,包括多媒体和图像资料等,具体到导航的内容,则视导航学科的不同而有所差别,主要包括:

教育科研机构(包括院校及其他相关教育科研单位,当前的研究情况,主要学者、教授简况等);

其他相关机构信息介绍(包括学会、行业协会、专业组织、非营利性组织等);

相关电子期刊及其他电子出版物等(包括专业的电子词典、专业软件等);

本学科下属的各分支学科的学术资源导航(包括各分支学科的学术站点、电子出版物、教育科研机构及相关专业组织、相关链接等);

本学科相关的国际会议预告;

本学科、行业的相关标准、规范、协议等;

本学科相关的主要新产品与市场;

本学科相关的新成果、新近创造与发明、专利等;

其他相关信息(包括相关链接、学术新闻、网上学术论坛等)。

2.4 国内外网络学术资源导航系统介绍

网络学术资源导航的成果中有独立的、单独为一个学科建立的导航网站,也有大型的、综合了多个学科的导航库或导航系统;有由某一文献资源服务单位、学术研究单位或商业单位独立完成的,也有由某一机构发起并由多个单位共同参与的。下面将挑选有代表性的一些导航网站或项目分别加以介绍。

2.4.1 网络公共图书馆(Internet Public Library)

Internet Public Library 由美国加州图书馆的 LII 导航系统和美国密歇根大学 IPL 导航系统组成。

LII 即著名的 Librarian's Index to the Internet，是国外最早的网络学术资源导航之一，是由美国加州图书馆创建并由伯克利数字图书馆 SunSITE 维护的。LII 的内容非常丰富，包括艺术人文、商业金融、政治法律、教育、新闻媒体、区域研究、社会学专题、体育等共 14 个大类上百个子类的学科导航。LII 收集的站点都经过严格的选择，每个站点在进入 LII 数据库之前都被评估至少 2 遍，有的甚至 3 遍，4 遍，定期对变化的链接和死链接进行修改，保证库里的死链接不超过 100 个。该站点对外的标语是"用户可靠的信息(Information You Can Trust)"。

Internet Public Library(IPL)由美国密歇根大学所建置，是一个完全由图书情报学院的学生创建、发展及维护的数字图书馆，提供丰富网络资源的连结服务，是广受好评的指南网站。除各类分类指南外，同时针对儿童与青少年需求，建置专属网页。

在 2010 年，Internet Public Library (IPL)和 Librarians' Internet Index (LII)整合到一起，更名为 ipl2(参见图 10-6)，收录各地区图书馆的资源成为网络能阅读的资料，强调其每一份资料都是经过审慎选择、归类并加以解说。截止到 2011 年，ipl2 已经收录了上万个面向教师、学生、科研人员服务的网站，主题依内容分为艺术与人文、商业与经济、计算机与网络、教育、科学、社会科学等 10 个大类，另外还有一个 Reference 大类，总共 11 个大类，每类再细分若干细目。每一个信息主题下都有一段简短清楚的解释，并完整列出这个信息的地址及相关信息。可利用查寻及浏览功能查寻所需资源。除此之外，还提供线上参考咨询中心，使用者可利用电子邮件咨询问题。

网址：http://www.ipl.org/

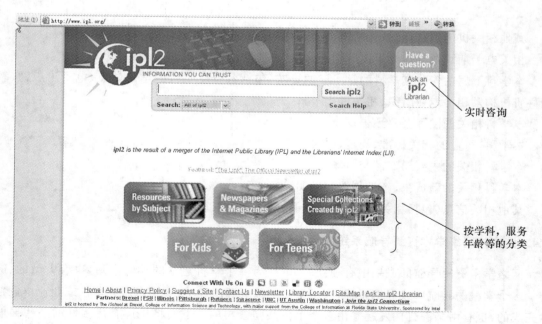

图 10-6　ipl2 首页

2.4.2 INFOMINE 网络学术资源（INFOMINE Scholarly Internet Resource Collections）

INFOMINE 网络学术资源网站是为大学教师、学生和研究人员建立的网络学术资源虚拟图书馆（参见图 10-7）。它建于 1994 年，最初由加州大学图书馆创建，目前的合作伙伴已包括加州所有院校，以及斯坦福等著名学府。它拥有电子期刊、电子图书、公告栏、邮件列表、图书馆在线目录、研究人员人名录以及其他类型的信息资源，目前 INFOMINE 包含的链接超过 10 万多个。INFOMINE 对所有用户免费开放，但是它提供的资源站点并不都是免费的，能否免费使用，取决于用户所在的图书馆是否拥有该资源的使用权。

网址：http://infomine.ucr.edu/

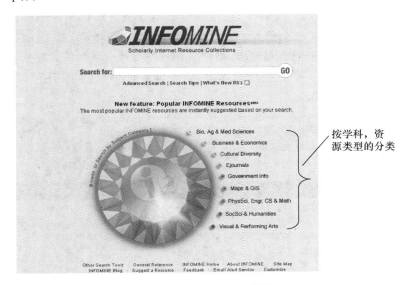

图 10-7　INFOMINE 首页

INFORMIN 收录范围及内容：

（1）生物、农业和医学数据库：覆盖了生命、农业和医学的大部分领域，着重于基础理论和相关的应用研究。

（2）商业和经济数据库：覆盖了商业和经济的大部分领域。

（3）多样性文化及种族资源数据库：覆盖美国的多样性文化和种族资源领域，关于文化、文学、社会、经济和人口统计学的许多资源均包括在内。

（4）电子期刊：包括大量学术性和研究性的免费或付费期刊。

（5）政府信息数据库：包括美国联邦、州、地方政府和国际组织的信息资源。

（6）地图和地理信息系统（GIS）数据库：包括各种类型的地图、地图设计、GIS 及 GIS 相关软件、硬件、遥感技术、人造卫星和雷达、航空摄影等。

（7）物理、工程、计算机和数学数据库：覆盖了物理、工程、计算机和数学领域的大部分学科，包括基础科学和应用科学。气候学（气象变化信息）、古生物学和环境科学中与物理学相关的部分也包括在内。

（8）社会学和人类学：覆盖大部分相关学科，与图书馆学、文学相关的资源也包括在内。

（9）视觉艺术和表演艺术数据库：包括所有的视觉艺术（含建筑学）以及表演艺术，包括音乐、戏剧、电影、博物馆、区域性文化等。

2.4.3 Intute 网络学术资源

Intute 是给教育和科研人员提供高质量的网络资源的学科信息门户系统,由英国伯明翰大学、布里斯托尔大学、赫瑞瓦特大学、曼彻斯特大学、曼彻斯特城市大学、诺丁汉大学、牛津大学等 7 所大学共同建设。Intute 的前身为 RDN(Resource-Diseove Network),是 1999 年在英国联合信息系统委员会——JISC 的资助下,由 Altis、Axtifact、BloME、EEVL、GEsouree、Humbul、pSlgate 和 SoSIG 这 8 个学科信息门户共同组建的资源发现网。2006 年,RDN 将所有的子门户都集合在一个界面下,命名为 Intute,这个链接介绍了数千个学术网站的学科信息门户,包括科学与技术、艺术与人文科学、社会科学和健康及自然科学四个部分,涉及农林科学、建筑、生物科学、商业管理、通信传媒、艺术、教育、工程、地理环境、人文、法律、数学和计算科学、药学、语言学、区域学、护理学和健康、物理学、心理学、社会科学等几乎所有的学科领域,用户不仅可以通过 Intute 这一平台进行跨库检索,查询各种信息,而且还可以利用免费的网上课程进行学习(参见图 10-8)。

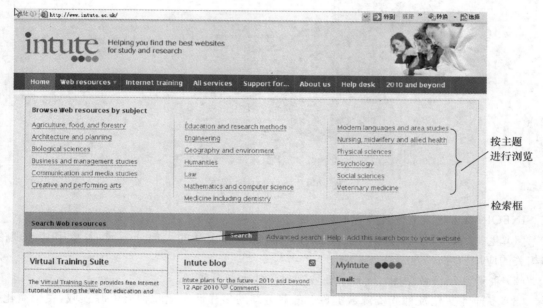

图 10-8 intute 首页

遗憾的是,2011 年 7 月,因为财政原因,Intute 网站不得不停止更新,但原有的数据仍可以访问并使用。

网址:http://www.intute.ac.uk/

2.4.4 BUBL LINK 导航

BUBL LINK 原名为 Bulletin Board for Libraries,创建于 1990 年,是英国 Strathclyde 大学建立的(参见图 10-9)。BUBL 最初的服务范围仅仅局限于图书情报领域,但随着其服务范围的扩大,用户数量的增加,BUBL 逐步发展成为一个综合性学科信息门户。其名称也由原来的 BUBL 改为现在的 BUBL LINK (Bulletin Board for Libraries, Libraries of Networked Knowledge)。BUBL LINK 采用杜威(Dewey)十进分类法分类,并以美国国会图书馆标题做主题分类,使用者可以以主题分类和杜威十进分类方式,逐层浏览,也可以用作者、标题、杜威分类号等查询,其收录的学科领域包括人类学、心理学、哲学、化学、艺术、语言学、历史和地理等上百种学科,约数千个学术网站。每个网站提供简短网站介绍。

2011年4月,BUBL LINK网站发表声明,网站内容不再更新,但原有数据仍可继续使用。

网址:http://bubl.ac.uk/

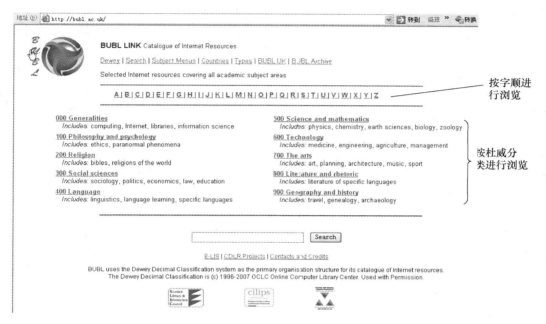

图 10-9 BUBL LINK 首页

2.4.5 CALIS重点学科导航库

CALIS重点学科导航库是"211工程"立项高校图书馆共建项目。其目的是建立基于网络的学术资源导航库,收集整理有关重点学科的 网络资源为这些已立项高校重点学科服务,让在重点学科领域的师生,以较快的速度了解本领域科技前沿研究动向和国际发展趋势。该数据库由上海交通大学、西安交通大学先后负责,共有48个图书馆参加该项目共建,目前已完成213个重点学科导航库建设,共收录了6万多个较重要的学术网站。

网址:http://202.117.24.168/

第三节 开放获取资源(OA)

3.1 开放获取资源概述

开放获取(Open Access,OA)于20世纪90年代末在国际学术界、出版界和图书情报界兴起。按照布达佩斯开放存取先导计划(Budapest Open Access Initiative,BOAI,http://www.soros.org/openaccess)中的定义,OA是指某文献在Internet公共领域里可以被免费获取,允许任何用户阅读、下载、复制、传递、打印、检索、超级链接该文献,并为之建立索引,用作软件的输入数据或其他任何合法用途。用户在使用该文献时不受财力、法律或技术的限制,而只需在存取时保持文献的完整性,对其复制和传递的唯一限制、或者说版权的唯一作用是使作者有权控制其作品的完整性及作品被准确接受和引用。

根据美国研究图书馆学会(Association of Research Libraries)的调查,自 1986 年至 2002 年,美国的研究图书馆期刊经费增加了 227%,但是订购的期刊种数却只增加 9%,购买图书的种数则下降 5%。如此可预见,面对期刊订费的高涨,即使图书馆经费维持目前的年平均成长,未来势必难以继续维持研究所需资源,图书馆供应学术研究的资源将相对减少,进而影响到教学科研人员对学术资源的获取,以及教学与研究的质量。在这种情况下,OA 应运而生。

与基于订阅的传统出版模式不同,OA 出版是一种学术信息共享的自由理念和出版机制,是一种新的学术信息交流的方法,作者提交作品不期望得到直接的金钱回报,而是为了使公众可以在公共网络上利用这些作品。在这种出版模式下,学术成果可以无障碍地进行传播,任何研究人员可以在任何地点和任何时间,不受经济状况的影响,平等地获取和使用学术成果。OA 是国际科技界、学术界、出版界、信息传播界为推动科研成果利用因特网自由传播而发起的运动,以此促进科学信息的广泛传播,促进学术信息的交流与出版,提升科学研究的公共利用程度,保障科学信息的长期保存。

OA 的特征是:

(1) 投稿方便,出版快捷:以 OA 方式出版研究成果,科学家与学者将可以提升研究领域的进步及专业生涯的发展。

(2) 出版费用低廉:OA 去除了价格与使用的限制,让研究成果更容易被使用,兼顾了作者的权益与所有潜在读者的利益。

(3) 便于传送或刊载大量的数据信息,带来了史无前例的公众利益,尤其表现在同行评审的期刊文献可在线免费取用。

(4) 检索方便,具备广泛的读者群和显示度。其传播方式可以扩大读者群,扩大知识的分享范围,以及促进研究的进行。OA 的典藏与期刊文献都是实用且合法的。目前在世界各地的实施都证明了 OA 可以超越传统的订购导向的期刊而服务整个科学及学术领域。

目前 OA 出版最为主要的实现途径则是开放获取期刊(Open Access Journal)和开放获取机构库(Open Access Repositories)两种类型,所谓开放获取期刊,是指任何经过同行评审,以免费的方式提供读者或机构取用、下载、复制、打印、分享、发行或检索的电子期刊。开放获取机构库则是收集、存放由某一个或多个机构或个人产生的知识资源和学术信息资源,可供社会共享的信息资源库,创建者可以独立地或联合其他创建者组成联盟一起创建开放获取机构库。

开放获取作为一种新型的学术交流理念和机制,这些年来得到了长足的发展,开放获取的信息资源类型已经从最开始的学术期刊发展到电子印本(e-print)、电子图书、学位论文、会议论文、研究报告、专利、标准、多媒体、数据集、工作论文、课程与学习资料等。

3.2 开放获取期刊

如前所述,开放获取期刊作为一种新型的、免费的学术电子期刊,发展至今涵盖了几乎全部的学科领域,期刊数量达万种。在部分学科,开放获取期刊的学术价值逐渐为科研人员所承认并开始得到传统的文摘索引工具(参考数据库)的认可与收录。下面介绍一些开放获取期刊的平台。

3.2.1 开放获取期刊目录(DOAJ)

3.2.1.1 DOAJ 简介

《开放获取期刊目录》(*Directory of Open Access Journals*,DOAJ)是由瑞典 Lund 大学图书馆(Lund University Libraries)、学术出版和学术资源联盟(The Scholarly Publishing and Academic Resources Coalition,SPARC)联合创建。它设立于 2003 年 5 月,最初仅收录 350 种期刊,截至 2011 年,DOAJ 共收录 7 000 多种期刊,其中接近 50％的期刊可以检索到文章级别,文章总量接近 70 万篇,其中还包含一部分中文论文。该系统收录的均为学术性、研究性期刊,一般都是经过同行评审,或者有编辑做质量控制的期刊,具有免费、全文、高质量的特点,对学术研究有很高的参考价值。

DOAJ 将所收录期刊按学科进行划分,一级学科包括农业及食品科学、艺术及建筑学、生物及生命科学、经济学、化学、地球及环境科学、综合、健康科学、历史及考古学、语言及文学、法律及政治学、数学及统计学、哲学及宗教学、物理及天文学、一般科学、社会科学、工程学等 17 个学科。一级学科下面划分有 71 个二级学科。

网址:http://www.doaj.org

3.2.1.2 DOAJ 检索方法

(1) 查找期刊。

DOAJ 通过 3 种方式来查找期刊,一是通过刊名字顺进行浏览(Browse by title),二是通过学科进行浏览(Browse by subject),三是通过检索来查找期刊(参见图 10-10)。

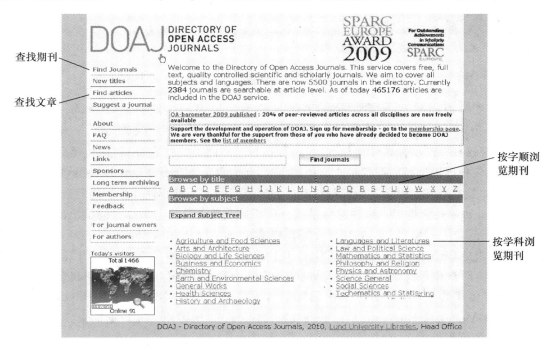

图 10-10 DOAJ 首页及其期刊检索

如图 10-11 所示,在 DOAJ 中检索期刊,有些期刊标有 DOAJ Content ,这个图标表示该刊能实现文章级别的检索。

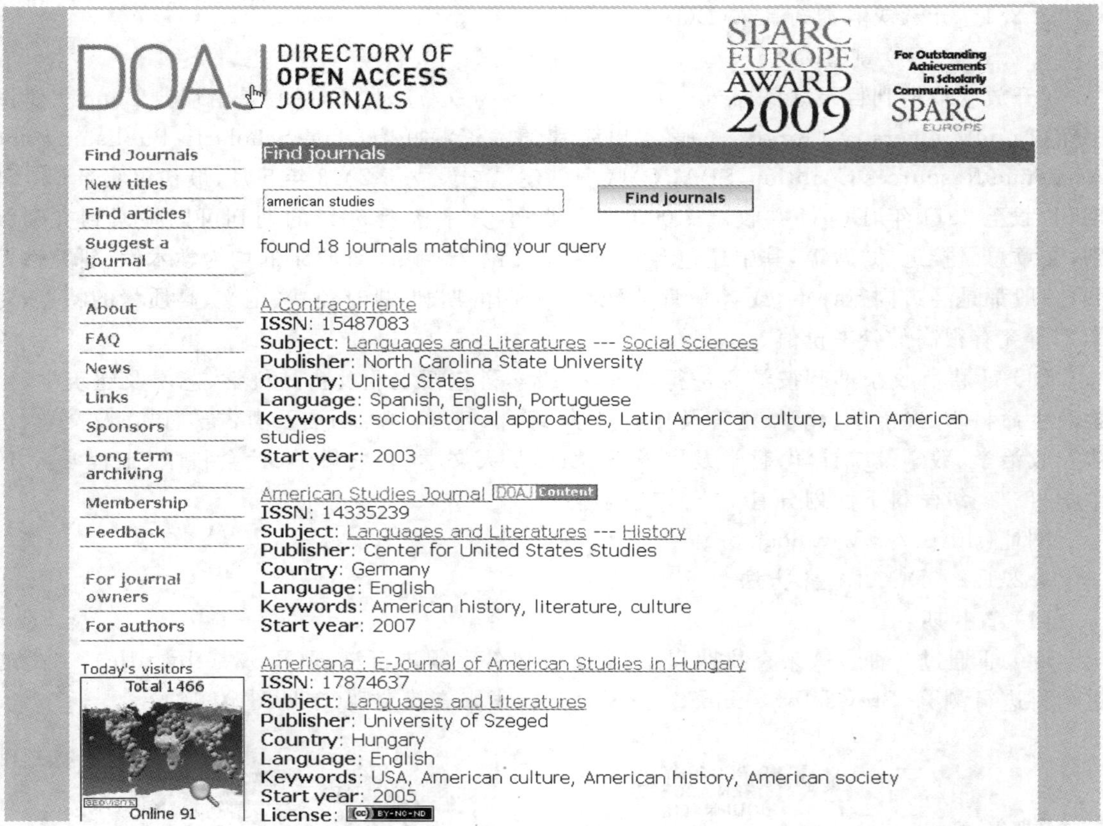

图 10-11 DOAJ 期刊检索结果列表

还有一部分期刊配有 [CC BY] 图标,这样的图标表示该期刊遵守"知识共享协议"(Creative Commons,CC)。所谓知识共享协议,即不同于传统的著作权方式——作者不得不在"保留所有权利"或"不保留任何权利"中进行选择——而是使作者可以"保留部分权利",根据协议提供多种可供选择的授权形式及条款组合,作者可与大众分享创作,既授予其他人再散布的权利(如复制),又能保留其他某些权利(如必须标注姓名、禁止商业性运作等)。

目前 CC 协议在全世界有多种组合模式,SPARC 欧洲联盟与 DOAJ 共同推出的开放存取期刊标准即是其中一种。因此,在图标 [CC BY] 后面的"SPARC Europe"则表示,该期刊遵守的 CC 协议是 SPARC 欧洲联盟与 DOAJ 共同推出的开放存取期刊标准,该标准的的主要内容是:作者同意在开放获取期刊上发表文章;期刊内容长期保存在 DOAJ;期刊向 DOAJ 提供它们所有文章的元数据。DOAJ 使元数据结构符合 OAI 协议(Open Archives Initiative Protocol for Metadata Harvesting,元数据收割协议)要求,这样便于元数据的聚合与共享,可以提高文章的可见性。

(2)查找论文。

单击 DOAJ 页面上的"Find articles",就能进行文章查询了,目前 DOAJ 中有将近 50%的期刊能检索到文章级别。

3.2.1.3 DOAJ 检索技术

(1) 布尔逻辑算符

DOAJ 的检索技术相对简单,没有截词、位置算符等。如果在检索框中如果输入超过一个单词,则将输入的词作为一个词组进行检索,如输入"digital library"在文章题名中进行检索,会将 digital library 作为一个完整的词组来检索。DOAJ 也可以用布尔逻辑 AND、OR、NOT 对输入的词进行逻辑组配,但是不能在一个检索框中使用算符,而是在不同检索框之间进行选择,如果自己在一个检索框中输入 AND,如输入 digital AND library,依然将这 3 个单词作为一个词组进行检索,有可能就检索不到结果,如图 10-12 所示。

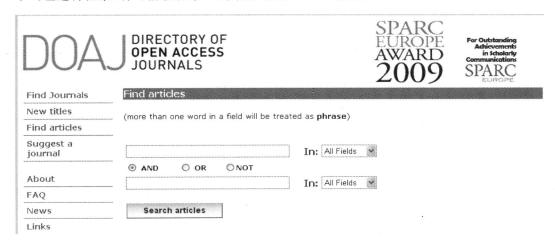

图 10-12　DOAJ 文章检索

(2) 检索字段

DOAJ 对每一种期刊都有描述信息,字段包括刊名、ISSN、EISSN、学科、出版商、国家、语种、关键词(主要是对期刊主题的描述)、期刊收录文章的全文起始年。这些字段中,除了学科和起始年不是检索点以外,其他字段均可以进行检索。

DOAJ 对于文章检索级别能够限定的字段为:文章题名、期刊题名、ISSN、作者、关键词、文摘。

3.2.1.4 DOAJ 检索结果

DOAJ 对检索结果只有 2 种处理方式,一种是使用 View record 看到记录的详细格式,另一种是使用 Fulltext 到来源网址的全文链接页面阅读全文。

3.2.2 开放期刊门户(Open J-Gate)

Open J-Gate 由 Informatics (India) Ltd 公司于 2006 年创建并开始提供服务。其主要目的是保障读者免费和不受限制地获取学术及研究领域的期刊和相关文献。其首页如图 10-13 所示。

Open J-Gate 资源特色和检索方式为:

(1) 拥有大量的电子期刊:截止到 2011 年,Open J-Gate 收集了全球 9 490 种期刊,包含学校、研究机构和行业期刊。其中 6 363 种学术期刊是同行评审刊(Peer-Reviewed)。目前该网站有超过一百万的全文,并且每年以 30 万的速度增长。

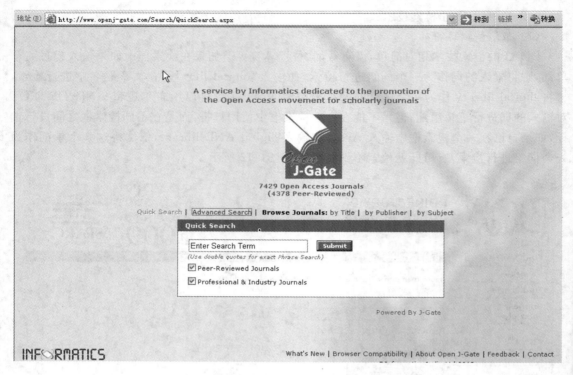

图 10-13　Open J-Gate 首页

（2）更新及时：Open J-Gate 每日更新，全文的链接通常是有效的。

（3）期刊分类清晰：所有的期刊都按照三种方式进行分类，一是按照期刊题名，二是按照出版社，三是按照期刊的主题进行分类。

（4）提供期刊"目录"浏览：用户通过该浏览，可以了解相应期刊的内容信息。

（5）检索功能强大，使用便捷：Open J-Gate 提供快速检索（Quick Search），高级检索（Advanced Search），在不同的检索方式下，用户可通过刊名、作者、摘要、关键字、地址/机构等进行检索。

网址：http://www.openj-gate.com/

3.2.3　日本科技信息集成门户（J-STAGE）

3.2.3.1　J-STAGE 简介

《日本科技信息集成门户》（*Japan Science and Technology Information Aggregator, Electronic*，J-STAGE）由日本科学技术振兴机构（Japan Science and Technology Agency，JST）在 1999 年 10 月创建的学术期刊网络平台，收录了日本各科技学会出版的文献（文献多为英文，少数为日文），截止到 2012 年，该平台有 1 600 多种期刊、200 多万篇论文、128 种会议论文、10 份报告和 42 份日本科技报告（JST 报告）。收录的学科有数学、通信与信息科学、综合、物理、自动化、化学与化工、地质、农业、地理、环境科学、电子及生物等。

网址：http://www.jstage.jst.go.jp/browse/

J-STAGE 之首页如图 10-14 所示。

第十章 网上免费学术资源的利用

图 10-14　J-STAGE 首页

3.2.3.2　J-STAGE 检索方法

(1) 查找期刊及其他出版物。

检索：首页的"Search Titles"检索框就是期刊及其他出版物的检索入口，可对出版物名称进行检索。

浏览：可按照期刊名称首字母浏览期刊；可按照会议录、报告、JST 报告浏览对应出版物类型；也可按照学科领域(subject areas)浏览期刊、会议录和报告；可按照出版机构浏览，还可以浏览 NII(日本国立情報研究所)的学术会议论文。

(2) 查找论文。

首页的"Search Articles"属于基本检索，基本检索有作者和关键词检索途径(至少一个检索框不为空)。

高级检索(advanced)：提供文章出版年限、出版物名称、文章标题、关键词、文摘和全文多个检索途径；具备出版物类型(期刊、会议录、报告)、语种、同行评审刊、学科范围等检索限定；支持布尔逻辑(AND、OR)检索、截词检索(﹡)。英文检索界面只能输入英文检索词检索，日文界面可输入英文或日文检索词检索。

3.2.4　科学在线图书馆(SciELO)

《科学在线图书馆》(*the Scientific Electronic Library Online*, SciELO)1997 年创立于巴西，是国际上重要的 OA 运动国际倡议者和实践者之一。最初是由巴西的 10 种期刊的编辑发起的，他们的初衷是想找到一种期刊全文上网的方法，提高他们出版的科技期刊的国际显示度和可获得性，使作为发展中国家和非英语国家的巴西的科研成果不再成为"消失的科学"。1998 年，SciELO 巴西网站(SciELO Brazil)和智利网站(SciELO Chile)相继建成并向公众开放。此后，加勒比海国家、西班牙和葡萄牙等国家相继加入 SciELO。目前，SciELO 成为拉丁美洲、加勒比海及伊比利亚等多国参与的一种国际合作型科技期刊 OA 网络平台,其收录的期刊覆盖了农业、植物学、动物学、医学等多个领域。

截至 2011 年,SciELO 网络平台上显示共有 OA 期刊约 900 种、2.3 万多期、35 多万篇文章、引文 700 多万条。

网址:http://www.scielo.org/php/index.php? lang=en

3.2.5 HighWire 出版社 OA 期刊(HighWire Press)

HighWire Press 是全球最大的提供免费全文的学术文献出版机构,于 1995 年由美国斯坦福大学图书馆创立。最初仅出版著名的周刊"Journal of Biological Chemistry",后来发展到生物学、医学、人文、社会科学、物理学等多个学科,到 2011 年,已出版有约 1 600 种期刊,文章总数已接近 700 万篇,其中超过 220 万篇文章可免费获得全文;这些数据仍在不断增加。

HighWire 出版社的文献提供三种免费方式:Free Issues、Free Site 及 Free Trial,其中 Free Issues 表示在某个时间之前的所有文献全文均为免费的;Free Site 则是可以完全免费获取全文的网站;Free Trial 表示在试用期间,所有文献可免费使用。

网址:http://highwire.stanford.edu/

3.2.6 生物医学中心 OA 期刊(BioMed Central)

BioMed Central(以下简称 BMC)是生物医学领域的一家独立的新型出版社,以出版网络版期刊为主,目前出版 200 多种生物学和医学领域的期刊,少量期刊同时出版印刷版。主题涵盖生命科学领域主题,包括生物化学、微生物学、遗传学、免疫学、毒物学以及最新之生物工程学、化学接受器研究、基因疗法和免疫毒理学等。BMC 出版社基于"开放地获取研究成果可以使科学进程更加快捷有效"的理念,坚持在 BMC 网站免费为读者提供信息服务,其出版的网络版期刊可供世界各国的读者免费检索、阅读和下载全文。

网址:http://www.biomedcentral.net.cn/

3.2.7 美国国家航空和宇航局电子期刊网站(ADS)

美国国家航空和宇航局电子期刊网站(SAO/NASA Astrophysics Data System,ADS)由美国国家航空和宇航局(NASA)支持的史密森天体物理天文台(设在哈佛大学)维护,系提供免费学术论文全文的站点,主要的学科内容为物理学、天文学和天体物理学,提供了约 3 000 种期刊的文摘,共有 910 万条记录,部分期刊提供免费全文。

网址:http://adswww.harvard.edu/

3.2.8 中国科技论文在线

《中国科技论文在线》是经教育部批准,由教育部科技发展中心主办,针对科研人员普遍反映的论文发表困难,学术交流渠道窄,不利于科研成果快速、高效地转化为现实生产力等状况而创建的科技论文网站。该数据库利用现代信息技术手段,打破传统出版物的概念,免去传统的评审、修改、编辑、印刷等程序,给科研人员提供一个方便、快捷的交流平台,提供及时发表成果和新观点的有效渠道,从而使新成果得到及时推广,科研创新思想得到及时交流。根据文责自负的原则,只要作者所投论文遵守国家相关法律,为学术范围内的讨论,有一定学术水平,且符合中国科技论文在线的基本投稿要求,可在一周内发表。

截止到 2012 年,在"中国科技论文在线"网站首发的科技论文已逾 6 万篇。

网址:http://www.paper.edu.cn/

《中国科技论文在线》的检索分为基本检索和高级检索。基本检索可根据所知信息输入检索词,按题目、关键字、作者和摘要在全库、在线发表论文库和优秀学者论文库中进行检索。同时为了适当的限制检索范围,要求对检索的论文进行时间指定。高级检索是在基本检索的基础上增加了逻辑组配功能。中国科技论文在线还提供丰富的浏览模式。可按照首发论文、同行评议、首发精品、优秀学者、名家推荐、学者自荐、科技期刊、博士论坛、专题论文、热度视界、多维论文等类别浏览论文。比较有特色的是同行评议的论文可以看到学科专家的评语。

3.3 开放获取机构库

因特网上的开放获取机构库非常丰富,此外,还有专门作为支持数字化学习而创建的教学机构库,这类数据库提供存储与共享教学信息资源。下面仅仅列举几个典型的开放获取机构库。

3.3.1 麻省理工学院机构库(MIT DSpace)

DSpace 系统是由美国麻省理工学院图书馆(MIT Libraries)和美国惠普公司实验室合作开发并于 2002 年 10 月开始投入使用的,以内容管理发布为设计目标,遵循 BSD(Berkely Software Distribution)协议的开放源代码数字存储系统。该系统可以收集、存储、索引、保存和重新发布任何数字格式、层次结构的永久标识符研究数据。麻省理工学院机构仓储用 DSpace 构建,用来获取、传播和保存该校教师和研究人员的知识成果,包括开放获取论文、学位论文等,并以科研社区(communities)为基础设计设计用户界面,方便用户访问整个机构的数字化知识成果。

网址:http://dspace.mit.edu/

3.3.2 南安普顿大学机构库(University of Southampton Institutional Research Repository)

e-Prints Soton 南安普顿大学机构库是英国南安普顿大学 TARDis 项目的成果,该项目受到英国联合信息系统委员会(JISC)的资助,目的是促进学术成果的存储与发表。e-Prints Soton 目前收有自 20 世纪 70 年代以来该校科研人员撰写的学术文献,并不断有新的内容加入。

浏览方式有按主题分类(by subjects)、按机构(by school and research group)、按发表或提交年度(by year)和最新内容(view latest additions)等浏览。提供 RSS 订阅服务。检索方式包括基本检索和高级检索(full search form),检索字段有作者名、题名、发表/提交时间、关键词、文摘等。

网址:http://eprints.soton.ac.uk/

3.3.3 厦门大学学术典藏库

厦门大学学术典藏库主要是用来存储厦门大学教学和科研人员的具有较高学术价值的学术著作、期刊论文、工作文稿、会议论文、科研数据资料以及重要学术活动的演示文稿等。可以用来长期保存厦门大学的学术成果;方便校内外及国内外同行学者之间的学术交流、评议、知识共享等;展示厦门大学学术成果,加快学术传播,提高学术声誉;促进电子出版(e-Publishing)和开放获取运动。

网址:http://dspace.xmu.edu.cn/

3.3.4 香港科技大学机构库

香港科技大学机构库是由香港科技大学图书馆用 Dspace 软件开发的一个数字化学术成果存储与交流知识库,收有由该校教学科研人员和博士生提交的论文(包括已发表和待发表的)、会议论文、预印本、博士学位论文、研究与技术报告、工作论文和演示稿全文等。

网址:http://repository.ust.hk/dspace/

3.4 电子预印本

电子预印本是指科研工作者的研究成果还未在正式出版物上发表,而出于和同行交流目的自愿通过互联网等方式传播的科研论文、科技报告等文献。与预印本同类的文献有:工作论文(working papers,research papers)、电子印本(e-prints)、科技报告(technical reports,technical notes)等。与刊物发表的论文相比,预印本具有交流速度快、利于学术争鸣等特点。

3.4.1 arXiv.org 电子预印本

arXiv.org 是由美国国家科学基金会和美国能源部资助,在美国洛斯阿拉莫斯(Los Alamos)国家实验室建立的电子预印本文献库,始建于 1991 年 8 月,由 Ginsparg 博士发起,旨在促进科学研究成果的交流与共享。2001 年后转由康奈尔大学(Cornell University)进行维护和管理。arXiv 是最早的预印本库,目前在世界各地有 17 个镜像站点。截止到 2012 年,arXiv.org 已经发布涉及物理学、数学、计算机科学和定量生物学方面的学术论文 70 多万篇,每年增加几万篇。在物理学的某些领域,它们早已替代传统的研究期刊。

arXiv.org 有检索和浏览功能,全文文献有多种格式(例如 PS、PDF、DVI 等),需要安装相应的全文浏览器才能阅读。还提供 RSS feeds 订阅最新文章。

网址:美国主站点,http://arxiv.org/

中科院理论物理所镜像站点,http://cn.arxiv.org/

3.4.2 中国预印本服务系统

中国预印本服务系统是由中国科学技术信息研究所与国家科技图书文献中心联合建设的以提供预印本文献资源服务为主要目的的实时学术交流系统,是国家科学技术部科技条件基础平台项目的研究成果。该系统由国内预印本服务子系统和国外预印本门户(SINDAP)子系统构成。

国内预印本服务子系统主要收藏的是国内科技工作者自由提交的预印本文章,可以实现二次文献检索、浏览全文、发表评论等功能。

国外预印本门户(SINDAP)子系统是由中国科学技术信息研究所与丹麦技术知识中心合作开发完成的,它实现了全球预印本文献资源的一站式检索。通过 SINDAP 子系统,用户只需输入检索式一次即可对全球知名的 16 个预印本系统进行检索,并可获得相应系统提供的预印本全文。目前,SINDAP 子系统含有预印本二次文献记录约 80 万条。

网址:http://prep.istic.ac.cn/或者 http://www.nstl.gov.cn/preprint

3.5 其他免费资源

3.5.1 古登堡项目(Project Gutenberg)

Project Gutenberg 由 Michael Hart 于 1971 年启动,是网络上第一家、并且是最大的公益性数字图书馆,其首页如图 10-15 所示。它致力于尽可能多的,以自由的和电子化的形式,提供版权过期的书籍,项目全部依靠志愿者的劳动和捐款来维持和发展。它收集的所有书籍都向所有人免费提供。截止到 2011 年,藏书数量已经达到了 3.6 万本,用户也可以把下载的书方便放到 iPad、Kindle、Nook、Sony Reader、iPhone、iPod Touch、Android 或者其他版本的手机上。

网址:http://www.gutenberg.org/

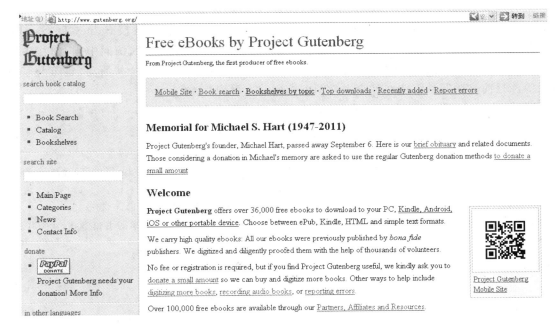

图 10-15　Project Gutenberg 首页

3.5.2　高校图书馆特藏资源

高校图书馆特藏资源是指该机构收藏的、具有机构特色、内容上具备相对唯一性的文献信息资源,通常设有专门的机构进行管理和规划。过去,图书馆特藏一般指的是善本古籍,但近些年来,传统的特藏概念被扩大了,特藏种类从传统的古籍善本到博硕士论文,从学校各系各科的历届考试题到教职员工论著,从手稿到地图,从照片、缩微品到专题电子数据库,应有尽有。点开各个高校的图书馆主页,大部分都能找到他们的特藏链接,而且有一些是开放使用的,本节仅以几个能免费使用的特藏资源为例。

3.5.2.1　祕籍琳琅——北京大学数字图书馆古文献资源库

《秘籍琳琅——北京大学数字图书馆古文献资源库》收罗了北京大学图书馆馆藏善本古籍、普通古籍、舆图、金石拓片等多种古文献资源,一般匿名用户可以查看古籍书目记录的简要和详细显示结果、拓片书目记录的简要显示结果以及各类型文献相应图像的缩略图;有权限的用户可以查看书目记录的详细显示结果和高精度图像,并执行打印、下载等系统设置的所有功能。

网址:http://rbdl.calis.edu.cn/index.jsp

3.5.2.2　哈佛大学图书馆可视化资源目录(VIA)

哈佛大学图书馆可视化资源目录(The Visual Information Access,VIA)检索系统是哈佛可视资源的一个公共联合目录,重点集中在艺术和文化方面的记录和图片资料。VIA 是面向公众开放的,用户可以免费看到记录和缩略图。而高分辨率的图像一般只有哈佛大学的用户才能访问,或者取决于该资料的版权。

网址:http://via.lib.harvard.edu/via/

3.5.2.3 甘博照片数字库(Sydney Gamble Photographs)

《甘博照片数字库》(*Sydney Gamble Photographs*)是美国社会学教授 Sidney D. Gamble (西德尼·D·甘博)捐赠建立的。甘博曾在 1908—1932 年间,先后 4 次访问中国,前往中国各地收集社会经济数据,并用他的相机记录了当时的城市和农村生活、公共活动、建筑及宗教雕像等。目前这些照片都能在杜克大学图书馆网站上看到。

网址:http://library.duke.edu/digitalcollections/gamble/

参 考 文 献

1. 李武,刘兹恒. 一种全新的学术出版模式:开放存取出版模式探析. 中国图书馆学报,2004(6),p.66—69.
2. 刘瑞瑞. 我国学科信息门户建设的研究. 河北大学,硕士论文,2006.
3. 程维红,任胜利. 国外科技期刊开放存取网络平台. 中国科技期刊研究,2009,20(1),p.36—43.
4. 张红扬. 扬文化传统 彰显个性特色——试论近年来高校图书馆特藏的发展. 大学图书馆学报,2007(2),p.83—87.

第十一章 数字信息资源的综合利用

第一节 利用数字资源进行课题查询的方法和步骤

一般来说,大学教育是从事专业性课题研究的开始。在进行科研活动时,一方面要借鉴前人和同行的研究成果,或解决问题,或在此基础上有所创新;另一方面要避免课题的重复研究,浪费无谓的精力和时间。文献及其他形式的信息资料是科学研究成果的载体,查询、了解、搜集特定的信息资料对于科学研究具有举足轻重的意义,并在研究活动中占用相当的时间和精力。在当今信息量激增、信息载体形式多样化的发展趋势下,信息资料的含义和范围也在日益延伸和扩大,这给用户查询和搜集资料既带来了方便,也带来了困难。

无论是为课题研究寻找答案,还是为学术论文写作积累资料,都涉及到一个怎样运用科学的方法进行课题查询、怎样搜集和运用资料的问题。掌握信息检索的知识,特别是运用现代化的技术手段,利用丰富的数字化的信息资源,借助于有效的资料检索方法,便可以以最少的时间和精力获得最有用的资料,起到事半功倍的效果。具体地说,能够有效地利用现有的资源,熟悉各种检索方法和重要工具,进而具备检索信息、评估信息、组织信息及运用信息的能力,同时依照学术论文的格式撰写报告,是一个大学生进行独立学习及研究的重要能力与信息素养。

课题查询是课题研究及论文写作的第一步。为获得满足研究需要的结果,查询一般要分五个步骤进行,即:① 课题分析和研究;② 选择检索资源,确定检索范围;③ 确定检索策略,选择检索方法;④ 评估检索结果,优化检索策略;⑤ 搜集、整理、评价和获取文献。课题有大有小,有深有浅,因此检索的难度和耗费的精力以及时间也不一样,上述步骤为比较系统地进行课题查询的过程。不同的课题需要获得的信息类型和信息量都不一样,运用的研究策略也有不同,用户可以在实践中灵活使用,其中的步骤也可以根据需要省减,或者循环重复,不断调整。

1.1 课题分析和研究

在进行资料检索之前,必须对检索课题进行分析,明确检索目的,界定主题范围。通常我们可以从课题类型、信息的深度与广度、主题的时效性、资料的数据类型等方面进行分析。

课题的类型主要包括下面几种情况:

(1) 寻找针对具体问题的准确答案,或解决问题,或作为论据和引证。查找事实或数值型信息大多属于此类。

(2) 查找特定文献,根据某一篇文献的线索查找原文;或已知某一作者,查询其所有发表的文章。

(3) 对某一问题做大致的了解,并就问题的一个方面,表述自己的观点撰写小型论文。

(4) 查阅某一专题的前沿和最新资料,了解研究动态、发展趋势。

(5) 对某一课题做全面的调查研究,了解该课题的整个发展过程。全面而细致地了解国内外有关的所有出版物的情况,不仅包括书籍、期刊、报纸、报告、政府出版物,还包括声像、多媒体等新兴的载体形式。年代范围不仅包括现期的资料,也要对过期的资料进行回溯,撰写综述或研究报告。

(6) 对某一课题做深入的专题研究,在充分掌握材料和该领域重要研究成果的基础上,提出创新性的具有一定学术水平的观点或论断,撰写研究报告或学术论文。

在确定了检索课题的类型之后,用户可以在此基础上考虑:该课题需要多少信息?查检信息的广度与深度如何?对时效性有什么要求?对信息资料的数据类型是否有所限定或侧重?

第(1)、(2)种检索课题的类型很简单,只要正确选择了检索工具和参考资源,便可以一步到位查到所需要的信息,很快地达到检索目的。有的课题(如第(3)种类型)可能只需要浏览一些简短的摘要或者参考几篇概论性文章就可以了。有的课题则需要搜罗各种翔实、深入的信息,才能圆满完成。

从主题的时效性讲,第(4)种类型的检索课题,需要最原始、最新颖的第一手资料,需要参考最新的期刊、会议资料、未发表的预印本文献(pre-print);有些课题如第(5)种类型却讲求系统、全面,必须以时间为轴做纵向、深度的考察。

从参考的数字信息资源类型上讲,创新性的课题项目、研究成果或要求较高的学位论文必须保证取材的数量和学术质量达到一定的深度和广度,因此第(6)种类型应着重参考各种学术品质较高的期刊论文、会议论文、研究报告、学位论文、重要专著;而有的课题则可以参考一般的图书、教材、杂志、报纸甚至视听资料。

检索课题分析的另外一项主要任务就是明晰检索的主题内容,提取主题概念,确定中文及相应的英文检索词。同时注意挖掘隐含的主题概念,将表达同一概念的同义词一一列出,并确定主题词之间的逻辑关系。例如查找"计算机"这个概念的信息,也要查询"电脑",而二者之间是逻辑"或"的关系。

1.2 选择检索资源,确定检索范围

在根据课题分析的结果确定了自己的检索目的和欲查找的内容之后,下一步就是选择适用的参考资源作为检索的工具。参考资源选对了,便可以花很少的时间获得丰富有价值的资料;相反,参考资源选得不合适,就如同大海捞针,最后的结果是所获无几。对检索工具的正确选择必须建立在对图书馆可利用资源的全面了解的基础上,同时充分认识各种参考资源的类型、内容、意义和功能。

使用参考资源的原则:

(1) 一般来讲,学科属性是考察参考资源是否适用的首选因素。首先要保证所选择的资源与检索课题的学科一致,其次应考虑所选资源在该学科领域的权威性如何,尽量使用权威性的专业数据库作为检索工具。如:学化学的一定要查 CA、Beilstein/Gmelin(CrossFire 化学资料数据库),学生物的一定离不开 BIOSIS Preview(BP)。

(2) 了解参考资源收编的范围和特色收藏。包括:资源收录的资料跨越的历史年代,覆盖的地理范围,是单语种还是包括多种语言,信息类型是什么,等等。

(3) 参考资源的检索方法和系统功能。

(4) 了解并有效利用检索系统的助检手段和辅助工具,如检索帮助、培训课程等。

课题的检索范围包括时间范围、地理范围、文献形式和资料类型的范围。在实际的检索过

程中,课题检索的范围实际受两个因素的制约,一是检索课题本身提出的要求,二是可利用资源的数量。对于前者,用户可以参照上述的课题类型、检索课题的信息量、深度及时间要求来决定,后者则依赖于图书馆资源建设的状况。

另外,检索的范围与该课题的学科特点也有很大关系,社会人文科学方面的课题受地域因素的制约,在资料的检索范围上也应当有所侧重,如有关中国社会问题的研究应着重参考有关的国内文献。对于科学技术特别是高科技领域如计算机或通信方面的课题,仅仅查阅国内的文献是不够的,必须重点查阅先进国家在该领域的研究文献。

1.3 制定检索策略,选择检索方法

检索策略是指为实现检索目标而制定的检索计划和方案。检索策略的编制,往往要涉及到各方面的知识和技能。例如,是否了解检索系统的特点与功能;是否熟悉所检数据库的结构、标引规则及词表结构;是否掌握了必要的检索方法及检索策略的优化技术;还要对课题的专业知识有深入的了解和分析。

不同的课题,不同的检索目的,有不同的检索方法和策略。在进行检索的过程中,如何有效地制定检索策略呢?以下将就几种常用的检索策略:关键词检索、检索技术、指定字段检索3个方面来讨论。

1.3.1 用关键词检索

关键词(keyword)是最常用的检索策略,可以利用单字或词组找到在书刊名称、篇名和其他检索字段中出现相同单字或词组的资料。在制定检索的策略的时候,用户首先要把头脑中的概念用关键词的形式表达出来。在支持自由关键词的检索系统里,关键词检索等于是在数据中去找所有字段包括正文出现关键词的记录,因此选用的关键词就决定了检索结果的好坏。

用关键词检索要得到满意的结果,必须注意下面几个原则:

(1) 选用涵盖主要主题概念的词汇,要能正确传达研究主题的中心概念。关键词必须能清楚地界定研究主题。

(2) 选用意义明确的词汇,如图书馆利用教育或信息素养,而不要用一般的、共通性的字汇,如"教育"或"信息"之类省略描述的意义太广的概念词。

(3) 选用实质意义的概念词,不要使用过长的词组或短语。检索时,系统是到资料库中去比对用户所输入的字汇,输入的短语或词组愈长,找到完全匹配结果的机率就愈小,因为作者并不见得就刚好用所输入的短语或词组来表达。例如:不要用"课题查询和论文收集资料的方法"来检索,而应该抽取主要概念,去除非实质意义的概念,以"课题查询"和"收集资料"来进行检索。

(4) 选用各学科的专门用语来检索各学科的资料库。当检索专科资料库时,不能用一般性的词或通俗用语来作关键词,此时必须参考资料库里的专门术语。例如用"management"(管理)来查商业、经济管理方面的专门数据库 ABI/INFORM 的话,检索出来的资料肯定会非常庞大的。而在医学数据库 MEDLINE 里查有关肾病的文献,用"kidney desease"(肾疾病)和医学术语"nephropathy"(肾病)检索的结果也是差别很大的。

(5) 确定关键词的检索范围:有些数据库专门设计有关键词字段,使用关键词查询时,系统只检索这个字段;有些数据库的关键词查询的范围是题名,或包括摘要等几个主要字段;这些都会影响检索结果。关键词的检索范围可通过查看"帮助"文件找到答案。

除此之外,用户还可以利用布尔逻辑来组合关键词,以扩大或缩小检索范围。

1.3.2 检索技术

布尔逻辑组合关键词用以扩大或缩小检索范围的技巧,是最常被读者使用的检索方法,同时也是大多数据库都有提供的检索运算方式。常见的运算算符有下面三种:AND、OR、NOT。用若干关键词和逻辑运算符相连接,就可以组成一个完整的检索式,表达一个检索策略。目前比较成熟的检索系统除了保留了命令检索(command search)的检索方式外,更设计了为大多数的读者欢迎的菜单式的检索界面,用户通过例如下拉菜单等方式直接选择,而不必手工键入检索命令和逻辑算符,即可以构造复杂的检索表达式。

位置算符(WITH,NEAR)可以设定检索词之间的邻近关系,其功能与 AND 相似,但比 AND 更精确。其详细用法在第一章及各数据库的使用方法中都有介绍。

有些数据库允许利用截词检索(truncation)来查检结尾不同的字汇,以扩大检索范围。例如,用户只要输入"depress?"或"depress*"就可以一次找到下列这一组字的结果:depress、depressed、depression、depressive 等,大部分的数据库都提供这种检索技巧,但是每个数据库所使用的截词符号都不尽相同,使用时必须参考检索说明或手册。更重要的是要谨慎使用截词,确定所选的字根是最适当的,不确定时应查阅英文字典。试想,如果查检 com? 将会得到什么样的结果?!

有些资料库系统默认词根检索(steming),会自动找出同样字根的字汇。因此查看"帮助"(help),了解数据库的设定的方式,可以帮助构建更有效的检索策略。

1.3.3 指定字段检索

指定字段检索可节省时间,提高文献的查准率。常用的检索字段有:题名(TI)、作者(AU)、出处(SO)、摘要(AB)、出版年(PY)、文献类型(PT)、主题(SU)等。不同类型的数据库系统所包括的字段不尽相同,字段标识也不一样。

如:在 OCLC FirstSearch 系统 MEDLINE 数据库中,检索式"heroin in AB"表示摘要中含有 heroin 的记录;"rat brain in TI"表示题名中含有 rat brain 的记录;"Smith-j in AU"表示作者名为 Smith-J 的记录;"review in PT"表示文献类型为综述的记录。

注意使用标题词检索:题名检索除了具有查找特定文献的便捷功能外,还可以在搜集某一专题资料的时候,提高检索资料的相关性和精确性。这是因为文章的标题往往反映文章中心内容的焦点,符合人们思维习惯的方式。

1.4 评估检索结果,优化检索策略

1.4.1 评估检索结果

在实施检索之后,用户对检索结果有一个大致的浏览,便可以确定初步的检索策略是成功还是失败。对检索结果的评价应该包括五个方面:查全率、查准率、检索时间、检索成本及用户满意度(参见本书第一章),据此观察系统的检中结果:

(1) 记录是否提供你对所研究的课题有全面的认识和了解?
(2) 记录是否涵盖部分或某些部分的研究课题?
(3) 记录是否涵盖你的研究课题所包括的国家或地方的情况?
(4) 记录是否涵盖其他国家或地方的情况?

当用户检查了数据库所显示的记录后,若发现以下三种情况:① 显现太多和研究课题不

相关的记录;② 显现太少和研究课题相关的记录;③ 没有和研究课题相关的记录,则必须重新思考并建立检索命题,对检索策略进行优化,进行缩检或扩检。

1.4.2 检索策略的优化

1.4.2.1 检索的细化

即缩小检索范围,大致有以下几种细化方式:

(1) 主题细化,如:中等教育-教学法,就是在"中等教育"主题下根据不同的次主题细分,使资料更为精确。或者用主题词表、索引词表选择更专指的主题词或关键词。

(2) 通过浏览结果选择更专指的词。

(3) 运用算符 AND、WITH、NEAR、NOT 等加以限制或排除。

(4) 指定字段检索。

(5) 从年代和地理及语言、文献类型上限制。例如:限定检索结果为书本或期刊等,大致会以下面这种形式呈现:美国-历史-连续性出版物;或某个主题在特定地点的资料,如:哲学-德国;或某地的特定主题,如:阿根廷-历史;等等。

1.4.2.2 检索的扩展

即扩大检索范围,大致有以下几种扩展方式:

(1) 对已确定的检索词进行其同义词、同义的相关词、缩写和全称检索,可保证文献的检全率,防止漏检。例:查找有关"计算机"的文献,其检索词也可以是"微机"、"电脑"。查"环境污染"除了输入检索词"环境污染"直接进行查询外,还可从"大气污染"、"水污染"、"化学污染"、"工业污染"等相关方面着手查询。

(2) 利用系统的助检手段和功能,有的系统提供树形词表浏览,使我们可以用规范词、相关词、更广义的上位词进行扩展。有的系统如 Elsevier 的 SciVerse,可以直接提供相关文献查找的功能,只要在检索结果列表中单击"相关文献"按钮(relevant reference),系统便自动搜索与选中结果主题最相关的文献。

(3) 利用论文所征引的参考文献,当找到和课题相关的论文时,可参考其所征引的参考文献。同样还可以利用引文数据库,由找到一篇的相关文献开始,从文献引用与被引用的关系入手,采用"滚雪球"方式找到更多的相关的参考资料。

(4) 使用运算符 OR 或截词符"*"或"?"。

1.5 搜集、整理、评价和获取文献

1.5.1 搜集积累资料

搜集积累资料是写作论文的基础。资料的类型包括两大类:一类是直接的、原始的,是有关研究对象的数据、事实甚至是活材料;另一类是间接的,前人或同行对研究对象的论述,是第二手资料。

原始的资料是研究的主要来源和依据,如科学实验的数据、经济商业指数、档案资料等,这些资料最大的特点就是具备客观性。

同时,间接的资料也是很重要的,可以帮助从他人的研究中受到启发,还可以引用一些经过考证的事实资料作为旁证,或者从他人的论点中找出漏洞加以批驳,树立自己的观点。在搜集旁人的论述时,要充分利用发表的图书、论文、报告。

1.5.2 整理资料

当利用数据库、数字化期刊和其他资源找到一些信息之后,可以看到有的可以直接获得全文,有的只有二次文献线索,还需要据此查找到原始文献。但必须认清这样的一个事实,即并非所有资料都适合研究课题使用,并非所有找寻的资料都是可信的。因此有必要对所找寻的资料加以科学的分析、比较、归纳和综合研究,进行去粗取精,去伪存真的工作,以决定是否符合研究需要,从中筛选出可供学术论文作依据的材料。

对于大量的文献资料的整理,以及数据的分析,还可以利用个人参考文献管理工具和数据统计分析软件对所积累的资料进行分类、标注(添加笔记)和保存,以方便随时查找和利用(详见本章第三节)。

1.5.3 评价文献

资料的评估是持续的过程,也是一个复杂而又艰苦的思考过程,可能需要在检索和资料运用的过程中再认识、再评估、再调整。选择适用的资料时,可以考虑下列问题:

(1) 是不是与研究主题相关?

大部分的索引都附有摘要,可以帮助用户了解文章的内容。大部分的索引和目录也都有标题或关键词,是了解图书和论文的重要线索。此外,文章长度也是判断的依据。

(2) 是学术性文章? 还是通俗文章?

参考文献的学术质量和深度,是必须要考量的因素之一,高水平的资料可以大大提高人们对事物的认识的深度、拓展视野,成为支持课题研究成果的有利论据,而水平一般或较差的文章,则会折损课题成果的说服力和撰写论文的品质;在这方面,刊载文献的原始出版物的质量也很重要,例如是否是核心期刊等。

(3) 是不是够新颖?

要注意文献的出版年,引文数据库里可以浏览文章的参考书目,确定一下作者是不是参考引用了最新的信息。有些领域进步神速,一两年前的信息就已经过时了。例如:如果用户要做的是生物科技的研究,就得注意所参考的最好是两三年内出版的资料。相反地,如果是研究数学等理论科学,那么旧一点的资料也是可以接受的。想想要研究的主题变化速度有多快,再决定所需要的信息的新颖程度,然后再从所找到的资料中,检查作者所引用参考的资料是否适用。

(4) 资料权威性如何? 是否可信?

考察一下作者的所属机构和学术经历,这些信息通常出现在作者的联系地址里面。

1.5.4 获取资料原文

在对检索的资料分析筛选之后,如何获取原始文献在现实中是一个普遍存在的问题。因此要对可以利用的资源有全面的了解,例如:有哪些电子文献可以直接利用? 有哪些文献可以在图书馆找到? 图书馆有哪些服务可以帮助你获取全文? 可以按照以下基本的步骤试试看:

(1) 先电子后印刷,数字化出版物一般更新快、出版快,查询输出非常方便。

(2) 先近后远,可以先查所在图书馆的馆藏,如果没有,之后可以利用联合目录数据库,查到附近的图书馆或其他信息机构是否有收藏。

(3) 利用馆际互借及原文传递服务,许多图书馆设立有此项服务,难以获取的外文文献可以向国外的图书馆和文献提供机构求助。

这方面的相关数据库和服务介绍,请参见本书第四章第七节"互联网上的全文服务"。

第二节　数字信息资源综合利用案例

2.1　如何查找特定事实或文献

2.1.1　特点分析及相应的解决方法

前面已经提到,此类课题是针对具体问题查询准确的答案,答案也许是一个数字、一个图表、一个词汇、一句话、一个事实或者一篇文献,这类课题的特点是:

(1) 课题范围广泛,可能涉及任何学科及领域,但以常识性问题为主;
(2) 课题单一,而且一般具有唯一的答案;
(3) 对课题答案的准确度要求高,而且必须来源可靠。

针对上述特点,解决此类课题需要注意以下事项:

(1) 要选择适合的检索工具。根据问题的学科、类型属性等寻找适当的检索工具是解决问题的关键步骤,常常找对了检索工具,就解决了问题,事实和数值型数据库、电子工具书、搜索引擎等数字信息资源是解决此类问题常用的工具。例如查找诗文名言出处可选择《四库全书电子版》、《全唐诗电子版索引》、搜索引擎等;查找缩略语、术语可以选择在线的缩略语词典、术语词典、术语库;查找字词可以选择电子字典词典、经济类名词可以选择中国资讯行《名词解释库》;查找各类统计数据可以选择《中经网统计数据库》、《国研网统计数据库》、BvD 等;查找地名人名、公司机构、人物传记可以选择《新华社多媒体数据库》、万方数据知识服务平台、中国资讯行数据库、Gale 数据库等;查找事件事实可以选择历史数据库、新闻资料库、科学数据库系统、搜索引擎等。

(2) 要选择版权可靠、版本权威、质量好的检索工具,优先选择正式出版的电子工具或商用数据库,找不到正式出版物或其他特定情况下选择搜索引擎或网络免费资源。

(3) 用于引证、需要注明准确来源的课题,应尽量提供合法、可靠的引证来源;利用搜索引擎和其他网络资源获得的检索结果需要通过相关线索进行验证。举例来说,同样是查找人物传记资料,利用搜索引擎可能可以快速搜索到很多、很详细的资料,但可能因其来源不清、链接不稳定而导致用户无法引证,这样的答案提对于用户而言显然并不理想,因此可以通过数据库或网络查询线索,在提供答案之余,还要提供合法的来源。

2.1.2　查找特定事实或文献的案例

【示例一】

在下列一段英文文章中,出现了一个缩略语 FTE,请查出其含义:Official staff numbers in headcount and FTE for 1999 : FTE decreased to 2,054 from 2,122 in 1997; Employment of casual staff has decreased by 7% since 1997; FTE of Faculty of Business was largest, closely followed by Science……

分析:查找词语的意义,应当借助字典词典,我们可以应用的电子字典很多,但因为是查缩略语的含义,对于该题目最好是参考专门的缩略语字典。

如选择网上免费词典:http://www.acronymfinder.com/,查到 FTE 可能是以下短语的缩写:

FTE	Full-Time Equivalent
FTE	Facilities,Terminals,and Equipment
FTE	Factory Test Equipment
FTE	Flight Test Engineer
FTE	Functional-Technical Expert
FTE	Full Time Employment

……

根据上下文的意思,可确定文中的 FTE 对应的意思应该是"Full Time Employment"即全日制工作或学习的人。

【示例二】

查询一位作家的生平传记。目前知道该作家为捷克人(后入法国籍),名为 Milan,不能确知姓的拼法但知道中文译为昆德拉,代表作有《生命中不能承受之轻》(曾改编为电影《布拉格之恋》,丹尼尔·戴-刘易斯和朱丽叶特·比诺什主演)。根据这些信息,选择一种合适的数据库,用最有效率的方法检索出相关信息。

分析:该题目是要检索某一事实,具体来说是要查找作家传记资料,我们就可以考虑直接选用 Gale 公司的 Biography in Context 或 Literature Resource Center 数据库,运用系统所提供的可以使用词截断的模糊查询技术,同时使用系统的高级检索方式,进行多个检索条件的组合,很快查检到准确信息。

步骤:

(1) 选用 Literature Resource Center 数据库。

(2) 使用 Person search,在姓名框内输入 Milan,在下面的人物身份选项中选择国籍(Nationality)为捷克(Czech,选择法国也可以)。其实还可以选择性别、种族、职业(作家)、生存年代(20 世纪)等信息。

(3) 仅用名字和国籍检索后得到 4 位名人的索引信息:Fryscak, Milan 1932;Kundera, Milan 1929;Ryzl, Milan 1928;Stepka, Milan,根据姓名判断符合检索要求的是 Kundera, Milan。

(4) 在 Literature Resource Center 中有他的 6 篇传记,可以直接选择查看。也可以再到 Biography Resource Center 中查找该作家的详细传记资料。

(5) 根据课题中的代表作及电影改编等信息,选择了 6 篇传记中的一篇:"Milan Kundera. Contemporary Authors Online. Detroit:Gale,2007",该资料中详细介绍了作家生平、作品和媒体改编情况,可认为是最符合检索需求的文献。

(6) 作为引用资料提供该篇传记资料的可靠来源:"Milan Kundera. Contemporary Authors Online. Detroit:Gale, 2007. Literature Resources from Gale. Gale. Peking University. 17 Dec. 2009",即 Milan Kundra 传记出自 Literature Resources Center 数据库的 Contemporary Authors Online(当代作家在线)部分,系 2009 年 12 月 17 日从北京大学校园网检索获得该信息。

【示例三】

查找中越陆地边界线。2010年8月有新闻报道越南环境资源部和测绘环境部联合投诉 Google 地图,声称其地图错误地描绘了中越边界线,后来 Google 宣布修改了其发布在 Net of the borderline(边界线网)上的地图。那么中越边界线到底是怎样的呢?如何可以获取最准确和权威的数据?

分析:该题目是查找事实数据,需要借助相关的统计数据库或其他事实数据库,这里要查找的边界线涉及国家概况以及双边关系,所以可以考虑查询统计年鉴、国家资料以及条约类数据库。

步骤:

(1) 通过查询北大法宝-中国法律检索系统的中外条约类数据库,检索到《中华人民共和国和越南社会主义共和国陆地边界条约》,该条约的部分重要信息和主要内容如下:

【签订日期】1999.12.30
【时效性】现行有效
【签订地点】河内

缔约双方同意,中华人民共和国和越南社会主义共和国陆地边界线走向自西向东确定如下:

第一界点在10层大山(宽罗珊山)1 875米高程点上,位于中国境内1 203米高程点以南约2.00公里,越南境内1 439米高程点西偏西北约2.30公里,越南境内1 691米高程点西偏西北约3.70公里。

(以下内容略)

该条约附有地图,条约所述两国陆地边界用红线标绘在经双方共同确定的比例尺为五万分之一的地图上。条约和地图已经完整地描述了中越边界线的长度和面积。

(2) 在北大法宝上还查询到2008年10月25日的《中越联合声明》,该声明指出中越"确保如期实现今年内(2008年)完成陆地边界全线勘界立碑工作的目标,早日签署勘界议定书和新的边界管理制度协定",说明中越边界线将于2008年以后形成新的协议。

(3) 2011年再次查询北大法宝-中国法律检索系统的中外条约库,查到2009年11月8日签订的《中华人民共和国政府和越南社会主义共和国政府关于中越陆地边界管理制度的协定》,显示越南和中国就边境划分和标志安置问题达成新的双边协议。

2.2 如何进行课题查询

2.2.1 特点分析及相应的解决方法

与其他数字信息资源利用的项目相比,课题查询项目具有如下特点和解决方法:

(1) 课题灵活多样,可能涉及不同学科和领域,规模也是可大可小——有的只是简单地讨论性题目例如课堂讨论,找到一些代表性文献支持观点即可;有的是了解最新动态;也有大型的、综合性题目例如论文开题或选题,需要全面查询资料并能对资料进行整理、筛选和分析。

(2) 需要对题目的检索要求、目标等进行仔细的分析,以便有针对性地和高效地解决问题。对于讨论性题目和小型课题查询,解决的步骤可以精简,分析课题后选择合适的检索工具,密切结合论点查找资料,不必查全,但一定要具有代表性,并且要尽量采用新颖性、权威性比较好的文献,一般不需要多次重复检索步骤;对于综合性查询课题,则需要查全并需要对资料进行分析,解决的步骤可能需要多次重复——首先检索工具的选择就要充分求全,不仅要考虑本学科、还要考虑交叉学科以及跨学科性质的资源,获得检索结果之后还要充分筛选分析,并根据分析的结果以及选题的确定重新进行检索策略调整以及深化检索。

(3) 检索与搜集资料一定要有必要的知识和技能上的储备,其中包括学科专业知识,也包括对图书馆资源的认知及用现代化的检索手段搜集资料的技能。在做课题查询的时候,要注意:对同一个检索课题的查询可以有不同的途径,要多做尝试。有的时候可能不能直接达到检索目标,要采用迂回的方式,逐渐逼近答案。

2.2.2 课题查询案例

【示例一】小型课题查询

了解一些西方媒体关于哥本哈根气候变化大会与中国减排承诺的有关论点和报道。

分析:该课题是对某一问题的做大致的了解,不求查全,最好是能够比较快速准确地获取有代表性的文章,并且可以直接获取全文。因此可以使用 ProQuest Research Library 全文库,该库收录有西方许多重要媒体报章,如美国《纽约时报》(*New York Times*)、英国《金融时报》(*Financial Times*)等。另外,该系统的检索功能与主题查询方式可以满足准确查询的要求。

检索时间:2009年12月。

步骤:

(1) 用 ProQuest Research Library 全文库。

(2) 使用高级检索方式(advanced search),输入检索式:

Citation and Abstract(题录和文摘字段):emissions AND climate change;

Document Title(文献题名字段):china;

两个检索条件之间的组配关系为:AND;

限定检索条件为:last 30 days;only full text(只检索最近30天的文献;只检索有全文的文献)。

(3) 高级检索共查出23篇全文,浏览结果,显示有多篇相关文献。

(4) 也可以使用主题检索,主题检索是一种全面或准确检索的有效检索方式。利用 Topics 确定检索主题:emissions AND climate change;Emissions AND Emissions control;Emissions AND Emission standards 等;在高级检索方式(advanced search)设定主题检索字段和检索式:

Subject(主题):emissions;

Subject(主题):climate change(或选择其他主题);

Document Title(文献题名字段):china;

检索限定同上。

(5) 主题检索共查出9篇全文,浏览结果,也有数篇文献相关。

(6) 上述相关文献显示西方媒体对于中国为应对世界气候变化而做出的减排承诺看法复杂,但也显示西方媒体对于中国态度的重视。很多西方媒体强调中国是世界上最大的排放国,认为中国必须减排(McClatchy-Tribune Business News 的一篇文章为:*Japan says China cuts must be binding*);有媒体盛赞中国的碳减排承诺,也有媒体认为中国的减排承诺不彻底,认为中国所承诺的只是降低碳排放增长率,而非降低整体排放量;法国媒体则称赞中国、印度等新兴国家在减排目标承诺方面所作出的积极努力和释放出的善意。

【示例二】综合性课题查询[①]

对有关尖晶石结构巨磁电阻材料的研究进展作全面的进行调查研究。

分析：该课题所涉及的专业为化学和物理学的交叉学科。由于调查的对象是学科领域的前沿进展，创造性是科技信息的生命，因此查找的文献应当突出新颖性。同时要全面调查国际范围的研究状况，注意系统性，在文献地域方面要注意全面，兼顾国内和国外的研究成果。另外，由于是有关新材料、新方法的科技成果，在查资料的时候不能只查期刊论文，专利和科技成果数据库是科技课题查询的重要信息源。

检索策略：

(1) 年限：2001—。

(2) 中文检索式：尖晶石 AND（磁电阻 OR 巨磁阻）。

(3) 英文检索式：spinel * AND（magneto-resistance OR magnetoresistance OR giant magneto resistive OR GMR）。

(4) 数据库：

参考数据库：SCI（《科学引文索引》）、CA（《化学文摘》）、INSPEC（《科学文摘》）、CSA（《剑桥科学文摘》）；

全文数据库及电子期刊：Elsevier Science 电子期刊、Springer 电子期刊、IOP（英国物理学会）电子期刊、APS（美国物理学会）电子期刊、维普《中文科技期刊数据库》和《中国期刊网》；

专利及科技成果数据库：DII（《德温特创新索引数据库》）、《中国专利数据库》、万方《中国科技文献数据库》；

博硕士学位论文库：PQDT（《ProQuest 博硕士论文数据库》）、《北京大学学位论文数据库》、万方《中国学位论文数据库》和 NSTL《中文学位论文数据库》。

(5) 检索时间：2011 年 12 月。

查出主要的参考文献如下：

① 期刊论文索引

来源于 SCI 数据库，题名检索，只列举前 4 条文献。

标题：Tunnel magnetoresistance with improved bias voltage dependence in lattice-matched Fe/spinel MgAI2O4/Fe(001) junctions

作者：Sukegawa Hiroaki、Xiu Huixin、Ohkubo Tadakatsu 等

来源出版物：APPLIED PHYSICS LETTERS 卷：96 期：21 文献号：212505 DOI：10.1063/1.3441409 出版年：MAY 24 2010

标题：Half-Metallic Ferromagnetism and Large Negative Magnetoresistance in the New Lacunar Spinel GaTi3VS8

作者：Dorolti Eugen、Cario Laurent、Corraze Benoit 等

来源出版物：JOURNAL OF THE AMERICAN CHEMICAL SOCIETY 卷：132 期：16

---

① 选自北京大学《电子资源检索与利用》课程学生作业。

页：5704—5710 DOI：10.1021/ja908128b 出版年：APR 28 2010

标题：Colossal electroresistance and colossal magnetoresistance in spinel multiferroic CdCr2S4
作者：Sun C. P.、Huang C. L.、Lin C. C. 等
来源出版物：APPLIED PHYSICS LETTERS 卷：96 期：12 文献号：122109 DOI：10.1063/1.3368123 出版年：MAR 22 2010

标题：Nonadiabatic small polarons, positive magnetoresistance, and ferrimagnetism behavior in the partially inverse Mn2－xV1＋xO4 spinels
作者：Pannunzio-Miner E. V.、De Paoli J. M.、Carbonio R. E. 等
来源出版物：JOURNAL OF APPLIED PHYSICS 卷：105 期：11 文献号：113906 DOI：10.1063/1.3124361 出版年：JUN 1 2009

② 期刊论文全文
西文文献来源于 Elsevier 电子期刊库，题名检索，只列出前3条文献；中文文献来源于维普《中文科技期刊数据库》，题名或关键词字段检索：尖晶石＊(磁电阻＋巨磁阻)，只列出1篇文献。

A fast route to obtain manganese spinel nanoparticles by reduction of K-birnessite Original Research Article
Journal of Solid State Chemistry, Volume 182, Issue 5, May 2009, Pages 1021-1026
F. Giovannelli, T. Chartier, C. Autret-Lambert, F. Delorme, M. Zaghrioui, A. Seronles

Inverse spinel nanoparticles synthesized by ion implantation and post-annealing: An investigation using X-ray spectroscopy and magneto-transport Original Research Article
Nuclear Instruments and Methods in Physics Research Section B: Beam Interactions with Materials and Atoms, Volume 267, Issues 8-9, 1 May 2009, Pages 1620-1622
Shengqiang Zhou, K. Potzger, D. Bürger, K. Kuepper, M. Helm, J. Fassbender, H. Schmidt

Nickel doped spinel lithium manganate-some insights using opto-impedance Original Research Article
Chemical Physics Letters, Volume 456, Issues 1-3, 21 April 2008, Pages 110-115
K. Ragavendran, A. Nakkiran, P. Kalyani, A. Veluchamy, R. Jagannathan

Structure and Giant Magnetoresistance in Zinc Ferrite
ZHANG Dongjie[1] DU Youwei[2]
武汉理工大学学报：材料科学英文版-2006年3期

关键词:锌铁尖晶石 铁氧体 隧道效应 巨磁电阻 纳米结构 氧化铁

③ 学位论文

来源于国家科技图书文献中心《中文学位论文数据库》,只列举 3 篇。

$La_{0.7}Sr_{0.3}MnO_3/MFe_2O_4$ 磁性纳米复合材料制备与性能研究

耿丹 2010-04-01T00:00:00Z 中文学位论文

兰州理工大学;硕士

纳米晶铁钴基金属和氧化物磁性多层膜性能及应用研究

薛刚 2009-09-08T00:00:00Z 中文学位论文

电子科技大学;博士

纳米 Fe_3O_4 磁性粒子的制备、表面改性与表征

秦昆华 2008(页数:73p) 中文学位论文

华南理工大学;硕士

④ 专利

来源于《中国专利数据库》,只列举 1 篇。

【申请号】:200710041547.6

【申请日期】:20070601

【发明人】:袁望治,程金科,潘海林,阮建中,赵振杰,杨燮龙

【申请人】:华东师范大学

【发明名称】:LC 共振巨磁阻抗效应复合丝及其制备方法

【摘要】:一种 LC 共振巨磁阻抗效应复合丝及其制备方法,属于磁敏传感器和信息功能材料及其制备的技术领域。

检索分析:该研究在 2002—2003 年期间曾经进行过国内外相关资料调研,并得到如下结论:从目前的研究整体来看,这些文献还只是论述某一种尖晶石的结构及性质,或者只是偶尔地提及尖晶石的磁电阻性质;但还缺乏更深刻的探讨和全面的理论分析,也没有对整体尖晶石结构的磁电阻性质的综述及其可预测的新的改善的性能。2011 年 12 月通过对上述数据库、期刊、专利等的查询,得到一些新的相关文献,可以发现该课题的研究已经进入到一个新的阶段,开始进行磁性纳米材料的制备,并也出现了一些相关的专利,说明该课题已从理论研究向实践方面进展。

2.3 如何完成科技查新

科技查新是伴随我国科技发展过程中而产生的,这项工作是国家对科技研究与科研成果实施科学化管理的一项重大改革措施,为了公正、公平、准确地评价科研课题和科技成果,借鉴专利查新的经验,20 世纪 80 年代末,开始对科研成果实行查新。为了加强对查新工作的管理,1990 年 10 月,原国家科委印发了《关于推荐第一批查新咨询科技立项及成果管理的情报检索单位的通知》([90]国科发情字 800 号),授权 11 家查新工作单位成立科技查新站,科技查新工作开始正式成为科技管理中的一个重要环节,也标志着我国科技查新工作步入正规化。

此后又有更多的咨询机构加入到查新队伍中来。为规范查新工作，原国家科委起草了《科技查新咨询工作管理办法》和《科技查新咨询工作管理办法实施细则》。2000年12月，科学技术部颁发了《科技查新机构管理办法》和《科技查新规范》（国科发计字[2000]544号），标志着查新工作走向了法制化，也是落实国家"大力发展科技中介服务机构，尽快制定和完善关于科技中介服务组织的法规，规范其行业行为"的一项举措，同时为保证查新的公正性、准确性、独立性和规范查新机构的行为提供了法律依据。

教育部部属高校的科技查新工作隶属教育部科技发展中心管理。2003年1月和5月教育部分别颁布《科技查新机构管理办法》和《科技查新规范》，2003年11月根据《教育部办公厅关于认定教育部部级科技查新工作站的通知》（教技厅函[2003]1号）要求，在北京大学等29所直属高校设立首批"教育部部级科技查新工作站"，标志着高校科技查新工作进入系统化、规范化发展阶段。此后教育部又于2004、2007和2009年设立了三批查新工作站，目前总共设立了四批共覆盖78所高校。

2.3.1 科技查新的定义

据2003年教育部发布的《科技查新规范》，科技查新是指查新机构根据查新委托人提供的需要查证其新颖性的科学技术内容，按照本规范操作，并做出结论。这里所提到的查新机构是指具有查新业务资质的信息咨询机构。

由此可以看出，查新关键在于新颖性，所谓新颖性就是指查新委托日以前，查新项目的科学技术内容部分或者全部是否在国内外出版物上公开发表过。

《科技查新规范》对整个查新工作进行了全面的规范，包括基本术语、基本原则、查新委托人、查新机构、查新合同、查新人员、查新咨询专家、检索、查新报告、查新争议、档案、查新程序、附则等共13个部分，《科技查新规范》中对查新过程中涉及到的基本术语进行了定义和规范化，规定各方的相应权利和义务及行为规范。为维护查新各有关方的合法权益提供了法律依据。

科学技术部认定或授权认定（教育部部属高校查新工作站的认定就由科技部授权教育部科技发展中心进行）查新机构的资质，并根据查新机构的综合情况和特点，规定了各查新机构所能受理的专业范围。教育部查新工作站分为综合类查新站、理工类查新站、农学类查新站和医学类查新站等，例如北京大学查新站为综合类查新站，基本认定条件之一是理、工、医类学科齐全，且文献资源丰富。

2.3.2 科技查新的意义和作用

科技查新工作的服务范围包括：科研立项，成果鉴定、评估、验收、转化、奖励等，查新报告是作为上述工作的鉴定资料的一部分，由此可以看出，查新在我国的科学研究和技术开发过程中扮演着十分重要的角色。

（1）为科研提供立项的依据

立项是科研过程中至关重要的第一步，查新可以作为科研立项的前期工作，为立项是否恰当提供客观依据，可以表现在以下几个方面：有效避免低水平科研项目的重复，节省人力、物力以及我国并不富裕的科研资金；有助于科研人员了解国内外相关研究领域和同类技术的现状，明确要建立的科研项目在论点、研究开发目标、技术路线、技术内容、技术指标等方面是否具有新颖性，并根据所掌握的情况调整、修订自己的研究和开发方向，保证科研开发在立项时就处于高起点、高水平，为获得科研经费提供有力的支持。

(2) 为科研成果的处理提供依据

科技成果是科技工作者辛勤劳动的结果，查新可以使他们的劳动成果得到客观的确认，用文献检索的方法找出查新课题的新颖之处，给科研立项课题或科研成果一个独立、客观、公正的结论。

2.3.3 科技查新与一般课题查询的异同

科技查新是为科技研究和开发提供信息服务，它与一般的课题查询的相同点在于：以文献信息资源为基础，根据用户的文献需求，运用各种检索手段，为用户提供相关信息。但两者之间又存在着很大差异，具体表现为：

(1) 目的

一般检索只是用户利用检索工具查找与某项专题相关的文献记录的一个过程，只提供文献和原始资料，而科技查新是要作为鉴定资料为科研立项、科技成果鉴定、评估、验收、转化、奖励等提供客观依据，不但要对相关文献进行检索，还要对检索出的文献和数据的结果进行综合加工、分析，再与查新课题相比较，通过对比来判别查新项目的新颖性。

(2) 标准

科技查新更强调文献检索的准确性，以查到密切相关文献为目的，只要出现一篇与查新课题内容相似、主要技术指标相近或优于查新课题的文献，即对查新课题构成否定作用，其他检索就不是很重要了，而文献检索则要注重于查全。

(3) 时限

一般文献检索没有特定的检索范围和时间限制，只需委托人提出要求即可，对于查新，《科技查新规范》中规定一般应从查新委托之日起前推 10 年，但也可根据不同的学科特点和技术产品、工艺和专利的成熟程度，缩短和延长检索年限。

(4) 查新责任

一般检索向用户提供检索到的文献信息即可，检索人员没有什么法律责任可言，而科技查新报告作为科技鉴定资料，查新人员要对查新结论所产生的一切后果负相应的法律责任。

2.3.4 科技查新与专家鉴定

科技查新作为科技鉴定的资料与专家评审有相同的之处，但也不同于专家评审，专家评审是专家根据自身对专业知识的掌握和实践经验，从主观上对评审对象作出结论，而查新是信息工作人员对已出版的文献信息进行有针对性的检索，并将检索结果进行综合分析，从而判别查新项目的新颖性，同时也为专家的评审从文献方面提供一个客观的事实依据，使科技评价更加公平、公正。

2.3.5 查新程序

科技查新工作是一项专业性强、难度大、要求也高的信息服务工作，为保证这项工作的高质量完成，科技部在制订《科技查新规范》时，根据以前的经验总结了一套查新程序供人们参考：查新委托→受理委托→检索准备→选择检索工具→规范检索词→确认检索方法和途径→实施检索→完成查新报告→提交查新报告。

2.3.5.1 查新委托

查新委托的单位或个人在提出处理委托事物之前，首先自我判断一下查新项目是否属于查新范围，再根据查新项目的专业内容、科学技术特点、查新目的等和查新机构所能受理的专业范围自主选择查新机构，并据实、完整地向所选择的查新机构提供查新必需的相关技术资料和有关材料,包括项目的科技资料、技术性能指标、中英文对照的检索词、参考文献、国内外同类科学技术和相关学科的背景资料等。

2.3.5.2 受理委托与签订合同

现行的《科技查新机构管理办法》和《科技查新规范》规定了科技查新机构的查新范围,因此查新机构在受理查新时要首先考虑委托课题是否属于自己的受理范围,而后根据委托人提供的相关资料确定是否可以受理;如果符合受理条件,再根据查新人员的个人状况,如所具备的专业知识等来确定查新员和审查人员;查新人员要确认委托人提交的材料是否齐全,确认是否能满足委托人的查新要求,确定完成查新的时间;如果可以接受委托,就要根据《科技查新规范》关于查新合同的要求与委托人签订查新合同。

查新委托人与查新机构所签订的查新合同是具有法律效率的,就是说一旦合同成立,双方就要为此承担相应的法律责任,因此查新人员不仅要熟练掌握有关查新方面技术,而且要熟悉相关的科技法律制度,如国家科技进步法、科技组织方面的相关法律、关于科技成果方面的立法、科技奖励法律制度、关于科技人员管理方面的立法、技术合同与技术市场的立法、关于国际科技合作与交流方面的相关法律制度等。

2.3.5.3 检索准备

在实施查新之前,查新人员要进行课题分析,仔细阅读委托人提供的相关资料,了解委托人查新的目的和对查新的具体要求,并尽可能多地了解课题的研究情况,这对制订检索策略和文献对比很重要,必要时还要进行专家咨询。检索准备应包括根据查新课题的主题选择和确定相应的工具书。

2.3.5.4 选择检索工具

检索工具选择得是否恰当会直接影响检索结果,选择数据库要本着能够全面覆盖查新课题范围为原则。从内容上要兼顾以下方面:

(1) 首先要选择综合性的数据库,如《科学引文索引》(SCI)、《工程索引》(Ei)、科学《科学文摘》(INSPEC)等,这些数据库不仅收录的学科全、范围广、年限长,且收录的期刊及其他类型的文献资料均为各学科领域的研究前沿出版物,尤其是对一些跨学科的查新项目最重要。

(2) 专业数据库的特点是收录本学科的资料全,因此在必查之列。另外现在各研究领域之间相互交叉与渗透,理论和应用涉及多学科,因此内容相关的其他专业数据库也要列入检索的范围。

(3) 国内外专利数据库。

(4) 重大课题时也有必要对一些重要期刊(如《自然》(Nature)和《科学》(Science))进行专门检索。

(5) 其他网络资源。

从检索工具的类型上要兼顾目录型、题录型、文摘型、全文型;从检索手段上要以计算机检索为主,而手工检索作为机检的补充不能忽略。

2.3.5.5 确定和规范检索词

检索结果是否准确与全面,是关系检索报告结论的决定性因素,而检索词准备得如何是影响着检索结果的查准率和查全率的关键,因此检索词的选择就显得十分重要。

检索词一般由委托人先来提供,但有些委托人不能准确提供主题词,许多情况下提供的是自然语言,查新人员应对照查新课题的内容,对委托人提供的主题词进行逐一核对,必要时查新人员要与委托人员反复面谈,然后对主题词加以完善,使自然语言变成计算机可以识别的规范语言,以便根据主题制定检索策略。

2.3.5.6 确认检索方法和途径

查新中使用最多的是描述文献主题内容的词(如主题词、关键词或者分类号(词)等);在特定情况下(如已知某人有与查新课题相同的研究),也会使用描述文献外部特征的词(如著者、出处、专利号等)进行专指性检索。互联网检索要注意选择适用的搜索引擎。

2.3.5.7 实施检索

完成上述所有工作后,就要制定完整、确切表达查新委托人要求和查新课题主题内容的检索策略,检索策略中要慎重使用新的概念词,尤其是委托人提供的新概念词。一个检索式中参与检索的概念或检索词要适当,检索结果要适中,既不能为"零",也不能过多,因为科技领域的任何工作或多或少都是建立在前人的研究基础之上的,可以没有相同文献,但不会没有相关文献,而检索到的文献过多会给分析对比增加许多困难。

不同检索工具都有各自的使用方法和检索特征,这是因为每个数据库标引存在着差异,制定检索策略时要符合数据库的索引体系,检索时注意数据库的使用方法:逻辑算符、截词符、单复数等,要考虑到词序的变化,正确使用位置算符。尤其是跨数据库检索时,要注意每个数据库的操作方法、字段的定义、字段标识是否一致。

当制定好检索策略后,根据课题学科特点确定检索年限,实施检索。在实际工作中,很难做到一次检索成功,经常会遇到检索结果太多或为零、检索到的结果与查新课题不相关等情况,这样就要用增加、减少、调整、修改检索词的方法来优化检索策略,有时要反复多次,才能得到满意的结果。如果有条件,最好的办法是利用 Dialog 数据库总索引进行试检索,该总索引既可以检测检索策略是否恰当,还可以帮助选择数据库,另外还可以根据某个概念词在各个数据库中的词频来判断该词正确性。

随着计算机技术和网络技术的发达,全文数据库越来越多,需要注意的是:文本型的全文数据库可以做到全文检索,而图像型全文数据库(如全文为 PDF 格式)的全文检索只是对元数据部分——书目、题录、文摘等——进行检索。

2.3.5.8 完成查新报告

包括相关文献分析和编写检索报告。对检索出的文献进行全面分析,筛选出与查新课题内容相关的文献,这些文献要能反映其研究水平、技术指标、参数要求,与查新课题有较高的可比性。

查新报告是查新机构用书面形式就查新事务及其结论向查新委托人所做的正式陈述,也是体现整个查新工作质量和水平的重要标志,查新人员要对查新课题内容及查新点与检索到的结果(即相关文献反映出的现有研究或技术水平)进行比较,实事求是地做出文献评述论证结论。报告应包括以下内容:

(1)基本信息:查新报告编号,查新项目名称,查新委托人名称,查新委托日期,查新机构的名称、地址、邮政编码、电话、传真、电子信箱,查新员和审核员姓名,查新完成日期。

(2)内容信息:查新目的,查新项目的科学技术要点,查新点和查新要求,文献检索范围,检索策略,检索结果,查新结论,查新员与审核员声明,与查新课题密切相关的原文在内的各种附件。

2.3.5.9 提交查新报告

查新机构完成报告后,按照查新合同的约定向查新委托人提交查新报告和相应的附件。

鉴于查新人员对各种科技领域的发展的了解有一定的局限,即使是专业非常对口的查新人员,对本专业研究情况及发展趋势也难做到了如指掌,在查新过程中很多时候需要找有关专家咨询,以便了解与课题相关的领域目前的研究与开发状况;委托人可以提出不适合做本次查新咨询的专家的名单,作为查新人员的参考;而查新人员对查新咨询专家的意见及咨询结果也不予公开。

2.3.6 查新实例

【示例】离子束技术实现纳米磁学材料的构建、调控与表征[①]

首先仔细阅读"课题研究报告",抓其特点。本次查新的目的为科研立项,希望对国内外有关运用可控离子束技术(可控离子束注入、可控离子束混熔)来进行纳米磁性材料(纳米磁性颗粒、纳米磁性多层膜、各向异性磁耦合结构、磁有序结构、交换偏置系统)的构建、剪裁和表征的相关研究,进行专利和文献查询,以证明拟立项课题的研究水平。

本课题从学科上分类应归属于物理学科下的技术物理领域,但却应用广泛,因此在选择数据库时既要选择专业数据库,还要特别注意一些综合性数据库以及跨学科数据库,从技术上讲,该课题的实用性非常强,检索专利数据库必不可少,会议论文常常会报道一些前沿技术,也应在检索之列。中英文数据库也应涉及全文库。

其次是根据委托人提供的检索词和课题的主题内容制定检索策略。本次查新过程中,委托人所提供的检索词有:离子束分析,可控离子束注入,离子束混熔,离子束剪裁,纳米磁性颗粒,纳米磁性多层膜,磁有序结构,各向异性磁耦合结构,交换偏置系统,巨磁阻效应;ion beam analysis, controllable ion implantation, ion beam mixing, ion beam tailoring, nano-magnetic particle, nano-magnetic multilayer, magnetic ordered structure, anisotropic magnetic coupling structure, exchange bias system, giant magnetoresistance effect(GMR), ion irradiation, Ion beam synthesis, co-implanting, Nanocrystal, nano-clustering and alloying。

课题采用了离子束分析、可控离子束注入/混熔/剪裁等技术,制备的纳米磁性材料也具有纳米磁性多层膜、各向异性磁耦合结构等关键技术特征,所以在检索策略中必须要同时反映这两组关键词,因此委托人初步提供的检索策略为(只列举中文,英文检索策略详见后查新报告):

(可控离子束技术 OR 可控离子注入 OR 离子束混熔 OR 离子束剪裁) AND (纳米磁性颗粒 OR 纳米磁性多层膜) AND (磁有序结构 OR 各向异性磁耦合结构 OR 交换偏置系统 OR 巨磁阻效应)

但在预检索时发现该策略基本没有匹配的检索结果,因为是立项课题,所以采用同样技术制备同样性能纳米磁材料的文献原则上是应该没有,应该是搜索同类技术、或是同类性能的相关文献。据此与委托人商定的另外两个检索策略如下(只列举中文,英文检索策略详见后查新报告):

离子束 AND 磁 AND 纳米 AND (注入 OR 混熔 OR 剪裁)

离子束 AND (磁有序结构 OR 各向异性磁耦合结构 OR 交换偏置系统 OR 巨磁阻效应)

根据上述检索策略得到的检索结果,经委托人审阅分析后,认为有部分关键词还需要调整——委托人在相关文献中标出了更明确的关键词,并指出部分关键词包含歧义需要进行概

[①] 选自北京大学查新工作站查新课题,报告编号 2008061,查新员:张春红,2008 年 3 月完成。

念排除,结合委托人的意见,并考虑到同义词、近义词、全称与缩写、词性和关键词拼写等因素(这些因素在前三个英文检索策略中也有体现,详见查新报告),最终拟定增加了英文的检索策略,如下:

(interlayer exchange coupling OR exchange bias effect OR Magnetic anisotropy OR co-implating) AND ion beam NOT (organic OR laser OR NMR OR diamonds)

用调整并确定的检索策略在选定的数据库中实施检索,并对检索结果进行分析,与查新委托课题进行技术方面的比较,最后编制出相应的查新报告如下:

报告编号:××××××××××××

科 技 查 新 报 告

课题名称:离子束技术实现纳米磁学材料的构建、调控与表征

委托人:×××

委托日期:××××年××月××日

查新机构(盖章):××××××

查新完成日期:××××年××月××日

中华人民共和国科学技术部
二○○○年制

查新项目名称	中文：离子束技术实现纳米磁学材料的构建、调控与表征					
	英文：Construction, control, and characterization of nano-magnetic material by ion beam technology					
查新机构	名称	××××××				
	通信地址	××××××				××××××
	负责人	×××	电话	××××××	传真	××××××
	联系人	×××	电话	××××××		
	电子信箱	××××××				

一、查新目的

科研立项

二、查新项目的科学技术要点

本查新项目旨在通过综合离子束系统的应用，建立一个离子束在线构建、调控和表征纳米磁学材料的平台。纳米磁性颗粒、纳米磁性薄膜、及纳米磁性多层膜是纳米磁性材料的重要组成部分。在纳米磁性材料的构建中，运用离子束注入和离子束混熔技术具有的独特优势，进行纳米磁性结构（纳米颗粒、纳米薄膜、纳米磁耦合结构、纳米交换偏置系统）的构建、调控、修饰，并通过离子束技术分析表征，进行离子束与纳米结构相互作用的研究，创建离子束纳米学这一新兴交叉学科。

本查新项目的主要创新点：

1. 利用离子束分析这一特殊技术对……。
2. 运用离子注入技术对纳米磁性复合材料进行可控掺杂、构建、修饰和剪裁，从而……。
3. ……

三、查新点与查新要求

希望对国内外有关运用可控离子束技术（可控离子束注入、可控离子束混熔）来进行纳米磁性材料（纳米磁性颗粒、纳米磁性多层膜、各向异性磁耦合结构、磁有序结构、交换偏置系统）的构建、剪裁和表征的相关研究，进行专利和文献查询，以证明拟立项课题的研究水平

四、文献检索范围及检索策略

中文检索词：

离子束分析，可控离子束注入，离子束混熔，离子束剪裁，纳米磁性颗粒，纳米磁性多层膜，磁有序结构，各向异性磁耦合结构，交换偏置系统，巨磁阻效应

中文检索策式：

1. （可控离子束技术 OR 可控离子注入 OR 离子束混熔 OR 离子束剪裁）AND（纳米磁性颗粒 OR 纳米磁性多层膜）AND（磁有序结构 OR 各向异性磁耦合结构 OR 交换偏置系统 OR 巨磁阻效应）

2. 离子束 AND 磁 AND 纳米 AND（注入 OR 混熔 OR 剪裁）

3. 离子束 AND（磁有序结构 OR 各向异性磁耦合结构 OR 交换偏置系统 OR 巨磁阻效应）

检索的中文数据库：

1. 中文科技期刊数据库(1989—)
2. 中国期刊网(1994—)
3. 中国专利数据库(1985—)
4. 中国学位论文数据库(万方数据,1989—)
5. 中国学术会议论文数据库(万方数据,1986—)
6. 国家科技图书文献中心数据库(1985—)
7. 中国优秀博士学位论文全文数据库(清华同方,1999—)
8. 中国优秀硕士学位论文全文数据库(清华同方,1999—)

9. CALIS 高校学位论文数据库(1998—)
10. CALIS 学术会议论文数据库(1998—)
11. CALIS 中文现刊目次数据库(1998—)
12. 全国报刊索引数据库(科技版)(1998—)
13. 百度,http://www.baidu.com
14. Google(中文),http://www.google.com

英文检索词：

ion beam analysis, controllable ion implantation, ion beam mixing, ion beam tailoring, nano-magnetic particle, nano-magnetic multilayer, magnetic ordered structure, anisotropic magnetic coupling structure, exchange bias system, giant magnetoresistance effect(GMR), ion irradiation, Ion beam synthesis, co-implanting, Nanocrystal, nano-clustering and alloying

英文检索策式：

1. (ion beam analysis OR controllable ion implantation OR ion beam mixing OR ion beam tailoring) AND (nano magnetic particle OR nano magnetic multilayer) AND (magnetic ordered structure OR anisotropic magnetic coupling structure OR exchange bias system OR giant magnetoresistance effect OR GMR)

2. (ion beam analysis OR ion implantation OR ion beam mixing OR ion beam tailoring) AND (nano magnetic particle OR nano magnetic multilayer)

3. (ion beam analysis OR ion implantation OR ion beam mixing OR ion beam tailoring) AND nano AND magnetic

4. (interlayer exchange coupling OR exchange bias effect OR Magnetic anisotropy OR co-implating) AND ion beam NOT (organic OR laser OR NMR OR diamonds)

检索的英文数据库：

数据库名称	时间范围	命中文献数
ArticleFirst——OCLC 期刊目次数据库	1990—	0
Cambridge Science Abstract——剑桥科学文摘	1990—	0
CA SEARCH®-Chemical Abstracts® 化学文摘	1967—	15
Computer and Information Systems 计算机和信息系统	1968—	0
Current Contents Connect——最新期刊目次数据库	1999—	1
Derwent Innovations Index——德温特创新索引数据库	1992—	0
Energy Science and Technology 能源科学与技术	1974—	3
Ei CompendexWeb——工程索引数据库	1990—	12
FLUIDEX1974-1General Science Abstracts 通用科学文摘	1993—	0
INSPEC——科学文摘	1990—	20
Conference Proceedings Citation Index——科学会议录索引	1996—	9
MathSci®——数学科学数据库	1980—	0
NTIS——美国政府报告	1990—	0
PapersFirst——OCLC 会议论文索引数据库	1993—	0
PASCAL1973-15Proceedings——OCLC 会议论文数据库	1993—	0
ProQuest Dissertations and Theses——ProQuest 博硕士论文数据库	1890—	0
Science Online——科学在线	1995—	0

续表

数据库名称	时间范围	命中文献数
SCI Expanded——科学引文索引	1995—	9
SciFinder Scholar——CA 网络版数据库	1990—	6
SPIN®	1975—	3
TEME-Technology & Management	1989—	14
Wilson Applied Science & Technology Abstracts——威尔逊应用科学技术文摘	1993—	0
Google,http://www.google.com	2000—	0

五、检索结果

中文检索结果：

在上面所列的中文数据库中利用中文检索式进行检索，总共检中 26 篇文献，经去重分析后共有 4 篇文献相关，文献信息如下：

【题名】离子束混合过程中 Au/Fe 磁性膜的巨磁电阻效应在线研究
【作者】李波，李正孝
【机构】北京大学物理学院技术物理系，北京 100871
【刊名】稀有金属. 2005, 29(2). 239—243
……（其他文献略）

英文检索结果：

在上面所列的英文数据库中利用检索式进行检索，共检中 107 篇文献，经去重分析后共有 20 篇文献相关，文献信息如下：

1. Title：Magnetic patterning by means of ion irradiation and implantation
Author Fassbender, J.；McCord, J.
Journal：Journal of Magnetism and Magnetic Materials vol. 320, no. 3—4 p. 579—96, 2008
……（其他文献略）

六、查新结论

中文文献：

第 1 和第 2 篇文献……。
第 3 篇……。
……

上述 4 篇文献代表了本查新项目一个子课题的前期工作，探讨了利用离子束混合技术制备纳米磁性颗粒的思路、实验方法以及过程。

英文文献：

第 1 篇文献……。
第 2—3、5—9、第 12、第 14—18 篇文献……。
第 4、第 10—11、第 13、第 19—20 篇文献……。

与上述文献相比，本查新课题的主要创新点表现在以下三个方面：

1. 利用离子束分析技术精确表征纳米磁性材料……。
2. 运用离子注入技术对纳米磁性复合材料进行可控……，从而达到……。
3. 本查新课题将尝试用……。这一方向在国内外属于新兴的具有巨大前景的研究领域。

综上所述，本次查新没有查到综合应用离子束技术在线构建、调控和表征纳米磁学材料等方面的文献。特此证明。

查新员（签字）×××　　查新员职称：×××
审核员（签字）×××　　审核员职称：×××

（科技查新专用章）
××××年××月××日

七、查新员、审核员声明
（1）报告中陈述的事实是真实和准确的。 （2）我们按照科技查新规范进行查新、文献分析和审核，并作出上述查新结论。 （3）我们获取的报酬与本报告中的分析、意见和结论无关，也与本报告的使用无关。 　　　　　查新员（签字）×××　　　　审核员（签字）××× 　　　　　××××年××月××日　　　　××××年××月××日
八、附件清单
（略）
九、备注

2.4 如何进行学位论文开题和写作

2.4.1 学位论文的特点

学位论文开题及写作是本科生和研究生从事科学研究活动的主要内容，也是检验其学习效果、考察其学习能力、科学研究能力及学术论文写作能力的重要参照。学位论文开题及写作对于接受高等教育的大学生、尤其是硕士以上的研究生具有极其重要的意义，而我们所介绍的数字信息资源的检索与利用的知识和技能最终是要为该类科研活动服务的。

学位论文写作不同于一般的论文写作，它的要求更多、更为严谨；而且学位论文写作已经形成一套完整的、规范化的操作程序，比如论文写作之前要做开题报告；写作中应注意结构、观点、措辞等诸多方面；著者对其学位论文拥有绝对的版权，其论文的传播、复制均有相应规定等。具体说来，学位论文写作的特点或称要求，可概括为如下几点：

(1) 具备一定规模与学术性

学位论文不同于一般的学术论文，一般的学术论文只要有一定的创见，达到几千字的规模即可成文。学位论文则是对本科生或研究生多年学习成果及科研能力的检验，是要体现多年积累的学术科研水平的，所以其选题和规模均有相关规定，当然这些规定视院校不同而有所差别，不过学术性的要求是共通的、第一位的；而在规模要求方面，首要的衡量指标即是论文字数。以国内大学为例，一般本科生论文应达到1万字左右，硕士研究生论文2—4万字，博士研究生论文则应达到5万字以上，当然根据学科不同字数要求也有差别。

(2) 结构严谨、观点明确

学位论文一般是经过较长时间的资料收集、经过慎重的选题而确定的观点较为成熟的作品，它不是概况介绍或调查报告、总结以及争鸣一类的文章，而一定是作者深思熟虑之作，因而要求学位论文一定要观点明确、结构严谨。观点明确并不是要求观点一定是正确的、无懈可击的，只要鲜明、独立即可；而严谨的结构则体现在章节安排、段落层次以及上下文衔接等方面。

(3) 语言规范、措辞得当

学位论文虽属非正式的出版物，但其用语要求却等同于正式的出版物，即一定要规范。对于数字、标点、章节编号等均要求符合书写标准；要尽量使用书面语言，摒除口头用语；要避免出现敏感字眼和避免毫无根据的绝对性判断词句等。

(4) 装订、版式等要求

各院校的学位论文均有相对统一的装订和版式等方面的要求,如北京大学的学位论文有统一的装订封面,不同学位等级的论文采用不同颜色的封面。

2.4.2 学位论文开题和写作的注意事项

(1) 选题

要正确地和适当地选题,应注意以下原则:

其一是选题应密切结合自身的专业特长,要选择自己有把握的、平时资料积累较多的领域。对具体的某一门专业课而言,甚至对整体的专业方向而言,都会有某个专题或者某个领域是自己平时较为感兴趣且掌握了部分资料的,比如研究生学习的第一年都会有一项专业调研的任务,一般是由导师根据学生的专业情况和基础指定一个大概的范围,然后由学生针对该范围进行全面的资料搜集,最后形成一份对该课题的综述性文章,即对搜集到的资料进行整理和分析。这样的一项工作是非常有意义的,很多同学的研究生毕业论文都是与其最初的专业调研有着或多或少的联系的,从那时开始奠定了毕业论文的写作基础。可见一个选题绝不是凭空产生的,它必定是有一定的资料积累和研究基础才能够很顺利地进行下去的。

其二要注意选题大小适当,这一点也十分重要。选题太大容易将论文写得空泛无味;选题太小则不容易有发挥的空间,这两者均会制约著者的写作水平[1]。

(2) 资料搜集

资料搜集是科学研究活动的基础,只有掌握了充足的且有说服力的论据资料,才能顺利地和较好地完成论文写作或开题。资料搜集应注意以下事项:

其一,在学位论文进程的不同阶段有不同的资料查询要求。学位论文必须先进行开题,开题的主要目标是确认论文选题是否恰当、新颖、不重复以及是否具有学术研究价值等,所以开题时的资料查询更多要求全和新,获取文献以文摘型为主,这个阶段的要求和一般性的课题查询的要求类似;正式开始学位论文写作后,资料查询则要求翔实、深入,获取文献以全文型为主。

其二,在检索工具的选择方面,除了按学科选择各种类型资源外,一定要查询国内外的学位论文库和一些重要的专著。学位论文不同于一般的学术论文,一般的学术论文只要在观点或阐述等方面有所创新或突破即可成文或发表,但学位论文要求学术性,如果一个学位论文的选题是他人已经作为学位论文写作过的,或他人已在学位论文写作中发挥得极为充分的,则极不利于后来者的论文的学术性的体现。所以写作学位论文之前,一定要尽可能地查询相关的学位论文数据库,尤其是本校或本国其他设立该专业的院校的学位论文,尽量避免相同或相近的选题,保证论文的新颖性。因学位论文属于半公开的出版物,所以学位论文很难查全。目前世界上较为著名、收录各国学位论文较多的数据库是《ProQuest 博硕士论文数据库》(*ProQuest Dissertations and Theses* 见本书第八章"特种文献资源")。我国目前较大型的学位论文库有中国知网的《中国优秀博硕士学位论文全文数据库》、万方《中国学位论文数据库》(见本书第八章"特种文献资源")等,均可作为查询工具。

其三,在检索结果的选择方面,对资料的学术性要求较高,而且更多要求一次文献(即全文)。当通过检索不能获取全文时,还需要采取各种方法和途径进行索取,尤其是国外的学位

---

[1] 见参考文献3。

论文和一些重要的会议论文、期刊论文和专著等,可通过图书馆或其他文献提供单位的馆际互借和文献传递机构请求订购国外学位论文或复制文献等(参见本书第四章第七节"互联网上的全文服务")。

其四,应用研究或实验性、实践类的学位论文一定要查询事实型数据库。这一点是非常重要的。某个学位论文选题,比如关于数字照相机的成相原理探讨的论文,在搜集资料时就一定要考虑到相关产品的查询,要查找有没有相关的专利、成果、产品等。如果只是纸上谈兵地讨论原理、机制、前景,却忽略事实型资料的查找,那论文是不可能成功的。自然科学类的学位论文,除纯粹的基础研究或理论研究课题外,均有可能涉及事实型数据库的查询。

(3) 论文开题

学位论文和一般学术论文的重要差别之一是开题报告,这其实是对论文选题进行检验和评估认定的过程。学位论文的选题是否具有学术价值和新颖性、选题大小是否适当、是否能够反映写作者的专业科研水平以及其论文论点是否成熟等均是要通过开题报告来考察的。以北京大学的硕士研究生学位论文开题为例,写作者要在规定时间内将论文开题报告交给指导老师,由包括指导老师在内的本专业的相关教师组成审查小组,确认后方可正式开始论文写作。博士论文或某些专业的硕士论文开题时还要召开报告会,向院系的学术小组做正式的报告,接受相关教师的质询。

(4) 编写提纲

开题之后、正式写作论文之前应先搭建论文提纲,提纲反映了论文构思的过程,它显示了论文的层次和内容安排以及论文的各级论点,对论文整体风格的把握及论文的顺利完成均有重要的规划意义。

(5) 定稿

提纲编写完成后即可进行初撰、修改直至最后定稿。这里应特别提出的是,在论文的写作过程中,可能会出现一些重大的修改,比如思路的扩展、或者对材料详加分析和利用后所产生的论点的变化等,此时常常需要针对这些变化进行第二次的资料搜集,以便更好地适应写作的要求。另外,论文修改应尽量征求指导老师的意见,修改过程中要注意论文写作格式的规定、注意文字的精练、注意避免大段的抄袭,引用他人文字一定要注明出处。

(6) 写作格式

学位论文一般包括序跋、文摘、目录、正文和参考文献等几个部分。

序跋指的是学位论文最前面和最后面的一些关于论文写作说明、鸣谢之类的文字,这一部分内容不是所有的学位论文都有的,视写作者个人的意愿而设,有的只有序、有的只有跋。有些论文写作者愿意将整个论文的选题、资料积累等的过程形成文字放在论文之前,作为对论文的一个补充说明;大多数论文作者在序跋中表达谢意,对在论文资料搜集、写作等过程中所得到的帮助、尤其是对指导教师表达感激之情。

文摘是学位论文中必须提供的,一般放在目录页之前,包括中英文的论文摘要以及中英文的关键词,均由论文著者提供。

目录页是整个论文的章节导航,在正文之前。目录一般提供到第三级,规定要标明章节的题目及页码。

正文是论文的主体,一般按章节、条款、项等排列和组织,现在多采用阿拉伯数字分级系列编号法,即:

第一章
第一节
1.1
1.1.1
1.1.2
……
1.2
1.2.1
……
第二节
2.1
2.1.1
2.1.2
……
2.2
2.2.1
……

参考文献包括正文中的注释或引文,以及论文著者推荐的参考文献两种。注释或引文包括夹注、脚注和尾注,夹注即写作过程中在需注释的文字后加括号说明的;脚注一般写在当前页的下方,用以注明文字出处,可连续编号,也可每页单独编号;尾注一般是和著者推荐参考文献一起写在论文的最后,通常较大段的引文采用尾注,尾注有时也写在章节的最后,篇幅较小的论文只有脚注,而专著或学位论文等常常采用尾注。

著者推荐的参考文献可以全部写在学位论文的最后,也可以写在各章节的最后。参考文献有统一的著录格式,论文的著录格式是:

序号.著者.论文题名.期刊刊名,出版年,卷期数,起止页码

图书的著录格式是:

序号.著者.书名.出版地:出版社,出版年

2.4.3　学位论文开题和写作案例

【示例一】金融计算机系统的若干关键技术及其网上应用[①]

(1) 开题报告

这个题目主要探讨有关计算机技术、网络技术在金融领域的运用问题和金融计算机系统的网上应用及其若干关键技术,包括实时性、容错性、RAID 系统、安全性、可靠性、可用性、完整性、保密性等。选题具有现实意义,对于金融领域的计算机化、网络化具有一定的参考价值。通过初步查询《CALIS 高校学位论文数据库》、《ProQuest 博硕士论文数据库》等国内外学位论文库,并初步查询《中文科技期刊数据库》、INSPEC 等中外重要的计算机科学类文摘数据库(详细的数据库清单和检索结果略),确定该选题是恰当、新颖、不重复,具有学术价值和现实意义的。

---

① 选自北京大学学位论文数据库。

(2) 课题分析

该选题既涉及计算机、网络技术的理论研究,如安全性等关键技术的研究;也涉及具体应用,如金融系统的网上应用,是一个理论与实践兼顾的题目。

(3) 检索策略

学科:计算机科学;由于涉及到金融方面的内容,也可以考虑查询一些综合性或金融学科的数据库。

查询的年代范围:1990年以来。金融计算机系统及其网上应用,是最近十几年依托于计算机和网络技术的发展和网络金融信用体系的建立而发展起来的,所以该选题的资料查询范围可定在90年代之后。

语种:主要为英文和中文。

检索式:该选题的主要关键词包括:金融计算机系统(Financial Computer System)、安全性(Security)、计算机图形接口(CGI)、客户端/服务器(Client/Server)等,其中最主体的关键词是金融计算机系统,不过在大多数文献中,该关键词的表达方式很不相同,常见的如金融计算机网络(Financial Computer Network)、金融网络(Financial Network)等。为了获得全面准确的检索结果,现将检索式列举如下:

(金融计算机系统 OR 金融计算机网络) AND (安全性 OR CGI OR Client/Server OR C/S)

金融网络 AND (安全性 OR CGI OR Client/Server OR C/S)

(金融系统 OR 计算机网络) AND (安全性 OR CGI OR Client/Server OR C/S)

(金融 OR 计算机系统) AND (安全性 OR CGI OR Client/Server OR C/S)

等,对应的英文检索也有上述多种表达。

(4) 参考资源和检索工具

需要查询学位论文数据库、文摘/索引型数据库、全文数据库、电子期刊等;还应利用图书馆目录查询专著以及查询网上资料等。下面主要列出需查询的数据库清单(网上资料和专著的检索工具不在这里列出)。

学位论文:《北京大学学位论文数据库》、《CALIS高校学位论文数据库》、清华同方《中国优秀博硕士学位论文全文数据库》、国家科技图书文献中心的《中文学位论文库》、万方数据集团的《中国学位论文数据库》和《ProQuest博硕士论文数据库》(PQDT);

参考数据库:《中文科技期刊数据库》、《中国期刊网题录数据库》、《全国报刊索引—科技版》和 INSPEC、Ei、SCI、CSA、CCC、CPCI-S;

电子期刊:IEL、ACM、Elsevier、John Wiley、Springer、Kluwer、Academic Press 等的电子期刊;

全文数据库:ABI、BSP等金融经济类数据库。

(5) 检索结果

用上述中英文检索式在前面所列出的数据库中进行检索,得到很多检索结果,先列出几条如下:

姚东金. 金融业计算机系统的安全性. 金融电子化,2000(4). p.19—23

祁峰. 金融网络的安全对策. 电脑技术信息,2000(9)p. 36—38

周玮杰. 邮政金融网络的安全技术. 邮政管理与技术,2000(4)p. 20—22

李洁. 如何实现金融网络安全. 信息网络安全,2002(7)p. 47—49

Fujii T. Bank of Japan Financial Network System. Japan Computer Quarterly, no. 81, 1990, pp. 44—54. Japan.

Bellare, Mihir; Garay, Juan A; Hauser, Ralf; Herzberg, Amir; Krawczyk, Hugo; Steiner, Michael; Tsudik, Gene; Van Herreweghen, Els; Waidner, Michael. Design, implementation, and deployment of the iKP secure electronic payment system. IEEE J SEL AREAS COMMUN. Vol.18, no.4, pp. 611—627. 2000.

检索结果调整：

通过对检索结果进行分析,发现文献深度不够,因该选题重点在于探讨构造金融计算机系统的一些关键技术,并且通过介绍国内外已实现的金融计算机系统的原型系统为其网上应用提供理论参考。因此在资料查询过程中,必须充分考虑到各项关键技术的应用及一些原型系统的发展,对检索策略做如下调整：

将安全性、C/S、容错性、数据保护、数据加密等作为主要关键词再进行检索,得到了一批新的检索结果；

考虑到网上应用等的系统实现,又利用搜索引擎等工具查询了网上资料,得到了一些金融计算机系统运行的实例,如中国人民银行的网上银行系统。

下面列出调整检索策略后得到的检索结果：

单顺利等. 基于SCSI的容错磁盘系统之设计与评估. 计算机研究与发展,V.34(增刊),p.204—207,1997

邓芳伟等. 基于处理分布的C/S计算模式的研究. 计算机工程与科学,V.21(1),p.42—46,1999

谢红等. CORBA安全服务研究. 计算机工程与应用,N.1,p.3—5,1999

Scott M. Lewandowsk, Frameworks for Component-Based Client/Server Computing. ACM Computing Surveys, V.30, No.1, p.3—27, 1998

S. K. Leong, et. al., An Internet application for on-line banking. Computer Communications, V.20, p.1534—1540, 1998

S. Gokhale, et. al. Measuring and Optimizing CORBA Latency and Scalability Over High-Speed Networks. IEEE Transactions on Computers, V.47, No.4, p.391—412, 1998

C. S. Peng, et. al., Accessing existing business data from the World Wide Web. IBM System Journal, V.37, No.1, p.115—132, 1998

等。

上述检索结果中,中文的3篇可以通过《中国期刊网》直接获取其电子版全文,英文的除最后一篇外,其他均可从ABI、BSP、IEL等全文数据库或Elsevier等电子期刊系统中获得电子版全文,没有电子版全文的文献可手工查询印刷型期刊或通过文献传递等方式获取。

【示例二】基因治疗帕金森病的临床研究[①]

（1）开题报告

帕金森病是一种常见于中老年人的中枢神经系统变性疾病,对于此病的研究应该说已经

[①] 选自北京大学《电子资源检索与利用》课程学生作业。

比较成熟。但目前的研究方法一般都是建立一个生物模型,有的甚至是进行单纯的行为学研究,大部分尚未取得实质性的研究成果,并且仅仅应用于低等动物上,没有进行临床检验,即其是否能在临床真正治愈帕金森病还未确定。上述论述均是通过初步的文献查询而获得的,因此"基因治疗帕金森病的临床研究"是个值得探索的课题。

(2) 课题分析和检索策略

学科:生物科学、医学;

查询的年代范围:1996年至今;

语种:主要是英文和中文;

检索式:该选题的主要检索词即为"基因治疗"和"帕金森病",英文表达分别为 gene therapy 和 Parkinson's disease、Parkinson disease;检索式如下:

基因治疗 AND 帕金森病;

gene therapy AND(Parkinson's disease OR Parkinson disease)。

(3) 参考资源和检索工具

根据该选题的学科范围,应选择生物学、医学类的相关数据库。

参考数据库:BP、MEDLINE 等专业数据库和 SCI、CSA 等综合性数据库;另外医学研究的成果极有可能在各种国际会议上进行交流,所以也应查询相关的会议论文,如 CPCI 以及国内万方《中国学术会议论文数据库》等。上述均属参考数据库,从中只能获取二次文献,可用于学位论文开题及论文提纲的搭建等。

再根据学位论文写作的注意事项,应查询各个学位论文库,如 PQDT 或万方《中国学位论文库》等。

同时要尽量查询电子期刊和全文数据库以便获取一次文献,如 Science、Nature、PRL、ASP、Elsevier 电子期刊以及《中国期刊网》等。最后还应查询一些事实型的数据库如《医学病历库》。(检索资源清单略)

(4) 检索结果

通过以中英文检索式在上述数据库中查询,得到了一些参考文献,现列举如下:

【题名】TH 基因修饰的永生化神经干细胞移植对帕金森病大鼠行为和多巴胺代谢的影响

【作者】张耀芬 李振洲 郑静晨 张昕 刘燕 邸颖 段德义

【刊名】武警医学.2011,22(1).34—37,42

【题名】Nurr1 及其在帕金森病诊断与基因治疗中的应用

【作者】杨爽 鲁玲玲 杨慧

【刊名】生理科学进展.2010,41(3).205—208

【题名】中脑神经干细胞转基因治疗帕金森病:可能与可行?

【作者】丁继固

【刊名】中国组织工程研究与临床康复.2010,14(10).1855—1860

陈红.人酪氨酸羟化酶催化核心 DNA 片段的克隆与表达,1998.5(学位论文)

Of Monkeys and Men: Analysis of the Phase 2 Double-Blind, Sham-Surgery Controlled, Randomized Trial of AAV2-Neurturin Gene Therapy for Parkinson's Disease
著者: Huddleston, Daniel E.; Factor, Stewart A.
资料来源: Current Neurology and Neuroscience Reports 11, no. 4 (2011): 345—348

An Update on Gene Therapy in Parkinson's Disease
著者: Marks, William J.; Marks, William J.
资料来源: Current Neurology and Neuroscience Reports 11, no. 4 (2011): 362—370

VEGF-expressing human umbilical cord mesenchymal stem cells, an improved therapy strategy for Parkinson's disease
著者: Xiong, N; Zhang, Z; Huang, J, 和其他
资料来源: Gene Therapy 18, no. 4 (2011): 394—402

A Stable Producer Cell Line for the Manufacture of a Lentiviral Vector for Gene Therapy of Parkinson's Disease
著者: Stewart, Hannah J.; Fong-Wong, Liang; Strickland, Iain, 和其他
资料来源: Human Gene Therapy 22, no. 3 (2011): 357—369

（5）调整检索结果

通过分析上述检索结果，发现上述文献多为帕金森病及其基因治疗的理论研究内容，缺少临床治疗方面的描述与分析，因此修订检索策略，主要补充查询有关"临床治疗"方面的文献以及病历等。具体检索结果略去。

【示例三】杜威的知识论研究[①]

（1）开题报告

研究杜威的文献很多，但目前还很少有专门研究杜威的知识论的，因此该选题具有新颖性。通过初步的资料查询发现这方面的研究只有较少的英文文献可供参考，且多是研究杜威而顺带提及其知识论的，所以该选题有较大的写作空间。

课题分析和检索策略

学科：哲学；

查询的年代范围：所选数据库的全部年限；

语种：主要为中文和英文；

检索式：该选题的主要关键词包括杜威、知识论、认识论、知识、认识；Dewey, John、knowledge theory、knowledge，检索式可进行如下表达：

杜威＊（知识论＋认识论）；

杜威＊（知识＋认识）；

Dewey, John AND knowledge theory;

---

① 选自北京大学《电子资源检索与利用》课程学生作业。

Dewey, John AND knowledge 等。

(2) 参考资源和检索工具

参考数据库:《CALIS 高校学位论文数据库》、A&HCI、《北京大学学位论文数据库》、《全国报刊索引数据库》、中国人民大学书报资料中心《中文报刊资料索引数据库》等;

全文数据库和全文电子期刊系统:如 PRL、ASP、Elsevier 电子期刊、中国人民大学书报资料中心《复印报刊资料全文数据库》、《文史哲》全文数据库、《中国期刊网》等;

北京大学图书馆馆藏书目记录。

检索结果

Fenstermacher, Gary D.; Sanger, Matthew. What is the significance of John Dewey's approach to the problem of knowledge?. Elementary School Journal, May98, Vol. 98, Issue. 5, pp. 467—478

Lekan-TM. Ideals, Practical Reason, and Pessimism-Dewey Reconstruction of Means and Ends. TRANSACTIONS OF THE CHARLES S PEIRCE SOCIETY 1998, Vol 34, Iss 1, pp. 113—147

Rockwell, Teed. Experience and Sensation: Sellars and Dewey on the Non-cognitive Aspects of Mental Life. ESSAY-ENGLISH-♯011009-77

(3) 调整检索结果

通过分析检索结果,发现确如开题报告中所指出的,在这个选题中可供参考的资料不多。其中最主要是因为这是一个社会科学的课题,应该基于对历史和思想史的研究进行,因此应更多地阅读与研究原著和其他一些专著。

调整检索策略,重点在北京大学图书馆馆藏书目记录中查询杜威及其研究者的专著。下面列出一些专著目录:

希尔(美,Hill, Thomas English)著;刘大椿等译.《现代知识论》(*Contemporary theories of knowledge Contemporary theories of knowledge*).北京:中国人民大学出版社,1989.1

Casey Haskins and David I. Seiple. Dewey Reconfigured: Essays on Deweyan Pragmatism. Eds. State University of New York Press

杜威(美,Dewey,J.)著;姜文闵译.《我们怎样思维 经验与教育》.北京:人民教育出版社,1991.3

杜威著.《杜威五大讲演》.北京:晨报社,民国9[1920]

杜威著;许崇清译.《哲学的改造》.北京:商务印书馆,1958

杜威著;付统先译.《经验与自然》.北京:商务印书馆,1960

2.5 如何进行情报分析和研究

2.5.1 特点分析及相应的解决方法

与其他数字信息资源利用项目相比,情报分析和研究项目在对资料的获取、深度研究和利用、整理分析方面有更高层次的要求,具体表现在如下方面:

(1) 课题规模一般较大,决策性课题居多,需要全面并深度地搜集资料,还需要对资料进行充分的整理分析。由于此类课题一般具有较强的时效性和决策性,所以搜集资料除了包括常见图书、期刊、学位论文和会议文献外,一定要查询相关的统计数据、研究报告、新闻报道等资料。资料一定要尽可能获取原始文献。

（2）需要提交咨询报告、研究报告、评估报告或决策支持报告之类的深度研究成果。这类课题需要在对文献充分分析研究的基础上，撰写报告，报告必须以事实和数据为基础，还要论证充分、结构严谨，类似于科技成果查新，但此类课题以人文社科领域居多，要在资料调研、搜集和分析的基础上得出明确的结论，供相关评审或决策部门/人员参考。例如北京大学图书馆曾经承接的国家发展与改革委员会的关于护工劳务输出的课题，就是要通过调研国内短期培训上岗护工的人数和技能、培训机构和资质以及国外对这种护工的需求等情况，做出是否对国外进行护理人员劳务输出的决策。这个决策一定要有事实依据，要经过充分的分析和论证。

2.5.2 情报分析和研究案例

【示例】世界各国高等教育毛入学率的比较分析①

委托单位：国家教育部。

委托时间：2007年2月。

关键词：高等教育，毛入学率。

要求：需要查找世界主要国家毛入学率情况，并完成分析报告。报告应评析世界各主要国家的高等教育发展水平及相关问题，以供中国高等教育相关的发展决策参考。

课题分析和检索策略：由于委托单位提供的关键词比较简单，预检索后增加了"高教"、"高校"等同义词或近义词，"招生规模"等相关词，"美国"、"发达国家"等扩展检索词。

参考资源和检索工具：需要查询全文数据库和电子期刊等；还应重点查询统计数据库、收录研究报告的事实数据库和相关网站（例如联合国教科文组织网站）等。（检索资源清单略）

检索结果和全文获取：略。

比较分析报告：该课题完成的比较分析报告分为四个部分。

第一部分：相关概念。阐释了毛入学率（GER）、高等教育毛入学率、性别平等指数（GPI）等相关概念，并提供了概念的来源。例如毛入学率参引联合国教科文组织《全球教育要览2004：全球教育统计数据比较》，其定义为：某一级教育的在校学生总人数（不限年龄）占该级教育的理论年龄组总人口的百分比。

第二部分：世界主要国家高等教育毛入学率。列出1999—2004年世界主要国家中国、美国、德国、英国、俄罗斯、日本等的高等教育毛入学率和性别指数。

第三部分：2004年20个国家高等教育在校生数和毛入学率。列出20个主要国家2004年的高等教育在校生数（男女）及1999、2004年分别的男女毛入学率和性别指数。并据此表数据分析指出：2004年的高等教育毛入学率中，韩国的高等教育毛入学率最高，依次是美国、英国、日本等；发展中国家比发达国家低，而且相差较大；至于毛入学率的性别均衡指数，美国、英国、俄罗斯和加拿大的比较高，女生数量超过男生，日本的男生数量比女生少一些。发展中国家也普遍偏低。发展中国家有阿根廷、巴西、菲律宾接近发达国家并超过一些发达国家平均水平，最低的是埃及和印度。

根据文献分析，高等教育毛入学率的提高，与国家的GNP密切相关，应加强教育投资，以提高国家提供高等教育机会的整体水平。

---

① 选自北京大学图书馆主页"研究咨询"之大中型课题咨询案例，http://www.lib.pku.edu.cn/portal/portal/mediatype/html/group/pkuguest/page/ktzu-case.psml，2007年2月。

第四部分：相关文献和数据。列出了主要参考的全文文献的题录。节选2篇如下：

（1）邱雅. 高等教育毛入学率的国际比较[J]. 中国统计，2006，(4)。

（2）Global Education Digest 2006：Comparing Education Statistics Across the World，UNESCO。

可见，研究分析报告除了需要准确援引相关概念和数据（同时注重资料的权威性），还要对数据进行充分分析后给出相应的判断或提出有价值的建议。

2.6 如何设计教学方案并组织教参资料

2.6.1 特点分析及相应的解决方法

教学方案设计和教参资料组织项目需要密切配合教学需求，教师对于课程的目标、教学形式等一般都有明确的想法，只需要结合数字信息资源的内容和形式有效地展现老师的课程设计并提供相关的参考资料即可。具体来说要注意如下事项：

（1）要注意资料形式的多样性、生动化，一定要充分利用多媒体资料以展现教学效果。与课程内容相关的教学录像、演示和实验视频、节目视频，甚至是相关的影视戏剧音乐资料等都可以作为教学环节的参考资料，可以更加激发学生的兴趣和加深学生的记忆。

（2）教参资料一定要提供全文，并且要易于选课同学获取，当然同时也应注意知识产权的保护。电子版的期刊论文、学位论文、电子书、在线视频等，原本具有访问权限的（例如开放给校园网的资源或是网络上公开的资源），需要提供有效的最终链接，即同学通过链接可以直接定位到文献本身，而不是定位到来源数据库（这个功能有的可以通过来源数据库本身的发送链接功能实现，有的可以通过教参系统实现，或者也可以通过自己开发小程序、写参数等方式实现）；印刷型的图书或期刊文献、物理载体的录像带或光盘等根据需要可以加工为数字化版本，通过学校的网络教学平台等进行权限控制，供选课同学在线浏览或下载使用。

2.6.2 教学方案设计和教参资料组织案例

【示例】英语视听课程的多媒体、多模态教学设计和资源①

（1）教学设计

数字时代的英语教育目标是多元读写能力（multiliteracies）；多媒体、多模态互动转换。老师引入建构主义学习理论"从做中学"（learning by doing）（杜威）、支架式教学理论（Scaffoldings）（维果斯基），并为学生设计建构主义学习环境，要求学生完成有意义的多媒体、多模态互动转换学习任务，充分利用图书馆和网络上的各种资源。

（2）课题分析

老师希望选择一部英文原版影片，进行配音表演和影评讨论，并要阅览相关的文化拓展资料等，来完成学习任务、同时也实现老师的教学目标。

（3）全文教参资料获取

① 电影：《春风化雨》（*Dead Poets Society*，也译作《死亡诗社》）：这是1989年获得奥斯卡最佳剧本奖的影片，讲述的是50年代末的美国，青年学生受到他们爱戴的老师的启发，重建了老师在学生时代曾经主持过的一个诗歌团体——死亡诗社（Dead Poets Society），经常在山

---

① 选自张薇（北京大学英语系）在"多媒体学术资源建设暨服务共享空间研讨会"上的发言PPT：数字多媒体资源在英语教学中的应用，2007年10月30日。

洞里举行诗歌朗诵活动。基汀(John Keating)老师独特的教学方式,使学生们耳目一新。基汀大胆挑战狭隘的教学方法,启发学生的学习积极性和对生活的热爱,受到学生们的拥戴。但这些是为崇尚"传统、荣誉、纪律、卓越"的校方所不允许的,尤其当热爱戏剧的尼尔因理想在"传统"的压力下幻灭而自杀时,校方与尼尔父母将责任推之于基汀的影响,基汀被迫辞职,在基汀离校时,诗社成员不顾一切,充满感情地向老师表示爱戴与友情。(影片由图书馆转换为流媒体,在该课程开设的 2007 年秋季学期面向选课同学开放点播)

② 影评:Shaking Up a Boys' School With Poetry. CANBY, VINCENT. New York Times. (Late Edition (East Coast)). New York, N. Y.: Jun 2, 1989. pg. C. 8(《纽约时报》上刊载的影评。来源数据库:PRL,北京大学图书馆订购,北京大学校园网访问网址:http://proquest.umi.com/pqdweb? index=0&did=961825341&SrchMode=1&sid=3&Fmt=3&VInst=PROD&VType=PQD&RQT=309&VName=PQD&TS=1193645141&clientId=3490)

③ 文化拓展:电影中死亡诗社的"宝书"扉页上有一段话:I went into the woods because I wanted to live deliberately. I wanted to live deep and suck out all the marrow of life...; and not, when I came to die, discover that I had not lived,源自梭罗的《瓦尔登湖》,可以说梭罗的人生哲学是这部电影的灵魂,所以老师要求学生拓展阅读下列相关资料。

- (美)亨利·戴维·梭罗(Thoreau, Henry David)著;徐迟译. 瓦尔登湖. 上海:上海译文出版社,1982。(该著作有很多中文版本,网友评价显示徐迟的译文比较受到肯定;该书再版多次,年代版本同学可以根据文献借阅状态自由选择。也可直接选择英文原版。北大图书馆均有收藏)
- 来自旷野的激励,美国的 AIMA MultiMedia 拍摄的视频短片,摘录了梭罗的作品片段,细致地表现了梭罗的生活哲学,使人惊叹于梭罗思想的经久不衰。(来源:《知识视界视频教育资源库》,北京大学图书馆订购,校园网访问)
- The Thoreau Reader:Annotated works of Henry David Thoreau,关于梭罗的注释读物网站,有梭罗的所有作品、相关的研究和评论文献等,http://thoreau.eserver.org/default.html(国际网公开资源)
- William Hope 朗读. 梭罗:湖滨散记(THOREAU:Walden),NAXOS AudioBooks 发行,专辑号:NA423212,发行时间:12/06/2001。(来源:《KUKE 数字音乐图书馆》——有声读物,http://edu.kuke.com/kuke/spoken/categoryone/NA423212/112/,北京大学图书馆购买,校园网访问)
- ……

教参资料涉及形式多样,来源众多,需要根据教学要求全面地搜集原始资料并准确、合法地提供资源访问渠道。

第三节 文献管理与数据分析应用

本书前面介绍了如何查找资料,随着电子资源的蓬勃发展,查到的资料越来越多,如何管理这些资料?如何继续方便获取相同学科和主题的资料?如何利用已有数据对科研的成果、发展状况、水平进行分析和评估?参考文献管理系统以及数据统计分析软件、科研评估平台便应运而生,提供了解决方案。

3.1 参考文献管理软件的功能与比较

参考文献管理软件又叫书目管理软件,是一种具有文献检索与整理、引文标注、按格式要求生成参考文献列表等强大功能的软件[①];早期只是为研究者管理个人文献资料,而且都是以软件的形式安装在个人计算机上使用,如被大家熟悉的 Endnote、Reference Manager、NoteExpress 等。随着网络资源不断的丰富以及用户需求的不断发展,参考文献管理工具的功能越来越强大,特别是网络版的推出,使参考文献管理工具逐步发展成为建立个人图书馆(或者说个人数据库)的一条有效途径。

3.1.1 参考文献管理软件的主要功能

(1) 建立并维护个人的书目数据库

用户按照自己的学科或者主题需求,通过手工输入、批量导入或从文献数据库批量下载数据后,就可以在参考文献管理软件中建立并维护个人的参考文献数据库,或者说书目库。

用户可以按字段对个人书目数据库进行检索,例如用关键词、作者、标题等以布尔逻辑查询记录,并有数据库的一般管理功能如排序、增删记录等。

用户也可以不断通过增加、删除、编辑数据,对数据进行排序、去重等,来维护更新数据库。

用户还可以将数据库内的数据进行自动分组、统计分析、形成统计图表等,并可管理子文件夹和用户的各种附件。

(2) 在字处理软件中自动生成论文的参考文献格式化索引

参考文献管理软件能减轻排版工作量、加快产生研究报告的速度。在编辑器(比如 MS Word)中可以按照各种期刊杂志的要求自动完成参考文献引用的格式化。同一篇论文可以按照多家期刊的格式要求多次输出,需要做的仅仅就是按一个按钮,而不需要手工重新调整参考文献列表格式。

(3) 可以直接检索网络数据库

大多数的参考文献管理软件都可以直接检索数据库,并将检索结果保存到用户自建的数据库中。

(4) 个人知识管理

大多数的参考文献管理软件可以带附件和个人笔记,这样就可以管理硬盘上的所有文件,可以作为强大的个人知识管理系统,对用户的显性知识进行整理,对知识结构做自我评估,还可以加强个人隐形知识的管理与开发。

(5) 提供了合作共享的科研社区功能

随着参考文献管理软件、特别是网络版的广泛应用,越来越多的研究团队、组织利用这类软件建立自己的科研社区,共享资源,开展学术交流,建立基于网络的科研社区,促进了知识的创新和发展。

3.1.2 网络版与单机版参考文献管理软件的比较

(1) 安装和更新:单机版参考文献管理工具是将软件安装到个人计算机上,主要供个人使用,随着版本的升级需要经常更新;网络版不需要在个人电脑上安装软件,放在服务器端,可

---

① 见参考文献 8。

在任何一台联网的计算机上使用,不受空间和时间的限制,其版本的升级也是在服务器端自动完成,用户不需要任何操作。

(2) 离线/连线使用:单机版的参考文献管理工具可以在没有网络条件的情况下使用;而网络版则严重依赖网络。

(3) 文件分享:对于单机版用户,如果用户之间想要分享参考文献信息,只能将整个文件直接传送给其他人,有时候一个文件可能有成千上万笔文献资料,管理或交换起来也是非常麻烦;而网络版的参考文献管理工具,就能够通过网络分享个人或者组织的文献信息。

(4) 某些单机版参考文献管理工具,对集团用户采用IP方式来控制,如果其用户出差或者去外地,即使带上自己的电脑,也不能使用;而对于网络版参考文献管理工具来说,就没有这一障碍。

3.2 常用参考文献管理软件介绍

3.2.1 NoteExpress

3.2.1.1 简介

NoteExpress 是单机版的参考管理软件,由北京爱琴海软件公司开发,目前已经成为中国文献管理软件市场上的第一品牌。NoteExpress 提供了以文献的题录为核心的科研模式,先阅读题录、文摘后,读者再有针对性地下载有价值的全文。这样既提高了电子数据库的利用率,避免了恶意下载,又节约了读者的时间。NoteExpress 的主要功能有:

(1) 查重及去重,避免重复下载和重复阅读。

(2) 可以方便地建立文件夹对文献进行归类。也可以使用软件中的标识功能对文献进行进一步的整理。同时还可以方便地为每条文献条目添加 PDF、CAJ、超星、DOC 等任何格式的附件或批量对文献添加附件。

(3) 具有方便且丰富的笔记功能,可以随手记录下用户的研究想法,而且每篇笔记和原始文献之间可以相互链接,方便读者随时记录和查阅,大幅度提高研究效率。

(4) 具有批量编辑、检索功能,而且多分类管理功能可以帮助用户迅速定位某篇文献。

(5) 内置 1 600 种国内外常见学术期刊、学位论文等文献样式,可以方便快捷地生成参考文献。论文及学术著作等对参考文献格式有严格要求,如果手工插入引用的文献,仅字体、引文顺序的调整就要耗费很多时间,更不用说不同参考文献格式的调整和校对了,这个过程相对枯燥且费时。通过 NoteExpress,用户可以随时插入要引用的文献信息,且自动生成所需参考文献格式。因此当用户改投文章需要调整参考文献格式时,可以非常方便地进行一键转换,这样既提高了写作效率,又符合相关投稿规范。

3.2.1.2 使用方法

(1) 新建自己的数据库

安装后默认的示例数据库为"sample.ned",保存在 NoteExpress 安装目录下。新建自己的数据库步骤,如图 11-1 所示。

第十一章 数字信息资源的综合利用

图 11-1　新建数据库流程

（2）建立个人题录数据库

参考文献的标题、作者及相关摘要、关键词等信息即通常所说的文献，在 NoteExpress 中称为题录，存储在数据库节点下的题录（References）文件夹，如图 11-2 所示。

图 11-2　建立个人题录数据库

建题录数据库，一方面是为了写作时，能实时插入题录作为文中标引；另一方面，多数文章看摘要，少数文章看全文是一种良好的科研习惯，可以节约科研工作者的宝贵时间。NoteExpress 中通过给题录添加附件的方式管理参考文献的原文。

新建题录有以下 3 种方式：
① 手工建立；
② 文献数据库检索结果批量导入；
③ 从在线数据库检索后直接导入。

（3）利用 Word 和 NoteExpress 撰写论文

NoteExpress 与 Word 可以兼容，写作时随时可将参考文献题录作为文中注释插入文章中，并且在文章末尾按照各个期刊杂志的格式要求自动生成参考文献列表。

NoteExpress 安装后，如果计算机上有 Word 字处理软件，则会自动安装一个 Word 插件，如图 11-3 所示。

图 11-3　NoteExpress 的 Word 插件

使用 Word 时，如果想插入注释或者参考文献，具体步骤如下：
① 将鼠标移至想插入文中注释处，单击鼠标左键；
② 选择 Word 插件上的按钮"切换到 NoteExpress"，打开 NoteExpress；
③ 在 NoteExpress 主界面的选中"题录"文件夹，然后鼠标单击选中右侧题录列表中的某条题录；
④ 单击 Word 插件列表中的"插入引文"按钮，上面选中的文献自动插入，第一次使用 NoteExpress，软件默认是采用"作者年份制（Author-Date）"输出样式；
⑤ 如果需要其他的输出样式，单击 Word 插件上的按钮"格式化参考文献"，在"格式"窗体中单击"浏览"按钮，选择要使用的输出样式，单击"确定"按钮。

3.2.2　RefWorks

3.2.2.1　简介

RefWorks 是网络版的参考文献管理软件，由 RefWorks 公司开发。RefWorks 公司是美国剑桥信息集团的一个分支，也是 CSA（剑桥科学文摘）公司的姊妹公司。该公司于 2001 年由参考文献管理领域的一些专家组建而成，致力于为研究者提供创建、管理参考文献和合作共享等方面的解决方案。

RefWorks 基本功能：

（1）个人的网上图书馆：只需要一台联网的电脑，用户便可以随时、随地创建个人的参考文献数据库，将中外文数据库、图书馆馆藏数目数据库、Google 学术搜索、聚合推送服务（RSS）等各种类型的资源中查找到的有价值的参考文献保存到 RefWorks 个人数据库中，并可对这些参考文献进行管理、检索、使用；

（2）参考文献生成器：无论撰写毕业论文，还是撰写学术论文，用户只需单击鼠标，就可以在文稿中插入参考文献标识，文稿完成后，自动生成符合要求的文后参考文献，还可以按需要多次修改文稿和生成文后参考文献。

Refworks 支持包括中外文在内的数百种在线数据库的数据导入,支持各个学科领域、各学校学位论文的参考文献输出格式。与世界范围内包括清华同方、万方、BioOne、EBSCO、Elsevier、Google Scholar、Ei、OCLC、Ovid 及 ProQuest 等在内的很多国内外知名的数据服务提供商建立了合作关系。

Refworks 网址:http://www.refworks.com/

3.2.2.2 使用方法

(1) 登录 RefWorks

如图 11-4 所示,首次登录需要先注册个人账户,注册的时候电子邮件地址必须填写正确。

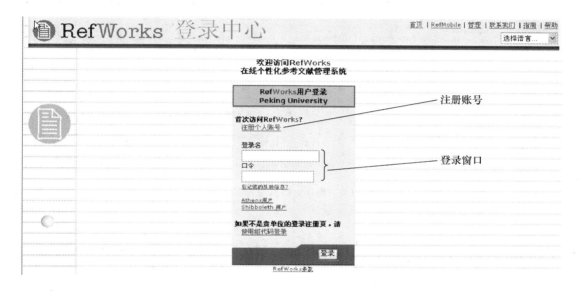

图 11-4　Refworks 登录

(2) 建立个人数据库

建立个人数据库有 3 种方式:直接从数据库批量导入参考文献;从文本文件批量导入参考文献;手工输入参考文献。直接从数据库导入参考文献比较简单,现在大部分的数据库和 RefWorks 都有链接,检索到文献后手工输入参考文献和批量导入参考文献如图 11-5 所示。

(3) 利用个人数据库中的参考文献撰写论文

RefWorks 有两种方式生成参考文献,第一种方式是从在线的参考文献中生成,另外一种是使用 Write-N-Cite 生成。

从在线的参考文献中生成(如图 11-6 所示):在"参考书目"下选取论文参考文献格式,选择"书目以参考文献列表为基准"和"待新建的文件类型",指定生成的参考文献来自的文件夹,最后用"创建书目"自动生成,然后保存书目。

图 11-5 Refworks 登录后的页面

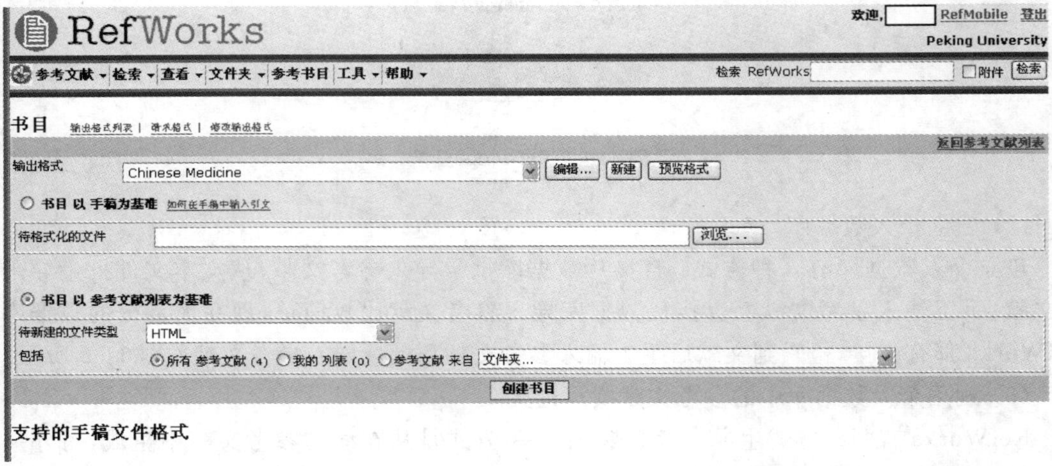

图 11-6 Refworks 在线生成参考文献

使用 Write-N-Cite 生成：使用前，须下载并安装 Write-N-Cite 程序，在 RefWorks 页面上可以下载安装，之后 Write-N-Cite 就出现在 Word 的工具栏中。

在线状态下生成参考文献：在 Word 工具栏中单击 Write-N-Cite 后登录，输入 RefWorks 的账号/密码。如要使用指定文件夹中的书目，可选择"View-Folder"。撰写文章时，在需要插入参考文献注释的地方，从 Write-N-Cite 界面中选择相应的书目数据，使用"Cite"按钮即可将书目数据插入到 Word 中。文章撰写及参考文献插入完成后,选择"Bibliography"以及所需的参考文献格式,使用"Create Bibliography"就可以格式化文章及其参考文献了。格式化后文章的文件名在原来名字的前面加上 final-以示区别。

离线状态下生成参考文献:使用"参考文献-导出",选定参考文献来源和导出格式"Citation List",最后"导出到文本文件"。在离线状态下撰写论文时,只要在需要的地方将该清单提供的参考书目所对应的 ID 号手工录入,并用{{}}括起来,然后回到在线状态,使用 Write-N-Cite 将所撰写的文章进行格式化,就可以按需要的格式生成参考文献了。

3.2.3 EndNote 以及 EndNote Web

3.2.3.1 简介

EndNote 最初只是单机版,为了适应 WEB2.0 的发展,抢占网络客户,EndNote 推出了网络版——EndNote Web,由汤森路透公司和汤森软件研究中心一起推出的,主要定位于为各种校园用户提供服务。用户可以通过个人的网上账户输入并编辑参考文献,在论文中引用这些参考文献或建立书目。

EndNote Web 目前已经和 ISI Web of Knowledge 平台整合到了一起,本节主要介绍 EndNote Web。

3.2.3.2 使用方法

(1)登录 EndNote Web

用户在 ISI Web of Knowledge 平台注册登录以后,即可使用"我的 EndNote Web",如图 11-7 所示。

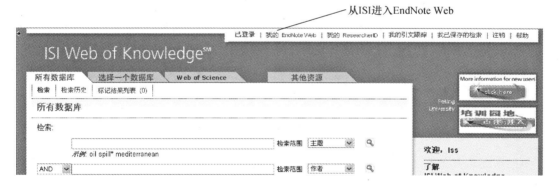

图 11-7 从 ISI 进入 EndNote Web

进入 EndNote Web,在"我的参考文献"页面可看到已建立的资料。由于 EndNote Web 与 ISI Webof Knowledge 结合,每一笔由 ISI Web of Knowledge 数据库中进入到 EndNote Web 的文献,都可以通过可通过单击"来源文献记录",直接进入数据库查看其详细书目资料(参见图 11-8)。

(2)建立个人数据库

有 3 种方式建立参考文献库:新建参考文献(手工录入),在线检索,导入参考文献(参见图 11-9)。

将 Web of Knowledge 的记录导入 EndNote Web 很简单,选取需要的文献后,使用"保存到 EndNote Web",即可将参考文献导入至 EndNote Web 中。

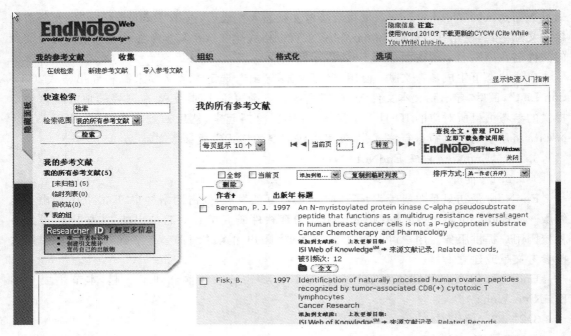

图 11-8　EndNote Web 登录后的首页

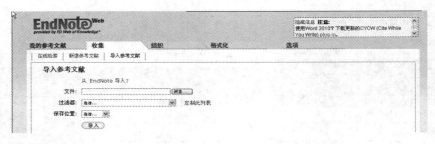

图 11-9　EndNote Web 建立个人数据库功能

如果需要将其他数据库或其他文献管理软件的文献导入至 EndNote Web，可使用"收集→导入参考文献"功能。先从其他数据库中查到的文献资料储存成纯文本文件后，导入参考文献，选取所需格式，导入即可。

（3）利用 EndNote Web 的参考文献撰写论文

在使用 Word 撰写论文时，使用 EndNote Web 插件可以自动插入参考文献并设置引文和书目的格式，使用前需要先下载安装 Cite While You Write 插件。安装好的插件功能如图 11-10 所示。

使用步骤如下：从 Word 工具选单 → 选择 EndNote Web → 选择 Find Citation(s) → 在 EndNote Web Find Citations 窗口输入要查询的参考文献（如果没有登录 EndNote Web，会先要求输入个人账号及密码登录），使用"Insert"可在文章内文中插入该篇参考文献。也会在文章最后生成参考文献列表。如果要改变参考文献的引用格式，选择图 11-10 中的"Format Bibliography"进行改变。

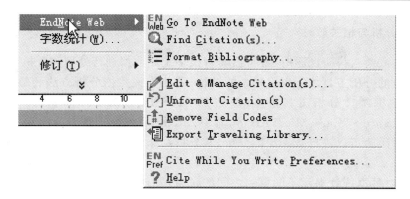

图 11-10　EndNote Web 在 Word 页面的插件

3.2.4　网上免费的参考文献管理工具介绍

3.2.4.1　Connotea

Connotea 是 NPG(Nature Publishing Group)旗下的一个网站,2004 年设计开发,并在同年 12 月开放。Connotea 借鉴当前流行的线上共享书签服务创意,专注于科研领域,并可导入桌面文献管理软件的数据,是一个完全免费的在线文献管理工具。

网址:http://www.connotea.org/

Connotea 的功能包括:

(1) 保存和管理参考文献链接;

(2) 方便地与他人共享参考文献;

(3) 可从任何一台联网计算机获取参考文献;

(4) 只需单击鼠标就可以完成;

(5) 使用方便。

Connotea 可以将参考文献设置为公开、私有或者与特定的人群分享,每次用户保存一个参考文献到私人图书馆的时候,可以选择谁能看到这个文献,其默认方式是公开。如果选择设为私有,那其他 Connotea 用户无法看到;如果选择与特定的人群分享,用户可以浏览与自己研究方向一致的其他 Connotea 用户公开的参考文献,来发现新的文章和链接。

3.2.4.2　CiteULike

CiteULike 由 Richard Cameron 个人于 2004 年开发,是个完全免费的站点,提供给学术研究者用于在线保存和分享论文,它可以为用户自动摘录引用资料。2008 年,Springer 宣布和 CiteULike 进行合作。

CiteULike 的使用非常方便,目前能支持较多的数据库检索结果,而且也有群组注册的功能,群组功能可以保持同一实验室或者学术部门的成员之间共建共享参考文献。CiteULike 还可以浏览其他群组录入的文献(如果此群组是开放的),也可以申请加入别人建立的群组。

CiteULike 还能让使用者订阅特定期刊的目次信息,使用者可以从订阅信息中选择是否要加入自己的数据库,目前 CiteULike 包含了 1.3 万多种期刊,包括 Elsevier、Blackwell、Springer 等著名出版商的期刊。

网址:http://www.citeulike.org/

3.3 数据统计分析与相关软件

当写作论文或参与科研课题时,常常需要对很多统计数据进行处理和分析,而处理和分析必须借助于专业的分析工具才能得出科学的结论,因此掌握数据分析方法和数据分析工具变得尤为重要。数据统计分析工具很多,例如 SPSS、SAS、BMDP、Microsoft Excel、Eviews、MATLAB、Clementine、Stata、MiniTAB 等,其中 Microsoft Excel 是广为大众应用的工具,而与之相比,SPSS 因为可以进行数据深度分析、其分析结果清晰、直观、易学易用而逐渐被为大众接受和应用。

SPSS 能通过数据统计揭示不同事物之间的联系,发现规律,被广泛应用于人文社会科学和其他研究领域。SPSS 软件具有强大的数据分析功能,在经济学、生物学、心理学、地理学、医疗卫生、体育、农业、林业、商业、金融等各个领域都能发挥作用,具体功能包括样本数据的描述和预处理、假设检验、非参数检验、均值比较与 T 检验、方差分析、列联表、相关分析、回归分析、对数线性分析、聚类分析、判别分析、因子分析、可靠性分析等。

下面是一个应用 SPSS 在数字图书馆研究领域进行研究趋势和热点分析的样例。

【示例】研究课题"数字图书馆十年(1999—2009)发展趋势与热点分析"

样本数据:1.65 万条(全部为来源于中外文期刊数据库的格式化的期刊论文数据)。

统计分析方法:

(1)选取样本中的关键词字段,将所有关键词作为唯一变量导入 SPSS;(2)选择 SPSS 分析功能中的"描述分析"、选择"频率",对所有关键词进行频率汇总,得到频率最高的前 100 个关键词;(3)为了体现不同年代以及不同地区的高频率关键词的变化,"描述分析"针对外文文献、1999—2002 年中文文献、2003—2006 年中文文献、2007—2009 年中文文献分别进行,并因此分别得出了不同的关键词频率统计结果,在对统计得出的高频关键词进行人工归并汇总的基础上,最终得出了国内外数字图书馆1999—2009 年研究热点(参见表 11-1)。

表 11-1　国内外数字图书馆近 10 年研究热点

总研究热点		1999—2002 年 研究热点	2003—2006 年 研究热点	2007—2009 年 研究热点
中国	国外			
信息服务	Information retrieval	信息服务	信息服务	信息服务
信息检索/信息技术	Information services	信息检索	信息检索	信息检索/信息技术
信息资源	Publishing	网络	元数据	Web2.0
元数据	Reference services	元数据	信息资源	信息资源
知识管理	Information technology	信息资源	参考咨询	本体
资源共享	User studies	资源共享	网络	知识管理
参考咨询	Knowledge management	图书馆自动化	本体	开放存取
本体	Metadata	电子图书馆/虚拟图书馆	知识管理	个性化服务
信息组织	Personalization	信息技术	信息组织	资源共享
知识产权	Collection development	信息资源建设	资源共享	知识产权

续表

总研究热点		1999—2002 年 研究热点	2003—2006 年 研究热点	2007—2009 年 研究热点
中国	国外			
个性化服务	Information systems	知识管理	知识产权	参考咨询
数字化	Library management	图书馆员	数字化	信息组织
Web2.0	Cataloguing/Catalogue	引文分析	CALIS	数据挖掘
数据挖掘	Digital rights management/Copyright	发展趋势	个性化服务	网络信息计量学
信息资源建设	Standards	读者服务	数据挖掘	比较研究
引文分析	Information literacy/Training	信息组织	长期保存	长期保存
比较研究	Information management	比较研究	信息资源建设	元数据

SPSS 还可以实现很多的数据统计分析功能,世界上许多有影响的报刊杂志就 SPSS 的自动统计绘图、数据的深入分析、使用方便、功能齐全等方面给予了高度的评价与称赞,熟练掌握 SPSS 可以很好地帮助相关学科领域的科学研究。SPSS、SAS 和 BMDP 被并称为国际上最有影响的三大软件统计包,BMDP 是 Bio Medical Data Processing 的缩写,是一个大型综合的数据统计集成系统,从简单的统计学描述到复杂的多变量分析都能应付自如;SAS 是美国 SAS 软件研究所研制的一套大型集成应用软件系统,提供的主要分析功能包括统计分析、经济计量分析、时间序列分析、决策分析、财务分析和全面质量管理工具等。三大系统中,BMDP 目前的发展处于停滞状态,1991 年以后没有版本更新,后来更被 SPSS 收购,不过在国外仍有影响力,很多大学相关领域的教学包含其内容;SAS 软件则在近几年有更广泛的应用,在全世界成为专业研究人员进行统计分析的标准软件,但由于 SAS 系统的操作以编程为主,人机对话界面不太友好,系统地学习和掌握 SAS,需要花费一定的时间和精力。

其他统计软件中,MATLAB 是美国 MathWorks 公司出品的商业数学软件;Eviews 是 Econometrics Views 的缩写,通常称为计量经济学软件包;Clementine 是 ISL(Integral Solutions Limited)公司开发的(后来被 SPSS 公司收购)数据挖掘工具平台;Stata 是一套提供数据分析、数据管理以及绘制专业图表的完整及整合性的统计软件;MiniTAB 是 6-sigma 公司的质量管理和实施软件工具;此外,Microsoft Excel 因可以进行各种数据的处理、统计分析和辅助决策操作,也广泛地应用于管理、统计财经、金融等众多领域。

3.4 基于文献计量的科研分析评估平台

随着科研的不断发展,大量的科研院所、高校、学术文献出版机构、科研个人都希望能够对科研成果、科研水平有个客观、科学和量化的评价,以便能够实时跟踪机构的研究产出和影响力,将自身的研究绩效与其他同类机构或者个人、以及全球和学科领域的平均水平进行对比,发掘机构内具有学术影响力和发展潜力的研究人员,并监测机构的科研合作活动,以寻求潜在的科研合作机会。

在这种情况下,基于文献计量的科研分析评估平台便产生了。以美国汤森路透公司的 Incites 平台为例,这是一个基于 Web of Science 引文数据建立的、经过数据清理与机构名称规范化处理生成分析评估结构的平台(也可称数据库),其呈现的不止是机构(或国家/地区)论文和引文的数量,更包含全球学术论文的平均影响力水平、各学科的基准数据、高影响力论文百分比和各种相对指标等,能够帮助用户进行科研绩效评估分析,以数据和信息支撑高校发展战略规划与管理帮助。

目前较常用的、基于文献计量的科研分析评估平台主要有美国汤森路透公司的 Incites 平台,以及荷兰爱思维尔公司的 Spotlight 平台,后者是基于收录有 1.9 万种期刊的 Sciverse Scopus 期刊文摘和引文数据库进行科研分析评估的。

以 Incites 为例,此类科研分析评估平台的基本功能包括:

(1) 定制数据模块:研究绩效分析报告(research performance profiles)

这部分报告的数据基于用户的定制,从微观层面揭示机构的学术成果、论文引用及其合作情况。用户可以定制机构、个人、主题、期刊的论文数据集,或者根据作者姓名和院系定制(author-based)机构数据集。由机构为汤森路透提供作者姓名、院系(或学科)列表和论文列表(可选),汤森路透将基于此列表建立定制数据集(用户可以选择定制论文来自 3 个引文索引(SCI、SSCI 和 A&HCI)或 5 个引文索引(SCI、SSCI、A&HCI、CPCI-S 和 CPCI-SSH)。

基于定制数据,用户能够实现对机构中作者、研究团队、院系以及机构整体的全面分析,为机构中学术带头人成果展示、学术团队研究实力分析、院系研究成果统计、合作机构的评估、基金资助强度等方面提供计量分析结果。具体来说,该板块的分析指标有:论文数量(Web of Science documents)、总被引频次(times cited)、篇均被引频次(cites per document)、h 指数 (h index)、被引频次中位数(median cites)、第二代被引频次(2nd generation citations)、施引文献篇均被引频次(2nd generation citations per citing document)、平均百分位(average percentile)、学科相对影响力(category actual/expected citations)、期刊相对影响力(journal actual/expected citations)、学科指数(disciplinary index)、跨学科指数(interdisciplinary index)、高被引论文分布(high impact paper distribution)等等。

该板块的设置比较灵活,既可以根据自身的研究需求生成某种自定义报告,也可生成机构总体情况的报告,后者包括概括性报告、研究成果报告、合作网络报告、优势学科报告、趋势和时间序列分析报告、影响力和引用排名报告。

(2) 预置数据模块:国际视野的对比分析报告(global comparisons)

这部分报告是数据库的内置数据,从宏观层面提供国际间、机构间的学术影响力对比分析。

其中,国际间比较的基础数据是全球 170 多个国家与若干个地区在各学科领域的综合科研效绩评估指标,以图和表格两种形式提供以下三种类型的信息:最多 50 个国家/地区在各主题的发文和引文情况的对比(如图 11-11 所示);某一国家/地区在全部主题领域的发文和引文情况;某一国家/地区在某个主题领域的发文和引文情况。机构间的对比分析亦然。具体分析指标包括:论文数量、总被引频次、篇均被引频次、被引用率(% documents cited)、相对影响力(impact relative to world)、相对于相应学科领域的影响力(impact relative to subject area)、相对于所属机构的影响力(impact relative to institution)、相对于所属国家/地区的影响力(impact relative to country/territory)、占全球论文总数百分比(% documents in world)、占相应学科领域论文总数的百分比(% documents in subject area)、占所属机构论文总数的百分比

(% documents in institution)、占所属国家/地区的百分比(% documents in country/territory)、相对被引用率(% documents cited relative to world)、相对于相应学科领域的被引用率(% documents cited relative to subject area)、相对于所属机构的被引用率(% documents cited relative to institution)、相对于所属国家/地区的被引用率(% documents cited relative to country/territory)、综合绩效指标(aggregate performance indicator)。

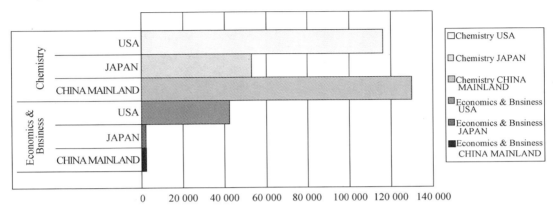

图 11-11　近五年中国大陆、日本和美国在化学与经济学领域的发文量对比

（3）提供机构概况(institutional profiles)

这一板块提供全球将近五百家机构的相关情况,涉及财政收入、学术声誉、科研产出、规模等信息,并能在选择指标和学科后生成相应的分值雷达图。此外,还可以比较最多五个机构在某些指标方面的得分,但是只能分机构和指标单独显示,不能在一个雷达图中同时显示各机构在某一指标上的得分,因此直观感较弱。

从上述 Incites 的功能可以看出,科研分析评价平台的分析评估功能灵活多样,使用便捷,评价指标更多,侧重基于检索的评价结果呈现,可以生成大量的图形和表格,并提供多种格式(PDF、Excel 等)的分析评估报告,比较清晰、直观。

但需要注意的是,目前 Incites 和 Spotlight 都是基于单一数据库来进行分析评价的,在全面性和客观性上较差,针对这一点,很多图书馆都综合运用多种分析评估工具来开展科研竞争力分析,例如北京大学图书馆完成的《北京大学科研实力分析报告》(2011 年)就是基于中外文等多种文献源和科研分析评估平台完成的,做到了全面、客观、科学,如实地反映了北京大学的科研发展水平和问题。

参 考 文 献

1. 方正,廖梅,杨琼,谢立虹. 社会科学信息检索与利用. 长沙:中南大学出版社,2000.
2. 蒋永新,叶元芳,蒋时雨. 现代科技信息检索与利用. 上海:上海大学出版社,1999.
3. 赵燕群等. 文献信息检索与利用,第九章. 广州:广东高等教育出版社,1997.
4. 科技查新教程编写组. 科技查新教程. 北京:机械工业出版社,2001.
5. 张焕. 概论科技查新工作. 山东图书馆季刊,2001(1),p.18—21.
6. 教育部科技发展中心. 科技查新机构管理办法. [2011-10-16]. http://www.cutech.edu.cn/cn/kjcg/cgcx/webinfo/2003/01/1180054675664633.htm.

7. 教育部科技发展中心. 科技查新规范. [2011-10-16]http://www.cutech.edu.cn/cn/kjcg/cgcx/webinfo/2003/05/1180054675658201.htm.
8. 陈定权,刘颉颃. 参考文献管理软件评析与展望. 现代图书情报与技术,2009(7—8),p. 80—84.
9. 张春红,唐勇,肖珑. 数字图书馆十年发展回顾. 大学图书馆学报,2011(4),p. 18—24.
10. 北京大学图书馆. Incite 数据库评估报告,2012.
11. 北京大学图书馆. 北京大学科研实力分析报告,2011.

学 科 索 引

数学

Academic Search Premier	34,190
Academic Source Complete	180
American Mathematical Society 电子期刊	253
AMS 电子期刊	253
Application Full-text and Image Database（AppFT）	382
Applied Science & Technology Plus (ASTP)	171
ArticleFirst	127
ArXiv.org	456
CALIS 外文期刊网	135,159
Cambridge Scientific Abstracts	123
Cambridge University Press 电子期刊	271
ClasePeriodica	128
Conference Proceedings Citation Index	374
CPCI	374
CSA	123
CSA Conference Papers Index	125
CSCD	138
CUP 电子期刊	271
Current Contents Connect	134
Derwent Innovations Index	379
DII	379
Ebrary	294
EBSCO eBook Collection	293
ECO	127,206
Electronic Collection Online Database	127,206
Elsevier 电子期刊	225
Espacenet Patent search	384
European Publication Server	384
FirstSearch	126,129
IG Publishing 电子图书	303
Ingenta	133,215
John Wiley 电子期刊	230
Jstor 电子期刊	265
MathSciNet	116
MyiLibrary	294
National Science and Technology Library（NSTL）	161
NetLibrary	293
NSTL 外文期刊目次数据库	136,215
NTIS Bibliographic Database	394
NTIS Database	394
OAIster Database	128
OCLC Electronic Books	128
OCLC PapersFirst	128,374
OCLC Proceedings First	128,374
OUP 电子期刊	243
Oxford University Press 电子期刊	243
Patent Full-Text and Full-Page Image Databases	382
PQDT	173,367
ProQuest Central	169
ProQuest Dissertations & Theses Database	173,367
ProQuest Illustrata Natural Sciences	171
ProQuest Research Library	30,170
ProQuest Science Journal	171
ProQuest 博硕士论文全文数据库	367
SCI	60
Science Citation Index	60
Science Online	224,245
ScienceDirect	225
SIAM 电子期刊	253
SpringerLink 丛书	302
SpringerLink 电子期刊	234
Taylor & Francis 电子期刊	236
Web of Knowledge	44,64
Web of Science	63
Wiley Online Library	231
WIPO Patent SCOPE	384
World Scientific 电子期刊	264
WorldAlmanac	127
WorldCat	126

WorldSciNet	264	American Society of Civil Engineers 电子期刊	261
CALIS 高校学位论文数据库	158,371	American Society of Mechanical Engineers 电子期刊	262
NSTL 网络服务系统	162	Application Full-text and Image Database (AppFT)	382
爱迪科森网上报告厅	413		
北大讲座/学术报告	417	Applied Science & Technology Plus (ASTP)	171
北京大学图书馆多媒体资源整合服务平台	424	ArticleFirst	127
北京大学图书馆随书光盘系统	423	ASCE 电子期刊	261
超星数字图书馆	305	ASME 电子期刊	262
超星学术视频数据库	418	ASTM 电子期刊	262
读秀知识库	315	CALIS 外文期刊网	135,159
方正阿帕比数字资源平台	305	Cambridge Scientific Abstracts	123
高等教育视频资源库	418	Cambridge University Press 电子期刊	271
国家精品课程共享资源	422	ClasePeriodica	128
国家科技成果数据库	398	Conference Proceedings Citation Index	374
国家科技成果网	398	CPCI	374
国家科技图书文献中心数据库(NSTL)	161	CSA	123
国家知识产权局专利检索数据库	387	CSA Conference Papers Index	125
科学数据库(中国科学院)	362	CSCD	138
全国报刊索引数据库	149	CUP 电子期刊	271
书生数字图书馆	305	Current Contents Connect	134
万方电子期刊	275	Derwent Innovations Index	379
万方数据知识服务平台	153,361	DII	379
万方知识视频服务系统	418	Ebrary	294
香港知识产权署专利检索系统	388	EBSCO eBook Collection	293
知识视界视频教育资源库	415	ECO	127,206
中国科技成果数据库	400	Ei	80
中国科技文献数据库	154	Electronic Collection Online Database	127,206
中国科学引文数据库	138	Elsevier 电子期刊	225
中国学术会议论文数据库(万方)	377	Emerald 电子期刊	241
中国学术期刊网络出版总库(中国知网)	32,272	Emerald 文摘数据库	115
中国学位论文数据库(万方)	372	Engineering Index Compendex Web	80
中国优秀博硕士学位论文全文数据库(中国知网)	372	Engineering Village	83
		Espacenet Patent search	384
中国重要会议论文全文数据库(中国知网)	377	European Publication Server	384
中国专利信息中心中国专利数据库	387	FirstSearch	126,129
中外专利数据库服务平台	384	ICEA	116
中文会议论文数据库(NSTL)	377	IEEE/IEE 电子期刊	260
中文科技期刊数据库	275	IG Publishing 电子图书	303
中文学位论文数据库(NSTL)	372	Ingenta	133,215
		INSPEC	37,102
		International Civil Engineering Abstracts	116

工程技术/能源/科技

American Society for Testing and Materials 电子期刊	262

International Society for Optical Engineering

学科索引

电子期刊	263
International Society for Optical Engineering 会议录	377
John Wiley 电子期刊	230
MyiLibrary	294
National Science and Technology Library (NSTL)	161
Nature	249
NetLibrary	293
NSTL 外文期刊目次数据库	136,215
NTIS Bibliographic Database	394
NTIS Database	394
OAIster Database	128
OCLC Electronic Books	128
OCLC PapersFirst	128,374
OCLC Proceedings First	128,374
OUP 电子期刊	243
Oxford University Press 电子期刊	243
Patent Full-Text and Full-Page Image Databases	382
PQDT	173,367
ProQuest Central	169
ProQuest Dissertations & Theses Database	173,367
ProQuest Illustrata Natural Sciences	171
ProQuest Science Journal	171
ProQuest 博硕士论文全文数据库	367
SAGE Journals Online	239
SCI	60
Science Citation Index	60
ScienceDirect	225
SPIE 电子期刊	263
SPIE 会议录	377
SpringerLink 丛书	302
SpringerLink 电子期刊	234
Taylor & Francis 电子期刊	236
Web of Knowledge	44,64
Web of Science	63
Wiley Online Library	231
WIPO Patent SCOPE	384
World Scientific 电子期刊	264
WorldAlmanac	127
WorldCat	126
WorldSciNet	264
CALIS 高校学位论文数据库	158,371
NSTL 网络服务系统	162
爱迪科森网上报告厅	413
北大讲座/学术报告	417
北京大学图书馆多媒体资源整合服务平台	424
北京大学图书馆随书光盘系统	423
超星数字图书馆	305
超星学术视频数据库	418
读秀知识库	315
方正阿帕比数字资源平台	305
高等教育视频资源库	418
国家精品课程共享资源	422
国家科技成果数据库	398
国家科技成果网	398
国家科技图书文献中心数据库（NSTL）	161
国家知识产权局专利检索数据库	387
科学数据库（中国科学院）	362
全国报刊索引数据库	149
书生数字图书馆	305
万方电子期刊	275
万方数据知识服务平台	153,361
万方知识视频服务系统	418
香港知识产权署专利检索系统	388
知识视界视频教育资源库	415
中国机械工程科技文献数据库	154
中国建材科技文献数据库	154
中国科技成果数据库	400
中国科技文献数据库	154
中国科学引文数据库	138
中国农业科学技术文献数据库	154
中国水利科学技术文献数据库	154
中国学术会议论文数据库（万方）	377
中国学术期刊网络出版总库（中国知网）	32,272
中国学位论文数据库（万方）	372
中国优秀博硕士学位论文全文数据库（中国知网）	372
中国有色金属科技文献数据库	154
中国重要会议论文全文数据库（中国知网）	377
中国专利信息中心中国专利数据库	387
中外专利数据库服务平台	384
中文会议论文数据库（NSTL）	377
中文科技期刊数据库	275
中文学位论文数据库（NSTL）	372

地理/环境科学

Academic Search Premier	34,190
Academic Source Complete	180
AGU 电子期刊	264
American Geophysical Union 电子期刊	264
Application Full-text and Image Database (AppFT)	382
Applied Science & Technology Plus (ASTP)	171
ArticleFirst	127
CALIS 外文期刊网	135,159
Cambridge Scientific Abstracts	123
Cambridge University Press 电子期刊	271
ClasePeriodica	128
Conference Proceedings Citation Index	374
CPCI	374
CSA	123
CSA Conference Papers Index	125
CSCD	138
CUP 电子期刊	271
Current Contents Connect	134
Derwent Innovations Index	379
DII	379
Ebrary	294
EBSCO eBook Collection	293
ECO	127,206
EIS: Digests of Environmental Impact Statements	125
Electronic Collection Online Database	127,206
Elsevier 电子期刊	225
Environmental Sciences & Pollution Management	125
Espacenet Patent search	384
European Publication Server	384
FirstSearch	126,129
GeoBase	118
Ingenta	133,215
John Wiley 电子期刊	230
Jstor 电子期刊	265
MyiLibrary	294
National Science and Technology Library (NSTL)	161
Nature	249
NetLibrary	293
NSTL 外文期刊目次数据库	136,215
NTIS Bibliographic Database	394
NTIS Database	394
OAIster Database	128
OCLC Electronic Books	128
OCLC PapersFirst	128,374
OCLC Proceedings First	128,374
OUP 电子期刊	243
Oxford University Press 电子期刊	243
Patent Full-Text and Full-Page Image Databases	382
PQDT	173,367
ProQuest Central	169
ProQuest Dissertations & Theses Database	173,367
ProQuest Illustrata Natural Sciences	171
ProQuest Science Journal	171
ProQuest 博硕士论文全文数据库	367
SAGE Journals Online	239
SCI	60
Science Citation Index	60
Science Online	224,245
ScienceDirect	225
SpringerLink 丛书	302
SpringerLink 电子期刊	234
Taylor & Francis 电子期刊	236
TOXLINE	125
Web of Knowledge	44,64
Web of Science	63
Wiley Online Library	231
WIPO Patent SCOPE	384
World Scientific 电子期刊	264
WorldAlmanac	127
WorldCat	126
WorldSciNet	264
CALIS 高校学位论文数据库	158,371
NSTL 网络服务系统	162
爱迪科森网上报告厅	413
北大讲座/学术报告	417
北京大学图书馆多媒体资源整合服务平台	424
北京大学图书馆随书光盘系统	423
超星数字图书馆	305
超星学术视频数据库	418

读秀知识库	315
方正阿帕比数字资源平台	305
高等教育视频资源库	418
国家精品课程共享资源	422
国家科技成果数据库	398
国家科技成果网	398
国家科技图书文献中心数据库（NSTL）	161
国家知识产权局专利检索数据库	387
科学数据库（中国科学院）	362
全国报刊索引数据库	149
书生数字图书馆	305
万方电子期刊	275
万方数据知识服务平台	153,361
万方知识视频服务系统	418
香港知识产权署专利检索系统	388
知识视界视频教育资源库	415
中国科技成果数据库	400
中国科技文献数据库	154
中国科学引文数据库	138
中国学术会议论文数据库（万方）	377
中国学术期刊网络出版总库（中国知网）	32,272
中国学位论文数据库（万方）	372
中国优秀博硕士学位论文全文数据库（中国知网）	372
中国重要会议论文全文数据库（中国知网）	377
中国专利信息中心中国专利数据库	387
中外专利数据库服务平台	384
中文会议论文数据库（NSTL）	377
中文科技期刊数据库	275
中文学位论文数据库（NSTL）	372

生物/医学

Algology Mycology and Protozoology Abstracts —Microbiology C	124
Animal Behavior Abstracts	124
Application Full-text and Image Database（AppFT）	382
Applied Science & Technology Plus（ASTP）	171
ArticleFirst	127
ArXiv.org	456
ASFA 1：Biological Sciences and Living Resources	124
ASFA Aquaculture Abstracts	124
ASFA Marine Biotechnology Abstracts	124
BA	108
Bacteriology Abstracts —Microbiology B	124
Biological Abstracts	108
Biological Sciences	123
BioMed Central	454
BioOne Abstracts and Indexes	124
BIOSIS Previews	108
Biotechnology Research Abstracts	124
BMJ Clinical Evidence Online	304
BP	108
Calcium and Calcified Tissue Abstracts	124
CALIS 外文期刊网	135,159
Cambridge Scientific Abstracts	123
Cambridge University Press 电子期刊	271
Cell	251
Chemoreception Abstracts	124
ClasePeriodica	128
Conference Proceedings Citation Index	374
CPCI	374
CSA	123
CSA Conference Papers Index	125
CSA Neurosciences Abstracts	124
CSCD	138
CUP 电子期刊	271
Current Contents Connect	134
Current Protocols	342
Derwent Innovations Index	379
DII	379
Ebrary	294
EBSCO eBook Collection	293
ECCO	300
ECO	127,206
Ecology Abstracts	124
Ei	80
Eighteenth Century Collection Online	300
Electronic Collection Online Database	127,206
Elsevier 电子期刊	225
EMBASE	112
Entomology Abstracts	124
Espacenet Patent search	384
European Publication Server	384
FirstSearch	126,129

Genetics Abstracts	124	Science Citation Index	60
Health and Safety Science Abstracts	124	Science Online	224,245
Human Genome Abstracts	124	ScienceDirect	225
IG Publishing 电子图书	303	Springer Protocols	342
Immunology Abstracts	124	SpringerLink 丛书	302
Industrial and Applied Microbiology Abstracts —Microbiology A	124	SpringerLink 电子期刊	234
		Taylor & Francis 电子期刊	236
Ingenta	133,215	Thieme 电子书	303
John Wiley 电子期刊	230	TOXLINE	125
Journal of Visualized Experiments (JoVE)	418	Web of Knowledge	44,64
Jstor 电子期刊	265	Web of Science	63
MEDLINE	93,111	Wiley Online Library	231
MyiLibrary	294	WIPO Patent SCOPE	384
National Science and Technology Library (NSTL)	161	World Scientific 电子期刊	264
		WorldAlmanac	127
Nature	249	WorldCat	126
NetLibrary	293	WorldSciNet	264
NSTL 外文期刊目次数据库	136,215	CALIS 高校学位论文数据库	158,371
NTIS Bibliographic Database	394	NSTL 网络服务系统	162
NTIS Database	394	爱迪科森网上报告厅	413
Nucleic Acids Abstracts	124	北大讲座/学术报告	417
OAIster Database	128	北京大学图书馆多媒体资源整合服务平台	424
OCLC Electronic Books	128	北京大学图书馆随书光盘系统	423
OCLC PapersFirst	128,374	超星数字图书馆	305
OCLC Proceedings First	128,374	超星学术视频数据库	418
Oncogenes and Growth Factors Abstracts	124	读秀知识库	315
OUP 电子期刊	243	方正阿帕比数字资源平台	305
Oxford University Press 电子期刊	243	高等教育视频资源库	418
Patent Full-Text and Full-Page Image Databases	382	国家精品课程共享资源	422
		国家科技成果数据库	398
Plant Science	125	国家科技成果网	398
PQDT	173,367	国家科技图书文献中心数据库（NSTL）	161
Project Muse 电子期刊	268	国家知识产权局专利检索数据库	387
ProQuest Central	169	科学数据库（中国科学院）	362
ProQuest Dissertations & Theses Database	173,367	全国报刊索引数据库	149
ProQuest Health and Medical Complete	172	书生数字图书馆	305
ProQuest Illustrata Natural Sciences	171	万方电子期刊	275
ProQuest Nursing & Allied Health Source™	171	万方数据知识服务平台	153,361
ProQuest Research Library	30,170	万方知识视频服务系统	418
ProQuest Science Journal	171	香港知识产权署专利检索系统	388
ProQuest 博硕士论文全文数据库	367	知识视界视频教育资源库	415
SAGE Journals Online	239	中国科技成果数据库	400
SCI	60	中国科技文献数据库	154

中国科学引文数据库	138
中国学术会议论文数据库（万方）	377
中国学术期刊网络出版总库（中国知网）	32,272
中国学位论文数据库（万方）	372
中国优秀博硕士学位论文全文数据库（中国知网）	372
中国重要会议论文全文数据库（中国知网）	377
中国专利信息中心中国专利数据库	387
中外专利数据库服务平台	384
中文会议论文数据库（NSTL）	377
中文科技期刊数据库	275
中文学位论文数据库（NSTL）	372

化学/化工

ACS 电子期刊	258
American Chemical Society 电子期刊	260
Application Full-text and Image Database（AppFT）	382
Applied Science & Technology Plus（ASTP）	171
ArticleFirst	127
Beilstein/Gmelin Crossfire	337
CA	88
CALIS 外文期刊网	135,159
Cambridge Scientific Abstracts	123
Cambridge University Press 电子期刊	271
CAPLUS	92
CAS REGISTRY	92
CASREACT	93
CHEMCATS	93
Chemical Abstracts	88
CHEMLIST	93
ClasePeriodica	128
Conference Proceedings Citation Index	374
CPCI	374
CrossFire	338
CSA	123
CSA Conference Papers Index	125
CSCD	138
CUP 电子期刊	271
Current Chemical Reactions	341
Current Contents Connect	134
Derwent Innovations Index	379
DII	379
Ebrary	294
EBSCO eBook Collection	293
ECO	127,206
Ei	80
Electronic Collection Online Database	127,206
Elsevier 电子期刊	225
Engineering Index Compendex Web	80
Engineering Village	83
Espacenet Patent search	384
European Publication Server	384
FirstSearch	126,129
Ingenta	133,215
John Wiley 电子期刊	230
MyiLibrary	294
National Science and Technology Library（NSTL）	161
Nature	249
NetLibrary	293
NSTL 外文期刊目次数据库	136,215
NTIS Bibliographic Database	394
NTIS Database	394
OAIster Database	128
OCLC Electronic Books	128
OCLC PapersFirst	128,374
OCLC Proceedings First	128,374
OUP 电子期刊	243
Oxford University Press 电子期刊	243
Patent Full-Text and Full-Page Image Databases	382
PQDT	173,367
ProQuest Central	169
ProQuest Dissertations & Theses Database	173,367
ProQuest Illustrata Natural Sciences	171
ProQuest Science Journal	171
ProQuest 博硕士论文全文数据库	367
Reaxys	339
Royal Society of Chemistry 电子期刊	257
RSC 电子期刊	257
SAGE Journals Online	239
SCI	60
Science Citation Index	60
Science Online	224,245
ScienceDirect	225

SciFinder	93	中国学位论文数据库（万方）	372
SpringerLink 丛书	302	中国优秀博硕士学位论文全文数据库	
SpringerLink 电子期刊	234	（中国知网）	372
Taylor & Francis 电子期刊	236	中国有色金属科技文献数据库	154
TOXLINE	125	中国重要会议论文全文数据库（中国知网）	377
Web of Knowledge	44,64	中国专利信息中心中国专利数据库	387
Web of Science	63	中外专利数据库服务平台	384
Wiley Online Library	231	中文会议论文数据库（NSTL）	377
WIPO Patent SCOPE	384	中文科技期刊数据库	275
World Scientific 电子期刊	264	中文学位论文数据库（NSTL）	372
WorldAlmanac	127		
WorldCat	126	**计算机/通讯/电子工程**	
WorldSciNet	264	Academic Search Premier	34,190
CALIS 高校学位论文数据库	158,371	Academic Source Complete	180
NSTL 网络服务系统	162	ACM 电子期刊	260
爱迪科森网上报告厅	413	ACM 会议录	376
北大讲座/学术报告	417	Application Full-text and Image Database	
北京大学图书馆多媒体资源整合服务平台	424	（AppFT）	382
北京大学图书馆随书光盘系统	423	Applied Science & Technology Plus（ASTP）	171
超星数字图书馆	305	ArticleFirst	127
超星学术视频数据库	418	ArXiv.org	456
读秀知识库	315	Association for Computing Machinery 电子期刊	260
方正阿帕比数字资源平台	305	Association for Computing Machinery 会议录	376
高等教育视频资源库	418	CAA	116
国家精品课程共享资源	422	CAID	116
国家科技成果数据库	398	CALIS 外文期刊网	135,159
国家科技成果网	398	Cambridge Scientific Abstracts	123
国家科技图书文献中心数据库（NSTL）	161	Cambridge University Press 电子期刊	271
国家知识产权局专利检索数据库	387	CCSA	116
科学数据库（中国科学院）	362	ClasePeriodica	128
全国报刊索引数据库	149	Communication & Mass Media Complete	181
书生数字图书馆	305	Computer Abstracts International Database	116
万方电子期刊	275	Computer and Communications Security Abstracts	116
万方数据知识服务平台	153,361	Computer Source	181
万方知识视频服务系统	418	Conference Proceedings Citation Index	374
香港知识产权署专利检索系统	388	CPCI	374
知识视界视频教育资源库	415	CSA	123
中国化工科技文献数据库	154	CSA Conference Papers Index	125
中国科技成果数据库	400	CSCD	138
中国科技文献数据库	154	CUP 电子期刊	271
中国科学引文数据库	138	Current Awareness Abstracts	116
中国学术会议论文数据库（万方）	377	Current Contents Connect	134
中国学术期刊网络出版总库（中国知网）	32,272	Derwent Innovations Index	379

DII	379	ProQuest Illustrata Natural Sciences	171
Ebrary	294	ProQuest Research Library	30,170
EBSCO eBook Collection	293	ProQuest Science Journal	171
ECO	127,206	ProQuest 博硕士论文全文数据库	367
Electronic Collection Online Database	127,206	Safari Tech	294
Elsevier 电子期刊	225	SCI	60
Emerald 电子期刊	241	Science Citation Index	60
Emerald 文摘数据库	115	ScienceDirect	225
Engineering Index Compendex Web	80	SPIE 电子期刊	263
Engineering Village	83	SPIE 会议录	377
Espacenet Patent search	384	SpringerLink 丛书	302
European Publication Server	384	SpringerLink 电子期刊	234
FirstSearch	126,129	Taylor & Francis 电子期刊	236
IEEE/IEE 电子期刊	260	Web of Knowledge	44,64
IEEE/IET Electronic Library (IEL)	44,202	Web of Science	63
IEEE/IET 标准文献	389	Wiley Online Library	231
IEEE/IET 会议录	376	WIPO Patent SCOPE	384
Ingenta	133,215	World Scientific 电子期刊	264
INSPEC	37,102	WorldAlmanac	127
International Society for Optical Engineering 电子期刊	263	WorldCat	126
		WorldSciNet	264
International Society for Optical Engineering 会议录	377	CALIS 高校学位论文数据库	158,371
		NSTL 网络服务系统	162
John Wiley 电子期刊	230	爱迪科森网上报告厅	413
Library and Information Science Abstracts	120	北大讲座/学术报告	417
LISA	120	北京大学图书馆多媒体资源整合服务平台	424
MyiLibrary	294	北京大学图书馆随书光盘系统	423
National Science and Technology Library (NSTL)	161	超星数字图书馆	305
		超星学术视频数据库	418
NetLibrary	293	读秀知识库	315
NSTL 外文期刊目次数据库	136,215	方正阿帕比数字资源平台	305
NTIS Bibliographic Database	394	高等教育视频资源库	418
NTIS Database	394	国家精品课程共享资源	422
OAIster Database	128	国家科技成果数据库	398
OCLC Electronic Books	128	国家科技成果网	398
OCLC PapersFirst	128,374	国家科技图书文献中心数据库(NSTL)	161
OCLC Proceedings First	128,374	国家知识产权局专利检索数据库	387
OUP 电子期刊	243	科学数据库(中国科学院)	362
Oxford University Press 电子期刊	243	全国报刊索引数据库	149
Patent Full-Text and Full-Page Image Databases	382	书生数字图书馆	305
PQDT	173,367	万方电子期刊	275
ProQuest Central	169	万方数据知识服务平台	153,361
ProQuest Dissertations & Theses Database	173,367	万方知识视频服务系统	418

香港知识产权署专利检索系统	388	Humanities Library（CASHL）	121,216
知识视界视频教育资源库	415	China:Culture and Society—Wason Pamphlet,	
中国管理科学技术文献数据库	154	1750—1929	208
中国科技成果数据库	400	China:Trade,Politics and Culture,1793—1980	207
中国科技文献数据库	154	ClasePeriodica	128
中国科学引文数据库	138	CSSCI	143
中国学术会议论文数据库（万方）	377	CUP 电子期刊	271
中国学术期刊网络出版总库（中国知网）	32,272	Current Contents Connect	134
中国学位论文数据库（万方）	372	DDRS	199
中国优秀博硕士学位论文全文数据库		Declassified Documents Reference System	199
（中国知网）	372	Digital National Security Archive	200
中国重要会议论文全文数据库（中国知网）	377	DNSA	200
中国专利信息中心中国专利数据库	387	EAI	201
中外专利数据库服务平台	384	Early American Imprints	201
中文会议论文数据库（NSTL）	377	Early English Books Online	300
中文科技期刊数据库	275	Ebrary	294
中文学位论文数据库（NSTL）	372	EBSCO eBook Collection	293

人文/艺术/社会学/历史

		ECCO	300
A&HCI	76	ECO	127,206
Academic Search Premier	34,190	EEBO	300
Academic Source Complete	180	Eighteenth Century Collection Online	300
Alexander Street Press Music Collections	420	Electronic Collection Online Database	127,206
Alexander Street Press 表演艺术、戏剧和		Elsevier 电子期刊	225
电影视频库	418	Expanded Academic ASAP	205
American Film Scripts	419	FirstSearch	126,129
ArticleFirst	127	Foreign Office Files China,1949—1980	207
Arts & Humanities Citation Index	76	History Reference Center	181
ARTstor	423	Ingenta	133,215
Asian American Drama	420	John Wiley 电子期刊	230
Biography and Genealogy Master Index	343	Jstor 电子期刊	265
Biography in Context	343	Knovel Library	302
Black Drama	420	Landolt-Bornstein	302
Bridgeman	423	Lexis.com	194
CALIS 外文期刊网	135,159	LexisNexis Academic	188
Cambridge University Press 电子期刊	271	Literature Online	172
CASHL 高校人文社科外文期刊目次数据库		Music Online:Dance om Video	419
	121,216	Music Online:Opera om Video	419
CASHL 高校人文社科外文图书联合目录		MyiLibrary	294
数据库	121,216	NetLibrary	293
Catalog of Art Museum Images Online		North American Indian Drama	420
（CAMIO）	423	North American Theatre Online	419
China Academic Social Sciences and		North American Women's Drama	419
		OAIster Database	128

OCLC Electronic Books	128
OCLC PapersFirst	128,374
OCLC Proceedings First	128,374
OUP 电子期刊	243
Oxford University Press 电子期刊	243
PAO	171,268
PQDT	173,367
Project Muse 电子期刊	268
ProQuest Black Studies Center	172
ProQuest Central	169
ProQuest Dissertations & Theses Database	173,367
ProQuest Historical Newspapers	171
ProQuest Periodicals Index and Archive Online	171,268
ProQuest Research Library	30,170
ProQuest 博硕士论文全文数据库	367
SAGE Journals Online	239
ScienceDirect	225
Social Science Citation Index	75
Sociofile	120
SpringerLink 电子期刊	234
SSCI	75
Sydney Gamble Photograph	458
Taylor & Francis 电子期刊	236
Theatre in Video	419
Twentieth Century North American Drama	419
Visual Information Access	457
Web of Knowledge	44,64
Web of Science	63
Wiley Online Library	231
WorldAlmanac	127
WorldCat	126
CADAL 电子图书	315
CALIS 高校学位论文数据库	158,371
KUKE 数字音乐图书馆	410
爱迪科森网上报告厅	413
北大讲座/学术报告	417
北京大学图书馆多媒体资源整合服务平台	424
北京大学图书馆随书光盘系统	423
超星数字图书馆	305
超星学术视频数据库	418
读秀知识库	315
二十五史全文电子版	313
方正阿帕比数字资源平台	305
方正艺术博物馆图片数据库	423
复印报刊资料全文数据库	208
高等教育视频资源库	418
国家精品课程共享资源	422
基本古籍数据库	312
龙语瀚堂典籍数据库	311
民国时期期刊全文数据库	277
全国报刊索引数据库	149
十通电子版	314
书生数字图书馆	305
四部丛刊电子版	311
晚清期刊全文数据库	277
万方电子期刊	275
文史哲全文数据库	210
文渊阁四库全书电子版	310
新华社多媒体信息数据库	364
学苑汲古—高校古文献资源库	313
知识视界视频教育资源库	415
中国高校人文社会科学文献中心（CASHL）	121,216
中国历代石刻史料汇编电子版	314
中国学术会议论文数据库（万方）	377
中国学术期刊网络出版总库（中国知网）	32,272
中国学位论文数据库（万方）	372
中国优秀博硕士学位论文全文数据库（中国知网）	372
中国重要会议论文全文数据库（中国知网）	377
中文报刊资料索引数据库	147
中文科技期刊数据库	275
中文社会科学引文索引	143

经济/工商/管理

ABI/INFORM Complete	42,170
Academic Search Premier	34,190
Academic Source Complete	180
ArticleFirst	127
Bankscope	325
Business & Company Resource Center	343
Business Source Complete	180
Business Source Premier	180
BvD	324
CAA	116

CALIS 外文期刊网	135,159	LISA	120
Cambridge University Press 电子期刊	271	Market Indicators & Forcasts (MIF)	325
CASHL 高校人文社科外文期刊目次数据库	121,216	MyiLibrary	294
CASHL 高校人文社科外文图书联合目录数据库	121,216	NetLibrary	293
		OAIster Database	128
		OCLC Electronic Books	128
CHELEM	326	OCLC PapersFirst	128,374
China Academic Social Sciences and Humanities Library (CASHL)	121,216	OCLC Proceedings First	128,374
		OSIRIS	324
CityData	325	OUP 电子期刊	243
ClasePeriodica	128	Oxford University Press 电子期刊	243
CountryData	325	PAO	171,268
CSSCI	143	PQDT	173,367
CUP 电子期刊	271	Professional Development Collection	181
Current Awareness Abstracts	116	Project Muse 电子期刊	268
Current Contents Connect	134	ProQuest Accounting & Tax	171
EAI	201	ProQuest Central	169
Early American Imprints	201	ProQuest Dissertations & Theses Database	173,367
Ebrary	294	ProQuest Periodicals Index and Archive Online	171,268
EBSCO eBook Collection	293		
ECCO	300	ProQuest Research Library	30,170
ECO	127,206	ProQuest 博硕士论文全文数据库	367
EconLit	118	QIN	326
Eighteenth Century Collection Online	300	Regional Business News	181
Electronic Collection Online Database	127,206	SAGE Journals Online	239
Elsevier 电子期刊	225	ScienceDirect	225
Emerald 电子期刊	241	Social Science Citation Index	75
Emerald 文摘数据库	115	SourceOECD	333
Emerging Markets Information Service	328	SpringerLink 电子期刊	234
EMIS	328	SSCI	75
Expanded Academic ASAP	205	Taylor & Francis 电子期刊	236
FirstSearch	126,129	Web of Knowledge	44,64
Global Market Information Database (GMID)	330	Web of Science	63
IG Publishing 电子图书	303	Wiley Online Library	231
Ingenta	133,215	World Bank	332
International Financial Statistics (IFS)	332	WorldAlmanac	127
International Monetary Fund (IMF)	331	WorldCat	126
ISIS	325	ZEPHYR	324
John Wiley 电子期刊	230	CALIS 高校学位论文数据库	158,371
Jstor 电子期刊	265	爱迪科森网上报告厅	413
Lexis.com	194	北大讲座/学术报告	417
LexisNexis Academic	188	北京大学图书馆多媒体资源整合服务平台	424
Library and Information Science Abstracts	120	北京大学图书馆随书光盘系统	423

超星数字图书馆	305	Asian American Drama	420
超星学术视频数据库	418	Black Drama	420
道琼斯中文财经资讯数据库	210	CAA	116
读秀知识库	315	CALIS 外文期刊网	135,159
方正阿帕比数字资源平台	305	Cambridge University Press 电子期刊	271
复印报刊资料全文数据库	208	CASHL 高校人文社科外文期刊目次数据库	121,216
高等教育视频资源库	418	CASHL 高校人文社科外文图书联合目录数据库	121,216
国家精品课程共享资源	422		
国务院发展研究中心信息网	355	China Academic Social Sciences and Humanities Library（CASHL）	121,216
巨灵财经资讯系统	284,358		
全国报刊索引数据库	149	ClasePeriodica	128
书生数字图书馆	305	CSSCI	143
万得金融数据库	358	CUP 电子期刊	271
万方电子期刊	275	Current Awareness Abstracts	116
新华社多媒体信息数据库	364	Current Contents Connect	134
正保远程教育多媒体库	422	EAI	201
知识视界视频教育资源库	415	Early American Imprints	201
中国高校人文社会科学文献中心（CASHL）	121,216	Early English Books Online	300
		Ebrary	294
中国宏观经济信息网	356	EBSCO eBook Collection	293
中国经济信息网	353	ECCO	300
中国学术会议论文数据库（万方）	377	ECO	127,206
中国学术期刊网络出版总库（中国知网）	32,272	Educational Resources Information Center	119
中国学位论文数据库（万方）	372	EEBO	300
中国优秀博硕士学位论文全文数据库（中国知网）	372	Eighteenth Century Collection Online	300
		Electronic Collection Online Database	127,206
中国重要会议论文全文数据库（中国知网）	377	Elsevier 电子期刊	225
中国资讯行数据库	210,350	Emerald 电子期刊	241
中宏产业数据库	357	English Online	417
中经网统计数据库	353	ERIC	119
中文报刊资料索引数据库	147	Expanded Academic ASAP	205
中文科技期刊数据库	275	FirstSearch	126,129
中文社会科学引文索引	143	Ingenta	133,215
		John Wiley 电子期刊	230

语言/文学/文化/教育

		Jstor 电子期刊	265
A&HCI	76	Lexis.com	194
Academic Search Premier	34,190	LexisNexis Academic	188
Academic Source Complete	180	LISA	120
Alexander Street Press 表演艺术、戏剧和电影视频库	418	Literature Online	172
		Literature Resource Center	344
American Film Scripts	419	MyET	417
ArticleFirst	127	MyiLibrary	294
Arts & Humanities Citation Index	76		

NetLibrary	293
North American Indian Drama	420
North American Women's Drama	419
OAIster Database	128
OCLC Electronic Books	128
OCLC PapersFirst	128,374
OCLC Proceedings First	128,374
OUP 电子期刊	243
Oxford University Press 电子期刊	243
PAO	171,268
PQDT	173,367
Project Muse 电子期刊	268
ProQuest African Writers Series	172
ProQuest Central	169
ProQuest Dissertations & Theses Database	173,367
ProQuest Periodicals Index and Archive Online	171,268
ProQuest Research Library	30,170
ProQuest 博硕士论文全文数据库	367
SAGE Journals Online	239
ScienceDirect	225
Social Science Citation Index	75
SpringerLink 电子期刊	234
SSCI	75
Taylor & Francis 电子期刊	236
Twentieth Century North American Drama	419
Web of Knowledge	44,64
Web of Science	63
Wiley Online Library	231
World eBook Library	304
WorldAlmanac	127
WorldCat	126
CADAL 电子图书	315
CALIS 高校学位论文数据库	158,371
爱迪科森网上报告厅	413
北大讲座/学术报告	417
北京大学图书馆多媒体资源整合服务平台	424
北京大学图书馆随书光盘系统	423
超星数字图书馆	305
超星学术视频数据库	418
读秀知识库	315
二十五史全文电子版	313
方正阿帕比数字资源平台	305
复印报刊资料全文数据库	208
高等教育视频资源库	418
国家精品课程共享资源	422
基本古籍数据库	312
龙语瀚堂典籍数据库	311
民国时期期刊全文数据库	277
全国报刊索引数据库	149
十通电子版	314
书生数字图书馆	305
四部丛刊电子版	311
外研社外语资源库	417
晚清期刊全文数据库	277
万方电子期刊	275
文史哲全文数据库	210
文渊阁四库全书电子版	310
新东方多媒体学习库	408
新华社多媒体信息数据库	364
学苑汲古—高校古文献资源库	313
知识视界视频教育资源库	415
中国高校人文社会科学文献中心(CASHL)	121,216
中国历代石刻史料汇编电子版	314
中国学术会议论文数据库（万方）	377
中国学术期刊网络出版总库（中国知网）	32,272
中国学位论文数据库（万方）	372
中国优秀博硕士学位论文全文数据库（中国知网）	372
中国重要会议论文全文数据库（中国知网）	377
中文报刊资料索引数据库	147
中文科技期刊数据库	275
中文社会科学引文索引	143

哲学/宗教/心理学

A&HCI	76
Academic Search Premier	34,190
Academic Source Complete	180
American Psychological Association 电子期刊	270
APA 电子期刊	270
ArticleFirst	127
Arts & Humanities Citation Index	76
CALIS 外文期刊网	135,159
Cambridge University Press 电子期刊	271

学 科 索 引

CASHL 高校人文社科外文期刊目次数据库	121,216
CASHL 高校人文社科外文图书联合目录数据库	121,216
China Academic Social Sciences and Humanities Library (CASHL)	121,216
China: Trade, Politics and Culture, 1793—1980	207
ClasePeriodica	128
CSSCI	143
CUP 电子期刊	271
Current Contents Connect	134
EAI	201
Early American Imprints	201
Ebrary	294
EBSCO eBook Collection	293
ECCO	300
ECO	127,206
Eighteenth Century Collection Online	300
Electronic Collection Online Database	127,206
Elsevier 电子期刊	225
Expanded Academic ASAP	205
FirstSearch	126,129
Foreign Office Files China, 1949—1980	207
Ingenta	133,215
John Wiley 电子期刊	230
Jstor 电子期刊	265
Lexis.com	194
LexisNexis Academic	188
MyiLibrary	294
NetLibrary	293
OAIster Database	128
OCLC Electronic Books	128
OCLC PapersFirst	128,374
OCLC Proceedings First	128,374
OUP 电子期刊	243
Oxford University Press 电子期刊	243
PAO	171,268
PQDT	173,367
Project Muse 电子期刊	268
ProQuest Black Studies Center	172
ProQuest Central	169
ProQuest Dissertations & Theses Database	173,367
ProQuest Periodicals Index and Archive Online	171,268
ProQuest Psychology Journals	172
ProQuest Research Library	30,170
ProQuest 博硕士论文全文数据库	367
PsycINFO	119
SAGE Journals Online	239
ScienceDirect	225
Social Science Citation Index	75
SpringerLink 电子期刊	234
SSCI	75
Sydney Gamble Photograph	458
Taylor & Francis 电子期刊	236
Web of Knowledge	44,64
Web of Science	63
Wiley Online Library	231
WorldAlmanac	127
WorldCat	126
CALIS 高校学位论文数据库	158,371
爱迪科森网上报告厅	413
北大讲座/学术报告	417
北京大学图书馆多媒体资源整合服务平台	424
北京大学图书馆随书光盘系统	423
超星数字图书馆	305
超星学术视频数据库	418
读秀知识库	315
方正阿帕比数字资源平台	305
复印报刊资料全文数据库	208
高等教育视频资源库	418
国家精品课程共享资源	422
全国报刊索引数据库	149
书生数字图书馆	305
万方电子期刊	275
文史哲全文数据库	210
知识视界视频教育资源库	415
中国高校人文社会科学文献中心(CASHL)	121,216
中国学术会议论文数据库(万方)	377
中国学术期刊网络出版总库(中国知网)	32,272
中国学位论文数据库(万方)	372
中国优秀博硕士学位论文全文数据库(中国知网)	372
中国重要会议论文全文数据库(中国知网)	377

中文报刊资料索引数据库	147	Landolt-Bornstein	302
中文科技期刊数据库	275	LegalTrac	206
中文社会科学引文索引	143	Lexis.com	194
		LexisNexis Academic	188

政治/法律/公共事务

Academic Search Premier	34,190	MyiLibrary	294
Academic Source Complete	180	NetLibrary	293
ArticleFirst	127	OAIster Database	128
CALIS 外文期刊网	135,159	OCLC Electronic Books	128
Cambridge University Press 电子期刊	271	OCLC PapersFirst	128,374
CASHL 高校人文社科外文期刊目次数据库	121,216	OCLC Proceedings First	128,374
		OUP 电子期刊	243
CASHL 高校人文社科外文图书联合目录 数据库	121,216	Oxford University Press 电子期刊	243
		PAO	171,268
China Academic Social Sciences and Humanities Library（CASHL）	121,216	PQDT	173,367
		Project Muse 电子期刊	268
China：Trade，Politics and Culture，1793—1980	207	ProQuest Black Studies Center	172
ClasePeriodica	128	ProQuest Central	169
CSSCI	143	ProQuest Dissertations & Theses Database	173,367
CUP 电子期刊	271	ProQuest Historical Newspapers	171
Current Contents Connect	134	ProQuest Periodicals Index and Archive Online	171,268
DDRS	199	ProQuest Research Library	30,170
Declassified Documents Reference System	199	ProQuest 博硕士论文全文数据库	367
Digital National Security Archive	200	SAGE Journals Online	239
DNSA	200	ScienceDirect	225
EAI	201	Social Science Citation Index	75
Early American Imprints	201	SpringerLink 电子期刊	234
Ebrary	294	SSCI	75
EBSCO eBook Collection	293	Taylor & Francis 电子期刊	236
ECCO	300	Web of Knowledge	44,64
ECO	127,206	Web of Science	63
Eighteenth Century Collection Online	300	Westlaw	206
Electronic Collection Online Database	127,206	Wiley Online Library	231
Elsevier 电子期刊	225	WorldAlmanac	127
Expanded Academic ASAP	205	WorldCat	126
FirstSearch	126,129	CALIS 高校学位论文数据库	158,371
Foreign Office Files China,1949—1980	207	爱迪科森网上报告厅	413
HeinOnline 电子期刊	270	北大法宝—中国法律检索系统	211
House of Commons Parliamentary Papers	172	北大法宝—中国法律英文网	211
Ingenta	133,215	北大法宝—中国法学期刊数据库	211
John Wiley 电子期刊	230	北大法宝—中国司法案例库	211
Jstor 电子期刊	265	北大法意数据库（北大法意网）	211
Knovel Library	302	北大讲座/学术报告	417

北京大学图书馆多媒体资源整合服务平台	424
北京大学图书馆随书光盘系统	423
超星数字图书馆	305
超星学术视频数据库	418
读秀知识库	315
二十五史全文电子版	313
法律门数据库	212
方正阿帕比数字资源平台	305
复印报刊资料全文数据库	208
高等教育视频资源库	418
国家精品课程共享资源	422
基本古籍数据库	312
龙语瀚堂典籍数据库	311
民国时期期刊全文数据库	277
民事诉讼法学参考资料库	210
全国报刊索引数据库	149
十通电子版	314
书生数字图书馆	305
四部丛刊电子版	311
诉讼法文献索引及全文库	210
晚清期刊全文数据库	277
万方电子期刊	275
文渊阁四库全书电子版	310
新华社多媒体信息数据库	364
学苑汲古—高校古文献资源库	313
正保远程教育多媒体库	422
知识视界视频教育资源库	415
中国法律法规大典数据库	209
中国法律年鉴全文数据库	210
中国高校人文社会科学文献中心（CASHL）	121,216
中国历代石刻史料汇编电子版	314
中国学术会议论文数据库（万方）	377
中国学术期刊网络出版总库（中国知网）	32,272
中国学位论文数据库（万方）	372
中国优秀博硕士学位论文全文数据库（中国知网）	372
中国重要会议论文全文数据库（中国知网）	377
中华法律网数据库	212
中文报刊资料索引数据库	147
中文科技期刊数据库	275
中文社会科学引文索引	143

物理/天文/航空航天

AIAA 电子期刊	262
AIP 电子期刊	255
American Institute of Aeronautics and Astronautics 电子期刊	262
American Institute of Physics 电子期刊	255
American Physical Society 电子期刊	254
Application Full-text and Image Database（AppFT）	382
Applied Science & Technology Plus (ASTP)	171
APS 电子期刊	254
ArticleFirst	127
ArXiv.org	456
CALIS 外文期刊网	135,159
Cambridge Scientific Abstracts	123
Cambridge University Press 电子期刊	271
ClasePeriodica	128
Conference Proceedings Citation Index	374
CPCI	374
CSA	123
CSA Conference Papers Index	125
CSCD	138
CUP 电子期刊	271
Current Contents Connect	134
Derwent Innovations Index	379
DII	379
Ebrary	294
EBSCO eBook Collection	293
ECO	127,206
Electronic Collection Online Database	127,206
Elsevier 电子期刊	225
Espacenet Patent search	384
European Publication Server	384
FirstSearch	126,129
Ingenta	133,215
INSPEC	37,102
Institute of Physics 电子期刊	254
International Society for Optical Engineering 电子期刊	263
International Society for Optical Engineering 会议录	377
IOP 电子期刊	254

John Wiley 电子期刊	230	NSTL 网络服务系统	162
MyiLibrary	294	爱迪科森网上报告厅	413
National Science and Technology Library (NSTL)	161	北大讲座/学术报告	417
		北京大学图书馆多媒体资源整合服务平台	424
Nature	249	北京大学图书馆随书光盘系统	423
NetLibrary	293	超星数字图书馆	305
NSTL 外文期刊目次数据库	136, 215	超星学术视频数据库	418
NTIS Bibliographic Database	394	读秀知识库	315
NTIS Database	394	方正阿帕比数字资源平台	305
OAIster Database	128	高等教育视频资源库	418
OCLC Electronic Books	128	国家精品课程共享资源	422
OCLC PapersFirst	128, 374	国家科技成果数据库	398
OCLC Proceedings First	128, 374	国家科技成果网	398
OUP 电子期刊	243	国家科技图书文献中心数据库（NSTL）	161
Oxford University Press 电子期刊	243	国家知识产权局专利检索数据库	387
Patent Full-Text and Full-Page Image Databases	382	科学数据库（中国科学院）	362
PQDT	173, 367	全国报刊索引数据库	149
Project Muse 电子期刊	268	书生数字图书馆	305
ProQuest Central	169	万方电子期刊	275
ProQuest Dissertations & Theses Database	173, 367	万方数据知识服务平台	153, 361
ProQuest Illustrata Natural Sciences	171	万方知识视频服务系统	418
ProQuest Science Journal	171	香港知识产权署专利检索系统	388
ProQuest 博硕士论文全文数据库	367	知识视界视频教育资源库	415
SAGE Journals Online	239	中国科技成果数据库	400
SAO/NASA Astrophysics Data System	454	中国科技文献数据库	154
SCI	60	中国科学引文数据库	138
Science Citation Index	60	中国学术会议论文数据库（万方）	377
Science Online	224, 245	中国学术期刊网络出版总库（中国知网）	32, 272
ScienceDirect	225	中国学位论文数据库（万方）	372
SPIE 电子期刊	263	中国优秀博硕士学位论文全文数据库（中国知网）	372
SPIE 会议录	377		
SpringerLink 丛书	302	中国重要会议论文全文数据库（中国知网）	377
SpringerLink 电子期刊	234	中国专利信息中心中国专利数据库	387
Taylor & Francis 电子期刊	236	中外专利数据库服务平台	384
Web of Knowledge	44, 64	中文会议论文数据库（NSTL）	377
Web of Science	63	中文科技期刊数据库	275
Wiley Online Library	231	中文学位论文数据库（NSTL）	372
WIPO Patent SCOPE	384		
World Scientific 电子期刊	264	**综合及其他**	
WorldAlmanac	127	Access World News	282
WorldCat	126	America's Historical Newspapers	282
WorldSciNet	264	Annual Reviews 电子期刊	244
CALIS 高校学位论文数据库	158, 371	Application Full-text and Image Database	

（AppFT）	382	Find Articles	440
ArticleFirst	127	FirstSearch	126,129
Associations Unlimited	343	Foreign Office Files China,1949—1980	207
BASE	440	Gale Infotrac Newsstand	282
Bing	437	Gale's Ready Reference Shelf	344
Britannica Image Quest	424	GeoRef	118
BUBL LINK	446	Google	432
CALIS 外文期刊网	135,159	Google Books	438
Cambridge University Press 电子期刊	271	Google Scholar	438
China:Culture and Society—Wason Pamphlet,		HighWire Press 电子期刊	454
1750—1929	208	IG Publishing 电子图书	303
China:Trade,Politics and Culture,1793—1980	207	Incites	503
CiteSeerX	440	INFOMINE	445
CiteULike	501	Ingenta	133,215
ClasePeriodica	128	Internet Public Library	444
Conference Proceedings Citation Index	374	Intute	446
Connotea	501	JCR	77
CPCI	374	John Wiley 电子期刊	230
CUP 电子期刊	271	Journal Citation Reports	77
Current Contents Connect	134	J-STAGE 电子期刊	452
Derwent Innovations Index	379	Jstor 电子期刊	265
DII	379	Knovel Library	302
Directory of Open Access Journals	449	Landolt-Bornstein	302
DOAJ	449	LII	444
EAI	201	MetaCrawler	437
Early American Imprints	201	MIT Dspace	455
EB	347	MyiLibrary	294
Ebrary	294	NDLTD	369
EBSCO eBook Collection	293	NetLibrary	293
EBSCOhost	46,179	Networked Digital Library of Theses and	
ECCO	300	Dissertations	369
ECO	127,206	New York Times	280
Ei	80	Newspaper Source	181,283
Eighteenth Century Collection Online	300	NoteExpress	494
Electronic Collection Online Database	127,206	NTIS Bibliographic Database	394
Elsevier 电子期刊	225	NTIS Database	394
Encyclopedia Britannica Online	347	OAIster Database	128
Endnote	499	OCLC Electronic Books	128
Endnote Web	499	OCLC PapersFirst	128,374
Engineering Index Compendex Web	80	OCLC Proceedings First	128,374
Engineering Village	83	Open J-Gate 电子期刊	451
Espacenet Patent search	384	OUP 电子期刊	243
European Publication Server	384	Oxford University Press 电子期刊	243

Patent Full-Text and Full-Page Image Databases	382	北大讲座/学术报告	417
PQDT	173,367	北大天网	438
PressDisplay	282	北京大学图书馆多媒体资源整合服务平台	424
Project Gutenberg	456	北京大学图书馆随书光盘系统	423
Project Muse 电子期刊	268	必应	437
ProQuest Central	169	参考消息	283
ProQuest Dissertations & Theses Database	173,367	超星数字图书馆	305
ProQuest HeritageQuest Online	172	超星学术视频数据库	418
ProQuest Historical Newspapers	171	读秀知识库	315
ProQuest Newstand	172	二十五史全文电子版	313
ProQuest Research Library	30,170	方正阿帕比数字资源平台	305
ProQuest 博硕士论文全文数据库	367	高等教育视频资源库	418
RefWorks	496	国家精品课程共享资源	422
SAGE Journals Online	239	国家科技成果数据库	398
SciELO	453	国家科技成果网	398
Science.gov	396	国家科技图书文献中心数据库（NSTL）	161
ScienceDirect	225	国家知识产权局专利检索数据库	387
Scirus	439	基本古籍数据库	312
Sciseek	440	经济日报	283
Socolar	440	龙语瀚堂典籍数据库	311
SpringerLink 丛书	302	民国时期期刊全文数据库	277
SpringerLink 电子期刊	234	全国报刊索引数据库	149
SPSS	502	全国期刊联合目录数据库	165
Taylor & Francis 电子期刊	236	人民日报图文电子版	283
Times	281	十通电子版	314
University of Southampton Institutional Research Repository	455	书生数字图书馆	305
		四部丛刊电子版	311
Vocational Studies Complete	180	搜狗	438
Washington Post	281	晚清期刊全文数据库	277
Web of Knowledge	44,64	万方电子期刊	275
Web of Science	63	文渊阁四库全书电子版	310
Wiley Online Library	231	厦门大学学术典藏库	455
WIPO Patent SCOPE	384	香港科技大学机构库	455
World eBook Library	304	香港知识产权署专利检索系统	388
WorldAlmanac	127	新华社多媒体信息数据库	364
WorldCat	126	学苑汲古—高校古文献资源库	313
Yahoo	437	银符考试模拟题库 B12	422
CALIS 高校学位论文数据库	158,371	正保远程教育多媒体库	422
CALIS 书刊联合目录	159	知识视界视频教育资源库	415
CALIS 重点学科导航库	447	中国标准数据库（NSTL）	390
VERS 维普考试资源系统	421	中国高等教育文献保障系统数据库	215
爱迪科森网上报告厅	413	中国科技成果数据库	400
百度	435	中国科技论文在线	454

中国历代石刻史料汇编电子版	314	中国专利信息中心中国专利数据库	387
中国学术会议论文数据库（万方）	377	中华读书报	283
中国学术期刊网络出版总库（中国知网）	32,272	中华数字书苑之数字报纸	283
中国学位论文数据库（万方）	372	中外标准数据库（万方）	389
中国优秀博硕士学位论文全文数据库		中外专利数据库服务平台	384
（中国知网）	372	中文会议论文数据库（NSTL）	377
中国预印本服务系统	456	中文科技期刊数据库	275
中国重要报纸全文数据库（中国知网）	284	中文学位论文数据库（NSTL）	372
中国重要会议论文全文数据库（中国知网）	377		

字 顺 索 引

西文电子资源名称

A&HCI	76
ABI/INFORM Complete	42,170
Academic Search Premier	34,190
Academic Source Complete	180
Access World News	282
ACM 电子期刊	260
ACM 会议录	376
ACS 电子期刊	258
AGU 电子期刊	264
AIAA 电子期刊	262
AIP 电子期刊	255
Alexander Street Press Music Collections	420
Alexander Street Press 表演艺术、戏剧和电影视频库	418
Algology Mycology and Protozoology Abstracts—Microbiology C	124
American Chemical Society 电子期刊	260
American Film Scripts	419
American Geophysical Union 电子期刊	264
American Institute of Aeronautics and Astronautics 电子期刊	262
American Institute of Physics 电子期刊	255
American Mathematical Society 电子期刊	253
American Physical Society 电子期刊	254
American Psychological Association 电子期刊	270
American Society for Testing and Materials 电子期刊	262
American Society of Civil Engineers 电子期刊	261
American Society of Mechanical Engineers 电子期刊	262
America's Historical Newspapers	282
AMS 电子期刊	253
Animal Behavior Abstracts	124
Annual Reviews 电子期刊	244
APA 电子期刊	270
Application Full-text and Image Database (AppFT)	382
Applied Science & Technology Plus (ASTP)	171
APS 电子期刊	254
ArticleFirst	127
Arts & Humanities Citation Index	76
ARTstor	423
ArXiv.org	456
ASCE 电子期刊	261
ASFA 1: Biological Sciences and Living Resources	124
ASFA Aquaculture Abstracts	124
ASFA Marine Biotechnology Abstracts	124
Asian American Drama	420
ASME 电子期刊	262
Association for Computing Machinery 电子期刊	260
Association for Computing Machinery 会议录	376
Associations Unlimited	343
ASTM 电子期刊	262
BA	108
Bacteriology Abstracts—Microbiology B	124
Bankscope	325
BASE	440
Beilstein/Gmelin Crossfire	337
Bing	437
Biography and Genealogy Master Index	343
Biography in Context	343
Biological Abstracts	108
Biological Sciences	123
BioMed Central	454
BioOne Abstracts and Indexes	124
BIOSIS Previews	108
Biotechnology Research Abstracts	124
Black Drama	420
BMJ Clinical Evidence Online	304
BP	108
Bridgeman	423

Britannica Image Quest	424	Connotea	501
BUBL LINK	446	CountryData	325
Business & Company Resource Center	343	CPCI	374
Business Source Complete	180	CrossFire	338
Business Source Premier	180	CSA	123
BvD	324	CSA Conference Papers Index	125
CA	88	CSA Neurosciences Abstracts	124
CAA	116	CSCD	138
CAID	116	CSSCI	143
Calcium and Calcified Tissue Abstracts	124	CUP 电子期刊	271
CALIS 外文期刊网	135,159	Current Awareness Abstracts	116
Cambridge Scientific Abstracts	123	Current Chemical Reactions	341
Cambridge University Press 电子期刊	271	Current Contents Connect	134
CAPLUS	92	Current Protocols	342
CAS REGISTRY	92	DDRS	199
CASHL 高校人文社科外文期刊目次数据库	121,216	Declassified Documents Reference System	199
CASHL 高校人文社科外文图书联合目录数据库	121,216	Derwent Innovations Index	379
CASREACT	93	Digital National Security Archive	200
Catalog of Art Museum Images Online (CAMIO)	423	DII	379
		Directory of Open Access Journals	449
CCSA	116	DNSA	200
Cell	251	DOAJ	449
CHELEM	326	EAI	201
CHEMCATS	93	Early American Imprints	201
Chemical Abstracts	88	Early English Books Online	300
CHEMLIST	93	EB	347
Chemoreception Abstracts	124	Ebrary	294
China Academic Social Sciences and Humanities Library (CASHL)	121,216	EBSCO eBook Collection	293
		EBSCOhost	46,179
		ECCO	300
China: Culture and Society—Wason Pamphlet, 1750—1929	208	ECO	127,206
		Ecology Abstracts	124
China: Trade, Politics and Culture, 1793—1980	207	EconLit	118
CiteSeerX	440	Educational Resources Information Center	119
CiteULike	501	EEBO	300
CityData	325	Ei	80
ClasePeriodica	128	Eighteenth Century Collection Online	300
Communication & Mass Media Complete	181	EIS: Digests of Environmental Impact Statements	125
Computer Abstracts International Database	116	Electronic Collection Online Database	127,206
Computer and Communications Security Abstracts	116	Elsevier 电子期刊	225
Computer Source	181	EMBASE	112
Conference Proceedings Citation Index	374	Emerald 电子期刊	241

Emerald 文摘数据库	115	INFOMINE	445
Emerging Markets Information Service	328	Ingenta	133,215
EMIS	328	INSPEC	37,102
Encyclopedia Britannica Online	347	Institute of Physics 电子期刊	254
Endnote	499	International Civil Engineering Abstracts	116
Endnote Web	499	International Financial Statistics (IFS)	332
Engineering Index Compendex Web	80	International Monetary Fund (IMF)	331
Engineering Village	83	International Society for Optical Engineering 电子期刊	263
English Online	417		
Entomology Abstracts	124	International Society for Optical Engineering 会议录	377
Environmental Sciences & Pollution Management	125		
ERIC	119	Internet Public Library	444
Espacenet Patent search	384	Intute	446
European Publication Server	384	IOP 电子期刊	254
Expanded Academic ASAP	205	ISIS	325
Find Articles	440	JCR	77
FirstSearch	126,129	John Wiley 电子期刊	230
Foreign Office Files China,1949—1980	207	Journal Citation Reports	77
Gale Infotrac Newsstand	282	Journal of Visualized Experiments (JoVE)	418
Gale's Ready Reference Shelf	344	J-STAGE 电子期刊	452
Genetics Abstracts	124	Jstor 电子期刊	265
GeoBase	118	Knovel Library	302
GeoRef	118	Landolt-Bornstein	302
Global Market Information Database (GMID)	330	LegalTrac	206
Google	432	Lexis.com	194
Google Books	438	LexisNexis Academic	188
Google Scholar	438	Library and Information Science Abstracts	120
Health and Safety Science Abstracts	124	LII	444
HeinOnline 电子期刊	270	LISA	120
HighWire Press 电子期刊	454	Literature Online	172
History Reference Center	181	Literature Resource Center	344
House of Commons Parliamentary Papers	172	Market Indicators & Forcasts (MIF)	325
Human Genome Abstracts	124	MathSciNet	116
ICEA	116	MEDLINE	93,111
IEEE/IEE 电子期刊	260	MetaCrawler	437
IEEE/IET Electronic Library (IEL)	44,202	MIT Dspace	455
IEEE/IET 标准文献	389	Music Online:Dance om Video	419
IEEE/IET 会议录	376	Music Online:Opera om Video	419
IG Publishing 电子图书	303	MyET	417
Immunology Abstracts	124	MyiLibrary	294
Incites	503	National Science and Technology Library (NSTL)	161
Industrial and Applied Microbiology Abstracts —Microbiology A	124		
		Nature	249

NDLTD	369
NetLibrary	293
Networked Digital Library of Theses and Dissertations	369
New York Times	280
Newspaper Source	181,283
North American Indian Drama	420
North American Theatre Online	419
North American Women's Drama	419
NoteExpress	494
NSTL 外文期刊目次数据库	136,215
NTIS Bibliographic Database	394
NTIS Database	394
Nucleic Acids Abstracts	124
OAIster Database	128
OCLC Electronic Books	128
OCLC PapersFirst	128,374
OCLC Proceedings First	128,374
Oncogenes and Growth Factors Abstracts	124
Open J-Gate 电子期刊	451
OSIRIS	324
OUP 电子期刊	243
Oxford University Press 电子期刊	243
PAO	171,268
Patent Full-Text and Full-Page Image Databases	382
Plant Science	125
PQDT	173,367
PressDisplay	282
Professional Development Collection	181
Project Gutenberg	456
Project Muse 电子期刊	268
ProQuest Accounting & Tax	171
ProQuest African Writers Series	172
ProQuest Black Studies Center	172
ProQuest Central	169
ProQuest Dissertations & Theses Database	173,367
ProQuest Health and Medical Complete	172
ProQuest HeritageQuest Online	172
ProQuest Historical Newspapers	171
ProQuest Illustrata Natural Sciences	171
ProQuest Newstand	172
ProQuest Nursing & Allied Health Source™	171
ProQuest Periodicals Index and Archive Online	171,268
ProQuest Psychology Journals	172
ProQuest Research Library	30,170
ProQuest Science Journal	171
ProQuest 博硕士论文全文数据库	367
PsycINFO	119
QIN	326
Reaxys	339
RefWorks	496
Regional Business News	181
Royal Society of Chemistry 电子期刊	257
RSC 电子期刊	257
Safari Tech	294
SAGE Journals Online	239
SAO/NASA Astrophysics Data System	454
SCI	60
SciELO	453
Science Citation Index	60
Science Online	224,245
Science.gov	396
ScienceDirect	225
SciFinder	93
Scirus	439
Sciseek	440
SIAM 电子期刊	253
Social Science Citation Index	75
Sociofile	120
Socolar	440
SourceOECD	333
SPIE 电子期刊	263
SPIE 会议录	377
Springer Protocols	342
SpringerLink 丛书	302
SpringerLink 电子期刊	234
SPSS	502
SSCI	75
Sydney Gamble Photograph	458
Taylor & Francis 电子期刊	236
Theatre in Video	419
Thieme 电子书	303
Times	281
TOXLINE	125

Twentieth Century North American Drama	419
University of Southampton Institutional Research Repository	455
Visual Information Access	457
Vocational Studies Complete	180
Washington Post	281
Web of Knowledge	44,64
Web of Science	63
Westlaw	206
Wiley Online Library	231
WIPO Patent SCOPE	384
World Bank	332
World eBook Library	304
World Scientific 电子期刊	264
WorldAlmanac	127
WorldCat	126
WorldSciNet	264
Yahoo	437
ZEPHYR	324

中文电子资源名称

CADAL 电子图书	315
CALIS 高校教学参考书全文数据库	315
CALIS 高校学位论文数据库	158,371
CALIS 书刊联合目录	159
CALIS 重点学科导航库	447
China InfoBank	210,350
KUKE 数字音乐图书馆	410
NSTL 网络服务系统	162
VERS 维普考试资源系统	421
爱迪科森网上报告厅	413
百度	435
北大法宝—中国法律检索系统	211
北大法宝—中国法律英文网	211
北大法宝—中国法学期刊数据库	211
北大法宝—中国司法案例库	211
北大法意数据库（北大法意网）	211
北大讲座/学术报告	417
北大天网	438
北京大学图书馆多媒体资源整合服务平台	424
北京大学图书馆随书光盘系统	423
必应	437
参考消息	283
超星读书	305
超星数字图书馆	305
超星学术视频数据库	418
道琼斯中文财经资讯数据库	210
读秀知识库	315
二十五史全文电子版	313
法律门数据库	212
方正阿帕比数字资源平台	305
方正艺术博物馆图片数据库	423
复印报刊资料全文数据库	208
高等教育视频资源库	418
国家精品课程共享资源	422
国家科技成果数据库	398
国家科技成果网	398
国家科技图书文献中心数据库（NSTL）	161
国家知识产权局专利检索数据库	387
国务院发展研究中心信息网	355
基本古籍数据库	312
经济日报	283
巨灵财经资讯系统	284,358
科学数据库（中国科学院）	362
龙语瀚堂典籍数据库	311
祕籍琳琅——北京大学数字图书馆古文献资源库	457
民国时期期刊全文数据库	277
民事诉讼法学参考资料库	210
全国报刊索引数据库	149
全国期刊联合目录数据库	165
人民日报图文电子版	283
十通电子版	314
书生数字图书馆	305
四部丛刊电子版	311
搜狗	438
诉讼法文献索引及全文库	210
外研社外语资源库	417
晚清期刊全文数据库	277
万得金融数据库	358
万方电子期刊	275
万方数据知识服务平台	153,361
万方知识视频服务系统	418
文史哲全文数据库	210
文渊阁四库全书电子版	310
厦门大学学术典藏库	455

香港科技大学机构库	455	中国农业科学技术文献数据库	154
香港知识产权署专利检索系统	388	中国水利科学技术文献数据库	154
新东方多媒体学习库	408	中国学术会议论文数据库（万方）	377
新华社多媒体信息数据库	364	中国学术期刊网络出版总库（中国知网）	32,272
学苑汲古—高校古文献资源库	313	中国学位论文数据库（万方）	372
银符考试模拟题库 B12	422	中国优秀博硕士学位论文全文数据库（中国知网）	372
正保远程教育多媒体库	422		
知识视界视频教育资源库	415	中国有色金属科技文献数据库	154
中国标准数据库（NSTL）	390	中国预印本服务系统	456
中国法律法规大典数据库	209	中国重要报纸全文数据库（中国知网）	284
中国法律年鉴全文数据库	210	中国重要会议论文全文数据库（中国知网）	377
中国高等教育文献保障系统数据库	215	中国专利信息中心中国专利数据库	387
中国高校人文社会科学文献中心（CASHL）	121,216	中国资讯行数据库	210,350
中国管理科学技术文献数据库	154	中宏产业数据库	357
中国宏观经济信息网	356	中华读书报	283
中国化工科技文献数据库	154	中华法律网数据库	212
中国机械工程科技文献数据库	154	中华数字书苑之数字报纸	283
中国建材科技文献数据库	154	中经网统计数据库	353
中国经济信息网	353	中外标准数据库（万方）	389
中国科技成果数据库	400	中外专利数据库服务平台	384
中国科技论文在线	454	中文报刊资料索引数据库	147
中国科技文献数据库	154	中文会议论文数据库（NSTL）	377
中国科学引文数据库	138	中文科技期刊数据库	275
中国历代石刻史料汇编电子版	314	中文社会科学引文索引	143
		中文学位论文数据库（NSTL）	372